D1830995

राष्ट्रवाद की चाकरी में धर्म

एवं अन्य लेख

राष्ट्रवाद की चाकरी में धर्म

एंव अन्य लेख

सामयिक विमर्श

मधु पूर्णिमा किश्वर

अनुवाद
योगेन्द्र दत्त

वाणी प्रकाशन

CSDS
भारतीय भाषा कार्यक्रम
विकासशील समाज अध्ययन पीठ

वाणी प्रकाशन
4695, 21-ए, दरियागंज, नयी दिल्ली 110 002
शाखा
अशोक राजपथ, पटना 800 004
फ़ोन: +91 11 23273167 फ़ैक्स: +91 11 23275710
www.vaniprakashan.in
vaniprakashan@gmail.com
sales@vaniprakashan.in

RASHTRAVAD KEE CHAKRI MEIN DHARM EVAM ANYA LEKH
by Madhu Purnima Kishwar
Translated by Yogendra Dutt
ISBN : 978-81-8143-369-5
Social Studies

सर्वाधिकार © मधु पूर्णिमा किश्वर
प्रथम संस्करण 2005
आवृत्ति 2016
मूल्य : ₹750

इस पुस्तक के किसी भी अंश को किसी भी माध्यम में प्रयोग करने के लिए प्रकाशक से लिखित अनुमति लेना अनिवार्य है।

तुषार कलर प्रोसेस, दिल्ली-110 093 में मुद्रित

वाणी प्रकाशन का लोगो मक़बूल फ़िदा हुसेन की कूची से

अनुक्रम

प्रस्तावना

इस पुस्तक में 1984 से 1996 के बीच लिखे गए मेरे ऐसे लेख हैं जिनमें जातीय हिंसा और तनाव की स्थितियों का विश्लेषण किया गया है। इनमें से ज्यादातर लेख पहले *मानुषी* में छप चुके हैं। जहां-तहां मामूली संपादकीय सुधारों के अलावा न तो इनमें से किसी लेख में मैंने कोई रद्दोबदल किया है और न ही उसका पुनर्लेखन किया है। सभी लेख उन्हीं घटनाओं के समय लिखे गए हैं जिन घटनाओं का उनमें जिक्र किया गया है। ये लेख एक भारी संकट की प्रतिक्रिया के तौर पर लिखे गए थे। प्रत्यक्ष ब्यौरों पर आधारित इन लेखों में संबंधित घटनाओं या प्रक्रियाओं के बारे में प्रचलित गलतफहमियों को दूर करने की कोशिश की गई है। इसके बावजूद, यह ऐसे लेख भी नहीं हैं जो केवल उसी समय के लिए मायने रखते थे जब इन्हें लिखा गया था। एक तरफ इनमें शोधपरक पत्रकारिता के पहलू दिखाई देते हैं तो दूसरी तरफ एक व्यवस्थित अनुसंधान और राजनीतिक विश्लेषण का पुट भी दिखाई देता है। अगर मैं इन्हें आज लिखती तो ये लेख संभवतः काफी हद तक अलग होते। परंतु उनमें जो मुद्दे उठाए गए हैं और विश्लेषण का जो फ्रेमवर्क अपनाया गया है वह आज भी प्रासंगिक है क्योंकि उनमें जिन समस्याओं की चर्चा की गई है वह आज भी हमारे सामने मौजूद हैं। इस तरह का लेखन केवल इसीलिए संभव हो पाया है क्योंकि हमारे देश में मानवाधिकार कार्यकर्ताओं का एक साहसी समुदाय मौजूद है जिसके कामकाज, प्रतिबद्धता और लेखन ने मुझे इन छोटी-छोटी कोशिशों के लिए प्रेरित और प्रोत्साहित किया है।

दिल्ली और उत्तर भारत के कई दूसरे स्थानों पर नवंबर 1984 में सिखों के नरसंहार से पहले तक मैं मुख्य रूप से गरीबी, मानवाधिकार और महिलाओं की खास समस्याओं पर ज्यादा ध्यान देती थी। 1984 की घटनाओं के बाद जातीय हिंसा और उससे जुड़े राजनीति के अपराधीकरण की समस्या से निपटने के रास्ते ढूंढना ही मेरी सबसे पहली प्राथमिकता बन गया। सांप्रदायिक नरसंहार क्यों होते हैं, वह हमारी राजनीतिक व्यवस्था का एक नियमित अंग क्यों बनते जा रहे हैं, ऐसा क्यों है कि इस तरह की हत्याओं के लिए जिम्मेदार लगभग सभी लोग खुले घूम रहे हैं और ताकतवर माने जाते हैं, इन निर्मम कृत्यों को किस तरह वैधता मिल रही है और इन्हें रोकने के लिए क्या किया जा सकता है? — इन लेखों में इन्हीं बातों को समझने की एक संजीदा कोशिश की गई है।

श्रीमती गांधी की हत्या के बाद उत्तरी भारत में सिखों के कत्लेआम को मीडिया की मुख्यधारा, हमारे नेताओं और सरकार ने हिंदू-सिख दंगे का नाम दिया। नागरिक एकता मंच

के तहत राहत कार्यों में हिस्सेदारी के दौरान मेरे अपने शोध और और पीपुल्स यूनियन फॉर सिविल लिबर्टीज़–पीयूसीएल–पीयूडीआर (पीपुल्स यूनियन फॉर डेमोक्रेटिक राइट्स) की रिपोर्ट *हू आर दि गिल्टी?* से बिला शक साबित होता है कि यह सिखों पर एक राजनीति प्रेरित और सोचा-समझा हमला था जिसे कांग्रेस के राष्ट्रीय स्तर के नेताओं ने अपने स्थानीय गुटों और गिरोहों के जरिए अंजाम दिया। मुझे जो ब्यौरे मिले उनके जरिए यह समझने की भी कोशिश की गई है कि उस समय जो भी रिपोर्टें लिखी गईं उनमें से किसी में भी सिख महिलाओं पर हुए यौन अत्याचारों को रेखांकित क्यों नहीं किया गया?

जब मीडिया इस नरसंहार को एक हिंदू-सिख दंगे का नाम दे रहा था, उसे हिंदू समुदाय के 'गुस्से की स्वतःस्फूर्त अभिव्यक्ति' बता रहा था, उस समय मैंने सोच-विचार कर इसे 'सिखों के नरसंहार' की संज्ञा दी। कांग्रेसी नेताओं द्वारा संगठित किए गए हत्यारे गिरोहों को पुलिस की तरफ से किसी तरह की रोकटोक का सामना नहीं करना पड़ा; बल्कि उन्हें पुलिस तथा प्रशासकीय तंत्र से प्रायः खुली मदद मिलती रही। यह पूरा घटनाक्रम बिल्कुल एकतरफा था। हजारों सिख मारे गए परंतु हिंदुओं के जान-माल को न के बराबर नुकसान पहुंचा। बाद के सालों में मुट्ठी भर मानवाधिकार कार्यकर्ता और सिख समुदाय के नेता चीख-चीख कर इस बात को कहते रहे, झूठ को बेपर्द करने के लिए जान की बाजी लगाते रहे–तब कहीं जाकर लोग इस बात को समझ पाए कि यह कोई दंगा नहीं बल्कि एक सुनियोजित नरसंहार था।

'यह गुरु का घर है' लेख अस्सी के दशक के मध्य में हिंसाग्रस्त पंजाब की एक यात्रा के बाद लिखा गया था। इसमें मेरी इस हैरत को दर्ज किया गया है कि राष्ट्रीय मीडिया में संत लोंगोवाल और उनके सहयोगियों को जिस रंग में पेश किया जा रहा था असल में वह उससे कितने अलग थे। मुझे यह देखकर भी हैरानी हुई कि इस बारे में कांग्रेस और उसकी सरकार ने दुष्प्रचार की कितनी बड़ी मुहिम छेड़ी हुई थी। न केवल कांग्रेस हिंदू-सिखों के बीच खाई पैदा करने वाले सिख आतंकवादियों के प्रति अपने प्रच्छन्न समर्थन के सारे सबूतों को छिपाने और मिटाने में कामयाब रही बल्कि हद तो यह थी कि उसने बड़ी सफाई से इस हिंसा की सारी जिम्मेदारी भी अकाली दल नेतृत्व के कंधों पर डाल दी।

चौरासी के नरसंहार ने साबित कर दिया कि भारतीय राज्य अभिशासन की सबसे बुनियादी जिम्मेदारी को भी पूरा करने में नाकाम और नाकाबिल हो चुका है। वह लोगों को एक ऐसा सुरक्षित और सहज वातावरण उपलब्ध नहीं करा सकता जिसमें सभी जातीय समुदायों के लोग सुरक्षापूर्वक रह सकें और निर्भय होकर काम कर सकें। हमारे अभिशासन तंत्र में जवाबदेही के अभाव से सत्ता में बैठे लोगों को हत्या और लूटपाट के बावजूद बच निकलने का रास्ता मिल जाता है। देश की राजधानी के बीचोंबीच भरी दोपहरी में शासक पार्टी के नेता एक सम्मानित अल्पसंख्यक समुदाय के खिलाफ खुलेआम और बेशर्म अंदाज में हिंसा भड़का रहे थे। इस हत्याकांड को दो दशक से भी ज्यादा समय हो चुका है मगर अब तक भी इन हत्याओं में हिस्सेदार एक भी बड़े नेता या अधिकारी को दंडित नहीं किया गया

है। कुछ हत्यारों पर मुकदमे शुरू तो हुए हैं परंतु उनकी रफ्तार और अदालतों का चाल-चलन सारी उम्मीदों पर पानी फेर देता है।

इन घटनाओं को हमारे अखबारों ने जिस तरह कवरेज दी वह भी हमारी कथित स्वतंत्र प्रेस की विफलता का एक त्रासद उदाहरण है। हमारे अखबारों को आदत सी पड़ चुकी है सरकारी विज्ञप्तियों को ही खबरों की तरह छापने की। इस चक्कर में प्रेस अकसर ऐसे मौके पर भी अपनी जिम्मेदारियों का पालन करने से चूक जाती जब कोई भयानक संकट देश पर मंडरा रहा होता है और खौफनाक ताकतें देश को टुकड़े-टुकड़े कर देने पर आमादा दिखाई देती हैं। या तो हमारी राष्ट्रीय प्रेस अपनी आंखों के सामने देश की राजधानी में घट रही घटनाओं पर सटीक जानकारी देने में सक्षम नहीं थी या फिर वह देना नहीं चाहती थी। ऐसी सूरत में उससे यह उम्मीद करना तो व्यर्थ ही होगा कि वह दूरदराज स्थित शहरों और इलाकों में घट रही घटनाओं की एक सच्ची तस्वीर लोगों के सामने ला पाएगी। उसने जान-बूझकर अपनी आंखों पर राष्ट्रवादी शब्दाडंबर का पर्दा डाल लिया और कानून की धज्जियां उड़ा रहे हमारे शासकों के सामने डरकर घुटने टेक दिए। जाहिर है कि जो कुछ घट रहा था वह शासक पार्टी के नेतृत्व में मासूम नागरिकों का सुनियोजित और व्यापक कत्लेआम था। जो कुछ वास्तव में घटा और जो हमारी स्वतंत्र प्रेस ने हमें बताया, उसके बीच मौजूद भयानक फासले को देखते हुए मैंने यह संकल्प लिया कि अब मैं किसी भी महत्वपूर्ण मुद्दे पर केवल अखबारी रिपोर्टों के आधार पर कभी कुछ नहीं लिखूंगी। जो लोग लोकतंत्र के निर्माण और मानवाधिकारों की रक्षा के बारे में चिंतित हैं उनके लिए यह एक बुनियादी राजनीतिक जिम्मेदारी बन चुकी है कि वह सरकार के दुष्प्रचार अभियान का मुकाबला करने के लिए ईमानदारी के साथ सटीक सूचनाएं लोगों के सामने लाने का बीड़ा उठाएं।

'सियासी खेल के नियम बदलना' सिख समुदाय की राजनीति के बारे में प्रचलित कुछ गलतफहमियों को दूर करने की एक और कोशिश थी। इस लेख के जरिए हमने मानुषी के पाठकों को इस बात से वाकिफ कराया कि हिंदुओं और सिखों के बीच जो खाई पैदा हुई है उसको पाटने के लिए छोटी-छोटी कोशिशों में भी हमें कितनी रुकावटों का सामना करना पड़ा। यह लेख इस बात की एक छोटी सी झलक देता है कि मोहल्ले के स्तर पर भी पार्टियों के राजनेता आम नागरिकों को राजनीतिक पहलकदमी लेने से रोकने के लिए किस-किस तरह के हथकंडे अपनाते हैं। यहां तक कि सांप्रदायिक सौहार्द जैसे गैर-विवादास्पद मुद्दों पर भी उन्हें आम लोगों की संवेदनशील कोशिशें रास नहीं आतीं। और इस तरह वह आम नागरिकों को सुनियोजित ढंग से राजनीति-विमुख करते जाते हैं। इस तरह समग्र लोकतंत्र जब-तब वोट डालने की रस्मी कवायद तक सिमट कर रह गया है। इस तरह के समाज में राजनीतिक रूप से सक्रिय रहने का एकमात्र तरीका यही बचता है कि किसी ताकतवर नेता के संरक्षण के बदले में आप भी वोट जुटाऊ श्रृंखला की एक और कड़ी बनकर रह जाएं।

पंजाब की राजनीति और सिख समुदाय के बारे में लिखे गए इनमें से कुछ लेखों

का विभिन्न संगठनों और व्यक्तियों ने पंजाबी में भी अनुवाद किया है। पंजाब तथा भारत के बाहर रहने वाले सिखों के बीच इन लेखों का बड़ी संख्या में वितरण हुआ। अपनी पैनी रिपोर्टिंग के चलते *मानुषी* को राजनीतिक रूप से सक्रिय सिखों के एक बड़े तबके का भरोसा मिला और वह एक ऐसे दौर में भी हिंदुओं और सिखों के बीच बढ़ती खाई पाटने का एक छोटा सा जरिया बनी रही जब इन दोनों समुदायों के आपसी रिश्ते कड़वाहट और नफरत से भर गए थे।

अस्सी के दशक के मध्य तक आते-आते सिख आतंकवादियों की बंदूके अपने समुदाय के भीतर बहुत सारी ऐसी आवाजों को खामोश करा चुकी थीं जो इन आंतकवादियों की राय से इत्तेफाक नहीं रखते थीं। इसके बावजूद विदेशों में रहने वाले सिखों ने मुझे अनगिनत गुरुद्वारों में भाषण देने का न्यौता दिया और इस जरिए मुझे आतंकवादी गुटों की विनाशकारी राजनीति को चुनौती देने का मौका मिला जो आतंकवाद का रास्ता अपना रहे थे। 'संवाद दोबारा कायम करने की जरूरत' लेख में उत्तरी अमेरिका के सिख समुदाय के साथ मेरी गर्मागर्म, साफ-सटीक और गहन चर्चाओं तथा उन्हें इस बात को समझने के लिए प्रेरित करने की मेरी कोशिशों का ब्यौरा दिया गया है कि चौरासी में सिखों का कत्लेआम हमारे देश में मानवाधिकारों के हनन की एक वृहत्तर परिघटना का हिस्सा है। मैंने उन्हें समझाने की कोशिश की कि वह अपनी राजनीति की बुनियाद इस गलतफहमी पर न रखें कि सिखों को इसीलिए हमलों का निशाना बनाया जा रहा हैं क्योंकि भारत सरकार निहित रूप से सिख विरोधी है। असलियत यह है कि भारत में वास्तविक टकराव धर्म को लेकर है ही नहीं, बल्कि बुनियादी तौर पर टकराव तो दो ऐसे खेमों के बीच है जिनमें से एक खेमा उत्तरदायित्वपूर्ण लोकतांत्रिक विकेंद्रीकरण के हक में आवाज उठा रहा है जबकि दूसरा खेमा भ्रष्ट निरंकुशवादी केंद्रीयतावाद की लूटमार और छीना-झपटी से फायदा उठाने वालों का है। सरकार में बैठे कुछ लोग इसी टकराव को धार्मिक फसादों का रूप देना चाहते हैं।

इस किताब के दूसरे हिस्से में दिए गए लेख हिंदू-मुस्लिम संबंधों पर केंद्रित है। हमारे देश में बहुसंख्यक-अल्पसंख्यक संबंधों के बाकी सारे मामलों के मुकाबले यह कहीं ज्यादा जटिल और समस्याप्रद मामला है। यह एक ऐसी विशद समस्या है जो स्वतंत्रता आंदोलन से लेकर आज तक हल नहीं हो पाई है। हमारे देश में हिंदू-मुस्लिम समस्याओं के एक लंबे इतिहास और सन सैंतालीस की विरासत को देखते हुए मुसलमानों को निशाना बनाने के लिए मौजूदा भ्रांतियों का इस्तेमाल करना और यह दावा करना ज्यादा आसान हो जाता है कि मुसलमान राष्ट्र विरोधी होते हैं। इस हिस्से में दिए गए लेखों के जरिए इन रुढ़ छवियों को तोड़ने की कोशिश की गई है।

'स्वधर्म की रक्षा में' लेख में राम मंदिर अभियान का विश्लेषण किया गया है। इस लेख में संघ परिवार के राजनेताओं द्वारा हिंदू समुदाय को पहुंचाये जा रहे नुकसान का विश्लेषण किया गया है क्योंकि यह राजनेता धर्म और राष्ट्रवाद के नाम पर *अधर्म* के अलावा और

कुछ नहीं फैला रहे हैं। वह हिंदू समुदाय के आत्मविश्वास को नष्ट कर रहे हैं जिसकी वजह से यह समुदाय एक सशंकित, भयग्रस्त अल्पसंख्यक समुदाय की तरह व्यवहार करने लगा है। इस लेख में गांधी की पद्धति और भक्ति आंदोलन की विरासत के प्रति मेरे आकर्षण के चलते मैं समुदायों के आपसी संबंधों के दायरे में समाधान खोजने की कोशिश करती हूं। यहां मैंने इस बात पर जोर देने की कोशिश की है कि मुख्य रूप से या केवल सरकारी हस्तक्षेप पर ही भरोसा करना ठीक या काफी नहीं है।

राम मंदिर पर संघ परिवार के कब्जे के कुछ समय बाद राम जन्मभूमि मंदिर के अधिकृत पुजारी बाबा लाल दास और अयोध्या के एक अन्य महंत रामचंद्र आचार्य का कत्ल कर दिया गया। बाबा लाल दास के साथ मेरा इंटरव्यू और 'राजनीति का अपराधीकरण' लेख से पता चलता है कि राजनीतिक ठगों और गुण्डों द्वारा मंदिरों का अधिग्रहण किस प्रकार धार्मिक स्थानों की पवित्रता और स्वायत्तता को नष्ट करके उन्हें अपराधियों के अड्डों में तब्दील करता जा रहा है। मुख्यधारा का मीडिया इन महत्वपूर्ण घटनाओं को कवरेज नहीं दे पाया। बाबरी मस्जिद के ध्वंस का विरोध करते हुए अपनी जान की बाज़ी लगा देने वाले बाबा लाल दास की हत्या को हमारे राष्ट्रीय अखबारों में एक छोटे से कॉलम से ज्यादा जगह नहीं मिली।

1992 के बंबई दंगों के बारे में मेरी खोजबीन से एक बार फिर जाहिर होता है कि अपनी तमाम राजनीतिक दुश्मनी के बावजूद कांग्रेस, शिवसेना और संघ परिवार के संगठन भले ही आपस में सत्ता के लिए कितना भी खूनी संघर्ष करें मगर मुस्लिम विरोधी नरसंहारों में हिस्सेदारी के मामले में वह एक दूसरे से कतई अलग नहीं हैं। इस अध्ययन से कुछ परेशान करने वाली नई बातें भी सामने आईं :

- बहुत सारे वामपंथी ट्रेड यूनियन नेताओं ने भी दंगाई हिंदू गिरोहों में हिस्सा लिया।
- हत्या, लूटपाट और आगजनी में महिलाएं भी बढ़-चढ़ कर हिस्सा लेने लगी हैं।
- अब केवल पार्टियों की आपसी दुश्मनी के कारण ही दंगे नहीं होते बल्कि एक ही पार्टी के प्रतिद्वंद्वी राजनेता भी एक-दूसरे से हिसाब बराबर करने के लिए भी दंगे करवाते हैं (जैसे इस मामले में एक भूतपूर्व और तत्कालीन मुख्यमंत्री के बीच का द्वंद्व, जबकि दोनों कांग्रेसी थे)।

'महिला हितैषी या मुस्लिम विरोधी' लेख शाहबानो विवाद के सिलसिले में लिखा गया था। इस लेख में भी मुस्लिम पर्सनल लॉ के खिलाफ मुहिम चलाने वालों द्वारा पैदा की गई इस गलतफहमी का जवाब देने की कोशिश की गई है कि संशोधित हिंदू कानून को पचास के दशक में ही धर्मनिरपेक्ष स्वरूप प्रदान कर दिया गया था और इसलिए अब वह एक समान नागरिक संहिता की जगह ले सकता है। इस मुहिम में शरीक लोगों का दावा था कि हिंदू महिलाओं के पास मुस्लिम महिलाओं के मुकाबले हर लिहाज से ज्यादा बेहतर अधिकार हैं और मुस्लिम समुदाय द्वारा अपने पर्सनल लॉ की हिमायत उसकी राष्ट्र विरोधी सोच का परिचायक है। उस समय धर्मनिरपेक्षतावादी, वामपंथी, दक्षिणपंथी, साम्प्रदायिक,

तर्कवादी और नारीवादी, सब एक अनिच्छुक मुस्लिम बहुसंख्या पर एक अपरिभाषित समान नागरिक संहिता थोपने पर आमादा थे। कहने को तो यह अभियान मुस्लिम महिलाओं की हिमायत में शुरू किया गया था मगर इस अभियान ने हिंदू-मुसलमानों के बीच खाई और गहरी कर दी तथा मुस्लिम विरोधी भावनाओं को और ज्यादा सम्मान मिलने लगा। कई सालों की कोशिशों और गहन बहस-मुबाहिसे के बाद ही महिला आंदोलन, वामपंथी ताकतों और धर्मनिरपेक्षतावादियों के एक हिस्से को यह बात समझ में आयी कि कानूनी जोर-जबर्दस्ती का सहारा लेकर किसी सुधार की बुनियाद डालना कभी भी सही समाधान नहीं हो सकता।

शाहबानो पर लिखे गए इस लेख को उर्दू प्रेस में काफी जगह मिली। इस लेख के जरिए मेरे लिए मुस्लिम समुदाय के साथ संवाद के नए रास्ते भी खुले। इस लेख के बाद मुझे जो फीडबैक मिला उससे मुस्लिम समुदाय की मौजूदा दुविधाओं को समझने में काफी मदद मिली। इस फीडबैक के सहारे मुझे ऐसी रणनीतियां सुझाने में मदद मिली जिनसे महिलाओं की स्थिति को सुधारने के लिए खुद मुस्लिम समुदाय के भीतर और उत्साह का संचार किया जा सकता है बजाय इसके कि ऐसी नीतियां सामने रख दी जाएं जो पूरे समुदाय को नफरत भरे अभियानों के जरिए असुरक्षा की भावना में डुबोकर उस उत्साह को पूरी तरह निस्तेज कर देंगी। 'मुठभेड़ के माहौल को तोड़ना' और 'सुधारों के लिए माहौल बनाओ, थोपो मत' लेख इसी सूत्र को और आगे बढ़ाते हैं।

अल्पसंख्यकों के अधिकारों के मुद्दे पर मेरे काम से मुझे एक महत्वपूर्ण सीख मिली है। यदि आप समाज सुधार, खासतौर से महिलाओं के अधिकारों से जुड़े मुद्दे उठाते हैं और एक बाहरी हमलावर के तेवर में बात करते हैं तो जिस समुदाय को निशाना बनाया जा रहा है वह अकसरहां दुश्मनाना तेवर अपनाने लगता है। और तो और, उस समुदाय की महिलाएं भी इस तरह के सुधारों की खिलाफत करने लगती हैं। जिन सुधारों से उन्हें सबसे ज्यादा फायदा मिलने की उम्मीद की जा सकती है, वह उन सुधारों के भी खिलाफ हो जाती हैं। यह बात असुरक्षित अल्पसंख्यक समुदायों के मामले में खासतौर से साबित हो चुकी है क्योंकि वह अपने खिलाफ मौजूद पूर्वाग्रहों के कारण पहले से ही कमजोर स्थिति में होते हैं। महिला अधिकारों को मजबूती प्रदान करने के लिए एक प्रभावी हस्तक्षेप के उद्देश्य से यह जरूरी है कि आपकी छवि ऐसी हो कि आपने संकट और हमले की स्थिति में भी उस समुदाय का दुख-दर्द बांटा हो। उदाहरण के लिए, अगर आप उस समय खामोश रहते हैं जब हिंसक हिंदुत्ववादी मुसलमानों पर हमला करते हैं या उनकी हत्या करते हैं या सांप्रदायिक पुलिस उन्हें अपना निशाना बनाती है तो महिला अधिकारों के मुद्दे पर आपका हस्तक्षेप कितना भी संजीदा क्यों न हो—मुस्लिम समुदाय आपको अविश्वास और नफरत की नजर से ही देखेगा। महिला अधिकारों की मुहिम को समुदाय विशेष के पुरुषों और महिलाओं के बीच खाई पैदा करके भी सही अंजाम तक नहीं पहुंचाया जा सकता है।

एक व्यावहारिक दीर्घकालिक रणनीति के लिए अल्पसंख्यकों के अधिकारों और महिलाओं के अधिकारों के हक में एक साथ संतुलित ढंग से आवाज उठाना जरूरी है।

अल्पसंख्यक अधिकारों के मुद्दों पर सक्रिय बहुत सारे लोग अकसर इस तरह की पोजीशन ले बैठते हैं जिसमें महिलाओं के प्रति अल्पसंख्यक समुदाय के निर्मम और अतार्किक कृत्यों को भी सही ठहरा दिया जाता है। यह ठीक वैसे ही है जैसे महिला अधिकारों के एकसूत्री एजेंडा के चक्कर में कुछेक नारीवादी महिलाएं पुरुषों के साथ हो रही नाइंसाफी पर आंखें मूंद लेती हैं। इसी तरह बहुत सारे मानवाधिकार कार्यकर्ता सरकार और शासक अभिजन द्वारा किए जा रहे अत्याचारों की ओर ध्यान आकर्षित कराने के चक्कर में आतंकवादियों द्वारा मानवाधिकार उल्लंघन की घटनाओं पर नरम रुख अपनाने लगते हैं। इससे उनका प्रभाव भी कम होता है और उनकी विश्वसनीयता भी खतरे में पड़ने लगती है।

'राष्ट्रवाद की चाकरी में धर्म' लेख हमारे देश में हिंदू मुस्लिम टकराव का समाधान निकालने के लिए नई रणनीतियों की दिशा में एक ज्यादा व्यावहारिक समझ का सूत्रपात करता है। इस लेख में जातीय हिंसा के मुद्दों के साथ मेरे लंबे जुड़ाव से पैदा हुई राजनीतिक समझ और अवधारणाओं का एक समग्र वक्तव्य निहित है। हालांकि मैं अभी भी राजनीतिक जीवन में राष्ट्रवाद की जगह को लेकर महात्मा गांधी की संवेदनशील और बहुपरती पोजीशन से प्रभावित हूं परंतु अब अपनी सोच में मैं टैगोर के ज्यादा नजदीक महसूस करती हूं। उन्होंने अपने अधिकांश जीवनकाल में इस बात पर जोर दिया कि राष्ट्रवाद का यूरोपीय जहर ही उस हिंसा और नफरत का सबसे बड़ा स्रोत है जिसने भारतीय समाज को इतने संकटों में धकेला है।

कश्मीर का अलगाववादी आंदोलन हिंदू-मुस्लिम संबंधों की सबसे कठोर अग्निपरीक्षा साबित हुआ है। यह आंदोलन हमारे देश के मानवाधिकार कार्यकर्ताओं के लिए भी एक कठिन परीक्षा का विषय था। कुछ मानवाधिकार कार्यकर्ता तो सरकारी जुल्मों के विरुद्ध अपनी प्रतिबद्धता साबित करने के चक्कर में आतंकवादियों द्वारा की जा रही हत्याओं को सही सिद्ध करने की हद तक चले गए। इसके अलावा एक ज्यादा बड़ा हिस्सा कट्टर राष्ट्रवादी भावनाएं व्यक्त करने लगा और उसने ऐलान कर दिया कि अलगाववादी आंदोलनों में मानवाधिकार का मुद्दा बेमानी होता है। हालांकि 'कश्मीर से उठती आवाजें' शीर्षक रिपोर्ट में कश्मीर से आए हिंदू शरणार्थियों की दुर्दशा पर रोशनी नहीं डाली गई है परंतु इस समुदाय के भीतर मौजूद ज्यादा जिम्मेदार आवाजों की सोच को उसमें जरूर समाहित किया गया है। इस बात की ओर भी संकेत किया गया है कि कश्मीर में अलगाववादी आंदोलन और आतंकवाद के विस्फोट की जिम्मेदारी केंद्र सरकार के भ्रष्टाचार और निरंकुशता का परिणाम है। संविधान में दिए गए सीमित संघीय ढांचे को भी राजनीतिक रूप से हाशिए पर धकेल दिए जाने से कश्मीर के हालात और खराब हुए हैं। यह सब कुछ दिल्ली दरबार से पूरे भारत का शासन चलाने की इच्छा रखने वाले राजनेताओं के अल्पकालिक स्वार्थों की पूर्ति के लिए हुआ है। इस लेख में आतंकवादी राजनीति तथा जम्मू-कश्मीर के जातीय अल्पसंख्यकों और जम्मू-कश्मीर प्रांत के विभिन्न क्षेत्रों की आकांक्षाओं के प्रति कश्मीरी मुस्लिम नेताओं की असंवेदनशीलता के पर भी कड़ा स्टैंड लिया गया है।

इस किताब के ज्यादातर लेख एक ही निष्कर्ष पर पहुंचते हैं—समाज की बेहतरी और विभिन्न समुदायों के बीच आपसी संबंधों के लिए सबसे बड़ा खतरा उन लोगों की तरफ से है जो हम पर शासन कर रहे हैं। उन्हें अपने लालच और कुकृत्यों के भयानक परिणामों की रत्ती भर भी चिंता नहीं है। हमारे देश में जातीय शत्रुताओं को यूरोप के जातीय तनावों से जो चीज भिन्न करती है वह यह है कि जब कभी भी हमारे समुदायों को उनके अपने हाल पर छोड़ दिया जाता है तो वह सहज ही सहअस्तित्व के काफी सम्मानजनक तरीके ढूंढ ही लेते हैं। यहां तक कि वह सांझे सांस्कृतिक प्रतीक और दायरे भी गढ़ लेते हैं और एक-दूसरे के रीति-रिवाजों और तीज-त्यौहारों में शामिल होते हैं। ईसाइयों ने यूरोप में यहूदियों के खिलाफ जितना रक्तपात किया है और उन्हें जितनी यातनाएं दी हैं उसके मुकाबले हमारे देश के इतिहास में ऐसा कुछ नहीं है। यूरोप में प्रोटेस्टेंट और कैथोलिक पंथों के बीच सदियों तक भयानक रक्तिम संघर्ष चले हैं। भारत में विभिन्न पंथों और समुदायों के बीच आपसी शत्रुता में सामूहिक हत्याओं के लिए तब तक कोई जगह नहीं थी जब तक यूरोप से चकाचौंधा कुछेक राजनेताओं ने वहां से जातीय राष्ट्रवाद की सोच का आयात नहीं किया और उसे बहुल समुदाय के शासन के रूप में लोकतंत्र के साथ सुविधानुसार मिलाकर भारतीय लोकतंत्र को जहरीला बना दिया।

लोकतंत्र का एक बुनियादी आधार है—'एक व्यक्ति, एक वोट।' यह लोकतांत्रिक प्रणाली अकसर बहुमत के शासन की प्रवृत्ति को भी पुष्ट करती है। परंतु कुछ लोग उचित मुद्दों पर फैसले के लिए लोकतांत्रिक सिद्धांत को अपनाने की बजाय लोकतंत्र के एकमात्र मानदंड के तौर पर एकाश्म बहुमत की रचना करने की कोशिश में समुदायों की गिनती पर आधारित बहुमत हासिल करने को ही लोकतंत्र की एकमात्र पहचान का चोला पहना देते हैं। धर्म, भाषा, रंग या जाति जैसे मनमाने और कथित वस्तुगत चिन्हों के आधार पर एक किसी राष्ट्र की सदस्यता की हकदारी के विचार के साथ जुड़कर इस विचारधारा ने बीसवीं शताब्दी के बहुत सारे समाजों में विनाशकारी मानसिकता और नरसंहार की अनगिनत घटनाओं को जन्म दिया है। अपने इस अवतार में लोकतांत्रिक सिद्धांतों को लेकर व्याप्त भ्रम बहुमतवाद को एक झूठी वैधता प्रदान कर देता है। 'बहुल' जातीय समुदाय के स्वयंभू नेता 'अल्पसंख्यक' समुदाय की नियति पर एकतरफा नियंत्रण हासिल करने की कोशिश में अल्पसंख्यकों को केवल ऐसे लोगों की शर्तों पर जीने के लिए बाध्य कर देते हैं जो जातीय 'बहुल' के नाम पर शासन का दावा करते हैं। शासक समूह का नेता यह साबित करके एक क्षेत्र विशेष में सर्वोच्चता का दावा करता है कि वह एक बहुल 'पहचान' का प्रतिनिधित्व कर रहा है। इस तरह के शासकों ने पिछली सदी में करोड़ों लोगों को खूनी कत्लेआम की भेंट चढ़ा देने वाले जातीय टकरावों को भीषण स्तर तक पहुंचा दिया। यूरोप इस रक्तपात का सबसे बड़ा केंद्र रहा। और वही जातीय राष्ट्रवाद की भी जन्मस्थली था।

इसके विपरीत ज्यादातर परंपरागत सूक्ष्म-समाजों ने आपसी सहमति के जरिए सहअस्तित्व

के शानदार कायदे-कानून निकाले हैं। उनमें ज्यादातर फैसले परंपरागत रीति-रिवाजों के आधार पर लिए जाते थे और यह रीति-रिवाज बदलते हालात के हिसाब से लगातार नए-नए रूप ग्रहण करते रहते थे। जिन लोगों के पास किसी परस्पर स्वीकार्य फैसले के लिए सुलह-सफाई या स्थानीय लोगों को मनाने की क्षमता होती थी वही सबसे असरदार और सबसे चहेते नेता बनते थे। भारतीय उपमहाद्वीप में रहने वाले विभिन्न समुदायों के लोग सहअस्तित्व के बेहद परिष्कृत और व्यावहारिक तरीके विकसित करने में कामयाब रहे क्योंकि यूरोप के विपरीत यहां ऐसी कोई केंद्रीय धार्मिक शक्ति नहीं थी जो एक धर्म के लोगों को दूसरे धर्म के खिलाफ लामबंद कर सके। इसके अलावा, ज़िस तरह शासकीय और धार्मिक दायरे मोटे तौर पर एक-दूसरे से स्वतंत्र थे उसी तरह स्थानीय समुदाय भी शिखर पर बैठे शासकों से रोजमर्रा जीवन के बुनियादी मामलों में स्वतंत्र रहते थे। ऐसे में लगभग सभी स्थानीय मतभेदों को बाहरी राजनीतिक या धार्मिक शक्तियों या मदद या दखलंदाजियों के बिना स्थानीय स्तर पर ही हल कर लेना लाजिमी होता था। स्थानीय लोग इस बात को समझते थे कि इस तरह के जमीनी नियमों के मोर्चे पर विफलता सभी लोगों के लिए असुरक्षा का स्रोत बन जाएगी। स्थानीय स्तर पर दूसरों के खिलाफ दुश्मनी और हमलों को केवल निजी जोखिम और कीमत पर ही अंजाम दिया जा सकता था।

यूरोप से आयातित जातीय राष्ट्रवाद की आधुनिक विचारधारा और व्यवहार के उदय से यह सब कुछ उलट-पुलट हो गया। जो नेता बहुलवादी पहचान की ओर से बोलने का दावा कर सकते थे, चाहे वह पहचान वास्तविक हो या कृत्रिम, उन्होंने संगठित हिंसा के लिए आधुनिक प्रौद्योगिकी से युक्त राज्य मशीनरी पर नियंत्रण प्राप्त कर लिया। नतीजतन, वह अल्पसंख्यकों के खिलाफ राज्य की जोर-जबर्दस्ती वाली और दमनकारी शक्तियों का प्रयोग कर सकते थे जबकि इसके लिए उन्हें या उनके बहुल समुदाय में मौजूद उनके समर्थकों को किसी तरह का जोखिम उठाने की कोई जरूरत नहीं रही।

बहुमत और अल्पमत की परिभाषाएं बार-बार बदलती रहती हैं। सत्ता के भूखे नेता यह तय करने के लिए नई-नई निशानियां गढ़ते रहते हैं कि कौन बहुमत की तरफ है और किसे अल्पमत के साथ खड़ा करके निशाना बनाया जाना चाहिए। अगर हम आज अपने इर्द-गिर्द नजर डालें तो पता चलता है कि बहुमत केंद्रित लोकतंत्र का मूल विचार केवल उन्हीं समाजों में संतोषजनक ढंग से काम कर रहा है जहां :

(क) छोटी सी सजातीय आबादी रहती है और जहां समाज के बारे में बुनियादी सांगठनिक सिद्धांत को लेकर एक आम सहमति मौजूद है। स्वीडन और डेनमार्क जैसे देश इसका अच्छा उदाहरण हैं; या फिर

(ख) ऐसी बहुसांस्कृतिक, बहुजातीय आबादी जहां लंबे इतिहास के बाद निर्णय प्रक्रिया के कुछ खास व्यावहारिक राजनीतिक नियमों को व्यापक स्वीकृति मिल चुकी है और राजनीतिक व्यवस्था में उन्हें लागू किया गया है (जैसे स्विट्जरलैंड, कनाडा, अमेरिका)।

परंतु सुचारू ढंग से चल रहे पश्चिमी लोकतंत्रों में भी बहुसंख्यक और अल्पसंख्यक अधिकारों की निश्चित सीमाएं निर्धारित करके बहुमत और अल्पमत के बीच एक खास संतुलन स्थापित कर लिया गया है। मिसाल के तौर पर, कम से कम सिद्धांत के स्तर पर जातीय अल्पसंख्यकों को महत्वपूर्ण राजनीतिक फैसलों में हिस्सेदारी का बुनियादी अधिकार दे दिया गया है। यहां तक कि उन्हें सार्वजनिक संसाधनों के संग्रह और आबंटन के फैसलों में भी हिस्सेदारी दी गई है। परंतु राजनीतिक पृथक्करण की संभावना आमतौर पर एजेंडा में नहीं होती है। इन समाजों में अल्पसंख्यकों को भी अब सीमित हद तक राजनीतिक और सांस्कृतिक जगह दी जाने लगी है ताकि वह बहुमत द्वारा परिभाषित संस्कृति के संदर्भ में एक हद तक स्वायत्तता के साथ अपनी पहचान की अभिव्यक्ति और दावा प्रस्तुत कर सकें। परंतु इसके बावजूद उन्हें अभिशासन के बुनियादी सिद्धांतों को चुनौती देने या उनका बहिष्कार करने का अधिकार नहीं है। वह सभी नागरिकों के कुछ खास बुनियादी अधिकारों पर सवाल नहीं खड़ा कर सकते और न ही अपने सदस्यों के लिए किसी ऐसी समानान्तर अभिशासन व्यवस्था की मांग कर सकते हैं जो शेष नागरिकों के व्यक्तिगत अधिकारों के खिलाफ जाती हो। वह अलग-अलग समुदायों के रूप में तो रह सकते हैं परंतु सामान्य रूप से उनके पास खुद को अलग राष्ट्रीयताओं के रूप में प्रस्तुत करने का अधिकार नहीं होता। क्योंकि उन्हें विश्वास हो चुका है कि उनका जीवन, संपत्ति और आजीविका का अधिकार राष्ट्र राज्य से उन्हें मिल चुका है इसलिए इन लोकतंत्रों में अल्पसंख्यक विरले ही कभी राष्ट्र राज्य को चुनौती देते हैं। परंतु हमें इस बात को रेखांकित करना चाहिए कि यूरोप में भी राजनीतिक कामकाज के चंद क्षेत्रों में बहुमत के शासन को संभव बनाने वाला स्थिर राजनीतिक संदर्भ हाल ही में पैदा हुआ है जबकि इससे पहले करोड़ों यूरोपीय बाकायदा युद्धों के जरिए या फिर कातिलाना अभियानों के जरिए मौत के घाट उतारे जा चुके थे या उन्हें खदेड़ कर बाहर निकाल दिया गया था। यूरोप से जाकर बसे लोगों की लोकतांत्रिक व्यवस्थाओं, जैसे अमेरिका, कनाडा और ऑस्ट्रेलिया, में लोकतंत्र की स्थापना के लिए या तो देशी आबादी का सफाया कर दिया गया या उन्हें आरक्षित एवं सीमांत इलाकों में सीमित कर दिया गया। और अब जब यूरोप को एक बार फिर अपनी जमीन पर ऐसे गैर-यूरोपीय लोगों का सामना करना पड़ रहा है जिन्हें मूल रूप से वक्ती तौर पर सस्ते श्रम के लिए 'मेहमान कामगारों' के तौर पर लाया गया था, तो वहां नस्लवाद के हिंसक और कातिलाना रूप दोबारा सिर उठाने लगे हैं। एक और जातिसंहारक टकराव के साथ, इस बार साम्यवाद के पतन के बाद यूगोस्लाविया में यह टकराव खड़ा हुआ है। इसके अलावा पूर्वी यूरोप के विभिन्न दूसरे इलाकों में खड़े हो रहे जातीय टकराव भी इस बात का उदाहरण हैं कि यूरोप अभी भी जातीय विविधता के फ्रेमवर्क के भीतर सच्चे लोकतंत्र की स्थापना का तरीका पूरी तरह नहीं सीख पाया है।

इसके विपरीत भारत में विभिन्न समुदायों के बीच विविधता के लिए सम्मान और परस्पर सहकार की एक लंबी परंपरा के सहारे भारत एक बहुजातीय समाज का शानदार

उदाहरण है। हमारे ज्यादातर राजनीतिक संकट इस वजह से खड़े हो रहे हैं क्योंकि हमने बहुत सारी यूरोपीय राष्ट्रीय विचारधाराओं को बिंना सोचे-समझे स्वीकार कर लिया। इन विचारधाराओं में जातीय और राष्ट्रीय पहचानों को मैकेनिकल ढंग से एक-दूसरे के समतुल्य देखा जाता है और बहुल समुदाय के पास मौजूद संख्याबल को तमाम तरह के जातिसंहारक कृत्यों को लोकतांत्रिक मानदंडों पर आधारित बहुसंख्यक अधिकारों की छूट का जामा पहना दिया जाता है। भारत में इस तरह की विचारधारा का क्रियान्वयन कतई सफल नहीं हो सकता क्योंकि यहां एक अत्यंत जटिल विविधता और बहुलता मौजूद है। परंतु इसके बावज़ूद कुछ राजनेता इस खाई को और चौड़ा करने की अपनी कोशिशों से बाज़ नहीं आते।

हालांकि बहुमत का सिद्धांत ऐसे कई क्षेत्रों में भले ही लाभदायक साबित हो चुका हो जहां राज्य के कामकाज को लेकर शासन के सिद्धांतों पर बुनियादी सहमति मौजूद है परंतु जब उसे राष्ट्र राज्य के चरित्र और मार्गदर्शक सिद्धांतों के चयन, खासतौर से इस चुनाव पर लागू किया जाता है कि किसके पास कौन से अधिकार होंगे और किसके पास वह अधिकार नहीं होंगे, तो इस सिद्धांत से भयानक विनाशकारी परिणाम पैदा हुए हैं। राष्ट्र राज्यों के भीतर काफी बड़ी आबादी को 'संवैधानिक रूप से' मतदान के अधिकार से वंचित रखा गया है, उसे देश निकाला दिया गया है, उसका सफाया किया गया है या इसी बहुलवादी सिद्धांत के जरिए उसे कमतर इंसानों की तरह जीने के लिए विवश किया गया है।

मनमाने ढंग से परिभाषित बहुमत और अल्पमत नवगठित और अब तक अपरिभाषित उपमहाद्वीप के उन अलग-अलग हिस्सों में संप्रभु अधिकारों का दावा कर सकता है और उसे करना चाहिए, जहां वह बहुमत में है—इसी सोच ने 1947 में विनाशकारी विभाजन को जन्म दिया था। पाकिस्तान के जन्म को इसी आधार पर तो सही ठहराया जाता था कि कुछ खास प्रांतों में रहने वाले बहुसंख्यकों का एकमात्र प्रवक्ता ऐसे सभी लोगों के लिए संप्रभुता का दावा ठोंक सकता है जो उसके धर्म में पैदा हुए हैं। क्रमशः, इसी संप्रभुता से उसे कथित रूप से इस बात का भी अधिकार मिल गया कि वह लाखों ऐसे लोगों को उनके घरों से निकाल दे जो उसके धर्म में पैदा नहीं हुए थे—हालांकि दोनों समुदाय सदियों से एक साथ रहते आ रहे थे, दोनों का इलाका एक था, भाषा और संस्कृति एक थी।

मंटो ने अपनी कहानी 'टोबा टेक सिंह' में अपने उस 'पागल' नायक की दुविधा का बड़ा हृदयविदारक चित्र खींचा है जो एक ऐसे देश में जबरन ले जाए जाने का विरोध करता है जहां का वह 'नागरिक' है जबकि उस जगह रहने का उसे कोई हक नहीं मिलता जहां उसका परिवार सदियों से रहता आया था। अंत में वह 'भारत-पाकिस्तान' सीमा नामक एक काल्पनिक लकीर के ऊपर आकर गिर जाता है। कहानी का यह अंत अलग-अलग पहचानों पर आधारित राजनीति प्रेरित बहुमत के आधार पर राष्ट्र राज्यों की स्थापना की सोच में निहित त्रासदी और बेतुकेपन को उजागर कर देता है।

भारत का प्रभुत्वशाली राजनीतिक नेतृत्व पाकिस्तान के रास्ते पर चलने के लिए कतई तैयार नहीं था। इसीलिए उसने भारतीय राज्य को किसी खास धार्मिक पहचान में बांधने का

आग्रह नहीं किया। परंतु उसके बावजूद विभाजन की विरासत और इस सच्चाई ने भारत के राजनीतिक एजेंडा को भी बुरी तरह विकृत कर दिया कि इस विभाजन से पैदा हुए दो देशों में बहुलवादी और धार्मिक राजनय को अपनाया गया। परंतु फिर भी एक निकम्मी, अकुशल और कानूनविमुख सरकार, जिसे कोई भी समूह निजी फायदे या संकीर्ण उद्देश्यों के लिए अगवा कर सकता है, की अक्षमता ने अंतर्सामुदायिक संबंधों को खतरनाक रूप से विकृत कर दिया। इस पुस्तक में दिए गए ज्यादातर लेख इसी समस्या का हल ढूंढने की कोशिश हैं।

यद्यपि मेरी सोच अंतर्सामुदायिक संबंधों को गढ़ने की हमारी परंपरागत विरासत और गांधी की सोच पर आधारित हैं जिसमें विभिन्न जातीय समुदायों के बीच परंपरागत बंधनों और सहअस्तित्व के तौर-तरीकों को पुनर्जीवित करने की कोशिश की गई है परंतु पिछले कुछ सालों के दौरान मुझे महसूस होने लगा है कि मौजूदा जातीय टकरावों का समाधान अतीत में लौटकर उस दौर की भावनाओं को पुनर्जीवित करने की कोशिशों से निकलने वाला नहीं है। यहां तक कि अपने प्रयोग की विराटता के बावजूद खुद महात्मा गांधी भी इस कोशिश में कामयाब नहीं हो पाए। महात्मा गांधी ने सभी धर्मों की एकता पर जोर देते हुए हिन्दू-मुस्लिम भाईचारे का पाठ पढ़ाया। बलराज पुरी जिसे 'राम-रहीम पद्धति' कहते हैं वह भक्ति-सूफी परंपरा से पैदा हुई थी और उसमें दोनों समुदायों के बीच साझा विरासत और संबंधों पर जोर दिया गया था।

राम-रहीम पद्धति ऐतिहासिक रूप से अंग्रेजों के आने से पहले इस्लाम और हिन्दू धर्म के बीच चलने वाले धर्मशास्त्रीय टकरावों को हल करने की कोशिश में पैदा हुई थी। उस समय शासक मोटे तौर पर आम जनता से कटे हुए थे और लोगों की रोज-ब-रोज जिंदगी पर उनका खास असर नहीं होता था। आम लोग सहअस्तित्व के परस्पर स्वीकार्य तरीके निकालने के लिए स्वतंत्र रहते थे। आधुनिक राष्ट्र राज्य ऐसी स्वायत्तता नहीं देता। यह नागरिकों के जीवन के हर पहलू में घुसपैठ बनाता है और प्रत्येक घर के साथ कमोबेश सीधे संबंध की मांग करता है। इसीलिए प्रत्येक समुदाय के लिए, खासतौर से उसके नेताओं के लिए राज्य मशीनरी पर प्रभाव या नियंत्रण कायम करना 'करो या मरो' वाली स्थिति बन जाती है। राज्य मशीनरी पर जिस किसी का भी नियंत्रण होता है वह 'कानूनन' दूसरों को अपने अधीन रख सकता है। और क्योंकि अगर आप एक बहुमत की नुमाइंदगी का दावा करते हैं तो इस इस नियंत्रण को हासिल करना वैध माना जाता है इसलिए आधुनिक राजनीति में युद्धशास्त्र के बहुत सारे पहलू चुनावी दायरे में शामिल हो जाते हैं।

सफल लोकतंत्र वही हैं जो ऐसे सभ्य नियम और कायदे-कानून स्थापित करने में कामयाब हुए जिनके जरिए इस युद्ध के दौरान अल्पसंख्यकों के अधिकारों को स्पष्ट मान्यता मिली। ऐसे समाजों ने सत्ता और विशेषाधिकारों पर भौतिक नियंत्रण के लिए होने वाले टकरावों से तटस्थ रहने के नैतिक उपदेश नहीं दिए बल्कि उसके व्यावहारिक रास्ते निकाले। ऐसे समाजों में सरकार पर नियंत्रण या वर्चस्व स्थापित कर लेने वाले किसी भी समूह द्वारा सत्ता

के खुलेआम दुरुपयोग को रोकने के लिए संस्थागत प्रावधान भी किए गए। मिसाल के तौर पर, अब बहुत सारे लोकतंत्रों में संसद के स्तर पर आनुपातिक प्रतिनिधित्व की विभिन्न योजनाओं का प्रयोग करने की बात कही जा रही है।

दुनिया के ज्यादातर हिस्सों में बहुसंख्यक-अल्पसंख्यक संबंध बहुसंख्यकों के इस आग्रह के कारण बिखरते जा रहे हैं कि अल्पसंख्यक निम्नतर और 'अन्य' होते हैं। बहुसंख्यक अपनी 'श्रेष्ठता' का गुणगान करते हैं। हमारे देश में स्थिति इसके विपरीत है। यहां समस्या हिंदू बहुसंख्यकों के इस आग्रह से पैदा हुई है कि मुसलमान, बौद्ध, सिख और जैन धर्म हिंदुओं से अलग नहीं है, कि हिंदू शब्द में हिंदुस्तान के सभी लोगों को समाहित किया गया है और यह कोई धार्मिक प्रतीक नहीं है। वह अपने इस तर्क के समर्थन में सबसे पहले इसी बात की दुहाई देते हैं कि भारत में दूसरे धर्मों को मानने वाले लोग भी विभिन्न हिंदू संप्रदायों और जातियों से धर्मांतरण करके ही दूसरे धर्मों में गए हैं और हिंदू शब्द मूल रूप से इस देश में रहने वाले लोगों की पहचान का प्रतीक था। उनके मुताबिक यह शब्द सिन्धु नदी के पार पड़ने वाले भू-भाग की ओर संकेत करने के लिए अस्तित्व में आया था। अल्पसंख्यकों को भय है कि हिंदुत्व की यह सर्वसमावेशी प्रवृत्ति उसके आक्रामक हमलों से भी संभवतः ज्यादा खरतनाक है। अल्पसंख्यकों की राजनीतिक मांगों का एक बुनियादी तत्व यह है कि उनकी भिन्नता के आधार पर उनकी अलग पहचान या विशेष अधिकारों को मान्यता प्रदान की जाए। कबीर के दोहों और तुकाराम या गुरु नानक की चौपाइयों में इन नयी जटिल परिस्थितियों से जन्मे सवालों के हल नहीं मिल सकते।

आज हमें कहीं ज्यादा व्यावहारिक राजनीतिक समाधान निकालने होंगे। जब कोई भी समूह एक ऐसे बिंदु पर पहुंच जाता है जहां उसका प्राथमिक उद्देश्य राजनीतिक और आर्थिक सत्ता में हिस्सा पाने की गरज से अपनी अलग पहचान स्थापित करने पर ही केंद्रित हो जाता है वहां एकात्मता का आग्रह एक चुभन भरी ललकार का रूप धारण कर लेता है। जो राजनीति विभिन्न किस्म की पहचानों के लिए एक वैध स्थान उपलब्ध कराने में विफल हो चुकी है, जो इस बारे में फैसला करने के नियम विकसित करने में विफल हो चुकी है कि कौन से मुद्दों का फैसला बहुमत से किया जा सकता है और कौन सा मुद्दा मतदान के सार्वजनिक परिक्षेत्र के बाहर छोड़ दिया जाना चाहिए और उस पर एक आम सहमति की कोशिश की जानी चाहिए, वह राजनीति निश्चय ही गृहयुद्ध या उससे भी बुरी नियति की ओर बढ़ रही है।

भारत में लोकतंत्र का भविष्य बहुल-अल्पसंख्यक संबंधों के ऐसे संतोषजनक समाधान विकसित करने की हमारी क्षमता पर निर्भर करता है जो तात्कालिक फायदे-नुकसान और नैतिक उपदेशों के परे तक जाते हों। इसकी बजाय हमें विभिन्न समूहों के बीच सत्ता में हिस्सेदारी के ऐसे व्यावहारिक संस्थागत तौर-तरीके विकसित करने होंगे जिनसे विभिन्न समुदायों के बीच परस्पर स्वीकार्य समुच्चय गढ़े जा सकें। परंतु ऐसा केवल तभी हो सकता है जब हम अपनी सरकार को कानूनसम्मत व्यवहार करने के लिए बाध्य करने और उसके व्यवहार पर

निगरानी के सुपरिभाषित एवं प्रभावी तरीके निकालने में सफल हो जाएं। इन नियमों का सही ढंग से पालन करने पर राजनेताओं के लिए ऐसा विभाजक खेल खेलना संभव नहीं रहेगा जिसके सहारे वह सरकार में बैठकर नागर समाज की कुछ बुनियादी जिम्मेदारियों और कामों को छीनकर अपने मनमाने कब्जे में लेते हुए नागरिकों को बेबस फरियादी बना दें।

1

कातिलाना हुकूमत

सिखों का कत्लेआम

31 अक्तूबर 1984 को इंदिरा गांधी की दर्दनाक हत्या के बाद हुए साम्प्रदायिक दंगे एक विशाल ज्वालामुखी के विस्फोट जैसे थे। इस धमाके की भयानकता ने दोनों समुदायों को हिला कर रख दिया। जिस समुदाय को हमले का निशाना बनाया गया वह तो सकते में था ही; जिस समुदाय की दुहाई देकर लूटपाट, आगज़नी, कत्लोग़ारत और बलात्कार का यह नंगा नाच खेला गया वह भी अपनी आंखों पर विश्वास नहीं कर पा रहा था। ज़्यादातर प्रेक्षकों का कहना है कि हिंसा का यह दौर सार्वजनिक स्थानों, सार्वजनिक वाहनों और सड़कों पर 31 अक्तूबर को संयोगवश दिखाई पड़ गए सिखों पर पर हुए इक्का-दुक्का हमलों के साथ शुरू हुआ था। ज़्यादातर लोगों ने उस दिन की घटनाओं को इंदिरा गांधी की सुरक्षा गारद के दो सिख अंगरक्षकों द्वारा उनकी हत्या के खिलाफ गुस्से की फौरी प्रतिक्रिया के रूप में ही लिया। मगर अगले तीन दिन तक जो कुछ हुआ उसकी बिना पर उन घटनाओं को आक्रोश की सिर्फ एक स्वतःस्फूर्त अभिव्यक्ति कहकर खारिज नहीं किया जा सकता। सिखों के घरों, गुरुद्वारों और व्यावसायिक प्रतिष्ठानों पर 1 नवंबर से हमलों का जो दौर शुरू हुआ वह बाकायदा संगठित गिरोहों का काम दिखाई देता है। साफ दिखाई देता है कि इस सुनियोजित लूटपाट और हत्याओं के लिए लोगों को बड़ी तादाद में गिरोहबंद कर लिया गया था। इस दौरान हुए हमलों को मोटे तौर पर तीन श्रेणियों में रखा जा सकता है :

(क) लाजपत नगर, जंगपुरा, डिफेंस कॉलोनी, फ्रेंड्स कॉलोनी, महारानी बाग, पटेल नगर, सफदरजंग एन्कलेव और पंजाबी बाग जैसे मध्यम और उच्च मध्यवर्गीय इलाकों में लूटपाट और हत्याएं। इन इलाकों में घरों, गुरुद्वारों और दुकानों को लूट कर जलाया गया और बसों, ट्रकों, कारों व स्कूटरों सहित बहुत सारे वाहनों

* पहली बार *मानुषी*, संख्या 25 (नवंबर-दिसंबर 1984) में प्रकाशित।

को आग में झोंक दिया गया। कुछ लोग जख्मी हुए और कुछ लोग मार दिए गए। मगर, कुल मिलाकर ऐसे मध्यम और उच्चवर्गीय रिहायशी इलाकों में तुलनात्मक रूप से कम लोग मारे गए।

(ख) शहर की पुनर्वास कॉलोनियों, झोंपडपट्टियों और गांवों में सुनियोजित ढंग से लूटपाट, आगजनी और हमले हुए। लोगों को चुन-चुन कर कत्ल किया गया और अनगिनत महिलाओं-लड़कियों के साथ बलात्कार हुए। ज़्यादातर हत्याएं त्रिलोकपुरी, कल्याणपुरी, मंगोलपुरी, नंद नगरी, पालम गांव, शकूर पुर और गामड़ी में हुई। घरों और झोंपड़ियों की कतारें की कतारें आग के हवाले कर दी गईं और सैंकड़ों बेगुनाह पुरुषों और लड़कों को पीट-पीट कर जिंदा आग में झोंक दिया गया। अनगिनत महिलाओं को अगवा किया गया और उनके साथ बलात्कार किया गया। इन इलाकों के बहुत सारे परिवारों के कई सदस्य आज तक लापता हैं। इन इलाकों में घरों और गुरुद्वारों को भी लूट कर जला दिया गया।

(ग) सड़कों, रेलगाड़ियों, बसों, बाज़ारों और कार्यस्थलों पर सिख पुरुष और लड़के हमलों का निशाना बने। इनमें से बहुतों को बड़े निर्मम ढंग से कत्ल किया गया। कुछ लोगों को जिंदा जला दिया गया या चलती रेलगाड़ी के बाहर फेंक दिया गया। बहुत सारे लोग भयानक रूप से जख्मी हालत में जिंदा बचे। संभवतः इस तरह के हमले बिना किसी योजना के किए गए होंगे — सिख जैसा दिखाई देने वाला कोई भी पुरुष इस तरह के हमलों का निशाना बना।

मेरे ज़्यादातर निष्कर्ष यमुना पार की बस्तियों, खासतौर से त्रिलोकपुरी के लोगों के साथ की गई टेप रिकॉर्डेड बातचीत पर आधारित हैं। ये बस्तियां दिल्ली के उन इलाकों में आती हैं जहां सबसे ज़्यादा हिंसा हुई। कुछ अन्य प्रेक्षण अपने आस-पास लाजपत नगर में मैंने जो कुछ देखा और अपने पड़ोसियों तथा शहर के दूसरे मध्यवर्गीय इलाकों में रहने वाले अपने दोस्तों-जानकारों के साथ जो बातचीत हुईं, उस पर आधारित हैं। पालम गांव और मंगोलपुरी से लेकर कल्याणपुरी व भोगल तक दिल्ली के तमाम दूर-दराज इलाकों तक हत्या और आगजनी का पैटर्न लगभग एक जैसा था। मध्यवर्गीय इलाकों के मुकाबले गरीब इलाकों में हिंसा की सघनता बहुत ज़्यादा थी।

भयानक तबाही

त्रिलोकपुरी उन पुनर्वास कॉलोनियों में से एक है जिन्हें इमरजेंसी के दौरान उस वक्त बसाया गया था जब संजय गांधी ने दिल्ली में झोंपड़पट्टियों के सफाए का अभियान चलाया था। इस अभियान के दौरान हजारों परिवारों को जबरन झोंपड़पट्टियों और अनधिकृत कॉलोनियों से उजाड़ा गया था। उनके पुराने घर-ठिकानों से उजाड़ कर इन लोगों को शहर के दायरे से कई किलोमीटर दूर ले जाकर नए सिरे से फिर बसाया गया था। शहर से बेदखल किए

गए ऐसे हरेक परिवार को 25 वर्ग गज का एक छोटा सा प्लॉट और कुछेक को मकान बनाने के लिए कर्ज दिए गए थे। शहर के गरीबों की ये कॉलोनियां इसी तरह अस्तित्व में आई थीं। इनमें रहने वाले ज़्यादातर लोग ऐसे थे जिन्हें शहर के भीतरी इलाकों में स्थित झोंपड़पट्टियों और फुटपाथ पर जहां-तहां बनी झुग्गियों से उजाड़ कर यहां लाया गया था।

हालांकि उस वक्त बहुत सारे लोगों की नज़र में ये जबरन बेदखली शहर के गरीबों के प्रति एक भयानक निर्ममता का उदाहरण थी फिर भी कांग्रेस इन पुनर्वास कॉलोनियों को अपना ठोस जनाधार और वोट बैंक बनाने में कामयाब रही। इसकी एक वजह यह थी कि शहर से हटाकर यहां लाए गए परिवारों को धीरे-धीरे खुद ये महसूस होने लगा कि इस विस्थापन से उनकी हैसियत में इजाफा हुआ है। अब उनके पास अपनी जमीन और एक पक्का घर था जबकि अब तक वे झोंपड़पट्टियों के अनधिकृत मकानों में रहते थे। दंगों का शिकार हुए जिन लोगों से बात की गई उनमें से बहुत सारों – खासतौर से जिन्हें जमीन मिली थी – ने बताया कि वह इस अहसान के लिए इंदिरा गांधी और उनकी पार्टी के बहुत शुक्रगुज़ार थे। मगर उनमें से बहुत सारे लोग ऐसे भी थे जिन्होंने अपने पट्टे बेच दिए क्योंकि ये पुनर्वास कॉलोनियां शहर से काफी दूर पड़ती थीं। बहुत सारे निम्न मध्यवर्गीय परिवारों ने मूल आबंटियों से उनकी जमीन के पट्टे खरीद लिए। नतीजतन, आज इन कॉलोनियों के रहने वालों में काफी सामाजिक विविधता दिखाई देती है। मिसाल के तौर पर, त्रिलोकपुरी जैसी एक आम पुनर्वास कॉलोनी में आपको उत्तर और दक्षिण भारत के लोग, हिंदू, ईसाई और सिख, सब अगल-बगल रहते मिल जाएंगे।

इन कॉलोनियों के लोग छोटी-मोटी दुकानदारी, व्यवसाय, घरेलू नौकरी, निचले स्तर की सरकारी नौकरी, रिक्शा चलाने, तिपहिया चलाने, फेरी लगाने और दस्तकारी जैसे तमाम तरह के काम करते हैं। आम दिनों में यहां अलग-अलग समुदाय के पड़ोसियों, अलग-अलग भाषाओं के लोगों के बीच खासा मेल-जोल और याराना रहता होगा। मगर यह भी सच है कि हैसियत में ऊंच-नीच का गहरे दबा हुआ अहसास भी अकसर अपनी झलक दिखा ही देता है।

त्रिलोकपुरी में रहने वाले सिखों के बीच भी काफी भिन्नताएं हैं। इनमें से बहुत सारे सिखों को लभाणा सिख कहकर पुकारा जाता है। दंगों में सबसे ज़्यादा नुकसान इन्होंने ही उठाया है। ये लोग पंजाबी सिख नहीं हैं। ये पाकिस्तान के सिंध इलाके के सिकलीगढ़ से आए हुए शरणार्थी हैं। वे या तो हिंदी बोलते हैं या अपनी मादरी बोली में बात करते हैं जो पंजाबी से बिलकुल अलग है। इस समुदाय के लोगों का परंपरागत पेशा रस्सी की चारपाई बुनने और चावल कूटने का रहा है। इनमें से कुछ घरों के मर्द अभी भी यही काम करते हैं। लेकिन अब उनमें से ज़्यादातर परिवारों के लोगों ने दूसरे काम-धंधे पकड़ लिए हैं। बहुत सारे लोग तिपहिया या रिक्शा चलाते हैं। कुछ लोग दिल्ली के रेलवे स्टेशनों पर कुली का काम करते हैं जबकि कुछ ने मैकेनिक, बढ़ई और निर्माण मजदूर की जिंदगी अपना ली है। चंद लोग कुशल श्रमिकों के रूप में खाड़ी के देशों में भी जा चुके हैं।

हालांकि वे खुद को मज़हबी सिख नहीं कहते मगर बाकी सिख उन्हें नीची जाति का ही मानते हैं। त्रिलोकपुरी की मक्खनबाई ने इस फ़र्क़ को बहुत साफ शब्दों में मुझे समझाया। ज़्यादातर व्यावसायिक धंधों में लगे शहरी सिखों की तरफ इशारा करते हुए उन्होंने कहा : 'पंजाबी सिख सेठ हैं। हम लभाणा सिख मजदूर हैं। हम तो पुश्तों से चारपाई बनाते आए हैं।' मगर ऐसा भी नहीं है कि सारे लभाणा सिख बिल्कुल एक जैसे ही हैं। इस कॉलोनी में लभाणा सिखों के बीच भी भिन्नता दिखाई देती है। इनमें से जिन लोगों ने स्कूटर चलाने या मैकेनिकल रिपेयर जैसे नए काम शुरू कर दिए है उनकी स्थिति थोड़ी बेहतर है। उनके पास पक्के घर हैं और अपनी खुद की जमीन है। उनकी हालत सुधर रही है। इनमें से बहुतों के पास टेलीविजन सेट, टेप रिकॉर्डर और ऐसे ही दूसरे उपभोक्ता सामान दिखाई देते हैं। मगर, जो लोग इन नए पेशों से नहीं जुड़ सके उनके हालात काफी खराब है। इनमें से कुछ लोग पार्कों के लिए छोड़ी गई खाली जमीन पर गैर-कानूनी झुग्गियां डालकर रहते हैं।

लभाणा सिख त्रिलोकपुरी के ब्लॉक 30 और 32 में समूह में रहते हैं। इक्का-दुक्का परिवार दूसरे ब्लॉकों में भी रहते हैं। लभाणा सिखों का अपना एक छोटा सा अलग गुरुद्वारा है। त्रिलोकपुरी मेन रोड के पास एक बड़ा गुरुद्वारा भी है। पंजाब की राजनीति के साथ लभाणा सिख समुदाय का खास संबंध दिखाई नहीं देता। इनमें से ज़्यादातर लोग पीढ़ी-दर-पीढ़ी कांग्रेस के समर्थक रहे हैं। यह भी एक कारण है जिसकी वजह से, दिल्ली के ज़्यादातर सिखों की तरह, ये लोग भी हमलों के शिकार बनाए जाने पर दंग रह गए थे।

शुरुआती प्रतिरोध

अकेले त्रिलोकपुरी में 400 से ज़्यादा लोगों को बलवाइयों ने मौत के घाट उतार दिया। अभी तक सबसे ज़्यादा मौतों की खबर त्रिलोकपुरी के उन दो ब्लॉकों से मिली है जहां लभाणा सिखों की बहुतायत है। त्रिलोकपुरी के ब्लॉक 30 में रहने वाले गुलजार सिंह ने 1 नवंबर की घटनाओं को बयान करते हुए कहा :

> त्रिलोकपुरी में सबसे पहले मेरा घर जला। मैं दर्जी की दुकान में काम करता हूं। वहां से हर रोज कपड़े लाकर मैं उन्हें घर में ही सीता हूं। 31 अक्तूबर को जब मैं दुकान से वापस आ रहा था तो मैंने कुछ लोगों को कहते सुना कि किसी ने इंदिरा गांधी को मार दिया है। मगर उस दिन न तो किसी ने मुझे रोका और न कोई नुकसान पहुंचाने की कोशिश की। मुझे तो अंदाजा भी नहीं था कि मेरे साथ ऐसा कुछ हो सकता है। अगले दिन जो कुछ हुआ उसके लिए तो हम कतई तैयार नहीं थे।
>
> एक नवंबर को लगभग 10 बजे हमें अपने घर के बाहर शोर-शराबा और चीखने की आवाज़ें सुनाई दीं। बाहर क्या हो रहा है यह देखने के लिए हम घर की छत पर चले गए। वहां से हमने देखा कि नोएडा कॉलोनी से धुआं उठ रहा था। हवा में आदमियों के जलने की गंध आ रही थी। इसी बीच हमने लोगों को

कहते सुना कि बड़े गुरुद्वारे को आग लगाने के बाद लोगों की एक भीड़ लभाणा सिखों के गुरुद्वारे की तरफ आ रही है। हम इकट्ठा हो गए और जो कुछ भी हथियार हमारे हाथ लगा हम उसी के सहारे गुरुद्वारे की हिफ़ाज़त की तैयारी करने लगे। जब गुरुद्वारे पर हमला हुआ तब तक भी हमें ये अंदाजा नहीं था कि बात इतनी बढ़ जाएगी। हम तो यही सोच रहे थे कि थोड़ी-बहुत देर मारपीट चलेगी और उसके बाद पुलिस आकर हालात को काबू में ले लेगी। मगर बाद में जो कुछ हुआ उसके बारे में तो हमने कभी सपने में भी नहीं सोचा था। त्रिलोकपुरी में हिंदू और सिखों के बीच टकराव का तो कोई माहौल ही नहीं था।

हमारे ब्लॉक के कई आदमी जाकर आसपास की गलियों में छिप गए। अपने पूरे ब्लॉक और गुरुद्वारे को बचाने के लिए आखिर में हम 500 से ज़्यादा लोग नहीं बचे थे। हममें से करीब 50 लोग अपने ब्लॉक की सड़क के दोनों तरफ खड़े हो गए। हमलावरों की भीड़ में 4,000 के आसपास लोग रहे होंगे। उन्होंने आते ही हमारे गुरुद्वारे पर हमला बोल दिया। वे लोग लाठियों से लैस थे। गुरुद्वारे के बाद वे हमारी तरफ ईंट-पत्थर फेंकने लगे। हमने भी उन पर पत्थर फेंके। देखिए, रोड़े फेंकते-फेंकते मेरी उंगलियां छिल गई हैं। हममें से बहुत सारे लोगों को चोटें आईं। कइयों के सिर फट गए। हमलावरों की तादाद हमसे बहुत ज़्यादा थी। धीरे-धीरे हमने घुटने टेक दिए। वे आगे बढ़ने लगे और हम अपने घरों में छिपने लगे। उन्होंने गुरुद्वारे में आग लगा दी।

तब उन्होंने हमारे घरों पर हमला शुरू किया। हम अपनी जान बचाने के लिए एक घर से दूसरे घर, दूसरे घर से तीसरे घर भागने लगे। उन्होंने हर घर के दरवाजे तोड़ डाले। वहां जो कुछ भी था उसे वे ठेलों में लाद-लाद कर चले गए। तकरीबन चार पुलिस वाले इस लूटपाट को चुपचाप खड़े देख रहे थे। उन्होंने ही हमें कहा था कि हम अपनी तलवारें छोड़ दें और निश्चिंत होकर अपने घरों में बैठें। उन्होंने हमें कहा था : 'तुम्हें कुछ नहीं होगा।' इसके बाद वे दूसरी तरफ चले गए और हमें मरने के लिए छोड़ दिया।

रक्षक या भक्षक

ब्लॉक 32 के सज्जन सिंह ने बताया कि हमलावरों के पास तीन बंदूकें थीं। पुलिस सिखों को लगातार ये भरोसा दिलाती रही कि हालात जल्दी ही सामान्य हो जाएंगे और इसलिए वह लोग अपने-अपने घरों में चले जाएं। 'हमने पुलिस पर यकीन कर लिया किया और अपने-अपने घर चले गए। यह हमें मारने के लिए उनकी चाल थी।' उनका कहना है कि इलाके का एसएचओ, जोकि कोई त्यागी है, हमलावरों को खुलकर उकसा रहा था। इलाके के बहुत सारे और लोग भी इस बात की तस्दीक करते हैं कि उन्होंने त्यागी को हमलावरों से ये कहते हुए सुना था : 'तुम्हारे पास मारने के लिए तीन दिन हैं। सफाई से अपना काम

करते जाओ। एक भी आदमी को जिंदा मत छोड़ना वरना बाद में मुझे भुगतना पड़ेगा।'

पनाह की तलाश में

जैसे ही खुद को बचाने की कोशिशें नाकामयाब होने लगीं सिखों की स्थिति और भी कमजोर होती चली गई। हर आदमी भीड़ से छिपने के लिए बेतहाशा यहां-वहां भागने लगा। गुलजार सिंह आगे बताते हैं :

> एक नवंबर की शाम तक कुछ अमन-चैन कायम होने लगा। हमलावर वापस जा चुके थे। वह धमकी देकर गए थे कि अगले दिन वह फिर आएंगे और इस बार औरतों को लेकर जाएंगे। उस दिन कई लोग मारे गए। तकरीबन आधा दर्जन मेरी आंखों के सामने मरे। हमलावरों ने लाठियों और खुरपियों से उन्हें पीट-पीट कर मार डाला। उन्होंने हममें से कुछ लोगों की कृपाणें छीन लीं और उन्हें ही हमारे पेट में घोंप दिया। जब वह मेरा घर लूट रहे थे तो उन्होंने मुझे पकड़ लिया। उन्होंने मेरे बाल जला दिए और सिर के एक तरफ के बाल काट डाले। मैं जैसे-तैसे उनके चंगुल से भागने में कामयाब हुआ।
>
> मैं अपनी जान बचाने के लिए अपने भाई के घर जा छिपा। मेरा भाई हिंदुओं की गली में रहता है। एक दिन और दो रातों तक मैं और मेरा भाई एक डबल बैड के नीचे दम साधे पड़े रहे। 2 नवंबर को कुछ लोग आए और हर घर में सरदारों की खोज करने लगे। मेरी पत्नी कहती है कि उन्होंने पड़ोस के घर में तीन आदमियों को पकड़कर जान से मार दिया। हमलावर हर किसी को घर से बाहर निकाल कर घरों की तलाशी ले रहे थे। हम बक्सों और बैड के नीचे पड़े बोरों में छिपे हुए थे। उन्होंने बक्सों पर लात मारी और यह सोचकर चले गए कि वहां कोई नहीं है। हमारी जिंदगी और मौत के बीच सिर्फ एक मिनट का फासला था।
>
> 3 नवंबर को सेना गश्त करने लगी। जब मेरी बीवी ने बचाव के लिए फौजियों के हाथ-पैर जोड़े तो वे लोग हमें राहत शिविर में लेकर आए। इससे पहले दिन मेरा एक भाई हमलावरों के हाथ पड़ गया था। उन दरिंदों ने पहले उसे घर की छत से नीचे फेंक कर उसकी रीढ़ की हड्डी तोड़ दी। इसके बाद उन्होंने उसे जिंदा जला दिया। बहुत सारी महिलाओं के साथ खूब जोर-जबर्दस्ती और बलात्कार हुए। बलवाइयों ने कई औरतों का अपहरण कर लिया। वे लोग बहुत सारी औरतों को एक जीप में भर कर चिल्ला गांव की तरफ ले जा रहे थे। यह सब कुछ मैंने खुद अपनी आंखों से देखा था।

जिंदा बचने वाले ज़्यादातर लोगों के अनुभव इसी तरह के थे। हमलावर पहले सामने पड़ने वाले हर सिख पुरुष की हत्या करते और उसके बार कुछ देर के लिए गायब हो जाते। मगर थोड़ी देर बाद लौटकर वे सिखों के और उनके पड़ोसियों के घरों की तलाशी लेते ताकि जो छिपे हुए थे उनको भी मौत के घाट उतारा जा सके।

निजामुद्दीन रेलवे स्टेशन पर कुली का काम करने वाले सज्जन सिंह त्रिलोकपुरी के ब्लॉक 32 में रहते हैं। उन्होंने घर में छिपे रहकर अपनी जान बचाई। इस दौरान वह अपने घर के उस छोटे से कोने में पड़े रहे जहां आमतौर पर वह ईंधन के लिए उपले रखा करते थे। हमलावर कई बार उनके घर आए और जो कुछ भी हाथ लगा उसे लेकर जाते रहे। उनका कहना है कि हमले से पहले उनके घर में 12,000 रुपए नकद, एक टेलीविजन, एक रेडियो, एक टेपरिकॉर्डर, बर्तन, आठ रजाइयां, कंबल और घर के दूसरे ज़रूरी सामान थे। ये चीजें उन्होंने अपनी चार बेटियों की शादी के लिए इकट्ठा की हुई थीं। छिपे हुए लोगों की तलाश में हमलावर रात को दोबारा आते थे। सज्जन सिंह ने अपने बच्चों से अपने लिए कैंची और एक लाठी मंगवाई। उपलों में छिपे-छिपे ही उन्होंने कैंची से अपने बाल और दाढ़ी काटी। इसके बाद, उन्होंने बताया :

> जब दोबारा भीड़ आई तो मैं लाठी लेकर खुद भी भीड़ के साथ हो लिया। मैं सारी रात 'सरदारों को काटो', 'सरदारों को मारो' जैसे सिख विरोधी नारे लगाता रहा। इस तरह जैसे-तैसे मैंने अपनी जान बचाई। सुबह 6 बजे मैं किसी तरह बच निकला और निजामुद्दीन रेलवे स्टेशन पहुंच गया। वहां दूसरे कुलियों ने मुझे पनाह दी और ढांढस बंधाया। मुझे कुछ खयाल नहीं था कि इस बीच मेरे परिवार पर क्या बीत रही होगी। 6 नवंबर को मैं फराश बाज़ार के राहत शिविर में पहुंचा और वहीं उनसे मिला। मेरी बहन के साथ बलात्कार हुआ था। घर की दूसरी औरतें और बच्चे सुरक्षित थे।

दूसरे बहुत सारे लोग इतने खुशकिस्मत नहीं थे। ब्लॉक 32 में ही रहने वाले बुजुर्ग गुरचरण सिंह के परिवार के तीनों जवान लड़के मारे गए। उनका सिर्फ एक बेटा था। 17 साल का। उनके भतीजों की उम्र 20 और 22 साल थी। गुरचरण सिंह इन तीनों लड़कों के साथ दो दिन और एक रात छिपे रहे। अंत में दंगाइयों ने घर के दरवाजे तोड़ दिए। दहशत से गीले पड़ चुके चारों लोग अपनी दाढ़ी और केश पहले ही काट चुके थे। वह लोग बाहर आए और भीड़ से यह कहकर जान की भीख मांगने लगे कि अब तो वह भी हिंदू बन चुके हैं इसलिए उन्हें जिंदा रहने दिया जाए। मगर दंगाइयों ने तीनों लड़कों को पकड़ लिया, उन्हें उन्हीं की चारपाइयों पर पटका, और रजाई-गद्दों का ढेर लगाकर मिट्टी का तेल छिड़क कर आग लगा दी। यह सब कुछ गुरचरण सिंह की आंखों के सामने हुआ। गुरचरण सिंह को भी उन्होंने जम कर पीटा। अब वह टीबी की मरीज अपनी बूढ़ी पत्नी के साथ राहत शिविर में हैं। अपने तीन बेटों को गंवा चुके और हर तरह से बेसहारा हो चुके इन मियां-बीवी के आंसू अब किसी तरह रुकने का नाम नहीं लेते।

इनमें से बहुत सारी एकतरफा लड़ाइयां घंटों तक चलती रहीं। शकूरपुर में हमलों का शिकार हुए एक परिवार की एक पड़ोसी महिला ने हमले के बारे में बताया :

> यहां सबसे पहले 31 अक्तूबर की रात को भीड़ ने धावा बोला। यह लड़ाई 2 नवंबर तक चलती रही। हमलावर बगल से गुजरती गाड़ियों को भी रोक-रोक कर देख रहे

थे कि उनके भीतर कोई सिख तो नहीं है। घरों, सड़कों सहित इस पूरे इलाके में कहीं बिजली नहीं थी। रात का सन्नाटेदार अंधेरा दहशत को और बढ़ा देता था। 1 नवंबर को सुबह तकरीबन 9.30 बजे सिखों के घरों और गुरुद्वारे पर हमले होने लगे। लोग आए और हमारे पड़ोस में संतोख सिंह के घर पर पत्थर फेंकने लगे। संतोख सिंह के घर वाले दम साधे पड़े रहे। बलवाई घर में घुसने से डर रहे थे। उन्हें घरवालों की तरफ से जवाबी हमले की आशंका थी। आप तो जानती ही हैं कि सिखों से लोग वैसे भी थोड़ा डरते हैं। आखिरकार एक आदमी दरवाजा तोड़ने की कोशिश करने लगा। घर के मर्दों ने तलवार से उस पर वार किया और उसका हाथ हल्का सा कट गया। इससे भीड़ डर गई। लोग थोड़ी देर के लिए पीछे हट गए। इसके बाद धीरे-धीरे उन्होंने और लोगों को इकट्ठा किया और फिर वापस आए। अबकी बार भीड़ में हजार से भी ज़्यादा आदमी थे। उन्होंने संतोख सिंह के पिछवाड़े पड़े कुछ पुराने फर्नीचर और लकड़ी को घसीट कर घर के चारों तरफ रखा और उसमें आग लगा दी। तब घर के चार आदमी तलवार हाथ में लिए बाहर निकले। हमलावर फौरन भाग गए। वे किसी तरह का जोखिम नहीं उठाना चाहते थे। उनके पास तो सिर्फ लाठियां और मिट्टी का तेल था। मगर थोड़ी ही देर में वे फिर आ गए और चारों तरफ से घर पर पत्थर फेंकने लगे। अब पूरा का पूरा घर लपटों में था। घर के चारों आदमी जान बचाने के लिए भागने लगे। उनमें से एक अपने पड़ोसी के घर जा छिपा जिसने उसके बाल काटे, उसे छिपाया और बाद में बिना किसी को बताए कॉलोनी से बाहर भेज दिया। घर का सबसे छोटा लड़का सड़क पर भीड़ के हाथों पड़ गया। भीड़ ने उसे लाठियों से पीट-पीट कर अधमरा कर दिया और आखिर में जिंदा आग में झोंक दिया। एक लड़का अब भी लापता है। उसके साथ क्या हुआ कोई नहीं जानता। भीड़ ने शायद इस लड़के को भी मार दिया होगा। कुछ देर में पुलिस वाले आए और उनके बूढ़े पिता और औरतों को लेकर राहत शिविर चले गए। पुलिस ने अब तक किसी को गिरफ्तार नहीं किया है।

पूरे शहर में हुए हमले इतने भयानक थे कि जो कोई भी भीड़ के हाथों आया वह जिंदा नहीं बच सका। मरने वालों के मुकाबले घायल होने वालों की संख्या काफी कम थी। गौरतलब है कि आमतौर पर दंगों में घायलों की संख्या मरने वालों की संख्या से कहीं ज़्यादा होती है।

सुनियोजित, शांत गिरोह

त्रिलोकपुरी में ज़्यादातर लोगों ने बताया कि हमलावरों में उनके नजदीकी पड़ोसी तो नहीं थे मगर उनमें से बहुत सारे लोग थे उन्हीं की कॉलोनी के। उन्होंने चमारों, सांसियों, मुसलमानों, गुज्जरों के रूप में उनकी शिनाख्त भी की। उन्होंने कहा कि गुज्जरों को पास के ही चिल्ला गांव से उस दिन खासतौर से हमलों के लिए ही बुलाया गया था। बहुत सारे चशमदीद

गवाहों ने इस बात की तस्दीक की कि हमलावरों को देखकर ऐसा नहीं लगता था कि यह कोई जुनूनी भीड़ है। उसे देखकर ऐसा आभास होता था मानो एक दस्ते को खास जिम्मेदारी के साथ भेजा गया है और इस जिम्मेदारी को वह लोग बिना किसी जल्दबाजी के अंजाम दे रहे थे। उनके हाव-भाव से ऐसा लगता था कि उन्हें इस बात का पूरा यकीन है कि उन्हें पुलिस या और किसी से डरने की कोई ज़रूरत नहीं है। जब उनके शुरुआती हमले नाकाम हो गए तो कुछ देर के लिए वह पीछे हट गए मगर तब तक बार-बार जत्थों की शक्ल में आते रहे जब तक उन्होंने वह काम नहीं कर लिया जिसके लिए उन्हें भेजा गया था। उन्होंने मर्दों और लड़कों को जान से मार दिया, औरतों के साथ बलात्कार किए, माल-असबाब लूटा और घरों को आग लगा दी।

यह बात खासतौर से गौर करने वाली है क्योंकि सामान्य, स्वतःस्फूर्त दंगों में मरने वालों के मुकाबले घायलों की संख्या बहुत ज़्यादा रहती है। दंगों के दौरान हमले के तौर-तरीकों से इस बात की पुष्टि होती है कि अधिक से अधिक सिख पुरुषों को कत्ल करने की एक सोची-समझी योजना मौजूद थी और दंगाई पूरी तरह तैयार होकर आए थे। इसी से यह बात भी समझी जा सकती है कि क्यों पहले लोगों पर वार किए गए या उन्हें चाकू घोंपे गए और उसके बाद उन्हें किरोसीन या पेट्रोल डाल कर जला दिया गया। इस तरह उनके जिंदा बचने की कोई संभावना शेष नहीं रहती थी।

पूरी एहतियात से तैयार किए गए अनधिकृत आकलनों के अनुसार 31 अक्तूबर से 3 नवंबर के बीच दिल्ली के अलग-अलग इलाकों में 2,500 से ज़्यादा लोग मारे गए। (शुरू में सरकार ने मृतकों की संख्या 650 बताई थी मगर बाद में स्वीकार किया कि उन तीन दिनों में अकेले दिल्ली में 3,000 सिखों की हत्या हुई थी।)

औरतों के साथ क्या हुआ?

मरने वालों में औरतों की संख्या बहुत कम थी। मरने वाली ज़्यादातर औरतें वही थीं जो घर को आग लगा दिए जाने के बाद भी उसके भीतर रह गई थीं। जिन महिलाओं से बात की गई उनमें से तकरीबन सभी ने बताया कि केवल पुरुषों और लड़कों को ही हिंसा का निशाना बनाया जा रहा था। बलवाइयों ने उन्हें घसीट कर घरों से बाहर निकाला, उन पर पत्थरों और छड़ों/लाठियों से हमला किया और आग में फेंक दिया। त्रिलोकपुरी की बहुत सारी महिलाओं ने बताया कि हमलावरों ने घरों पर हमला शुरू होने के बाद किसी भी औरत को घरों के भीतर नहीं रहने दिया। हमलावरों की पूरी कोशिश थी कि महिलाएं अपने घर के पुरुषों को छिपाने में या घर में छिपे हुए पुरुषों की किसी तरह मदद न कर सकें। इस पूरे दरमियान बहुत सारी औरतें लगातार सड़कों पर रहीं।

जब महिलाओं ने अपने घर के पुरुषों को बचाने की कोशिश की तो हमलावरों ने उन पर भी वार किए और उन्हें जबरन मर्दों से अलग कर दिया ताकि सिर्फ मर्दों को ही निशाना बनाया जा सके। यहां तक कि जब कई औरतें अपने घर के आदमियों को बचाने

के लिए उनसे लिपट गईं तब भी उन पर उतने भारी वार नहीं किए गए जैसे वार पुरुषों पर किए गए थे। मुझे अभी तक ऐसी कोई घटना सुनने को नहीं मिली जिसमें किसी औरत पर हमला करके उसे भीड़ ने आग में झोंक दिया हो। मगर अपने घर के पुरुषों को बचाने की कोशिश करने वाली या बलात्कार की शिकार हुई ऐसी बहुत सारी महिलाओं को चोटें ज़रूर आईं। बहुत सारी महिलाएं और लड़कियां उस समय मारी गईं जब दंगाई गिरोहों ने उनके भीतर रहते हुए उनके घरों को आग लगा दी थी।

ऊपर उद्धृत घटनाएं एक हद तक असामान्य किस्म की हैं। मिसाल के तौर पर, जब गांवों में दलित बस्तियों और घरों को जलाया या तोड़ा जाता है तो सबसे ज़्यादा उनकी औरतों को ही निशाना बनाया जाता है। जब मैंने पूछा कि बलवाइयों ने सिर्फ मर्दों को ही क्यों मारा तो ज़्यादातर लोगों से मुझे एक ही तरह का जवाब मिला : 'वे इसलिए मर्दों का सफाया कर रहे थे ताकि हमारे घर में कोई कमाने वाला न बचे। इसके अलावा वे इसलिए भी मर्दों को चुन-चुन कर मार रहे थे ताकि अगर उन्हें दोबारा उसी मोहल्ले में रहना पड़े जहां उन्होंने यह सब कुछ किया था तो वहां उन्हें जवाबी हमलों का डर न रहे।' हालांकि यह जवाब इस घटनाक्रम की पूरी व्याख्या तो नहीं कर सकता परंतु इसमें कोई शक नहीं कि इस रणनीति का परिणाम ठीक वही हुआ जो महिलाओं ने बताया था।

बहुत सारे लोगों ने अपने घर किशोर या उससे भी कम उम्र के लड़कों को बचाने के लिए उन्हें लड़कियों के कपड़े पहना दिए और उनके बाल लंबी-लंबी चोटियों में गूंथ दिए। मगर कई बार खुद पड़ोसियों ने ही हमलावरों को इन लड़कों के बारे में भी बता दिया। जब इस तरह के लड़कों को पकड़ा गया तो पहले भीड़ ने उन्हें पीट-पीट कर अधमरा कर दिया और उसके बाद उन्हें आग में झोंक दिया। फिर भी, बहुत ही कम उम्र के कुछ लड़के इस तरह भेस बदल कर मौत के मुंह में जाने से बच गए।

पन्द्रह साल का सुखपाल सिंह त्रिलोकपुरी में अपनी उम्र के उन कुछ लड़कों में से एक है जो लड़कियों के कपड़े पहन कर अपनी जान बचाने में कामयाब हो गए। उसका परिवार ब्लॉक 19 में रहता है परंतु उस बदकिस्मत सुबह सुखपाल के मां-बाप ने उसे ब्लॉक 30 में उसकी बहन के घर भेज दिया क्योंकि उन्हें लगता था कि वहां सिखों की तादाद ज़्यादा है इसलिए वहां उसे कोई खतरा नहीं रहेगा। सुखपाल के जीजा ने एक सिख परिवार में पनाह लेने की कोशिश भी की मगर उसे दरवाजे से ही दुत्कार दिया गया। भीड़ ने घर की दूसरी मंजिल पर उसे पकड़ा और नीचे फेंक कर आग में झोंक दिया। सुखपाल सिंह की बहन ने उसे लड़कियों के कपड़े पहना दिए और उसके बालों की चोटियां बना दीं। इस तरह सुखपाल जैसे-तैसे अपनी पहचान छिपाने में कामयाब रहा।

ज़्यादातर शिविरों में महिलाओं और बच्चों की संख्या बहुत ज़्यादा थी। जिंदा बचे लड़कों में से ज़्यादातर की उम्र बहुत कम थी। नागरिक एकता मंच की वॉलंटियर जया जेटली द्वारा इकट्ठा किए गए आंकड़ों के अनुसार फराश बाज़ार के राहत शिविर में आए लगभग 539 परिवारों में 210 विधवाएं हैं। जिन परिवारों के सभी वयस्क पुरुष मारे जा चुके हैं

उन परिवारों की महिलाएं अपनी पुरानी बस्तियों में लौटने को लेकर सबसे ज़्यादा दहशत में हैं। ज़्यादातर महिलाएं जमीन के अपने टुकड़ों को वापस पाने के लिए भी अपने घर वापस नहीं जाना चाहतीं। वह चाहती हैं कि अब उन्हें कहीं और ही बसाया जाए।

हालांकि महिलाओं को जान से कम ही मारा गया मगर उन्हें दूसरे किस्म की यातना, दहशत और अपमान का जमकर निशाना बनाया गया। जो लोग दंगों, साम्प्रदायिक मुठभेड़ों और युद्धों के ब्यौरों से वाकिफ हैं उनके लिए कहानी का यह हिस्सा भी जाना-पहचाना सा होगा। त्रिलोकपुरी के ब्लॉक 32 में रहने वाली 45 वर्षीया गुरदीप कौर ने जो कहानी सुनाई वह उनके जैसी लगभग सभी औरतों की आपबीती है। हमलावरों ने उनके पति और तीन बेटों को उनकी आंखों के सामने कत्ल कर दिया। उनके पति पास में ही एक छोटी सी दुकान चलाते थे। उनका सबसे बड़ा बेटा भजन सिंह रेलवे स्टेशन पर और दूसरा बेटा रेडियो की दुकान पर काम करता था। तीसरा स्कूटर चलाता था। गुरदीप कौर ने बताया :

> एक नवंबर की सुबह जब इंदिरा माता की अर्थी को तीन मूर्ति लाया गया उस समय सब लोग टीवी देख रहे थे। सवेरे 8 बजे से ही टेलीविजन पर इंदिरा गांधी के शव पर फूल चढ़ाने वालों को दिखाया जा रहा था। दोपहर के आस-पास मेरे बच्चों ने कहा : 'मां कुछ खाने को दो। भूख लग रही है।' उस दिन मैंने खाना नहीं बनाया था। मैंने उन्हें कहा : 'बेटे आज हर कोई दुख में है। वह {इंदिरा गांधी} हमारी भी तो मां थीं। उन्होंने ही तो हमें यहां बसाया था। इसलिए आज मेरा चूल्हा जलाने का मन नहीं करता।' इसके थोड़ी देर बाद ही हमला शुरू हो गया। घर के तीन पुरुष दौड़ कर बाहर निकले। उन्हें दंगाइयों ने तभी आग में झोंक दिया। मेरा सबसे छोटा लड़का मेरे पास घर में ही रुक गया। उसने अपनी दाढ़ी साफ कर दी और सिर के बाल काट दिए। फिर भी दंगाई घर में घुस आए। उन लड़कों की उम्र 15-16 साल से ज़्यादा नहीं रही होगी। मेरा बेटा मेरे पीछे छिपा हुआ था। वे उसे जबर्दस्ती घसीटने लगे। उन्होंने मेरे कपड़े फाड़ कर मेरे बेटे के सामने ही मुझे नंगा कर दिया। जब ये लड़के मेरे साथ बलात्कार करने लगे तो मेरा लड़का जोर-जोर से रोते हुए कहने लगा : 'बड़े भाई, ये मत करो। जैसे वो मेरी मां है वैसे ही तुम्हारी भी तो मां है।' मगर उन्होंने वहीं, मेरे बेटे के सामने, मेरे घर के भीतर मेरी इज्जत लूटी। उनकी उम्र कम ही थी। वे शायद आठ रहे होंगे। जब उनमें से एक ने मेरे साथ बलात्कार किया तो मैंने कहा : 'फिक्र मत करो बच्चे। तुम जो करना चाहते हो करो। मगर ये मत भूलना कि मैंने बच्चे जने हैं। ये बच्चा भी इसी रास्ते से इस दुनिया में आया है।'
>
> मेरी इज्जत लूटने के बाद वह चले गए। मैं अपने बेटे को लेकर बाहर आई और उसे लेकर औरतों के बीच बैठ गई। मगर वह दोबारा आए और उसे घसीटते हुए लेकर चले गए। वह उसे सड़क के कोने पर ले गए, उसे लाठियों से मारा, उस पर मिट्टी का तेल छिड़का और जिंदा जला दिया। उस समय मैं बिलकुल नंगी

थी। न जाने कहां से मुझे एक पुरानी सी चादर हाथ लगी जिसे मैंने अपने चारों तरफ लपेट रखा था। मगर यदि मैं उसे अपने हाथों से कस कर न पकड़े रखूं तो वह फौरन सरक जाती थी। इसकी वजह से मैं चल भी नहीं सकती थी। अगर मेरे बदन पर कपड़े का एक टुकड़ा भी होता तो मैं जाकर अपने बेटे के ऊपर लेट जाती और उसे बचाने की पूरी कोशिश करती। घर के कम से कम एक मर्द को बचाने के लिए मैं कुछ भी कर जाती। अब तो चारों में से एक भी नहीं बचा।

गुरदीप कौर का कहना है कि उनके आस-पड़ोस में कोई भी औरत इस ज़िल्लत से नहीं बच सकी। उन्होंने कहा कि नौ-नौ, दस-दस साल की लड़कियों के साथ भी बलात्कार हुए। उन्होंने खुद ऐसे कई बलात्कार देखे। हमलावर पहले घर के मर्दों को घसीट कर बाहर निकालते और उन्हें जिंदा जला देते थे। इसके बाद वे लुटे हुए घरों से औरतों को खींच कर बाहर लाते और उनके साथ सामूहिक बलात्कार करते। गुरदीप कौर के मुताबिक, ज़्यादातर औरतें इस हकीकत को स्वीकार नहीं कर सकतीं क्योंकि : 'अगर लड़कियां यह कह दें कि उनकी इस तरह आबरू लूटी गई है तो उन्हें जिंदगी भर कुंवारी रहना पड़ेगा। ऐसी लड़कियों से शादी करने को कोई तैयार नहीं होगा।' इसलिए ज़्यादातर परिवार बलात्कार की बात को खुले तौर पर स्वीकार करने के लिए तैयार नहीं हैं।

मैंने गुरदीप कौर से पूछा कि फिर भला उन्होंने अपनी आपबीती सुनाने की हिम्मत कैसे की। मैंने उनसे यह भी पूछा कि अगर मैं उनका बयान छाप दूं तो इस पर उन्हें एतराज तो नहीं होगा। उन्होंने जोर देकर कहा कि उनका बयान ज़रूर छापा जाए : 'जिन औरतों के घरों में एक-दो मर्द जिंदा बच गए हैं वे खुलेआम बयान नहीं दे सकतीं क्योंकि ऐसा करने से उनके घर के मर्दों की बदनामी होगी। मेरे घर में तो कोई {परिवार का कोई भी पुरुष सदस्य} नहीं बचा। मेरी बेटी विधवा हो चुकी है। उसके दो बच्चे हैं। मेरी बहू के तीन बच्चे हैं, वह भी विधवा हो चुकी है। एक बहू सिर्फ डेढ़ माह पहले ब्याह कर आई थी, वह भी विधवा हो गई। मेरे पास कुछ नहीं बचा। इसीलिए मैं अपना बयान देना चाहती हूं।'

जिन परिवारों के सभी पुरुष सदस्य मारे जा चुके हैं ऐसे ज़्यादातर दूसरे परिवारों का भी यही कहना था कि उनके 'परिवार में कोई जिंदा नहीं बचा'। कई बार जब लोगों ने कहा कि उनके सारे बच्चे मारे गए तो असल में उनका इशारा अपने बेटों की तरफ था। मुझे जिंदा बची बेटियों के बारे में खासतौर से पूछना पड़ा क्योंकि उनकी जिंदगी की उतनी अहमियत नहीं थी।

इंदिरा बाई बताती हैं :

लगभग चार बजे शाम तक उन्होंने हमारे ब्लॉक में जो भी सिख मर्द मिले सबको मार डाला। इसके बाद उन्होंने औरतों को घर से बाहर आने के लिए कहा। उन्होंने कहा : 'तुम्हारे मर्द तो मारे जा चुके। बाहर निकलो और एक झुंड में बैठ जाओ नहीं तो हम तुम्हें भी मार देंगे।'

हम सारी औरतें एक-दूसरे से चिपट कर बैठ गईं। उन्होंने हमें पीने के लिए थोड़ा सा पानी दिया। जब हम पानी पी रही थीं तभी वे लड़कियों को घसीटने लगे। जिस भी लड़की पर उनका मन आता वह उसे ही घसीट कर ले जाने लगते। हर लड़की को दस-दस, बारह-बारह लड़के खींच रहे थे। उनमें से ज़्यादातर बीस साल से भी कम उम्र के थे। वे उन लड़कियों को नजदीक की मस्जिद में ले जाकर उनके साथ सामूहिक बलात्कार करते और कुछ घंटों बाद उन्हें वापस भेज देते। कुछ बेचारी कभी वापस नहीं लौटीं। जो लौट पाईं उनके हालात भी रोंगटे खड़े कर देने वाले थे। उनके बदन पर कोई कपड़ा नहीं था। एक छोटी सी लड़की के साथ पंद्रह लोगों ने मुंह काला किया।

त्रिलोकपुरी में बालासाहब गुरुद्वारे तथा फराश बाज़ार शिविर में गुरदीप कौर और त्रिलोकपुरी की जिन बहुत सारी महिलाओं से मैंने बात की उन्होंने भी ऐसी कई महिलाओं के बारे में बताया जिन्हें दंगाई गिरोह उठा कर चिल्ला गांव ले गए थे। इस गांव में गुज्जरों का दबदबा है। बताया जाता है कि इन्हीं में से कुछ लोग हमलावर गिरोहों की अगुवाई कर रहे थे। 3 नवंबर को सेना के लोग चिल्ला जाकर इनमें से कुछ महिलाओं को वापस ले आए। मगर जिस समय मैंने इन परिवारों से बात की उस समय तक भी ऐसी बहुत सारी महिलाएं वापस नहीं आई थीं। परिवार के लोगों को डर था कि या तो उन्हें कत्ल कर दिया गया होगा या वे अभी भी बलात्कारियों के कब्जे में होंगी।

इसी मोहल्ले की एक और बूढ़ी महिला रज्जो बाई ने आश्रम के बालासाहब गुरुद्वारे में पनाह ली। उन्होंने भी मुझे ऐसी ही कहानी सुनाई। दंगाइयों ने उनके दो बेटों को उनकी आंखों के सामने कत्ल किया था। उनका एक बेटा किसी झोंपड़ी में छिपा हुआ था जिसका अब तक पता नहीं चल पाया है। उनके तीनों बेटे रिक्शा चलाते थे। उन्हें अपनी दो बहुओं का भी पता नहीं। उन्हें लगता है कि उन दोनों को अगवा कर लिया गया है। उनकी दोनों बहुएं काफी समय बाद फराश बाज़ार कैंप में उन्हें मिलीं। मगर रज्जो बाई की 24 साल की बेटी का अब तक कुछ पता नहीं चला। वह इसलिए घर में पीछे छूट गई क्योंकि वह अपाहिज थी। त्रिलोकपुरी की ही ननकी बाई यह कहते हुए विक्षिप्त सी हो गई कि हम उनकी बेटी कौशला बाई को ढूंढने में उनकी मदद करें जिसे दंगाई उठा कर ले गए थे। उन्होंने बताया :

सारी रात हमले होते रहे। मेरे पति एक ट्रंक में छिपे हुए थे। दंगाइयों ने उन्हें बाहर निकाला और उनके टुकड़े-टुकड़े कर डाले। मेरी आंखों के सामने सोलह साल के एक और लड़के को भी उन्होंने जान से मार डाला। उसकी गोद में एक छोटा सा बच्चा था। जालिमों ने उसे भी नहीं छोड़ा।

उन्होंने औरतों को जबरन घर से निकाल कर बाहर एक झुंड में बिठा दिया। मैं अपनी बेटी को छिपाने की कोशिश कर रही थी। मैंने उसकी गोद में एक बच्चा रख दिया और उसके बाल बिखेर दिए ताकि वह ज़्यादा उम्र की दिखने लगे। मगर

आखिर में हमारे ही एक पड़ोसी ने इशारा करके हमलावरों को उसके बारे में भी बता दिया। वह उसे खींच कर ले जाने लगे। हमने उसे बचाने की कोशिश की। मैं उनके पैरों में लेट गई। मेरे बेटे ने उसे बचाने की कोशिश की तो उन्होंने उस पर तलवार से वार किया। उसकी एक उंगली कट गई। मैं उसके कटे हुए हाथ की तरफ देख भी नहीं पा रही थी। मैंने तो बस उसे अपने पल्ले से पट्टी बांध दी।

वे कौशला को लेकर मस्जिद में चले गए। मुझे नहीं पता कि उसके साथ क्या हुआ। तड़के चार बजे जब वे हमें कॉलोनी से बाहर हांक रहे थे, तो मेरी बेटी ने मस्जिद की छत से मुझे आवाज़ दी थी। वह चीख रही थी : '*मम्मी मुझे ले चल, मुझे ले चल, मम्मी*'। मगर मम्मी उसे कैसे साथ ले जाती? उसने अपनी मां को आवाज़ लगाई थी इसलिए वे उसे पीटने लगे। पता नहीं अब वो कहां होगी....।

बाद में मैं फराश बाज़ार कैम्प में कौशला से मिली और उसे बताया कि उसकी मम्मी बालासाहब गुरुद्वारे में है। उसने अपनी मां की कही बात की तस्दीक करते हुए बताया कि उसके पिता को मारने से पहले हमलावरों ने उनकी आंखें निकाल दी थीं। मगर उसने यह नहीं कहा कि उसके साथ बलात्कार हुआ था। उसने सिर्फ इतना कहा : 'उन्होंने मुझे चांटे मारे, मेरी पिटाई की और चाकू से वार किया। मेरे कपड़े फाड़ दिए।'

बलात्कारियों ने बूढ़ी और जवान औरतों के बीच कोई फ़र्क़ नहीं किया। नंद नगरी में 80 साल की एक महिला ने एक सामाजिक कार्यकर्ता को बताया कि उसके साथ भी बलात्कार हुआ था। त्रिलोकपुरी में कई बूढ़ी महिलाओं ने बताया कि उनके साथ उनके परिवार के सदस्यों के सामने सामूहिक बलात्कार हुआ था। ऐसे तमाम हालात की तरह इन बलात्कारों का भी सबसे अहम मकसद शायद यही था कि पीड़ितों का अपमान किया जाए और उनके नैतिक साहस को पूरी तरह चूर-चूर कर दिया जाए। लगभग 55 वर्ष की मंचा देवी कहती हैं कि उनके साथ कई लोगों ने बलात्कार किया था। उनके दामाद और भतीजे सहित उनके घर के चार पुरुषों की हत्या कर दी गई।

जब मैं अपने बच्चों को बचाने के लिए आगे बढ़ी तो उनमें से कई लोगों ने मुझे पकड़ लिया। कुछ ने मेरे कपड़े फाड़ दिए और कुछ मेरी छाती पर चढ़ गए। मैं तुम्हें क्या बताऊं बहन? कोई मेरी इज्जत लूट रहा था, कोई मेरे शरीर को दांतों से गोदता रहा और कोई मेरे कपड़े नोचता रहा। मेरे साथ यह सब कुछ रात को तकरीबन 11 बजे मेरे अपने घर में हुआ। मुझे अंदाजा नहीं कि वह कितने लोग थे। पूरा घर उनसे भरा हुआ था। मेरे साथ करीब दर्जन भर लोगों ने बलात्कार किया। उसके बाद उन्होंने बाहर कुछ लड़कियों को पकड़ लिया। मेरे परिवार में अब मेरे बूढ़े आदमी और नौ साल के बेटे के अलावा कोई जिंदा नहीं बचा है। अब मेरा बुढ़ापा किसके सहारे कटेगा? यह नौ साल का बच्चा क्या कर सकता है?

इनमें से ज़्यादातर बलात्कारों के दौरान इन औरतों के पति, बेटों या भाइयों की लाशें उनकी आंखों के सामने आग में झुलस रही थीं और उनके घर श्मशान घर की शक्ल ले चुके

थे। लगभग 20 साल की एक युवा दुल्हन बेबीबाई के साथ भी सामूहिक बलात्कार हुआ। वह सिर्फ साल भर पहले ब्याह कर आई थी। उसका पति रिक्शा खींचता था और कभी-कभी स्कूटर ड्राइवर का काम भी करता था। वह कहती है :

> हमारे घर में छह लोग थे। तीन मर्द थे। एक मेरा आदमी और दो जेठ। हमलावरों ने तीनों को मार दिया। अब सिर्फ हम तीन औरतें जिंदा बची हैं। मेरे घर पर उन्होंने शाम को चार बजे के करीब हमला बोला और वहां अगली सुबह तक लड़ाई चलती रही। मेरे पति को पहले उन्होंने पीटा और फिर उसे जिंदा आग में झोंक दिया। मैं बैठी रो रही थी कि तभी बहुत सारे लोग आए और मुझे घसीट कर ले जाने लगे। वे मुझे ब्लॉक 32 के सामने बनी झुग्गियों में ले गए और वहां मेरे साथ बलात्कार किया। उन्होंने मेरे सारे कपड़े फाड़ दिए। उन्होंने मुझे जगह-जगह काटा और नाखूनों से पूरा शरीर खुरच दिया। वे रात को 10 बजे मुझे लेकर गए थे और सवेरे 3 बजे तक मेरे साथ मुंह काला करते रहे। जब मैं घर लौटी तो पूरी तरह नंगी थी। वे मेरे सारे गहने — कान की बाली, सोने की चेन, चूड़ियां, नथ, पायल — सब कुछ ले गए। वे मुझे ऐसे ही नंगा पड़ा छोड़कर चले गए। सड़क पर मुझे किसी की पुरानी चादर पड़ी मिल गई थी। मैंने खुद को चादर में लपेटा और चलती हुई चिल्ला गांव तक पहुंची। वहां मैंने अपने रिश्तेदारों से मांग कर कपड़े पहने।

लगभग 70 साल की प्यारी बाई के परिवार के भी सारे पुरुष सदस्य मारे गए। हमलावरों ने उनके तीन बेटों, एक पोते, दो दामादों और दो भतीजों को मौत की नींद सुला दिया। उनके घर के ज़्यादातर मर्द रोजी-रोटी के लिए चारपाइयां बुनने का काम करते थे। एक आदमी रिक्शा चलाता था। उनकी बहू को घर के अंदर घसीट कर उसके साथ बलात्कार किया गया। उसे कई माह का गर्भ था। प्यारी बाई ने भी यही कहा कि उन्होंने बूढ़ी औरतों और बच्चियों को भी नहीं बख्शा।

हालांकि यह बात सबकी नज़र में थी कि ये हमले 1 नवंबर से बेरोकटोक चल रहे हैं मगर सरकार ने न तो पीड़ितों को किसी किस्म की हिफ़ाज़त मुहैया कराई और न ही तब तक उन्हें खतरे से बाहर निकालने का इंतजाम किया जब तक कि हिंसा का भयानक दौर पूरा नहीं हो गया।

औरतों की ख़ामोशी

ज़्यादातर महिलाओं, खासतौर से जिनके घरों के कुछ पुरुष सदस्य जीवित थे, ने इस बात को छिपाने की कोशिश की कि उनके साथ बलात्कार हुआ था। हालांकि उनमें से ज़्यादातर ने औरों के साथ हुए बलात्कारों और महिलाओं के अपहरण की वारदातों का जिक्र ज़रूर किया। अपने निजी तजुर्बों के बारे में उन्हें खामोश रखने के पीछे दोनों तरह के दबाव थे। एक तरफ तो स्वयं अपने समुदाय के भीतर बहिष्कृत होने का खतरा था। मसलन, पति अपनी पत्नी को छोड़ सकता है या अगर लड़की अविवाहित है तो उसकी शादी के लिए लड़का

ढूंढने में दिक्कत आ सकती है। मगर दूसरी तरफ समुदाय के बाहर से भी उन पर दबाव था।

गुरदीप कौर ने बताया कि किस तरह फराश बाज़ार शिविर में बलात्कार की शिकार महिलाओं को रुटीन मेडिकल जांच और अपनी शिकायत दर्ज कराने से भी रोका जा रहा था। फिर भी कुछ महिलाओं ने हिम्मत करके अपने मामले दर्ज कराए। चिकित्सकीय राहत दल के कुछ डॉक्टरों ने भी इस बात की तस्दीक की कि उनके पास कई ऐसी महिलाएं आई थीं मगर क्योंकि बलात्कार के मामलों को मेडिको-लीगल (चिकित्सकीय-वैधानिक) मामला माना जाता है जिसके लिए एक विशेष प्रमाणात्मक प्रक्रिया का पालन करना पड़ता है इसलिए शिविर में तैनात डॉक्टर ककी जिममेदारी होती है कि वह पीड़ित महिला को किसी अस्पताल में जांच के लिए भेजे। मगर ऐसा नहीं हो पाया। गुरदीप कौर ने बताया : 'अपनी शिकायत दर्ज कराने गई ज़्यादातर महिलाएं कम उम्र की और कुंवारी थीं। उनमें से चार को डॉक्टर के कमरे में भेजा गया। मुझे बाहर बैठने के लिए कह दिया गया। भीतर बैठे लोगों ने महिलाओं को डराया और आगाह किया कि वह किसी भी तरह की मेडिकल जांच न कराएं। उन्हें बताया गया कि जांच के दौरान उनकी योनि में हाथ फिराया जाएगा और उनके साथ बहुत कुछ होगा। क्योंकि इन महिलाओं की उम्र बहुत कम थी और उन्हें दुनिया का कुछ तजुर्बा नहीं था इसलिए वह डर गईं और उन्होंने डॉक्टरी जांच का इरादा छोड़ दिया। इस तरह, उनकी कोई शिकायत दर्ज नहीं हुई।' गुरदीप कौर को इस बात का बड़ा अफसोस है कि उन्हें इन लड़कियों का हौसला बढ़ाने के लिए भीतर नहीं जाने दिया गया। गुरदीप कौर को पता था कि एच.के.एल. भगत फराश बाज़ार शिविर में आने वाले हैं। उन्होंने भगत को अपना बयान देने की कोशिश की थी मगर भगत से उनकी मुलाकात तक नहीं हो पाई।

इन महिलाओं ने जिस किस्म की शारीरिक हिंसा भोगी है वह एक दिन उनकी अपनी 'शर्म' के रूप में उनके दिलों में दफन होकर रह जाएगी। राहत शिविर में रहने वाले उन्हीं के समुदाय के कई पुरुषों ने मुझसे इन 'लुटी-पिटी' औरतों के बारे में बात की जिन्हें 'गलत काम' करने के लिए मजबूर किया गया था। उन्होंने कहा कि अब उन औरतों की जिंदगी की कोई कीमत नहीं है। सारे हालात को देखकर अब ऐसा नहीं लगता कि खुद उनका समुदाय भी इन महिलाओं को वैसी हमदर्दी और संवेदनशीलता से साथ देखेगा जैसी हमदर्दी हिंसा के पीड़ित पुरुषों को मिली है।

त्रिलोकपुरी में नौकरी या घर के बाहर मजदूरी करने वाली सिख महिलाओं की संख्या बहुत कम है। यानी, जिन परिवारों का अब एक भी पुरुष सदस्य जिंदा नहीं बचा है उन परिवारों में दरअसल अब कोई कमाने वाला भी नहीं बचा है। जनसंहार के जिंदा बचे पीड़ितों में विधवा औरतें सबसे कमजोर तबका होती हैं। इनमें से ज़्यादातर अनपढ़ या नाममात्र को पढ़ी-लिखी हैं। कुछ के पास कमाई लायक कोई हुनर नहीं है। उनमें से बहुत कम ने ही इससे पहले घर के बाहर कभी काम किया। ज़्यादातर महिलाओं के कई छोटे-छोटे बच्चे

है जिसकी वजह से कई-कई घंटे के लिए उनका घर से बाहर निकल पाना शायद मुमकिन नहीं हो पाएगा।

22-23 साल की ठाकरी बाई इसका एक अच्छा उदाहरण हैं। उनके पति रेलवे स्टेशन पर कुली का काम करते थे। उन्हें हर रोज 50 रुपए से ज़्यादा की कमाई हो जाती थी। ठाकरी बाई की तीन बेटियां हैं जिनकी उम्र सात साल, तीन साल और दो साल है। उनमें से एक अपाहिज और मानसिक रूप से कमजोर है। ठाकरी बाई ने रोते हुए बताया कि उनके जो तीन जेठ अपने बाल काट कर किसी तरह जान बचाने में कामयाब हो गए थे अब वह उनके और उनके बच्चों को सहारा नहीं देना चाहते। उनके जेठ और जेठानियां उनसे झगड़ा करने लगे हैं क्योंकि उन्हें लगता है कि ठाकरी बाई की बेटियां उन लोगों पर बोझ बन जाएंगी। ठाकरी बाई ने बताया कि राजस्थान में रहने वाली उनकी विधवा मां बहुत गरीब है। उनकी मां खुद मजदूरी करती हैं और उनके पास अपना पेट भरने के लिए भी आमदनी नहीं होती। अब ठाकरी बाई को समझ में नहीं आता कि अगर उन्हें खाने-पीने और रहने का कोई जरिया मुहैया कराए बिना राहत शिविर से निकाल दिया गया तो वह कहां जाएंगी।

कई राहतकर्मियों ने बताया कि मृतक पुरुष के आश्रितों को मुआवजे के तौर पर मिलने वाले 10,000 रुपए की दावेदारी के सवाल पर भी सास और बहुओं के बीच जमकर तू-तू, मैं-मैं होने लगी है। झगड़ा इस बात को लेकर होता है कि मुआवजा मरने वाले की मां को मिले या उसकी पत्नी को। क्योंकि न तो पत्नी के पास और न ही मां के पास आमदनी का कोई जरिया बचा है इसलिए इस टकराव से निकलने का कोई रास्ता भी दिखाई नहीं देता।

एकतरफा हमले

इस बात को लेकर बहुत शोर मचाया गया है कि त्रिलोकपुरी के गुरुद्वारे और दूसरे ज़्यादातर गुरुद्वारों से बहुत सारे सिख तलवारें और कृपाणें लेकर निकले थे जिससे हमलों को उकसावा मिला। मगर, तमाम चश्मदीद गवाहों की बातों से इस बात की तो पुष्टि होती है कि तलवारों का इस्तेमाल हुआ था मगर हद से हद उनका इस्तेमाल हर तरफ से घिर जाने की सूरत में आत्मरक्षा की एक हताश कोशिश के तौर पर ही किया गया। ऐसे मौकों पर या तो पुलिस थी ही नहीं या फिर पुलिस वाले निष्क्रिय मूकदर्शक या सक्रिय हिस्सेदार के तौर पर मौजूद थे।

हमें यह भी याद रखना चाहिए कि भारतीय दंड संहिता नागरिकों को गैर-कानूनी हमलों के खिलाफ निजी स्तर पर अपनी जिंदगी और संपत्ति की सुरक्षा के लिए हथियारों के इस्तेमाल का अधिकार देती है। उसमें तो यहां तक प्रावधान किया गया है कि यदि इस आत्मरक्षा की कोशिश में कोई निर्दोष व्यक्ति मारा जाए तो भी आत्मरक्षा के लिए प्रयासरत व्यक्ति को हत्या का दोषी नहीं माना जाएगा। इतना ही नहीं, बहुत सारे गुरुद्वारों के आसपास तो

किसी किस्म की आत्मरक्षा का प्रयास भी नहीं किया गया मगर इसके बावजूद ऐसे गुरुद्वारे और घर भी नष्ट होने से नहीं बच पाए।

मिसाल के तौर पर, यमुनापार के ही ईस्ट विनोद नगर में रहने वाले वासन सिंह ने बताया कि उनके पड़ोस में किस तरह हमला किया गया। उनके अनुसार 1 नवंबर को सवेरे लगभग 10 बजे आसपास के गांवों के लोग ट्रकों में भरकर दिल्ली की तरफ निकल पड़े थे। इन ट्रकों में भरे लोग सिखों के खिलाफ नारे लगा रहे थे। उनमें से कुछ ट्रक हाइवे से होकर गुजरे। ट्रकों में बैठे लोगों ने पहले मेन रोड के पास स्थित गुरुद्वारे को आग लगाई। कॉलोनी का एक भी सिख गुरुद्वारे की रक्षा के लिए सामने नहीं आया। हालांकि वहां पुलिस भी मौजूद थी मगर पुलिस वाले खामोश रहे। इसके बाद भीड़ निरंजन सिंह नामक पोस्ट मास्टर के घर जा पहुंची। उन्होंने पूरे परिवार को पीटा, घर में आग लगा दी और बच्चों सहित घर के कई लोगों को आग में झोंक दिया। वासन सिंह बताते हैं : 'हम जाकर एक हिंदू पड़ोसी के यहां छिप गए। हर सिख ने जान बचाने के लिए हिंदुओं के घरों में पनाह लेने की कोशिश की मगर उनमें से सिर्फ कुछ ही अपनी जान बचा पाए।'

जब से भिंडरांवाले के आतंकवादी दस्ते बड़े पैमाने पर चर्चा में आए हैं तभी से इस आशय की अफवाहों का बाज़ार गर्म रहा है कि सिखों के पास हथियारों की 'भारी खेप' आ रही है। मगर इन तमाम अफवाहों के बावजूद, हिंसा के इन चार दिनों के ब्यौरों से तो जो हकीकत सामने आई है वह प्रचलित राय के बिलकुल खिलाफ जाती है। बहुत कम ही सिख ऐसे थे जिनके पास हथियारों के नाम पर कुछ मिल पाया। यहां तक कि दिल्ली के बड़े-बड़े गुरुद्वारों ने भी बिना किसी खास प्रतिरोध के हमलावरों के सामने घुटने टेक दिए जबकि वहां तो हथियारों और गोला-बारूद के भारी जखीरे की बात कही जाती थी। मरने वालों में शायद ही कोई गैर-सिख रहा होगा।

ये सब क्यों और कैसे हुआ?

इस कत्लेआम का औचित्य साबित करने के लिए अकसर यह सफाई दी जाती है कि यह सिखों के खिलाफ लोगों के दिल में भड़कते गुस्से और असंतोष का परिणाम था। इसके मुताबिक, लोग तो तभी से सिखों के खिलाफ हुए हैं जब से भिंडरांवाले के गिरोह पंजाब में खालिस्तान के लिए हिंदुओं को मारने लगे हैं। खालिस्तान की इस अवधारणा में पंजाब से हिंदुओं को जबरन खदेड़ा भी जा सकता है और यह कुछ ऐसी ही स्थिति होगी जैसी स्थिति पाकिस्तान समर्थक आंदोलन के समय विभिन्न इलाकों में दिखाई देती थी। इस बात से कोई इनकार नहीं करता कि पिछले दो-एक साल से खालिस्तान की मांग को जिस तरह से उठाया जा रहा है उससे पंजाब और दूसरे राज्यों में भिंडरांवाले के खिलाफ हिंदुओं में काफी असंतोष पैदा हुआ है। मगर क्योंकि आतंकवादियों — जो इत्तेफाक से सिख हैं — के एक छोटे से गिरोह ने पंजाब में कुछ हिंदुओं या सिखों की हत्या की है, केवल इस आधार पर पूरे देश में हजारों बेगुनाह सिखों के कत्लेआम को सही नहीं ठहराया जा सकता। इस

कत्लेआम में तो ऐसे लोग मारे गए हैं जिनका पंजाब की सियासत से कोई लेना-देना था ही नहीं।

आज इन दंगों को सही ठहराने की इच्छा काफी हद तक इस गलतफहमी की बुनियाद पर खड़ी दिखाई देती है कि भिंडरांवाले और उसके लोगों ने सिर्फ हिंदुओं को मारा है। मगर इस तथ्य को भी भुलाया नहीं जा सकता कि भिंडरांवाले के लोगों ने उन सिखों को भी मारा है जिन्होंने आतंकवाद पर आधारित राजनीति का विरोध करने की हिम्मत की थी। बल्कि असल में भिंडरांवाले ने भी ज़्यादातर आतंकवादी संगठनों की तरह अपने काम की शुरुआत पहले अपने समुदाय के ऐसे लोगों के सफाए से ही की थी जो उसका विरोध करते थे। इसके पीछे उसका इरादा अपने समुदाय को दहशत के बल पर अपना समर्थक बना लेना था। परंतु इस तथ्य को बड़े सुनियोजित ढंग से अनदेखा कर दिया गया क्योंकि इससे साम्प्रदायिकता की आग भड़काने में बहुत मदद नहीं मिलती।

इसके अलावा वैसे भी, सिखों के खिलाफ अचानक हुई यह हिंसा हिंदुओं में सिखों को लेकर व्याप्त गुस्से के मुकाबले कहीं बहुत ज़्यादा दिखाई देती है। गौरतलब है कि जब पंजाब में सिखों, निरंकारियों और हिंदुओं की हत्याएं हो रही थीं उस समय दिल्ली या दूसरे राज्यों में सिखों के खिलाफ किसी तरह के जवाबी हमले नहीं हुए। यहां तक कि जब अकालियों के एक धड़े ने दिल्ली में काफी आक्रामक जुलूस-प्रदर्शन निकाले थे उस समय भी किसी राजनीतिक दल या हिंदुओं के किसी समूह ने कोई हिंसक प्रतिक्रिया नहीं दी थी। ऐसी रैलियों और जुलूसों को रोकने तक की भी किसी ने कोशिश नहीं की थी। जो भी टकराव हुए वह पुलिस और प्रशासन के साथ ही हुए। गुरुद्वारों या बड़े सिख/अकाली नेताओं के घरों पर कोई हमला भी नहीं हुआ। और भी गौरतलब बात यह है कि आतंकवादियों के छोटे-छोटे जत्थेबंद गिरोहों द्वारा चुन-चुन कर की गई हत्याओं के अलावा पंजाब में भी भिंडरांवाले के पूरे दौर में कभी साम्प्रदायिक दंगे नहीं हुए।

हिंदुओं और सिखों के बीच टकराव का कोई लंबा इतिहास नहीं रहा है। न केवल इन दोनों समुदायों का अतीत और संस्कृति साझा रही है बल्कि आज भी ज़्यादातर सिख परिवारों की हिंदुओं मे रिश्तेदारियां होती रहती हैं क्योंकि पंजाब के कुछ इलाकों में कई हिंदू मां-बाप अपने एक बेटे को गुरु की 'शरण' में दे दिया करते थे। हिंदुओं और सिखों के बीच शादी आज भी एक साधारण बात समझी जाती है। बहुत सारे हिंदू सहज रूप से गुरुद्वारों में जाते हैं और पूरी श्रद्धा के साथ वहां ग्रंथ साहब का पाठ करते हैं। किसी हिंदू या बिना दाढ़ी-मूंछ वाले सिख को ज़्यादातर पंजाबी *मोना* कहकर ही संबोधित करते हैं। इस तथ्य से पता चलता है कि इन दोनों समुदायों के लोगों ने परस्पर अपने बीच में कोई स्पष्ट विभाजन रेखा नहीं खींची हुई है।

बहुत सारे लोगों ने इस हिंसा को यह कहकर सही साबित करने की कोशिश की है कि सिखों ने इंदिरा गांधी की हत्या पर जश्न मनाकर लोगों को अपने खिलाफ हमला करने के लिए 'उकसाया' था। बताया जाता है कि यह खबर मिलते ही लोगों ने मिठाइयां

बांटीं और विदेशों में रहने वाले सिख शराब के नशे में झूमने लगे थे। पिछले दिनों के दौरान मुझे सैकड़ों ऐसे लोग मिले जिन्होंने दावे के साथ कहा कि इंदिरा गांधी की हत्या पर सिखों ने मिठाइयां बांट कर जश्न मनाया था मगर जब मैंने उनसे और विस्तार से पूछा तो उनमें से एक भी ऐसा नहीं था जो कह सके कि उसने खुद अपनी आंखों से ऐसा होते देखा था।

इक्का-दुक्का अपवादों को छोड़कर इस बात का कोई खास साक्ष्य नहीं मिलता कि सिखों ने श्रीमती गांधी की मौत पर 'खुशी' मनाई थी। मिसाल के तौर पर, एक अफवाह यह थी कि दिल्ली विश्वविद्यालय के खालसा कॉलेज के सिख छात्रों ने इंदिरा गांधी की हत्या के बाद भांगड़ा किया था। यह इस बात का एक सटीक उदाहरण है कि तथ्यों को किस हद तक तोड़-मरोड़ कर पेश किया जा सकता है। ये छात्र श्रीमती गांधी की हत्या के एक माह पहले से अपने कॉलेज के लॉन में भांगड़ा की प्रैक्टिस कर रहे थे। असलियत यह थी कि ये लोग जाड़ों में हर कॉलेज में होने वाले शरदोत्सवों में भाग लेने के लिए नृत्य का अभ्यास कर रहे थे। 31 अक्तूबर को भी यह लोग सामान्य रूप से अपने नाच-गाने का अभ्यास कर रहे थे मगर जैसे ही उन्हें श्रीमति गांधी की हत्या की खबर मिली उन्होंने रिहर्सल बंद कर दी थी।

एक अफवाह यह थी कि जनकपुरी में एक संपन्न सिख परिवार के लोगों ने श्रीमती गांधी की हत्या के बाद मोहल्ले में जमकर मिठाई और मेवे बांटे थे। मेरे एक दोस्त ने इस बात की जड़ में जाने की कोशिश की कि यह अफवाह कहां से से पैदा हुई। कोशिश करने पर पता चला कि वहां उस दिन सचमुच मिठाइयां बांटी गई थीं। परंतु ये मिठाइयां आने वाले गुरुपरब के सिलसिले में बांटी गई थीं। 1984 में गुरु नानक का जन्म दिन 8 नवंबर को पड़ता था और परंपरागत रूप से गुरु नानक के जन्मदिन से तकरीबन 10 दिन पहले से हर इलाके में लोग प्रभात फेरियां निकालते हैं और प्रभात फेरी में आने वाले लोगों को रास्ते में पड़ने वाले परिवार परंपरागत रूप से मिठाई और नाश्ता वगैरह खिलाते हैं। मगर सबसे गौरतलब बात वह है जो धर्मा कुमार ने *टाइम्स ऑफ इंडिया* में अपने लेख में कही थी : 'अगर सारे हिन्दुस्तान की मिठाइयां भी बांट दी जातीं – तो भी, एक भी सिख को जिंदा जला दिए जाने की घटना को सही नहीं ठहराया जा सकता।'

केवल सिखों को ही इस बात का दोषी नहीं ठहराया जा सकता है कि 31 अक्तूबर की रात को श्रीमती गांधी की मौत की खबर सुनने के बाद भी उन्होंने इस तरह के सामान्य रस्मी समारोहों को रद्द नहीं किया। उसी रात जब मैं अपने पड़ोस की एक गली से गुजर रही थी वहां बाकायदा गाजे-बाजे के साथ एक बारात निकल रही थी। इसमें गीत-संगीत, नाच-गाने और रौशनियों का रंगारंग का इंतजाम था। इस बात पर किसी ने जरा सी भी चिंता नहीं जताई कि यह हिंदू विवाह समारोह सामान्य रस्मी तरीके से संपन्न हो रहा था।

हमारे अपने पड़ोस में कम से कम आधे परिवार सिखों के हैं। वहां मैंने किसी जश्न या मिठाइयों के बंटने का जरा सा भी निशान नहीं देखा। बल्कि 31 अक्तूबर की सुबह

जब हत्या की खबर आई तो मैं इस बात को देखकर थोड़ी सी हैरान थी कि हिंदू और सिख सब लोग बिना किसी दुख या चिंता के अपने रोजमर्रा कामों पर निकल रहे थे। मैंने जिन लोगों से बात की उनमें से कोई भी इस खबर की बात करते हुए नहीं रोया हालांकि ज़्यादातर लोगों को इस बात का दुख ज़रूर था कि श्रीमती गांधी की मृत्यु इतने त्रासद ढंग से हुई।

बहुत सारे अफवाहबाज़ इस तथ्य की तरफ भी संकेत करते हैं कि 1984 में बहुत सारे सिखों ने दीवाली नहीं मनाई क्योंकि वह जून के महीने में स्वर्ण मंदिर में हुए सैनिक ऑपरेशन और भिंडरांवाले की हत्या का शोक मना रहे थे। इसी आधार पर निष्कर्ष निकाल दिया जाता है कि वे 'राष्ट्र विरोधी' हैं और इसलिए यह भी मान लिया जाता है कि उन्होंने श्रीमती गांधी की मौत पर खुशी ज़रूर मनाई होगी।

पहली बात तो यह है कि ऐसा नहीं था कि किसी भी सिख ने दीवाली नहीं मनाई। कुछ पीड़ितों ने बताया कि उन्होंने दीवाली के लिए जो नए कपड़े और बर्तन खरीदे थे वह उनके घरों पर हुए हमलों में तबाह हो गए। वैसे भी, यह दलील उसी बेतुके तर्क पर आधारित है जिसका अकसर खुद सरकार भी इस्तेमाल करती है। असल में सरकार की कार्रवाइयों और नीतियों की हिमायत न करने वाला कोई भी व्यक्ति सरकार की नज़र में राष्ट्र का दुश्मन हो जाता है। सोचने का यह तरीका एक ऐसी तानाशाही विचारधारा की बुनियाद पर खड़ा है जो लोगों को शासकों से अलग सोचने और शासकों के कारनामों के त्रासद परिणामों पर शोक मनाने के अधिकार से वंचित करता है।

सिखों के खिलाफ एक और बात यह कही जाती है कि उन्हें स्वर्ण मंदिर में सेना के दाखिल होने पर बहुत गुस्सा था। मगर यह कहना बेतुकेपन की हद है कि जो लोग स्वर्ण मंदिर के अपवित्र हो जाने पर दुखी थे वह इंदिरा गांधी की हत्या चाहते थे। जिन लोगों पर हमले हुए, जिन्हें पीटा और मारा गया, उनमें से बहुत सारे लोग तो कांग्रेस के पुराने समर्थक थे। राहत शिविरों में बहुत सारे लोगों ने बताया कि पिछले चुनावों के दौरान उन्होंने कांग्रेस के लिए किस तरह बढ़-चढ़ कर काम किया था। कुछ जले हुए घरों में मुझे इंदिरा गांधी की तस्वीर अब भी लटकी दिखाई दी। उनकी तस्वीर मेरे पड़ोस के कई सिखों के घरों की दीवारों पर आज भी मौजूद है और दंगों के बावजूद उसकी हैसियत में कोई कमी नहीं आई है। इससे भी ज़्यादा अहम तथ्य यह है कि हिंसा की सबसे ज़्यादा मार झेलने वाले लोग पुनर्वास कॉलोनियों के थे। इन लोगों का तो पंजाब की चरमपंथी राजनीति से कोई लेना-देना ही नहीं था। बल्कि सच तो सह है कि इनमें से बहुत सारों का तो पंजाब से ही कोई रिश्ता नहीं था।

हिंसा को सही ठहराने के लिए सबसे ज़्यादा यह तर्क दिया जाता है कि यह दो सिखों के हाथों देश की सबसे अग्रणी नेता की नृशंस हत्या के खिलाफ सार्वजनिक आक्रोश की एक स्वतःस्फूर्त अभिव्यक्ति थी। अगर यह दंगे यहां-वहां, असंगठित और स्वतःस्फूर्त ही होते तो इस तर्क को संजीदगी से लिया जा सकता था। मगर दिल्ली में अभी तक मिली

जानकारी के आधार पर बिना किसी शको-शुबहे के कहा जा सकता है कि यह समूचा घटनाक्रम पूरी तैयारी और योजना के साथ अंजाम दिया गया था। पूरे घटनाक्रम को देखने पर स्पष्ट हो जाता है कि दंगों में शामिल हत्यारे और लुटेरे इस बारें में पूरी तरह मुतमईन थे कि उन पर कोई आंच नहीं आएगी। वह जरा सी भी जल्दबाजी में दिखाई नहीं देते थे। वह एक बार आए, वापस गए, और फिर लौट-लौट कर आए। हर बार वह पहले से ज़्यादा तादाद में वापस आते थे।

जिन लोगों ने हमलावर भीड़ को खुद अपनी आंखों से देखा था उन्हें ऐसा बिल्कुल नहीं लगा कि यह गुस्साए या शोक-संतप्त लोगों की भीड़ है। भीड़ को देखकर तो ऐसा लगता था मानो बहुत सारे गुंडे गिरोह बनाकर मजा लूटने निकल पड़े हैं। 1 नवंबर को लाजपत नगर में मेरा सामना भी एक ऐसी ही भीड़ से हुआ था। दोपहर के आसपास जब हमने सुना कि स्थानीय गुरुद्वारे को आग लगा दी गई है तो *मानुषी* की हम तीन सदस्य फौरन मौके पर गई और वहां जाकर पड़ोसियों को समझाया कि हमें गुरुद्वारे को बचाने के लिए कुछ करना चाहिए। पलक झपकते हम दुश्मनाना तेवरों वाले मर्दों से घिर गईं। आसपास की औरतें भी दूर खड़े होकर हमें गालियां बकने लगीं। हद तो यह थी कि एक-दो औरतों ने हमारे पास आकर हमें गालियां दीं और हम पर यह तोहमत भी लगाने लगीं कि हम कितनी बेशर्म हैं कि सड़क पर खड़े होकर मर्दों से जिरह किए जा रही हैं। उसी समय बदले के नारे लगाते हुए लगभग 200 लोगों की एक भीड़ वहां आ जुटी। वह लोग हंसते-खिलखिलाते और एक-दूसरे से ठिठोलियां करते खुद में ही मशगूल थे। उन्हें देखकर बिलकुल नहीं लगता था कि उन्हें किसी बात का रत्ती भर भी दुख है। बल्कि उन्हें देखकर तो ऐसा लगता था कि कुछ गुंडे हैं जो अपनी ताकत की नुमाइश का मजा ले रहे हैं। हम पर ताने कसती भीड़ में से कई लोगों ने साफ कह दिया कि अगर हम फौरन वहां से नहीं हटे तो वह हमें भी आग में फेंक देंगे।

पूरे शहर में एक साथ हमले शुरू हुए। हिंसा का पैटर्न सब जगह एक जैसा था। इस तथ्य से ऐसा लगता है कि यह कोई स्वतःस्फूर्त हिंसा नहीं थी। शहर के विभिन्न भागों से आए पीड़ितों का कहना है कि आवासीय इलाकों में पहले गिरोहबंद हमले 1 नवंबर को सवेरे 9 से 10 बजे के बीच शुरू हुए। तकरीबन सभी जगह हमलावरों के पास लाठियां, कुछ चाकू और मिट्टी का तेल था। किसी को मारने के लिए रिवॉल्वर या पिस्तौल के इस्तेमाल की घटनाएं बहुत कम रहीं। लगभग सभी जगह पुरुषों को चुन-चुन कर मारा गया। पूरे शहर में हत्या का पूरी तरह एक जैसा तरीका अपनाया गया। बल्कि जहां-जहां भी दंगे हुए ऐसे लगभग सभी शहरों में यही हुआ। पहले दंगाई सामने पड़ने वाले व्यक्ति को लाठियों और चाकू से मारते थे और उसके बाद मिट्टी का तेल, पेट्रोल या डीजल छिड़क कर उसे जिंदा जला देते थे। इस तरह आग में फेंके गए लोगों में से बहुत कम ही लोग जिंदा बच पाए होंगे।

शुरुआत कैसे हुई?

31 अक्तूबर को अखिल भारतीय आयुर्विज्ञान संस्थान (एम्स) के बाहर जो कुछ हुआ उसके बारे में प्रत्यक्षदर्शियों के बयानों से इस बात का अच्छी तरह अंदाजा लगाया जा सकता है कि *'खून का बदला खून से लेंगे'* वाला नारा कैसे पैदा हुआ था। हत्यारों के गिरोह पूरी दिल्ली में यही नारा लगाते घूम रहे थे। मेरे एक मित्र ने बताया :

> 31 अक्तूबर को दोपहर डेढ़ बजे से शाम पांच बजे तक मैं एम्स के बाहर ही था। वहां एक विशाल जनसमूह तो मौजूद था मगर उसमें उन्मत्त भीड़ जैसा कुछ नहीं था। दो बजे के आसपास नजदीक के गांवों से दो ट्रकों में भर कर बहुत सारे लोग एम्स लाए गए। वह लोग शांतिपूर्वक और बड़े व्यवस्थित ढंग से ट्रकों से उतरे। उनके हाव-भाव ऐसे सिपाहियों जैसे थे जो सिर्फ आदेश की प्रतीक्षा कर रहे होते हैं।
>
> इन ट्रकों के बाद लाठियों और लोहे की छड़ों से भरा हुआ एक और टैम्पो आया। इस टैम्पो में ड्राइवर के अलावा और कोई नहीं था। लगभग तीन बजे यमुनापार के एक कांग्रेसी पार्षद ने भीड़ को संबोधित किया। बाद में मिली जानकारियों से इस बात की पुष्टि होती है कि वह यमुनापार के इलाके में दंगों की योजना तैयार करने वाले सबसे प्रमुख लोगों में से एक था। उपस्थित जनसमूह के सामने उसने आग उगलता भाषण दिया। उसके भाषण के दौरान खूब ड्रामा और नारेबाजी हुई। 'खून का बदला खून से लेंगे' — यह नारा सबसे पहले उसी ने लगाया था। इसके बाद तो यह नारा हरेक की जबान पर चढ़ गया। भीड़ के गुस्से का सबसे पहला शिकार विनय नगर पुलिस थाने का सिख एसएचओ बना जो अपनी मोटरसाइकिल पर किसी काम से अस्पताल आया था। भीड़ ने लोहे की छड़ों के साथ उस पर हमला कर दिया और मौके पर मौजूद आला पुलिस अधिकारी बड़ी मुश्किल से उसे जिंदा बचा पाए। मेरे खयाल से दिल्ली में सिखों पर यह पहला हमला था और इसके लिए कांग्रेस के उस नेता ने ही लोगों को भड़काया था। एम्स से हटकर यह गिरोह जल्दी ही अलग-अलग दिशाओं में बिखर गया। कुछ लोग नौरोजी नगर, आईएनए मार्केट, यूसूफ सराय और साउथ एक्सटेंशन की तरफ निकल गए। वह ऐसी तमाम गाड़ियों को रोकने लगे जिनकी ड्राइविंग सीट पर कोई सिख दिखाई देता था। वह ड्राइवर को जला देते और उसकी गाड़ी को आग लगा देते। कुछ सिखों को जिंदा जला दिया गया। इन इलाकों में सिखों की दुकानों को लूट कर जला दिया गया।

अखबारों में छपी बहुत सारी खोजपरक रिपोर्टों और पीड़ितों के बयानों से पता चलता है कि इस पूरे घटनाक्रम को कांग्रेस के कुछ आला ओहदेदारों ने संचालित किया था। उन्होंने अपने-अपने इलाके के ऐसे समाज विरोधी तत्वों को इकट्ठा किया जिन्हें सामान्य रूप से कांग्रेस का वरदहस्त मिला रहता था। इस बार उन्हें कत्ल, बलात्कार, लूटपाट और आगजनी

के लिए उकसाया गया और यह भरोसा दिलाया गया कि उनके काम में कोई टांग नहीं अड़ाएगा।

पिछले एक दशक के दौरान कांग्रेस ने घनी आबादी वाली पुनर्वास कॉलोनियों और उत्तर प्रदेश व हरियाणा के दिल्ली से सटे गांवों को अपने वोट बैंक और राजनीतिक आधार के रूप में बड़े सोचे-समझे ढंग से विकसित किया है। कांग्रेस की रैलियों और जुलूसों के लिए लोगों को इन्हीं इलाकों से ट्रकों में भरकर लाया जाता है। यह पेशेवर जुलूसबाज अब शासक दल को अपनी सेवाएं उपलब्ध कराने के आदी हो चुके हैं। इन गिरोहों के मुखिया कांग्रेस पार्टी के लगे-बंधे लोग हैं जिन्हें नियमित पैसा भी मिलता है। यही वजह थी कि कांग्रेस के नेता महज चंद घंटों के भीतर हिंसा के इस नंगे नाच के लिए हजारों गुंडों को गिरोहबंद करने में कामयाब हो गए। इन गिरोहों में कम उम्र के लड़कों ने सबसे ज़्यादा जोशो-खरोश से हिस्सा लिया।

कई रिपोर्टों के मुताबिक एक उल्लेखनीय बात यह थी कि हमलावर भीड़ में जाट, गुज्जर, अनुसूचित जनजातियों के लोग और गरीब मुसलमान ज़्यादा थे। यह बात दिल्ली के उन इलाकों में भी एक जैसी दिखाई देती है जो एक-दूसरे से कई-कई किलोमीटर दूर स्थित हैं।

बहुत सारे पीड़ितों ने आरोप लगाया है कि कांग्रेस के लोगों ने हर इलाके के सिख परिवारों के बारे में हमलावरों को जानकारी देने के लिए मतदाता सूचियों और राशन की दुकान में मौजूद रिकार्डों का इस्तेमाल किया था। यह पूरा घटनाक्रम इतना सुनियोजित था कि न केवल हमलावरों को पहले से ही पता था कि कौन सा घर और कौन सी दुकानें सिखों की हैं, बल्कि उन्हें संभवतः यह भी पता था कि कौन सा मकान सिखों का है और वहां हिंदू किराएदार रहते हैं या कौन सा मकान हिंदुओं का है और वहां सिख किराएदार रहते हैं। जिन मकानों के मालिक और रिहाइशी केवल सिख थे उन्हें लूटा भी गया और जलाया भी। जहां मकान मालिक हिंदू और किराएदार सिख थे उन मकानों के साथ अलग तरह का रवैया अपनाया गया। दंगाइयों ने ऐसे घरों को समूचा जलाने की बजाय केवल उनमें रहने वाले सिखों को मारकर उनका माल-असबाब लूट लिया ताकि उनके हिंदू मकान मालिक या हिंदू किराएदारों को किसी तरह का नुकसान न उठाना पड़े।

अखबारों के मुताबिक, इन दंगों को हवा देने वालों में कई जाने-माने नेता भी शामिल थे। बहुत सारे पीड़ितों ने अपने बयान में कहा है कि सूचना एवं प्रसारण राज्यमंत्री एच.के.एल. भगत ने भी खुद हमलों की बागडोर संभाली हुई थी और वह खुद बलवाइयों की अगुवाई कर रहा था। कहा जाता है कि मंगोलपुरी से कांग्रेस के सांसद सज्जन कुमार ने हत्यारी भीड़ में शामिल हर आदमी को 100-100 रुपए और शराब की एक-एक बोतल दी थी। कांग्रेस के ट्रेड यूनियन नेता और निगम पार्षद ललित माकन पर भी आरोप है कि उसने भी दंगाइयों को 100-100 रुपए और शराब की एक-एक बोतल दी। बहुत सारे लोगों का कहना है कि उन्होंने करोल बाग से कांग्रेस के सांसद धर्मदास शास्त्री, कांग्रेसी सांसद जगदीश टाईटलर,

कल्याणपुरी से निगम पार्षद डॉ. अशोक कुमार, निगम पार्षद जगदीश चंद्र टोकस, पार्षद ईश्वर सिंह, युवा कांग्रेस के फैज मोहम्मद और सतवीर सिंह तथा कई अन्य लोगों को कांग्रेस के निचले दर्जे के गुंडे व लठैतों को साथ लेकर हमलावरों को उकसाते हुए देखा था और ये लोग खुद भीड़ की अगुवाई कर रहे थे। (बाद में उपरोक्त अपराधों के आरोप में कुछ नेताओं पर मुकदमे भी चलाए गए थे। अफसोस है कि इनमें से किसी भी नेता को सज़ा नहीं हुई।)

नौरोजी नगर मार्केट के एक चश्मदीद गवाह का कहना है कि युवक कांग्रेस का प्रवीण शर्मा नामक पदाधिकारी सिखों की एक दुकान के सामने खड़े होकर लोगों को उसे लूटने के लिए उकसा रहा था। उसने दुकान पर हाथ साफ करने के लिए पास की झुग्गियों में रहने वाले लड़कों को खुली छूट दी हुई थी। यह बंदरबांट कम से कम एक घंटे तक चलती रही। शायद कांग्रेस का यही तरीका है अपने किस्म के समाजवाद को लागू करने का। बल्कि त्रिलोकपुरी के कुछ निवासियों ने तो कहा भी कि लूटपाट के लिए उन्हें भी बुलाया गया था और इसे 'गरीबी हटाओ' अभियान का नाम दिया गया था।

इन चार दिनों के दौरान कांग्रेस पार्टी के दिग्गजों ने श्रीमती गांधी को श्रद्धांजलि देने और उनकी मौत पर शोक प्रकट करने का जो रास्ता चुना उसने यह बात स्पष्ट कर दी कि शासक पार्टी अब असल में कहां से कहां पहुच चुकी है। उसके बहुत सारे नेताओं के बर्ताव से ऐसा लगता था मानो वह किसी राष्ट्रीय राजनीतिक पार्टी के प्रमुख सदस्य नहीं बल्कि किसी गिरोह के सरदार हों। ऐसा लगता था मानो उनके गिरोह के मुखिया को मार दिया गया है और अब वह उन लोगों को डराना चाहते हैं जो उनकी नज़र में विरोधी गिरोह में शामिल थे। क्योंकि असल में दूसरी तरफ कोई विरोधी गिरोह था ही नहीं इसलिए उसके नाम पर उन्होंने लंबे बालों और दाढ़ी वाले तमाम सिखों को निशाना बना लिया। उन्होंने जैसे तय कर लिया कि यह लोग सबसे बड़ा गिरोह होने की उनकी छवि को खतरा हैं इसलिए इन लोगों को डराने से यह साफ हो जाएगा कि असल ताकत अभी भी किसके हाथ में है। दंगों में बड़े कांग्रेसियों की मिलीभगत के बारे में बात करते हुए हमें अकसर यह सुनने को मिला कि वह तो *'ताकत आज़मा रहे थे'*।

पड़ोसियों की मदद और बचाव

दिल्ली के उन स्याह दिनों में कुछ बड़े सकारात्मक और हिम्मतवर कारनामे भी सामने आए। इनमें से एक घटनाक्रम यह था कि दिल्ली की ज़्यादातर कॉलोनियों और बाज़ारों में लोगों ने खुद पहल लेकर रक्षा और शांति समितियां गठित कीं। जब लोगों ने देख लिया कि सरकारी मशीनरी जान-बूझकर अपना काम करना बंद कर चुकी थी तब हिंदुओं, मुसलमानों, सिखों और दूसरे समुदायों के लोगों ने अपने मोहल्ले-पड़ोस को बाहरी लोगों के हमलों से बचाने के लिए खुद मिलकर कदम उठाने शुरू कर दिए। बहुत सारी कॉलोनियों में स्थानीय लोगों ने ऐसे लोगों को मिलकर बाहर खदेड़ दिया जो उनकी कॉलोनी की शांति भंग कर सकते

थे। जिन लोगों ने जबरन कॉलोनी में घुसने की कोशिश की, ऐसे लोगों का डटकर मुकाबला भी किया गया। कॉलोनी के पुरुषों ने सड़कों पर रुकावटें खड़ी कर दीं और अपने मोहल्लों में पूरी रात पहरा देते रहे। जब सरकारी मशीनरी खुद हाथ पर हाथ धरे बैठी थी तब लोगों ने अपनी जाति या धर्म से ऊपर उठ कर अपनी हिफ़ाज़त के लिए खुद को संगठित किया। यह समितियां उन इलाकों में ज़्यादा असरदार दिखाई देती थीं जहां तुलनात्मक रूप से ज़्यादा संपन्न और संगठित समुदाय रहते थे और जिनके पास पर्याप्त संसाधन मौजूद थे। बेहद गरीब इलाकों में, जहां लोग अत्यंत अमानवीय परिस्थितियों में रह रहे थे और समुदायों के बीच आंतरिक एकजुटता भी पर्याप्त नहीं थी वहां के लोग आत्मरक्षा के लिए बहुत असरदार कोशिशें नहीं कर पाए।

तमाम क्षेत्रों में ऐसी मिसालों की कोई कमी नहीं थी जिनमें गैर-सिख पड़ोसियों ने सिखों को पनाह दी। मिसाल के तौर पर, त्रिलोकपुरी की सुरिन्दर कौर ने बताया कि एक हिंदू पड़ोसी ने उनके परिवार की हिफ़ाज़त की थी। सुरिन्दर कौर ने अपने बेटे को घर में बंद करके ताला लगा दिया और बेटी को लेकर वह बाहर निकल आईं। हालांकि उनके घर पर बलवाई लगातार ईंटें बरसा रहे थे मगर फिर भी उनके पड़ोसियों ने उनकी मदद की। उनका एक पड़ोसी उनके घर को बचाने के लिए उनके दरवाजे पर डटकर खड़ा हो गया।

जिन इलाकों में ज़्यादातर गैर-सिख रहते थे और सिखों के इक्का-दुक्का घर ही थे, ऐसे इलाकों में पहले दिन के औचक हमलों के बाद आस-पड़ोस के हिंदुओं और मुसलमानों ने सिखों की हिफ़ाज़त के लिए पूरी एकजुटता दिखाई। बहुत सारे परिवारों ने बताया कि उनके पड़ोसियों ने कितने भारी जोखिम का सामना करते हुए भी उन्हें पनाह दी थी। यहां तक कि त्रिलोकपुरी में भी सिखों के जान-माल को सबसे ज़्यादा नुकसान वहीं पहुंचा जहां उनकी तादाद ज़्यादा थी। ब्लॉक 30 और 32 इसका जीता-जागता उदाहरण हैं। इनके मुकाबले उन ब्लॉकों में सिख तुलनात्मक रूप से सुरक्षित रहे जहां दूसरे समुदायों के लोगों की तादाद ज़्यादा थी।

शाहदरा की शान कौर को उनके पड़ोसी मुसलमानों ने पनाह दी। इन्हीं लोगों ने उन्हें और उनके बच्चों को महफ़ूज़ जगह तक भी पहुंचाया। शकूरपुर के एक हिंदू परिवार ने तीन सिख परिवारों की जान बचाई। इस परिवार के लोगों ने सिखों की पहचान बदल कर उन्हें साइकिल रिक्शों में बिठाकर सुरक्षित दिशा में रवाना भी किया। बहुत सारे मामलों में जब सिख पुरुष मारे जा चुके या अपनी जिंदगी बचाने के लिए भाग गए तब उनकी महिलाएं और बच्चे अपने पड़ोसियों की ही हिफ़ाज़त में रहे।

कुछ ही समय पहले यमुनापार की मध्यवर्गीय कॉलोनी दिलशाद गार्डन में रहने आए एक सिख परिवार ने बताया कि हालांकि उनके आसपास बहुत सारे लोग मारे गए और लगातार आगजनी और लूटपाट की घटनाएं होती रहीं मगर उनके पड़ोसियों ने उन पर आंच नहीं आने दी। उन्हें जिस किसी भी चीज की ज़रूरत होती उनके पड़ोसी उन्हें लाकर दे

देते ताकि उन्हें घर से बाहर न निकलना पड़े। जिस समय पूरे शहर में दूध की किल्लत पैदा हो गई थी उस समय इस परिवार के पास इफरात में दूध मौजूद था। बहुत सारे हिंदू परिवारों ने अपने सिख दोस्तों और पड़ोसियों की नकदी और साज़ोसामान, मसलन कार, गहने, वीडियो और दूसरे महंगे सामान अमानत के तौर पर सहेज कर रखे।

महिंदर कौर ने बताया कि उनकी मां के पड़ोस में रहने वाले कुछ मुस्लिम पड़ोसियों ने किस तरह उनकी जान बचाई थी। इन लोगों ने एक अलग कॉलोनी से आकर उनके और उनके भाई के परिवार को बचाया। हालांकि वैसे तो महिन्दर कौर अपने पति और तीन बच्चों के साथ नंद नगरी में रहती हैं मगर उस समय वह यमुना विहार में अपने भाई के यहां गई हुई थीं। 1 नवंबर को सुबह 9 बजे उस घर में तीन मर्द, दो औरतें और पांच बच्चे मौजूद थे। उसी समय तकरीबन 500 लोगों की भीड़ उनके घर पर पथराव करने लगी। पूरा परिवार दरवाजे बंद करके दहशत के माहौल में घर के भीतर बैठ गया। उनके पड़ोसियों ने उनकी हिफ़ाज़त करने की गरज से बलवाइयों को यह भी कहा कि उनका घर खाली पड़ा है क्योंकि वहां जो सिख परिवार रहता था वह पिछली रात को ही जा चुका है। मगर यह हमदर्द पड़ोसी भी सिख पुरुषों को अपने घर में पनाह नहीं देना चाहते थे क्योंकि इससे खुद उनके परिवार की सुरक्षा खतरे में पड़ती थी। इसके बाद भीड़ आगे निकल गई और उन्होंने गुरुद्वारे तथा इलाके के दर्जनों सिखों के मकानों को आग लगा दी। महिन्दर कौर के परिवार को कुछ पड़ोसियों ने सलाह दी कि क्योंकि अब भीड़ कुछ दूर जा चुकी है इसलिए बेहतर होगा कि वह भाग निकलें। परंतु वह सड़क पर बाहर नहीं निकलना चाहते थे क्योंकि सड़कों पर अभी भी भीड़ का तांडव था। लेकिन शाम को तकरीबन 3 बजे कुछ मुस्लिम पुरुष उन्हें बचाने के लिए आ पहुंचे। यह लोग जाफराबाद में महिन्दर कौर की मां के पड़ोसी थे। जाफराबाद यमुनापार का एक गांव है जहां ज़्यादातर मुसलमान रहते हैं। यह लोग अपने साथ कुछ बुर्के भी लाए थे। उन्होंने तीनों पुरुषों और दोनों लड़कों को भी औरतों के कपड़े पहना दिए और बुर्के की आड़ में उन्हें जाफराबाद ले आए। राहत शिविरों के शुरू होने तक वह वहीं रहे। अगर उस वक्त उन्हें नहीं बचाया जाता तो उनका जिंदा रहना नामुमकिन था क्योंकि शाम को 5 बजे दंगाइयों की भीड़ दोबारा लौटी, उसने घर के दरवाजे तोड़ दिए और उन लोगों की तलाश में पूरे घर को छान मारा। उन्होंने सामान तो सारा लूट लिया मगर पड़ोसियों के मिन्नत करने पर घर को आग नहीं लगाई। महिन्दर कौर कहती हैं कि उस इलाके के मुसलमानों ने ऐसे दर्जनों सिखों की जान बचाई थी और उन्हें कई दिन तक अपने घर में रखा था।

नाकाफी मदद

बहुत सारे पड़ोसियों ने इतना जोखिम लेना ठीक नहीं समझा। कुछ जगह पड़ोसियों ने शुरू-शुरू में तो सिखों को पनाह दी मगर जैसे-जैसे भीड़ उनकी तरफ आने लगी उन्होंने सिखों, खासतौर से पुरुषों को यह कहते हुए घर से निकालना शुरू कर दिया कि अगर वह नहीं गए तो

उनका अपना परिवार भी खतरे में पड़ जाएगा। इस कदम का मतलब था सिख पुरुषों को हत्यारी भीड़ के हाथों में सौंप देना क्योंकि एक बार घर से बाहर निकल जाने के बाद उनके जिंदा बचने की कोई गुंजाइश नहीं थी।

अनेक समुदायों के लोगों ने अपने सिख पड़ोसियों की जान बचाई – यही तथ्य इस स्याह दौर की शायद सबसे उम्मीदबर निशानी था। परंतु यह मदद काफी नहीं थी। बहुत सारे लोगों ने अपने पड़ोसियों को छिपाने और भेष बदल कर उन्हें निकल भागने में मदद तो दी मगर भीड़ के पागलपन का संगठित ढंग से यदा-कदा ही मुकाबला किया गया।

इस बात के साक्ष्य उपलब्ध हैं कि जहां कहीं भी कुछ लोग पक्के इरादे के साथ सामने आए वहां वह बड़ी से बड़ी भीड़ को भी मनमानी करने से रोकने में काफी हद तक कामयाब हो पाए। मसलन, एम्स से महज एक फर्लांग दूर स्थित युसूफ सराय मार्किट में 31 अक्तूबर को स्थानीय दुकानदारों ने दंगाइयों के हमले का एकजुट होकर बड़ी बहादुरी से सामना किया। वहां हमलावर भीड़ गुरुद्वारे को आग लगा चुकी थी। अब उसका अगला निशाना सिखों की दुकानें ही थीं। यह देखकर हिंदू दुकानदार आगे आए और सिखों की दुकानों के सामने लेट गए। उन्होंने भीड़ को साफ कह दिया कि सिखों की दुकानों को आग लगाने से पहले उसे हिंदुओं की लाशों पर से गुजरना होगा। इस इलाके में उस समय या उसके बाद भी एक भी दुकान को न तो जलाया गया और न लूटा गया।

इसी तरह, 1 नवंबर को भरी दोपहरी में हमारा एक दोस्त अपने एक सिख सहकर्मी को उसके घर से निकाल कर लाया। कुछ पड़ोसियों ने उन पर पत्थर ज़रूर फेंके मगर जब इसके बावजूद बचाने वाले की हिम्मत नहीं टूटी तो उन्होंने भी हथियार डाल दिए। यहां तक कि पंजाबी बाग जैसे भारी उथल-पुथल वाले इलाके में भी एक बूढ़ी महिला और मेरे 70 वर्षीय पिता ने भीड़ को एक घर में आग लगाने से रोक दिया। कुछ बलवाइयों ने आग के गोले घर की तरफ फेंके तो ज़रूर मगर इन बचाने वालों ने आसपास के लोगों को इकट्ठा करके वह आग बुझा दी और भीड़ को भी चले जाने पर मजबूर कर दिया।

कुछ जगह आगे आकर हमलावर भीड़ का सामना करने वाले गैर-सिखों के साथ दंगाइयों ने मार-पीट भी की। यहां तक कि कुछ लोग मारे भी गए। मगर कुल मिलाकर यही लगता है कि जो लोग डटकर खड़े हुए वह हालात को अपने काबू में लेने में कामयाब रहे।

बहुत सारे पड़ोसियों ने सिख औरतों को तो अपने यहां पनाह दी मगर पुरुषों को छिपाने से मना कर दिया। त्रिलोकपुरी की सोमती बाई ने बताया कि वह अपने परिवार को लेकर एक स्थानीय नेता के घर में जा छिपीं। यह नेता सोमती बाई को भरोसा दिलाता रहा कि उसके घर में सोमती बाई के तीनों बेटों पर कोई आंच नहीं आएगी मगर बाद में उसने तीनों लड़कों को घर से बाहर निकाल दिया। तीनों लड़के फौरन पगलाई भीड़ के हाथों पड़ गए। उनमें से एक भी नहीं बचा। सोमती की ननद के साथ बलात्कार हुआ। उसकी दो बहनों का अपहरण हुआ और वह तीन दिन बाद ही लौट पाईं।

पड़ोसियों की कायरता और मिलीभगत का एक दहशतनाक मगर बड़ा सटीक उदाहरण पश्चिमी दिल्ली में कुछ ही समय पहले बसी एक मध्यमवर्गीय कॉलोनी, शंकर गार्डन के एक व्यक्ति ने बताया। वहां भीड़ ने सिखों के एक मकान पर हमला कर दिया, एक बूढ़े व्यक्ति को खींच कर बाहर निकाला और उसके कपड़ों में आग लगा दी। वह भाग कर एक पड़ोसी के घर में चला गया जिन्होंने उसके कपड़े उतारे और आग बुझाई। कुछ देर बाद भीड़ इस घर पर भी पत्थर फेंकने लगी। परिवार के लोग अपने बूढ़े पड़ोसी को पिछले दरवाजे से बाहर निकलने के लिए कहने लगे क्योंकि वह अपने ऊपर हमले का जोखिम नहीं उठाना चाहते थे। जैसे ही यह व्यक्ति बाहर निकला भीड़ ने उसे घेर लिया। दंगाई किसी किस्म की जल्दबाजी में नहीं थे। वह पिछले बीस मिनट से सिर्फ पत्थर इकट्ठा कर रहे थे। इसके बाद उन्होंने चारों तरफ से बूढ़े को घेर लिया और पत्थर मार-मार कर उसकी हत्या कर दी। यह देख कर बूढ़े का छोटा लड़का अधमरे हो चुके अपने पिता को बचाने के लिए दौड़ते हुए बाहर निकला। भीड़ ने बेटे को भी फौरन दबोच लिया, उसके हाथ-पांव बांध दिए, मिट्टी का तेल छिड़का और उसे आग लगा दी।

इस पूरी घटना को अपने घर के आंगन में या छत पर खड़े सैकड़ों लोगों ने शुरू से अंत तक देखा मगर किसी ने भी कातिलों को रोकने की हिम्मत या इंसानियत नहीं दिखाई। बूढ़ा लगातार पानी के लिए चिल्लाता रहा मगर उसे पानी पिलाने के लिए कोई आगे नहीं आया क्योंकि उसके कातिल उसे चारों तरफ से घेरे खड़े थे।

लोगों ने ऐसी कई घटनाओं के बारे में बताया है जहां पड़ोसियों और देखने वालों की तरफ से पुख्ता दखल कई लोगों की जान बचा सकता था। न केवल लोगों ने दखल नहीं दिया बल्कि ऐसा लगाता है मानो उन्होंने इस हिंसा को एक अजूबे और वितृष्णा के भाव के साथ देखा होगा जैसे वह कोई मजेदार हिंसक फिल्म देख रहे हों।

देश की प्रतिष्ठा और एकता के लिए

दुर्भाग्यवश, दिल्ली में लोगों की एक बहुत बड़ी तादाद शायद यही महसूस करती है कि ये सारी हत्याएं और आगजनी किसी न किसी रूप में वाजिब थी। उन्हें ऐसा सिर्फ इसलिए नहीं लगता क्योंकि वह इंदिरा गांधी की हत्या के बदले की भावना में जी रहे हैं बल्कि उन्हें इसलिए ऐसा लगता है क्योंकि सालों से चले आ रहे घृणा भरे और अंधराष्ट्रवादी प्रोपेगैंडा के जरिए उन्हें यकीन दिलाया जा चुका है कि 'राष्ट्र की रक्षा करने' और 'राष्ट्र की एकता बनाए रखने' के लिए यह कातिलाना अभियान ज़रूरी था। शासक दल ने खुद को तथाकथित राष्ट्रीय एकता का एकमात्र प्रतीक घोषित कर दिया है। उसके विरोधियों पर हमेशा यह इल्जाम लगाया जाता है कि 'विदेशी हाथ' के खतरे के माहौल में वह 'राष्ट्र को कमजोर' कर रहे हैं। जब कभी भी यह अंध-देशभक्ति और राष्ट्रवादी बुखार लोगों के दिमाग में चढ़ जाता है तो उनके सामने किसी तर्क, इंसानियत या दलील की गुंजाइश बहुत कम रह जाती है। राष्ट्र की यह पैशाचिक दृष्टि खुद अपने लोगों को ही लील जाने वाले

दानव का रूप ले लेती है।

हैरतनाक बात यह है कि जो लोग इस कत्लोग़ारत के चश्मदीद गवाह थे और जिन्हें अपने पड़ोसियों या दोस्तों की मौत का अफसोस है उनमें से भी बहुत सारे लोग बेहिचक ये कहने से नहीं चूकते कि सिखों को एक 'सबक सिखाना' तो ज़रूरी था ही। इस भावना के पीछे निहित अजीबोगरीब तर्क, बल्कि कुतर्क को चुनौती देना सबसे कठिन है। बहुत सारे लोगों को लगता है कि जो सिख उनके दोस्त या जान-पहचान वाले थे उन्हें इन अफसोसनाक हमलों से बचा लिया जाता तो अच्छा रहता। मगर जिस पल वह खुद को हिंदू समुदाय के सदस्य या एक राष्ट्रवादी व देशभक्त हिन्दुस्तानी (इन दोनों पदों को एक-दूसरे का पर्यायवाची मान लिया गया है) के रूप में देखना शुरू कर देते हैं उनकी नज़र बदल जाती है। इसके बाद सिखों को अपने सहोदरों के रूप में देखने की उनकी काबिलियत जवाब दे जाती है। इस दौरान 'हमारा पड़ोसी, हमारा यार संतोख सिंह' की अभिव्यक्ति की जगह 'वो सिख' की ओर संक्रमण बड़े हैरतनाक झटके और हिंसक ढंग से हो जाता था। सिखों को सिर्फ सिखों के रूप में देखने पर वह 'हमारे' खिलाफ खड़े 'वह' या 'अन्य' बन जाते थे। वह पलक झपकते ही एक बिलकुल अलग नस्ल बन जाते थे जिनके साथ सख्ती से निपटना ज़रूरी है, या बल्कि जिन्हें उनकी 'अन्यता' के लिए खत्म कर दिया जाना चाहिए।

जिन्होंने हिंसक भीड़ में शिरकत नहीं की ऐसे ज़्यादातर हिंदुओं में भी दुर्भाग्यवश इस आशय का गर्व दिखाई देता है कि हिंदुओं ने भी एक आक्रामक माने जाने वाले समुदाय के दिल में आखिकार भय पैदा कर ही दिया। मगर उनमें से कोई व्यक्ति यह सबक सिखाने के नाम पर किए गए दहशतनाक कारनामों की जिम्मेदारी भी अपने ऊपर नहीं लेना चाहता। मध्यवर्ग के लोगों में यह भावना खासतौर से काफी दिखाई देती है। सिखों को एक सही जवाब मिलना ही चाहिए था, इस बात पर जोर देने के बाद लोग फौरन ही इस आरामदेह सोच की आड़ लेने लगते हैं कि यह काम तो 'इन निचली जाति' वालों ने किया था। वह बड़ी आसानी से भुला देते हैं कि भीड़ को उकसाने वाले नेता तो खुद उनके अपने वर्ग से ही थे। वह फौरन ही ऐसी घटनाओं का जिक्र भी करने लगते हैं जिनमें उन्होंने अपने खास तरीके से अपने पड़ोसियों की मदद करने की कोशिश की थी। इस तरह वह हिंदुओं के प्रतिशोध के नाम पर भीड़ द्वारा किए गए कार्यों के साथ जुड़े एक अजीबोगरीब गर्व के अहसास को भी पालते हैं और इस जनसंहार के लिए निजी तौर पर जिम्मेदारी लेने से भी बच निकलते हैं।

तरह-तरह की चिंताएं

मध्यवर्गीय कॉलोनियों में पड़ोसियों के प्रति हमदर्दी के साथ-साथ कुछ दूसरे पहलुओं ने भी मदद की कोशिशों को जन्म दिया होगा। संपन्न कॉलोनियों के स्थानीय निवासियों में से शायद कोई भी व्यक्ति भीड़ के पागलपन में मुख्य हिस्सेदार नहीं था। लगभग हर जगह हमलावर बाहर से आए और स्थानीय लोग उन्हें निम्न जातियों और वर्गों के ऐसे लोगों के रूप में

देखते थे जो लूटपाट का फायदा उठाने के लिए निकल पड़े हैं। कुछ लोगों को इसमें एक प्रकार के वर्ग युद्ध की झलक भी दिखाई दी।

वह मध्यम और उच्चवर्गीय कॉलोनियां सबसे ज़्यादा प्रभावित दिखाई दीं जो गांवों या पुनर्वास कॉलोनियों से सटी हुई हैं। इन कॉलोनियों के लोगों को इस बात का डर था कि सिखों को निशाना बनाकर की जा रही लूटपाट दूसरे घरों को भी अपनी चपेट में ले सकती है। मैंने कुछ संपन्न कॉलोनियों के लोगों को यह कहते सुना कि *'नीच जातियों'* के लोग अमीरों की अमीरी से जलते हैं। इसीलिए, जिन चीजों को वह पूरी जिंदगी की मशक्कत के बाद भी नहीं हासिल कर सकते उन्हें हथियाने के लिए इन लोगों ने इस मौके का पूरी फायदा उठाया। अगर कोई पड़ोसी घर जलता है तो उसकी आग अपने घर तक भी पहुंच सकती है या हमलावर पक्षपात छोड़कर गैर-सिखों के घरों को भी लूट सकते हैं – इस अहसास ने भी बहुत सारे लोगों को पारस्परिक सुरक्षा इंतजामों के लिए प्रेरित किया होगा। अफसोस, हमारे सामने ऐसे भी कई उदाहरण मौजूद हैं जहां खुद पड़ोसियों ने भी सिखों की निशानदेही करने में हमलावरों की मदद की। बाबरपुर की एक महिला का आरोप है कि :

> पास में राशन की दुकान चलाने वाला दुकानदार ही हमलावरों को हमारे घर तक लाया था। हम उसे अच्छी तरह जानते हैं। उसने और उसके भाई ने हमें धोखा दे दिया। हत्यारे हमारे ही इलाके की पिछली गलियों के लोग थे। वह १ नवंबर को दोपहर के आसपास यहां आए थे। लोगों के कहने पर मेरे बेटे ने पिछली रात को ही अपने बाल काट लिए थे। उसने पड़ोस के दूसरे मर्दों के साथ पूरी रात पहरा दिया। मगर उसके बाल कटे होने के बावजूद राशन की दुकान वाले ने उसे पहचान लिया और उसकी तरफ इशारा करके कहा : 'ये सरदार है। इसे मार दो।' हत्यारों ने उस पर मिट्टी का तेल छिड़का और उसे और मेरे पति को जिंदा जला दिया।

इसके बावजूद इसमें कोई शक नहीं कि कुल मिलाकर ज़्यादातर इलाकों में नजदीकी पड़ोसियों ने या तो हमलों में घिरे लोगों की मदद की या कम से कम उन्होंने हमलावरों का साथ नहीं दिया। जब स्थानीय लोग भीड़ में जुड़ गए, या उसके साथ जश्न मनाने लगे तो भी यह लोग पीड़ितों के नजदीकी पड़ोसी नहीं बल्कि आसपास के दूसरे ब्लॉकों या किसी दूसरी गली के लोग ही होते थे।

अफवाहों की आड़ में

जब कई लोग अपने पड़ोसियों और दोस्तों की मदद कर रहे थे उसी समय उन्हें मदद करने से रोकने के लिए घृणा भरी अफवाहें भी फैलाई जा रही थीं। त्रिलोकपुरी और दूसरे कई इलाकों में भी सिख महिलाओं को पनाह देने वाले कई परिवारों ने मुझे इस आशय की कई घिनौनी और अविश्वसनीय कहानियां सुनाईं कि हिंदुओं के घर में छिपे सिखों ने ही अपने रक्षकों को मौत के घाट उतार दिया। इसी तरह की एक बेतुकी कहानी के मुताबिक,

एक सिख के कहने पर उसके बाल काटने वाले नाई को जवाब में अपने चेहरे और पेट पर तलवार के वार झेलने पड़े। इस तरह की अफवाहों का बाज़ार हर इलाके में गर्म था। संपन्न से लेकर गरीबी के मारे इलाकों तक, कोई इनसे अछूता नहीं था।

इस हत्याकांड के दौरान और उसके बाद इस आशय की अफवाहें बड़े पैमाने पर फैलाई गई कि पंजाब के सिख हिंदुओं से बदला ले रहे हैं या बदला लेने की तैयारी कर रहे हैं। पानी में जहर घोल देने और हिंदुओं की लाशों से भरी रेलगाड़ियों को लेकर फैलाई गई अफवाहें सिरे से निराधार साबित हो चुकी हैं। मगर ये अफवाहें लंबे अरसे तक बेहिसाब क्षति पहुंचाती रहीं, यह तो हम देख ही चुके हैं। मिसाल के तौर पर, हमारे मोहल्ले में काम करने वाली एक घरेलू नौकरानी ने हमें बताया कि एक दिन पहले उसकी कॉलोनी में सेना को बुलाना पड़ा क्योंकि वहां के लोगों को लगता था कि पड़ोस के बालासाहब गुरुद्वारे में छिपे सिख वहां के हिंदुओं पर किसी भी समय हमला कर सकते हैं। अफवाह थी कि इस गुरुद्वारे में 9,000 हथियारबंद सिख हमला करने के लिए तैयार बैठे हैं। वास्तविकता यह थी कि गुरुद्वारे में लगभग 1,500 लोग थे और उनमें से ज़्यादातर औरतें और बच्चे थे। यह लोग गुरुद्वारे में चलाए जा रहे राहत शिविर में अमानवीय हालात में जी रहे थे। अफवाहों की वजह से यह मांग भी उठने लगी कि इस गुरुद्वारे में कायम किए गए राहत शिविर को बंद कर दिया जाए क्योंकि इस तरह वहां बड़ी संख्या में सिख इकट्ठा होते जा रहे हैं।

इस तरह, यह अफवाहें न केवल उन दानवी घटनाओं का औचित्य साबित करने का जरिया बन गईं जिनका असल में कोई आधार नहीं था, बल्कि, यह अफवाहें पीड़ितों के खिलाफ एक मारक हथियार भी साबित हो रही हैं।

रक्षा प्रयासों से बेदखल महिलाएं

हत्या, लूटपाट और आगजनी की सारी घटनाएं पुरुषों ने अंजाम दी थीं। शुरुआती हमले खत्म होने के बाद कुछ जगह महिलाओं और बच्चों ने भी लूटपाट में हाथ साफ किया। उदाहरण के लिए, पंजाबी बाग में मादीपुर स्थित जे.जे. कॉलोनी के आदमी, औरतें और बच्चे गुरुद्वारे और घरों पर हाथ साफ करने के लिए झुंड की शक्ल में आए। मगर हमलावर भीड़ में सिर्फ मर्द ही होते थे।

रक्षा और शांति स्थापना की संगठित कोशिशें भी केवल पुरुषों तक ही सीमित थीं। महिलाओं को इस तरह की ज़्यादातर कोशिशों से जानबूझ कर बाहर रखा गया था। टेलीविजन पर जब इस तरह के इलाकों के निवासियों से बात की गई तो कुछ महिलाओं ने बताया कि इस दौरान उनका काम रात में पहरा देने वाले पुरुषों को चाय पिलाने का ही रहता था। लाजपत नगर में हमारे पड़ोस में स्थानीय निवासियों की बैठक बुलाने की पहली कोशिश हमारे ब्लॉक की रेजीडेंट्स एसोसिएशन ने ही की जोकि आम दिनों में बहुत सक्रिय नहीं रहती है। इस तरह के तमाम दूसरे संगठनों की तरह इस एसोसिएशन में भी, अगर घर

में एक भी पुरुष है तो महिलाओं को कभी नाममात्र का सदस्य बनने के लिए भी आमंत्रित नहीं किया जाता है। यदि कोई विधवा है और उसके बेटे अभी बड़े नहीं हुए हैं तो उससे उसके नाम पर सदस्यता शुल्क तो ले लिया जाता है मगर उससे यह उम्मीद कभी नहीं की जाती कि वह बैठकों में आएगी या एसोसिएशन के कामकाज में किसी तरह की दिलचस्पी लेगी। क्योंकि मैं उन विरली महिलाओं में से हूं जिनके 'घर का मुखिया' पुरुष नहीं है और सामाजिक कार्यों में पुरुषों से अधिक सक्रिय रहती हूं इसलिए मुझे मेरे नाम पर ही सदस्यता दे दी गई।

इसके बावजूद, हालांकि बैठक की संभावनाएं तलाशने के लिए मैं खुद एसोसिएशन के पदाधिकारियों से मिली थी और उनसे कहा था कि वह मुझे भी सूचित करें ताकि मैं भी बैठक में आ सकूं, मगर इन बैठकों और विचार-विमर्श में न तो मुझे और न ही किसी अन्य महिला को शामिल होने दिया गया। मर्दों ने यह मान लिया था कि इलाके की हिफ़ाज़त करना उन्हीं का काम है। महिलाओं से सिर्फ इस बात की उम्मीद की जाती थी कि यदि कोई हमला होता है तो वह भाग कर घर में छिप जाएं।

रात में नौजवान पुरुष सड़कों पर पहरा देते थे और देर रात में आसपास घूमती दिखाई देने वाली महिलाओं से आक्रामक ढंग से पूछताछ करते थे। वह लाठियों, लोहे की छड़ों और दूसरे हथियारों से लैस रहते थे। वह जिस तरह अपना काम कर रहे थे, उसे देखकर उनके और दंगाइयों के बीच कोई फ़र्क़ कर पाना मुश्किल था। बल्कि, लाजपत नगर के कुछ हिस्सों सहित कई जगह अलग-अलग इलाकों के गश्ती दलों के बीच आपसी झड़पें भी हुईं क्योंकि उन्होंने एक-दूसरे को ही बलवाई भीड़ मान लिया था।

बहुत सारे नौजवानों के लिए यह फिल्मी हीरोपन दिखाने का एक रोमांचक अवसर था। ऐसा लगता है कि झूठी चेतावनी देने, अफवाहें फैलाने, जरा सी भी हरकत पर लाठियां और छड़ें लेकर दौड़ पड़ने में माहिर ऐसे कई लड़कों ने इस दौरान खूब मजा लिया। अपनी लोकेलिटी के इन युवाओं में से कुछ के आक्रामक तौर-तरीकों को देखकर मुझे बार-बार यह खौफ़ घेर लेता था कि कहीं सड़कों पर इन लोगों की मौजूदगी ही कारण या अकारण किसी टकराव की जड़ न बन जाए।

हमारे रिहाइशी इलाके और शहर के ज़्यादातर दूसरे इलाकों में महिलाओं ने सिर्फ उन अफवाहों को फैलाने का ही काम किया जो उनके बेटे, पति और भाई बाहर से लेकर आते थे। किसी भी पुरुष ने आत्मरक्षा की कोशिशों में महिलाओं को शामिल करने की जरा सी भी कोशिश नहीं की। न ही महिलाओं ने यह तय करने के लिए अपनी तरफ से कोई बैठक बुलाई कि इस तरह के नाजुक हालात में वह क्या कर सकती हैं। दूसरी तरफ, सिख परिवारों में घर से बाहर के ज़्यादातर काम घर की महिलाओं ने ही किए। घर के पुरुषों की जिंदगी पर मंडराते खतरे को देखते हुए उनके लिए ऐसा करना ज़रूरी था। हां, ज़्यादातर घरों में महिलाएं इस बारे में होने वाली बातचीत में हिस्सेदारी ज़रूर करती थीं कि अगर किसी किस्म की मुसीबत आती है तो क्या कदम उठाया जाएगा? मगर सामुदायिक स्तर

पर चलने वाले इस विचार-विमर्श और तैयारी में उनके लिए कोई जगह नहीं थी। मगर महिलाएं राहत कार्यों में सक्रिय ज़रूर थीं। दिल्ली के महिला कॉलेजों की छात्राएं और शिक्षिकाएं राहत दल संगठित करने में विशेष रूप से आगे रहीं। लेकिन यहां भी कुछ कॉलेजों के प्रशासन ने छात्राओं के रास्ते में रुकावटें खड़ी करने की कोशिशें कीं। मसलन, मिरांडा हाउस और विश्वविद्यालय के महिला छात्रावास में आगंतुकों के प्रवेश से संबंधित कायदे-कानून और ज़्यादा कड़े कर दिए गए। इस तरह, छात्राओं को सामान्य दिनों के मुकाबले अब अपनी चारदीवारी से बाहर निकलने में और ज़्यादा मुश्किलें पेश आने लगीं और इससे राहत कार्यों में उनकी हिस्सेदारी भी बाधित हुई। राहत कार्यों के कथित खतरों को लेकर लड़कियों को बार-बार आगाह किया गया। यहां तक कि विश्वविद्यालय छात्रावास में रहने वाली लड़कियों को दिल्ली विश्वविद्यालय के परिसर में होने वाली अमन रैली में हिस्सेदारी करने से भी रोक दिया गया।

इन दिनों के अनुभवों से इस बात की पुष्टि होती है कि लोगों की सोच स्थिति की वास्तविकता और उनके अनुभवों के मुकाबले उनके पूर्वाग्रहों से ज़्यादा निर्धारित होती है। मिसाल के तौर पर, जहां कहीं भी समुदायों पर हमला हुआ, समुदाय के पुरुष खुद अपने बूते पर अपने घरों की हिफ़ाज़त करने में बिल्कुल अक्षम दिखाई दिए। ज़्यादातर मामलों में महिलाएं न केवल अपने घरों और बच्चों, बल्कि अपने पुरुषों की जान बचाने के लिए भी खुद आगे आईं। ऐसा लगता है कि ज़्यादातर पुरुषों को अपनी जान बचाने के लिए भागने पर विवश होना पड़ा जिससे बच्चों, बूढ़ों और घर की देखभाल का जिम्मा केवल उनकी औरतों पर ही आ गया। हर जगह का अनुभव इस बात की पुष्टि करता है। असम में, बिहार के आदिवासी आंदोलनों में, बंटवारे के समय, विभिन्न दंगों में — ऐसे तमाम हालात में यही अनुभव रहे हैं। इसके बावजूद यह गलतफहमी मजबूती से कायम है कि पुरुष ही अपने समुदाय के रक्षक होते हैं और महिलाएं इस काम को अंजाम नहीं दे सकतीं। इस गलतफहमी की गहरी जकड़ महिलाओं को निर्णय प्रक्रिया में अपना वजूद बनाने से रोकती है, यहां तक कि उन मामलों में भी जोकि उनकी जिंदगी को भी उतना ही प्रभावित करते हैं जितना कि पुरुषों की जिंदगी को करते हैं।

सरकारी तंत्र की भूमिका

इस पूरे दौरान समूचे सरकारी तंत्र का 'उद्देश्य वाक्य' यही रहा कि 'जब तक ऊपर से हुक्म ना हो या किसी की लात न पड़े, तब तक कुछ मत करो। अगर तुम कुछ करोगे तो सत्ता में बैठे किसी न किसी व्यक्ति के दुख का कारण बनोगे इसलिए भलाई इसी में है कि चुपचाप बैठे रहो।'

इस बात को एक वरिष्ठ पुलिस अधिकारी, एन.के. सक्सेना ने बड़े सटीक शब्दों में बयान किया है। *एक्सप्रेस मैगज़ीन* के 25 नवंबर के अंक में सक्सेना को यह कहते हुए उद्धृत किया गया है : 'मुझे इस बात में जरा सा भी शक नहीं कि कई पुलिस अधिकारी

खतरनाक किस्म के समझौते करते हैं। उन्हें लगता है कि नाकामयाबी के एवज में उनकी बर्खास्तगी का खतरा एक प्रतिशत से ज़्यादा नहीं होता जबकि अपनी जिम्मेदारी संजीदगी के साथ निभाने के बदले संकट में पड़ जाने का खतरा 50 प्रतिशत से ज़्यादा रहता है।'

सरकार की निष्क्रियता का एक आश्चर्यजनक उदाहरण ऑल इंडिया रेडियो द्वारा श्रीमती गांधी की मृत्यु की खबर के प्रसारण के मामले में भी सामने आया। ऑल इंडिया रेडियो श्रीमती गांधी की मृत्यु की खबर देने वाली अंतिम एजेंसी थी। बीबीसी और कई दूसरे विदेशी रेडियो स्टेशन काफी देर पहले यह खबर प्रसारित कर चुके थे और वह विभिन्न विश्व नेताओं के श्रद्धांजलि संदेश भी प्रसारित करने लगे थे। ऑल इंडिया रेडियो इस पूरे दरमियान जैज़ और फिल्मी संगीत के सामान्य कार्यक्रम बजाता रहा। यह हमारे देश के सरकारी मीडिया की खासियत बन चुकी ठस दिमाग और ज़लालत भरी चमचागिरी तथा दास-सुलभ स्वेच्छा से की गई सेंसरशिप का एक सटीक उदाहरण था।

जब सारा शहर जल रहा था उस समय बहुत सारे वरिष्ठ राजनेता, नौकरशाह और पुलिस अधिकारी तीन मूर्ति हाउस में हाज़िरी बजा रहे थे जहां श्रीमती गांधी का शव रखा गया था। वह भव्य अंतिम संस्कार के लिए विदेशी मेहमानों की अगवानी करने की तैयारी में जुटे थे। बाकी लोग हत्या, बलात्कार और लूटपाट की मुहिम को संचालित कर रहे थे।

पुलिस की भूमिका

शहर में लगभग सभी जगह पुलिस भी एक पूर्व-अभ्यस्त भूमिका के मुताबिक काम करती दिखाई दी। या तो पुलिस वाले मौके से नदारद थे या प्रभावित तथा चिंतित नागरिकों की बार-बार मिन्नतों के बावजूद मौके पर पहुंचने में नाकामयाब रहे, या फिर यदि वह आए भी तो हद से हद किंकर्तव्यविमूढ़ दर्शकों की तरह बर्ताव करते रहे। बहुत सारे मामलों में उन्होंने आपराधिक कृत्यों को बढ़ावा दिया और कुछ घटनाओं में सीधे-सीधे तौर पर हिस्सेदारी की।

जिस समय युसूफ सराय गुरुद्वारे में आग लगी उस समय मेरा एक दोस्त वहां मौजूद था। इस घटना में पुलिस की भूमिका के बारे में उसने यह बताया :

> एक नवंबर को शाम तीन और चार बजे के बीच एक स्थानीय गुंडा मौके पर तैनात पुलिस वाले के पास आया और उससे बोला, 'आप यहां से चले जाइए। हम गुरुद्वारे को आग लगाने वाले हैं।' पुलिस वाले ने भी बड़े खुशमिजाज़ अंदाज़ में जवाब दिया : 'थोड़ी देर रुको मेरी ड्यूटी खत्म होने वाली है। फिर इसे जला लेना। बल्कि तुम्हें गुरुद्वारे को तो पहले ही जलाना चाहिए था।' पुलिस वाले ने उस आदमी को भरोसा दिलाया कि उसकी ड्यूटी खत्म होने और अगले सिपाही के आने के बीच कम से कम 15 मिनट का फ़ासला रहेगा जिस दौरान इस काम को आसानी से किया जा सकता है। मगर वह 'नेता' उसकी बात से सहमत नहीं हुआ और बोला : 'देखो अभी हमारे पास आदमी हैं। हम इंतजार नहीं कर सकते। इसके अलावा हम

> तुम्हें जानते भी हैं। कौन जाने तुम्हारी जगह कौन सा सिपाही आ जाए?' ऐसा कहते हुए उसने अपनी बांह पुलिस वाले के कंधे पर डाल दी और वह दोनों टहलते हुए कई सौ गज आगे तक चले गए। इस बीच बाकी गुंडों ने गुरुद्वारे को आग लगा दी।

पीयूसीएल-पीयूडीआर की रिपोर्ट में भी ऐसे ही अनुभवों को समेटा गया है :

> एक नवंबर को जब हमने लाजपत नगर इलाके का दौरा किया। हमने देखा कि जहां सिखों की दुकानें लूट कर जलाई जा रही थीं वहां पुलिस की गैर-मौजूदगी शक सा पैदा करती थी। सड़क पर तलवार, खुखरी, भालों, स्टील से बने त्रिशूलों और लोहे की छड़ों से लैस युवकों का साम्राज्य था। पुलिस की मौजूदगी के नाम पर वहां सिर्फ पुलिस की एक जीप थी जो कुछ संवेदनशील नागरिकों द्वारा निकाले जा रहे शांति मार्च का रास्ता रोकने के लिए खड़ी की गई थी। जिस समय यह जुलूस लाजपत नगर के मेन मार्किट की तरफ बढ़ रहा था तभी वैन से निकल कर एक पुलिस इंस्पेक्टर ने जुलूस को रोका और उसे वहीं समाप्त करने के लिए धमकाने लगा। उसने जुलूस में शामिल लोगों को आगाह किया कि शहर में कर्फ्यू लगा हुआ है और धारा 144 लागू कर दी गई है। यह सुनकर जुलूस के आगे चल रहे लोगों ने सवाल उठाया कि अगर कर्फ्यू लगा दिया गया है तो फिर दंगाइयों और हमलावरों को खदेड़ने के लिए उसने कुछ क्यों नहीं किया? इस पर उसने कोई जवाब नहीं दिया और जुलूस में शामिल लोगों को चेतावनी दी कि अगर वे लाजपत नगर मार्किट तक जाना चाहते हैं तो वह उनकी हिफ़ाज़त की जिम्मेदारी नहीं लेगा।

हमारे अपने इलाके में भी, जब गुरुद्वारे को आग लगाई गई तो वहां मौजूद पुलिस वाले खामोशी से खड़े देखते रहे और उन्होंने बलवाइयों को रोकने के लिए कोई कदम नहीं उठाया। जब हमने स्थानीय लोगों को समझाया कि हमें आग बुझाने के लिए कुछ करना चाहिए तो पुलिस वाले हम पर ही 'गड़बड़ी फैलाने' का आरोप लगा कर हमें भगाने लगे। दूसरी जगहों पर भी यही कहानी दोहराई गई।

जो लोग इस बात पर यकीन करना चाहते हैं कि हालात से निपटने के लिए पुलिस वालों को साफ आदेश जारी नहीं किए गए थे, उन्हें भी इस बात को तो स्पष्ट करना ही चाहिए कि निचले स्तर के पुलिसकर्मियों ने कैसी भूमिका निभाई। हद से हद यह कहा जा सकता है कि क्योंकि पुलिस वाले इस बात को जान रहे थे कि दंगे भड़काने में कांग्रेस के कई नेताओं का हाथ है इसलिए वह उनको रोकने की जिम्मेदारी अपने ऊपर नहीं लेना चाहते थे। इससे उन्हें अपने वरिष्ठ अधिकारियों और शासक पार्टी के आकाओं का कोपभाजन बनने का खतरा दिखाई देता था। शायद इसीलिए उन्होंने एक सुरक्षित विकल्प चुना और दंगाइयों को रोकने के लिए कुछ नहीं किया।

क्योंकि परंपरागत रूप से राजनेता-गुंडों और स्थानीय पुलिस के बीच एक नजदीकी संबंध रहता है इसलिए इस बात की काफी संभावना है कि दोनों ने एक-दूसरे की जानकारी

में ही यह सब कुछ किया होगा। और क्योंकि लूट व चोरी-चकारी का भी आश्वासन मौजूद था इसलिए हमलावरों को पुलिस के रूप में एक मुस्तैद मददगार भी दिखाई दे रहा था। कई लोगों का आरोप है कि लूटी हुई संपत्ति का एक बड़ा हिस्सा पुलिस वालों ने अपने पास रख लिया था। शिवपुरी एक्सटेंशन में रहने वाले सरदार संतोख सिंह कहते हैं : 'जब 2 नवंबर को हम पर हमला हुआ तो कोई पुलिस वाला हमें बचाने नहीं आया जबकि हमारा घर तो थाने से लगभग सटा हुआ ही है।'

जब इस थाने को सरकार ने एक राहत शिविर में तब्दील कर दिया तो बहुत सारे लोगों के साथ वह भी वहां आ गए मगर इसके बावजूद पुलिस ने कोई एफआईआर दर्ज नहीं की।

मैंने जिन परिवारों से बात की उनमें से कई को जैसे-तैसे थाने में पहुंच जाने के बाद भी सुरक्षा और पनाह नहीं मिली। उदाहरण के लिए, शान कौर और उनकी बेटी अपने घर के पुरुष सदस्यों के मारे जाने के बाद जैसे-तैसे सीलमपुर थाना पहुंचने में सफल हो गईं। परंतु उनका कहना है कि पुलिस वालों ने ही उन्हें उठाकर बाहर फेंक दिया। इसके बाद उन्हें अपने हिंदू रिश्तेदारों के घर में शरण लेनी पड़ी। उन्होंने बताया कि उनकी कॉलोनी के कुछ लोगों को हमलावरों ने पुलिस थाने के ठीक सामने मौत के घाट उतार दिया। शंकर नगर के सरदार महिन्दर सिंह गुरुद्वारे में ग्रंथी का काम करते हैं। उन्होंने बताया कि इस दौरान उनके परिवार पर क्या बीती :

> 3 नवंबर को शाम लगभग 4.30 बजे सेना की टुकड़ी आई और उन्होंने पूछा कि क्या कोई व्यक्ति राहत शिविर जाना चाहता है। जो लोग छिपे हुए थे सभी बाहर निकल आए। एक ट्रक लोगों को लेकर राहत शिविर की तरफ चला गया। जिस समय कुछ और लोग अगले ट्रक में चढ़ने की तैयारी कर रहे थे उसी समय सेना के जवान यह कहते हुए ट्रक लेकर चले गए कि 'हमें पास में ही कुछ ज़रूरी काम है। हम थोड़ी देर बाद तुम्हें ले जाएंगे।' अभी सेना के जवान आंखों से ओझल भी नहीं हो पाए थे कि सड़क पर खुले में खड़े इन सिख परिवारों पर भीड़ ने गोलियां बरसानी शुरू कर दीं। एक सरदार मारा गया। लोगों में भगदड़ मच गई। लोग छिपने के लिए भागने लगे। मेरा बहनोई और छोटा बेटा दौड़ कर घर में आए और छिपने की कोशिश करने लगे। हमलावर उनका पीछा करते हुए घर तक आ गए और उन्होंने दरवाजा तोड़ डाला। दोनों लोग एक हिंदू पड़ोसी की छत पर कूद गए मगर दंगाइयों ने उन्हें नीचे घसीट लिया और उन्हें लाठियों व ईंटों से मारने लगे। पलक झपकते कुछ लोगों ने पेट्रोल छिड़क कर उन लोगों को जिंदा जला दिया। मेरी पत्नी ने उन्हें बचाने की कोशिश की मगर बुरी तरह जल जाने के बावजूद वह उन्हें बचा नहीं पाई। उन्होंने हमारे घर की हर चीज लूट ली पर हमारे पड़ोसियों ने घर को जलने से जैसे-तैसे बचा लिया।

कृष्णा नगर में एक परिवार के 12 सदस्य जिंदा जला दिए गए। हालांकि पुलिस थाना उनके घर से महज चंद कदम की दूरी पर है मगर जब यह लोग अपने घर में जिंदा जलाए जा रहे थे तब एक भी पुलिस वाला वहां नहीं आया। एक आदमी ने बचकर भागने की कोशिश की मगर लोगों ने उसे पकड़ लिया और लोहे की छड़ों से मार-मार कर दोबारा जलते हुए घर में फेंक दिया। एक महिला ने भी बचने की कोशिश की मगर वह पहले ही इस कदर जल चुकी थी कि उसने भी कुछ देर बाद अस्पताल में दम तोड़ दिया।

कई जगह इस तरह की घटनाएं भी जानकारी में आयी हैं जहां पुलिस ने हमलावरों का मुकाबला करने की कोशिश कर रहे सिखों को ही निहत्था कर दिया। इस तरह पुलिस ने असल में उन्हें निजी आत्मरक्षा के उनके कानूनी अधिकार से भी वंचित कर डाला। कानून-व्यवस्था बनाए रखने के नाम पर सिखों को निहत्था कर देने की यह घटनाएं पुलिस द्वारा किए गए चंद हस्तक्षेपों में से एक थी। यदि पुलिस ऐसा न करती और लोगों को उनके हाल पर छोड़ देती तो भी शायद कुछ सिख बच जाते।

कल्याणपुरी की बिंदो कहती हैं कि उनके एरिया के एसएचओ ने सिखों के मकान लूटने के लिए खुद पुलिस वालों को हुक्म दिया था। जिन लोगों ने पुलिस वालों को रोकने की कोशिश की उन्हें गिरफ्तार कर लिया गया। पुलिस ने सिखों की हिफ़ाज़त करने की बजाय उनके घरों पर ही छापे मारे। इस कॉलोनी के दूसरे ब्लॉकों में लोगों का आरोप है कि एसएचओ खुद हमलावर भीड़ के साथ था और उसने ही सिखों को जलाने के लिए पुलिस की जीप से निकाल कर डीजल दिया था।

कई मामले ऐसे भी सामने आए हैं जहां सिखों को पनाह देने वाले हिंदू मदद के लिए पुलिस के पास गए मगर पुलिस ने उन्हें यह कहकर वापस भगा दिया कि वह सिखों को छिपाने की बजाय उन्हें भीड़ के हाथों सौंप दें यही उनके लिए अच्छा रहेगा। शकूरपुर में एक प्रत्यक्षदर्शी ने बताया कि भीड़ जब एक सिख का पीछा कर रही थी तो उसने पुलिस की जीप में घुस कर अपनी जान बचाने की कोशिश की थी। परंतु पुलिस वालों ने उसे भीड़ की तरफ उछाल दिया और लोगों ने उसे तत्काल मार दिया।

इस घटना में पुलिस की निष्क्रियता का एक अतिरिक्त कारण यह भी माना जा रहा है कि सिख पुलिसकर्मियों को जानबूझ कर मौके से हटा दिया गया था। एक राय यह है कि दिल्ली पुलिस को श्रीमती गांधी की मृत्यु के बारे में आधिकारिक रूप से शाम 5 बजे ही सूचित किया गया हालांकि उनकी मृत्यु दोपहर से काफी पहले ही हो चुकी थी। इसके बाद डीआईजी स्तर के दो अधिकारियों ने पूरी रात दिल्ली पुलिस के सिख जवानों को बेअसर करने में बिता दी। इन जवानों को ड्यूटी से हटा दिया गया। बताया जाता है कि सेना के कुछ सिख जवानों को भी ड्यूटी से हटा दिया गया था।

इस तरह न केवल बहुत सारा कीमती वक्त हाथ पर हाथ धरे गंवा दिया गया जबकि उस समय का सदुपयोग आपराधिक तत्वों को नियंत्रण में रखने के लिए किया जा सकता था बल्कि हालात को कुछ हद तक काबू कर सकने वाले सिख पुलिस वालों को भी ड्यूटी

से हटा दिया गया। इस तरह, हत्यारों, लुटेरों और आगजनी करने वालों को खुली छूट और इस बात का पूरा भरोसा मिल गया कि कोई उनका रास्ता नहीं रोक सकता।

सेना की तैनाती

प्रेस, ऑल इंडिया रेडियो और दूरदर्शन ने 1 नवंबर को समाचार दिया कि दिल्ली में दंगा करने वालों को देखते ही गोली मार देने के आदेश दे दिए गए हैं और कर्फ्यू लागू करने के लिए सेना बुला ली गई है। परंतु व्यापक हिंसा के बावजूद मौके पर मौजूद टुकड़ियों को इस आशय के कड़े और स्पष्ट निर्देश नहीं दिए गए थे कि वह दंगाइयों को कुचलने के लिए स्वतंत्र रूप से भी कदम उठा सकते हैं। पुलिस और नागरिक प्रशासन शहर में तैनात सैनिक टुकड़ियों को सटीक जानकारी देने में विफल रहे। शुरुआती कुछ दिनों के दौरान यह विफलता बहुत महंगी साबित हुई।

पहले कुछ दिनों में इस आशय की बहुत कम घटनाएं हुई जब सेना ने हमलावरों की भीड़ पर गोली चलाई हो या हमले की चपेट में घिरे लोगों को बचाने के लिए सेना ने खुद कोशिश की हो। ऐसा लगता था कि मौके पर तैनात बहुत सारे अधिकारियों को स्पष्ट जानकारी ही नहीं थी कि उन्हें क्या करने के लिए बुलाया गया है। वह पुलिस और प्रशासन की सहमति के बिना अपने जवानों को स्वतंत्र रूप से आदेश देने में हिचकिचा रहे थे। उल्लेखनीय है कि पुलिस और प्रशासन दोनों ही अपने अधिकार सेना को सौंपने के लिए तैयार नहीं थे। जब तक हत्यारे, लुटेरे और आगजनी करने वाले अपना काम मुकम्मल तौर पर न कर चुके हों तब तक सेना को जानबूझ कर निष्प्रभावी बनाए रखने की एक स्पष्ट साज़िश दिखाई देती थी।

सेना के आने का लगभग हर किसी ने स्वागत किया। बहुत सारे लोगों ने यहां तक कहा कि वह तो पूरे देश में मिलिट्री राज के हक में हैं। यह सोच हमारे समाज की स्थिति पर एक दुखद टिप्पणी है। लोग खुद ही इस गलतफहमी के कारण ज़्यादा से ज़्यादा सैनिक हस्तक्षेप की मांग कर रहे है कि सेना तो 'राजनीति से ऊपर' होती है और इसलिए वह समूचे भ्रष्ट प्रशासन को साफ-सुथरा कर देगी।

दुर्भाग्यवश, हमारे राजनेताओं और नौकरशाहों का व्यवहार ही ऐसा है कि लोकतंत्र शब्द भ्रष्टाचार और गुंडई का पर्याय सा बन गया है। इसलिए, दुख की बात है कि एक सुव्यवस्थित समाज की इच्छा सैनिक शासन की इच्छा के रूप में अभिव्यक्त होने लगती है। क्या ऐसा इसलिए है क्योंकि लोग सैनिक शासन को ऐसे लोगों का शासन मानते हैं जो शेष लोगों से भिन्न होते हैं? क्या सेना सचमुच भ्रष्टाचार की आशंका से उतनी ही सुरक्षित है जितना कुछ लोग सोचते हैं?

हमारे पास पाकिस्तान और बंगलादेश के रूप में अपने आसपास के ही दो सटीक उदाहरण मौजूद हैं। इन दोनों देशों में लंबे समय तक सैनिक शासन रहा है। इसके बावजूद, भ्रष्टाचार और अव्यवस्था के मामले में उनकी हालत संभवतः सबसे खराब है। इसके बावजूद

यह मिथक बना हुआ है कि शासन की भूमिका को सेना ही सबसे अच्छे तरीके से अंजाम दे सकती है। सैनिक शासन का निर्मम चेहरा हमारे देश के कुछ सीमावर्ती इलाकों में साफ दिखाई देता है जहां सेना लंबे समय से ठीक वही काम कर रही है जिस काम के लिए देश के दूसरे भागों में पुलिस बदनाम है।

सरकारी राहत का स्वरूप

चार नवंबर के बाद माहौल धीरे-धीरे शांत होने लगा। शहर में शांति बनाए रखने की जिम्मेदारी सेना को सौंप दी गई। जो लोग बेघर हो गए थे या खुद अपने मोहल्लों में असुरक्षित महसूस कर रहे थे उन्हें शहर के अलग-अलग इलाकों में स्थित राहत शिविरों में ले जाया जाने लगा। इनमें से कुछ राहत शिविर सरकार ने शुरू किए थे मगर ज़्यादातर गुरुद्वारों की तरफ से कायम किए गए थे। सरकार हमेशा की तरह स्थिति से निपटने के लिए धीमे और बड़े निर्लिप्त ढंग से काम कर रही थी।

इस बात को सब जानते हैं कि कांग्रेस के कुछ जाने-पहचाने लोगों ने दंगों की अगुवाई करने और दंगे भड़काने में अहम भूमिका अदा की थी और ज़्यादातर सरकारी तंत्र ने गुलामों की तरह दंगाइयों की मदद की थी, फिर भी ऐसे ही लोगों को राहत और पुनर्वास के कामों की जिम्मेदारी भी सौंप दी गई।

यह बड़ी त्रासद बात है कि संवेदनशील नागरिकों और संगठनों को उन अधिकारियों के समक्ष ही कई याचिकाएं और ज्ञापन देने पड़े जो इस हत्याकांड के लिए प्रत्यक्ष या अप्रत्यक्ष रूप से जिम्मेदार थे। उदाहरण के लिए, कई संगठनों ने यह मांग करते हुए राजीव गांधी को एक पत्र भेजा कि विधवाओं और ऐसी महिलाओं के लिए विशेष राहत की व्यवस्था की जाए जिनके परिवारों के सभी पुरुष सदस्य मारे जा चुके हैं। मृतकों के आश्रितों को मिलने वाले मुआवजे की राशि बढ़ाने के लिए भी इसी प्रकार के निवेदन किए गए। ऐसे पत्रों का स्वर दया की भीख मांगने जैसा था।

शुरुआती दिनों में लोगों को पुलिस थानों, कॉलेजों और स्कूलों की इमारतों में ठूंस दिया गया। इन इमारतों को रातों-रात राहत शिविरों में तब्दील कर दिया गया था। परंतु सरकार की तरफ से इन शिविरों में भोजन तथा चिकित्सकीय अथवा अन्य प्रकार की सहायता, जैसे कंबल और कपड़े आदि, मुहैया नहीं कराए गए। पहले कुछ दिन तक आसपास के इलाकों के हिंदू और सिख इन शिविरों के लोगों के लिए खाना लाते रहे। मिसाल के तौर पर, फराश बाज़ार शिविर में झिलमिल कॉलोनी के लोगों ने पीड़ित परिवारों के लिए एक लंगर चलाया क्योंकि सरकार ने शिविर के रहवासियों के लिए खाने की कोई व्यवस्था नहीं की थी। बहुत सारे पीड़ितों ने कई दिन से खाना नहीं खाया था क्योंकि वह कई-कई दिन तक एक ही जगह छिपे पड़े रहे थे।

जब सरकार ने शिविरों में भोजन और दूसरी चीजें भेजना शुरू कर दिया तब भी यह चीजें केवल उन 10 शिविरों में ही उपलब्ध कराई गईं जिन्हें दिल्ली प्रशासन ने 'मान्यता'

दी थी। लगभग 20 दूसरे शिविर, जिनमें से ज़्यादातर गुरुद्वारों में थे, को सरकार ने मान्यता प्रदान करने से इनकार कर दिया और इसलिए इन शिविरों में सरकार की तरफ से नाममात्र को भी मदद नहीं पहुंच पाई। स्वैच्छिक संगठनों की मदद से खुद सिख समुदाय ने इन शिविरों में भोजन तथा अन्य चीजें मुहैया कराने का इंतजाम किया। जिन 10 शिविरों को मान्यता दी गई थी उनमें भी सरकारी खाद्य आपूर्ति के वितरण और मात्रा में इतनी खामियां थीं कि स्वैच्छिक संगठनों को भोजन, कपड़े व क्रंबल, साबुन, बर्तन एवं बाल्टी जैसी अन्य ज़रूरी चीजें नियमित रूप से भेजना जारी रखना पड़ा।

इसी विभीषिका की प्रतिक्रिया में गठित किए गए "नागरिक एकता मंच (एनईएम)" जैसे कई स्वैच्छिक संगठनों ने इस खाई को पाटने के लिए अपनी तरफ से भरपूर कोशिश की। इन संगठनों ने पीड़ितों के लिए पैसा, खाने के सामान, पुराने कपड़े, दवाइयां और दूसरी चीजें इकट्ठा कीं। कुछ डॉक्टर भी इन राहत दलों में शामिल हुए। कुछ राहत शिविरों में सरकारी मशीनरी स्वैच्छिक संगठनों के रास्ते में रोड़े अटकाने लगी और इस बात पर जोर देने लगी कि लोगों को राहत शिविर में दाखिल करने से पहले उन्हें पहचान पत्र जारी किए जाएं। शुक्र है कि यह योजना लागू नहीं की जा सकी। अभी स्वैच्छिक संगठनों ने समस्या की विकरालता को समझना शुरू ही किया था कि सरकार ने यह कहकर राहत शिविरों को बंद करने की योजना का ऐलान कर दिया कि अब हालात 'सामान्य' हो चुके हैं। सरकार का आग्रह था कि लोगों को अपने 'घरों' को चले जाना चाहिए ताकि 'पुनर्वास' की प्रक्रिया को गति प्रदान की जा सके। जिन लोगों के घर पूरी तरह नष्ट हो चुके थे ऐसे बहुत सारे लोगों को भी बसों में ठूंस कर रवाना कर दिया गया। नंद नगरी में महिन्दर कौर का घर पूरी तरह नष्ट हो चुका था। अब उनके पास आमदनी का कोई जरिया नहीं बचा था। उनके पति की चाय की दुकान और उनकी सिलाई की मशीन नष्ट हो चुकी थी फिर भी उन्हें श्यामलाल कॉलेज, शाहदरा में स्थित राहत शिविर से जबरन बाहर निकाल दिया गया। उन्होंने बताया कि विश्वविद्यालय खुलने से एक दिन पहले, 11 नवंबर को इस शिविर के रहवासियों को जबरन बाहर निकाल दिया गया। यह दिल्ली के सबसे बड़े राहत शिविरों में से एक था। जब शिविर में रहने वालों ने इन कोशिशों का विरोध किया तो प्रशासन के नुमाइंदों ने साफ कर दिया कि अगर वह लोग नहीं जाएंगे तो वह उन्हें *'धक्के मार कर निकाल देंगे।'* कल्याणपुरी और शकूरपुर में तो लोग अपने टूटे हुए घरों के आसपास खुले मैदान में ही दिन काट रहे थे।

6 नवंबर के आसपास सरकार ने राहत शिविरों को बंद करने का अपना इरादा जाहिर कर दिया। यह वह समय था जब लोग अभी भी राहत शिविरों में आते जा रहे थे। जो लोग पहले से वहां मौजूद थे उन्होंने भी साफ कह दिया कि वह जान दे सकते हैं लेकिन अपने उन मोहल्लों में वापस नहीं जाएंगे जहां उनके अपनों को कत्ल किया गया था और जहां के लोगों के दिल में अब उनके लिए कोई जगह नहीं बची है। इन लोगों की नज़र में 'वह जगह तो हमारे लिए श्मशान भूमि बन चुकी है।' जो लोग थोड़ा सुरक्षित इलाकों

में रहते थे वह सरकार की तरफ से किसी खास दबाव के बिना ही अपने घरों को लौट गए। सबसे ज़्यादा समस्या पुनर्वास कॉलोनियों के गरीब परिवारों को झेलनी पड़ रही है क्योंकि उनकी बस्तियों के स्थानीय लोग और कई पड़ोसी भी लूटपाट और मारकाट में शामिल थे। इन इलाकों के लोग किसी सूरत में वापस जाने को तैयार नहीं थे।

कमजोर और बेघर लोगों को सरकार द्वारा सड़क पर फेंक दिए जाने की आशंकाओं को देखते हुए नागरिक एकता मंच को उच्च न्यायालय का दरवाजा खटखटाना पड़ा। न्यायालय के समक्ष नागरिक एकता मंच ने मांग की कि सरकार को तब तक राहत शिविर बंद करने की अनुमति नहीं दी जाए जब तक कि प्रभावित परिवारों की सुरक्षा के बारे में संतोषजनक व्यवस्था नहीं हो जाती। उच्च न्यायालय ने 16 नवंबर को स्टे ऑर्डर पास कर दिया और 19 नवंबर को सरकार को निर्देश दिया कि शिविरों में रहने वालों को उनकी इच्छा के खिलाफ शिविरों से नहीं निकाला जाएगा। लेकिन तब तक फराश बाज़ार के राहत शिविर के अलावा तकरीबन सारे सरकारी राहत शिविर खाली कराए जा चुके थे।

लोगों को राहत शिविरों से निकालने की इच्छा के पीछे भी राजनीतिक नफे-नुकसान का गणित काम कर रहा था। पहली बात तो यह है कि जब तक लोग राहत शिविरों में रहेंगे तब तक वह दंगा पीड़ितों के रूप में दिखाई देते रहेंगे तथा उनकी मौजूदगी दंगों के दौरान सरकारी मशीनरी की मिलीभगत और नाकामयाबी का सबूत बनी रहेगी। चुनाव नजदीक होने के कारण जाहिरा तौर पर यह एक बड़ी शर्मिंदगी का बायस था। दूसरी बात यह है कि जब तक लोग एक-दूसरे के साथ रहेंगे तब तक उनमें एक किस्म की एकजुटता की भावना भी बनी रहेगी। इससे मुआवजे व राहत की मांग उठाने और अपने नागरिक अधिकारों की दुहाई देने के लिए उनका मनोबल बना रहेगा। तीसरे, ऐसी स्थिति में स्वैच्छिक संस्थाओं और संवेदनशील नागरिकों के लिए मुआवजा प्रक्रिया पर नज़र रखना आसान रहेगा। ऐसे में स्वैच्छिक संगठन और संवेदनशील नागरिक इस बात के लिए सरकार पर दबाव डालते रहेंगे कि मुआवजे का पैसा सही मायने में उन लोगों तक पहुंचे जो उसके हकदार हैं न कि वह एजेंटों या स्थानीय नेताओं और गुंडों की जेब में चला जाए। राहत शिविरों से निकाले गए परिवार अब बिखर चुके हैं और अब वह निष्ठुर सरकारी मशीनरी की दया पर आश्रित हैं। मुआवजा राशि के वितरण में कांग्रेस के गुंडे भी एक सक्रिय भूमिका निभा रहे हैं।

चौथा, जिन परिवारों को वापस जाने के लिए मजबूर किया गया उन्हें अपने घरों के नष्ट होने से पैदा हुए कबाड़ को हटाकर उन्हें रहने लायक बनाना होगा। इस तरह उन्हें खुद मजबूर किया जाएगा कि वह जनसंहार और लूटपाट के सुबूतों को नष्ट करें। सरकार ने अभी तक व्यवस्थित ढंग से सुबूत जुटाने की कोशिशें शुरू नहीं की हैं और न ही अलग-अलग परिवारों को हुई आर्थिक क्षति का हिसाब लगाना शुरू किया है। और न ही अभी कोई ऐसी उम्मीद दिखाई देती है कि सरकार जल्दी ही यह काम करने वाली है।

पांचवां, यदि लोग एक बार अपने घरों में वापस चले जाएं तो उन्हें डरा-धमका कर चुप कराना आसान हो जाएगा जिससे वह या तो मुकदमे वापस ले लेंगे या हमलावरों के

खिलाफ गवाही नहीं दे पाएंगे। पुनर्वास बस्तियों के तुलनात्मक रूप से गरीब तबके के पीड़ितों की समस्या और भी बड़ी है। राहत शिविरों में रहने वाले ज़्यादातर लोग इन्हीं बस्तियों के हैं। जो पीड़ित ज़्यादा संपन्न तबके के थे उन्होंने अधिकांशतः अपने दोस्तों, रिश्तेदारों या दूसरे निजी स्थानों में पनाह ली थी। अगर सरकार ने राहत शिविरों में रहते हुए ही पीड़ितों के बयान दर्ज करने की कोशिश की होती तो उनकी गवाहियां आसानी से मिल सकती थीं क्योंकि वहां यह लोग प्रेस संवाददाताओं और दूसरे जांचकर्ताओं से ज़्यादा खुल कर बात कर रहे थे। जब मैंने राहत शिविरों में लोगों से बात की तो सामूहिक बलात्कार की शिकार कुछ महिलाओं के अलावा एक भी व्यक्ति ऐसा नहीं दिखाई दिया जो अपनी कहानी बताने को तैयार न हो। वह इस बात के लिए तैयार थे कि उनके साथ हुई बातचीत को टेपरिकार्डर में दर्ज किया जा सकता है, उनके फोटो खींचे जा सकते हैं। साथ ही वह उन लोगों की शिनाख्त करने को भी तैयार थे जिनके बारे में उन्हें यकीन था कि उन्होंने इन दंगों में अहम भूमिका निभाई थी फिर चाहे वह कितने भी बड़े सत्ताधारी और ताकतवर लोग क्यों न रहे हों। जिन इलाकों में उनके हत्यारे और लुटेरे आज भी खुलेआम घूम रहे है वहां भेज दिए जाने के बाद तो इस बात की बहुत कम संभावना रहती है कि पीड़ित खुलकर अपना बयान दे पाएंगे। वैसे भी सरकार की तरफ से उनके बयान दर्ज करने की कोई कोशिश शायद नहीं होगी क्योंकि यह जनसंहार खुद सरकार ने ही तो आयोजित किया था।

दंगों के पीछे जिन तत्वों का हाथ था उन पर अंकुश लगाने की नाममात्र कोशिश भी नहीं की गई। रिपोर्टों से पता चलता है कि जहां कहीं पुलिस को मजबूरन इक्का-दुक्का गिरफ्तारियां करनी भी पड़ी हैं वहां भी गिरफ्तार लोगों पर छोटे-मोटे आरोप ही लगाए गए हैं। कई आरोप तो इतने मामूली हैं कि उनके साबित होने पर भी उन्हें कोई खास सज़ा नहीं मिल पाएगी। ज़्यादातर गिरफ्तारियां भारतीय दंड संहिता की धारा 107 के तहत हुई हैं। इस धारा के तहत गिरफ्तार होने वाले व्यक्ति को हद से हद इस बात का हलफनामा देना पड़ता है कि वह शांति और सद्भाव बनाए रखेगा। इस हलफनामे की अवधि भी साल भर से ज़्यादा नहीं होती।

कांग्रेस के नेताओं पर आरोप है कि उन्होंने ही दंगे भड़काए थे। इसीलिए, इन दंगों को अंजाम देने वाले गुंडों का बर्ताव ऐसा था जैसे उन्हें पूरी राजनीतिक हिफ़ाज़त हासिल हो। कुछ कांग्रेसी नेताओं पर यह भी आरोप है कि वह पुलिस थानों में गए और इस बात के लिए पुलिस पर खुलकर दबाव डाला कि उनके समर्थकों को फौरन रिहा कर दिया जाए। कांग्रेसी नेता धर्मदास शास्त्री इसका सबसे अच्छा उदाहरण है। बताया जाता है कि धर्मदास शास्त्री ने उस एसएचओ को खुलेआम धमकियां दी थीं जिसने कुछ दंगाइयों की गिरफ्तारी का आदेश दिया था। बताया जाता है कि बहुत सारे दूसरे नेता भी ऐसी ही हरकतें कर रहे हैं हालांकि उनमें से कुछ उतने खुलेआम ढंग से काम नहीं करते। जिन थोड़े से दंगाइयों को गिरफ्तार किया गया उन्हें भी एक या दो दिन में जमानत पर रिहा कर दिया गया और अब वह अपने इलाके के पीड़ित परिवारों को खुलेआम डरा-धमका रहे हैं।

व्यापक जनता की ओर से दबाव के बावजूद सरकार ने इस बारे में एक समग्र जांच का आदेश नहीं दिया है कि इन दंगों की शुरुआत कैसे हुई थी। असल में सरकार इस हिंसा को लोगों के स्वाभाविक गुस्से, दुख और हताशा की एक अपरिहार्य अभिव्यक्ति कहकर खारिज करने की एक बेशर्मी भरी कोशिश कर रही है। कांग्रेस पार्टी राष्ट्रीय एकता की सर्वोत्कृष्ट रक्षक के रूप में अगले चुनावों के लिए कमर कस चुकी है।

इस स्थिति को देखते हुए कई जाने-माने नागरिकों ने दंगों के कारणों की जांच करने के लिए एक स्वतंत्र जांच आयोग गठित करने का फैसला लिया है। मगर सवाल यह है कि जिस आयोग के पास अपने निष्कर्षों को क्रियान्वित करने की शक्ति नहीं होगी वह आयोग सरकार और शासक दल के आपराधिक व्यवहार के लिए उसे जनता के सामने कटघरे में कैसे खड़ा कर पाएगा?

मुआवज़ा

पीड़ितों को राहत और मुआवजे के रूप में दी जा रही राशि इतनी कम है कि उसे देखकर खून खौल उठता है। सरकार ने ऐलान किया है कि प्रत्येक मृतक के आश्रितों को 10,000 रुपए मुआवजा दिया जाएगा। क्योंकि मरने वाले ज़्यादातर लोग अपने परिवारों के एकमात्र कमाऊ सदस्य थे इसलिए उनकी मौत के एवज में यह राशि भयानक रूप से कम है। जब लोगों ने इस मुआवजा राशि की अपर्याप्तता पर सवाल खड़ा करने की कोशिश की तो सरकारी प्रतिनिधियों ने ऐलान कर दिया कि इससे अधिक राशि देने पर एक 'गलत नज़ीर' कायम होगी क्योंकि बाढ़ और दूसरी प्राकृतिक आपदाओं के पीड़ितों को तो इससे भी बहुत कम पैसा दिया जाता है। इस मामूली सी राशि को हासिल करने की प्रक्रिया भी इतनी थकाऊ और जानलेवा है कि ज़्यादातर लोग, खासतौर से अनपढ़ और गरीब, इस बात की उम्मीद नहीं रखते कि उन्हें यह पैसा कभी मिल पाएगा। सबसे ज़्यादा समस्या वाली बात यह है कि मुआवजा लेने के लिए मृतक के आश्रितों को यह 'सिद्ध' करना होगा कि उनके परिजन की मृत्यु हुई है। जिन हालात में लोगों की हत्याएं हुईं, उन्हें देखते हुए यह एक बड़ी निर्मम मांग है। जहां लोगों को जिंदा जलाकर मारा गया हो, उनकी राख और हड्डियां कचरे में गायब हो गई हों वहां उनकी मौत को भला कैसे साबित किया जा सकता है।

दिल्ली में कितने लोग मारे गए इस बारे में सरकारी आंकड़ा 600 से ऊपर नहीं जाता जबकि *मानुषी* के अनुमान के अनुसार वास्तव में यहां 2,500 से भी ज़्यादा लोग मारे गए होंगे। सरकार इस बात की पूरी कोशिश कर रही है कि मरने वाले सभी लोगों के आश्रितों को मुआवजा न मिले। यदि सरकार और अधिक मौतों पर मुआवजे के दावों को स्वीकार करती है तो इसका अर्थ होगा कि वह इस भयानक हत्याकांड की विकरालता को भी स्वीकार करेगी और उसमें अपने पाखंड तथा लापरवाही की जिम्मेदारी भी उसे उठानी पड़ेगी।

घरों को हुए नुकसान के लिए सरकार प्रति घर लगभग 1,000 रुपए का मुआवजा

दे रही है। संपत्ति के नुकसान के लिए अधिकतम मुआवजा 10,000 रुपए निर्धारित किया गया है। जिन लोगों की जिंदगी भर की आय, घर और वाहन नष्ट हुए हैं उन्हें भी इससे ज़्यादा पैसा नहीं मिल सकता। और तो और, यह मामूली सी राशि भी बेहद अपमानजनक तरीके से वितरित की जा रही है और मुआवजा वितरित करने के लिए तैनात किए गए बहुत सारे एजेंट रिश्वत ले रहे हैं। जिन लोगों ने मुआवजे के फार्म भरे हैं उनमें से भी बहुत कम लोगों को 10,000 रुपए की पूरी राशि मिल पाई है।

मिसाल के तौर पर, फराश बाज़ार कैंप में त्रिलोकपुरी के लोग आश्रय लिए हुए हैं। इस कैंप में आए लोगों की तरफ से हत्याओं के लिए 243, घरों और संपत्ति को हुए नुकसान के लिए 515 और चोटों के लिए 113 दावे किए गए हैं। इसके जवाब में 19 नवंबर को सरकारी अधिकारी केवल 31 चैक लेकर आए। इनमें से एक चैक 10,000 रुपए का, एक चैक 5,000 रुपए का और बाकी 29 चैक एक-एक हजार रुपए के थे। इस बात पर लोग इतने गुस्से में थे कि एक भी आदमी मुआवजे का चैक लेने के तैयार नहीं हुआ और लोग उस अफसर को भगाने लगे। इसी तरह की या इससे भी बुरी स्थितियां दूसरे क्षेत्रों में भी पैदा हो रही हैं। सरकार की निष्क्रियता के चलते कुछ स्वैच्छिक संगठनों और निजी व्यावसायिक घरानों ने कुछ गरीब इलाकों में घरों की मरम्मत और पुनर्निर्माण का काम शुरू किया है। यह काम कायदे में सबसे पहले सरकार को पूरा कर देना चाहिए था।

जब पीड़ित परिवारों को राहत शिविर छोड़ने के लिए कहा गया तो उन्हें 50 रुपए और एक हफ्ते का राशन देने की बात कही गई थी। बहुत सारे परिवारों को यह रकम भी नहीं मिली। कुछ मामलों में तो लोग दंगे भड़काने में सरकार की भूमिका के प्रति इतने गुस्से में थे कि उन्होंने शासक दल की तरफ से भेजी गई खाने-पीने की चीजों को भी छूने से इनकार कर दिया। उन्होंने केवल गुरुद्वारों, स्वैच्छिक संस्थाओं या स्थानीय निवासियों की तरफ से आई मदद ही लेना मंजूर किया। इस तरह, भले ही कागजों में राहत और पुनर्वास के मद में कई लाख रुपए का खर्चा दिखाया जा चुका हो मगर इस भयानक रूप से नाकाफी रकम का भी बहुत छोटा अंश ही संभवतः लोगों तक पहुंच पाया है। इससे नौकरशाही और कांग्रेस पार्टी को घपला करने और पैसे बनाने का एक और मौका मिल गया है।

जब से राहत शिविरों बंद हुए हैं तब से तो राहत तथा सहायता मुहैया कराने में स्वैच्छिक संस्थाओं को और भी मुश्किलों का सामना करना पड़ रहा है क्योंकि अब पीड़ित परिवार यहां-वहां बिखर चुके हैं। राहतकर्मियों ने पाया है कि जहां ज़्यादातर पीड़ित रहते थे ऐसे स्थान उन इलाकों में पड़ते हैं जहां गरीबों की तादाद बहुत ज़्यादा है इसलिए राहत का काम और भी मुश्किल हो जाता है। इन इलाकों में बहुत सारे गरीब परिवार दंगा पीड़ित न होते हुए भी राहतकर्मियों को घेर लेते हैं और मदद मांगने लगते हैं। ऐसे में यदि उन्हें मदद न दी जाए तो पीड़ितों के खिलाफ असंतोष और रोष की नई जमीन तैयार होने लगती है।

ज़्यादातर लोगों को लगता है कि सरकार की तरफ से राहत और पुनर्वास के नाम पर जो थोड़ा-बहुत कुछ किया जा रहा है या जिसका आश्वासन दिया जा रहा है वह असल में आने वाले चुनावों के मद्देनज़र शासक पार्टी के लिए एक बेहतर माहौल तैयार करने की एक कोशिश भर है। उन्हें लगता है कि जैसे ही चुनाव खत्म हो जाएंगे पीड़ित परिवारों को उपलब्ध कराई जा रही सारी सहायता भी समाप्त हो जाएगी। सरकार के पिछले रिकार्ड को देखते हुए यह आशंका किसी भी लिहाज से निराधार नहीं है।

हम क्या करें?

जो कुछ हुआ है उसकी विकरालता पर कोई भी संवेदनशील व्यक्ति गहन दुख और हताशा के अहसास से गुजरे बिना नहीं रह सकता। हालांकि शासक पार्टी की तरफ से राजनीतिक उकसावे की कोशिशों ने एक बुनियादी भूमिका अदा की है मगर हम इस हकीकत से भी भाग नहीं सकते कि जो जहर माहौल में फैला है वह हमारे सामाजिक और राजनीतिक जीवन की शिरा और धमनियों में गहरे तौर पर घुल चुका है। यह एक रोंगटे खड़े कर देने वाला सच है। सबसे उल्लेखनीय बात यह है कि हम गुंडों और राजनेताओं के एक बेहद घातक गठजोड़ के शासन में जी रहे हैं और तमाम दूसरे समूह अपनी जिम्मेदारी का परित्याग कर चुके हैं। इतनी ही भयावह बात यह है कि बेहद पढ़े-लिखे और आला खयाल नागरिकों ने भी आंख मूंद कर इस जनसंहार को चुपचाप स्वीकार कर लिया है मानो यह उनके सामान्य जीवन में एक मामूली सी उथल-पुथल से ज़्यादा कुछ नहीं था। जैसे-जैसे चुनावी बुखार बढ़ता जा रहा है ये भयानक घटनाएं हरेक की जानकारी और याददाश्त से गायब होती जा रही हैं।

मगर यदि हम इन भयानक घटनाओं से निकले कुछ बिलकुल बुनियादी सबकों से सीख लेने और उन पर कदम उठाने के लिए तैयार नहीं हैं तो आने वाले दौर में हम इससे भी बड़े-बड़े हादसों को नहीं रोक पाएंगे। हमें इस बात का अहसास ज़रूर होना चाहिए कि जो कुछ आज सिखों के साथ हुआ है वह कल किसी भी समुदाय के साथ हो सकता है। ऐसे कारनामों को अंजाम देने के लिए सिर्फ चंद ताकतवर राजनेताओं के गिरोह की ज़रूरत भर है जो अपने निहित स्वार्थ के लिए देश के किसी भी काबिले-शिनाख्त समुदाय को बलि का बकरा बनाने को तैयार हो जाते हैं। मुसलमानों के साथ दशकों से यह होता आया है।

ग्रामीण इलाकों में निचली जातियां और तथाकथित अछूत लोग बार-बार सामूहिक हत्याकांड, बलात्कार और आजगनी का दंश झेलते आए हैं। पिछले कुछ सालों के दौरान इस तरह के हमलों की तादाद में काफी बढ़ोतरी हुई है। उच्च जाति भूस्वामियों और उनके भाड़े के गुंडों द्वारा पुलिस की मिलीभगत के साथ होने वाले ऐसे हमलों पर जनता की तरफ से बहुत आक्रोश व्यक्त नहीं हुआ है। आज हिंसा हमारे 'सामान्य' जीवन का इस कदर अभिन्न अंग बन चुकी दिखाई देती है कि इसके प्रति लोगों की संवेदनाएं सुन्न पड़ चुकी हैं।

इसी तरह, सरकार के खिलाफ होने वाली हर उग्र कोशिश को 'नक्सलवादी' या 'राष्ट्रविरोधी' कहने का जो चलन चल पड़ा है उससे राज्य मशीनरी तथा भाड़े के गुंडों द्वारा सत्ताधारी दल के राजनीतिक विरोधियों के सफाए की मुहिमों का औचित्य साबित करने में मदद मिलती है। इस बार इन अभियानों का निशाना सिखों को बनाया गया। अगली बार कोई और निशाने पर हो सकता है।

इस सिलसिले में *मानुषी* ने सर्वोच्च न्यायालय में भारत सरकार, गृह मंत्री और गृह सचिव के खिलाफ एक जनहित याचिका दायर की थी। इस याचिका में उपराज्यपाल के माध्यम से दिल्ली प्रशासन, कार्यकारी पार्षद के माध्यम से महानगर परिषद, पुलिस आयुक्त के माध्यम से दिल्ली पुलिस, कांग्रेस पार्टी अध्यक्ष व महासचिव के माध्यम से कांग्रेस पार्टी, दिल्ली संघ शासित प्रदेश के प्रधान कांग्रेस पदाधिकारियों, जिनमें कांग्रेस के स्थानीय लोकसभा सदस्य तथा दिल्ली प्रदेश कांग्रेस कमेटी के सदस्य एवं दिल्ली के विभिन्न हिस्सों में मौजूद उसके वार्ड स्तरीय नेता शामिल हैं, से भी जवाब मांगा गया है।

याचिका में *मानुषी* का तर्क था कि यह अपराध एक समूचे समुदाय के मूलभूत तथा संवैधानिक अधिकारों का उल्लंघन है। उदाहरण के लिए, संविधान के अनुच्छेद 21 में कहा गया है कि विधिसम्मत निर्धारित प्रक्रिया के अलावा और किसी भी प्रकार से किसी व्यक्ति को जीवन अथवा व्यक्तिगत स्वतंत्रता के अधिकारों से वंचित नहीं किया जाएगा। परंतु सरकारी मशीनरी को नियंत्रित करने वालों ने दंड के भय की भावना के बिना इस अनुच्छेद का खुलकर उल्लंघन किया है।

हमने यह भी दलील दी कि हालांकि पुलिस आयुक्त ने उसके उपरांत दंगों के दौरान पुलिस के कामकाज और व्यवहार की जांच के लिए एक आयोग गठित किया है परंतु राजधानी में कई दिनों तक पुलिस बल के पूरी तरह पंगु हो जाने की सारी जिम्मेदारी केवल अलग-अलग पुलिसकर्मियों द्वारा कर्तव्यपालन में लापरवाही पर नहीं डाली जा सकती है और न ही अकेले पुलिस बल को इसके लिए जिम्मेदार ठहराया जा सकता है।

अलग-अलग पुलिसकर्मी अपने दायित्वों की उपेक्षा में तब तक इतने समरूप ढंग से काम नहीं कर सकते थे जब तक उन्हें अपने विभागीय आला अफसरों से आदेश और निर्देश नहीं मिले होते। इसके अलावा पुलिस बल भी राज्य, सरकार तथा प्रशासनिक मशीनरी के उच्च स्तरों की मिलीभगत के बिना इतने लंबे समय तक उस तरह की हरकतें नहीं कर सकता था जिस तरह की हरकतें उसने की या जिस पैमाने पर उसने कर्तव्य-विमुखता दिखाई। हो सकता है पुलिस जांच में कुछ लापरवाह पुलिस वालों की शिनाख्त कर ली जाए मगर इस जांच का असली मकसद उन लोगों की शिनाख्त को छुपाना है जिन्होंने इस साज़िश के बीज बोए थे। इसके लिए यह साबित करने की कोशिश की जा रही है कि यह पूरा हत्याकांड सरकार या शासक दल के आला अफसरों नहीं बल्कि सिर्फ चंद पुलिस वालों की गलती से हुआ है। पुलिस द्वारा स्वयं अपनी गलतियों की जांच करने से सच्चाई के

सामने आने की उम्मीद करना बेमानी होगा।

हम मरने वाले के आश्रितों को एकमुश्त 10,000 रुपए का मुआवजा देने की सरकारी नीति का विरोध करते हैं। इस नीति में इन पीड़ितों की स्थिति को प्राकृतिक आपदाओं के पीड़ितों की स्थिति के समतुल्य दिखाने की कोशिश की गई है। यह नीति सरकार की तरफ से हकीकत पर पर्दा डालने की कोशिश का ही एक हिस्सा है। हमने मांग की थी कि इन दंगों के कारण हुई क्षति की भरपाई उन लोगों की निजी संपत्तियों से की जाए जो इस जनसंहार को अंजाम देने के दोषी हैं ताकि दंगों में शामिल लोगों को इस तरह के जघन्य कृत्य करने से रोका जा सके।

इसके साथ ही हम यह भी चाहते हैं कि जैसे सैन्य बलों के शहीद होने वाले सिपाहियों के आश्रितों को पेंशन दी जाती है उसी तरह इन पीड़ित परिवारों के जीवित सदस्यों को भी पेंशन देने का प्रावधान किया जाए। पीड़ित परिवारों के जीवित बचे सदस्यों को सरकारी नौकरियां दी जाएं जिससे उन्हें उतनी आय का आश्वासन मिल सके जितनी आय उन्हें मृतक के माध्यम से होती थी।

मानुषी ने न्यायालय से अपील की थी कि :

* उन लोगों को अंतरिम आधार पर बर्खास्त कर दिया जाए जिन पर जनसंहार की अगुवाई करने या दंगे भड़काने का तथा बाद में तथ्यों को दबाने का आरोप लगा है;
* न्यायालय का निर्णय आने तक कांग्रेस पार्टी और उसके वरिष्ठ नेताओं सहित उन सभी संगठनों तथा व्यक्तियों की तमाम संपत्तियां जब्त कर ली जाएं जो हत्याकांड में लिप्त थे तथा जिनके बारे में जांच की जा रही है।

न्यायालय ने न केवल इस याचिका को बिना विचार किए खारिज कर दिया बल्कि जब हमने इस आशय की दलील देने की कोशिश की कि अपराध की गंभीरता को देखते हुए याचिका का इस तरह सरसरी तौर पर और लापरवाही भरे ढंग से खारिज कर दिया जाना सही नहीं है तो न्यायमूर्ति रंगनाथ मिश्रा ने हम पर न्यायालय की अवमानना के आरोप में कार्रवाई करने की धमकी तक दे डाली।

हालांकि न्यायालय में हमारी बात को समुचित प्रकार नहीं सुना गया, परंतु *मानुषी* ने दोषियों को दंडित करवाने के लिए दूसरे मानवाधिकार संगठनों के साथ मिलकर आने वाले सालों में भी अपना अभियान अथक जारी रखा है।

मानुषी का मानना है कि :

1. जनसंहार के लिए जिम्मेदार लोगों को उचित दंड दिया जाए। कांग्रेस पार्टी तथा हिंसा एवं हत्याओं को भड़काने वाले उसके बड़े पदाधिकारियों के खिलाफ एक जनसुनवाई आयोजित की जाए। इसके अलावा उन्हें आदेश दिया जाए कि वह अपनी पार्टी के कोष तथा अपनी निजी संपत्ति से सिख परिवारों की संपत्ति और घरों को पहुंचे नुकसान की भरपाई करें। हालांकि किसी भी हत्या, बलात्कार, यंत्रणा

या आतंक के किसी भी तरीके की भरपाई के लिए कोई भी जुर्माना काफी नहीं हो सकता, फिर भी उनके आपराधिक व्यवहार के लिए उन पर भारी दंडात्मक जुर्माना लगाया जाए।

2. राज्य मशीनरी के जिन अंगों ने दंगाइयों का सक्रिय रूप से साथ दिया या जिन्होंने अपने आपराधिक व्यवहार से दंगाइयों को चार दिन से भी अधिक समय तक खुली छूट दिए रखी उन महकमों के बारे में स्वतंत्र रूप से जांच की जाए। पुलिस तथा नागरिक प्रशासन, दोनों को इस जांच की कसौटी पर कसा जाए।

   यह भी महत्वपूर्ण है कि दीर्घकालिक स्तर पर ऐसे तरीके ढूंढ़े जाएं जिनके माध्यम से पुलिस तथा प्रशासन को प्रत्येक स्थानीय समुदाय के प्रति इस बात के लिए उत्तरदायी ठहराया जा सके कि उसने क्या किया या क्या नहीं किया।

3. पुलिस तथा प्रशासन की असीमित शक्तियों पर अंकुश लगाने के अलावा हमें प्रत्येक समुदाय की आत्मरक्षा तथा आत्मनिर्णय के लिए स्वयं को संगठित करने की निहित क्षमता से भी सीखना चाहिए। इस बात को बड़े पैमाने पर रेखांकित किया गया है कि हिंसा को और बड़े स्तर तक फैलने से रोकने में संकट के उन दिनों के दौरान पुलिस या सेना से ज़्यादा योगदान स्वयं सामान्य नागरिकों के आत्मरक्षा प्रयासों का रहा। बहुत सारे मोहल्लों में हिंदुओं, मुसलमानों और सिखों ने मिलकर अपने इलाकों में गश्त दी और साम्प्रदायिक जनसंहार के माहौल में भी गुंडों का मिलजुल कर सामना किया। हमें इस अनुभव से सही सबक सीखना चाहिए। पुलिस के मुकाबले इस तरह का आत्मसंगठन नागरिकों को कहीं ज़्यादा सुरक्षा प्रदान कर सकता है।

   आज इस बात की सख्त ज़रूरत है कि आम नागरिक गुंडों-राजनेताओं के गठजोड़ द्वारा हथिया ली गई अपनी ताकत को वापस लेने के लिए ठोस कदम उठाएं। 'उच्च' अधिकारियों से सुरक्षा की उम्मीद करना निरर्थक है क्योंकि इससे हम शक्तिहीन और दासत्व की मनोदशा में बने रह जाते हैं।
हमें प्रत्येक स्तर पर स्वशासन संस्थानों का पुनर्निर्माण करना चाहिए ताकि हमें एक बेहद भ्रष्ट, निरंकुश और केंद्रीकृत राज्य मशीनरी पर निर्भरता के विकलांगता भरे अहसास के साथ न जीना पड़े।

4. यह भी उतना ही महत्वपूर्ण है कि इस प्रक्रिया में महिलाओं को भी उल्लेखनीय संख्या में शामिल किया जाना चाहिए। सामुदायिक जीवन में महिलाओं की सक्रिय भागीदारी के कई लाभ होते हैं। इसका एक लाभ यह होगा कि महिलाओं में संगठित हिंसा की तुलनात्मक रूप से कम क्षमता तथा इस तरह की परंपरा के अभाव के फलस्वरूप ऐसी समितियों में महिलाओं की सक्रिय मौजूदगी से वातावरण में हिंसा की आशंका सामान्यतः कम हो जाएगी।

5. इन दंगों ने स्पष्ट कर दिया है कि नफरत, हिंसा और अन्याय को फैलाने में

गलत, दोषपूर्ण तथा दुर्भावनापूर्वक दी गई सूचना कितनी भयानक भूमिका निभा सकती है। यह बात न केवल इन दंगों पर बल्कि तमाम साम्प्रदायिक दंगों पर लागू होती है। सही सूचनाओं के अभाव में लोग बार-बार फैलाई जाने वाली अफवाहों के चंगुल में फंसने लगते हैं।

इसलिए यह बहुत महत्वपूर्ण है कि सही सूचना को ईमानदारी के साथ, आसानी से और बड़े पैमाने पर उपलब्ध कराया जाए। यह जिम्मेदारी सिर्फ सरकार के ऊपर नहीं छोड़ी जा सकती है। यह जिम्मेदारी उन लोगों को भी लेनी होगी जो एक ज़्यादा मानवीय समाज के निर्माण की ज़रूरत महसूस करते हैं। पूर्वाग्रहों का दानव अज्ञान की बुनियाद पर ही पनपता है। हमें सटीक और निष्पक्ष सूचनाएं इकट्ठा करने के लिए एक ज़्यादा बड़ी और ज़्यादा संजीदा व सुनियोजित कोशिश करनी चाहिए तथा संकट के समय और रोज-ब-रोज के हालात में उन्हें असरदार ढंग से लोगों तक पहुंचाने का तरीका निकालना चाहिए।

6. ये दंगे तथा देश के बहुत सारे हिस्सों में हो चुके मुस्लिम विरोधी दंगे, असम व नागालैंड जैसे इलाकों में जारी दमन चक्र, हरिजनों के बार-बार होने वाले हत्याकांड और उनको आतंकित करने की कोशिशों सहित तमाम कातिलाना मुहिमें उस सोच में निहित खतरों को भी उजागर कर देती हैं जो अमूर्त 'वादों' (विचारधाराओं) को मानवीय जीवन से ऊपर स्थापित कर देती हैं। जैसे भिंडरांवाले ने सिख धर्म या सिख राष्ट्रीयता के नाम पर सिखों और हिंदुओं की हत्याओं को सही साबित करने की कोशिश की थी उसी तरह इस बार राष्ट्रीय एकता के नाम पर निर्दोष सिखों की हत्याओं को सही साबित करने की कोशिश की जा रही है। चाहे समाजवाद हो, राष्ट्रवाद हो, हिन्दुत्व हो या फिर नारीवाद हो, अर्थात् कोई भी 'वाद' क्यों न हो, यदि वह किसी बृहत्तर उद्देश्य या 'विचारधारा' के लिए मनुष्यों को कत्ल करने, आतंकित करने और अपने अधीन बनाने का पाठ पढ़ाता है तो वह वाद मौत के एक जाल के अलावा और कुछ नहीं है।

इससे यह भी पता चलता है कि इंसानी हकीकत को छिपा लेने वाले अमूर्तनों में क्या खतरा निहित रहता है। लोग अकसर अपने पड़ोसियों के साथ खड़े होने के लिए तैयार रहते हैं क्योंकि उन्हें अपने पड़ोसी मनुष्य दिखाई देते हैं परंतु जैसे ही इन पड़ोसियों को सिखों या मुसलमानों या हिंदुओं के रूप में देखा जाने लगता है उसी क्षण समुदायों के बारे में प्रचलित आरोपित पूर्वाग्रह हावी हो जाते हैं और मानवीय संबंधों की संभावना नष्ट हो जाती है।

7. हमें उस निरंकुशवादी सोच का विरोध करना चाहिए जो हमारे सामाजिक और राजनीतिक जीवन के हर पहलू – परिवार से लेकर सरकार तक – हर जगह अपनी पैठ बना चुकी है। किसी भी किस्म का मतभेद बगावत का संकेत दिखाई देता है और उसे हर कीमत पर कुचलने की कोशिश की जाती है। हमें एक

ऐसी संस्कृति का निर्माण करना होगा जो सहिष्णुता तथा मतभिन्नता के प्रति सम्मान की बुनियाद पर खड़ी हो। हमें एक ऐसा संस्थागत ढांचा विकसित करना चाहिए जिसमें पारस्परिक सहयोग साझा हितों से पैदा होता हो न कि सैनिक तथा पुलिस की जबर्दस्ती या राष्ट्र नामक एक मिथकीय प्रतिमा की पूजा से।

निरंकुशवादी सोच पर निर्भर रहने का एक केंद्रीय आयाम तमाम सामाजिक समस्याओं के सरलीकृत, जड़सूत्रतावादी समाधानों की इच्छा में परिलक्षित होता है। उदाहरण के लिए, जैसे-जैसे हिंसक घटनाएं बढ़ती जा रही हैं वैसे-वैसे पुलिस तथा सैनिक हस्तक्षेप की मांग भी बढ़ रही है। हमें याद रखना चाहिए कि इतिहास में कभी भी, दुनिया के किसी भी हिस्से में पुलिस या सेना समाज के दूसरे सदस्यों के लिए बिरादराने का अहसास या सम्मान की भावना पैदा नहीं कर पाई। यह केवल निरंकुश तथा अन्यायपूर्ण शासन में ही होता है कि पुलिस एक बेहद सक्रिय, वर्चस्वशाली भूमिका निभाती है तथा उसके पास बेहिसाब शक्तियां होती हैं। इसलिए हमें हिंसा, अपराध तथा अपने लोगों के बीच मतभिन्नता से निपटने के लिए गैर-अधिनायकवादी तरीकों पर ध्यान केंद्रित करना चाहिए।

8. अगर हत्यारे गिरोहों को इस बात का अहसास होता कि यदि हिंदू यह कहने के लिए उठ खड़े हो गए कि 'हम तुम्हें हिंदू धर्म के नाम पर यह सब कुछ नहीं करने देंगे' तो उनके पैर लाजिमी तौर पर रुक जाते। बहुत सारे हिंदुओं ने भारी व्यक्तिगत जोखिमों के बावजूद हत्यारों का विरोध किया है। ऐसा करते हुए उन्होंने न केवल कई सिखों की जान बचाई बल्कि इस तरह अपनी इंसानियत की भी हिफ़ाज़त की।

परंतु जब यह हत्याकांड अपने चरम पर था, उस समय ऐसी ज़्यादातर कोशिशें केवल कुछ पड़ोसियों और हमले में फंसे लोगों के कुछ दोस्तों तक ही सीमित थीं। और ऐसे लोग व्यक्तिगत या पारिवारिक स्तर पर ही पहलकदमियां ले रहे थे। यह भावना और व्यापक होनी चाहिए ताकि हमारी चिंताएं सिर्फ हमारे पड़ोस, हमारे परिवार और हमारे दोस्तों तक ही सीमित न रह जाएं। इसे एक साझा उद्देश्य से बल मिलना चाहिए और कोशिश की जानी चाहिए कि आगे ऐसे जनसंहारों की पुनरावृत्ति न हो पाए।

2

‘ये तो गुरु का घर है...’

लौंगोवाल गुरुद्वारे में एक दिन

इस साल (1985) जून के मध्य में मैं पंजाब गई थी ताकि मैं खुद देख सकूं कि पंजाब के बारे में प्रेस जो कुछ कहता है वह सच्चाई के कितना नजदीक है। इस सिलसिले में मैंने संत लौंगोवाल के गांव लौंगोवाल में स्थित गुरुद्वारे का भी दौरा किया।

वापस लौटने पर मुझे यह देखकर सचमुच हैरानी हुई कि लौंगोवाल गुरुद्वारे की मेरी यात्रा के कारण मेरे ज़्यादातर हिंदू दोस्त और परिचित अजीबोगरीब प्रतिक्रियाएं दे रहे हैं। वह लोग इतने चकित दिखाई देते थे मानो मैं किसी शेर की मांद से जिंदा लौट आई हूं। परंतु उस स्थान के बारे में मेरा अपना अनुभव लोगों की कल्पना से इतना भिन्न था कि मुझे यह ज़रूरी लगा कि इस बारे में तफसील से लिखा जाए।

पिछले कुछ माह से संत लौंगोवाल न केवल उत्तरी भारत में हुए सिख विरोधी दंगों की, बल्कि पंजाब में आतंकवादी हिंसा के पीछे निहित कारणों की भी जांच के लिए लगातार आवाज़ उठाते आ रहे थे। उन्होंने बार-बार इस बात पर जोर दिया कि अगर सरकार इस दिशा में जांच शुरू करती है तो अकाली इस आशय के सबूत उपलब्ध कराने को तैयार हैं कि जिस हिंसा के लिए चरमपंथी अकालियों को जिम्मेदार बताया जा रहा है उसमें से काफी सारी हिंसा पंजाब में कांग्रेस के ही अलग-अलग गुटों की पैदाइश है। अपनी इस यात्रा से पहले मैंने दिल्ली के कुछ नागरिक अधिकार कार्यकर्ताओं से इस सिलसिले में बात की थी। इस बातचीत में हम इस नतीजे पर पहुंचे कि यदि सरकार एक जांच आयोग गठित करने को तैयार नहीं होती है तब कम से कम स्वतंत्र नागरिकों के एक समूह को तो इस काम की जिम्मेदारी सौंपी ही जा सकती है। संत लौंगोवाल से मैं जो एक बात जानना चाहती थी वह यही थी कि क्या वह और उनकी पार्टी इस तरह के नागरिक जांच आयोग की मदद करेगी या नहीं?

---

* पहली बार *मानुषी*, संख्या 30 (सितंबर-अक्तूबर 1985) में प्रकाशित।

इस यात्रा के दौरान मेरे साथ मेरी एक मित्र भी थी जिसका पंजाब की राजनीति से कोई परिचय नहीं था। पंजाब के लिए रवाना होने से पहले हमने अमृतसर में संत लौंगोवाल के पार्टी दफ्तर से संपर्क स्थापित करने की कोशिश की जिससे उनके साथ एक मुलाकात तय की जा सके। अपनी इस कोशिश में हमें कोई कामयाबी नहीं मिल पाई। अमृतसर में उनकी पार्टी के लोग भी यकीन के साथ नहीं कह पा रहे थे कि हम अमृतसर में संत लौंगोवाल से कब और कहां मिल सकते हैं क्योंकि वह पंजाब के देहात और छोटे कस्बों में बैठकें संबोधित करते हुए लगातार सफर में रहते थे।

हमें सिर्फ यही बताया गया कि एक खास तारीख को वह अमृतसर आ सकते हैं। इसलिए हमने अपनी यात्रा अमृतसर से ही शुरू करने का फैसला किया। अमृतसर पहुंचने पर हमने पाया कि संत लौंगोवाल की योजना में कुछ फेरबदल हो गया था और अगले कुछ दिनों तक वह अमृतसर के आसपास भी कहीं नहीं रहने वाले थे। गांव लौंगोवाल में उनके मुख्यालय से टेलीफोन के माध्यम से संपर्क कर पाना नामुमकिन था। इसलिए कुछ लोगों ने हमें सलाह दी कि हम बिना किसी पूर्वसूचना या मिलने का समय तय किए बिना एक बार वहां जाकर देख लें। हमें जानकारी दी गई कि क्योंकि वह लौंगोवाल के पास स्थित गुरुद्वारे को ही अपनी रिहाइश व कार्यालय के रूप में इस्तेमाल करते हैं इसलिए इस बात की संभावना ज़्यादा है कि लगातार घूमते रहने के बावजूद अमृतसर की बजाय पहले वह लौंगोवाल में ही आएंगे।

हम लुधियाना के लिए सवेरे की रेलगाड़ी पकड़ कर लौंगोवाल गांव की तरफ रवाना हो लिए। लुधियाना पहुंच कर हमने संगरूर के लिए बस ली जहां हमें लौंगोवाल गांव पहुंचने के लिए घंटों बस का इंतजार करना पड़ा। तपती दोपहर में शाम ढाई बजे के आसपास हम लौंगोवाल पहुंचे। मगर हमें यह देखकर बड़ी परेशानी महसूस हुई कि हम लोग जिस जगह बस से उतरे वहां से लौंगोवाल गुरुद्वारा कम से कम 3 किलोमीटर और दूर था। जब हम गुरुद्वारे तक पहुंचने के लिए किसी गाड़ी के आने का इंतजार कर रहे थे तभी बस स्टॉप के पास खड़े कुछ आदमी हमसे बात करने लगे। वह जानना चाहते थे कि हम कहां से आई हैं। जब हमने बताया कि हम लोग दिल्ली से आयी हैं तो उन्होंने मान लिया कि हम लोग पत्रकार ही होंगी। परंतु उनमें से दो लोगों ने मुझसे पूछा कि क्या मैं कांग्रेस से हूं। मुझे इस बात को देखकर चिंता होने लगी कि मेरे बारे में इस तरह की गलतफहमियां भी फैल सकती हैं। मैं यह पता लगाने की कोशिश करने लगी कि उन लोगों ने मेरे बारे में ऐसा क्यों सोचा होगा। ज़ाहिरा तौर पर मेरे खादी के कुर्ते और सलवार ने उन्हें ऐसा सोचने की वजह दी थी। क्योंकि ऐन उस वक्त मेरे लिए अपने कपड़े बदलना मुमकिन नहीं था इसलिए मुझे इस बात की हलकी सी चिंता होने लगी कि कहीं मेरे कपड़ों की वजह से गुरुद्वारे के लोग मेरे बारे में गलत राय कायम न कर लें। बहरहाल, इन सब चीजों के मद्देनज़र हम लोगों को इस बात पर थोड़ी हिचकिचाहट महसूस होने लगी कि गुरुद्वारे में लोग हमें कैसी नज़र से देखेंगे क्योंकि हम कोई पूर्वसूचना दिए बिना ही वहां जा रहे हैं।

मुझे इस बात का भी डर था कि औरत होने के नाते शायद बहुत सारे लोग हमें संजीदगी से न लें। हमारे पास कोई चमक-दमक वाले प्रेस कार्ड या कोई परिचय पत्र भी नहीं था। वैसे भी आम हालात में भी किसी बिचौलिये के बिना बड़े राजनीतिक नेताओं तक पहुंच पाना आसान नहीं होता है। संत लौंगोवाल को सिख आतंकवादियों और पंजाब कांग्रेस के कुछ खास तत्वों की तरफ से खासा खतरा भी था। हमें लगता था कि वह भारी सिक्योरिटी से घिरे होंगे और उन तक पहुंच पाना आसान नहीं होगा।

बहरहाल अब इस तरह के शको-शुबहे के लिए वक्त नहीं बचा था। हमने एक टैम्पो भाड़े पर लिया और गुरुद्वारे की तरफ चल दिए। सड़क के दोनों तरफ देहात की सूखी, पपड़ाई ज़मीन दूर तक फैली हुई थी। जब हमारा टैम्पो गुरुद्वारे पहुंचा तो ड्राइवर ने उसे गुरुद्वारे के बाहर चारपाई पर पहरेदारों के रूप में तैनात दो नौजवानों के पास ले जाकर रोक दिया। उन्होंने हमें रोकने या हमारे आने की वजह जानने की कोई कोशिश नहीं की। उन्होंने हमें पानी पिलाया और भीतर जाने के लिए कहा।

मेरा खयाल था कि संत लौंगोवाल की जान को जितना भारी खतरा है उसे देखते हुए वह हथियारबंद पहरेदारों से घिरे किसी सैनिक किले जैसी जगह पर रहते होंगे। हमारे सामने जो इमारत थी उसका किसी किले से मुकाबला करना हास्यास्पद था। यह इमारत किसी के साधारण सरकारी स्कूल जैसी लगती थी। इमारत के दो तरफ ईंटों से बनी चारदीवारी थी। शेष दोनों तरफ कुछ खाली खेत सटे हुए थे जिनमें यहां-वहां कुछ छोटी-छोटी झाड़ियां और सफेदे के पेड़ थे जो किसी भी सूरत में सुरक्षा कवच का काम नहीं कर सकते थे। यहां तक कि ईंट की बनी दोनों दीवारों में भी दरवाजा या ऐसी कोई चीज नहीं थी। चारदीवारी के दाहिने हाथ वाले कोने पर इन दो दीवारों के बीच एक बड़ा सा मुहाना था जिसको मुख्य दरवाजे के रूप में इस्तेमाल किया जाता था। यहां से होकर हम अंदर दाखिल हो गए।

भीतर जाने पर सबसे पहले हमारी नज़र पेड़ की छांव में बैठे अलग-अलग उम्र के कुछ लोगों पर पड़ी। वह आपस में नर्म और हलकी आवाज़ में बात कर रहे थे। हमें देख कर कोई भी उठकर हमारी तरफ नहीं आया। वह अपनी बातचीत करते रहे। हमने आसपास नज़र दौड़ाई कि कोई दफ्तर जैसी जगह दिखाई दे। मगर वहां ऐसा कुछ भी नहीं था। वहां ले-देकर लगभग 10 कमरों की एक कतार थी जिसके आगे स्कूल की इमारतों की ही तरह एक बरामदा था। कमरों के दरवाजे बरामदे में खुलते थे और बरामदे के सामने यह भीतरी परिसर था। इस परिसर में दो हैंडपंप और कुछ पेड़-पौधे व झाड़ियां थीं। कई पौधे हाल ही में लगाए गए थे। पूरे परिसर और पौधों को देखकर लगता था कि उनकी पूरी देखभाल की जाती है।

हम लोग पेड़ की छांव में बैठे लोगों के पास गए और उनसे पूछा कि क्या हम गुरुद्वारे के मुखिया से बात कर सकते हैं। उनमें से एक ने कहा, 'यहां तो हर कोई मुखिया है। आप जिससे चाहे बात कर लें।' इसी बीच एक कमरे से दो युवक बाहर आए और उन्होंने हमें पानी पीने के लिए कहा। हमने उन्हें बताया कि हम संत लौंगोवाल से मिलने

आए हैं। 'संत जी तो इस वक्त यहां नहीं हैं। वह शाम को किसी समय वापस आएंगे।' हमने पूछा : 'क्या हम यहां रुक कर उनका इंतजार कर सकते हैं?' उनमें से एक युवक ने दोस्ताना लहजे में जवाब दिया : 'ये तो गुरु का घर है। यहां कोई भी जब चाहे आ सकता है।' उन्होंने हमसे कोई सवाल नहीं पूछा। हम लोग कौन हैं या संत लौंगोवाल से हम किसलिए मिलना चाहते हैं, इस बारे में जानने की उन्होंने कोई उत्सुकता नहीं दिखाई। उनमें से एक युवक हमें एक कमरे में ले गया, हमारे लिए दो बड़ी चारपाइयां बिछाईं और पूछा कि क्या हम भोजन लेना चाहते हैं। हमने उसे बताया कि हम लोग रास्ते में ही खाना खा चुके हैं। इसके बाद वह हमारे लिए चाय बनाने चला गया।

गुरुद्वारे में हमारे साथ जिस तरह का बर्ताव किया गया वह काफी असामान्य सा दिखाई देता था। जिन युवकों से हमने बात की थी उन्होंने हमें यह कमरा दे दिया और जाहिर कर दिया कि हम आराम से यहां रह सकती हैं। ऐसा लगता था कि इस बात के लिए उन्हें किसी से इजाज़त लेने की ज़रूरत नहीं थी।

हम लोग थके हुए थे इसलिए फौरन चारपाइयों पर लेट गए। हमें जिस कमरे में रखा गया था वह सादगी की मिसाल था। जहां तक मुझे याद पड़ता है ईंटों की दीवार पर सफेदी नहीं थी। उन पर सीमेंट का सलेटी पलस्तर चढ़ा हुआ था। दीवारों पर खूंटियां लगी हुई थीं जिन पर कुछ कपड़े टंगे हुए थे। दीवार में कई जगह आले भी बने हुए थे जिनमें सेवादारों के काम आने वाली कुछ छोटी-मोटी चीजें रखी थीं। इन आलों में ध्यान खींचने वाली सिर्फ एक ही चीज थी – साटन के कपड़े में लिपटे गुरबाणी के दो गुटके।

तमाम दूसरे कमरों की तरह इस कमरे में भी एक बिजली का बल्ब, एक पंखा और बड़ी-बड़ी खिड़कियां थीं। पूरी जगह बिना किसी तड़क-भड़क के देहाती सादगी में डूबी हुई थी। कमरे की बेकोशिश सादगी का मकसद शायद यही था कि उसमें रहने वालों को बेवजह परेशानी न उठानी पड़े। वहां सादगी का वैसा पाखंड या दिखावा नहीं दिखाई देता था जैसा आश्रमों आदि में अकसर दिखाई देता है।

जैसे ही हम आराम करने के लिए लेटे तो दरवाजे पर हलकी सी दस्तक हुई और एक अधेड़ व्यक्ति खूंटियों पर टंगे अपने कपड़े लेने के लिए भीतर आया। मैंने धीरे से माफी मांगने की कोशिश की : 'माफ कीजिएगा, हमने आपके कमरे पर कब्जा करके आपको परेशान कर दिया।' उसकी आवाज़ में कोमलता थी : 'आप इसे मेरा कमरा क्यों कह रही हैं? यहां तो सब कुछ गुरु का है, यह कमरा भी।' उसने बहुत संक्षेप में हमसे बात की मगर कोई सवाल नहीं पूछा, न किसी तरह की उत्सुकता या संदेह का भाव प्रकट किया।

इक्कीस-बाईस साल का एक युवक हमारे लिए चाय ले आया। पहले वाले लड़के की तरह वह भी बहुत विनम्र, शर्मीला और नरम लहजे में बोलने वाला लड़का था। उसने हमसे पूछा कि हमें किसी चीज की परेशानी या किसी चीज की ज़रूरत तो नहीं है। उसने इशारे से हमें बताया कि पाखाना कहां पर है। हमारे लिए साबुन की एक नई टिक्की लाकर दी और नहाने के लिए इस्तेमाल होने वाले कमरे को दोबारा साफ कर दिया हालांकि वह

पहले से ही साफ-सुथरा दिखाई दे रहा था। उसने भी न तो कोई सवाल पूछा और न हमें शक की नज़र से देखा। गांव-देहात में घूमते हुए व्यक्ति को जिन चीजों का आमतौर पर सामना करना पड़ता है यह स्थिति उससे बिलकुल भिन्न थी।

बल्कि अगर कोई उत्सुक था तो मैं ही थी। उस नवयुवक ने तो कुछ नहीं पूछा मगर मैंने उस पर सवालों की बौछार कर दी। मैं जानना चाहती थी कि वह कब से इस गुरुद्वारे में रह रहा है, यहां वह किस तरह का काम करता है, गुरुद्वारे में कितने सेवादार हैं, वगैरह, वगैरह। वह मेरे हर सवाल का जवाब बिना किसी बेचैनी या बिना किसी एहतियात की कोशिश के देता रहा। उसने मुझे बताया कि गुरुद्वारे में लगभग 15 सेवादार रहते हैं। वह सभी आसपास के गांवों के थे। गुरुद्वारे में रहने वाले युवक पढ़े-लिखे थे। उनमें से अधिकांश ने गांव के स्कूल-कॉलेजों में पढ़ाई की थी। कुछ ने दसवीं तक की पढ़ाई की हुई थी जबकि कुछ लोग स्नातक स्तर तक पढ़ चुके थे। एक आदमी स्नातकोत्तर तक पढ़ा हुआ था। यही वह व्यक्ति था जो हमें पहली बार इस कमरे में लाया था और जिसने हमारे लिए चारपाइयां बिछाई थीं।

उसने बताया कि उसने कम उम्र में ही यह तय कर लिया था कि वह अपनी जिंदगी गुरु की सेवा में बिता देगा। सेवादार के रूप में गुरुद्वारे की जिंदगी अपना लेने के बाद भी उसने अपनी पढ़ाई-लिखाई जारी रखी। गुरुद्वारे के सामान्य कामकाज में मदद देने के साथ-साथ वह संत लौंगोवाल की ज़रूरतों का खयाल रखता था और उनके अंगरक्षक के रूप में भी काम करता था। उनके संतजी कैसे हैं? उनका कार्यक्रम किस तरह का रहता है? पंजाब में संत लौंगोवाल की मौजूदा सरगर्मियों का स्वरूप कैसा है? इस बार भी जवाब बिल्कुल साफ और सूचनाप्रद थे। उसने बताया कि पिछले कुछ माह से संत जी एक सघन जनसंपर्क अभियान के लिए पंजाब के एक कोने से दूसरे कोने तक घूमते रहे हैं। वह जहां कहीं से भी बुलावा आता है, चले जाते हैं। उनका गंतव्य सिर्फ गुरुद्वारे ही नहीं होते बल्कि मंदिर भी होते हैं। वह न केवल सिखों की सभाओं में बोलते हैं बल्कि हिंदुओं के बीच भी खुलकर अपनी बात रखते हैं। इस तरह की बहुत सारी बैठकें पहले से ही निर्धारित रहती हैं और ऐसी सूरत में उनके कार्यक्रम तथा उनकी आवाजाही के बारे में इस गुरुद्वारे के लोगों को पता रहता है। परंतु कई बार वह बिना कार्यक्रम के भी कहीं रुक जाते हैं और बिना किसी पूर्वसूचना के वहां सभाओं को संबोधित करते हैं। अकसर लोग बैठक के बाद उनके पास जमा हो जाते थे और कई बार वह इस बात पर जोर देते थे कि संत जी फलां गांव में भी जाएं या फलां व्यक्ति के घर पर भी कुछ देर के लिए रुकें। इस तरह के निवेदनों को वह अकसर मान लेते हैं, खासतौर से यदि उन कुछ घंटों के दौरान उनका पहले से निर्धारित कोई कार्यक्रम नहीं है।

क्या इस तरह के कार्यक्रम से उनकी जिंदगी को खतरा पैदा नहीं होता? उस युवक ने जवाब दिया कि यह वाकई एक जोखिम भरा काम है लेकिन संत लौंगोवाल ने जो काम करने की ठानी है उसमें खतरा तो उठाना ही पड़ेगा। उसके खयाल में यह काम करते हुए

खतरों से बचकर नहीं चला जा सकता। क्या सरकार ने उन्हें पर्याप्त सुरक्षा दी हुई है? युवक ने जवाब दिया कि संत जी सरकारी सुरक्षा लेने से लगातार इनकार करते रहे हैं फिर भी सरकार उनके पीछे हर जगह अंगरक्षकों का एक पूरा अमला भेज देती है। इसके अलावा उनके कुछ समर्थक भी दिन-रात उनके साथ रहते हैं और उनकी हिफ़ाज़त का खयाल रखते हैं। संत जी ने सरकार की तरफ से सुरक्षा के प्रस्ताव को क्यों ठुकरा दिया? युवक ने उसी नर्म लहजे में जवाब दिया : 'संत जी नहीं चाहते कि उनकी जिंदगी पर जो खतरा है उसकी वजह से उनकी आवाजाही और कामकाज में कोई दिक्कत आए। वह हमेशा लोगों के नजदीक रहना चाहते हैं और सरकार के सुरक्षाकर्मी उनकी इस इच्छा के रास्ते में रोड़ा बन जाते हैं।' और तभी बिना किसी उकसावे के या कड़वाहट के, उसने कहा : 'और वैसे भी सरकार पर कौन भरोसा करे? उन्हें सबसे ज़्यादा खतरा तो खुद सरकार की तरफ से ही है।'

मुझे वह घटना याद आ गई जब दिल्ली में नवंबर के दंगों के बाद अप्रैल के आखिरी दिनों में संत लौंगोवाल पहली बार दिल्ली के सार्वजनिक दौरे पर आए थे। दिल्ली में कई सार्वजनिक सभाओं को संबोधित करने के अलावा उन्होंने पीयूसीएल, पीयूडीआर और नागरिक एकता मंच जैसे संगठनों तथा व्यक्तियों के साथ अलग से भी बातचीत की थी। इन संगठनों ने ही दंगा पीड़ितों के लिए राहत कार्यों के संचालन में सबसे महत्वपूर्ण भूमिका निभाई थी। इन्हीं संगठनों ने अपनी कलम के जरिए सिख विरोधी हिंसा के असली स्वरूप को उजागर करने में मदद दी थी। संत लौंगोवाल ने इस बैठक में कोई आग उगलने वाला भाषण नहीं दिया बल्कि हाथ जोड़ कर बेहद सौम्य और विनम्र अंदाज़ में उन तमाम लोगों का शुक्रिया अदा किया जिन्होंने संकट के इस वक्त में सिखों की मदद की थी।

चाय पीने के बाद मैं और मेरी मित्र दोनों ने स्नान किया। गुस्लखाना अहाते के दूसरे कोने पर स्थित था। बाहर बरामदे में कुछ लोग बैठे बात कर रहे थे। जब हम बरामदे से होकर गुस्लखाने तक गए और वहां से वापस आए तो उस दौरान उनमें से किसी ने इक्का-दुक्का नज़र डालने के अलावा हम पर कोई खास ध्यान नहीं दिया। ऐसा नहीं था कि वह जानबूझ कर हमारी मौजूदगी की उपेक्षा कर रहे थे। उनके लिए हमारी मौजूदगी एक ऐसी ही हकीकत थी मानो हम भी वहां की रोजमर्रा की जिंदगी का हिस्सा हों।

उनके हाव-भाव की सहजता परेशान सा करती थी। जैसा कि हमने बाद में पाया, गुरुद्वारे में कोई महिला न तो रहती थी और न वहां काम करती थी। आसपास के गांवों के औरत-मर्द सेवा करने, पूजा-पाठ करने या संत जी के दर्शन के लिए गुरुद्वारे में आते थे। इस बात की संभावना भी कम थी कि गुरुद्वारे में हमारी तरह ऐसी बहुत महिलाएं आती होंगी जिनका कोई धार्मिक मकसद नहीं था। ग्रामीण, बल्कि शहरी इलाकों में भी बिना किसी सुरक्षा के घूमती युवतियों को देखकर लोगों का ध्यान अकसर उनकी और आकर्षित हो जाता है। यहां तक कि जहां बिना किसी सुरक्षा के महिलाओं का घूमना असामान्य बात नहीं है वहां भी लोग महिलाओं की तरफ उत्सुकता से घूरते तो हैं हीं और कई बार उन्हें निजी किस्म के सवालों का भी सामना करना पड़ता है। मुझे कुछ साल पहले का वह वाकया

याद है जब अपनी ही उम्र की दो दूसरी मित्रों के साथ मैं वाराणसी गई थी। वहां पहुंच कर हम रहने की जगह ढूंढते-ढूंढते एक सराय में जा पहुंचे। हमारे समाज में सराय धार्मिक संस्थाएं होती हैं और तीर्थयात्रियों तथा दूसरे मुसाफिरों को सस्ती दर पर रहने की जगह मुहैया कराती है। सराय के कर्ता-धर्ता ने कमरा देने से पहले हमारी जमकर तफ्तीश की। पहले पूछा कि हम शादीशुदा हैं या नहीं और हम बिना किसी की सुरक्षा के कैसे आ गई हैं? लगे हाथ उसने यह भी पूछ लिया कि यदि वह हमें कमरा दे दे तो शाम को हम किस समय तक सराय में वापस लौटेंगी? परंतु इस गुरुद्वारे में अब तक किसी ने हमसे हमारा नाम तक नहीं पूछा था, हमारी वैवाहिक स्थिति की तो बात ही छोड़ दीजिए, जबकि यह एक ऐसा सवाल है जिससे महिलाएं देश के किसी भी कोने में बमुश्किल ही बच पाती हैं।

और भी काबिलेगौर बात यह थी कि हमसे हमारे मजहब के बारे में कोई सवाल नहीं किए गए। सबसे पहले तो मुझे यही लगा कि शायद उन्होंने मान लिया होगा कि हम दोनों सिख हैं। परंतु उनके दिमाग में अगर किसी भी तरह का शक रहा हो तो उसे दूर करने के लिए मैंने उस आदमी को अपना नाम बता दिया जिसके साथ मैं बात कर रही थी। आमतौर पर लोग मेरे उपनाम को लेकर थोड़े से परेशान हो जाते हैं। मेरे नाम के पहले शब्द से तो पता चलता है कि मैं एक हिंदू परिवार से हूं परंतु दूसरा शब्द फारसी भाषा से निकला है इसलिए लोग अकसर मुझसे पूछते हैं कि इस मिश्रण का कारण क्या है। परंतु लौंगोवाल गुरुद्वारे में अपने ठहरने के पूरे दौरान न तो मुझे और न ही मेरी दोस्त को अपनी धार्मिक, साम्प्रदायिक या राजनीतिक पहचान को लेकर किसी सवाल का सामना करना पड़ा।

हालांकि उन्हें कतई नहीं पता था कि हम लोग कौन हैं मगर फिर भी उन्होंने हमारे साथ सम्मानित मेहमानों जैसा बर्ताव किया। यहां तक कि जब मैंने कहा कि मैं संत लौंगोवाल का इंटरव्यू लेना चाहती हूं तो किसी ने यह भी नहीं पूछा कि मैं किस अखबार या पत्रिका से आई हूं। इन लोगों के सामने जितना भारी खतरा मौजूद था उसे देखते हुए उनका खुलापन वाकई हैरतंगेज़ था।

शाम चार बजे तक हम नहाने-धोने से फारिग हो चुके थे। नहाने के बाद मैंने सोचा कि मंदिर के परिसर में थोड़ा टहल लिया जाए। परिसर के बाईं तरफ कमरों की कतार से कुछ ही दूरी पर एक छोटा सा कमरा था जिसे गुरुद्वारे के तौर पर इस्तेमाल किया जाता था। उसकी बगल में एक निहायत खूबसूरत पेड़ था। इतना खूबसूरत पेड़ मैंने अपनी जिंदगी में पहले कभी नहीं देखा था। परिसर के दूसरे छोर पर एक पेड़ के नीचे कुछ बुजुर्ग बैठे चाय पी रहे थे। यह चाय उन्होंने एक टूटे-फूटे से चूल्हे पर बनाई थी। उनमें से एक ने हमसे भी चाय के लिए पूछा। मैं चाय पीने के लिए तैयार हो गई और उनके पास चारपाई पर जाकर बैठ गई। जिस व्यक्ति ने मुझे चाय पीने के लिए कहा था और मेरे ज़्यादातर सवालों का जवाब दिया था उन्होंने गुरुद्वारे के आसपास मुझे घुमाने की पेशकश की। उन्होंने मुझे बताया कि एक जमाने में वह सेना में रह चुके हैं और अपनी नौकरी के दिनों में उन्होंने

देश के तमाम हिस्सों की यात्रा की थी। कुछ साल पहले नौकरी खत्म होने के बाद वह वापस अपने गांव में आकर रहने लगे जोकि इस गुरुद्वारे से बहुत दूर नहीं है। गांव में आने के बाद उन्होंने फैसला किया कि वह बाकी जिंदगी सेवादार के तौर पर गुरुद्वारे की सेवा में बिताएंगे। उन्होंने मुझे यह भी बताया कि यह गुरुद्वारा किस तरह अस्तित्व में आया था।

इस गुरुद्वारे का नाम भाई मणि सिंह के नाम पर रखा गया है। भाई मणि सिंह मुगल शासकों के हाथों शहीद हुए थे। जहां उनकी शहादत हुई थी उसी जगह तकरीबन दस साल पहले यह गुरुद्वारा बनाया गया था। यह गुरुद्वारा तभी से संत लौंगोवाल की आश्रयस्थली रहा है। पहले यह जगह एक जमींदार के पास थी और गुरुद्वारे की बगल में जो पवित्र पेड़ खड़ा है उसे पशुस्थान यानी पशुओं को बांधने की जगह के तौर पर इस्तेमाल किया जाता था। जमींदार ने इस जगह के ऐतिहासिक और धार्मिक महत्व को देखते हुए बाद में यह जमीन गुरुद्वारा बनाने के लिए दान कर दी। मेरे गाईड ने मुझे बताया कि जैसे भाई मणि सिंह दिल्ली की गद्दी की तानाशाही के खिलाफ खड़े हुए थे उसी तरह संत लौंगोवाल भी केंद्र सरकार की निरंकुशवादी राजनीति और राज्यों को गुलाम बनाने की उसकी कोशिशों का विरोध कर रहे हैं। आज बहुत कम लोगों को याद होगा कि संत लौंगोवाल 1975 में इमरजेंसी का विरोध करने वाले शुरुआती लोगों में से एक थे। इमरजेंसी के दौरान अकाली दल के स्वयंसेवकों का एक जत्था लगभग हर रोज स्वर्ण मंदिर से निकल कर सरकार की दमनकारी नीतियों के खिलाफ सामूहिक गिरफ्तारी दिया करता था। ऐसा लगता है कि अकालियों के प्रति इंदिरा गांधी की खास नफरत शायद तभी से शुरू हुई थी।

गुरुद्वारा दस फुट लंबे और दस फुट चौड़े एक छोटे से कमरे में स्थित था। *ग्रंथ साहिब* को कमरे के बीचों-बीच रखा गया था और दीवारों पर भाई मणि सिंह की जिंदगी की कुछ घटनाएं दर्शाने वाले चित्र लगे हुए थे। कमरे में लकड़ी की किवाड़ियों से बंद कुछ अलमारियां भी लगी हुई थीं। पूरा ढांचा बेहद सादा था।

गुरुद्वारा दिखा चुकने के बाद वह भूतपूर्व सैनिक मुझे बाहर ले आए ताकि मैं इमारत के आसपास के खेतों पर भी एक नज़र डाल सकूं। चलते-चलते हम एक ऐसी जगह से गुजरे जहां एक बड़ा सा कमरा बनाया जा रहा था। मेरे साथ चल रहे व्यक्ति ने बताया कि यह लंगर के लिए बनाया जा रहा है। उन्होंने बताया कि अभी *दिन का प्रसाद* आसपास के गांवों से आ जाता है और *रात का प्रसाद* गुरुद्वारे में खुद सेवादार पकाते हैं। सारा काम मिलजुल कर किया जाता है। बाएं छोर पर यह अहाता गुरुद्वारे की उस जमीन में जाकर विलीन हो जाता है जिसमें खेती की जाती है। इस छोटी सी जमीन में गुरुद्वारे के लोगों के लिए खाने की चीजें उगाई जाती हैं। उन्होंने मुझे बताया कि वहां कौन-कौन सी फसलें उगाई जाती हैं, सिंचाई के साथ क्या समस्याएं हैं, आदि। हमने पंजाब की सियासत के बारे में भी थोड़ी-बहुत बात की। उन्होंने बताया कि पूरे राज्य में मासूम लोगों को बिना सोचे-समझे गिरफ्तार किया जा रहा है और आतंकवाद पर अंकुश लगाने के नाम पर बच्चों को भी नहीं बख्शा जा रहा है। उनके अनुसार पंजाब में लोग अपने गांव के बाहर, खासतौर से

हरियाणा में बसों में सफर तक करने से डरने लगे हैं क्योंकि पुलिस या सेना के लोग कभी भी किसी को भी पकड़ कर बंद कर देते हैं। उनकी आवाज़ लगातार नम्र और सौम्य थी। उसमें कोई गुस्सा या कड़वाहट नहीं थी। अपनी भावनाओं की अभिव्यक्ति के लिए उनके शब्द भी शांत और कोमल थे।

इस तरह के शख्स को दुनिया के किसी भी कोने में बेहद मृदुभाषी और सौम्य कहा जाएगा। परंतु उस गुरुद्वारे में वह बहुत सामान्य लग रहा था क्योंकि वहां रह रहा हर व्यक्ति उसी रंग में रंगा दिखा। इस तरह के नम्र, मृदुभाषी और खुले दिल वाले लोग हमें आमतौर पर इक्का-दुक्का ही मिलते हैं। वहां जितने भी लोग थे उन सबके भीतर यह गुण सहज समाये दिखे। उनकी कोमल भाषा कठोर अनुशासन का परिणाम नहीं दिखाई देती थी। और न उनकी मिठास में वैसी कृत्रिमता थी जैसी पब्लिक स्कूलों में पढ़े कुछ बच्चों में दिखाई देती है। वहां न तो फुसफुसाहट थी और न बेचैन करने वाली खामोशी। बिना आग्रह या उत्सुकता प्रदर्शित किए वहां के सभी लोगों में सहज रूप से किसी भी नए व्यक्ति को अपना बनाने की विशेषता दिखी।

इस गुरुद्वारे में अपने प्रवास के दौरान मैंने किसी को न तो बहस-मुबाहिसे के दौरान और न ही किसी और मामले में ऊंची आवाज़ में बोलते देखा। मिसाल के तौर पर, हमारे यहां अकसर ऐसा होता है कि यदि कोई व्यक्ति कुछ गज की ही दूरी पर खड़ा हो तो लोग उसे ऊंची आवाज़ में निर्देश देते हैं या आवाज़ लगाकर बुलाते हैं : 'अरे बंता सिंह, जाओ जानवरों को चारा डाल दो' या 'रामशरण, कुल्हाड़ी कहां रखी है?' यहां हमने एक भी व्यक्ति को दूर से किसी को आदेश देते या गुस्से में बोलते नहीं देखा।

यहां हमने बड़े-छोटे का फ़र्क़ या किसी को किसी से अनुमति लेते हुए भी नहीं देखा। यह बात ज़्यादातर धार्मिक संस्थाओं के माहौल से विपरीत दिखी क्योंकि गुरुद्वारों पर नियंत्रण के सवाल को लेकर झगड़े-फसाद होने का अकाली राजनीति में एक लंबा इतिहास रहा है इसलिए इस गुरुद्वारे के तौर-तरीके हमें काफी अलग दिखाई दिए। अंत तक भी मैं यह नहीं बता सकती थी कि इनमें से कौन दूसरों से ज़्यादा वरिष्ठ है या कौन ज़्यादा प्रमुख है।

संत लौंगोवाल अभी तक वापस नहीं लौटे थे इसलिए मैं और मेरी दोस्त पास के खेतों में टहलने निकल गए। रास्ते में हमें पहरेदार के तौर पर तैनात दो युवक दिखाई दिए जो गुरुद्वारे की ज़मीन के बाहरी छोर पर एक चारपाई बिछाए बैठे हुए थे। वह दोनों एक पंजाबी अखबार को बोल-बोल कर पढ़ते हुए मुस्करा रहे थे। मुझसे रहा नहीं गया। मैंने रुक कर उनसे पूछ ही लिया कि वह किस बात को लेकर इतना खुश हो रहे हैं। 'कल की एक बैठक में संत जी ने जो भाषण दिया था, हम उसके बारे में पढ़ रहे थे।' हम कुछ देर तक वहीं बातें करते रहे। ये दोनों युवक संत जी के निजी अंगरक्षक थे। बीस-बाईस साल के ये दोनों लड़के पास के ही गांव के थे और अब सेवादार के तौर पर गुरुद्वारे में ही रहने लगे थे।

इन दोनों लड़कों का शर्मीलापन और कोमल स्वभाव उनके कंधे पर लटके हथियारों से बिल्कुल मेल नहीं खाता था। उनके साथ बातचीत में मैंने यूं ही चर्चा छेड़ दी कि हम लोग संत जी से मिलने के लिए दिल्ली से आए हैं मगर क्योंकि हमने उनसे मिलने का समय नहीं लिया हुआ था इसलिए मुझे चिंता थी कि शायद उनके पास हमारे लिए समय न हो। परंतु उन लड़कों ने पूरे आत्मविश्वास से जवाब दिया : 'वह आपसे बात क्यों नहीं करेंगे? जो कोई उनसे मिलने आता है संत जी उससे बात करने से इनकार नहीं करते।'

ये लोग अपने संत जी के बारे में बड़े लगाव, सम्मान और वफादारी की भावना के साथ बात कर रहे थे। आमतौर पर इस तरह की भावना धार्मिक या राजनीतिक संगठनों के नेताओं की बजाय परिवार के बड़े बुजुर्गों के मामले में ज़्यादा अभिव्यक्त होती है। हालांकि जिस तरह का उनका काम था उसको देखते हुए वह काफी चौकन्ने थे फिर भी उनके हाव-भाव में एक सहजता और जीवंतता दिखाई देती थी। इसके अलावा उनके भीतर इस बात का गहरा गर्व भी था कि उन्हें एक ऐसे व्यक्ति की हिफ़ाज़त का जिम्मा सौंपा गया है जिसको वह इतना प्यार करते हैं। ये और गुरुद्वारे के दूसरे युवा सेवादार संत लौंगोवाल के इर्द-गिर्द प्यार और श्रद्धा का एक जादुई चक्र सा बुने हुए थे। वे न तो कोई हिंसक प्रवृत्ति दिखा रहे थे और न उनमें अपने हथियारों पर कोई घमंड था। वह तो केवल संत जी की रक्षा के लिए अपनी जान न्यौछावर करने को तैयार दिखाई दिए।

शाम को लगभग 6 बजे संत लौंगोवाल की सफेद फिएट कार आती दिखाई दी। उनके साथ कुछ और भी लोग थे जो संभवतः उनके अंगरक्षक रहे होंगे। उनकी कार के पीछे-पीछे सरकार की तरफ से तैनात किए गए पुलिस के जवानों से भरी एक जीप भी थी। हालांकि संत जी जून की तपती गर्मी में सुबह से शाम तक गांवों की धूल भरी सड़कों पर थे मगर इसके बावजूद वह अभी भी बेहद शांत और ताज़ादम दिखाई दे रहे थे। उनके कपड़ों की सफेदी पर जरा सा धब्बा तक नहीं था। उनके आते ही गुरुद्वारे के सेवादार धीरे-धीरे उनके कमरे की तरफ बढ़ने लगे हालांकि उनमें से कोई भी आदमी किसी किस्म की बेचैनी भरी जल्दबाजी या हड़बड़ी में नहीं था। आने के 10 मिनट के भीतर उन्होंने हमें अपने कमरे में बुलवा लिया। साफ दिखाई देता था कि उन्हें हाथ-मुंह धोने या कुछ पल आराम करने का भी समय नहीं मिला होगा क्योंकि उनके इंतजार में बैठे कुछ लोग पहले से ही उनके कमरे में पहुंच चुके थे।

उनका कमरा भी दूसरे कमरों से किसी दर्जे अलग नहीं था। फ़र्क़ था तो सिर्फ यह कि उनका कमरा दूसरे कमरों के मुकाबले छोटा और ज़्यादा साफ-सुथरा व व्यवस्थित था। उनके कमरे में लकड़ी का एक दीवान पड़ा हुआ था जिस पर रात में वह सोते थे और दिन में बैठ कर बातें करते थे। आगंतुकों के लिए लकड़ी की दो साधारण कुर्सियां थीं। कुर्सियों के सामने एक छोटी सी मेज रखी थी। कमरे में एक रूम कूलर भी था जिसके बारे में हमें बताया गया कि यह दिल्ली से उनके एक शुभचिंतक ने भेजा है। कमरे के साथ संत जी के निजी इस्तेमाल के लिए एक छोटा सा गुस्लखाना भी था। उनके कमरे का दरवाजा

लगातार खुला रहता था। मुझे याद नहीं पड़ता कि हम लोग जितने समय वहां रहे उस दौरान वह दरवाजा कभी लगातार दस मिनट भी बंद रहा होगा। यह दरवाजा देर रात गए जब हम सोने लगे तब तक खुला हुआ था और सुबह हमारे उठने पर भी खुला मिला। लोग दरवाजे पर दस्तक दिए बिना भीतर-बाहर आते-जाते रहते थे। मैंने किसी को कमरे में दाखिल होने के लिए इजाज़त मांगते या अर्जी-सलामी देते नहीं देखा। यह छोटा सा साफ-सुथरा और व्यवस्थित कमरा ही उनका शयन कक्ष और कार्यालय था। यहीं बैठकर वह लोगों के साथ बातचीत भी करते थे।

जब हम भीतर गए तो उन्होंने आंखों के इशारे और हलकी सी मुस्कराहट के साथ हमारा स्वागत किया और कुर्सियों की तरफ इशारा किया मानो कह रहे हों : 'यहां बैठिए।' वह शांत भाव से इस बात का इंतजार करने लगे कि हम क्या कहना चाहती हैं। मेरी दोस्त ने अपना परिचय देते हुए बताया कि वह संत लौंगोवाल के किसी परिचित की बहन है। उन्होंने जवाब में एक शब्द भी नहीं कहा। वह उसी स्थिर, सहज भाव से हमें देखते रहे जिससे आदमी को उनकी मौजूदगी में खुद सहज होने का मौका मिल जाता है मगर दूसरी तरफ व्यक्ति उनके साथ गैर-ज़रूरी छूट लेने की जुर्रत भी नहीं कर सकता। यह बात हैरानी में डालने वाली थी कि उन्होंने मेरी दोस्त के परिवार के साथ पुराना परिचय होने के बावजूद उसके साथ कोई खास आत्मीयता जताने की कोशिश नहीं की। लौंगोवाल पहुंचने से पहले मुझे लगता था कि वहां संपर्क के तौर पर मुझे लगातार अपनी दोस्त पर निर्भर रहना पड़ेगा ताकि गुरुद्वारे में लोग मुझे अविश्वास भरी नज़रों से न देखें। परंतु वहां पहुंचने के कुछ ही क्षणों के भीतर मुझे महसूस होने लगा कि मेरी यह सोच कितनी बेमानी थी। यह एक ऐसी जगह थी जहां किसी को न तो परिचय की ज़रूरत थी और न अपने बारे में कोई सफाई देनी थी। हर किसी को एक जैसा बर्ताव मिलता था। जब मैंने अपना परिचय दिया तब भी वह इसी प्रकार शांत और निर्लिप्त से बैठे रहे। मैंने उन्हें बताया कि जब कभी भी वह थोड़ा फुर्सत में हों और जब रोक-टोक की आशंका न हो उस समय मैं उनसे कुछ बात करना चाहती हूं। उन्होंने मुझसे कुछ नहीं पूछा कि मैं किस बारे में उनसे बात करना चाहती हूं। उन्होंने हमसे सिर्फ यही आग्रह किया कि बातचीत का सिलसिला शुरू करने से पहले हम उन्हें थोड़ी देर की मोहलत और दे दें ताकि वह पहले से इंतजार में बैठे अन्य लोगों से बात कर सकें। उनके चेहरे पर एक अजीब सी हलकी मुस्कराहट तैर रही थी जिससे एक भीतरी शांति का अहसास होता था।

लगभग एक घंटे बाद उन्होंने हमें बुलाया और बाहर आंगन में अपने कमरे के नजदीक ही बैठ कर हमसे बातें करने लगे। वह भी उतने ही नर्म लहजे में बोलने वाले व्यक्ति थे जिस तरह गुरुद्वारे में हमने और दूसरे लोगों को बोलते देखा था। उनकी शांत स्थिर आवाज़ के मुकाबले तो मुझे अपनी खुद की आवाज़ ही ज़रूरत से ज़्यादा उत्तेजना भरी लगी। उनकी आवाज़ में न तो कोई नाटकीयता थी और न ही वह आडंबर था जो ज़्यादातर राजनीतिक नेताओं की जबान पर इतनी आसानी से खेलने लगता है। वह बहुत नपे-तुले अंदाज़ में बातें

कर रहे थे और कोई खास प्रभाव या आशय पैदा करने के लिए किसी किस्म की कोशिश करते दिखाई नहीं देते थे। उनकी आवाज़ लगातार एक ही लय व सुर में सुनाई दे रही थी। यही बात उनकी सौम्यता तथा मनोदशा के बारे में भी सही थी।

मैंने उनसे नाना प्रकार के मुद्दों पर सवाल पूछे और उन्होंने हर सवाल का एक जैसा सादा और सहज जवाब दिया। जो सवाल उनसे शायद हर रोज दर्जनों बार पूछे जाते होंगे उन सवालों पर भी उनके जवाब उतने ही नपे-तुले और शांत-सौम्य थे।* हमारी बातचीत शुरू होने के थोड़ी देर बाद पास के गांव से आया एक युवक और महिला संत जी के पास आकर हाथ जोड़कर खड़े हो गए। महिला ने आगे बढ़कर दस रुपए का एक नोट उनकी गोद में डाल दिया और दोबारा हाथ जोड़ कर श्रद्धा और प्यार के साथ कुछ मिनट तक खामोश उन्हें देखती रही। संत जी ने मुस्कराते हुए उनकी तरफ देखकर सिर हिलाया मगर कहा कुछ नहीं। कुछ मिनट बाद वे उसी प्रकार चुपचाप वापस चले गए जैसे आए थे। संत जी हमसे दोबारा बात करने लगे। इसी बीच उन्होंने पास में ही टहल रहे एक सेवादार को इशारा किया और वह नोट उसे थमा दिया। उन्होंने न तो इस दंपत्ति को कोई आशीर्वाद दिया था और न ही दंपत्ति ने सत्कार की कोई भंगिमा प्रदर्शित की थी। इस पूरे घटनाक्रम को देखते हुए मुझे अचानक ही महसूस हुआ कि वह केवल उसी समय शब्दों का प्रयोग करते हैं जब उन्हें किसी सवाल का जवाब देना होता है या कहने के लिए कोई स्पष्ट बात होती है। वह गैरज़रूरी तौर पर कोई बात नहीं करते।

जिस समय हम संत लौंगोवाल से बात कर रहे थे उस समय उनके सुरक्षा गार्डों या उनके सहायकों में से एक भी व्यक्ति हमारे आसपास नहीं आया। शुरुआत में एक युवक हमसे कुछ दूरी पर बैठा हुआ था मगर कुछ मिनट बाद वह भी चुपचाप उठकर चला गया। हालांकि कुछ और लोग भी संत जी का इंतजार कर रहे थे मगर उन्होंने न तो किसी किस्म की जल्दबाजी दिखाई और न ही नेताओं सरीखे नाटकीय जवाब दिए। इतना ज़रूर था कि उनके सारे जवाब छोटे-छोटे थे। डेढ़ घंटे बाद मुझे ही बातचीत रोकनी पड़ी क्योंकि उन्हें दूसरे कामों पर भी ध्यान देना था। उन्होंने मुझसे इस बारे में कुछ नहीं पूछा कि क्या मैं किसी खास अखबार या पत्रिका के लिए उनसे बात करने आई हूं हालांकि मैंने इस बातचीत का एक बड़ा हिस्सा टेपरिकॉर्डर में रिकार्ड कर लिया था। अगर वह मुझसे इस बारे में पूछते तो मुझे नहीं पता कि मैं क्या जवाब देती क्योंकि मैं किसी अखबार के लिए औपचारिक इंटरव्यू रिकार्ड करने के इरादे से तो वहां गई ही नहीं थी।

माहौल के विश्वासजनक खुलेपन ने मुझे उनके बारे में भी कुछ सवाल पूछने के लिए प्रेरित किया। हालांकि मैंने इस तरह के सवालों के बारे में पहले से नहीं सोचा हुआ था। मसलन, मैंने उनसे पूछा कि क्या वह नवंबर 1984 में मारे गए श्री प्रभु दयाल को श्रद्धांजलि देने के लिए *मानुषी* की तरफ से आयोजित किए जाने वाले कार्यक्रम की अध्यक्षता

---

* यह बातचीत पृष्ठ 81-90 पर आगे दी गई है।

के लिए आ सकते हैं? उल्लेखनीय है कि श्री प्रभु दयाल दंगों के दौरान आग में घिरी तीन सिख महिलाओं की जान बचाते हुए मारे गए थे। उन्होंने बिना किसी हिचकिचाहट हमारी तजवीज पर अपनी मंजूरी दे दी और कहा कि अगर उन्हें सिर्फ इस तरह के मिशन के लिए ही दिल्ली आना पड़े तो भी वह ज़रूर आएंगे।

उन्होंने पूछा कि क्या हम ऐसे और उदाहरणों के बारे में भी जानती हैं क्योंकि वह खुद ऐसे परिवारों के पास जाकर अपनी तरफ से धन्यवाद और श्रद्धांजलि देना चाहते हैं। मैंने उन्हें *मानुषी* की एक प्रति दी जिसमें हमने श्री प्रभु दयाल के बहादुराना बलिदान का वर्णन किया था। इसके बाद हमने बातचीत रोक दी ताकि वह अपनी प्रतीक्षा कर रहे दूसरे लोगों से बात कर सकें।

थोड़ी देर बाद वही दो युवक हमारे लिए खाना लेकर आ गए जिन्होंने दिन में हमें चाय पिलाई थी। यह खाना गुरुद्वारे के लंगर में ही बना था। इसमें सादी रोटी, बिना तड़के की दाल और कच्ची प्याज थी। यही उनका सामान्य भोजन था। उन्होंने उसी एहतियात के भाव से हमें खाना परोसा जिस तरह आमतौर पर महिलाओं को खाना परोसा जाता है। जब हम खाना खाने लगे तो वह दोनों पास में ही खड़े होकर हमसे हल्की-फुल्की बातें करने लगे ताकि हमें ऐसा न लगे कि वह केवल हमारे लिए ही वहां खड़े हैं।

खाने के बाद उन्होंने रस्सी की चारपाइयों पर हमारे लिए उजले रंग की साफ सूती चादरें बिछा दीं। संत लौंगोवाल आंगन में बैठे कुछ लोगों से बात कर रहे थे। इनमें से कुछ लोग शायद आसपास के इलाके से ही आए थे। हालांकि कुल मिलाकर वहां काफी सारे लोग थे परंतु सारी बातचीत बहुत धीमी आवाज़ में हो रही थी और सब लोग उसी तरह के नरम व मिठास भरे लहजे में बात कर रहे थे जिस लहजे में दोपहर से हम तमाम लोगों को बात करते हुए देखते आ रहे थे।

हमारी चारपाइयां कमरे के भीतर थीं और कमरा काफी गर्म था। हालांकि हम लोग अपनी चारपाई बाहर ले जाना चाहते थे परंतु ऐसा करते हुए हमें थोड़ी हिचक महसूस हो रही थी क्योंकि हम बाहर चल रही बैठक में खलल नहीं डालना चाहते थे। इसलिए हम लोग बैठक के खत्म होने का इंतजार करने लगे और इस बीच मैं बरामदे में टहलने लगी। युवकों में से दो लोग समझ गए कि हमें किसी चीज की ज़रूरत है। वह हमारी समस्या का समाधान करने के लिए उठकर फौरन हमारे पास आए। हमने उन्हें बताया कि हम लोग खुले में सोना चाहती हैं परंतु बैठक खत्म होने तक हमें चारपाई बाहर लाने की कोई जल्दी नहीं है। लेकिन इससे पहले कि हम और कुछ कह पाते, उन्होंने फौरन हमारी चारपाइयां उठाकर बाहर बिछा दीं और हमें भरोसा दिलाया कि हमारी वजह से बाहर किसी को कोई दिक्कत नहीं होगी। हम लोगों को इस सबसे बहुत संकोच महसूस हुआ, खासतौर से क्योंकि जिस जगह उन्होंने हमारी चारपाइयां डाली थीं वह जगह संत जी और उनके आसपास बैठे लोगों से बहुत दूर नहीं थी। इतना ही नहीं, हमें इस बात पर भी हैरानी थी कि गुरुद्वारे के जो लोग खुले में सोते थे उन्हें थोड़ी ही दूरी पर दो अनजान महिलाओं के सोये होने से

किसी किस्म की परेशानी महसूस हो सकती है। परंतु वह लोग हमारी मौजूदगी के बारे में इतने सहज थे कि मुझे अपनी शुरुआती हिचकिचाहट को लेकर खुद ही बेवकूफी सी महसूस होने लगी।

अगली सुबह हमें उसी शर्मीले, मुस्कराते युवक ने चाय का गिलास लाकर दिया। मैं उस जगह और वहां स्थित गुरुद्वारे के कुछ फोटो लेना चाहती थी। क्योंकि मुझे हमेशा दुपट्टा लेकर चलने की आदत नहीं है इसलिए मैं बिना सिर ढके ही गुरुद्वारे में चली गई और लगभग पच्चीस मिनट तक वहीं रही। कोई भी आदमी मुझे झिड़कने या यह याद दिलाने नहीं आया कि ग्रंथ साहिब के नजदीक जाने के लिए तमाम स्त्री-पुरुषों की तरह मुझे भी अपना सिर ढंक लेना चाहिए। संत लौंगोवाल कुछ मिनट के लिए मेरे पास आए और उन्होंने मुझे गुरुद्वारे के इतिहास के बारे में बताया। लेकिन उन्होंने भी इस बात पर कोई परेशानी नहीं जताई कि मैंने अपना सिर नहीं ढंका हुआ था। किसी आम गुरुद्वारे में कोई महिला इस प्रकार बिना सिर ढंके चली जाए ता उसे सख्त आवाज़ में टोक दिया जाता है। मैंने कई गुरुद्वारों में ऐसा अनुभव किया है। परंपराओं की जकड़न में न बंधने की इस भावना ने मुझे उस जगह के बारे में और सम्मान से भर दिया। जिस समय मैं फोटो खींच रही थी उस समय किसी ने मुझसे नहीं पूछा कि मैं उन चित्रों का क्या करूंगी। जब मैं नाश्ते के लिए परांठे सेंक रहे एक युवक का फोटो खींचने लगी तो वह शर्माने लगा। जब मैं कैमरा लेकर उसके पास पहुंची तो वह छुपने की कोशिश सी करने लगा। इस पर कुछ दूसरे लोग भी पास आ गए और उसके शर्मीलेपन पर हंसते हुए उसे फोटो खिंचवाने के लिए सामने आने को कहा।

कुछ देर बाद मैं संत लौंगोवाल के कमरे में गई तो देखा कि वहां उनका एक सहयोगी प्रभु दयाल के बारे में *मानुषी* में छपे लेख का अंग्रेजी से पंजाबी में तर्जुमा कर रहा था। संत लौंगोवाल केवल पंजाबी पढ़ना-लिखना जानते हैं। इस बीच वह दिल्ली अकाली दल के प्रमुख सरदार अजायब सिंह के नाम एक पत्र भी लिख चुके थे। इस पत्र में उन्होंने कहा था कि वह *मानुषी* द्वारा आयोजित किए जाने वाले कार्यक्रम में शामिल होने की मंजूरी दे चुके हैं और इसके लिए 25 जून के आसपास की तारीख तय कर ली जाए। संक्षिप्त बातचीत के दौरान उन्होंने दो बार मुझे याद दिलाया कि हम लोग प्रसाद या नाश्ता लिए बिना गुरुद्वारे से न जाएं। हम सवेरे 9 बजे की बस से वापसी के लिए रवाना होने वाले थे।

उसके बाद मेरी दोस्त नहाने चली गई। जब संत लौंगोवाल ने देखा कि मैं उसके नहा चुकने का इंतजार कर रही हूं तो उन्होंने फौरन कहा कि मैं उनके निजी गुसलखाने में नहा लूं वर्ना बस छूट सकती है।

आम जिंदगी में भी पंजाब के समाज में पुरुष-स्त्री अलगाव के नियम काफी सख्ती से लागू किए जाते हैं। धार्मिक संस्थानों, खासतौर से जहां केवल पुरुषों को ही जाने की इजाज़त रहती है, में तो रीति-रिवाज़ों का और भी कड़ाई से पालन किया जाता है। हालांकि आमतौर पर इस गुरुद्वारे में महिलाएं रात को नहीं रुकतीं परंतु गुरुद्वारे के लोगों ने जिस

सहज ढंग से वहां हमारी मौजूदगी को स्वीकार किया था, हमें जो अपनापन दिया था, जिस खुले दिल से मेहमाननवाजी के साथ-साथ हम पर भरोसा किया था उन सब चीजों ने उस एक दिन को मेरी जिंदगी का एक यादगार अनुभव बना दिया।

मुझे अपनी तमाम यात्राओं पर नज़र डालने के बाद भी ऐसी कोई और जगह याद नहीं आती जहां उस ग्रामीण गुरुद्वारे से बेहतर बर्ताव मेरे साथ हुआ हो। हमारी ज़रूरतों का पूरा खयाल रखते हुए भी वहां के लोगों ने हमें पर्याप्त निजी दायरा और प्राइवेसी मुहैया कराई थी। वह भी तब, जबकि गुरुद्वारा एक सार्वजनिक स्थान होता है। अगर हम किसी से बात करना चाहते तो संबंधित व्यक्ति रुक कर हमसे बात करने लगता था मगर किसी ने भी जबरन हमारे साथ बात करने की कोशिश नहीं की। अपने आसपास ऐसे लोगों के होते हुए इस बात का अहसास भुला देना मुश्किल नहीं था कि हम दो महिलाएं एक अजनबी जगह पर सिर्फ पुरुषों से घिरी हुई हैं। यह स्त्री को सहज ही इंसान मानकर संवेदनशील व्यवहार करने का एक बेमिसाल अनुभव था। यह अनुभव पुरुष-महिला के बीच होने वाले अधिकांश संबंधों में निहित तनाव और टकराव के अहसासों से बिल्कुल मुक्त था। और इसकी खूबसूरती यह थी कि इन लोगों को इस बात का जरा सा भी अहसास नहीं था कि वह कोई खास काम कर रहे हैं।

रवाना होने से पहले मैंने सेवादारों को *मानुषी* की कुछ प्रतियां दीं। उन्हें इस पत्रिका के बारे में कोई जानकारी नहीं थी इसलिए उन्होंने हमसे आग्रह किया कि अगर मैं संत जी के बारे में कुछ भी लिखूं तो उसकी एक प्रति उन्हें ज़रूर भेज दूं। मेरी दोस्त तो बस पकड़कर दिल्ली के लिए रवाना हो गई मगर मैंने फैसला किया कि मैं अभी कुछ और दिन पंजाब में रुकूंगी। यह सोचकर मैं जालंधर की तरफ निकल पड़ी जहां मेरे कई दोस्त रहते हैं।

पंजाब में मेरे पूरे प्रवास के दौरान, और बाद में दिल्ली में भी, जिस किसी ने भी सुना कि मैं गांव के इस गुरुद्वारे में संत लौंगोवाल से मिलने गई थी, उनमें से ज़्यादातर ने भय, आश्चर्य और अविश्वास भरी प्रतिक्रिया ही दी। उनकी प्रतिक्रिया मेरे लिए वाकई एक झटका थी। इस तरह के मौकों पर हमेशा कुछ ऐसीं बातचीत होती थी :

'क्या! तुम अकेली गई थी!'

'नहीं, वैसे तो मैं एक और महिला के साथ गई थी मगर वहां मैं अकेली भी जा सकती थी।'

'तुम्हारा मतलब है कि तुम पुलिस की हिफ़ाज़त के बिना वहां गई थी?'

'मुझे लगता है इसकी ज़रूरत ही नहीं थी।'

'पर तुमने कम से कम पुलिस को बता तो दिया होगा कि तुम वहां जा रही थी?'

'नहीं। किसी गुरुद्वारे में जाने से पहले मैं पुलिस को सूचना क्यों दूं?'

'मगर क्या तुम्हें पता नहीं है कि गुरुद्वारों में हथियार होते हैं? देखो भिंडरांवाले ने स्वर्ण मंदिर का क्या हाल किया था।'

'पर अब तो हर कोई जानता है कि भिंडरांवाले को कांग्रेस ने पंजाब में अकाली दल की जड़ें काटने के लिए पैदा किया था।'

'यह सिर्फ शुरुआत की बात है। बाद में तो वह खुद उनके खिलाफ हो गया था और उसे लगने लगा था कि वह खुद ही एक बड़ी ताकत बन चुका है।'

'तो उसके लिए अकालियों पर दोष क्यों धरा जाए जबकि उसे तो अकालियों को खत्म करने के लिए ही पैदा किया गया था?'

'मगर वह सिख था और यह सब कुछ उसने सिख धर्म के नाम पर ही किया था।'

'उसने उतने ही सिखों को भी मारा था जितने हिंदुओं को मारा था।'

'अच्छा, तो क्या तुमने लौंगोवाल से पूछा था कि उसने भिंडरांवाले को रोकने की कोशिश क्यों नहीं की?'

'मैं ज़रूर पूछूंगी मगर पहले तुम कांग्रेस से इस बात का जवाब मांगो कि उन्होंने एक ऐसे हत्यारे को बढ़ावा क्यों दिया था।'

'अरे यार, तुम तो पूरे मुद्दे को बेवजह सियासी रंग दिये दे रही हो। वे खतरनाक लोग हैं। तुम्हें अपनी हिफ़ाज़त का खयाल रखना चाहिए।'

और इस तरह ज़्यादातर बातचीत यहां आकर खत्म हो जाती है। मुझे यह देखकर हैरानी हुई कि यह अज्ञानता और पूर्वाग्रह पढ़े-लिखे, शहरी हिंदुओं में और भी गहरा था। पंजाब के गांवों में रहने वाले हिंदुओं के मुकाबले शहरों के हिंदू ज़्यादा डरे हुए थे जबकि शहरों में उनकी तादाद काफी ज़्यादा है। गांवों में तो वह पूरी आबादी में एक बहुत छोटा सा ही हिस्सा बनते हैं। पंजाब के गांवों में हिंदुओं और सिखों के बीच लेन-देन और बातचीत काफी आसान और स्वतःस्फूर्त दिखाई देती है जबकि शहर के लोगों में अविश्वास बहुत गहरा है।

एक पीढ़ी पहले तक पंजाब में हिंदुओं और सिखों की मूल्य-मान्यताओं व तौर-तरीकों में न के बराबर ही अंतर था। वहां अधिकतर परिवार अपना एक बेटा गुरु की सेवा में अर्पित करते थे और इस तरह वह सिख बन जाता था जबकि अन्य बेटे हिंदू ही रहते थे। दोनों समुदायों के बीच शादियां आम थीं। मगर महज दो-तीन दशकों के वक्फे में ये दोनों समुदाय एक-दूसरे से इतना दूर कैसे चले गए कि अब वह एक-दूसरे को सिर्फ पूर्वाग्रहों और झूठे राजनीतिक प्रोपेगैंडा के जरिए ही जानते हैं?

उस गुरुद्वारे में मेरे अनुभवों की हकीकत पंजाब और दिल्ली में बहुत सारे लोगों को बिल्कुल नाकाबिले यकीन लगती थी। इसकी बजाय अगर मैं उन्हें किसी अजनबी देश में अपने कारनामों के बारे में बताती तो शायद वह ज़्यादा आसानी से मेरी बात पर यकीन कर लेते। यही वजह है कि वापस लौटने के बाद मुझे बार-बार हैरानी और अविश्वास की इसी भावना का सामना करना पड़ा। इसी वजह से विवश होकर मुझे अपनी उस यात्रा के अनुभवों के बारे में लिखना पड़ा ताकि कहीं ऐसा न हो कि एक दिन मैं खुद भी अपने इस तर्जुबे पर शक करने लगूं। अगर कुछ सिरफिरे लोगों के हाथों संत लौंगोवाल की निर्मम

हत्या न होती तो शायद मेरे यह संस्मरण एक निजी यादगार ही बनकर रह जाते। अब मैं इस उम्मीद के साथ अपने इन अनुभवों को कागज पर उतार रही हूं कि मैंने उस दिन वहां जिस शांतिमय माहौल, सहृदयता और ईमानदारी का अनुभव किया उसके जरिए शायद हममें से कुछ और लोगों को यह समझने में मदद मिले कि संत लौंगोवाल कौन थे और वह किन आदर्शों को लेकर जिये।

यह कहानी कहने का एक अतिरिक्त कारण ये भी है कि इसके सहारे आमतौर पर सिखों के बारे में और खासतौर से जट सिखों के बारे में प्रचलित मान्यताओं को चुनौती मिलती है। मैं खुद भी ऐसे कई पूर्वाग्रहों की शिकार रही हूं। लोग उन्हें आक्रामकता, सैन्य परंपरा, रूखे और कर्कश व्यवहार, तेज-तर्रार आवाज़ तथा बेहद महिला विरोधी छवि के साथ जोड़कर देखते हैं। मगर, मैंने जो कुछ देखा-सुना और अनुभव किया उससे सिख जीवन एवं संस्कृति का एक बिल्कुल भिन्न पहलू उजागर होता है। मुझे पूरी तरह अहसास है कि यह कोई बहुत बड़ा गुरुद्वारा नहीं था। परंतु यह भी सच है कि यह गुरुद्वारा दूसरे गुरुद्वारों से इतना ज़्यादा अलग किस्म का नहीं हो सकता जैसा सतही जानकारी रखने वालों को लग सकता है।

संत लौंगोवाल की हत्या हमारे देश के उन तमाम लोगों के लिए एक भारी सदमा थी जो पंजाब समस्या का शांतिपूर्ण समाधान चाहते हैं। मगर उन लोगों के लिए यह कोई आश्चर्य की बात भी नहीं थी जिन्हें पता था कि संत लौंगोवाल ने अपने लिए कितनी कठिन, जोखिम भरी राह चुनी थी। महज कुछ समय पहले पंजाब के बाहर उन्हें शायद ही कोई जानता था। यहां तक कि पंजाब में भी उन्हें एक धार्मिक नेता के रूप में ही ज़्यादा जाना जाता था न कि किसी सियासी शख्स के रूप में। उनके नाम के साथ संत शब्द का जुड़ा होना इसी बात की ओर संकेत करता है। साल भर से भी कम समय में वह एक प्रमुख राजनीतिक नेता के रूप में सामने आए और उन्होंने पूरे देश के भविष्य के लिए अहमियत की जगह हासिल कर ली। उन्होंने बड़े बेमन से और हिचकिचाते हुए राजनीतिक दायरे में कदम रखा था। उन्होंने जनता का ध्यान अपनी तरफ खींचने के लिए कभी कोई नाटकीय भाव-भंगिमा भी नहीं अपनायी। इसके बावजूद उन्होंने एक अहम राजनीतिक विरासत अपने पीछे छोड़ी है।

इस राजनीतिक विरासत का सबसे उल्लेखनीय आयाम इस तथ्य में निहित है कि उन्होंने केंद्र सरकार और सिख समुदाय के बीच निष्पक्ष समझौते के जरिए समाधान की राजनीति का दामन थामने का साहस दिखाया। उन्होंने एक ऐसे समय पर यह कोशिश की जब बहुत कम ही लोग इस तरह की प्रतिबद्धता प्रदर्शित करने को तैयार थे। उन्होंने अपने उसूलों पर कायम रहते हुए इस रास्ते पर कदम बढ़ाए। उनकी इस पूरी कोशिश में एक विरल किस्म की निर्लिप्तता थी। उन्हें इस बात का अच्छी तरह पता था कि ऐसा करते हुए वह अपनी जिंदगी को खतरे में डाल रहे हैं। उन्हें पता था कि साम्प्रदायिक तत्वों और राज्यवादियों की शत्रुता के कारण उनके लिए किसी राजनीतिक पुरस्कार की संभावना बहुत क्षीण है। संत

लौंगोवाल पूरे देश को अपनी चपेट में ले लेने वाली साम्प्रदायिकता की लहर के बाद सुर्खियों में आए। इंदिरा गांधी की हत्या के बाद उत्तरी भारत के बहुत सारे हिस्सों में जिस किस्म के जनसंहार हुए उन्हें देख कर सिखों को चारों तरफ से घिरा हुआ महसूस होता था। उन्होंने आपरेशन ब्लू स्टार के बाद निरंतर राजनीतिक दमन का भी सामना किया। सिखों के बीच व्याप्त गुस्से और असंतोष को समझा जा सकता था। यह गुस्सा एक विनाशकारी साम्प्रदायिक मोड़ ले चुका था। संत लौंगोवाल ने उन लोगों के साथ मिलकर एक साझा उद्देश्य की ओर बढ़ने का संकल्प लिया जो इस बात को समझते थे कि यह फसाद आम हिंदू-सिख के बीच झगड़े का नतीजा नहीं बल्कि राजनेताओं की उपज है।

उसके बाद उन्होंने पंजाब और देश के अलग-अलग हिस्सों की यात्रा करते हुए एक धर्मयुद्ध छेड़ दिया। अपनी इन यात्राओं में वह सबको यही बात समझाते थे कि हिंदुओं के साथ न तो अकालियों का और न ही सिखों का कोई मतभेद है और जनता की असली जंग तो कांग्रेस पार्टी के खिलाफ है। उन्होंने कभी लच्छेदार भाषण नहीं दिए बल्कि वह शांत और नपे-तुले अंदाज़ में इस बात की मांग उठाते रहे कि दंगों की जांच की जाए और दोषियों को सजा दी जाए। इसके साथ ही उन्होंने इस बात के लिए भी जोर दिया कि उनकी पार्टी पंजाब में हिंदू-सिख हिंसा के खिलाफ संकल्पबद्ध तरीके से खड़ी होगी। संत लौंगोवाल के इस रवैये से उन लोगों को कोई हमदर्दी नहीं हो सकती थी जिनका तनाव और रक्तपात से निहित स्वार्थ सधता था। संत लौंगोवाल ने अपनी जिंदगी देकर अपने इस संकल्प की कीमत चुकाई। वह जानते थे कि उनकी राजनीति उन्हें कैसे खतरों की खोह में धकेल रही है। वह इस बात को भी जानते थे कि अकालियों के खिलाफ झूठे प्रोपेगेंडा के कारण अकाली पूरे देश में अपना समर्थन खो चुके हैं और अब उनके बहुत दोस्त बाकी नहीं बचे हैं।

उन्हें और उनकी पार्टी को न केवल उनकी अपनी गतिविधियों के लिए बल्कि उनके विरोधियों की हरकतों के लिए भी जिम्मेदार ठहराया गया। बताया जाता है कि भिंडरांवाले और उसके दस्तों को पंजाब में अकालियों के राजनीतिक आधार में सेंध लगाने के लिए राज्य के कुछ कांग्रेसी धड़ों ने ही बढ़ावा दिया था। यह भी सब जानते हैं, हालांकि उसे स्वीकार नहीं किया जाता, कि आतंकवादी हिंसा का एक बड़ा हिस्सा उदारवादी अकालियों के खिलाफ केंद्रित था ताकि आतंकवादी पूरी अकाली पार्टी को अपने मातहत झुका सकें। संत लौंगोवाल और उनके सहयोगी ऑपरेशन ब्लू स्टार के पहले भी चरमपंथी तत्वों के हाथों हत्या की आशंका में जी रहे थे।

इसके बावजूद संत लौंगोवाल और उनके साथियों को भिंडरांवाले और उसके समर्थकों की हरकतों के लिए जवाबदेह होना पड़ा। यह स्थिति न केवल ऑपरेशन ब्लू स्टार के पहले पैदा हो चुकी थी, जब सिख समुदाय के भीतर भी विभाजक रेखाएं अभी उतनी साफ तौर पर नहीं खिंच पाई थी जितना की ज़्यादातर लोगों को अब दिखाई देती हैं, बल्कि जब समुदाय के भीतर एक साफ विभाजन हो गया, उसके बाद भी यह स्थिति बनी रही। इस बीच लौंगोवाल ने खुले तौर पर आतंकवादी राजनीति की आलोचना की और कांग्रेस के साथ उसके रिश्तों

पर उंगली उठाई। उन्होंने बार-बार मांग उठाई कि पंजाब में आतंकवादी गतिविधियों के पूरे इतिहास की जांच की जाए। यह बड़ी दुर्भाग्यपूर्ण बात है कि चंद छोटे-छोटे नागरिक अधिकार संगठनों और इक्का-दुक्का लोगों के अलावा ज़्यादातर प्रमुख विपक्षी पार्टियों व संगठनों ने उनकी इस अहम मांग पर कोई विशेष ध्यान नहीं दिया।

अकाली राजनीति की दूसरी अच्छाइयां-बुराइयां कुछ भी रही हों मगर इस बात से कोई इनकार नहीं कर सकता कि संत लौंगोवाल और उनकी अकाली पार्टी को इसलिए नुकसान उठाना पड़ा क्योंकि उन्होंने एक ज़्यादा विकेंद्रीकृत राजनीतिक व्यवस्था के हक में आवाज़ उठाई थी जिसमें राज्यों को और ज़्यादा अधिकार व स्वायत्तता मिल सके। उनकी मांग एक सच्चे संघीय ढांचे के हक में थी, जिसका संविधान में आश्वासन दिया गया था। भारत की भारी विविधता को देखते हुए ज़्यादातर सोचने-विचारने वाले लोग इस बात को स्वीकार करते हैं कि देश को एक रखने का यही एकमात्र कारगर तरीका हो सकता है। परंतु क्योंकि केंद्र में सत्ताधारी पार्टी राज्यों को कोई सार्थक स्वायत्तता देने को इच्छुक नहीं थी बल्कि राज्यों के स्तर पर बार-बार कठपुतली सरकारें भी स्थापित कर रही थी इसलिए यह सत्ता संघर्ष सामान्य रूप से सभी सिखों के लिए, और खासतौर से अकालियों के लिए एक खूनी आयाम ले बैठा। संकट के ऐसे समय में ही संत लौंगोवाल चुनावी नफे-नुकसान के संकीर्ण राजनीतिक समीकरणों से ऊपर उठकर अकाली राजनीति को उस खतरनाक जाल से आजाद कराने की कोशिश कर रहे थे जिसमें उसे धकेल दिया गया था। इस छोटी सी अवधि के दौरान बहुत सारे लोग उन्हें उम्मीद के एक नए केंद्र और सिद्धांतवादी राजनीति के प्रतीक के रूप में देखने लगे थे। अविश्वास और घृणा में डूबे वातावरण में वह अपने धार्मिक और राजनीतिक विश्वासों के साथ एक विरल साहस और अंतर्दृष्टि के साथ अडिग खड़े रहे।

बहुत सारे धर्मनिरपेक्ष राजनेता धार्मिक नेताओं को अविश्वास की नज़र से देखते हैं और उन्हें रुढ़िवादी दक्षिणपंथी साम्प्रदायिक राजनीति का प्रतिनिधि मानते हैं। वह भूल जाते हैं कि कई बार धार्मिक नेता भी समाज में उठने वाले प्रगतिशील स्पंदनों का शक्तिशाली स्रोत रहे हैं। पंजाब में कांग्रेस ने अपने धर्मनिरपेक्ष पाखंड के बावजूद एक स्पष्टतः खूनी साम्प्रदायिक भूमिका निभाई है। यह बात न केवल सिख विरोधी दंगों और लोकसभा चुनावों के दौरान दिखाई दी बल्कि जिस तरह अकालियों की आर्थिक और राजनीतिक मांगों पर खड़े हुए टकराव का फायदा उठाकर उसे पंजाब में एक हिंदू-सिख वैमनस्य का रूप दिया गया उससे भी यह बात पूरी तरह साफ है। दूसरी तरफ एक घोषित धार्मिक नेता संत लौंगोवाल ने हिंदुओं और सिखों के बीच गहराती दूरी पाटने के लिए एक पुल का काम किया। नवंबर 1984 के दंगों के बाद जब सिखों को लगातार हिंदू-सिख टकराव की दिशा में धकेला जा रहा था उस समय उन्होंने सिख राजनीति को इस टकराव की गर्त में जाने से बचा लिया। अपनी इस कोशिश में वह ऐसे तमाम लोगों का साथ लेकर चले जो संजीदगी के साथ हिंदू-सिख सौहार्द के लिए काम कर रहे थे।

देश के राजनीतिक फलक पर संत लौंगोवाल का तेज उदय हमारे देश में राजनीतिक

जीवन के एक और आयाम को उजागर करता है। वह ग्रामीण पृष्ठभूमि से आए थे और उनकी शिक्षा-दीक्षा एक धार्मिक जीवन के लिए हुई थी। हमारे ज़्यादातर राजनेता ग्रामीण इलाकों से होने के बाद भी राजनीतिक श्रेणीक्रम में आगे बढ़ते-बढ़ते शहरों की तरफ दौड़ने लगते हैं। आमतौर पर वह अपने स्थानीय लोगों और अपने मूल वातावरण के साथ सिर्फ नाममात्र का ही संपर्क बनाकर रख पाते हैं। परंतु संत लौंगोवाल अपने अंतिम दिनों में भी पंजाब के एक साधारण से गांव में स्थित छोटे से गुरुद्वारे से ही अपना सारा काम चला रहे थे। यहां तक कि इमरजेंसी के बाद पार्टी के कहने पर जब उन्होंने हिचकिचाते हुए चुनाव लड़ा था, उस समय भी उन्होंने चंडीगढ़ में घर बनाने से इनकार कर दिया था। हालांकि उन्हें राज्य की राजधानी में पहले से ज़्यादा समय बिताना पड़ता था फिर भी उनका असली घर गांव में उनका गुरुद्वारा ही था। वह अभी भी इस गुरुद्वारे को ही अपना आधार बनाए हुए थे। यह इस बात का एक संकेत है कि वह आम लोगों की जिंदगी और चिंताओं से घनिष्ठ रूप से जुड़े हुए थे। उन्होंने अपनी जिंदगी पर खतरा होते हुए भी इस संपर्क को सींचना जारी रखा।

बहुत सारे लोगों के लिए अकाली राजनीति एक खटास भरी खेमेबाजी का पर्याय है। अकाली राजनीति में गुरुद्वारा प्रबंधक कमेटियों पर नियंत्रण तथा उनके विशाल वित्तीय संसाधनों पर कब्जे के लिए हमेशा खींचतान और अंदरूनी कलह बनी रहती है।

यह बड़ी महत्वपूर्ण बात है कि अपने संकट के समय में अकाली पार्टी के ज़्यादातर धड़ों ने संत लौंगोवाल जैसे एक साधारण व्यक्ति को अपनी बागडोर संभालने के लिए चुना। वह बिल्कुल संन्यासी की जिंदगी जीते थे, उन्होंने दुनियावी सुविधाओं का त्याग कर दिया था और उनके नाम पर कोई संपत्ति या धन-धान्य नहीं था। उन्होंने उस समय भी शांत रहते हुए साहसपूर्वक शांति के लिए काम करने का हौसला दिखाया जब बंदूकें खुलेआम उनकी तरफ तनी हुई थीं। यह सिख समुदाय की आंतरिक जीवंतता का संकेत है कि उन्होंने संत लौंगोवाल की कोशिशों की अहमियत को समझा और उन सिखों व हिंदुओं को अलग-थलग और बेपर्द करने के लिए अपनी ताकत दी जो साम्प्रदायिक तनाव और हिंसा में यकीन रखते हैं।

संत लौंगोवाल और उनके साथी सेवादार जिस तरह अपने गुरुद्वारे को चलाते थे उससे एक और भी मिथक टूटता है। बहुत सारे निराशवादी अकसर दलील देते हैं कि गुरुद्वारों का इस्तेमाल अकालियों के लिए माल-असबाब और पैसा इकट्ठा करने के राजनीतिक उद्देश्य की पूर्ति के लिए ही किया जाता है और इसलिए गुरुद्वारे भ्रष्टाचार और सत्ता संघर्ष का अखाड़ा बन गए हैं। परंतु लौंगोवाल स्थित गुरुद्वारा पंजाब के लोगों के लिए एक आध्यात्मिक आश्रयस्थली के रूप में दिखाई देता था। शांति के लिए जद्दोजहद में अपने लोगों को एकजुट कर पाने में संत लौंगोवाल की सफलता का एक हिस्सा इस तथ्य में भी निहित था कि वह अपने लोगों के आध्यात्मिक संसाधनों का ही सहारा ले रहे थे।

अब जबकि संत लौंगोवाल हमारे बीच नहीं हैं तो निश्चय ही एक नाउम्मीदी का

माहौल पैदा हुआ है। एक काबिल और साहसी नेता अपना काम पूरा करने से पहले ही हमारे बीच से जा चुका है। परंतु पंजाब में हुए पिछले चुनावों के नतीजे इस बात का संकेत है कि उनकी मौत व्यर्थ नहीं गई है। लेकिन यह भी सच है कि इसके बावजूद अभी भी बहुत कुछ है जो हम सब कर सकते हैं और जो हमें करना चाहिए। पंजाब के संकट ने हमें कई महत्वपूर्ण सबक सिखाए हैं और हम न केवल सिखों के लिए बल्कि तमाम समुदायों के लिए एक भारी कीमत चुका कर ही उनकी अनदेखी कर सकते हैं।

1. सबसे अहम सबक तो यह है कि हमें सत्ता में बैठे लोगों की कही बातों पर आंख मूंद कर विश्वास नहीं कर लेना चाहिए। हमें ज़्यादा सटीक जानकारी हासिल करने की कोशिश करनी चाहिए ताकि हम खुद को भेदभाव भरे दुष्प्रचार का शिकार होने से बचा सकें।
2. साम्प्रदायिक हिंसा और झगड़े मजहब, कौम या किसी दूसरी विचारधारा के नाम पर लोगों को मौत के घाट उतारते चले जाने वाले खून के प्यासे अपराधियों की ही देन नहीं हैं। जो लोग नफरत की इस विचारधारा का बिना सोचे-समझे अनुसरण करने लगते हैं वह हिंदुओं, सिखों, और मुसलमानों को एकाश्म समूहों के रूप में देखने लगते हैं और यह नहीं देख पाते कि इन समुदायों के भीतर भी तमाम तरह के आम इंसान होते हैं जो किसी भी दूसरे समुदाय के लोगों से बेहतर या बुरे नहीं होते। इस तरह ऐसे लोग भी हिंसा और रक्तपात में हिस्सेदार बन जाते हैं। ज़्यादातर हिंदू लंबे समय तक भिंडरांवाले और संत लौंगोवाल के बीच फ़र्क़ नहीं करपाए। इसका कारण सिर्फ यही था कि यह दोनों व्यक्ति सिख थे। इससे भी दुख की बात यह है कि लोगों को सिख समुदाय के किसी भी सदस्य के साथ हुई हिंसा और अन्याय को महज इसलिए सही ठहराने का पाठ पढ़ाया जाता है क्योंकि उन्हें चंद ऐसे लोगों की असहनीय हरकतों पर गुस्सा है जो सिख थे। क्योंकि दिल्ली में कोई बम फटता है और यह आशंका दिखाई देती है कि उसके पीछे आतंकवादियों का हाथ रहा होगा तो शहर से सैंकड़ों मील दूर बैठा सीधा-साधा सिख अपनी जिंदगी के लिए दुआएं मांगने लगता है। यह स्थिति किसी भी समाज के लिए भयानक शर्म की बात है और इससे न केवल पीड़ित होने वाले समुदाय को बल्कि पूरे समाज को विनाश का सामना करना पड़ता है।
3. खुद को धर्मनिरपेक्ष मानने वालों सहित, तमाम हिंदुओं को साम्प्रदायिक हिंसा को बढ़ावा देने में अपनी भूमिका के सवाल पर दोबारा विचार करना चाहिए। संख्या की दृष्टि से बड़ा समुदाय होने के कारण उनके लिए अपने संकीर्ण हितों, पूर्वाग्रहों और दूसरे समुदायों के प्रति अपने अविश्वास को 'राष्ट्रीय' हित के साथ जोड़कर देखना बड़ा आसान हो जाता है। भिंडरांवाले की वजह से जितना साम्प्रदायिक तनाव फैला है उसके मुकाबले इस रवैये ने साम्प्रदायिक तनाव फैलाने में कहीं

ज़्यादा भूमिका निभाई है। इस हकीक़त से टक्कर लेने की बजाय बहुत सारे सच्चे धर्मनिरपेक्ष हिंदू भी सिखों या मुसलमानों के विरोध की मनोदशा की तरफ बढ़ने के लिए भिंडरांवाले की मौजूदगी का सहारा लेने लगे थें और यह सब कुछ राष्ट्रीय एकता के नाम पर हो रहा था। यह सोच और ज़्यादा रक्तपात को ही बढ़ावा दे सकती है तथा ऐसे विचारों से युक्त लोगों के राष्ट्र का एकजुट रह पाना संभव नहीं दिखाई देता।

4. जो लोग हिंसा और आतंकवाद की अलग-अलग घटनाओं पर ही ध्यान केंद्रित करना चाहते हैं वह उन ज़्यादा अहम मुद्दों के बारे में हमारी समझ को धुंधला कर देते हैं जिनके इर्द-गिर्द ये टकराव खड़े हो रहे हैं। अखबार हिंसक घटनाओं की खबरें तो छापना चाहते हैं लेकिन इस बात पर बहुत रोशनी नहीं डालते कि पंजाब में सिखों और हिंदुओं ने आतंकवाद के फैलाव का मुकाबला करने और उसे रोकने के लिए किस तरह मिलजुल कर काम किया है।
5. आतंकवाद की ज़्यादातर घटनाएं उकसावे के लिए की जाती हैं। अगर हम इन घटनाओं के प्रभाव में आने से बचे रहें और अपनी राजनीतिक प्रतिक्रियाओं को ऐसे उकसावों की बजाय बृहत्तर स्थितियों के साथ जोड़ कर देखना सीख लें तो आतंकवाद की ये घटनाएं सुलह-सफाई की गुंजाइश को कभी नष्ट नहीं कर पाएंगी।
6. संत लौंगोवाल और अन्य लोगों ने पंजाब में आतंकवादी हिंसा के उदय तथा उत्तरी भारत में सिख विरोधी दंगों के पीछे निहित सच्चाई को सामने लाने के लिए अपने-अपने तरीके से दबाव डाला है। नतीजतन, काफी हीला-हवाला करने के बाद आखिरकार सरकार को दिल्ली में हुए दंगों की जांच के लिए एक आयोग का गठन करना पड़ा। यह जांच अब तक बहुत आगे नहीं बढ़ पाई है। पंजाब में आतंकवाद के पीछे निहित असली कहानी इक्का-दुक्का अखबारी रिपोर्टों के जरिए टुकड़ों-टुकड़ों में तो सामने आई है मगर सरकार अभी तक एक समुचित जांच की मांग पर राजी नहीं हो रही है। नागरिक अधिकार कार्यकर्ताओं के छोटे-छोटे समूहों ने इस काम को करने की अपने-अपने स्तर पर कोशिश की है। मिसाल के तौर पर, सिटिज़ंस फॉर डेमोक्रेसी की तरफ से कुछ दिनों पहले *रिपोर्ट टू दि नेशनः अप्रेशन इन पंजाब* शीर्षक रिपोर्ट तैयार की गई थी। इस रिपोर्ट पर शासक पार्टी और सरकार ने जिस तरह की प्रतिक्रिया दी उससे साफ हो जाता है कि उनका स्वार्थ सच्चाई को दबाए रखने से ही सधता है। हमें मांग करनी चाहिए कि सिटिज़ंस फॉर डेमोक्रेसी की रिपोर्ट पर लगी पाबंदी फौरन हटाई जाए और उसके लेखकों पर लगाए गए राजद्रोह के आरोपों को वापस लिया जाए। ऐसी महत्वपूर्ण सूचनाओं को दुर्भावनापूर्वक दबाने के किसी भी समाज के लिए भयानक परिणाम हो सकते हैं। ऐसा समाज लोकतंत्र के रूप में जीवित रहने की

आशा नहीं कर सकता। इसलिए हमें एक समुचित जांच के लिए दबाव पैदा करने तथा संबंधित सूचनाओं को सार्वजनिक रूप से उपलब्ध कराने के लिए और अधिक प्रयास तथा ताकत लगानी चाहिए। यदि सरकार इस मांग को मानने से इनकार करती है तो स्वतंत्र नागरिक समूह अपने सीमित संसाधनों के बावजूद इस काम को खुद शुरू कर सकते हैं।

7. संत लौंगोवाल ने पंजाब संकट के खात्मे की कोशिश में केंद्र सरकार के साथ समझौते पर हस्ताक्षर करके एक साहस का काम किया था। इस समझौते के पहले चली प्रक्रिया के दौरान उन्होंने इस बात को पूरी तरह सिद्ध कर दिया था कि हिंदू-सिख टकराव के लिए हालात दोषी नहीं हैं। जैसे ही एक बार केंद्र सरकार अकालियों की मांगें मानने को तैयार हो गई, दोनों समुदायों के साम्प्रदायिक तत्वों का मुकाबला करने के लिए अकालियों को नई ऊर्जा मिलने लगी। ऑपरेशन ब्लू स्टार और नवंबर के दंगों के बाद संत लौंगोवाल के समुदाय और पार्टी के बहुत सारे लोगों का कांग्रेसी सरकार से विश्वास उठ चुका था। संत लौंगोवाल अच्छी तरह जानते थे कि इस समझौते के बाद उन पर कांग्रेस के हाथों बिक जाने का आरोप भी लग सकता है। परंतु उन्हें यह उम्मीद भी थी कि यह समझौता व्यावहारिक हो सकता है। उन्हें पता था कि यदि यह टकराव और आगे बढ़ा तो उससे हिंदुओं और सिखों, दोनों के लिए विनाश के अलावा और कुछ नहीं निकलेगा। इसलिए, गद्दार कहे जाने का जोखिम उठाकर या अगर कांग्रेस पीछे हट गई तो हंसी का पात्र बनने की आशंका के बावजूद उन्होंने इस समझौते के हक में माहौल बनाने के लिए बढ़-चढ़ कर कोशिशें की ताकि टकराव का कोई समाधान निकल सके। हमें सुनिश्चित करना चाहिए कि इस समझौते का सम्मान किया जाए और उसे क्रियान्वित किया जाए। हमें ध्यान रखना होगा कि चंद गुंडे इसके क्रियान्वयन को बाधित न कर पाएं।

8. भारत की समकालीन राजनीति के लिए सबसे महत्वपूर्ण सबक यह है कि देश को सीधे दिल्ली की राजगद्दी से चलाने की कोशिशें केवल विनाश को ही जन्म दे सकती हैं। इस मामले में इंदिरा गांधी अपने पीछे एक खतरनाक विरासत छोड़ कर गई हैं। वह देश को एक निजी साम्राज्य की तरह चलाने की कोशिश कर रही थीं। किसी राज्य में बहुमत के आधार पर चुनी गई गैर-कांग्रेसी सरकार को भी बर्दाश्त कर पाना उनके लिए संभव नहीं रह गया था। यहां तक कि कांग्रेसी सरकारों में भी वह मुख्यमंत्रियों का चुनाव खुद करती थीं और कठपुतली मंत्रिमंडल गठित करने की कोशिश करती थीं। बंगाल, आंध्र प्रदेश, केरल, कश्मीर, कर्नाटक और पंजाब में जब कांग्रेस विपक्षी दलों से हार गई तो उन्होंने निर्वाचित सरकारों को सत्ता से हटाने के लिए कोई हथकंडा बाकी नहीं छोड़ा। पंजाब का मौजूदा संकट केंद्र की इस गैरजिम्मेदाराना राजनीति के कारण ही अस्तित्व में आया है।

अगर कोशिश की जाती तो अकाली दल की मांगों पर कुछ घंटों के भीतर फैसला लिया जा सकता था। भिंडरांवाले के नाम से चलाए गए प्यादे के एवज में देश ने एक भारी कीमत चुकाई है। हमें शासकों द्वारा सत्ता को लेकर खेले जाने वाले ऐसे खेलों के बारे में और ज़्यादा सावधान हो जाना चाहिए। इस चौकसी का एक महत्वपूर्ण आयाम यह है कि स्थानीय स्तर पर और अधिक स्वायत्तता के लिए संघर्ष किया जाए, शासन तंत्र को विकेंद्रीकृत किया जाए परंतु साथ ही स्थानीय स्तर पर कमजोर तबकों के हितों की हिफ़ाज़त भी की जाए। मिसाल के तौर पर, एक तरफ तो हमें राज्य सरकारों के लिए अधिक स्वायत्तता तथा अल्पसंख्यक सिख समुदाय के अधिकारों की रक्षा के लिए दबाव डालना चाहिए, वहीं दूसरी तरफ हमें कुछ अकाली नेताओं द्वारा पर्सनल लॉ के एक पक्षपातपूर्ण संस्करण के जरिए सिख महिलाओं के कानूनी अधिकारों को छीनने की कोशिशों का भी विरोध करना चाहिए।

9. और अंत में, हमें समझना चाहिए कि देश की एकता और अखंडता का मतलब एक केंद्रीयतावादी राज्य मशीनरी की एकता और अखंडता नहीं होता। हम भारत की एकता को सबसे अच्छी तरह तभी कायम रख सकते हैं जब हमारे विभिन्न राज्यों की सत्ता संरचना में लोकप्रिय क्षेत्रीय शक्तियों की मौजूदगी प्रतिबिंबित हो। किसी अखिल भारतीय पार्टी के नाम पर कृत्रिम एकता के लिए आवाज़ उठाने से एक निरंकुश और केंद्रीयतावादी किस्म की सरकार के थोपे जाने का खतरा बढ़ जाता है।

खालिस्तानी आतंकवाद के उदय के बारे में संत लौंगोवाल के विचार : साक्षात्कार

आप बार-बार मांग करते रहे हैं कि पंजाब की घटनाओं की जांच की जाए। अगर यह जांच होती है तो आपकी राय में क्या तथ्य सामने आएंगे?

जब जांच होगी तो आतंकवादियों के पीछे मौजूद तमाम लोगों की हरकतें बेनकाब हो जाएंगी। लोगों के सामने हम सब कुछ उजागर कर देंगे। ऐसा केवल तभी हो सकता है जब जांच की जिम्मेदारी ईमानदार लोगों को सौंपी जाए। हम ऐसे लोगों के पास जाकर अपने पास मौजूद सारे सबूत और तथ्य उन्हें सौंप देंगे।

अकाली दल ऐसे तथ्य इकट्ठा करके खुद अपनी तरफ से रिपोर्ट जारी क्यों नही करता?

पहली बात तो यह है कि रोज-ब-रोज के संघर्ष के बाद अकाली दल के पास बहुत कम समय और ऊर्जा बचती है। हमें उन हजारों औरतों, मर्दों और बच्चों के मुकदमे लड़ने पड़ते हैं जिन्हें गलत ढंग से फंसाया गया है। वैसे भी, अगर हम जांच करें तो भी हमारे विरोधी उस पर विश्वास नहीं करेंगे। यह जांच निष्पक्ष लोगों को करनी चाहिए जैसे दिल्ली के दंगों की पीयूसीएल-पीयूडीआर ने जांच की थी। अगर यह जांच सिखों ने की होती तो उसका कोई वजूद नहीं होना था। इस जांच में ईमानदार और निष्पक्ष हिंदुओं ने एक बहुत बड़ी भूमिका अदा की है। इसीलिए यह रिपोर्ट इतना ताकतवर साधन बन गई है।

अगर पीयूसीएल-पीयूडीआर जैसे संगठन जांच करने के लिए अपना एक दल यहां भेजें तो क्या आप उन्हें संबंधित तथ्य देने को तैयार होंगे?

जी हां ये तथ्य तो गांव-गांव में मौजूद हैं। गांवों में पुलिस ने लोगों को किस तरह लूटा है, किस तरह उनके यहां छापे मारे हैं। {थोड़ा ठहर कर} मैं आपको एक सच्ची वारदात बताता हूं। भटिंडा के एक गांव में डकैतों ने हमला कर दिया। वहां की एक औरत ने एक डकैत को पकड़ लिया। जब डकैत उससे छूटने की कोशिश कर रहा था तो इस मारामारी में औरत ने उसको काट लिया। लेकिन फिर भी वह जैसे-तैसे भाग निकला। अगले दिन गांव वाले थाने में रिपोर्ट लिखाने गए। एसएचओ ने उनसे पूछा कि क्या वह उस डकैत को पहचान सकते हैं। गांव वालों ने कहा कि वह उसे पहचान सकते हैं। तभी थाने का एएसआई भीतर आया। उस औरत ने फौरन कहा : 'यही है वह डकैत।' एसएचओ ने कहा कि 'यह

तो हमारा एएसआई है। यह डकैत कैसे हो सकता है?' औरत ने कहा कि 'उसकी कमीज उतरवाओ। आपको खुद पता चल जाएगा।' जब उसने कमीज उतारी तो उस औरत के दांतों के निशान वाकई उसके शरीर पर पाए गए।

इसी तरह, जब 1982 में कुछ निरंकारियों की हत्या हुई थी तो पुलिस वाले कातिलों का सुराग पाने के लिए साथ में कुत्ते भी लाए थे। कुत्ते सबसे पहले दौड़कर एसडीएम की कार पर जा चढ़े। इसके बाद वे तलवंडी गांव से गुजर कर एक पुलिस वाले के किराए के मकान में घुस गए और वहां पहुचकर उन्होंने उसकी कमीज मुंह में दबा ली। तब पुलिस वाले दूसरे कुत्ते लाए। ये कुत्ते भी फौरन कूद कर एसडीएम की कार पर चढ़ गए। उसके बाद कुत्ते तलवंडी गांव से गुजरते हुए पुलिस वाले के घर जा पहुंचे और वहां जाकर उसकी कलाई पकड़ ली। लोगों ने कहा : 'कुत्तों ने कातिल ढूंढ लिए। इन्हें गिरफ्तार करो।' लेकिन डीएसपी ने जवाब दिया : 'अगर कुत्ते ही चोरों को पकड़ने लगते तो पुलिस क्यों रखी जाती?' इस पर लोगों ने भी कहा कि : 'तो फिर कुत्ते रखने का ही क्या फायदा है?'

आपकी राय में प्रीतलड़ी के संपादक की हत्या के पीछे क्या कारण रहा होगा?

मेरा खयाल है कि इस हत्या के पीछे भी कांग्रेस का हाथ था। ऐसा सिर्फ हिंदुओं को दहशत में डालने के लिए किया गया था। वह न तो हिंदू था न ही सिख था। वह तो प्रगतिशील विचारों वाला आदमी था। वह कांग्रेस के खिलाफ था। अकालियों का उससे भला क्या झगड़ा हो सकता है?

लोग कहते हैं कि वह अपने अखबार में आतंकवादियों के खिलाफ लिखते थे इसलिए चरमपंथियों ने उनकी हत्या की थी?

कांग्रेस तो आतंकवादियों की जन्मदाता है, आतंकवादियों की मां। सिखों को बदनाम करने के लिए कांग्रेस ने ही आतंकवाद को बढ़ावा दिया था। इस हकीकत को समझने में लोगों को अभी काफी वक्त लगेगा।

होशियारपुर में चौधरी बलबीर सिंह की हत्या के बारे में आपकी क्या राय है?

हमने चौधरी बलबीरसिंह की हमेशा हिमायत की थी। अकाली दल का उनके साथ कोई झगड़ा नहीं था। वह तो जनता पार्टी के नेता थे जिसका अकाली दल के साथ गठबंधन था। जनता पार्टी के नेता चंद्रशेखर तो हमारे मौजूदा संघर्ष का भी समर्थन करते हैं। चौधरी बलबीर सिंह का असली टकराव तो कांग्रेस के साथ था। यह टकराव उस इलाके के डीएवी कॉलेजों पर नियंत्रण को लेकर था। उन कॉलेजों पर कब्जे को लेकर कितनी ही बार झगड़े हो चुके थे। यह सत्ता का संघर्ष था जिसमें सिर्फ दो ही पक्ष थे – एक कांग्रेस और एक चौधरी बलबीर सिंह। चौधरी बलबीर सिंह ने कई बार कांग्रेस को शिकस्त दी थी क्योंकि उनके पास हिंदुओं और सिखों, दोनों के वोट थे। वह हिंदू सैनी थे मगर उस इलाके के सिख भी सैनी ही हैं। इसलिए सिखों में भी उनका काफी असर और सम्मान था। इस हत्या के जरिए कांग्रेस ने एक तीर से दो निशाने साध लिए – उन्होंने चौधरी बलबीर सिंह से

छुटकारा भी पा लिया और सिखों को बदनाम करके उनकी दुकानें भी फूंक दीं।

जैसे ही चौधरी साहब का कत्ल हुआ, पूरे शहर में कर्फ्यू लगा दिया गया। इस तरह गांवों के सिख चौधरी बलबीर सिंह के दाह-संस्कार के लिए शहर में नहीं आ पाए। यह सब-कुछ एक सोचे-समझे तरीके से किया गया था। क्योंकि शहर में सिखों की तादाद हिंदुओं से कम है इसलिए वह आसानी से अलग-थलग पड़ गए। इसके बाद दंगाइयों ने आकर पुलिस की आंखों के सामने सिखों की दुकानों को लूटा और उनमें आग लगा दी। अगर वहां एसएसपी खुद मौजूद नहीं होता तो शायद इतनी लूटपाट न होती। शायद लोग खुद अपनी हिफ़ाज़त कर लेते। लेकिन पुलिस की मौजूदगी ने तो उन्हें बिल्कुल ही लाचार कर दिया। बाद में पुलिस ने गुरमेर सिंह नाम के एक व्यक्ति की हत्या कर दी और जिन लोगों की दुकानें लुटी थीं उन्हें ही गिरफ्तार भी कर लिया। उन पर इल्ज़ाम था कि उन्होंने दंगाइयों के साथ मारपीट की है। वह लोग अभी भी जेल में बंद हैं। परंतु जिन्होंने दुकानें लूटी थीं उन्हें उसी दिन रिहा कर दिया गया जबकि उनके घरों से लूट का सामान भी बरामद हो चुका था।

होशियारपुर में अकाली दल ने लोगों से यही अपील की थी कि लोग शांति बनाए रखें क्योंकि हमारी लड़ाई हिंदुओं से नहीं बल्कि कांग्रेस से है। हम तो चौधरी बलबीर सिंह के कातिलों को पकड़वाना चाहते हैं। उन्हें कांग्रेस के घर से ही पकड़ा जा सकता है। अगर सरकार वाकई चौधरी बलबीर सिंह के हत्यारों को पकड़ना चाहती है तो सबसे पहले उन पर शक जाना चाहिए जो उनके परंपरागत रूप से दुश्मन रहे हैं, जिनके साथ उनका लगातार झगड़ा चला है – यानी पंजाब कांग्रेस पार्टी के नेता।

क्या आप पीजीआई अस्पताल, चंडीगढ में गुरविंदर सिंह की मौत के बारे में कुछ बता सकते हैं जिसे पुलिस ने आतंकवादी होने के शक में गिरफ्तार किया था?

इस बारे में मुझे भी उतना ही पता है जितना आपको पता है क्योंकि जब उसने इस बात का इकबाल किया था कि वह कांग्रेसी है, उसके फौरन बाद ही उसकी हत्या हो गई थी। वह संतोख सिंह रंधावा और दरबारा सिंह का आदमी था। वह तो एमएलए हॉस्टल में उनके साथ उनके कमरे में रहा करता था। वह कांग्रेस की उन बैठकों में भी जाता था जहां सिर्फ कुछ गिने-चुने लोग ही जा सकते थे। वह संतोख सिंह के बेटे की शादी में भी गया था। वह कांग्रेसी था जिसे सिखों को बदनाम करने और हिंदुओं में दहशत फैलाने के लिए इस्तेमाल किया जा रहा था।

मैं अब भी कहता हूं और दिल्ली में भी मैंने यही कहा था कि अगर कांग्रेस की सरकार रही तो न तो भारत की एकता कायम रह पाएगी और न भारत की अखंडता। कांग्रेस ने भारत की एकता को तार-तार कर दिया है। अब आप ही देखिए – अगर यूपी में पीएसी के सिपाही बगावत करते हैं तो उसे कुचलने के लिए सिख रेजीमेंट को भेजा जाता है। क्यों? सिख सिपाहियों को ही क्यों भेजा जाए? हिंदुओं, सिखों, मुसलमानों की मिली-जुली बटालियन

क्यों नहीं जाती? जब मुसलमान मारे जाते हैं तो उन्हें मारने के लिए सिखों को भेजा जाता है। यूपी और बिहार में ऐसा हो चुका है। अगर सरकार हिंदुओं, सिखों और मुसलमानों को एक साथ ऐसे मौकों पर भेजे तो कोई भी घटना साम्प्रदायिक रूप नहीं ले पाएगी।

बहुत सारे लोगों को शिकायत है कि हालांकि आजकल आप इस तरह की हत्याओं की निंदा करते हैं मगर पहले जब इस तरह की हत्याएं होती थी तो आप कभी बयान नही देते थे।

आप पुराने अखबारों पर नज़र क्यों नहीं डाल लेतीं? जब लाला जगत नारायण की हत्या हुई थी तो हमने उनकी मौत की भी जांच करवाने की मांग की थी। हमने उस समय कहा था कि इस हत्या के आरोपियों को उस महीने की 5 तारीख को गिरफ्तार किया गया था और उन्हें रिहा नहीं किया गया था। 9 तारीख को लालाजी की हत्या हुई। भला उन लोगों ने यह हत्या कैसे की होगी जबकि वह तो पहले से ही पुलिस की हिरासत में थे। वह तभी ऐसा कर सकते थे जब उन्हें पुलिस स्टेशन से जीप में बिठा कर यह हत्या करने के लिए लाया गया हो और उसके बाद दोबारा पुलिस थाने में ले जाकर बंद कर दिया गया हो?

अगर इन हत्याओं के पीछे सिख साम्प्रदायिकतावादी होते तो वे सिर्फ हिंदुओं की हत्या करते। आप पिछला रिकार्ड उठाकर देख लीजिए – अब तक मारे गए लोगों में से आधे से ज़्यादा सिख थे।

इसके लिए भीतरी सत्ता संघर्ष को भी तो जिम्मेदार ठहराया जा सकता है?

इस आतंकवाद की लहर से पहले अकाली दल में ऐसा कोई भीतरी संघर्ष नहीं था। अकाली दल ने अपने सवा लाख सदस्यों को अकाल तखत के सामने इस बात की कसम दिलाई है कि वे अकाली दल की शांतिपूर्ण संघर्ष की नीति पर ही चलेंगे। यह शपथ उठाने वालों को *मरजीवड़ा* कहा जाता है। मरजीवड़े ऐसे लोग होते हैं जो अपने हकों के लिए जान देने को तैयार रहते हैं। वह अपनी जान दे सकते हैं मगर किसी और का खून नहीं बहा सकते। हमने यह कदम इसलिए उठाया था क्योंकि हमें पता है कि सरकार शांतिपूर्ण आंदोलनकारियों की कतारों में आतंकवादियों को घुसा कर ऐसे आंदोलनों को लोगों की नज़रों से गिराने की कोशिश करती है। हमने कसम खाई थी कि अगर सरकार लाठियों से हम पर हमला करेगी तो हम लाठियों का सामना करेंगे और अगर सरकार हम पर गोलियां बरसाएगी तो हम जवाब में कोई गोलियां नहीं चलाएंगे। हम शांतिपूर्वक रहेंगे और शहीदों की मौत मरेंगे।

अब तक अलग-अलग समय में हमारे कम से कम दो लाख पैंतीस हजार कारकून जेल जा चुके हैं। उनमें से किसी के खिलाफ भी यह साबित नहीं हो सका कि उन्होंने कोई गलत नारा उछाला था या किसी को नुकसान पहुंचाया था। ऐसी एक घटना हमारे सामने आई थी। पुलिस वाले अकाली दल के सदस्यों के एक जत्थे को गिरफ्तार करके बस में

फिरोजपुर ले जा रहे थे। रास्ते में बस हरी के पाटन में रुकी और बस का ड्राइवर चाय पीने लगा। बस में बैठे सिंह भी भूखे थे। इसी बीच उन्हें सेब की एक दुकान दिखाई दी। उन्होंने सेब उठाए और खाने लगे। दुकानदार भी यह सोचकर चुप रहा कि पुलिस वाले उनके साथ हैं।

गिरफ्तार लोगों ने कहा : 'पैसा पुलिस से ले लेना। हम गिरफ्तारी में हैं और पुलिस ने हमें खाना नहीं खिलाया इसलिए अब पैसा भी पुलिस को ही देना चाहिए।' अगले दिन हमारे कुछ कार्यकर्ता उस दुकानदार को हमारे पास लाए तो उसने पूरी कहानी हमसे बयान की। हमने उससे पूछा कि उसके कितने पैसे बनते हैं। उसने कहा : '500 रुपए।' हमने उसे 550 रुपए थमा दिए। उसके बाद हमने अपने तमाम सदस्यों को खासतौर से हिदायत दी कि जब भी कभी वह कुछ खाएं-पिएं तो इसके लिए उन्हें खुद अपनी जेब से पैसा देना पड़ेगा। हमने अपने कार्यकर्ताओं पर पूरा नियंत्रण रखा है। यह कोई साबित नहीं कर सकता कि उनमें से एक भी आदमी आतंकवादी है।

मैंने सुना है कि आपके पास इस बात के भी सुबूत हैं कि बसों में जहां-तहां जो हत्याएं हो रही है उनके पीछे किसका हाथ है। क्या आप इस बारे में कुछ बताना चाहेंगे?

जब सरकार जांच करवाएगी तो हम इससे जुड़े सुबूत भी सामने रख देंगे। उस समय लोग खुद तय करेंगे। जो लोग सुबूत दे सकते हैं अगर हम उन्हें अभी उजागर कर देंगे तो इस तरह हम असल में जांच के रास्ते में रुकावट ही पैदा कर देंगे। दिल्ली की घटनाएं यहां भी दोहराई जा सकती हैं। दिल्ली की तरह अब यहां भी लोग बम विस्फोटों से उकसावे में आ जाते है इसलिए यहां भी लोगों का सफाया शुरू हो सकता है क्योंकि सरकार पूरी तरह गुंडई पर उतर आई है। लोग अपने संवैधानिक अधिकारों के लिए लड़ रहे हैं। अभी के लिए मैं सिर्फ इतना कह सकता हूं — इस आतंकवाद के पीछे कांग्रेस का हाथ है। पंजाब में हिंदुओं की हत्याओं के पीछे कांग्रेस का हाथ है। निष्पक्ष जांच करवाइए, दोषी सामने आ जाएंगे।

आज हम पर खालिस्तान की अवधारणा के लिए इलजाम लगाया जाता है। 1979 में गुरुद्वारा प्रबंधक कमेटी के चुनाव में सरकार ने हमारे खिलाफ, यानी अकाली दल के खिलाफ "दल खालसा" के नाम से एक नई पार्टी खड़ी कर दी। हमारे खिलाफ चुनाव लड़ने वालों में संता सिंह "बुड्ढा दल", जगजीत सिंह चौहान दल, मास्टर तारा सिंह दल और संत भिंडरावाले ग्रुप शामिल थे। ज्ञानी ज़ैल सिंह ने खालिस्तान का नारा दिया, संजय गांधी ने उसके लिए पैसा दिया और इंदिरा गांधी ने मदद दी। इन सारों के पास कांग्रेस का समर्थन था और उन्होंने खालिस्तान के नारे पर चुनाव लड़ा। उन्होंने लोगों से कहा कि यदि वह चुनाव जीत गए तो श्याम सिंह अटारी और जरनैल सिंह की समाधि के बीच की जमीन में वह खालिस्तान बनाकर लोगों को भेंट देंगे। अकाली दल ने कहा : 'तुम किसी को खालिस्तान कैसे दे सकते हो? तुम्हारे पास ताकत कहां से आएगी? ये तो गुरुद्वारे का चुनाव है। तुम्हें तो गुरुद्वारों

की देखभाल और सेवा करनी है। गुरुद्वारे में तो तुम सिर्फ कड़ाह प्रसाद ही दे सकते हो। ऐसा कैसे मुमकिन है कि तुम किसी को खालिस्तान दे दोगे? मेहरबानी करके हमें यही बात समझा दो।'

बहरहाल वह लोग चुनाव हार गए और उनकी जमानत जब्त हो गई। एक कांग्रेसी जीता, एक संत जरनैल सिंह का आदमी जीता, दो निर्दलीय और 136 अकाली चुनाव जीते। उन लोगों ने खालिस्तान के नारे पर चुनाव लड़ा। अकाली दल ने इस नारे के खिलाफ चुनाव लड़ा और अकाली दल जीत गया। और आज वह हम पर ही खालिस्तान की मांग उठाने का आरोप लगाते हैं। हम कहते हैं : 'भले मानसों, तुम्हीं ने ये नारा दिया, तुम्हीं ने "दल खालसा" खड़ा किया, तुम्हीं ने हमारे खिलाफ चुनाव लड़े, तुम्हीं ने लाखों रुपए खर्च किए। फिर भी अकाली दल जीता, लोग अकाली दल के साथ खड़े हुए, तुम हार गए। और अब तुम्हीं हमें आतंकवादी और अलगाववादी कहते हो।'

क्या आप अकाली दल की मांगों के बारे में कुछ बताएंगे?

सिखों ने अंग्रेजों के खिलाफ बहादुरी से लड़ाई लड़ी, आजादी की लड़ाई में हिस्सा लिया और अनगिनत कुर्बानियां दीं। पहले हम देश की आजादी के लिए लड़े। अब हमारी लड़ाई सूबों की आजादी के लिए है। केंद्र सरकार राज्यों के साथ कब तक गुलामों जैसा बर्ताव कर सकती है। राज्यों को अपनी समस्याओं – मसलन बेरोजगारी की समस्या – से खुद निपटने की आजादी होनी चाहिए।

राज्यों को अपनी उपज का निर्यात मूल्य खुद तय करने का हक मिलना चाहिए। दिल्ली की सरकार हमारा गेहूं लेकर रूस को 240 रुपए की कीमत पर बेचती है मगर हमारे किसानों को सिर्फ 155 रुपए मिलते हैं। क्या यह हमारे किसानों के साथ ठगी नहीं है? सरदार सुरजीत सिंह बरनाला की अगुवाई में एक समिति ने आनंदपुर साहिब प्रस्ताव तैयार किया था। 1973 में तैयार किए गए इस प्रस्ताव के चार हिस्से थे – धार्मिक, राजनीतिक, आर्थिक और नैतिक। इनमें पहले तीन केंद्र सरकार को सामने रखकर संबोधित किए गए हैं। अकाली दल की मांगें वाजिब हैं और उनमें टकराव की कोई गुंजाइश नहीं है। अकाली दल की मांगें किसी के खिलाफ नहीं हैं।

हमारे देश के महिला अधिकार कार्यकर्ताओं और चिंतकों को सिख पर्सनल लॉ की मांग काफी दिन से परेशान कर रही है। इस नए पर्सनल लॉ से सिख महिलाओं के वैवाहिक तथा संपत्ति संबंधी अधिकारों पर शायद विपरीत असर पड़ेगा। क्या आप इसके बारे में कुछ बताएंगे?

हम एक ऐसा कानून चाहते हैं जिसके मुताबिक जैसे ही कोई महिला विवाह करके अपने पति के साथ रहने लगे वैसे ही उसके पति की संपत्ति स्वतः दो हिस्सों में बंट जाए और महिला आधे हिस्से की हकदार मानी जाए। ऐसे में, यदि किसी व्यक्ति के दो बेटे होंगे तो उसकी जमीन चार हिस्सों में बंट जाएगी और उन चार हिस्सों पर उसके दोनों बेटों

और दोनों बहुओं का बराबर का हक होगा। यह सभी पक्षों की बेहतरी के लिए है। यदि लड़की को अपने पिता की जमीन विरसे में मिलती है तो वह उस पर खेती नहीं कर पाती क्योंकि वह अपनी ससुराल चली जाती है। ऐसी सूरत में वह अपनी जमीन को किसी दूसरे व्यक्ति को बेच देती है जिससे उसके भाइयों के और उसके बीच तनाव पैदा होता है। परंतु अगर उसे अपने पति की संपत्ति में हिस्सा मिलता है तो हर किसी को फायदा होगा क्योंकि तब उसकी बेटियों को भी अपने ससुराल की संपत्ति मिलेगी।

परंतु समस्या यह है कि एक नई-नई दुल्हन को इस बात का कभी अंदाजा नही होता कि उसके ससुराल वाले उसके साथ क्या बर्ताव करेंगे, उसे ससुराल में रहने भी देंगे या नही?

अगर कानून ये कहता है कि वह शादी के दिन से ही अपने पति के परिवार की संपत्ति में हिस्सेदार होगी तो वह लोग उसके साथ बुरा बर्ताव करने की हिम्मत नहीं जुटा पाएंगे। आप देखना वह उसे पलकों पर बिठा लेंगे।

शादी के बाद उसे खुद-ब-खुद संपत्ति में बराबर का हिस्सेदार माना जाना चाहिए। इसके लिए यह भी ज़रूरी नहीं होना चाहिए कि उसके नाम पर संपत्ति की रजिस्ट्री करवाई जाए।

और अगर किसी लड़की की शादी नही हो पाती है तो उसका क्या होगा?

अगर किसी लड़की की शादी नहीं हो पाती है तो उसे अपने पिता की संपत्ति में हिस्सा मिलना चाहिए।

पर जबकि आज भी लड़कियां अपने पिता की संपत्ति में अपना हिस्से का दावा नही कर पाती हैं बल्कि उसे अपने भाइयों को दे देती है तो कानून में बदलाव करने से फायदा क्या है?

भला लड़कियां संपत्ति में हिस्सा मांगने के काबिल क्यों नहीं होनी चाहिएं? यह गलत बात है। भला ऐसा क्यों हो कि वह दस्तखत करके अपना हिस्सा किसी और को सौंप दें और अपने पिता की संपत्ति पर सारा हक छोड़ दें? हम चाहते हैं कि औरतों और मर्दों, दोनों के पास संपत्ति हो।

इस मांग के बारे में आपका क्या खयाल है कि विधवा होने पर औरत को अपने पति के भाई यानी देवर से शादी कर लेनी चाहिए?

वह जिससे चाहे उससे शादी कर सकती है। अगर वह चाहे तो अपने देवर से शादी कर सकती है।

भले ही वह व्यक्ति पहले से विवाहित हो?

नहीं। ऐसा कैसे हो सकता है? हमारे देश के कानून के मुताबिक एक आदमी की दो औरतें नहीं हो सकतीं। अगर वह अविवाहित है तो महिला उससे शादी कर सकती है। वह जिससे चाहे शादी कर सकती है – हमारा धर्म विधवा विवाह पर पाबंदी नहीं लगाता।

अकालियों पर अकसर आरोप लगाया जाता है कि उन्होंने गुरुद्वारों में हथियार छिपा

कर रखे हुए हैं। इस बारे में आप क्या कहेंगे?

किसी अकाली कार्यकर्ता के पास से आज तक कोई गैरकानूनी हथियार नहीं मिला। अकाली दल ने गुरुद्वारों में कोई हथियार नहीं छिपाए।

मगर भिंडरांवाले ने तो हथियार इकट्ठा किए हुए थे...

तब तो पहले उसी से पूछा जाना चाहिए था कि उसे हथियार मिले कहां से थे।

मगर गुरुद्वारा तो आपका भी है?

गुरुद्वारा सारी दुनिया का होता है। गुरुद्वारा कोई मेरी मिल्कियत थोड़े ही है। वहां हर कोई जा सकता है — हिंदू, मुसलमान, हरिजन, ईसाई, वहां सब जा सकते हैं। वहां हर किसी को खाने, रहने का हक है। वहां किसी पर कोई बंदिश नहीं होती। हमारी जवाबदेही तो सिर्फ अकाली दल कार्यकर्ताओं के मामले में है। और अकाली दल कार्यकर्ताओं के पास आज तक कोई हथियार नहीं मिला। वैसे भी मेरा तो साफ कहना है कि गुरुद्वारे में जो हथियार मिले वह सरकार के थे।

सरकार सिखों को बदनाम करना चाहती थी, वह लोगों को दिखाने के लिए वहां से ट्रक भर कर असलहा निकाल कर लाना चाहती थी। भिंडरांवाले स्टेनगनों, कारबाइनों, राइफलों के साथ पूरे मुल्क में खुलेआम घूमता था। वह बंबई, दिल्ली सब जगह गया। अगर वह हथियार गैरकानूनी थे तो सरकार ने उसी समय उसे क्यों नहीं रोका जब वह हथियार लेकर खुलेआम घूम रहा था? जब उसे गिरफ्तार किया गया तब भी केंद्र सरकार के कहने पर उसे छोड़ क्यों दिया गया? उसके पास लाइसेंसी हथियार थे। गुरुद्वारे से हथियारों की यह बरामदगी सिर्फ सिखों को बदनाम करने, उन्हें तबाह करने के लिए दिखाई गई थी।

मगर सिखों को बदनाम करके उन्हें मिला क्या?

हिंदुओं के वोट। कांग्रेस ने जो पूरा कत्लेआम मचाया वह सिर्फ वोटों के लिए था। उन्होंने जब भी कभी हिंदू-मुस्लिम हिंसा को हवा दी तो उसके पीछे भी सारा मकसद सिर्फ वोटों का था। गुजरात में हिंदुओं और हरिजनों को भी वोटों के लिए ही लड़वाया जा रहा है।

मगर क्या ये बहुत महंगा खेल नहीं है?

कांग्रेस के लिए ये महंगा कैसे है? उसे तो सत्ता मिल ही गई। जुम्मा-जुम्मा चार रोज पहले आए इस आदमी के पास जितनी ताकत आ गई है उतनी तो कभी नेहरू और इंदिरा गांधी के पास भी नहीं थी।

सिख बनाम केंद्र सरकार का यह मुद्दा वैसे ही है जैसे तमिलों और श्रीलंका की सरकार का किस्सा है। हमारी सरकार तमिलों का साथ देती है। हम कहते हैं : 'वह हमारे भाई हैं, उनकी मदद ज़रूर करो। मगर हमारी भी तो मदद करो। आप उनके बारे में जो कहते हो वह हम पर भी लागू करो। जो मांग तुम उनके लिए उठाते हो उसे तुम्हें पंजाब में भी लागू करना चाहिए।'

आपको इस समस्या का क्या समाधान दिखाई देता है?

इसका हल तो लोगों के बीच एकता से ही हो सकता है। जब तक लोग अपनी खुद की ताकत को नहीं समझेंगे और एकता का कौल नहीं दोहराएंगे तब तक इस समस्या का हल नहीं निकल सकता। मैं सिर्फ हिंदू-सिख एकता की बात नहीं कर रहा हूं, मैं तो पूरे भारत की बात कर रहा हूं।

इस दिशा में आपने क्या कदम उठाए हैं?

मैं आपको यकीन दिलाता हूं कि आप पंजाब के किसी भी ऐसे गांव में जाइए जहां हिंदुओं की आबादी सिर्फ पांच प्रतिशत है। आप वहां जाकर उनसे पूछ कर देखिए कि क्या उन्हें सिखों से कोई परेशानी है, आपको एक भी हिंदू ऐसा नहीं मिलेगा जो कहे कि उसे सिखों से किसी तरह की परेशानी है। सारी मुसीबत सिर्फ शहरों में है। वहां सिखों की तादाद कम है और कांग्रेस वाले हमेशा उन्हें डराते रहते हैं। कांग्रेस वालों ने उनकी दुकानें लूट लीं, उनमें आग लगा दी। ऐसी हालत में यह कैसे कहा जा सकता है कि सिख हिंदुओं को मारना चाहते हैं? क्या आपने पंजाब में एक भी हिंदू विरोधी दंगे के बारे में सुना है?

हिंदू और सिख, दोनों चाय की दुकानों पर साथ बैठकर चाय पीते हैं, साथ बैठकर खाना खाते हैं, एक-दूसरे के शादी-ब्याह में जाते हैं। सारी समस्या तो सरकार ने पैदा की है। अकाली दल ने कभी किसी धर्म के खिलाफ नारा नहीं दिया। रेडियो, टेलीविजन, प्रेस — सब पर सरकार का कब्जा है, और उनके जरिए सरकार पूरे देश में अपना प्रोपेगैंडा फैलाती है।

हम अपनी पूरी ताकत से लोगों को सच्चाई बताने की कोशिश कर रहे हैं। हमारे मददगार सच्चे पंजाबी हैं। उनमें हिंदू और सिख, दोनों शामिल हैं, दोनों इस काम में हमारी मदद कर रहे हैं। हम दोषियों को लोगों के सामने बेनकाब करना चाहते हैं। मगर बदकिस्मती से प्रेस वाले सरकार की कही बात को ज़्यादा तवज्जो देते हैं। हमारी संख्या कम है मगर हम हकीकत को सामने लाने के लिए पूरी कोशिश कर रहे हैं।

जब तक लोग सत्ताधारी ताकतों की 'फूट डालो और राज़ करो' की नीति को नहीं समझ पाएंगे तब तक वह आपस में लड़ते रहेंगे। जब वह सरकार की धोखाधड़ी की नीतियों को समझना शुरू करेंगे तो खुद जान जाएंगे कि सच्चाई क्या है। हमें दोषी करार दिया गया है। हमें, सिखों को, अकाली दल को दोषी करार दिया गया है, हमें अलगाववादी और चरमपंथी कहकर बदनाम किया जा रहा है। मगर हम ईमानदार लोगों से निवेदन करते हैं कि वह आगे आएं और यहां आकर स्वतंत्र और निष्पक्ष ढंग से हालात की जांच करें। देश के लोगों ने हमें चरमपंथी और अलगाववादी कहकर एक बहुत गलत फैसला सुनाया है। जो लोग आतंकवाद की बात करते हैं उन्हें यहां आकर खुद देखना चाहिए कि सच्चाई क्या है और तभी तय करना चाहिए कि असल में कौन जिम्मेदार है।

3

सियासी खेल के नियमों को बदलने की कोशिश

प्रभु दयाल जी को श्रद्धांजलि

मानुषी ने 25 जून 1985 को साम्प्रदायिक सद्भाव कायम करने के लिए एक पब्लिक मीटिंग आयोजित की थी। इस बैठक के सिलसिले में *मानुषी* ने जो मुश्किलें झेलीं और जो अनुभव हासिल किए यह लेख उन्हीं के बारे में है। इससे एक छोटा सा अंदाजा लगाया जा सकता है कि मोहल्ले के स्तर की राजनीति को प्रोत्साहित करने में आम नागरिकों को कितनी भयानक रुकावटों का सामना करना पड़ता है। इससे यह भी पता चलता है कि स्थानीय स्तर पर मौजूद सत्ता संरचना स्वतःस्फूर्त राजनीतिक पहलकदमियों को बाधित करने की किस तरह कोशिश करती है फिर भले ही वह पहलकदमियां कितनी ही गैर-विवादास्पद या साधारण किस्म की क्यों न हों। मोहल्ले या गांव के स्तर पर छोटी-मोटी पहल करने के लिए भी लोगों को कितना राजनीतिक जोखिम उठाना पड़ता है। ज़्यादातर लोग चीजों के पटरी पर आने से पहले ही हताश होकर हिम्मत हार बैठते हैं। इसी से अंदाज़ा होता है कि इस स्तर पर क्यों इतनी कम राजनीतिक कोशिशें हो पाती हैं और उनमें से भी क्यों बहुत कम ही कामयाब हो पाती हैं।

हमने जो पब्लिक मीटिंग आयोजित की थी वह कोई राजनीतिक बैठक नहीं थी। यह बैठक श्री प्रभु दयाल को श्रद्धांजलि अर्पित करने के लिए बुलाई गई थी। नवंबर 1984 में सिख विरोधी दंगों के दौरान अशोक विहार के एक जलते हुए मकान में फंसी तीन महिलाओं को बचाने की कोशिश करते हुए श्री प्रभु दयाल की मौत हो गई थी। प्रभु दयाल जी बलजीत नगर में रहते थे। वह अशोक विहार में एक सिख परिवार की फैक्ट्री में नौकरी करते थे। उनके मालिक का घर उसी इमारत की पहली मंजिल पर स्थित था जिसमें उनकी फैक्ट्री

---

* सर्वप्रथम *मानुषी*, संख्या 39 (मार्च-अप्रैल 1987) में प्रकाशित।

थी। 1 नवंबर 1984 को जब वह अपनी फैक्ट्री में काम कर रहे थे तभी बलवाइयों की एक भीड़ ने उस इमारत पर हमला बोल दिया। प्रभु दयाल जी ने लोगों को शांत कराने की काफी कोशिश की मगर भीड़ पीछे नहीं हटी। हालांकि भीड़ को देखकर चौकीदार सहित हर कोई भाग चुका था मगर प्रभु दयाल जी वहीं डटे रहे और तीन सिख महिलाओं की जान बचाने की कोशिश करने लगे। यह महिलाएं मकान को आग लगाए जाने के बाद पहली मंजिल पर फंसी रह गई थीं। इस कोशिश में प्रभु दयाल जी को गहरी चोटें आईं और जिनके चलते सात दिन बाद उनकी मौत हो गई।

कुछ समय बाद हमने *मानुषी* में इस घटना के बारे में छापा और प्रभु दयाल जी के परिवार के लिए कुछ सहायता राशि इकट्ठा करने का फैसला लिया। हमारी यह कोशिश इस बात से कम प्रेरित थी कि उनके परिवार को आर्थिक सहायता की ज़रूरत थी बल्कि इसका मुख्य मकसद उनकी शहादत को श्रद्धांजलि देना था। हमने तय किया था कि हम यह राशि उनकी पत्नी और बच्चों को एक सार्वजनिक सभा में देंगे। इस बैठक की अध्यक्षता करने तथा प्रभु दयाल जी को श्रद्धांजलि अर्पित करने के लिए हमने संत लौंगोवाल को विशेष अतिथि के रूप में आमंत्रित किया था। मैं पंजाब जाकर संत लौंगोवाल के गुरुद्वारे में उनसे मिल चुकी थी। उन्होंने इस मौके पर दिल्ली आने के लिए फौरन अपनी हामी दे दी थी। 20 जून को हम अंतिम रूप से यह निर्धारित कर पाए कि बैठक 25 जून को आयोजित की जाएगी।

संत लौंगोवाल को बुलाने का फैसला हमने इसलिए लिया था क्योंकि वह उन कुछ नेताओं में से एक थे जो एक ऐसे समय में भी हिंदू-सिख सद्भावना की ज़रूरत पर जोर दे रहे थे जब बहुत कम ही लोग साम्प्रदायिक सद्भाव के हक में थे। वह भारी खतरों के बावजूद, सिखों और हिंदुओं, दोनों समुदायों के बीच अपना काम कर रहे थे। हमारा खयाल था कि एक हिंदू, प्रभु दयाल, को संत लौंगोवाल द्वारा श्रद्धांजलि दिया जाना इस बात को रेखांकित करने का एक सही तरीका होगा कि श्री प्रभु दयाल ने जिस तरह का काम किया था उस तरह के कामों से ही दोनों समुदायों के बीच एकजुटता की भावना ज़्यादा अच्छी तरह कायम की जा सकती है, न कि उन लोगों की कोशिशों के जरिए जो केवल ताकत और हिंसा के सहारे या सेना व पुलिस की शक्ति के जरिए 'राष्ट्र को एकजुट' करने की इच्छा रखते हैं।

राष्ट्रों के शासकों द्वारा ऐसे सिपाहियों को सम्मानित करने की एक लंबी परंपरा रही है जो दूसरों को कत्ल करके फतह का सेहरा बांध कर घर लौटते हैं। सरकारें उन्हें भी सम्मानित करती हैं जो दूसरों को मौत के घाट उतारते-उतारते खुद मारे जाते हैं। इस तरह दूसरों के विरुद्ध की गई हिंसा को बहादुरी के नाम पर महिमामंडित किया जाता है। इसके चलते हमारे सामने इंसानियत को खतरे में डालने वाली परिस्थिति पैदा हो गई है। इसलिए आज यह सवाल उठाना और भी वाजिब है कि असली बहादुरी क्या है? अपनी ताकत के सुबूत के तौर पर दूसरे इंसानों की जान लेना या दूसरों की जिंदगी बचाने के लिए अपनी जान की

बाजी लगा देना, जैसा कि प्रभु दयाल जी ने किया था? उनकी स्मृति को श्रद्धांजलि देते हुए हम ऐसे सभी लोगों का अभिनंदन करना चाहते थे जो विभिन्न समुदायों के बीच नफरत, दुश्मनी और दहशत फैलाने वाली ताकतों के सामने खड़े रहकर इंसानी मूल्यों और इंसानी जीवन को बचाने की कोशिश करते हैं।

हम यह मीटिंग उसी मोहल्ले में आयोजित करना चाहते थे जिसमें *मानुषी* का दफ्तर है। हमें लगा कि अगर हम आमतौर पर राजनीतिक बैठकों के लिए इस्तेमाल होने वाले किसी सार्वजनिक हॉल में बैठक करेंगे तो केवल राजनीतिक प्रतिबद्धता वाले लोग ही बैठक में आ पाएंगे। एक आम मोहल्ले में बैठक आयोजित करके दरअसल हम बहुत सारे ऐसे लोगों को भी बैठक में लाना चाहते थे जो लोकतांत्रिक अधिकारों के लिए होने वाले संघर्षों के दायरे से अकसर बाहर छूट जाते हैं।

सकारात्मक प्रतिक्रिया

इस वजह से हमने अपने ब्लॉक की स्थानीय रेजीडेंट्स एसोसिएशन से मदद लेने की कोशिश की। हमने एसोसिएशन के सचिव से बात की जोकि इत्तेफाक से एक हिंदू था। हमारे प्रस्ताव पर उसकी प्रतिक्रिया बड़ी उत्साहवर्धक रही। यह 20 जून की शाम की बात है। एक घंटे के भीतर उसने हमें एसोसिएशन के कई दूसरे सदस्यों से भी मिलवा दिया। ये लोग भी हमारे प्रस्ताव पर काफी उत्साहित थे।

इसके बाद हम एसोसिएशन के अध्यक्ष से मिलने गए। एसोसिएशन का अध्यक्ष इस मोहल्ले का एक जाना-माना सिख व्यक्ति था और उसने भी हमारी सोच की तारीफ की। इन स्भी लोगों ने वादा किया कि वह इस काम के लिए पैसा इकट्ठा करेंगे और बैठक के आयोजन की सारी जिम्मेदारी खुद संभालेंगे। हमारा प्रस्ताव सिखों और हिंदुओं, दोनों को पसंद आ रहा था। उन्हें लगा कि ऐसी कोशिशों से इलाके में एक बेहतर माहौल कायम करने में मदद मिलेगी। अभी तक इस मुद्दे पर अलग-अलग लोगों के बीच ही बात हो रही थी और वह अपने-अपने संगठनों के प्रतिनिधियों के रूप में बात नहीं कर रहे थे।
कुछ सदस्यों का सुझाव था कि इस कार्यक्रम की योजना को अंतिम रूप देने के लिए अगली सुबह रेजीडेंट्स एसोसिएशन की एक बड़ी बैठक बुलाई जाए। कुछ ही समय के भीतर समिति के सभी सदस्यों को बैठक की जानकारी पहुंचा दी गई। इस कदम से तमाम तरह की प्रतिक्रियाएं पैदा होने लगीं और यह सिलसिला मोहल्ला आधारित राजनीति से जुड़ी समस्याओं के बारे में हमारे लिए एक बड़ा सदमाकुन सबक साबित हुई। हम लोग इतने भोले थे कि हमने अपने आप ही यह मान लिया था कि यदि संत लौंगोवाल किसी हिंदू की स्मृति में श्रद्धांजलि देने आ रहे हैं और हिंदू-सिख सद्भाव की ज़रूरत पर जोर देते हैं तो औरों की तो बात ही छोड़िए, हिंदुओं या शासक पार्टी में बैठे उनके कट्टर से कट्टर दुश्मनों तक को भी ऐसे आयोजन पर भला क्या आपत्ति हो सकती है! हमें यह भी बताया गया था कि केंद्र सरकार अपने रवैये पर पुनर्विचार कर रही है और वह अतीत के मुकाबले

अब सिखों के साथ एक ज़्यादा समझौतावादी रुख अख्तियार करना चाहती है। परंतु हमारे सामने जो नाटक शुरू हुआ उसने हमें यह सिखा दिया कि राष्ट्रीय नेता और सरकारी नुमाइंदे सार्वजनिक मंच से जो पवित्र बयान देते हैं उनका स्थानीय स्तर की सियासत से कोई ताल्लुक नहीं होता।

पहले दिन से ही कांग्रेस के दो स्थानीय लोग इस बात पर सवाल खड़ा करने लगे कि रेजीडेंट्स एसोसिएशन इस कार्यक्रम में क्यों हाथ डाल रही है? उनका कहना था कि रेजीडेंट्स एसोसिएशन ऐसी मीटिंग के आयोजन में मदद क्यों कर रही है जिसमें किसी 'सियासी' नेता को बुलाया गया है? एसोसिएशन के कई सदस्यों ने बार-बार सफाई दी कि यह कोई राजनीतिक मीटिंग नहीं है मगर कांग्रेस के लोग अपनी बात पर अड़े रहे। वह एसोसिएशन के लोगों को याद दिलाने लगे कि एसोसिएशन की कार्यकारिणी की एक बैठक में तय किया गया था कि उसके कार्यक्रमों में किसी राजनीतिक नेता को नहीं बुलाया जाएगा।

इस मुकाम पर कुछ लोग डावांडोल होने लगे। इसके बावजूद ज़्यादातर लोग अभी भी कार्यक्रम के हक में थे और कुछ ही मिनट के भीतर मोहल्ले के जाने-माने लोगों ने अच्छा-खासा चंदा भी दे दिया।

मैंने आगे बढ़कर कांग्रेस के लोगों की दलील मान ली और सुझाव दिया कि टकराव की बजाय आम सहमति के रास्ते पर चलने के लिए बेहतर यही होगा कि हम एसोसिएशन को आधिकारिक रूप से इस बैठक के आयोजन में शामिल करने का विचार छोड़ दें। हमारी दिली ख्वाहिश थी कि इस बात को लेकर मोहल्ले के भीतर कोई फसाद खड़ा न हो क्योंकि ऐसे में तो बैठक का मकसद ही धरा रह जाएगा।

इस शुरुआती समस्या के बावजूद लोगों का उत्साह बना रहा। फैसला लिया गया कि यदि रेजीडेंट्स एसोसिएशन आधिकारिक रूप से शामिल नहीं होती है तो भी उसके सदस्य बैठक में हिस्सा ले सकते हैं। उनमें से कुछ लोग बैठक का खर्चा भी उठाने को तैयार थे।

उन्माद फैलाने की कोशिश

इसके कुछ ही देर के भीतर स्थानीय कांग्रेसी हरकत में आ गए। उन्होंने अपनी राजनीतिक सरगर्मियां तेज कर दीं। उन्होंने किसी भी बिंदु पर मीटिंग का स्पष्ट रूप से विरोध तो बिल्कुल नहीं किया लेकिन जिस तरह वह लोग कार्यक्रम को नाकामयाब करने की कोशिश कर रहे थे वह खुलेआम विरोध करने से भी ज़्यादा खतरनाक था। थोड़े से ही वक्फे में पूरे मोहल्ले में दहशत का माहौल पैदा हो गया। ऐसा लगने लगा मानो वहां किसी भी क्षण दंगा हो सकता है। कांग्रेसी बड़े मुकम्मल और असरदार ढंग से अपना काम कर रहे थे। हिंदुओं से उन्होंने कहा : 'आप लोग जानते हैं कि सिख कितने लड़ाकू होते हैं। अगर तुमने उन्हें इस तरह की बैठक के आयोजन का मौका दिया तो उग्रवादी हाथों में तलवार लिये फौरन

यहां आ धमकेंगे और जान-बूझकर पुलिस के साथ टकराव खड़ा कर देंगे। अगर एक बार ऐसा हो गया तो इस मोहल्ले में भी दंगा होने से कोई नहीं रोक पाएगा।'

सिखों के लिए उनका संदेश एक किस्म की खुली धमकी था। उनको कहा गया : 'क्या आप उन तमाम सिखों की हरकतों की जिम्मेदारी ले सकते हैं जो यहां आने वाले हैं। मान लीजिए अगर दो-चार उग्रवादी भी यहां आ गए और खालिस्तान के नारे लगाने लगे तो हिंदुओं को जवाबी कार्रवाई करने से कौन रोकेगा? अगर जरा सी भी हिंसा हुई तो तुम सारे सिखों को ही हमले उकसाने का जिम्मेदार ठहरा दिया जाएगा।' सिखों को बार-बार नवंबर के दंगों की याद दिलाते हुए कहा गया कि उन्हें इस बात का शुक्रिया अदा करना चाहिए कि वह लोग उस समय जिंदा बच गए। लाजपत नगर के इस इलाके के लोगों ने दंगों के दौरान हिंदुओं और सिखों की मिली-जुली चौकसी के बल पर खुद को हमलों से बचाने की कामयाब कोशिश की थी। स्थानीय कांग्रेस के नेताओं ने इस बात का पूरा श्रेय अपने ऊपर लिया कि उस समय उन्होंने ही मोहल्ले की 'हिफ़ाज़त' की थी। साथ ही उन्होंने दबे-छिपे ढंग से इस बात का इशारा भी कर दिया कि अगर अब 'कुछ' हुआ तो इस बार उनकी मदद नहीं मिल पाएगी।

क्योंकि इस बात को सब जानते हैं कि नवंबर में हुई हिंसा को कांग्रेस पार्टी ने हाईकमान की मदद और वरदहस्त के सहारे खुद ही आयोजित किया था और उसमें सरकारी अमले की भी मिलीभगत शामिल थी इसलिए कांग्रेस के लोगों को नाराज करने की आशंका ने पूरे मोहल्ले में दहशत पैदा कर दी। हालांकि इस बारे में बहुत सारे हिंदुओं को अच्छी तरह पता नहीं था कि दंगों के दौरान क्या हुआ था मगर इन दंगों से हर आदमी यह सोचकर सहमा हुआ ज़रूर था कि 'अगर सिखों के साथ ऐसा हो सकता है तो किसी और के साथ या किसी दूसरे समुदाय के साथ ऐसा क्यों नहीं हो सकता?'

दहशत की इस मुहिम के चलते अगली सुबह एक और बैठक बुलाई गई। इसमें कांग्रेस के लोगों ने सुझाव दिया कि हम लोग बैठक को अपने ब्लॉक के स्थानीय पार्क की बजाय जंगपुरा के एक बड़े पार्क में आयोजित करें। मैंने उन्हें समझाया कि हम लोग अपने पार्क में बैठक आयोजित करने के लिए पहले ही पुलिस के पास अर्जी दे चुके हैं इसलिए अब जगह बदलने से और समस्याएं खड़ी हो जाएंगी। भय और बेचैनी की सामान्य मनोदशा को महसूस करते हुए हम इस बात के लिए तैयार हो गए कि दूसरे पार्क में कार्यक्रम की इजाज़त लेने के लिए हम पुलिस के पास दोबारा जाएंगे और अगर पुलिस ने हमारी बात मान ली तो मीटिंग का स्थान बदल लेंगे।

कांग्रेस के लोगों ने पेशकश की कि वह भी हम लोगों के साथ पुलिस थाने जाकर पार्क के लिए इजाज़त दिलवाने की कोशिश करेंगे। लेकिन हम इस बात को लेकर थोड़ा चिंतित थे कि खुद अपने मोहल्ले से दूर किसी बड़े सार्वजनिक पार्क में होने पर मीटिंग के दौरान हालात हमारे नियंत्रण के बाहर जा सकते हैं। हमारे पास थोड़े से कार्यकर्ता थे तथा व्यवस्था बनाए रखने के लिए और अधिक लोगों को जुटाने का समय नहीं था क्योंकि

अब बैठक के लिए सिर्फ चार दिन का समय बाकी बचा था।

हमें यह देखकर बड़ी हैरानी हुई कि इस दौरान कांग्रेस के दो आदमी लगातार यह कोशिश करते रहे कि हम मीटिंग को किसी भी तरह मोहल्ले के बाहर ही आयोजित करें। वह लगातार यही कहते रहे : 'आप यह कार्यक्रम सप्रू हाऊस या ऐसी ही किसी और बड़ी जगह पर क्यों नहीं करवाते?' इस बहाने उनकी दलील थी कि ऐसा करने पर यह मीटिंग एक 'बड़ी' घटना बन पाएगी और हमें ज़्यादा पब्लिसिटी भी मिलेगी जबकि मोहल्ले में वही काम करने से हमें कुछ 'यश' भी नहीं मिलेगा। हमने उन्हें बताया कि हमारा मकसद पब्लिसिटी पाना नहीं है क्योंकि हमारे खयाल में हिंदू-सिख सद्भाव के लिए होने वाली कोशिशें अखबारी रिपोर्टों तक सीमित रहने की बजाय लोगों की जिंदगी के ज़्यादा नजदीक होनी चाहिएं।

बढ़ता दबाव

इसके बाद हम स्थानीय थाने के प्रभारी के पास गए। वहां जाकर हमने पाया कि हमने पार्क में बैठक करने के लिए थाने में जो चिट्ठी दी थी अभी उसे प्रभारी तक भी नहीं पहुंचाया गया था। हालत यह थी कि अगर हम सामान्य ढंग से इजाज़त मिलने का इंतजार करते रहते तो शायद हमारा इंतजार कभी खत्म ही नहीं होता। हमने तो इस बात को महसूस ही नहीं किया था कि ऐसी मामूली सी चीज के लिए भी व्यक्ति के पास सही संपर्कों का होना कितना ज़रूरी होता है। थाना प्रभारी ने हमें बताया कि बैठक की इजाज़त दी जा सकती है या नहीं, यह पता लगाने के लिए वह अपने गुप्तचरों को भेजेंगे। उन्होंने कहा कि अंततः इस तरह की इजाज़त पुलिस सुपरिंटेंडेंट के दफ्तर से दी जाती है। इस तरह, हम इलाके के एसपी से मिलने गए। वह उस समय अपने दफ्तर में मौजूद नहीं थे इसलिए हग अपनी अर्जी की एक और प्रति वहां छोड़ आए और जवाब का इंतजार करने लगे।

इसके थोड़ी ही देर बाद हमें कुछ आक्रामक से टेलीफोन कॉल आने लगे। फोन करने वाला खुद को स्थानीय कांस्टेबल बताता था और हमसे यह जानने की कोशिश कर रहा था कि हम इस तरह की बैठक क्यों करना चाहते हैं जिससे इलाके में कानून व्यवस्था की स्थिति खराब हो जाएगी। फोन करने वाले एक व्यक्ति की आवाज़ से धमकी की बू आ रही थी। वह भी कांग्रेस के लोगों की तरह बोल रहा था। उसने कहा कि 'अगर कोई दंगा हुआ तो क्या आप उसकी जिम्मेदारी लेने के लिए तैयार हैं?' मैंने उसे याद दिलाया कि यह जिम्मेदारी पुलिस के ऊपर आती है कि अगर हम शांतिपूर्वक कोई कार्यक्रम करना चाहते हैं तो उसके दौरान किसी किस्म की गड़बड़ी पैदा न हो। उसका जवाब धमकाने वाला था : 'पहले तो तुम लौंगोवाल जैसे आदमी को बुलाती हो और उसके बाद मुझे यह समझाने की कोशिश कर रही हो कि तुम हिंसा नहीं फैलाना चाहती?'

इस बीच मोहल्ले में दबाव काफी बढ़ चुका था। हर चंद घंटों के बाद नए सिरे से बैठक बुलाई जाती थी। यह बैठकें कभी किसी के घर में तो कभी किसी पार्क में हो

रही थीं। अब हमारी सार्वजनिक मीटिंग के लिए सिर्फ तीन दिन बचे थे। हमें अब तक यह बात साफ नहीं थी कि हमें कहां आयोजन करने की इजाज़त मिल पाएगी। समझ में नहीं आ रहा था कि इस बारे में लोगों को किस आधार पर सूचना दी जाए? पहले हमने सोचा था कि इस सभा का प्रचार करने के लिए हम कुछ पोस्टर छपवा कर उन्हें आसपास के इलाकों में लगवाएंगे। लेकिन आयोजन स्थल को लेकर जो अफरा-तफरी फैल चुकी थी उसके चलते हम ऐसा कुछ नहीं कर पाए।

22 जून को पुलिस ने हमें जानकारी दी कि जंगपुरा के पार्क में बैठक आयोजित करने की इजाज़त नहीं दी जा सकती क्योंकि यह पार्क भोगल के नजदीक पड़ता है जोकि एक 'संवेदनशील' इलाका माना जाता है। वहां नवम्बर '84 के सिख विरोधी दंगों के दौरान भारी हिंसा हो चुकी थी जिससे सिखों में काफी आक्रोश भी था और दहशत भी। इस पर हमने तय किया कि सीधे पुलिस आयुक्त से जाकर बात की जाए। उन्होंने भी हमें यही राय दी कि इस बैठक के लिए जंगपुरा सही जगह नहीं है क्योंकि उस इलाके में दंगों के दौरान काफी भारी हिंसा हुई थी और पुलिस द्वारा सिखों की गिरफ्तारी के बावजूद भी वहां बीच-बीच में हिंदू-सिख फसाद होते रहे थे। उन्होंने सुझाव दिया कि हम यह मीटिंग अपने मोहल्ले में ही करें तो अच्छा रहेगा। इसके लिए वह हमें औपचारिक इजाज़त देने को भी तैयार हो गए।

वापस लौट कर हमने एसोसिएशन के लोगों को बताया कि अब हमारे पास कोई रास्ता नहीं बचा है। अब यह कार्यक्रम केवल स्थानीय पार्क में ही आयोजित किया जा सकता है क्योंकि पुलिस यही चाहती है। अब तो जैसे आसमान ही टूट पड़ा। कांग्रेस के कुछ लोगों ने कहा कि वह मोहल्ले के पार्क में किसी कीमत पर बैठक नहीं होने देंगे क्योंकि उससे इलाके में कानून-व्यवस्था को खतरा पैदा होता है। हमने कहा कि हम उनकी राय से सहमत नहीं हैं और इसलिए हम अपनी योजना के मुताबिक काम करेंगे। परंतु वह हिंदुओं और सिखों, दोनों के डर का फायदा उठाते रहे ताकि हर तरफ अफरा-तफरी बनी रहे। एक दिन पहले तक जो लोग बैठक का बड़े उत्साह से समर्थन कर रहे थे अब वह भी कतराने लगे। कई लोगों ने हमें कहा कि वह नैतिक रूप से तो हमारे साथ हैं क्योंकि हम अच्छा काम कर रहे हैं मगर जैसा राजनीतिक माहौल बन गया है उसमें इस मुद्दे पर खुलकर हमारा पक्ष नहीं ले सकते।

बैठक से केवल दो दिन पहले एयर इंडिया का एक जंबो जेट बम विस्फोट के कारण आयरिश समुद्र में गिर गया था। हालांकि उस हादसे में मेरी सगी मौसी का इकलौता बेटा भी मारा गया था मगर अपने मोहल्ले में भयानक तनाव को देखते हुए मैं उसकी मौत पर शोक मनाने के लिए अपनी माँ समान प्यारी मौसी के घर तक भी नहीं जा पायी। अभी इस दुर्घटना का कारण भी स्पष्ट नहीं हो पाया था कि उससे पहले ही टेलीविजन और अखबारों ने चीख-चीख कर ऐलान कर दिया कि यह सिखों की करतूत है। माहौल इतना संगीन था कि अखबारों में यह बात आने से पहले ही दिल्ली और आसपास के शहरों में ज़्यादातर

सिखों के दिल दहशत में डूबने लगे थे। उन्हें डर था कि इस घटना को भी उनके खिलाफ हिंसा का नया दौर शुरू करने के लिए बहाना बनाया जा सकता है।

इस दुर्घटना से तो कांग्रेसियों को एक और बहाना मिल गया। दबाव इस कदर बढ़ चुका था कि उनके साथ खुलेआम तकरार के हालात पैदा होने लगे। लेकिन हमने भी उन्हें साफ अहसास करा दिया कि वह चाहे जितना विरोध कर लें, हम अपनी सभा ज़रूर करेंगे। हद से हद वह मोहल्ले के लोगों को सभा से दूर रहने के लिए ही उकसा सकते हैं।

इसके बाद उन्होंने हमारे इर्द-गिर्द एक ऐसा जाल बुन दिया जिससे हम अपाहिज होकर रह जाएं। जब वह हमें डराने-धमकाने में सफल नहीं हो पाए तो आसपास के कुछ प्रमुख सिख परिवारों पर दबाव डालने लगे। हालात ऐसे हो गए कि खुद सिख ही हम पर यह आरोप लगाने लगे कि हम उन्हें खतरे में डाल रहे हैं। वह हमसे गुजारिश करने लगे कि जैसे भी हो, हम इस सभा का इरादा छोड़ दें। एक वृद्ध सिख व्यक्ति ने तो यहां तक कहा : 'आपके लिए तो सभा के साथ ही सब कुछ खत्म हो जाएगा। अगर सभा कामयाब रही तो आपको वाहवाही भी मिलेगी। लेकिन अगर जरा सी भी गड़बड़ हो गई तो उसकी कीमत तो हमें ही चुकानी पड़ेगी। आखिरकार हमें रहना तो इसी मोहल्ले में है। हम कुछ लोगों से दुश्मनी मोल नहीं ले सकते। अगर हम पर कोई संकट आया तो क्या आप हमें बचा लेंगी?'

हमने माना किया कि अगर किसी किस्म की गड़बड़ी होती है तो हम तो खुद अपनी भी हिफ़ाज़त नहीं कर सकते मगर फिर भी इस तरह के जोखिम लेने के अलावा कोई रास्ता भी नहीं था। उन लोगों का भय बेबुनियाद नहीं था। पंजाब और दिल्ली, दोनों जगह सिखों को बड़े पैमाने पर गिरफ्तार किया जा रहा था। सिखों के खिलाफ एक से एक खतरनाक कानून पारित किए जा रहे थे। इस पूरे माहौल ने खुलकर सामने आने के सवाल पर उनके भीतर एक गहरा डर पैदा कर दिया था। मुझे यह चिंता होने लगी कि मौजूदा हालात को देखते हुए बहुत सारे सिख तो निश्चय ही यह चाहते होंगे कि काश वह किसी तरह सबकी नज़रों से ओझल हो जाएं। हमारा नैतिक संकट हमें खाए जा रहा था क्योंकि हमारे पास इस बात का अंदाजा लगाने का कोई तरीका नहीं था कि इस सभा के प्रति सरकार का बर्ताव कैसा रहेगा।

हम दोबारा पुलिस आयुक्त से मिलने गए। उन्होंने बताया कि गुप्तचर रिपोर्टों के मुताबिक वहां गड़बड़ी की कोई आशंका नहीं है। उन्होंने आश्वासन दिया कि वह हमारी दरख्वास्त पर जल्दी से जल्दी कार्रवाई करेंगे। उन्होंने यह भी कहा कि हम सभा की तैयारी जारी रखें। 23 जून की शाम को हमें उनकी तरफ से लिखित इजाज़त मिल गई। हमें लगा कि क्योंकि अब हमें इजाज़त मिल चुकी है इसलिए सभा का विरोध शायद कुछ शांत पड़ जाएगा।

सत्ता के खेल

मगर हमारी इस सफलता का तो उलटा असर हुआ। जब स्थानीय कांग्रेसियों को पता चला

कि हमने सीधे पुलिस आयुक्त से बात कर ली है तब तो वह सभा को रोकने के लिए और भी ज़्यादा सरगर्म हो उठे। उन्हें सबसे ज़्यादा यही बात चुभ रही कि हमने खुद अपने दम पर पूरा काम कैसे कर लिया जबकि उन्होंने हमारी तरफ से स्थानीय थाने में जाकर बात करने की पेशकश भी की थी। असल में मध्यस्थता का उनका प्रस्ताव मीटिंग को सैबोटाज करने की कोशिश थी। इस तरह वह हमें पूरी तरह निःसहाय कर देना चाहते थे। उनकी यह मंशा तब और साफ हो गई जब उनमें से एक ने कहा कि वह इलाके की रेजिडेंट्स एसोसिएशन की तरफ से पुलिस और नगर निगम को इस आशय की चिट्ठी भेज चुके हैं कि इस सभा से इलाके की शांति खतरे में पड़ सकती है इसलिए यह सभा रोक दी जाए।

हमने मदद के लिए एसोसिएशन के सदस्यों से बात की। कई दौर की बातचीत के बाद उनमें से कुछ लोग वहां के कांग्रेसी कार्यकर्ताओं को समझाने की कोशिश करने लगे कि वह हमें सभा आयोजित कर लेने दें, खासतौर से क्योंकि अब तो एसोसिएशन भी उसके आयोजन से पूरी तरह पल्ला झाड़ चुकी है। कई घंटे के तर्क-वितर्क के बाद वह कांग्रेसी नगर निगम के दफ्तर से अपना पत्र वापस लाने के लिए हमारे साथ चलने को तैयार हो गया। मगर पुलिस के पास उसने जो चिट्ठी भेजी थी उसे वह वापस नहीं लेना चाहता था। उसका कहना था कि क्योंकि अब हमारे पास आयुक्त कार्यालय की इजाज़त मौजूद है इसलिए थाने से चिट्ठी वापस लेने की कोई ज़रूरत ही नहीं है। हमें पुलिस आयुक्त कार्यालय से इस आयोजन की इजाज़त शायद इसलिए मिली थी क्योंकि अब केंद्र सरकार अकाली दल के प्रति अपनी नीति बदल रही थी और समझौते का रास्ता साफ करने में लगी थी। इस बात की जानकारी अभी खुलकर सामने नहीं आई थी और हम भी इस बात से अनभिज्ञ थे। हमने किसी आम आदमी को नहीं बल्कि संत लौंगोवाल को बैठक में आने की दावत दी थी। शायद इसी कारण सरकार को लगा होगा कि इस पूरे प्रकरण में नकारात्मक कदम उठाने से सरकार की बदनामी हो सकती है। इस बात की पूरी संभावना थी कि अगर यह सभा कुछ माह पहले आयोजित की जाती तो चाहे हम किसी का भी दरवाजा क्यों न खटखटाते, हमें इजाज़त नहीं मिल सकती थी। परंतु स्थानीय स्तर के कांग्रेसी कार्यकर्ताओं को नीतिगत स्तर पर आ रहे बदलावों के बारे में संभवतः साफ संकेत नहीं दिए गए थे। इसीलिए निचले स्तर पर यह भ्रम फैला हुआ था। वह सीधे-सीधे तो हमारा विरोध नहीं कर सकते थे परंतु इस वजह से हमें ऐसा करने से रोकने की कसम खाए हुए थे कि कहीं इससे इलाके में उनका दबदबा कम न हो जाए।

पुलिस से इजाज़त मिल चुकने के बाद भी हमें इस बात का यकीन नहीं था कि हम अंततः सभा आयोजित कर पाएंगे या नहीं? इसका मतलब था कि हम बैठक का बहुत प्रचार नहीं कर सकते थे। हमें इस बात पर बहुत ज़्यादा चिंता नहीं थी कि बैठक में कुछ दर्जन लोग आते हैं या कुछ हजार लोग। हमारे लिए यह बैठक शक्ति प्रदर्शन का मौका नहीं थी। परंतु कांग्रेस का वह नेता ऐसे बर्ताव कर रहा था मानो यह बैठक उसकी प्रतिष्ठा और शक्ति को एक चुनौती है। इसलिए उसने बैठक के रास्ते में रुकावट डालने में कोई

कसर नहीं छोड़ी।

उल्लेखनीय है कि हमारे मोहल्ले में कांग्रेस और उसके नेता सबसे संपन्न या खाते पीते-घरों के नहीं हैं। हमारे आसपास के ज़्यादातर सिख परिवार मोहल्ले के अधिकांश हिंदुओं से आर्थिक रूप से काफी बेहतर स्थिति में हैं। यही सिख कांग्रेस का परंपरागत वोट बैंक भी रहे हैं। तो फिर इन कांग्रेसियों की ताकत का स्रोत क्या है जबकि उस माहौल में उनकी तो कोई हैसियत ही नहीं होनी चाहिए थी?

असल में स्थानीय पुलिस और प्रशासन के साथ उनकी नजदीकी ही उन्हें उनकी असली ताकत के मुकाबले कहीं ज़्यादा पहुंच प्रदान कर देती है। ज़्यादातर लोगों को इस बात का डर रहता है कि यदि वह किसी कांग्रेसी से उलझेंगे तो पुलिस उन्हें झूठे मामलों में फंसा सकती है। यही डर हमारा भी था। और सिखों के लिए तो यह डर और भी भयानक था। उनमें से किसी को भी पुलिस किसी आतंकवाद विरोधी कानून के तहत गिरफ्तार कर सकती थी जिससे निर्दोष होने पर भी उसे कोई नहीं बचा पाता। यहां तक कि यदि एक बार राजनीतिक और सरकारी मशीनरी उनके खिलाफ हो जाए तो उनकी आर्थिक ताकत भी कुछ नहीं कर सकती। इसलिए, हालांकि कांग्रेस के लोग कह तो यही रहे थे कि 'ऐसा-ऐसा हो सकता है' मगर इसमें जो संदेश सुनाई पड़ता था वह यह था कि 'हम ऐसा-ऐसा करने की ताकत रखते हैं।'

इस बात का उल्लेख करना महत्वपूर्ण है कि किसी भी बिंदु पर मोहल्ले की महिलाओं ने इस टकराव में दखल देने या हम पर कीचड़ उछालने की कोशिश नहीं की। कुछ ने व्यक्तिगत स्तर पर सहानुभूति ज़रूर व्यक्त की। असल में जिसे हम रेजीडेंट्स एसोसिएशन या समुदाय का संगठन कहते हैं वह लगभग हमेशा 'रेजीडेंट मैन्स (पुरुष) एसोसिएशन' ही होता है। हमारी स्थानीय रेजीडेंट्स एसोसिएशन में 'घरों के मुखिया' हैं। हालांकि इनमें से ज़्यादातर लोग बूढ़े हैं मगर कुछ युवा भी आकर बैठकों में हिस्सेदारी कर लेते हैं। परंतु ऐसी किसी भी बैठक में हमने बूढ़ी या युवा, किसी भी महिला को हिस्सेदारी करते नहीं देखा। यहां तक कि महिलाओं को पदाधिकारियों के चुनाव में वोट डालने का भी मौका नहीं दिया जाता है।

मुमकिन है कि अगर हम महिलाओं की बैठक बुलाते और किसी ऐसी महिला को प्रभु दयाल जी की पत्नी को सम्मानित करने के लिए बुलाते जो चुनावी राजनीति से वास्ता नहीं रखती है तब शायद यह बैठक सत्ता के दलालों को अपने लिए इतना बड़ा खतरा महसूस न होती। परंतु संत लौंगोवाल जैसे एक राष्ट्रीय स्तर के नेता को मर्दों के 'निजी' राजनीतिक दायरे में बुलाकर हमने उनके प्रभावक्षेत्र में दखल दिया था और इसलिए अचानक हमें इस तरह देखा जाने लगा जैसे किसी प्रतिद्वंद्वी राजनीतिक दल को देखा जाता है। हमें अगर थोड़ी-बहुत सुरक्षा सी मिल पा रही थी तो शायद इसीलिए कि हम सभी महिलाएं थीं। हमें इस तरह का खतरा नहीं माना जा रहा था जैसा खतरा मुख्य रूप से पुरुषों की बहुतायत वाले संगठन को लेकर महसूस किया जाता है।

खुलेआम गुंडागर्दी

25 जून को सवेरे-सवेरे मोहल्ले की एक महिला हमारे पास आई और उसने हमें बताया कि हमारे ब्लॉक के तीनों पार्कों में पानी खोल दिया गया है। हम नीचे गए और देखा कि पार्क में लगे नलके पूरे जोर से पानी छोड़ रहे हैं। नलकों को बंद भी नहीं किया जा सकता था। उन्हें जानबूझकर तोड़ा गया था। उनके पुर्जे गायब थे। पार्क के कुछ हिस्सों में टखनों तक पानी भर चुका था। स्वाभाविक था कि अगर इसी रफ्तार से पानी बहता रहा तो कुछ घंटों के भीतर पार्क में घुटनों तक पानी भर जाएगा।

हमें उन मालियों को ढूंढने में एक घंटे का समय लगा जो इन नलकों की मरम्मत के बारे में कुछ कदम उठा सकते थे। उन भले आदमियों ने हमारी बात सुनी और लगभग दो घंटे की जद्दोजहद के बाद आखिरकार वह लकड़ी के गुटकों और कपड़े के टुकड़ों से पाइपों को बंद करने में कामयाब हो गए। इस बीच बैठक रद्द करने का दबाव बढ़ता जा रहा था। पूरे मोहल्ले में तनाव का माहौल था। कई सिख पुरुष इलाके में गड़बड़ी के डर से काम पर नहीं गए थे। ज़्यादातर लोग इस बात को लेकर नाराज थे कि बैठक के रास्ते में रोड़े अटकाए जा रहे थे। मगर ऐसे लोग बहुत कम ही थे जो रुकावट डालने वालों को चुनौती दे सकें।

सुबह लगभग 10 बजे टैन्ट वाले को मंच बनाने और माईक वगैरह लगाने का काम शुरू करना था। हममें से कुछ लोग पार्क से पानी निकालने की कोशिश कर रहे थे। जब टैन्ट वाला हमसे बात कर रहा था उसी समय कुछ लोगों ने उसे एक तरफ बुला लिया। उन लोगों ने उसे साफ तौर पर बता दिया कि उसे टैन्ट नहीं लगाने दिया जाएगा। उन्होंने उसे कहा कि 'अगर तुम्हारा टैन्ट और माईक बरबाद हो गए तो क्या होगा?' उसे बात समझ में आ गई। वह कई घंटे के लिए अपनी दुकान से ही गायब हो गया।

अब तक यह बात साफ हो चुकी थी कि खुली जगह पर बैठक करने में भारी जोखिम है। मगर हम अपनी योजना से हटने को तैयार नहीं थे। हमने तय कर लिया था कि अगर वह हमें सार्वजनिक स्थान का प्रयोग नहीं करने देंगे तो भी हम बैठक ज़रूर करेंगे चाहे वह बैठक हमें अपने घर या दफ्तर में ही क्यों न करनी पड़े। आखिरकार हम बैठक के लिए अपने दफ्तर की छत पर इकट्ठा हुए। यहां आलथी-पालथी मारकर 300 लोग बैठ सकते थे। मगर इस योजना के भी अपने खतरे थे। पड़ोसियों के बीच यह अफवाह फैलने लगी कि उग्रवादी मकान को नुकसान पहुंचा सकते हैं।

बैठक तय समय के मुताबिक हुई। हमारे पास जो कुछ घंटे बचे थे उनमें हमने थोड़े से पर्चे छपवाए और उन्हें अपने पड़ोस में बांट दिया। हमने छत पर माईक और लाईटों का इंतजाम किया ताकि जो लोग छत पर नहीं आ पाए हैं वह भी सड़कों पर या घरों में रहकर हमारी बात सुन सकें।

संत लौंगोवाल के आने से काफी देर पहले ही हमारे घर के इर्द-गिर्द सैकड़ों लोग

इकट्ठा हो चुके थे। हालांकि संत लौंगोवाल तय समय से लगभग दो घंटे देर से वहां पहुंचे फिर भी सारे लोग तसल्ली से उनका इंतजार करते रहे। भीड़ को देख कर हमें डर लगने लगा था कि संत लौंगोवाल के आने पर कहीं भगदड़ न मच जाए। आखिर में जब बहुत सारे लोग एक साथ भीतर आने की कोशिश करने लगे तो थोड़ा सा भ्रम की स्थिति भी पैदा हुई। लेकिन वहां नारेबाजी या और कोई शोर नहीं था तथा सब लोगों ने बेहद सौम्य और धैर्यपूर्ण व्यवहार किया।

जब संत लौंगोवाल बोलने के लिए खड़े हुए तब तक घर के सामने पार्क में कई सौ और लोग भी इकट्ठा हो चुके थे। वह मांग करने लगे कि संत लौंगोवाल मुंडेर के नजदीक खड़े होकर उन्हें संबोधित करें ताकि लोग उन्हें साफ-साफ देख सकें। जब संत लौंगोवाल ने उनकी बात मान ली तो सब लोग पूरी खामोशी से उनकी बात सुनते रहे। कार्यक्रम में आए लोगों में जितने हिंदू थे उतने ही सिख भी थे। भीड़ में बहुत सारी महिलाएं और बच्चे भी थे।

क्या ऐसी स्थिति में यह कहा जा सकता है कि सभा को लेकर मोहल्ले में जो भय व्याप्त था वह बिल्कुल बेबुनियाद था? एक लिहाज से, हां; एक लिहाज से, नहीं। यह भय इस लिहाज से तो बेबुनियाद था कि लोगों को अकसर इस भ्रम में रखा जाता है कि दंगे सिर्फ दो लोगों के बीच टकराव की वजह से ही पैदा होते हैं। पिछले कुछ दशकों के अनुभव से तो हमने यही जाना है कि ज़्यादातर दंगे इस वजह से नहीं होते। ज़्यादातर लोग बेतहाशा हिंसा के डर की बजाय शांति से रहना ज़्यादा पसंद करते हैं। अधिकतर दंगे संकीर्ण राजनीतिक उद्देश्यों के लिए राजनेताओं द्वारा करवाए जाते हैं। इसलिए, ताकतवर राजनीतिक दलों या संगठनों के हितों के खिलाफ जाने वाली किसी भी सामाजिक या राजनीतिक गतिविधि में पैर फंसाने का डर एक वाजिब डर है।

शासक दल की चौधराहट

उन पांच दिनों में राजनीतिक चालबाजी का एक और अहम आयाम उजागर हुआ। कांग्रेस के कार्यकर्ता इस तरह की बैठक के सैद्धांतिक रूप से खिलाफ नहीं थे। उनका विरोध असल में एक गंभीर विकृति का लक्षण था। यह विकृति हमारी राजनीतिक संस्कृति के तमाम स्तरों को अपनी चपेट में ले चुकी है।

श्रीमती गांधी पूरे देश में ऐसे किसी राजनीतिक सत्ता केंद्र का उदय नहीं चाहती थीं जिसकी बागडोर कांग्रेस पार्टी के हाथ में न हो। स्थानीय स्तर के नेता भी इसी डर से ग्रस्त रहते हैं। उन सभी ने आजादी के बाद की कांग्रेसी संस्कृति को आत्मसात कर लिया है। इस संस्कृति ने उन्हें गैर-कांग्रेसी स्रोतों से पैदा होने वाली तमाम राजनीतिक पहलकदमियों के प्रति अविश्वास से भर दिया है।

यहां तक कि उदारवादी नेहरू युग के शिखर काल में भी केरल की वामपंथी सरकार को गलत ढंग से बर्खास्त कर दिया गया था ताकि केंद्र और राज्य, दोनों जगह कांग्रेस

का वर्चस्व कायम रह सके। इसी कारण कश्मीर के निर्वाचित नेता शेख अब्दुल्ला को सालों तक जेल में रखा गया ताकि जम्मू-कश्मीर की सत्ता नेशनल कांफ्रेंस के हाथों में न जा सके। पिछले दशक के दौरान, खासतौर से इमरजेंसी के बाद से क्षेत्रीय पार्टियों को राज्यों में सरकारें बनाने से रोकने की जिस तरह कोशिशें की जा रही हैं उनसे कई भारी और खूनी टकराव पैदा हुए हैं। बंगाल में वामपंथी सरकार, आंध्र प्रदेश में तेलुगू देशम की सरकार, जम्मू कश्मीर में फारूख अब्दुल्ला की सरकार की बर्खास्तगी तथा कर्नाटक और त्रिपुरा में इस तरह की कोशिशों से देश के राजनीतिक जीवन पर विनाशकारी प्रभाव पड़े हैं। यह बीमारी सिर्फ शिखर तक ही सीमित नहीं है। यह कांग्रेस के हर कार्यकर्ता में दिखाई देती है – चाहे वह मोहल्ले अथवा गांव में काम करता हो या शहरी नगर निगम से लेकर राज्य विधान सभा और संसद तक काम करता हो। यही वह सोच है जिसने हमारी बैठक को लेकर इतना तीखा टकराव पैदा किया जबकि वास्तविकता यह थी कि इस बैठक के हक में एक व्यापक सहमति मौजूद थी।

ऐसा लगता है कि स्थानीय कांग्रेसी संत लौंगोवाल, यानी विपक्ष के किसी नेता के आने से भी ज़्यादा इस तथ्य को लेकर परेशान थे कि उनके इलाके में एक बड़ा सामाजिक/राजनीतिक कार्यक्रम उनकी पहलकदमी या उनके वरदहस्त के बिना आयोजित किया जा रहा है। लेकिन अगर हम पहले उनसे संपर्क करते और उनकी सहायता मांगते तो क्या इससे हमारा काम आसान हो जाता? दुर्भाग्यवश इसका जवाब भी नकारात्मक है। आज कांग्रेस पार्टी की भीतरी कार्यशैली को देखते हुए कोई भी स्थानीय नेता कांग्रेस आलाकमान की अनुमति लिए बिना जरा सा भी राजनीतिक प्रयास नहीं कर सकता। उन्हें आजादी है तो सिर्फ इस बात की कि अपने संकीर्ण निजी उद्देश्यों की पूर्ति के लिए स्थानीय सरकारी मशीनरी का जैसे चाहें इस्तेमाल करें ताकि वह भाई-भतीजावाद और भ्रष्टाचार का केंद्र बने रहे सकें। इसलिए, अगर हम स्थानीय कांग्रेसियों की मदद लेना चाहते तो हमें 'आलाकमान' से इजाज़त की ज़रूरत पड़ती। और यह इजाज़त केवल तभी मिलती जब हमारे कार्यक्रम से पार्टी को अपने हित भी सधते हुए दिखाई देते। अब ज़्यादातर प्रमुख राजनीतिक पार्टियों ने कांग्रेस द्वारा बनाए गए नियमों के मुताबिक चलते हुए जीना सीख लिया है।

स्वतंत्र पहलकदमियों का हश्र

अगर इस आयोजन के पीछे कोई विपक्षी दल मौजूद होता तो स्थानीय कांग्रेसियों को यह पूरा प्रकरण ज़्यादा आसानी से समझ में आ जाता। तब वह शायद उतने चिंतित नहीं होते। वह शायद इसलिए ज़्यादा परेशान थे क्योंकि हमारे ऐसे कोई संपर्क नहीं थे और हम लोग एक छोटे से स्वतंत्र समूह के रूप में काम कर रहे थे।

उनकी चिंता इस बात को देखकर और भी बढ़ गई थी कि कई स्थानीय निवासियों ने बैठक के लिए अपना स्वतःस्फूर्त समर्थन दे दिया था। लोग इन कांग्रेसियों की इच्छा और पहलकदमियों से परे जाकर कदम न उठा सकें – यह सुनिश्चित करने के लिए ज़रूरी

था कि इस स्वतःस्फूर्त प्रयास को समय रहते ही खत्म कर दिया जाए। पिछले कुछ दशक के दौरान, कांग्रेस पार्टी के पदानुक्रम में विभिन्न स्तरों पर मौजूद लोगों को यही सिखाया गया है कि सार्वजनिक सभाओं को अपने प्रतिद्वंद्वियों के खिलाफ शक्ति प्रदर्शन के तौर पर कैसे इस्तेमाल किया जाए। उनकी सियासत में संख्याओं का खेल महत्वपूर्ण हो चुका है। क्योंकि विपक्ष भी अपनी राजनीति को इसी मानसिकता के इर्द-गिर्द केंद्रित रखता है इसलिए कांग्रेसियों के लिए यह सोचना ही असंभव है कि उनकी सहमति के बिना आयोजित की जाने वाली कोई सार्वजनिक बैठक या रैली उनके खिलाफ शक्ति प्रदर्शन या उनके चुनावी आधार को खिसकाने की कोशिश के अलावा भी कुछ हो सकती है।

भ्रष्टाचार के जरिए वर्चस्व

कांग्रेसी कार्यकर्ता अपने कार्यक्षेत्र पर नियंत्रण बरकरार रखने के लिए एक ओर तो लोगों को दहशत में रखते हैं और दूसरी तरफ आम नागरिकों एवं स्थानीय सरकारी मशीनरी के बीच बिचौलिये के रूप में काम करते हैं। अगर किसी को थाने में जाकर चोरी की शिकायत लिखवानी है तो उसकी सुनवाई होने की थोड़ी-बहुत संभावना तभी बनती है जब वह शासक दल के किसी व्यक्ति को साथ लेकर जाए। यही बात राशन कार्ड बनवाने या शादी-ब्याह अथवा धार्मिक कार्यों के लिए सार्वजनिक स्थानों के इस्तेमाल की इजाज़त पाने के दौरान भी सामने आती है। यह सभी मौके और घटनाएं इन लोगों के लिए अपनी राजनीतिक पहुंच और ताकत के प्रदर्शन का मौका होते हैं। और इस ताकत को अंततः चुनावी उद्देश्यों के लिए इस्तेमाल किया जाता है। इस वोट जुटाऊ क्षमता के आधार पर ही स्थानीय कांग्रेसी कार्यकर्ताओं को पार्टी के आला नेताओं से संरक्षण मिलता है। इसके बदले में उसे निजी उद्देश्य के लिए सरकारी मशीनरी के दुरुपयोग की पूरी छूट मिल जाती है।

शासक दल ने सरकारी मशीनरी के सहज कामकाज को अवरुद्ध करने में एक ठोस स्वार्थ ढूंढ लिया है। हर चीज के लिए सही 'संपर्कों' का होना ज़रूरी है। बदकिस्मती यह है कि कांग्रेस दलाली और भ्रष्टाचार के इस संगठित रैकेट को "सामाजिक कार्यों" का नाम देती है। इसीलिए नौकरशाही के निकम्मेपन और भ्रष्टाचार को कांग्रेस की तरफ से लगातार प्रोत्साहन और सहारा मिलता है। यह कोई इत्तेफाक नहीं है कि असामाजिक तत्व किसी भी दूसरी पार्टी के मुकाबले आज कांग्रेस की तरफ ज़्यादा आकर्षित होते हैं। और तो और, जो लोग उनकी मदद नहीं लेना चाहते वह भी उनकी नुकसान पहुंचाने की क्षमता से ज़रूर डरते हैं और उनके साथ किसी भी किस्म का टकराव मोल लेने से कतराते हैं।

शीर्ष स्तर पर नेतृत्व का रंग-ढंग कैसा भी क्यों न हो, कांग्रेस का चरित्र तब तक वैसा ही रहेगा जब तक पार्टी स्थानीय नौकरशाही पर अपना नियंत्रण शिथिल करने के लिए तैयार नहीं होगी।

पस्ती की मनोदशा

अगर स्वतंत्र लोगों का कोई समूह युवा क्लब के गठन या मोहल्ला सफाई अभियान जैसी मामूली सी गतिविधि भी आयोजित करना चाहे तो उसे भी एक चुनौती के रूप में देखा जाएगा और उसके सामने भी इसी तरह की रुकावटें पैदा होंगी। शासक दल के स्थानीय प्रतिनिधि या तो उन्हें निगल जाने की कोशिश करते हैं या उनके रास्ते में इतनी रुकावटें खड़ी कर देते हैं कि वे खुद ही हिम्मत हार जाते हैं। विपक्षी दल भी इससे अलग बर्ताव नहीं करते मगर क्योंकि राष्ट्रीय स्तर पर वह सत्ता में नहीं हैं इसलिए समाज पर हावी होने की उनकी ताकत अभी सीमित है।

इस स्थिति के दूरगामी परिणाम हो सकते हैं। ऐसे में कोई भी स्वतंत्र राजनीतिक या सामाजिक गतिविधि शुरू करने के विषय में आम लोगों के बीच भारी संशय और निःसहायता की संस्कृति पैदा होती है। आज ज्यादातर लोग निष्क्रिय मूकदर्शक भर बनकर गए हैं क्योंकि मामूली से मामूली चीजों के लिए भी उन्हें जमीन-आसमान एक कर देना पड़ता है। लोगों में लाचारी का सा भाव पैदा हो गया है जो अकसर इस व्यापक भावना के पुष्ट होने में दिखाई देता है कि तमाम नागरिक तथा राजनीतिक गतिविधियां चलाने का हक केवल स्थापित दलों को ही है। लोग यह मानने लगे हैं कि केवल बड़े राजनीतिक नेता ही उनकी समस्याओं का समाधान कर सकते हैं। यदि मौजूदा नेता नाकाम हो जाते हैं तो लोग चुपचाप बैठ कर किसी 'अच्छे' नेता का इंतजार करने लगते हैं। सरकार और शासक दल पर भयानक निर्भरता की यह मनोदशा न केवल बड़े राजनीतिक संकटों के रूप में अभिव्यक्त होती है, जैसा कि पंजाब में है, बल्कि मोहल्ले के सीवर साफ करवाने जैसी छोटी-मोटी चीजों में भी साफ दिखाई दे जाती है।

यदि नगर निगम अपना काम ठीक से नहीं करता तो लोग बार-बार अर्जी देकर चुप बैठने के अलावा कुछ नहीं करते। वह बस यह उम्मीद करते रहते हैं कि एक दिन शिखर पर बैठा कोई भला आदमी उनकी दशा पर ध्यान देगा और उनके हालात में सुधार लाएगा। अगर ऐसा नहीं होता है तो लोग उस पर दबाव डलवाने के लिए 'संपर्क' ढूंढने लगते हैं या रिश्वत के जरिए काम चलाने की कोशिश करते हैं। इस तरह, भ्रष्टाचार और भाई-भतीजावाद की पूरी व्यवस्था लोगों की टूटी हुई हिम्मत की जमीन पर पनपती है और उन लोगों के हाथ में अनियंत्रित शक्ति दे देती है जिनका उस पूरी मशीनरी पर नियंत्रण रहता है।

इसने हरेक को शक की नज़र से देखने की एक ऐसी संस्कृति भी पैदा की है जिसमें सामाजिक या राजनीतिक मामलों में पहलकदमी लेने वाला हर व्यक्ति चालबाज और स्वार्थी दिखाई देने लगता है। सामाजिक कार्य को सत्ता की दलाली का पाखंड माना जाने लगा है। यही वजह है कि कोई व्यक्ति कुछ भी काम शुरू करना चाहे, लोग सबसे पहले यही सवाल दागते हैं : 'तुम्हें इससे क्या मिलेगा?'

अगर हमें कोई निजी फायदा दिखाई नहीं देता तो हम सामुदायिक गतिविधियां शुरू ही नहीं करते। इसके साथ ही विभिन्न समुदायों के बीच एक तेज धुव्रीकरण भी हुआ है ज़िसके कारण अब कम ही लोगों को विभिन्न समूहों के बीच पुल की तरह काम करने का मौका मिल पाता है। मुझे उस समय सचमुच आश्चर्य हुआ जब संत लौंगोवाल से मिलकर आने के बाद मेरे बहुत सारे पुराने परिचित भी मुझसे यह सवाल पूछने लगे कि क्या मैं सिख परिवार से तो नहीं हूं। उनकी नज़र में मेरा हिंदू होकर सिख समुदाय के हकों की बात करना एक अचरज वाली बात थी। व्यक्ति के अपने अधिकारों के अलावा किसी भी किस्म के मानवाधिकारों के प्रति संवेदना को अवैध घोषित करने और किसी भी पीड़ित समुदाय को अलग-थलग कर देने का यह बहुत सशक्त हथियार बन गया है।

जिन चीज़ों से बात बन सकती है

हम पर जो दबाव पड़ा और हमें जो धमकियां मिली उनका सामना करने में हमें इस एक तथ्य से सबसे ज़्यादा मदद मिली कि हम लोग शक्ति प्रदर्शन के लिए संख्याओं की राजनीति में नहीं उलझे। हमारी समझ साफ थी : अगर बड़ा पार्क नहीं मिलेगा तो हम छोटा पार्क ले लेंगे। अगर वह भी नहीं मिला तो घर में सभा करेंगे और उसे सबके लिए खुला रखेंगे। जहां सार्वजनिक और निजी एक-दूसरे से मिलते हैं ऐसी परिधि में भी राजनीतिक कदम उठा पाने की हमारी क्षमता ने ही हमें न केवल कांग्रेसियों के दबाव का सामना करने बल्कि सरकारी मशीनरी द्वारा पैदा की गई अनिश्चितताओं को भी झेलने की ताकत दी।

संख्याओं के खेल से जुड़ी हुई एक और बात प्रेस पब्लिसिटी पर निर्भरता की है। आमतौर पर प्रेस कवरेज इस बात से निर्धारित होती है कि कार्यक्रम में कितने लोग मौजूद थे। इस वजह से राजनीतिक कार्यकर्ता भी अपनी गतिविधियों को अधिक से अधिक भीड़ जुटाने की दिशा में केंद्रित करने लगते हैं और उन्हें मीडिया में कितनी जगह मिलती है इसी से यह मापने लगते हैं कि वह अपना राजनीतिक उद्देश्य हासिल कर पाए या नहीं। लेकिन हमें अपनी कार्रवाइयों का मूल्यांकन करने के लिए प्रेस कवरेज के अलावा दूसरे मानदंडों के बारे में भी सोचना चाहिए।

हमें अपनी बैठक एक निजी स्थान पर आयोजित करने के लिए तो विवश किया गया परंतु उसे बंद कमरे की बजाय खुली छत पर करके हमने पूरे कार्यक्रम को अधिक से अधिक सार्वजनिक बनाए रखा। हमारी पहली मंजिल की छत ने एक ऊँचे मंच का काम किया जिससे आसपास की सड़कों व पार्कों में खड़े सब लोग सभा का हिस्सा बन गए। हालांकि एसोसिएशन ने आखिर में इस कार्यक्रम से हाथ खींच लिए थे मगर उसके बहुत सारे सदस्य हमें सलाह-मशविरा देते रहे। हम कांग्रेस के लोगों के साथ निजी स्तर पर सौदेबाजी में कतई नहीं गए। यह टकराव लोगों की पूरी तरह नज़र में था – इस तथ्य ने उन लोगों की बदनियती पर थोड़ा सा अंकुश भी लगा दिया। हमने इस बात का खयाल रखा कि चाहे हमारे साथ कितनी भी बदतमीजी हो, हम महज उकसावे में आकर कोई जवाबी हरकत

नहीं करेंगे। इस तरह हम अपने बहुत सारे पड़ोसियों का अप्रत्यक्ष समर्थन पाने में कामयाब हुए। यह तमाम आधिकारिक स्वीकृतियों के मुकाबले एक ज़्यादा बड़ी उपलब्धि थी।

हालांकि मोहल्ला आधारित राजनीति के रास्ते में अनगिनत रुकावटें आती हैं फिर भी हमें खुद को कुछ विशेष परंपरागत दायरों में कैद होने से बचाना होगा। इन दायरों में बंधकर राजनीतिक हिस्सेदारी केवल कुछ लोगों तक सीमित होती चली जाती है। गांव या मोहल्ले के स्तर पर सामाजिक अथवा राजनीतिक कार्य शुरू करने के मुकाबले राष्ट्रीय या राज्य स्तरीय सम्मेलन आयोजित करना ज्यादा आसान है। यह एक कारण है जिसकी वजह से हमारे देश में राजनीतिक गतिविधियां अकसर बहुत भारी-भरकम पैमाने पर और ताम-झाम के साथ आयोजित होती हैं। आज इस बात की भारी ज़रूरत है कि हम अपनी ऊर्जा को लोकतांत्रिक अधिकार के लिए होने वाले संघर्षों को दैनिक जीवन के निकट लाने की कोशिशों पर केंद्रित करें।

हमें मौजूदा राजनीतिक संरचना द्वारा निर्धारित कर दिए गए नियमों की दलदल में धंसते जाने की बजाय इस राजनीतिक खेल के नियमों को ही बदलने के लिए कमर कसनी होगी। हमें सुनिश्चित करना होगा कि सरकारी मशीनरी लोगों के अधिकारों के प्रति संवेदनशील हो। इसके लिए अंकुश तथा उत्तरदायित्व की एक ऐसी व्यवस्था निर्मित करनी होगी जो नौकरशाही के हाथों में पहुंच चुकी बेहिसाब मनमानी शक्तियों को सीमित कर सके। अभी सरकारी ओहदेदार केवल अपने से ऊपर बैठे लोगों के प्रति जवाबदेह होते हैं। वह न तो उन लोगों के प्रति जवाबदेह होते हैं जो उनसे नीचे काम करते हैं और न ही उन लोगों के प्रति, जिनकी जिंदगी उनके कामों से प्रभावित होती है। हमें ऐसे रास्ते ढूंढने होंगे जिनके जरिए इस मशीनरी को एक ऐसे नए सांचे में ढाला जा सके जिससे उसके अधिकारी मनमाने ढंग से काम न कर पाएं और उन्हें लोगों के प्रति संवेदनशीलता और जवाबदेही का रुख अपनाना पड़े।

नौकरशाही को शासक दल के राजनेताओं की जकड़ से आजाद करना तथा यह सुनिश्चित करना बहुत महत्वपूर्ण है कि नौकरशाही संरचना नियमों और कायदे-कानूनों के मुताबिक काम करे। आज तकरीबन हर चीज के लिए बेतुकी रुकावटों और इजाज़तों की जैसी ज़रूरत पैदा कर दी गई है उससे पीछा छुड़ाना तो और भी ज़रूरी है। ये प्रावधान ही तमाम स्वतःस्फूर्त कार्रवाइयों और एक जीवंत सामाजिक जीवन को अवरुद्ध कर देते हैं। यदि सिर्फ एक उदाहरण लिया जाए, तो एक सामाजिक या राजनीतिक क़िस्म की सभा आयोजित करने का अधिकार प्रत्येक नागरिक का सामान्य अधिकार होना चाहिए। यदि सत्ता में बैठे लोगों के पास उसे रोकने के वाजिब कारण मौजूद हैं तो उन्हें चाहिए कि वह वैधानिक प्रक्रिया से होते हुए यह स्पष्ट करें कि वह उस कार्रवाई को क्यों रोकना चाहते हैं। परंतु आज स्थिति इसके विपरीत है। आज नागरिकों को अपनी नेकनियती के सर्टिफिकेट जुटाने पड़ते हैं, और नौकरशाही के सामने मिन्नतें करनी पड़ती हैं।

और अंत में, सामुदायिक मामलों में महिलाओं की अभी तक ऐसी हैसियत नहीं बन

पाई है जिस पर ध्यान दिया जाए। राजनीति की परिभाषा और फ्रेमवर्क, किसी भी स्तर पर बदलाव की परिभाषा और फ्रेमवर्क, महिलाओं से निर्धारित नहीं होते। अगर इक्का-दुक्का महिलाएं पुरुषों द्वारा परिभाषित राजनीतिक दायरे में दाखिल हो भी जाती हैं तो भी या तो उन्हें 'महिला शाखा' जैसे हल्के-फुल्के कामों की जिम्मेदारी सौंप दी जाती है या वह भी पुरुषों की तरह चुनावों और सत्ता के खेल में शामिल हो जाती हैं।

जब आम महिलाएं पर्याप्त रूप से बड़ी संख्या में और अपनी शर्तों पर अपने-अपने मोहल्लों में संगठित होने लगेंगी, केवल तभी सही मायनों में 'जन-आधारित' संगठनीकरण की शुरुआत हो पाएगी। इस किस्म के संगठनीकरण का चरित्र आज की राजनीति से निश्चय ही भिन्न होगा।

4

उत्तरी अमेरिका के नाराज़ सिखों के बीच *मानुषी* की सम्पर्क यात्रा

भारत सरकार ने पंजाब में जारी आतंकवाद को किसी रहस्यमयी 'विदेशी हाथ' का परिणाम बताने की भरसक कोशिश की है। उसकी राय में यह विदेशी हाथ भारत को अस्थिर करने के लिए लगातार साज़िशें रचता रहता है। सरकार चाहती है कि हम यह मान लें कि सिख आतंकवाद के पीछे पाकिस्तान, अमेरिका, कनाडा और ब्रिटेन की सरकारों का उकसावा ही मुख्य कारण है। जाहिर है कि सरकार पंजाब में पैदा हुए टकराव के पीछे अपनी बेईमानी भरी भूमिका को छिपाने के लिए ऐसा कर रही है।

बेशक, आतंकवादियों को देश के बाहर से नैतिक और भौतिक सहायता मिल रही है। परंतु यह सहायता विदेशी सरकारों से नहीं बल्कि दूसरे देशों, खासतौर से उत्तरी अमेरिका और इंग्लैंड में बसे कुछ सिखों से ही ज़्यादा मिल रही है। इन तत्वों के पास इतनी ताकत है कि वह आतंकवादियों को लंबे समय तक बेहिसाब पैसा, हथियार और लोग मुहैया करा सकते हैं। इन कामों को करते रहने के लिए उन्हें किसी विदेशी सरकार की सक्रिय सहायता की ज़रूरत ही नही है। यह कुछ वैसे ही है जैसे अमेरिका में रहने वाले आयरिश समुदाय के लोग दशकों से आईआरए की मदद करते आ रहे हैं।

लेकिन यह भी सच है कि विदेशों में रहने वाले सिख समुदाय के सारे लोग आतंकवादी हिंसा का समर्थन नहीं करते। इस संकट को संवाद और सहमति के जरिए हल करने के हक में वहां भी बहुत सारे लोग आवाज़ उठा रहे हैं। इन आवाज़ों की अनुगूंज भारत में हम लोगों तक कभी-कभार ही पहुंच पाती है क्योंकि मीडिया इस पूरी स्थिति को अतिसरलीकृत ढंग से और सनसनी के आवरण में ही पेश करना चाहता है। वैसे भी मडिया उन लोगों पर ही ज़्यादा ध्यान देता है जो आतंकवादियों की राजनीति का समर्थन करते हैं।

पिछले साल (1986) मुझे एक अंतर्राष्ट्रीय सम्मेलन में हिस्सेदारी के लिए उत्तरी

* पहली बार *मानुषी*, संख्या 41 (जुलाई-अगस्त 1987) में प्रकाशित।

अमेरिका जाने का मौका मिला। वहां मैंने सिख समुदाय के बहुत सारे लोगों से खुलकर बात की। उत्तरी अमेरिका में रहने वाले हिन्दुस्तानियों ने मुझे लगभग 20 शहरों और इससे दोगुना गुरुद्वारों में भाषण देने के लिए बुलाया। इनमें से बहुत सारे निमंत्रण विभिन्न गुरुद्वारा आधारित संगठनों से आए थे। प्रस्तुत रिपोर्ट विभिन्न विदेशी सिख संगठनों और व्यक्तियों के साथ हुई बातचीत पर ही आधारित है।

* * * * *

उत्तरी अमेरिका में रहने वाले भारतीयों की गिनती वहां के काफी संपन्न और आर्थिक स्तर पर तेजी से आगे बढ़ते प्रवासी समुदाय के रूप में की जाती है। इनमें सिखों की तादाद काफी बड़ी है। एक अनुमान के अनुसार, अकेले अमेरिका में ही लगभग 1,25,000 सिख हैं।

मोटे तौर पर, भारत के लोग तीन प्रमुख लहरों में उत्तरी अमेरिका गए हैं। पहली छोटी सी लहर किसानों की थी। इस लहर में जाने वाले लोगों में से ज़्यादातर पंजाब के सिख किसान थे। ये लोग बीसवीं शताब्दी की शुरुआत में कनाडा और अमेरिका के पश्चिमी तट पर जाकर रहने लगे थे। धीरे-धीरे उनमें से कुछ लोग संपन्न किसानों की श्रेणी में पहुंच गए। हालत यह है कि आज भी पंजाब से गए बहुत सारे अवैध आप्रवासी वहां मामूली वेतन पर खेतिहर मजदूरों के तौर पर ही काम करने जाते हैं। दूसरी लहर में भारतीय पेशेवरों ने अमेरिका का रुख किया। ये लोग साठ के दशक के मध्य में तथा उसके बाद वहां गए। उस समय अल्पविकसित देशों के डॉक्टरों, वैज्ञानिकों और इंजीनियरों को आकर्षित करने के लिए अमेरीकी सरकार ने आव्रजन कानून शिथिल कर दिए गए थे ताकि वहां कुशल श्रम शक्ति की कमी को दूर किया जा सके। इस समूह का प्रदर्शन भी काफी अच्छा रहा है और इसे कोरियाई तथा चीनियों के साथ सबसे सफल आप्रवासी समूहों में से एक माना जाता है। तीसरी लहर सत्तर के दशक के अंतिम सालों में शुरू हुई जब भारत से लघु उद्यमी और दुकानदार वहां जाने लगे। इस समूह का प्रदर्शन भी काफी बढ़िया रहा। इनमें से कई दस्तकारी वस्तुओं, कालीनों और तैयार कपड़ों के आयातक या इलेक्ट्रॉनिक्स आदि चीजों के थोक व्यापारी हैं। आज उत्तरी अमेरिका के सिख मूलतः किसान या खेतिहर मजदूर नहीं हैं। वह मुख्य रूप से दुकानदार, व्यापारी और पेशेवर हैं। सभी प्रवासी सिख पंजाब के नहीं हैं। इनमें से बहुत सारे भारत के दूसरे राज्यों से भी आए हैं।

हालांकि विदेशों में रहने वाले भारतीयों की एक बड़ी तादाद या तो अमेरिका अथवा कनाडा की नागरिकता ले चुकी है या उसके लिए प्रयास कर रही है। फिर भी, इनमें से ज़्यादातर ने भारत में अपने परिवारों के साथ लगातार रिश्ता बनाए रखा है। उत्तरी अमेरिका के बहुत सारे सिख अपने बच्चों की शादी के लिए अभी भी भारत का ही रुख करते हैं। वह अपने रिश्तेदारों को अमेरिका जाने में लगातार मदद भी करते रहते हैं। बहुत सारे लोग भारत में अपने परिवारों से मिलने के लिए भी नियमित रूप से आते रहते हैं। कुछ लोग तो भारत में संपत्ति या व्यवसाय में पैसा भी लगाते हैं। कुल मिलाकर, पंजाब और शेष

भारत के साथ उनका संपर्क सिर्फ धर्म के संकीर्ण दायरे में बंधा हुआ नहीं है। यह एक जीवंत संबंध है।

क्योंकि भारत में खालिस्तानी गुटों, और सिख प्रतिरोध के विभिन्न स्वरूपों को एक अच्छी-खासी नैतिक और वित्तीय सहायता संभवतः विदेशों में रहने वाले सिख समुदाय के कुछ हिस्सों से ही आती है इस कारण हमारे लिए उनकी प्रतिक्रियाओं, शिकायतों और अभिव्यक्ति के तरीकों को समझना महत्वपूर्ण है।

अहम मुकाम

आज हम इस बात को समझने के लिए तैयार नहीं हैं कि विदेशों में रहने वाले सिख समुदाय की प्रतिक्रियाएं और अभिव्यक्तियां भी एक जैसी नहीं हैं। उनमें भी काफी विविधता और जटिलता है। हम अकसर बड़ी आसानी से यह मान लेते हैं कि सभी अनिवासी सिख कट्टर और अलगाववादी ही हैं। यद्यपि आतंकवादी समूह वहां भी अपना वर्चस्व कायम करने की कोशिश कर रहे हैं लेकिन इसमें भी कोई दो राय नहीं कि वहां एक जिम्मेदारी भरी राजनीति के हक में भी काफी शक्तिशाली आवाज़ें उठ रही हैं। वहां के लोग चाहते हैं कि :

* पंजाब समस्या का सम्मानजनक हल निकाला जाए;
* राज्यों को और अधिक स्वायत्तता दी जाए;
* पंजाब में सरकारी दमन तथा झूठी मुठभेड़ों पर रोक लगाई जाए;
* नवंबर 1984 में हुए दंगों के दोषियों को सजा दी जाए;
* जोधपुर तथा अन्य जेलों में कैद उन लोगों को रिहा किया जाए जिनके खिलाफ अब तक कोई आरोप नहीं लगाए गए हैं।

सिख न केवल भारत सरकार की नीतियों से परेशान हैं बल्कि वह इस बात से भी आहत हैं कि ज्यादातर विपक्षी दलों की प्रतिक्रिया भी निष्पक्ष नहीं रही है। सिखों को एक पूरे समुदाय के रूप में निंदा का पात्र बनाया गया है और उन्हें अलग-थलग कर दिया गया है। बहुत सारे लोगों ने मुझसे कहा कि लौंगोवाल समझौता केवल इसीलिए संभव हो पाया क्योंकि पीपुल्स यूनियन फॉर सिविल लिबर्टीज़, पीपुल्स यूनियन फॉर डेमोक्रेटिक राइट्स, सिटीज़ंस फॉर डेमोक्रेसी और *मानुषी* जैसे संवेदनशील नागरिक संगठनों ने सिख विरोधी हिंसा के खिलाफ आवाज़ उठाई थी और उसे आम लोगों की जानकारी में ला दिया था। उन्हें लगता है कि यदि और ज़्यादा लोग निष्पक्ष ढंग से हस्तक्षेप करें तो एक समझौते पर पहुंचा जा सकता है।

भारत सरकार इस बात को नहीं समझ पा रही है कि वह विदेशों में रहने वाले सिखों को नाराज करने का खतरा मोल नहीं ले सकती है। इस असरदार और संगठित समुदाय को अलग-थलग करने की कोशिश सरकारी मोर्चे पर एक बड़ी बेवकूफी होगी। अगर हम इस महत्वपूर्ण बिंदु पर संवाद स्थापित करने और एक स्वीकार्य समझौते तक पहुंचने की कोशिश नहीं करते हैं तो आने वाले समय में हालात और भी खराब रुख ले सकते हैं।

समुचित संवाद के अभाव और भारत में 'हिंदी, हिंदू, हिन्दुस्तान' जैसे नारों के इर्द-गिर्द खड़े हो रहे संगठनों की अल्पसंख्यक-विरोधी लहर के उभार को देखते हुए सिखों के बीच एक जिम्मेदार नेतृत्व का साहस टूटने लगता है। ऐसी स्थिति में उस छोटे से धड़े को समुदाय में ज्यादा आसानी से स्वीकार्यता मिलने लगती है जो संवाद के हक में नहीं है। जब भी कभी अरवल, मेरठ या अहमदाबाद में जनसंहार होता है, सिखों का भय एवं बेचैनी बढ़ जाती है।

जिस तरह राष्ट्रीय एकता की लफ्फाजी की आड़ में हिंदू अक्सर आंख मूंद कर ऐसे जनसंहारों को सही ठहराने लगते हैं उसी तरह सिख भी एक आदर्श और न्यायपूर्ण राज्य के रूप में खालिस्तान के शब्दाडंबर में बह जाते हैं। ऐसी सूरत में वह भी खालिस्तान के नाम पर सिखों और हिंदुओं की जो हत्याएं की जा रही हैं उन्हें सही ठहराने लगते हैं।

संवादहीनता

भारत में रहने वाले हिंदुओं और सिखों के बीच तो संवादहीनता पैदा हुई ही है मगर विदेशों में रहने वाले हिंदुओं और सिखों के बीच तो रिश्ता बिल्कुल ही टूट गया है। वहां के बहुत सारे सिखों ने मुझे बताया कि जब वह श्रीमती गांधी की श्रद्धांजलि सभा में गए तो कई बार हिंदुओं ने उन्हें यह कहते हुए वहां से भगा दिया : 'उनका कत्ल करने के बाद तुम्हें यहां आने की जुर्रत कैसे हुई?' इधर, भारतीय मीडिया ने इस खबर को तो खूब बढ़ा-चढ़ा कर छापा कि श्रीमती गांधी की हत्या पर कुछ सिखों ने जश्न मनाया मगर उसने दूसरी इससे भी ज़्यादा महत्वपूर्ण प्रतिक्रियाओं को अनदेखा कर दिया।

श्रीमती गांधी की हत्या के बाद विदेशों में रहने वाले ज़्यादातर हिंदुओं ने सिखों के साथ अपने रिश्ते एकतरफा तौर पर अचानक तोड़ लिए। वह सिखों के साथ ऐसा बर्ताव करने लगे मानो इस हत्या के लिए हर सिख जिम्मेदार रहा हो। बहुत सारे सिखों ने बड़े क्षोभ के साथ बताया कि बहुत सारे ऐसे हिंदुओं ने भी उनसे नाता तोड़ लिया जिनके साथ कई दशकों से उनकी बड़ी नजदीकी और पारिवारिक उठ-बैठ थी। कई बार उनका यह रवैया बेतुकेपन की हद तक पहुंच जाता था। मिसाल के तौर पर, एक हिंदू परिवार ने अपनी एक सिख दोस्त को अपना बच्चा 'गोद' दे दिया था। जब इस बच्चे की दत्तक मां ने उसके मूल अभिभावकों को बच्चे के नामकरण संस्कार की सूचना दी तो उन्होंने इस महिला से बात ही करना छोड़ दिया। इस तरह के अनुभवों को याद करते हुए कई सिखों की आंखों में आंसू निकल आए।

सिख इस बात से गहरे तौर पर आहत थे कि उनके नजदीकी हिंदू दोस्तों ने उनसे यह पता लगाने के लिए भी मिलना-जुलना बंद कर दिया कि पंजाब में सैनिक शासन के दौरान उनके परिवार सुरक्षित हैं अथवा नहीं और इंदिरा गांधी की हत्या के बाद उत्तरी भारत में रहने वाले उनके परिवारों को कैसी स्थितियों का सामना करना पड़ा? मुझे एक बूढ़ी महिला ने बताया : 'हमारी हिन्दुस्तानी तहज़ीब में मौत के समय तो हर गुस्सा, हर दुश्मनी खत्म

हो जाती है। मगर इस बार जब सिख शोक में थे तो लोगों ने यह छोटी सी रस्म भी अदा नहीं की।' एक और महिला ने कहा : 'मेरी सबसे बड़ी शिकायत इस बात को लेकर है कि ज़्यादातर हिंदू चाहते हैं कि हम महसूस करना ही बंद कर दें। वह चाहते हैं कि जब निर्दोष सिखों का कत्ल हो तो हम आहत महसूस न करें, जब सेना स्वर्ण मंदिर पर हमला करे तो हम खामोश रहें, जब कुछ एक लोगों के जुर्मों की वजह से तमाम सिखों को अपराधियों की नज़र से देखा जाने लगे तो हम उस पर जरा सा भी दुख न मनाएं।'

हालांकि कुछ सिखों का व्यवहार भी आपत्तिजनक था परंतु उल्लेखनीय बात यह है कि एक भी हिंदू ने इस बात की शिकायत नहीं की कि सिख उनकी उपेक्षा कर रहे हैं। ऐसा लगता है कि बहिष्कार की शुरुआत हिंदुओं की तरफ से ही हुई थी। यह बात मेरी इस यात्रा के दौरान भी दिखाई दी। कई जगह सिखों ने स्थानीय हिंदुओं को बैठक में बुलाने के लिए पूरी कोशिश की। कुछ हिंदू इन बैठकों में आए भी लेकिन अगर कोई बैठक सिखों के घर में होती थी तो हिंदू उसमें नहीं आते थे।

जो हिंदू फिर भी बैठकों में चले जाते थे उन्हें दूसरे हिंदुओं से दुश्मनी का खतरा उठाना पड़ता था। मिसाल के तौर पर, न्यूयार्क में श्रीमती गांधी की याद में बुलाई गई एक श्रद्धांजलि सभा के दौरान कुछ हिंदू युवकों ने सुझाव दिया कि बैठक में निर्दोष सिखों के संहार की आलोचना करते हुए भी एक प्रस्ताव पारित किया जाए। परंतु उनके इस प्रस्ताव का दूसरे हिंदुओं ने इतना तीखा विरोध किया कि अंत में वह बैठक ही छोड़ कर चले गए। एक जगह इंदिरा गांधी की हत्या के बाद आयोजित की गई श्रद्धांजलि सभा में एक दक्षिण भारतीय हिंदू ने सिखों को भी बुलावा दे दिया। यह देखकर दूसरे हिंदुओं ने न केवल बैठक का बहिष्कार किया बल्कि उन्होंने उसे यह धमकी तक दे डाली कि अगर उसने सिखों के साथ अपने संबंध खत्म नहीं किए तो वह उसके साथ व्यावसायिक संबंध तोड़ लेंगे।

सिखों के विरुद्ध घृणा के अभियान में दक्षिण भारतीय हिंदू बहुत सक्रिय दिखाई नहीं देते। परंतु, क्योंकि सिखों और दक्षिण भारतीय हिंदुओं के बीच हमेशा से ही बहुत मामूली संबंध रहे हैं इसलिए उनकी तरफ से दुश्मनी की भावना न होने के बावजूद हालात पर बहुत फ़र्क़ नहीं पड़ता। परिणामस्वरूप, जब उत्तर भारत के हिंदुओं ने सिखों से रिश्ते खत्म कर लिए तो सिखों को यही लगा कि पूरा हिंदू समुदाय ही उनके खिलाफ हो गया है।

हिंदुओं का यह रवैया उनकी इस सोच से पैदा होता दिखाई देता है कि भारत उनका देश है और अल्पसंख्यक उनके मुकाबले में कम भारतीय हैं। इसलिए, अगर कोई हिंदू भारत सरकार की आलोचना करता है तो वह खुद को केवल सरकार या दल विशेष का विरोधी मानता है लेकिन अगर कोई सिख ऐसा करता है तो उसे राष्ट्र-विरोधी करार दे दिया जाता है। आमतौर पर ज़्यादातर अनिवासी भारतीय इस भावना से [illegible]ते हैं कि भारत में उनके हुनर की कोई कद्र नहीं थी और अब परदेस में उनके हुनर को उचित सम्मान मिल रहा है। मैंने पाया कि बहुत सारे अनिवासी हिंदू इस बारे में बात करते हुए बड़े उत्तेजित हो जाते थे कि किस तरह उन्हें मजबूरन भारत छोड़ना पड़ा था। उनकी नज़र में यहां सरकार

की निर्लिप्तता और भ्रष्टाचार के माहौल में कोई भला आदमी इज्जत के साथ जी ही नहीं सकता। मगर यदि सिख सरकारी नीतियों की आलोचना करें तो उसका ये लोग बड़े गुस्से के साथ विरोध करते हैं। कहने का मतलब यह है कि जो हिंदू राष्ट्र विरोधी होने के नाम पर सिखों की निंदा करते हैं उनमें से बहुत सारे यह नहीं महसूस कर पाते कि देश और सरकार को बहुमत समुदाय की निजी संपत्ति मानकर वह भी अल्पसंख्यकों को अवांछित और अलग समुदाय के रूप में खड़ा करते जा रहे हैं।

खुले दिल से संवाद

मैं गुरुद्वारों में होने वाली बैठकों के निमंत्रणों को स्वीकार करने में थोड़ा हिचकिचा रही थी। मुझे लगता था कि कहीं ऐसा न हो कि यहां के सिख नेता अपने एक खास सीमित एजेंडा को ध्यान में रखकर ही मुझे बोलने का न्यौता दे रहे हों। भारत की तरह उत्तरी अमेरिका में भी गुरुद्वारों पर नियंत्रण कायम करने के लिए अलग-अलग राजनीतिक धड़े कोशिश कर रहे हैं। इनमें से कुछ धड़े आतंकवादी राजनीति के भी हिमायती हैं। मुझे इस बात का पक्का यकीन नहीं था कि ऐसे हालात में वहां कोई सार्थक संवाद हो पाएगा।

सिख नेताओं का कहना था कि वह *मानुषी* को सम्मानित करना चाहते हैं क्योंकि, बकौल उनके, इस पत्रिका ने 1984 के कत्लेआम की एक निष्पक्ष रिपोर्ट प्रकाशित की थी। उनका यह अंदाजा सही था कि सिख समुदाय के मानवाधिकार हनन तथा नवंबर 1984 के दंगों के दोषियों को दंडित करने में सरकार की विफलता के खिलाफ मैं सिख समुदाय का साथ दूंगी। परंतु मुझे इस बात का यकीन नहीं था कि वह लोग इस बात के लिए तैयार हैं या नहीं कि मैं कुछ सिख संगठनों की आतंकवादी राजनीति के भी सख्त खिलाफ हूं। लेकिन मैं जहां कहीं भी गई मुझे खास पंजाबी प्यार-सत्कार भरी मेहमाननवाज़ी मिली और मुझे पूरी तरह घर जैसा महसूस हुआ। मेजबानों के साथ मेरे कितने भी गहरे राजनीतिक मतभेद क्यों न रहे हों, उन्होंने हमेशा मेरी बात ध्यान से सुनी। सिख समुदाय के लोगों ने जिस खुलेपन और सहृदयता के साथ बहस में हिस्सा लिया और इन संवेदनशील मुद्दों पर जिस तरह बात की, वह वाकई यादगार अनुभव था। सामान्य रूप से जब विभिन्न समूहों के बीच मामूली सा भी राजनीतिक मतभेद खड़ा हो जाता है तो संवाद का स्थान वैमनस्य ले लेता है। इस लिहाज से यह बैठकें एक अनूठा राजनीतिक अनुभव थीं।

हालांकि मैंने बहुत सारे स्थानीय नेताओं की राजनीति के साथ बुनियादी तौर पर मतभेद व्यक्त किए मगर उन्होंने बहस को खुले दिल से चलने दिया जबकि वह चाहते तो उससे बच भी सकते थे। मसलन, जब मैं वैंकूवर पहुंची तो वहां के स्थानीय सिख संगठनों के तीस सक्रिय सदस्यों के साथ मेरी एक शुरुआती बैठक हुई। मुझे लगता था कि यह शहर अलगाववादी राजनीति का एक बड़ा केंद्र है इसलिए मैंने इस शुरुआती बैठक में ही अपनी पोज़ीशन साफ कर दी ताकि यदि वहां के नेता चाहें तो गुरुद्वारे में होने वाली मेरी बैठक रद्द कर दें। मैं उन्हें अंधेरे में रखकर उनके मंच से अपनी बात नहीं कहना चाहती थी। जब

उनमें से कुछ लोगों ने इशारा किया कि यदि मैं 'विवादास्पद' मुद्दों पर नहीं ही बोलूं तो ठीक रहेगा, तो मैंने उन्हें समझाया कि मुझे कुछ लोगों के रोष के डर से अपनी राय दबाना सही नहीं दिखाई देता। मगर मेरी इस दलील पर भी वह बहुत परेशान दिखाई नहीं दिए।

अगले दिन रविवार था। स्थानीय गुरुद्वारे में हजारों लोग जमा थे। गुरुद्वारे में मौजूद नेताओं ने मुझे संक्षिप्त भाषण देने की बजाय कहा कि मैं कम से कम 45 मिनट ज़रूर बोलूं। मेरे भाषण के बाद उन्होंने सम्मान के तौर पर मुझे एक सरोपा और एक पट्टिका भेंट की। इसके बाद गुरुद्वारे के सचिव ने बोलना शुरू किया। मेरे भाषण के दौरान गुरुद्वारे में पूरी खामोशी थी परंतु मेरे बाद जिन सज्जन ने बोलना शुरू किया उन्हें एक युवक ने गुस्से में यह कहते हुए बीच में टोक दिया : 'हम फालतू बात नहीं करना चाहते। हम तो सिर्फ ये जानना चाहते हैं कि आप खालिस्तान के हक में हैं या नहीं।' वक्ता महोदय ने स्पष्ट किया कि वह खालिस्तान के हक में हैं। लगे हाथ उन्होंने मेरी सोच को भी खालिस्तान के हक में बताने की कोशिश की। लेकिन इस बिंदु पर कुछ श्रोताओं ने उन्हें नसीहत दी कि अपनी बात मैं खुद ही कहूं तो बेहतर होगा।

मैंने बिना हिचक मासूम लोगों की हत्याओं और हिंदुओं को पंजाब से जबरन निकालने की कोशिशों के जरिए खालिस्तान के निर्माण की राजनीति का विरोध किया। बाद में बहुत सारे सिख यह कहते हुए मुझे बधाई देने लगे कि 'आपने वही कहा जो आपने किया है। अगर यह बात हममें से किसी ने कही होती तो हमें धमकाकर खामोश करा दिया जाता।' मुझे लगातार यही लगता रहा कि गुरुद्वारे में बैठे नेता किसी भी क्षण मुझ पर बरस सकते हैं मेरे खयाल में तो मैं उनके समर्थकों के बीच भ्रम ही फैला रही थी। परंतु इसके विपरीत, लंगर के बाद उन्होंने एक खुला मंच आयोजित किया जहां हर व्यक्ति मुझसे सवाल पूछ सकता था। यह एक बड़ी उत्तेजक बातचीत रही। अबकी बार सवाल-जवाब का यह सिलसिला तीन घंटे तक चला। हालांकि कुछ श्रोताओं ने आतंकवादी राजनीति के हक में आग उगलते भाषण दिए परंतु बाकी लोग बिना झिझक मुझसे सवाल पूछते रहे। उनके सवालों का अंदाज़ संवाद वाला था न कि तकरार वाला।

अगले दिन एक और बड़ी सार्वजनिक सभा आयोजित की गई। इस सभा में हर किसी को आने की छूट थी। यह सभा हिंदुओं, सिखों, मुसलमानों और गैर-हिन्दुस्तानियों – सबके लिए खुली थी। यहां भी मेरे भाषण के बाद दो घंटे तक सवाल-जवाब का सत्र चला। इसके बाद एक सज्जन के घर पर बहस-मुबाहिसे का एक और दौर चला जहां लोग सद्भावना और बिना किसी किस्म की हताशा के बात करते रहे। हालांकि मैं उन्हें बता चुकी थी कि मैं आतंकवादी राजनीति के खिलाफ हूं मगर उन्होंने मेरे लिए एक संवाददाता सम्मेलन आयोजित कर डाला। अपने आप में यह एक अनुभव अनूठा था। परंतु इसने सिख समुदाय में संवाद की भूख भी स्पष्ट कर दी। कई बार ये चर्चाएं देर रात तक चलती रहीं। इन बैठकों में शामिल होने के लिए दूर-दूर से लोग आते थे। जिस संजीदगी के साथ लोग बैठकों में शिरकत कर रहे थे उससे पता चलता था कि उनमें से बहुत सारे लोग अनम्य पोज़ीशन

अख्तियार करने की बजाय अपने सवालों के जवाब चाहते थे। वह जानकारी पाना चाहते थे।

कुछ खास खालिस्तानी तत्वों की आतंकवादी राजनीति के खिलाफ मैंने चाहे कितनी भी जोर से बोला हो, फिर भी गुरुद्वारों में भाषण देने के लिए मुझे लगातार बुलावे मिलते रहे। लगातार मिल रहे इन बुलावों को देखकर मुझसे रहा नहीं गया। आखिरकार मैंने कुछ आयोजकों से पूछही लिया कि जब मैं उनकी राजनीति पर ही सवाल खड़े कर रही हूं तो वह मुझे अपने मंच पर क्यों बुलाते हैं? उन सबका एक ही उत्तर था : 'आपने एक ऐसे समय पर सच बोलने का साहस दिखाया है जब ज्यादातर गैर-सिख ऐसा नहीं कर पा रहे हैं। इसलिए, हम सच बोलने के आपके अधिकार और साहस का सम्मान करना चाहते हैं, फिर भले ही यह हमारे दृष्टिकोण से भिन्न ही क्यों न हो।'

अपनी चर्चाओं के बाद मैंने पाया कि बहुत सारे सिख मानते हैं कि इस अलगाव को खत्म करने के लिए उन्हें अपनी तरफ से भी कोशिशें करनी चाहिएं। कुछ लोगों ने माना कि ऑपरेशन ब्लू स्टार के बाद सिखों ने भी अविश्वास और दुश्मनी की दीवारें खड़ी करने में योगदान दिया है। इससे उन्हें हिंदू समुदाय के ज़्यादा जिम्मेदार और ज़्यादा संवेदनशील तबकों तक पहुंचने में दिक्कत आ रही है। यह स्थिति भारत और भारत के बाहर, दोनों जगह एक जैसी है। उन्होंने बार-बार मुझसे कहा कि अगर भारत से कभी कोई नागरिक अधिकार कार्यकर्ता अमेरिका आए तो मैं उन्हें सूचित कर दूं ताकि यह संवाद जारी रह सके। लेकिन अपनी तरफ से निमंत्रण देने के सवाल पर वह हिचकिचाहट के शिकार दिखाई दिए। उन्हें डर था कि ऐसी स्थिति में उस व्यक्ति की सुरक्षा खतरे में पड़ सकती है जिसे बुलाया जा रहा है और सरकार उसे ऐसी वार्ताओं में शामिल होने से रोकने की कोशिश कर सकती है।

सिखों के कुछ संगठन मानवाधिकारों के लिए चल रहे अंतर्राष्ट्रीय संघर्षों में अब और ज़्यादा दिलचस्पी लेने लगे हैं। इसका एक उदाहरण दक्षिण अफ्रीका में रंगभेद के खिलाफ चल रहा संघर्ष भी है। वह सिखों पर अत्याचार के प्रश्न को मानवाधिकारों के एक बृहत्तर मंच से उठाने की कोशिश कर रहे हैं। उन्हें लगता है कि यदि आतंकवाद जारी रहा तो अपने मानवाधिकारों के बारे में वह किसी को भी नहीं समझा पाएंगे। यदि भारत में न केवल सिखों बल्कि दूसरे अल्पसंख्यकों तथा कमजोर तबकों (जिनमें पंजाब के हिंदू भी शामिल हैं) के भी मानवाधिकारों के हक में चल रहे इस संघर्ष को और समर्थन मिलता है तो यह सिख राजनीति में एक सकारात्मक बदलाव होगा।

इसका एक अच्छा उदाहरण न्यूयार्क स्थित सिख महिला संगठन द्वारा आयोजित की गई बैठक में मिला। उन्होंने यह सुनिश्चित करने के लिए पूरा जोर लगाया कि न्यूयार्क में रहने वाले विभिन्न भारतीय समुदायों के सभी संगठनों के प्रतिनिधि बैठक में आएं। उन्होंने गुजरातियों, महाराष्ट्रियनों, दलितों, मुसलमानों और बहुत सारे दूसरे लोगों से संपर्क किया। इस बैठक में विभिन्न समुदायों के लोगों के बीच किसी किस्म का तनाव दिखाई नहीं दिया।

सिख महिला आयोजकों ने आतंकवाद और राज्य हिंसा, दोनों के खिलाफ खुलकर अपने विचार रखे।

नवंबर 1984 के बाद अमेरिका स्थित कुछ सिख संगठनों ने दलितों और भारत के दूसरे वंचित अल्पसंख्यकों के संगठनों के साथ मिलकर भारत में अल्पसंख्यकों की स्थिति से जुड़े मुद्दों पर बात करने के लिए एक साझा मंच बनाया था। इस घटना के बाद कांग्रेस समर्थक कुछ हिंदुओं ने भारतीय दूतावास जाकर आग्रह किया कि 'राष्ट्र विरोधी तत्वों' द्वारा की जा रही 'गिरोहबंदी' की इन कोशिशों को रोका जाए। यह कितनी दुर्भाग्यपूर्ण बात है कि जब सिख समुदाय भारतीय समाज के वंचित तबकों के खिलाफ हो रहे भेदभाव के मुद्दे पर एक संवेदनशील समझ विकसित कर रहा है तब भी हिंदू उनकी इन कोशिशों को एक खतरे के रूप में देखते हैं।

सरकारी भेदभाव

भारत सरकार विदेशों में रहने वाले सिखों के साथ कई तरह का भेदभाव करती रही है। सिखों को स्वतंत्र रूप से भारत आने से रोकने के लिए भारत सरकार ने वीज़ा कानून सख्त कर दिए जिसका असर बहुत नुकसानदायक रहा है। यूं तो आमतौर पर भी भारतीय नौकरशाही अपनी लालफीताशाही के लिए बदनाम रहती है लेकिन अब आतंकवाद पर अंकुश लगाने के नाम पर तो नौकरशाहों ने नाममात्र का संयम बरतना भी बंद कर दिया है। मुझे कई लोगों ने बताया कि उन्हें भारत में अपने माता-पिता या दूसरे नजदीकी रिश्तेदारों के अंतिम संस्कार में शामिल होने के लिए भी भारत आने की इजाज़त नहीं मिल पाती।

जो लोग फिर भी जैसे-तैसे वीज़ा पा लेते थे उन्हें भी भारत पहुंचने पर किसी न किसी कारण तंग किया जाता था। भारतीय पुलिस और नौकरशाही के लिए 'आतंकवाद पर अंकुश लगाना' शायद एक मुनाफे का धंधा बन गया है। लोगों ने मुझे बताया कि झूठमूठ के आरोपों में गिरफ्तारी से बचने के लिए भी उन्हें रिश्वत देनी पड़ी। एक व्यक्ति ने बताया कि जब वह दिल्ली के पालम हवाई अड्डे से टैक्सी लेकर पंजाब जा रहा था तो हर 20 मिनट के बाद उसे पुलिस रोक लेती थी। पुलिसवाले उसके सामान में हथियारों की तलाशी का बहाना बनाकर उससे रिश्वत ऐंठने की जुगाड़ में रहते थे। हरियाणा में अपने चार घंटे के सफर के दौरान उसे 20 बार से ज़्यादा रिश्वत देनी पड़ी।

कुछ लोगों ने मुझे बताया कि अमरीका में कई जगह हिंदुओं और सिखों ने मिलकर नवंबर 1984 के दंगा पीड़ितों की मदद के लिए पैसा और सामान इकट्ठा किया था। जब वह लोग इस सामान को लेकर भारतीय दूतावास के अधिकारियों के पास गए तो वह अड़ गए कि यह सारी राशि केवल प्रधानमंत्री राहत कोष के माध्यम से ही भारत पहुंचाई जाएगी। दान देने वाला कोई भी व्यक्ति, हिंदू या सिख, यह नहीं चाहता था कि यह राशि प्रधानमंत्री राहत कोष में जाए क्योंकि उन्हें विश्वास नहीं था कि इस तरह उनका पैसा कभी सचमुच पीड़ितों तक पहुंच पाएगा।

दूतावास अधिकारी भी सिखों का बहिष्कार करते हैं। बहुत सारे सिखों का कहना था कि दूतावास के अधिकारी हिंदू समुदाय द्वारा आयोजित किए जाने वाले कार्यक्रमों में तो अकसर मौजूद और सक्रिय रहते हैं मगर सिखों द्वारा आयोजित किए जाने वाले कार्यक्रमों में आने से इनकार कर देते हैं। कुल मिलाकर इस आरोप में काफी दम दिखाई देता है कि हर सिख को एक वास्तविक या संभावित आतंकवादी के रूप में देखकर सरकार ने सिख समुदाय को और अलग-थलग कर दिया है। दुर्भाग्यवश, उत्तरी अमेरिका के बहुत सारे हिंदू भी अल्पसंख्यकों के प्रति अविश्वास की राजनीति का शिकार हो चुके हैं। जब भारत सरकार उत्तरी अमेरिका में सिख विरोधी दुष्प्रचार करती है तो वह भी यही मानने लगते हैं कि सिखों के साथ जो कुछ हो रहा है वह सही है। वह इस बात को नहीं समझ पाते कि रंगभेद और एशियाई-विरोधी भावनाओं से रंगे वातावरण में सिखों के खिलाफ किसी भी किस्म की नफरत तमाम हिन्दुस्तानियों पर शक की वजह बन सकती है।

खुद अपने समुदाय को दहशत में डालना

उत्तरी अमेरिका में मैं जितने सिखों से मिली उनमें से बहुत कम ही आतंकवाद के खिलाफ खुलकर बोलने की हिम्मत रखते थे। ऐसा इसलिए है क्योंकि उत्तरी अमेरिका में भी आतंकवादियों के निशाने पर सबसे ज़्यादा सिख ही हैं। हिंदुओं को वहां भी कोई आसानी से नहीं डरा सकता। फिर भी, हिंदू और सिख, दोनों इस मिथ्या धारणा पर विश्वास करते हैं कि यह आतंकवाद केवल हिंदुओं के खिलाफ केंद्रित है। परंतु बहुत सारे सिखों ने मेरे सामने इस बात को स्वीकार किया कि कई जगह की संगतों पर वाकई स्वयंभू उग्रवादियों का वर्चस्व है।

पूरे विश्व में आतंकवादी राजनीति का रास्ता पकड़ने वाले संगठनों के कार्यों से यह बात पुष्ट होती है कि आतंकवादी सबसे पहले अपने समुदाय को ही खामोश करने की कोशिश करते हैं। असल में इसके बाद ही वह अपने समुदाय की ओर से बोलने का दावा कर सकते हैं। आतंकवाद हमेशा ऐसे निर्मम अल्पसंख्यक समूह की राजनीति बन जाता है जो खामोश बहुसंख्या पर अपनी इच्छा थोपना चाहता है। भारत में अकालियों और सिखों के ऐसे नेता हिंसा का सबसे प्रमुख निशाना बन रहे हैं जो अभी भी आतंकवादी राजनीति को स्वीकार नहीं करते। इसी तरह अमेरिका में भी सिख समुदाय आतंकवादियों के हाथों बंधक बना हुआ है। आज इस बात को समझना लाजिमी हो गया है कि पंजाब में आतंकवादियों ने उतने ही सिखों का भी खून बहाया है जितने हिंदुओं को मौत के घाट उतारा है।

ज़्यादातर सिखों की नज़र में आतंकवाद सिख समुदाय को बदनाम करने के लिए कांग्रेस द्वारा शुरू की गई साज़िश का नतीजा है। वह कई घटनाओं का ज़िक्र करते हैं जब भारतीय पुलिस ने कई ऐसे आतंकवादियों को अपनी हिरासत में मौत के घाट उतार दिया जिन्होंने यह स्वीकार कर लिया था कि वह कांग्रेस के एजेंट के रूप में काम कर रहे थे। वह उत्तरी अमेरिका के कुछ सिख संगठनों और गुरुद्वारों का भी उदाहरण देते हैं जिनके

बारे में बताया जाता है कि उन्हें भारत सरकार से पैसा मिलता है। भारत सरकार इन हथकंडों के जरिए गुरुद्वारा राजनीति को नियंत्रित भी करना चाहती है और उसे हवा भी देना चाहती है। गुरुद्वारा चुनावों और राजनीति में कांग्रेस की भूमिका को लेकर बहुत सारे सिख काफी गुस्से में थे। उन्हें यह बात खासतौर पर बहुत खराब लगती है कि एक तरफ तो कांग्रेस धर्म को राजनीति में घसीटने का विरोध करती है और दूसरी तरफ खुद इस राजनीति का फायदा उठाती है।

परंतु मैंने पाया कि मेरे इस सवाल पर उनके पास कोई संतोषजनक उत्तर नहीं था कि 'ऐसा क्यों है कि जो लोग आतंकवाद को सिख समुदाय को बदनाम और तबाह करने की एक कांग्रेसी साज़िश का हिस्सा मानते हैं उनमें से भी ज़्यादातर लोग आतंकवाद की खुलकर भर्त्सना करने की बजाय उसे जायज़ करार देते दिखाई देते हैं?'

ऐसा नहीं हो सकता कि आतंकवाद कुछ सिखों की जायज़ प्रतिक्रिया भी हो और कांग्रेस की साज़िश का हिस्सा भी हो। जो सिख मानते हैं कि यह कांग्रेस की साज़िश है उन्हें प्रखर रूप से इसकी निंदा में करनी चाहिए। यदि उनमें से कुछ लोग आतंकवाद को एक आहत समुदाय की प्रतिक्रिया के रूप में सही मानते हैं और उसे समर्थन देते हैं तो उन्हें आतंकवादियों के वहशीपन और आत्मविनाशकारी कदमों की पूरी जिम्मेदारी भी लेनी पड़ेगी। ऐसे संगठन सिख धर्म के रक्षक का लबादा ओढ़कर काम करते हैं। वह न केवल हिंदुओं को बल्कि बहुत सारे सिखों को भी मौत के घाट उतार रहे हैं और उनकी संगीनों के वार से बच्चे भी नहीं बच पाए हैं।

उत्तरी अमेरिका में स्थित उग्रवादियों के कई धड़े हैं जो गुरुद्वारों पर नियंत्रण के लिए आपस में जूझते रहते हैं। कुछ सिखों ने आरोप लगाया कि गुरुद्वारों के नाम पर लाखों डॉलर की वसूली हो चुकी है मगर कोई उसका हिसाब मांगने की हिम्मत नहीं कर सकता। बहुत लोगों को तो इन चंदों में घोटालों की भी आशंका दिखाई देती है। एक समस्या यह है कि गुरुद्वारा समितियों में कांग्रेस के पिट्ठू उकसावेबाज भी बड़े पैमाने पर घुसपैठ बना चुके हैं। नतीजतन, हर आदमी हर दूसरे आदमी को शक की निगाह से देखता है। वह खुद एजेंट नहीं है बल्कि अपने समुदाय की बेहतरी के लिए समर्पित है, यह सिद्ध करने के लिए तमाम नेताओं को एक-दूसरे से बढ़कर उग्र भाषा बोलनी पड़ती है। आम लोग इस लफ्फाजी पर विश्वास नहीं करते क्योंकि उन्हें पता है कि पिट्ठू उकसावेबाज लोगों को लड़वाने के लिए खुद ऐसा करते हैं। इसके बावजूद ये नेता इस गर्मागर्म भाषा को छोड़ने की हिम्मत नहीं कर सकते क्योंकि ऐसा करने पर उन्हें धोखेबाज, बल्कि, यहां तक कि कांग्रेसी एजेंट का खिताब भी दिया जा सकता है।

सिख समुदाय के एक प्रमुख नेता ने मुझे अपने इस भ्रम के बारे में समझाया। जनसभा में तो उसने खुद को एक कट्टर खालिस्तानी के रूप में पेश किया लेकिन जब मैं उससे अनौपचारिक रूप से मिली तो उसने माना कि खालिस्तान एक व्यावहारिक विकल्प नहीं है। उसने कहा कि खालिस्तान की मांग तो केंद्र सरकार के खिलाफ गुस्सा जताने का एक

तरीका भर है। जिस राजनीति में उसका यकीन नहीं है उसकी ज़बान बोलने के लिए उसने यह कारण दिया : 'अगर मैं इस भाषा में न बोलूं तो उग्रवादी तत्व मेरे जैसे लोगों से बागडोर छीन लेंगे इसलिए उग्रवादियों को हाशिए पर रखने के लिए मुझे मजबूरन इस ज़बान में बोलना पड़ता है। भीतरी तौर पर हम लोग उन्हें यह पागलपन करने से रोकने की कोशिश ही कर रहे हैं।' इस बात को समझना ज़रूरी है कि बाहर रहने वाले बहुत सारे सिखों के लिए खालिस्तान सिर्फ एक पैंतरेबाजी का मामला है। उनके लिए तो यह इस उम्मीद के साथ दिया गया नारा ही है कि ऐसे दबाव के चलते शायद केंद्र सरकार पंजाब के लोगों की वास्तविक मांगों को मानने के लिए तैयार हो जाएगी। वहां खालिस्तानी होने और आतंकवाद या हिंसा का समर्थक होने के बीच एक फ़र्क़ भी है। कुछ लोग दोनों पोज़ीशनों को गड्डमड्ड कर देते हैं। वहां बहुत सारे सिख ऐसे हैं जो खालिस्तान का समर्थन तो करते हैं मगर निहत्थे लोगों की हत्या का विरोध भी करते हैं। वह इसलिए खालिस्तान का समर्थन करते हैं क्योंकि उन्हें सचमुच लगता है कि यह एक ऐसा स्थान होगा जहां एक शांतिपूर्ण, आत्मनिर्भर और गरिमामय मानवीय जीवन संभव हो पाएगा। यह रुझान विश्व सिख संगठन के कुछ सदस्यों में भी दिखाई देता है। इस संगठन के संविधान में अहिंसक तरीकों से खालिस्तान की लड़ाई जारी रखने की प्रतिबद्धता व्यक्त की गई है। मगर इस संगठन के भीतर भी अलग-अलग लोग अलग-अलग तरह की भाषा बोलते हैं। उसकी स्थानीय शाखाओं का चरित्र उसके स्थानीय नेताओं के झुकावों से ही निर्धारित होता है। इनमें से कुछ लोग भारत सरकार पर दबाव पैदा बनाने के लिए कनाडा और अमेरिकी सरकारों का समर्थन प्राप्त करते हुए एक लॉबी संगठित करने की कोशिश कर रहे हैं। उनकी यह कोशिश एक नादानी भरी रणनीति दिखाई देती है जिससे उनकी इच्छानुसार परिणाम निकल पाने की संभावना है ही नहीं। इसके अलावा, विश्व सिख संगठन का कोई नेता यह भी स्पष्ट नहीं कर पाता कि हिंदुओं को पंजाब से निकाले बिना और शेष भारत से सिखों को निकाले बिना तथा हिंसा का सहारा लिए बिना खालिस्तान कैसे बनाया जा सकता है।

बहुत सारे सिख इस भ्रम में हैं कि आतंकवाद के प्रति उनके समर्थन को लोग उनके समुदाय के मानवाधिकारों के उल्लंघन की स्वाभाविक प्रतिक्रिया मान लेंगे और इस तरह वह उत्तरी अमेरिका में अपने लिए काफी समर्थन हासिल कर सकते हैं। परंतु ऐसा नहीं हो रहा है। वास्तविकता यह है कि वहां एशियाई प्रवासियों के खिलाफ पहले से मौजूद नस्लभेदी पूर्वाग्रहों के वातावरण में उनकी राजनीतिक गतिविधियां भारतीयों, और खासतौर से सिखों, के खिलाफ भेदभाव को और मजबूत कर रही हैं।

सिख समुदाय तब तक खुद को मानवाधिकारों का हिमायती साबित नहीं कर सकता जब तक इस समुदाय के कुछ महत्वपूर्ण सदस्य हवाई जहाजों में विस्फोट, मासूम लोगों के कत्लेआम की राजनीति तथा गुरुद्वारों में भय एवं जोर-जबर्दस्ती का वातावरण निर्मित करने की कोशिशों का समर्थन करते रहेंगे। एयर इंडिया के विमान में विस्फोट के बाद सिखों के खिलाफ कनाडा में भी उतनी ही तीखी प्रतिक्रिया हुई थी जैसी भारत में हुई थी। कनाडा

के ज़्यादातर लोग इस बात पर बहुत गुस्से में हैं कि चंद मुट्ठी भर सिख संगठनों की गतिविधियों के कारण इतना रक्तपात हो रहा है। उन्हें भारत की चिंता नहीं हैं बल्कि उन्हें असल में इस बात का डर है कि हिंसा की यह राजनीति अंततः कनाडा को भी अपनी चपेट में ले सकती है। यह डर पूरी तरह बेबुनियाद नहीं है। वहां के सिख संगठनों की आपसी खींचतान भी कई बार हिंसक रूप ले चुकी है। अपने समुदाय पर वर्चस्व के लिए विभिन्न समूह एक-दूसरे से प्रतिस्पर्धा करते रहते हैं। आतंकवादी संगठनों द्वारा कुछ गुरुद्वारों पर जबरन कब्जे की कोशिशों से वहां दहशत और तनाव का माहौल पैदा हो गया है जिसमें हिंसा की आशंका लगातार बनी रहती है। हालांकि कनाडा में वह पंजाब जैसा कत्लेआम तो नहीं मचा सकते परंतु वैंकूवर में उजल दोसांझ पर हुआ जानलेवा हमला पूरे समुदाय को खामोश कराने के लिए काफी था। उजल दोसांझ पर इसलिए हमला हुआ था क्योंकि उन्होंने खालिस्तानी राजनीति का खुलकर और निर्भीक ढंग से विरोध किया था।

कनाडा सरकार ने अपने आव्रजन कानून कड़े कर दिए हैं। वहां इस आशय की मांग लगातार उठती रहती है कि एशियाई मूल के लोगों के लिए इन कानूनों को और सख्त किया जाए। यह इस बात का सबूत है कि आतंकवादी राजनीति को लेकर कनाडा के लोग कितनी दहशत और गुस्से में हैं। वैसे तो पश्चिमी देशों में भारतीयों का यूं भी बहुत उत्साह के साथ स्वागत नहीं किया जाता था लेकिन सिखों को आने की छूट देने के सवाल पर तो अब वहां निश्चय ही एक रोष पैदा हो रहा है। यह सिख शरणार्थियों के रूप में आएं या आप्रवासियों के रूप में, कानूनसम्मत रास्ते से आएं या गैरकानूनी ढंग से—माहौल उनके खिलाफ है। कुछ समय पहले जब 174 सिख गैरकानूनी ढंग से कनाडा के तट पर जा पहुंचे थे तो पूरे देश में बड़ा हाहाकार मचा था। उस समय बड़े पैमाने पर यह मांग उठी थी कि उन्हें शरणार्थी का दर्जा नहीं दिया जाए। अब तक सिख जहां कहीं भी गए हैं उनकी गिनती सफल आप्रवासियों में हुई है। मगर अब आतंकवादी संगठनों द्वारा फैलाए जा रहे रक्तपात के कारण ऐसा लगता है कि उनका आर्थिक और राजनीतिक भविष्य खतरे में पड़ सकता है।

दुष्प्रचार का असर

भारतीय सिखों के मुकाबले उत्तरी अमेरिका के सिख उग्रवादी शब्दजाल में ज़्यादा आसानी से फंस सकते हैं। इसका एक कारण तो यही है कि उन्हें ज़रूरी जानकारी नहीं मिल पाती। उत्तरी अमेरिका के सिख भारतीय प्रेस पर विश्वास नहीं करते क्योंकि उसने पंजाब में सैनिक शासन के सवाल पर सेंसरशिप के सामने पूरी तरह घुटने टेक दिए हैं और ऑपरेशन ब्लू स्टार जैसे सरकारी कदमों का गुलामों की तरह समर्थन किया है। उत्तरी अमेरिका के ज़्यादातर सिखों को लगता है कि भारतीय अखबारों में सेंसर की नज़रों से गुजरे बिना कुछ नहीं छपता। इसीलिए, वहां के लोग अफवाहों पर ज़्यादा आसानी से भरोसा कर लेते हैं। भारत के हालात के बारे में उनके पास एक आधी-अधूरी तस्वीर ही रहती है। उनमें से बहुत सारे लोगों का

मानना था कि *मानुषी* के जिस अंक में नवंबर 1984 के जनसंहार की रिपोर्ट छपी थी, वह अंक और इन घटनाओं पर पीयूसीएल-पीयूडीआर की रिपोर्ट को भारत में प्रतिबंधित कर दिया गया था। सचाई यह है कि यहां ऐसा कुछ नहीं हुआ था। इसी तरह बहुत सारे लोगों को इस बात का भी पूरा यकीन था कि भारत में सरकार के खिलाफ बोलने वाले हर व्यक्ति को जेल में डाल दिया जाता है।

बहुत सारे लोगों को लगता है कि भारत में किसी भी समुदाय के साथ ऐसा बुरा बर्ताव कभी नहीं हुआ जैसा सिखों के साथ हुआ है। उनकी राय में भारत के बाकी लोग सिखों से हमदर्दी भी नहीं रखते। उनकी यह मान्यता भी जानकारियों की कमी से ही पैदा हुई है। वास्तविकता यह है कि भारत के कई समुदाय और क्षेत्रों ने इससे भी ज़्यादा निर्मम दमन इससे भी ज़्यादा समय तक झेला है और उन्हें सिखों सहित, तमाम दूसरे हिन्दुस्तानियों की इससे भी कम सहानुभूति मिली। पूर्वोत्तर के ज़्यादातर हिस्सों में अनगिनत जनसंहार हुए हैं और उनके पूजास्थलों को जमकर तहस-नहस किया गया है। इन इलाकों में राज्य ने सैनिक शासन तथा सामूहिक गिरफ्तारियों का जमकर सहारा लिया है। इसके बावजूद उन्हें लोगों की इतनी सहानुभूति भी नहीं मिली जितनी पंजाब के सिखों को मिली है। नवंबर 1984 में सिखों के जनसंहार के पीछे कांग्रेस सरकार की भूमिका की बहुत सारे लोगों ने खुले तौर पर निंदा की थी। गौरतलब है कि इस जनसंहार की निंदा करने वालों में से बहुत सारे लोग देश के विभिन्न भागों में मुसलमानों के खिलाफ बार-बार होने वाली हिंसा की निंदा करने को तैयार नहीं हैं। जब इसी तरह की हिंसा मुसलमानों के खिलाफ होती है तो मुस्लिम हिंसा पीड़ितों के लिए मदद जुटाने में उतने गैर-मुस्लिम सामने नहीं आते जितने गैर-सिख 1984 के जनसंहार के बाद पीड़ितों को राहत देने के लिए इकट्ठा हुए थे।

यदि आप समरभूमि से 12,000 किलोमीटर के आरामदेह फासले पर बैठे हों तो आतंकवादी राजनीति को नैतिक तथा अन्य प्रकार की सहायता देना बड़ा आसान हो जाता है। जब आपको पता होता है कि पुलिस के हाथों पड़कर निर्मम यातना और मौत का सामना करना पड़ सकता है तो खुद बंदूक उठाने का फैसला करना आसान नहीं होता। भारत में आतंकवादी राजनीति को समर्थन देने वाला कोई भी व्यक्ति एक भारी व्यक्तिगत जोखिम लेकर ही ऐसा कर पाता है जबकि दूसरे देशों में बैठे समर्थकों के लिए यह जोखिम काफी कम होता है। कुछ लोगों ने इस तथ्य को साफ तौर पर स्वीकार भी किया। एक कट्टर खालिस्तानी की पत्नी ने मुझे बताया :

> मैं खालिस्तान की बात करने वाले इन सारे लोगों (मेरे पति सहित) से पूछती हूं : 'क्या तुम्हारे अपने बेटे भी खुद खालिस्तान में रहने को तैयार हैं? तुम सब तो अमेरिका में आराम की जिंदगी जीना चाहते हो। फिर तुम पंजाब और भारत के दूसरे हिस्सों में रहने वाले लाखों लोगों की सुरक्षा के साथ खिलवाड़ क्यों कर रहे हो?'

पेशे से डॉक्टर एक अन्य महिला के तेवर तो और भी तल्ख़ थे। उसने कहा :

मैं तो खालिस्तान की मांग करने वालों की संजीदगी पर तब यकीन करूंगी जब वह अपना एक-एक बेटा खालिस्तान की लड़ाई के लिए भेज कर दिखा दें। बल्कि बेहतर तो यह होगा कि वह खुद वहां जाएं और पंजाब में अपनी उग्रवादी राजनीति को लागू करने के लिए कम से कम साल भर वहीं रहें। यहां आराम से बैठकर आग उगलना और दूसरों, जिनमें ज़्यादातर गरीब परिवारों के बेटे ही हैं, को खून बहाने के लिए उकसाना बहुत आसान है। सिखों को अपनी बहादुरी पर सदा घमण्ड रहा है। मगर मासूम लोगों के कत्ल, दूसरों को हिंसा के लिए उकसाने और अपन समुदाय के लाखों लोगों की जिंदगी को खतरे में डालकर खुद यहां आराम से बैठे रहने में कहां की बहादुरी है?

बहुत सारे सिखों ने स्वीकार किया कि भारत में आतंकवादी राजनीति के लिए काम करने वालों में ज़्यादातर गरीब परिवारों के युवक ही हैं। अमेरिका में बैठ कर अपने कैरियर और बिज़नेस को बढ़ाने की होड़ में लगे लोग तो उन्हें सिर्फ पैसा भेजते हैं। यहां के संपन्न सिख निजी तौर पर कोई जोखिम नहीं उठाते, न अपने बच्चों को भारत में आतंकवादी हमले करने के लिए भेजते हैं।

यह बड़ी विडंबना की बात है कि हालांकि उत्तरी अमेरिका के ज़्यादातर सिख केंद्र सरकार में आस्था नहीं रखते फिर भी वह उसी केंद्र सरकार से पंजाब समस्या के समाधान की उम्मीद भी लगाए रहते हैं। वह खुद इस बात की कोशिश नहीं करते कि इस समस्या का एक लोकतांत्रिक समाधान निकाला जाए। मैंने पाया कि वह इस बात को खुलकर मानने से हिचकिचाते हैं कि हालांकि आतंकवादी केंद्र सरकार से लड़ने का दावा तो कर रहे हैं परंतु सचाई ये है कि उनकी राजनीति और उनकी भाषा उनके समुदाय को गैर-सिख पंजाबियों के साथ एक भयानक टकराव की ओर धकेल रही है। इतना ही नहीं, ये लोग स्वयं सिख समुदाय के भीतर भी एक आंतरिक युद्ध खड़ा कर रहे हैं।

शांति की चाह

लेकिन ऐसा भी नहीं है कि अमन की ख्वाहिश रखने वाले हैं ही नहीं। बाल्टीमोर में एक सिख ने मुझे यह समझाने की काफी कोशिश की कि मैं सिख और हिंदू महिलाओं को लेकर एक शांति मार्च निकालने में उनकी मदद करूं। वह चाहते थे कि इस रैली को पंजाब में आतंकवादियों द्वारा की जा रही हत्याओं और सरकार की तरफ से किए जा रहे दमन पर रोक लगाने की अपील करते हुए भारतीय दूतावास पर जाकर समाप्त किया जाए। बहुत सारे और लोग भी उत्तरी अमेरिका के प्रत्येक गुरुद्वारे में बैठकों को संबोधित करना चाहते थे। ऐसे ज़्यादातर लोग चाहते थे कि हिंदुओं व सिखों के बीच संवाद की एक प्रक्रिया शुरू हो। मेरा खयाल है कि अगर कोशिश की जाए तो जो लोग आज खालिस्तान की बात करते हैं उनमें से भी बहुत सारे किसी बेहतर और सम्मानजनक समाधान के लिए राज़ी हो जाएंगे। बहुत सारे लोगों ने कहा कि कांग्रेस ने सिखों और हिंदुओं के बीच भाईचारे को

जानबूझ कर नष्ट किया है। उन्हें लगता है कि केंद्र में कांग्रेस की जगह एक ज़्यादा संवेदनशील और जिम्मेदार सरकार के आने से स्थितियां खुद-ब-खुद सुधरने लगेंगी। यहां तक कि भिंडरांवाले के कट्टर समर्थकों ने भी माना कि बुनियादी तौर पर वह अकाली दल को तोड़ने, बेअसर करने के लिए श्रीमती गांधी द्वारा खड़ी की गई एक कठपुतली था। वह सिर्फ इसलिए उसे सम्मान की नज़र से देखते हैं क्योंकि उन्हें लगता है कि वह स्वर्ण मंदिर की रक्षा करते हुए शहीद हुआ था। यहां के लोगों की नज़र में केंद्र में वंश परिवर्तन और सत्ता का विकेंद्रीकरण दो प्रमुख मुद्दे हैं। बहुत सारे लोगों ने कहा कि वह भारत में भी अमेरिका जैसा संघीय ढांचा चाहते हैं।

ज़्यादातर सिख खालिस्तानी राजनीति के खतरों और समस्याओं को अच्छी तरह पहचानते हैं। मैंने बहुत सारे लोगों को कहते सुना कि 'हम हिंदुओं के कत्लेआम की इच्छा कैसे कर सकते हैं, हमारे तो इतने सारे रिश्तेदार ही हिंदू हैं?' खालिस्तानी राजनीति के हक में बोलने वाले एक नेता ने कहा : 'अगर यह रक्तपात अब नहीं रुका तो फिर कभी नहीं रुक पाएगा - यहां तक कि खालिस्तान बन जाने के बाद भी नहीं। सिख समुदाय एक नहीं बल्कि बहुत सारे खुमैनी पैदा कर देगा, जो किसी एक तानाशाह की खिंची लकीर पर चल ही नहीं पायेंगे।'

यदि उन्हें इस बात का भरोसा दिलाया जाए कि भारत में भी सिख बराबर के नागरिक की हैसियत से पूरी इज्जत और मान के साथ रह सकते हैं तो बहुत सारे लोग खालिस्तान के बारे में अपनी राय पर दोबारा सोचने को तैयार हो जाएंगे। आज के हालात में वह इस बात को लेकर बेहद आहत महसूस करते हैं कि हिंदुओं ने उनका पूरी तरह बहिष्कार कर दिया है। स्वर्ण मंदिर पर हमला, नवंबर 1984 में हजारों बेगुनाहों का कत्ल (जिसके लिए आज तक एक भी व्यक्ति को सजा नहीं मिली), और सिर्फ सिख होने के कारण सरकारी मशीनरी के हाथों लोगों को जो मुसीबतें झेलनी पड़ी हैं — ये सब चीजें सामुदायिक स्तर पर उनके साथ हुई नाइंसाफी का प्रतीक बन चुकी हैं।

क्या किया जा सकता है?

विदेश में रहने वाले सिखों के पास इतनी ताकत और संसाधन है कि वह पंजाब के टकराव को एक लंबे खूनी गृहयुद्ध में बदल सकते हैं। वह पंजाब के आतंकवादी संगठनों को उसी तरह नैतिक और भौतिक सहायता मुहैया कराते रह सकते हैं जैसे अमेरिका में रहने वाले आयरिश मूल के कुछ आप्रवासी उत्तरी आयरलैंड के विद्रोहियों को मदद देते रहते हैं।

जो लोग पंजाब को गृहयुद्ध की तरफ जाने से रोकना चाहते हैं उन्हें विदेश में रहने वाले सिख समुदाय की मनोदशा, नज़रिए और शिकायतों को समझने की कोशिश करनी पड़ेगी। भारत और भारत के बाहर रहने वाले हिंदुओं को समय रहते विदेशी सिख समुदाय के अलगाव को खत्म करने के लिए संचार के वह सारे सेतु दोबारा खड़े करने होंगे जो अब तक उन्हें एक-दूसरे से जोड़ते थे। हमें उनके सामने यह सपष्ट करना होगा कि भारत

में रहने वाले हम लोग लोकतांत्रिक दायरे के भीतर रहते हुए परस्पर सम्मानजनक वार्ताओं के जरिए इस टकराव का हल निकालना चाहते हैं और इस देश में अल्पसंख्यक भी सम्मानपूर्वक जी सकते हैं। ऐसा करने के लिए हमें चाहिए कि :

1. सिखों के मानवाधिकारों का उल्लंघन होने की स्थिति में हम उन्हें बिना शर्त समर्थन दें और ऐसी घटनाओं में सरकार की हिस्सेदारी पर अंकुश लगाने के लिए संघर्ष करें;
2. नवंबर 1984 के दोषियों को सजा दिलाने की पुरजोर मांग करें;
3. सुनिश्चित करें कि किसी भी व्यक्ति को कानूनी और संवैधानिक पद्धति के बिना हिरासत में न लिया जाए और पुलिस हिरासत में यातना तथा झूठी मुठभेड़ों पर रोक लगे। हिरासत में लिए जाने वाले हर व्यक्ति पर समुचित कानूनी प्रक्रियाओं के जरिए जल्दी से जल्दी, निष्पक्ष और खुले ढंग से मुकदमे चलाए जाएं;
4. सत्ता के विकेंद्रीकरण की मांग करने वाले हर व्यक्ति को राष्ट्र-विरोधी मान लेने की बजाय हमें क्षेत्रीय स्वायत्तता के मुद्दे को गंभीरतापूर्वक लेना चाहिए। हमें कांग्रेस द्वारा पैदा की गई इस मिथ्या धारणा में निहित खतरों को समझना चाहिए कि केंद्र में उसके निरंकुश शासन का कोई भी प्रतिरोध स्वतःस्फूर्त रूप से राष्ट्र-विरोधी ही होता है;
5. ऐसे सभी कानूनों को निरस्त किया जाए जिनके जरिए सरकार को बेहिसाब ताकत मिल जाती है। राष्ट्रीय सुरक्षा अधिनियम, आतंकवाद विरोधी अधिनियम और संवेदनशील क्षेत्र अधिनियम जैसे कानून इसके कुछ उदाहरण हैं;
6. सभी पंजाबियों – हिंदुओं, सिखों तथा दूसरे लोगों – को अपने-अपने नेताओं के जरिए आपस में वार्ता शुरू करने के लिए तैयार किया जाए ताकि इस संकट का एक परस्पर स्वीकार्य समाधान निकल सके। इसके बाद वह इस समाधान को लागू करने के लिए सरकार पर दबाव डालें और इस प्रक्रिया में उन तमाम लोगों की मदद लें जो समस्या का शांतिपूर्वक और न्यायपूर्ण समाधान चाहते हैं; और
7. पंजाब में राष्ट्रपति शासन हटाने की मांग की जाए क्योंकि पंजाब समस्या के समाधान के रास्ते में केंद्र सरकार का शासन ही सबसे बड़ी बाधा है।

सिखों को चाहिए कि अब वह भी पंजाब के मालिकों की तरह बर्ताव करना बंद कर दें; दूसरी तरफ हिंदुओं को भी चाहिए कि वह भारत को अपनी मिल्कियत मानना छोड़ दें। दोनों को समझना होगा कि सिखों का भारत पर उतना ही हक है जितना पंजाबी हिंदुओं का पंजाब पर। तभी इस समस्या का एक शांतिपूर्ण समाधान निकल सकता है। केंद्र सरकार की तरफ से एक 'राष्ट्रीय' समाधान का इंतजार करते रहने की बजाय पहले पंजाब में एक ऐसे क्षेत्रीय समाधान की पहल शुरू होनी चाहिए जो सिखों और पंजाब में रहने वाले हिंदू पंजाबियों, दोनों को मंजूर हो।

इसके साथ ही एक महत्वपूर्ण बात यह भी है कि विदेश में रहने वाले सिख समुदसय

के लोगों को आतंकवादी हिंसा और मासूम लोगों की हत्याओं के खिलाफ एक स्पष्ट स्टैंड लेना चाहिए। क्योंकि आतंकवादी गतिविधियों के लिए बहुत सारा पैसा, हथियार और समर्थन कथित रूप से विदेश में रहने वाले सिख समुदाय से ही आता है इसलिए आतंकवादियों के प्रति उनके समर्थन पर निर्णायक विराम भारत में एक ज़्यादा भरोसेमंद सिख नेतृत्व को पैदा करने में मददगार सिद्ध होगा। यह नया नेतृत्व एक सम्मानजनक समाधान के लिए ज़्यादा अच्छी तरह दबाव डाल सकता है। आतंकवादियों की हरकतों से तो कांग्रेस सरकार द्वारा क्रूर दमन और उसकी निरंकुश केंद्रीयतावाद की नीति को और वैधता ही मिलती है।

विदेश में रहने वाले सिखों को खयाल रखना चाहिए कि आधी-अधूरी जानकारियों के आधार पर उठाए गए उनके कदमों से भारत में रहने वाले सिखों की सुरक्षा खतरे में पड़ती है। उत्तरी अमेरिका में आतंकवादी राजनीति से टक्कर लेना उनके लिए ज़्यादा आसान है क्योंकि खुद आतंकवादी भी जानते हैं कि अमेरिका में वह उस तरह का रक्तपात नहीं कर सकते जैसा वह पंजाब में कर रहे हैं। इसीलिए, वहां उन्हें हाशिये पर रखना और उनकी वैधता खत्म करना ज़्यादा आसान है। अगर आतंकवादियों को वहीं हाशिए पर धकेल दिया जाए तो भारत में सिखों के मानवाधिकार उल्लंघन के सवाल पर उन्हें विदेशों में ज़्यादा समर्थन मिलने लगेगा। ऐसे में सत्ता के विकेंद्रीकरण जैसे मुद्दों को सामने लाने में भी मदद मिलेगी जो कि पंजाब के असली मुद्दे हैं। और अन्त में, उन्हें भारत की स्थितियों के बारे में एक बेहतर समझ विकसित करनी चाहिए तथा अपनी राजनीतिक सोच को सुनी-सुनाई बातों की बजाय तथ्यों की बुनियाद पर खड़ा करना चाहिए।

5

स्वधर्म की रक्षा हेतु

भाजपा-आरएसएस-विहिप के राम मंदिर आंदोलन की सफलता इस बात का सबूत है कि अब तक हमारे देश में नेहरूवादी किस्म की जिस धर्मनिरपेक्षता का पाठ पढ़ाया जाता था उसका जनाधार बहुत सीमित है। यह विचारधारा अंग्रेजी शिक्षित दायरे के एक छोटे से हिस्से तक सिमट कर रह गई है और वह समाज पर व्यापक प्रभाव नहीं डाल सकी है। इसके कई ठोस कारण हैं। एक वजह तो यह है कि हमारे उदार, धर्मनिपरेक्ष बुद्धिजीवी वर्ग की जड़ें पश्चिमी उदारवादी परंपरा में निहित हैं। यह वर्ग भारत के विविधतापूर्ण जनसमुदाय की भावनाओं और आस्थाओं को महसूस करने की तो बात छोड़िए, अकसरहां उन्हें समझने में भी चूक जाता है। इस वर्ग के लोगों का रवैया कई बार हमारे औपनिवेशिक शासकों जैसा रहता है जो भारतीय लोगों के सामाजिक, धार्मिक और सांस्कृतिक विश्वासों को अंधविश्वास और उनके 'पिछड़ेपन' की निशानी कह कर मुंह बिचकाते हुए खारिज कर देते थे।

आज हिंदुओं का एक बड़ा तबका अपने देश की स्थानीय परंपराओं और संस्कृति की बिना सोचे-विचारे और अपमानजनक ढंग से की गई आलोचनाओं से तंग आ चुका है। इस आलोचना ने भारतीय ज्ञान और शिक्षा की निर्मम उपेक्षा की है। औपनिवेशिक शासकों ने जो शिक्षा व्यवस्था विकसित की थी उसका मकसद भारतीयों के आत्मसम्मान को ध्वस्त करना था। दिक्कत यह है कि आधुनिक शिक्षा व्यवस्था में भी देशी चीजों के प्रति तिरस्कार की भावना कायम है। भारतीय संस्कृति व शिक्षा परंपराओं से कटे हुए और नाजानकार लोगों की कई पीढ़ियां इसी व्यवस्था के साए में पली-बढ़ी हैं। विडंबना यह है कि बड़ी संख्या में राम मंदिर आंदोलन में शामिल हो रहे लोगों को गलतफहमी है कि इस तरह वे भारत की सांस्कृतिक विरासत के गौरवपूर्ण अतीत को पुनर्जीवित कर पाएंगे। इस देश की सांस्कृतिक विरासत के प्रति बुद्धिजीवी वर्ग के अज्ञान व अपमानजनक रवैये की वजह से देश का एक बड़ा तबका बहुत नाराज हो चुका है। दुर्भाग्य की बात यह है कि इस गुस्से को हिन्दुत्ववादी कहलाने वाले राजनैतिक तत्त्व बेहद घातक मकसद के लिए इस्तेमाल कर रहे हैं।

---

* पहली बार *मानुषी* संख्या 60 (सितंबर-अक्तूबर 1990) में प्रकाशित।

भाजपा प्रतिशोध की राजनीति के जरिए राजसत्ता हासिल करना चाहती है। हालांकि भाजपा के लोग इस बात की दुहाई देते नहीं अघाते कि वह 'हिंदू जीवन शैली' की रक्षा करना चाहते हैं लेकिन वास्तविकता यह है कि भाजपा-आरएसएस-विहिप ने अपने समर्थकों को जानबूझकर उनकी सांस्कृतिक विरासत के प्रति अंधेरे में रखा है। फासीवादियों की नकल के इच्छुक संघ परिवार के लोग जानते हैं कि घृणा और प्रतिशोध की राजनीति के लिए ऐसी हर चीज पर जोर देना ज़रूरी है जिससे हिंदुओं के स्वाभिमान को चोट पहुंचती है। राम मंदिर अभियान के उत्साही समर्थकों में मेरे कुछ छात्र और पड़ोसी भी शामिल हैं। कुछ समय पहले मैंने उनमें से कुछ लोगों से पूछा कि उन्होंने रामायण का कौन सा संस्करण पढ़ा है। मेरे इस सवाल का उनमें से किसी के पास जवाब नहीं था। ये सभी पढ़े-लिखे युवा रामानंद सागर के टीवी सीरियल *रामायण* के अलावा और किसी रामायण को नहीं जानते। उन्होंने तुलसी की *रामायण* के बारे में सुना तो था मगर किसी ने उसको पढ़ा नहीं था। उन्हें यह भी पता नहीं था कि अलग-अलग इलाकों और समुदायों में *रामायण* के अलग-अलग रूप प्रचलित रहे हैं। देश के अलग-अलग हिस्सों में सैकड़ों, हजारों लोगों ने विभिन्न कालों में विभिन्न प्रकार की रामायणें रची हैं। इस महाकाव्य पर उनसे ज्ञान भरी बात करना तो दूर उस पर मामूली सी टिप्पणी भी पाना मैंने नामुमकिन पाया। उन्हें राम मंदिर आंदोलन का सिर्फ एक ही पहलू उत्तेजित करता है—मुसलमानों से बदले की भावना। राम मंदिर आंदोलन की बुनियाद राम के प्रति प्रेम या *रामायण* पर नहीं बल्कि मुसलमानों के प्रति नफरत की बुनियाद पर खड़ी है।

भाजपा-आरएसएस-विहिप इस बात पर बड़े क्रोध की भंगिमा अपनाते हैं कि अंग्रेजी शिक्षित अभिजन धर्मनिरपेक्षतावादी देशी संस्कृति का सम्मान नहीं करते। परन्तु यह भी सच है कि ये लोग खुद भी जानबूझकर फैलाई जा रही विकृतियों के जरिए भारतीय संस्कृति और धार्मिक परंपराओं के प्रति अज्ञानता पैदा करने में लगे हुए हैं। सच तो यह है कि इस गठजोड़ का तो भारतीय या विदेशी, किसी भी शिक्षा पद्धति से कोई वास्ता ही नहीं है। मिसाल के तौर पर, भाजपा-आरएसएस-विहिप गठजोड़ से जुड़े शैक्षणिक या धार्मिक संस्थानों के मुकाबले शिकागो विश्वविद्यालय में *रामायण* पर विद्वता हासिल करने के लिए ज्यादा बेहतर सुविधाएं मौजूद हैं। इन संगठनों ने आज तक एक भी ऐसा कदम नहीं उठाया जिससे प्राचीन भारतीय साहित्य का अध्ययन करने के लिए भारतीयों को विदेशी विश्वविद्यालयों की शरण में जाने की ज़रूरत न पड़े। उनमें से बहुतों को *रामायण* और अन्य हिंदू धार्मिक पुस्तकों के मुकाबले हिटलर के विचार और अभियान ज़्यादा आकर्षित करते हैं। इन हिंदू धार्मिक कृतियों के साथ इन संगठनों का ताल्लुक सिर्फ कुछ वाक्यांशों को राजनीतिक प्रोपेगेंडा के लिए बिना संदर्भ उठा लेने के अलावा और कुछ नहीं रहा है। इसलिए उन्होंने अपने विश्वविद्यालयों में इस ज्ञान को मूल्य और सम्मान दिलाने के लिए कभी कुछ नहीं किया।

मुझे अच्छी तरह याद है कि मिरांडा हाऊस कॉलेज में अंग्रेजी ऑनर्स की 16-17 वर्षीय छात्रा के रूप में उस समय मुझे कितना अपमान सहना पड़ा था जब मेरी कुछ सहेलियों

ने हॉस्टल के मेरे कमरे में गीता प्रेस से प्रकाशित *तुलसी रामायण* देखी थी। मैं इस बात को आज भी नहीं भुला पाई हूं कि उन्होंने मेरी कितनी खिल्ली उड़ाई थी। उनके लिए तो यह ग्रन्थ अतीतग्रस्त धार्मिकता का प्रतीक थी जो सिर्फ अर्धसाक्षर बूढ़ी दकियानूसी दादी अम्माओं के लिए उपयुक्त है। अगर यह ग्रन्थ किसी विदेशी विश्वविद्यालय की प्रेस से अंग्रेजी में छपा होता तो रामायण में मेरी दिलचस्पी को सम्मान की नज़र से देखा जाता। मिल्टन के *पैराडाईज़ लॉस्ट*, बाईबल, या ग्रीक माइथॉलोजी पढ़ना आधुनिक, धर्मनिरपेक्ष अध्ययन समझा जाता। *रामायण* पढ़ने की उम्मीद तो सिर्फ संस्कृत या हिंदी विभाग की *बहनजियों* से ही की जाती थी क्योंकि उन्हें भी पिछड़ा माना जाता था। इन दोनों विभागों के प्रति तिरस्कार का भाव छात्रों और शिक्षकों, दोनों के मन में साफ दिखाई देता था।

लेकिन तब तो मुझे और भी ज़्यादा परेशानी हुई जब मैंने पाया कि खुद हिंदी बोलने वाली *बहनजियां* भी *रामायण* और *महाभारत* को वैसी ही उपेक्षा की नज़र से देखती हैं और उन्हें भी सस्ते रूमानी उपन्यास व फिल्मी पत्रिकाएं पढ़ने में ज़्यादा दिलचस्पी है। हिंदी और संस्कृत ऑनर्स की छात्राओं के लिए इन किताबों को पढ़ना एक किस्म की मजबूरी थी क्योंकि यह उनके कोर्स का हिस्सा था। इससे यह बात स्पष्ट हो जाती है कि किसी भी समाज का प्रभुत्वशाली अभिजन ही यह मानक निर्धारित करता है कि कौन सी चीज पढ़ने के लायक और सम्मानजनक मानी जाएगी और कौन सी चीज तिरस्कृत कर नकारी जायेगी। यही वजह है कि जो थोड़े-बहुत पश्चिम-शिक्षित एलीट अगर कभी भारतीय संस्कृति, कला और साहित्य के गंभीर अध्ययन की तरफ आकर्षित होते हैं, तो उस समय वह आमतौर पर विदेशी विश्वविद्यालयों में होते हैं जहां के पश्चिमी बुद्धिजीवियों के बीच इस तरह के अध्ययन का चलन है।

हाल ही में एक रेल यात्रा के दौरान भाजपा समर्थक होने का दावा करने वाले एक जाने-माने युवा अंग्रेजीभाषी पत्रकार के साथ हुई बातचीत इस बात को जाहिर करती है कि अंग्रेजी शिक्षित अभिजन के बीच अपनी जड़ों से कटाव के सवाल पर बेचैनी इतनी ज़्यादा है कि वह नफरत फैलाने वाले राजनीतिज्ञों का आसानी से शिकार बन जाते हैं। जब इस पत्रकार ने बातचीत के दौरान कहा वी.पी.सिंह की जनता दल सरकार देश को नष्ट कर रही है तो हमारी बातचीत कुछ इस दिशा में चली :

देश के अगले प्रधानमंत्री के रूप में आप किसको देखना चाहते हैं?

(एक क्षण की भी हिचकिचाहट के बिना उसने कहा) एल.के.आडवाणी को।

आप उन्हें ही क्यों पसंद करते हैं?

देखिए, भाजपा एकमात्र ऐसी पार्टी है जो हिंदू राष्ट्र की स्थापना और अल्पसंख्यकों को उनकी सही जगह देने के बारे में खुलकर बात करती है। लंबे समय से मुसलमानों का तुष्टिकरण किया जा रहा है और अब वह हमारे देश के लिए खतरा बन चुके हैं।

हिदू राष्ट्र से हिदुओं को क्या मिलेगा? मेरा कहने का मतलब है कि भाजपा

के हिंदू राष्ट्र की स्थापना के जरिए आप हिदुओं के लिए क्या उपलब्धियां हासिल करना चाहते हैं?

हिदुओं को भारत, यानी अपनी जन्मभूमि पर ही अपनी जीवन शैली के हिसाब से जीने का मौका नहीं मिल रहा है।

कौन रोक रहा है उन्हें?

सरकार।

ऐसी कौन सी चीज है जो भाजपा के हिंदू राष्ट्र के बिना आप हिंदू होते हुए भी नही कर पा रहे हैं?

हिंदुओं के सारे ज्ञान की उपेक्षा हो रही है। यहां तक कि ज्ञान की जिन शाखाओं को पश्चिम के मुकाबले वैज्ञानिक रूप से बेहतर माना जाता है उन्हें भी हमारे देश में पूरा सम्मान नहीं मिलता। आप ही देखिए कि *योग* और *आयुर्वेद* जैसी चिकित्सा पद्धतियों की हमारे देश में कितनी दुर्गति हो रही है।

हिदुओं को इन दोनों का अनुसरण करने से क्या चीज रोक रही है? मैं हर रोज एक घंटे योग का अभ्यास करती हूं। मुझे तो कोई मुसलमान रोकने नही आया। अगर मैं रामायण पढ़ती हूं तो कोई मुसलमान या सरकार इस बात के लिए मेरा अपमान नही करती। अगर कोई आदमी एलोपैथिक क्लीनिक की बजाय किसी आयुर्वेदिक चिकित्सा केंद्र में जाकर इलाज करवाना चाहता है तो सरकार तो उसे दंडित नही करती।

यह मानने के बाद कि उसने योग या आयुर्वेद सीखने की कभी कोशिश नहीं की थी, उसने फिर से इस बात पर ज़ोर दिया कि कोई सरकार योग या आयुर्वेद जैसे ज्ञान की मदद भी तो नहीं करती। इसीलिए ये चीजें कभी फल-फूल नहीं सकतीं। हिंदू राष्ट्र में इन चीजों को सरकारी मदद मिलने लगेगी।

मगर हमारे देश के महान वैद्य तो सरकारी प्रयोगशालाओं से नही निकले थे। महान संतों और गुरुओं को सरकारी संरक्षण की ज़रूरत कभी नही पड़ी। उन्हें राजाओं से भी यह छूट मांगने की ज़रूरत नही थी कि वह बच्चों को अपने तरीके से पढ़ाना चाहते हैं। राजा तो खुद गुरुओं के पास जाते थे कि वह उनके बच्चों को पढ़ाएं। अगर भाजपा और आरएसएस ज्ञान की इन शाखाओं को प्रोत्साहित करना चाहते हैं तो लोगों की जिंदगी को खतरे में डालने और रक्तपात को बढ़ावा देने की बजाय वह आयुर्वेद अनुसंधान केंद्रों को प्रोत्साहित क्यों नही करते? वह एक ठोस स्वास्थ्य व्यवस्था की वकालत क्यों नही करते?

मुझे इस बारे में सोचना पड़ेगा। आप कुछ ज़्यादा ही सवाल पूछ रही हैं। (फिर एक लंबी खामोशी के बाद) मगर मुझे लगता है कि राजसत्ता हासिल करना बहुत अहम है।

इस अज्ञानता के कारण ही भाजपा-आरएसएस-विहिप गठजोड़ को हिंदू भावनाओं के

साथ खेलने में इतनी कामयाबी मिली है। मिसाल के तौर पर, अयोध्या में कई और मंदिर भी हैं जो इस बात का दावा करते हैं कि उनकी नींव *राम जन्मस्थान* पर रखी गई है। परंतु यह गठजोड़ इसी बात पर जोर देता है कि राम का जन्म बिल्कुल वहीं हुआ था जहां बाबरी मस्जिद खड़ी है। गौरतलब है कि राम एक श्रद्धेय, धार्मिक प्रतीक हैं न कि कोई ऐतिहासिक चरित्र। राम के जन्म की तारीख या जगह के बारे में सटीक ढंग से संभवतः कुछ नहीं कहा जा सकता। लेकिन भाजपा गठजोड़ राम को एक ऐसा व्यक्ति साबित कर देने पर आमादा है जो एक खास दौर में एक खास जगह पर रहता था। वह हमारी आस्थाओं को इस्लाम और ईसाइयत के सांचे में ढालने को बेताब दिखाई देते हैं। इस्लाम और ईसाइयत ऐसे धर्म हैं जो अपने संस्थापकों, पैगंबर मोहम्मद और ईसा मसीह के जीवनकाल को एक खास ऐतिहासिक युग व तिथि और एक खास जगह नियत कर सकते हैं। भाजपा और उसका कुनबा अयोध्या को भी भी एक यरूशलम बनाना चाहता है।

धर्म को राजनीति से बचाने की ज़रूरत

राम मंदिर अभियान पर धार्मिक संगठनों का नहीं बल्कि राजनेताओं का नियंत्रण रहा है। मैं विहिप को भी राजनीतिक संगठनों की सूची में ही रखती हूं क्योंकि उसे हिंदुओं की धार्मिक और आध्यात्मिक भावनाओं में लेशमात्र भी दिलचस्पी नहीं है। देश के गैर-हिंदुओं को अपने अधीन रखने और उन्हें आतंकित करने के लिए हिंदुओं को एक राजनीतिक ताकत के रूप में संगठित करने के अलावा उसके नेताओं को और किसी चीज में दिलचस्पी नहीं है। उनका धर्म हिन्दुत्व नहीं बल्कि राष्ट्रवाद है। उन्हें राम से नहीं हिटलर से प्रेरणा मिलती है। धर्मनिष्ठा के अपने लबादे के बावजूद भाजपा-आरएसएस-विहिप गठजोड़ का असली एजेंडा मुसलमानों के खिलाफ ज़्यादा से ज़्यादा अविश्वास और नफरत फैलाने का ही है। उनके कार्यकर्ताओं के मुंह से यह बात अकसर सुनाई देती है : 'हमें मुसलमानों के साथ वही सुलूक करना चाहिए जो हिटलर ने यहूदियों के साथ किया था।' भागलपुर, मेरठ, अहमदाबाद और, अब गोंडा — मुसलमानों के संहार की इन बढ़ती घटनाओं से जाहिर है कि *'पाकिस्तान या कब्रिस्तान'* जैसे नारे सिर्फ नारे नहीं हैं। इनका एक खास मतलब है। इन संगठनों के अभियान का पहला बुनियादी चरण लोगों को इस बात के लिए तैयार करना होता है कि मुसलमानों को तब तक भारतीय नागरिक की हैसियत नहीं मिलनी चाहिए जब तक वह अपनी आस्था को त्याग कर दास भाव से हिन्दुत्त्ववादियों की इच्छाओं का अनुसरण न करने लगें।

यह बात सबसे उमा भारती और ऋतंभरा के भाषणों से साफ तौर पर सामने आती है। ये दोनों महिलाएं संघ परिवार के सबसे भड़काऊ चेहरों के रूप में सामने आई हैं। रिकॉर्डेड कैसेटों के रूप में उनके भाषणों को बाकायदा बेचा जाता है। देश के बहुत सारे हिस्सों में भाजपा की प्रोपेगेंडा मशीनरी उनका जमकर इस्तेमाल कर रही है। इन दोनों में से भी ऋतंभरा ज़्यादा खुले तौर पर विषवमन करती है। भाषण देते हुए उसके हाव-भाव बेहद उन्मादी किस्म के होते हैं। अपनी कर्णभेदी, खून की प्यासी आवाज़ में ऋतंभरा जो जहर उगलती है वह

हिटलरवादी नेताओं की प्रोपेगेंडा रैलियों से मिलता-जुलता दिखाई देता है।

अपने भाषण में उसका सारा दारोमदार यह साबित करने पर रहता है कि हिंदू कायर नहीं हैं। उसकी नज़र में यह साबित करने का एकमात्र तरीका यही है कि मुसलमानों पर ज़्यादा से ज़्यादा हिंसक और कातिलाना हमले किए जाएं। अपने इन हमलावर तेवरों को वह पुराने जमाने में भारत के कुछ हिस्सों पर फतह हासिल करने वाले कुछ मुसलमान आक्रमणकारियों द्वारा किए गए दमन और अत्याचार की आड़ में सही ठहराती है।

ऋतंभरा के कैसेट के कवर पर अकसर रामानंद सागर की *रामायण* के राम और सीता का फोटो छपा रहता है। उसके एक भाषण के इस छोटे से हिस्से पर गौर कीजिए :

> 30 अक्तूबर का दिन तुम्हारी नियति का फैसला कर देगा। उस दिन ये साफ हो जाएगा कि इस देश में हिंदू रहेंगे या मुसलमान। तुम अभी से अपने भविष्य के बारे में सोचना शुरू कर दो ...।
>
> कायरता और नपुंसकता का लबादा फेंक दो। साहस और वीरता के गीत गाओ। अब तक जिस किसी ने भी हाथ बढ़ाया तुमने लुटने के लिए खुद को प्रस्तुत कर दिया। तुम्हारी चुप्पी, तुम्हारी विनम्रता और तुम्हारे बड़प्पन को तुम्हारी कायरता समझा गया...।
>
> तुम्हारी ताकत बांट दी गई। जाति, प्रांत, भाषा से ऊपर उठकर एकता के सूत्र में बंध जाओ। इन तीनों बनावटी दीवारों को गिरा दो...।
>
> जिन्होंने भारत माता की दोनों भुजाएं काट दीं... उन पाखंडियों के लिए यहां कोई जगह नहीं। उन्हें भारत छोड़ना ही होगा। ये हिन्दुस्तान उनका नहीं है...। 30 अक्तूबर को मंदिर निर्माण की शुरुआत के साथ हमारे राष्ट्रभक्त लोग हिन्दुस्तान को एक हिंदू राष्ट्र बनाने की आधारशिला रख देंगे।
>
> भारत माता की जय...! महादेव की जय!!
>
> अत्याचारियों का उसी तरह नाश कर दो जैसे रावण का नाश किया गया था। किसी तरह की निज प्रीत न दिखाओ। यह राम का आदेश है। दुनिया के सामने इस बात का उद्घोष कर दो कि जो राम का विरोध करेगा वह भारत में नहीं रह सकता...।
>
> मुसलमानों, रहीम को याद करो जो भगवान राम के चरणों की धूल पाने के लिए लालायित रहता था...।
>
> महात्मा गांधी ने हिंदू-मुसलमान भाईचारे के खूब गीत गाए। हम मंदिर की घंटियों के साथ अंज़ान सुनने को तैयार हो गए। मगर वे ऐसा नहीं कर सकते, न उनकी विरासत उन्हें ऐसा करने की अनुमति देती है। उनकी विरासत उन्हें वहां चुपके-चुपके संगठित होने के लिए उकसाती है जहां वे अल्पसंख्या में हैं। जहां उनकी तादाद दूसरे मजहब के लोगों के बराबर है वहां वह दंगे भड़काते हैं। अगर इस्लाम राष्ट्र बलि ही चाहता है तो स्वर्ग जाने के लिए उन्हें किसी मकबरे या प्रलय दिवस

का इंतजार करने की ज़रूरत नहीं। कुरान उन्हें आदेश देती है कि बुतपरस्तों की खाल उतारने के लिए घात लगाकर बैठे रहो। कुरान उन्हें मूर्ति पूजा करने वालों के जीते जी उनकी खाल उतार लेने, उन्हें पशुओं की खाल में भर देने और तब तक यंत्रणा देने का आदेश देती है जब तक वह उनके पैरों में न गिर पड़ें। हमारी परंपरा तो पैर के नीचे चींटी के कुचल जाने पर भी पश्चाताप का पाठ पढ़ाती है। ये दोनों संस्कृतियां एक-दूसरे की विरोधी हैं। फिर भी हमने भाईचारे की बात कही, *वंदे मातरम* की जगह *जन-गण-मन* को स्वीकार किया।

.... हिंदू-मुस्लिम भाईचारे को बनाए रखने के लिए हमने कितनी कुर्बानियां दी हैं! हमने भारत माता को भी काट डाला! हिंदू शहादत और कुर्बानी के प्रतीक रामध्वज की जगह हमने तिरंगा लहरा दिया। मगर यह भाईचारा फिर भी नहीं मिला...।

जो लोग अपने राष्ट्र से ज़्यादा अपने धर्म को प्यार करते हैं वह {मुसलमान} कभी राष्ट्रवादी नहीं हो सकते। और जो लोग धर्म को एक निजी मामले की तरह देखते हैं वह {हिंदू} कभी सांप्रदायिक नहीं हो सकते। जो लोग अपने धर्म से ज़्यादा अपने राष्ट्र को प्यार करते हैं वह कभी सांप्रदायिक हो ही नहीं सकते।

पीएसी के जवान मुझे कहते हैं कि उन्हें भी 30 अक्तूबर का इंतजार है। वह कहते हैं कि जब वे बेरोजगार थे तो उन्होंने नौकरी के लिए बजरंग बली के सामने मन्नत मांगी थी। उन्हें पता है कि रिटायरमेंट के बाद भी उन्हें राम के सुरक्षा कवच की ज़रूरत पड़ेगी। अगर सरकार ने उन्हें गोली चलाने का हुक्म दिया तो वह गोली चलाएंगे, मगर देखना यह है कि उनकी गोलियां रामभक्तों को लगेंगी या रामद्रोहियों का सीना चीरेंगी। हालांकि वह वर्दी पहन चुके हैं मगर इन वर्दियों के पीछे भी जो हृदय है वह एक हिंदू का हृदय है। भले ही वह किसी की नौकरी कर रहे हैं मगर उनकी शिराओं में जो रक्त बह रहा है वह एक हिंदू पिता का रक्त है।

इस आग को और प्रचंड होने दो। इसी रक्तपात ने देश के टुकड़े-टुकड़े किए थे। इतने सारे हिंदुओं को मौत की नींद सुलाया था...। पल-पल तड़प-तड़प कर मरने की बजाय इस अग्निकुंड में भस्म हो जाना उत्तम है...।

हम उन्हें शब्दों से नहीं समझा पाए। अब उन्हें लातों से ही सीखना पड़ेगा...। अब एक बार यह रक्तपात भी हो ही जाने दो।

हम विशाल हिंदू शक्ति को एक मुट्ठी में एकजुट करने के लिए निकले हैं।

तुम बार-बार कहते रहे कि तुम कुर्बानी दोगे। हम हजारों कुर्बानियां लेंगे। अब हम सिर्फ अपना खून नहीं बहाएंगे, दूसरों को भी खून में नहला देंगे...। उस महात्मा गांधी ने तुम्हें विनाश की ओर धकेल दिया...।

अपनी धार्मिकता और दयालुता को गांठ बांध कर जमना मैया में बहा दो...।

वामपंथी और कम्युनिस्ट मुझसे पूछते हैं कि क्या हम इस देश को हिंदू राष्ट्र बनाना चाहते हैं। मैं उन्हें कहती हूं कि इस बात का फैसला तो 1947 में बंटवारे के समय ही हो गया था – हिंदुओं के लिए हिन्दुस्तान और मुसलमानों के लिए पाकिस्तान। जो मुसलमान फिर भी यहां रह गए वह हिंदुओं की सहिष्णुता और विशालहृदयता की वजह से यहां रुक पाए। यहां रहने वाला कोई भी गैर-हिंदू सिर्फ हमारी कृपा पर जी रहा है। इस बात को बेहिचक कह दो कि यह हिंदुओं का राष्ट्र है। आने वाले समय में हमें साबित करना होगा कि हिन्दुस्तान में केवल वही लोग रह सकते हैं जो हिंदू स्त्रियों और महापुरुषों का सम्मान करेंगे, जो हिंदू संस्कृति में विश्वास रखेंगे, जो हिंदू इतिहास, देवी-देवताओं का मान करेंगे।

हरिद्वार में साधु-समाज ने जो प्रस्ताव पास किया है उसमें सुईं की नोक बराबर भी बदलाव नहीं होगा। इन मुद्दों पर कोई बदलाव नहीं होगा, कोई समझौता नहीं होगा :

1) मंदिर निर्माण की तारीख – 30 अक्तूबर ही रहेगी;
2) मंदिर की योजना – उसमें हम कोई बदलाव बर्दाश्त नहीं करेंगे...।
3) मंदिर का स्थान – मंदिर वहीं बनेगा जहां श्रीराम की मूर्ति आज स्थित है...।

एक बहुत बड़े पत्रकार ने हमसे पूछा : 'अगर हम इन तीन मुद्दों पर कठोर और समझौताविहीन रुख अपनाएंगे तो बात करने के लिए बचेगा ही क्या?' हमने जवाब दिया कि बात करने का तो मुद्दा ही सिर्फ यह है कि हमारी इन इच्छाओं को सम्मानपूर्वक पूरा किया जाएगा या हमें बलपूर्वक अपनी ये इच्छाएं पूरी करनी होंगी।

हिन्दुस्तान मूर्ख है, वह मूर्खता के अपने मार्ग को छोड़ना नहीं चाहता, बार-बार पिटता है और अपने विरोधियों को क्षमा कर देता है - क्यों? क्योंकि यह बुद्ध और महात्मा, गुरु नानक देव और ऐसे संतों की भूमि है जिन्होंने अपनी जिंदगी कुर्बान कर दी, अपनी गर्दन तलवार पर रख दी मगर दूसरों की गर्दन नहीं तोड़ पाए...।

नफरत की यह मुहिम भाजपा-आरएसएस-विहिप की रैलियों में कविता के रूप में भी सामने आती है। उदाहरण के लिए, इन पंक्तियों पर ध्यान दीजिए :

गर्व से कहो हम हिंदू हैं

भारत का संविधान बदल दो, सन् सैंतालीस याद करो
भारत भूमि पहले बंट चुकी, मुसल्लों का बहिष्कार करो
औरंगजेब या बाबर बनकर अब कोई ना रहने पाएगा
अब वही रहेगा भारत में जो रहीम बन जाएगा
संविधान में भारत के वो वोट नहीं अब डालेगा
हिन्द में हिंदुओं की कृपा से बच्चे पालेगा
जैसे हम कुवैत से अपने भाइयों को यहां ले आये हैं

ऐसे ही यहां के मुसलमानों को तुम जहाज़ों में भरो
भारत का संविधान बदल दो, सन् सैंतालीस याद करो।

क्योंकि भाजपा-आरएसएस-विहिप का गठजोड़ अपने इस कातिल राष्ट्रवाद के लिए भारत की विशाल जनसंख्या का समर्थन आसानी से प्राप्त नहीं कर सकता इसलिए उसने राम की छवि का इस्तेमाल किया है और अब उसे एक राजनीतिक चोले की तरह इस्तेमाल कर रहा है। राम को उन्होंने फिल्मी सितारों की तरह वोट बटोरू शख्सियत बना दिया है। अखबारों से हमें पता चलता है कि ये संगठन 700 करोड़ रुपए से ज़्यादा पैसा पहले ही इकट्ठा कर चुके हैं। भाजपा के ज़्यादातर चुनावी खर्चे राम के नाम पर इकट्ठा किए गए इसी पैसे से पूरे किए जा रहे हैं। आडवाणी को प्रधानमंत्री पद के उम्मीदवार के रूप में पेश करते हुए उन्होंने बिल्कुल चुनावी अंदाज़ में ही अपनी रथयात्रा निकाली थी।

यह बड़े शर्म की बात है कि जिस समय यह रथयात्रा एक शहर से दूसरे शहर होकर गुजर रही थी तो बताया जाता है कि बहुत सारे मुसलमानों ने खुद को अपने घरों में बंद करके बाहर से ताले डाल दिए थे। यहां तक कि दिल्ली के बहुत सारे मुसलमान भी अपने घर छोड़कर यात्रा के रूट से दूर दूसरी जगहों पर पनाह लेने चले गए थे। यह तरीका तो राम के प्रति श्रद्धा पैदा करने की बजाय उन्हें रावण की छवि में ढालने का है। अयोध्या में मस्जिद के मलबे पर खून में डूबा हुआ जो मंदिर वह खड़ा करना चाहते हैं वह मंदिर हिंदू सभ्यता के तमाम आदर्शों और परंपराओं के ध्वंस का प्रतीक होगा।

हमें आज राम को एक धार्मिक प्रतीक के रूप में पुनर्जीवित करना चाहिए। यहां धार्मिक से मेरा आशय उन्हें एक श्रद्धेय नैतिक मानदंडों के वाहक के रूप में पेश करने से है, एक ऐसे प्रतीक के रूप में पेश करने से, जो दुर्लभ आध्यात्मिक आदर्शों का जीता-जागता रूप था और जिसने इस देश की असंख्य पीढ़ियों को स्वाभिमान से जीने का संबल दिया। संकीर्ण राजनीतिज्ञों द्वारा सांप्रदायिक जनसंहारों को आगे बढ़ाने के लिए राम को अपना प्यादा बनाने की यह परिघटना राम को अपमानित भी करती है और उनके व्यक्तित्त्व को बौना भी बनाती है। आम लोगों के दिमाग में राम प्रेम और दयालुता (*पतित पावन कृपानिधान*), आत्म बलिदान और कर्त्तव्यनिष्ठा का प्रतीक हैं। हमने बचपन में अपने माता-पिता से जिस राम की छवि को जाना था वह भाजपा-आरएसएस द्वारा पेश की जा रही छवि से कतई नहीं मिलती। हमारा राम तो उनके प्रति भी कोई दुर्भावना नहीं रखता जो उसके साथ बुरा करते थे। वह 14 साल के बनवास के बाद भी कैकेयी को अपनी मां की तरह प्रेम और श्रद्धा से देखता रहा। हमें बताया गया कि राम ने अपनी युद्धक शक्ति की बजाय अपने नैतिक बल से रावण पर जीत हासिल की थी। जब रावण के बहुत सारे सगे-संबंधी, यहां तक कि खुद रावण की पत्नी और भाई भी, राम के सदाचरण के कारण उनके साथ आकर खड़े हो गए तो उनकी जीत और भव्य लगने लगी। आज, इन संगठनों के नेता राम का नाम लेते हुए भी बहुत सारे हिंदुओं को अपनी वाहियात हरकतों के कारण अपने खिलाफ खड़ा कर रहे हैं। यह स्थिति कुछ वैसी ही है जैसे रावण की हरकतों के कारण उसी के कई

शुभचिंतक उसका विरोध करने पर विवश हो गए थे।

हिन्दुत्व नहीं, कातिलाना राष्ट्रवाद

भाजपा राम को एक नैतिक या धार्मिक प्रतीक के रूप में नहीं, बल्कि एक राष्ट्रीय योद्धा नायक के रूप में पेश करती है। भाजपा के लिए वह सिर्फ हिंदू देवता नहीं हैं। भाजपा को यह गलतफहमी है कि इस तरह उसने राम को एक ज़्यादा बड़ी हैसियत प्रदान कर दी है। जिसे वह राम जन्मस्थान कहते हैं, उसके लिए वह जो दावा ठोंक रहे हैं उसे भी धार्मिक आधार पर नहीं बल्कि राष्ट्रवादी और राष्ट्रविरोधी तत्वों के बीच संघर्ष की मिसाल के तौर पर सही ठहराने की कोशिश कर रहे हैं। बाबरी मस्जिद को वह इसलिए तोड़ना चाहते हैं क्योंकि उसे एक राम मंदिर के स्थान पर किसी बाहरी हमलावर ने बनवाया था। इसी सिक्के का दूसरा पहलू यह है कि राम को एक राष्ट्रीय नायक बना दिया जाता है। मुसलमानों से उम्मीद की जाती है कि अपनी राष्ट्रभक्ति सिद्ध करने के लिए वह भी राम की पूजा करने लगें। संघ परिवार जानबूझकर इस तथ्य की अनदेखी करता है कि खुद हिंदुओं के भीतर भी ऐसे अनगिनत पंथ हैं जिनके अनुयायी राम को नहीं बल्कि दूसरे देवी-देवताओं को पूजते हैं और अगर उन्हें उनकी पूजा पद्धति से विमुख करने की कोशिश की जाएगी तो वह भी उतना ही क्रुद्ध होंगे जितना आज मुसलमान क्रोधित होते हैं।

बहुत सारे धर्मनिरपेक्षतावादियों का मानना है कि भाजपा की राजनीति एक विकृत धार्मिकता को बढ़ावा दे रही है। वास्तव में भाजपा-आरएसएस-विहिप की सारी सोच धार्मिकता बढ़ाने की बजाय हिंदू देवी-देवताओं में से कुछ खास देवी-देवताओं को चुनकर अपने रक्तरंजित राष्ट्रवाद को बढ़ावा देने पर केंद्रित है। आडवाणी एण्ड कंपनी हिंदू संस्कृति के ऐसे तमाम मूल्यों व विशिष्टताओं को नष्ट कर रहे हैं जो नैतिक और आध्यात्मिक रूप से श्रेष्ठतम हैं। वह लोग इस विविध संस्कृति को तोड़-मरोड़कर घृणा में डूबी राष्ट्रवाद की विचारधारा खड़ी कर रहे हैं।

राष्ट्र के नाम पर बीसवीं शताब्दी के ऐतिहासिक दौर में जितनी हत्याएं हुई हैं उनकी संख्या इतिहास के किसी भी काल में धर्म के नाम पर हुई हत्याओं से कहीं ज़्यादा है। बीसवी सदी के दोनों विश्वयुद्ध इस बात की एक रोंगटे खड़े कर देने वाली मिसाल हैं। ईरान और इराक, दोनों मुस्लिम देशों के बीच सालों से चल रहे युद्ध में लाखों लोग मारे जा चुके हैं। उग्र राष्ट्रवाद हमेशा किसी अन्य समूह के खिलाफ ही केंद्रित होता है। वह किसी घृणित 'अन्य' की मौजूदगी के बिना टिक ही नहीं सकता। इस किस्म का राष्ट्रवाद सत्ता और हिंसा की भाषा पर पनपता है। वह उन लोगों के मानवाधिकारों की भी कद्र नहीं करता जिन्हें वह एक राष्ट्र के रूप में एकजुट करने की दुहाई देता है। इस किस्म के राष्ट्रवादी नेता सत्ता की चाह में अपने सहोदरों की जिंदगी और कुशलक्षेम को खतरे में डाल देते हैं। हिटलर, जिन्ना और खुमैनी इसकी ज्वलंत मिसाले हैं। आज आडवाणी भी जिन्ना बनने की कोशिश कर रहे हैं।

उन्होंने हिंदुओं के बीच बड़े सुनियोजित ढंग से जुनून का माहौल पैदा किया है। इससे कारसेवकों और पुलिस के बीच टकराव और गोलीबारी की नौबत पैदा होती है और लोग मारे जाते हैं। उन्होंने अयोध्या जैसे आस्था केन्द्र को जंग का एक मैदान बना दिया है। जिन्हें उन्होंने भटकाया था, जिनके खून से उनके हाथ रंगे हुए हैं उनके लिए शोक मनाने की बजाय वह उन्हें शहीद का दर्जा देकर गुणगान कर रहे हैं। ज़्यादा से ज़्यादा हिंदुओं को मरने-मारने की मनोदशा में धकेल रहे हैं।

उनकी राजनीति हिंदुओं की जिंदगी को पंजाब और कश्मीर जैसे उन राज्यों में गहरे खतरे में डाल देगी जहां हिंदू अल्पमत में हैं। इनकी हरकतों से इन दोनों राज्यों में चल रही कट्टरपंथी समूहों की अलगाववादी राजनीति को और वैधता मिल रही है। जिन देशों में हिंदुओं की संख्या बहुत कम है वहां भी उनकी जिंदगी पर खतरा बढ़ता जा रहा है। बांगलादेश और पाकिस्तान में हिंदुओं पर हमलों की रिपोर्टें आ रही हैं। खाड़ी के देशों में तो हिंदुओं की हालत और भी खराब हो सकती है। पश्चिम देशों में भारतीय मूल के लोगों के प्रति पूर्वाग्रह और बढ़ सकता है क्योंकि भारत में चल रहे खूनी तांडव की रिपोर्टें अब उन देशों में भी पहुंचने लगी हैं।

गांधी का हिन्दुत्व बनाम आडवाणी का हिन्दुत्व

तीसरी दुनिया में राष्ट्रवाद को काफी सम्मान दिया जाता है। इसके पीछे एक भारी गलतफहमी काम करती है। इन देशों के अधिकतर लोग राष्ट्रवाद को उपनिवेशवाद विरोधी आंदोलन के साथ जोड़कर देखते हैं। मगर इन दोनों के बीच फ़र्क़ कितना गहरा है यह बात उस समय साफ हो जाती है जब हम महात्मा गांधी की राजनीति को आरएसएस के आडवाणी और उनके हमराहों की राजनीति से तुलना करके देखते हैं। उस समय हिंदुत्ववादियों ने सचमुच गांधीजी की हत्या करके अपना दावा पेश किया था और आज यह राष्ट्रवाद उन तमाम मूल्यों को नष्ट करने पर आमादा है जिनके लिए गांधीजी ने अपना सारा जीवन न्यौछावर कर दिया। गांधीजी का राष्ट्रवाद एक समुदाय के हाथों किसी भी दूसरे समुदाय के उत्पीड़न की खिलाफ है। गांधीजी मुख्य रूप से राज्यवाद तथा समाज पर सरकारी तन्त्र के वर्चस्व के विरोधी थे। गांधीजी तमाम वंचित और दबे-कुचले तबकों (फिर चाहे उनका कोई भी धर्म क्यों न हो) के अधिकारों के पक्ष में और राजसत्ता पर नियंत्रण रखने वालों के हाथों उनके शोषण के खिलाफ थे। दूसरी तरफ आडवाणी का राष्ट्रवाद इसीलिए राजसत्ता पर कब्जा करना चाहता है ताकि बहुसंख्यक हिन्दू समुदाय अल्पसंख्यकों पर हावी हो सके।

इस मकसद को हासिल करने के लिए राष्ट्रवादी खेमा भय और घृणा की संस्कृति का निर्माण करता है। भाजपा गठजोड़ हिंदुओं को प्रोत्साहित करता है कि वह मुसलमानों को राष्ट्र के साथ विश्वासघात करने वाले अल्पसंख्यकों के रूप में ही देखें। उनका सबसे बड़ा तर्क यह है कि पाकिस्तान बनने के बाद मुसलमानों को भारत में रहने का हक नहीं था। मैं स्वयं उन लाखों परिवारों में से एक परिवार में पली-बढ़ी हूं जिन्हें 1947 में उनके

घर-गांव से जबरन उजाड़ दिया गया था। मेरे परिवार को रातों-रात वहां से भागना पड़ा जिसे आज पाकिस्तान कहा जाता है। अपने परिवार को उजाड़े जाने के अनुभव के बल पर मैं उस आपराधिक जोड़-तोड़ पर भाजपा-आरएसएस के गुस्से को समझ सकती हूं जिसने भारत के विभाजन को जन्म दिया। मगर इस बात को भी भुलाया नहीं जा सकता कि आरएसएस और हिंदू महासभा के उग्र राष्ट्रवाद को कांग्रेस के एक बड़े हिस्से से भी समर्थन हासिल था और यह समर्थन भी जिन्ना की कामयाबी के पीछे एक अहम कारण रहा था।

यह एक बड़ी विडंबनापूर्ण बात है कि खुद भाजपा-आरएसएस भी अपनी राजनीति को उसी जिन्ना के तौर-तरीकों पर चलाना चाहते हैं जिससे वह इतनी नफरत करते हैं। असल में राजनीतिक रूप से जिन्ना और भाजपा-आरएसएस, दोनों एक ही सिक्के के दो पहलू हैं।

जो लोग मानते हैं कि पाकिस्तान बनने के बाद मुसलमानों के पास भारत में रहने का कोई अधिकार नहीं था वह असल में अपनी राजनीति को मुस्लिम लीग के ढर्रे पर खड़ा करने की कोशिश कर रहे हैं। इस तरह जिन्ना की राजनीति को वह वैधता देने की कोशिश की जा रही है जो इतिहास से उसे नहीं मिल पाई। जिन समूहों ने पाकिस्तान के निर्माण के लिए सबसे बढ़-चढ़ कर आवाज़ उठाई, आज वही पाकिस्तान में मुजाहिर (बाहरी) के नाम से जाने जाते हैं और अपने खुद के इच्छित राष्ट्र में अनचाहे बाहरी लोगों की तरह अपमान झेल रहे हैं। उनकी भाषा (उर्दू), उनकी संस्कृति, भारत में अपने सगे-संबंधियों के साथ उनका लगाव, अपने जन्मस्थान और पुरखों के साथ उनका भावनात्मक जुड़ाव – आज पाकिस्तान में पंजाबी, सिंधी, पठान, बलूची और दूसरे समुदायों के मुसलमान इन सब चीजों पर हमला बोल रहे हैं। मुस्लिम लीग और सैनिक शासकों ने पाकिस्तान के अलग-अलग समूहों को धर्म पर आधारित एक राष्ट्र के सूत्र में पिरोने की तमाम कोशिशें की हैं मगर पाकिस्तान में आज जैसा जातीय तनाव दिखाई देता है वैसा तनाव विभाजन से पहले तो कभी नहीं था। आज बलूची, पठान, सिंधी, पंजाबी और मुहाजिर एक दूसरे को शक और द्वेष की नज़र से ही देखते हैं। पाकिस्तान में मानवाधिकारों का उल्लंघन भारत से भी ज़्यादा गंभीर समस्या है। पाकिस्तान के शासक वर्ग ने अब जाकर अपने सहधर्मी मुसलमानों के राजनीतिक अधिकारों को थोड़ा-बहुत वजन देना शुरू किया है। मिसाल के तौर पर, वहां बहुत सारे लोगों को अब जाकर मतदान का अधिकार मिल पा रहा है जबकि हमारे देश में आजादी के पहले दिन से ही यह अधिकार हर नागरिक को मिल चुका था। पाकिस्तान की सत्ता संरचना पर सैनिक तानाशाही की तलवार हमेशा लटकी रहती है। उनका लोकतंत्र भारत के लोकतंत्र से ज़्यादा कमज़ोर है। पाकिस्तान के मुल्ला राजनीतिज्ञों को अब तक इतनी भी तमीज नहीं आ पाई है कि कम से कम अपने ही परिवारों की महिलाओं को सार्वजनिक जीवन में बराबरी का दर्जा दे दें। प्रधानमंत्री पद के लिए बेनजीर भुट्टो की उम्मीदवारी पर वहां बखेड़ा खड़ा हो गया था जबकि भारत में इंदिरा गांधी को पूरे देश ने सहज ढंग से प्रधानमंत्री मान लिया था। किसी धार्मिक नेता ने इंदिरा गांधी की सिर्फ इस वजह से निंदा

नहीं की कि वह एक औरत है। असल में पाकिस्तान की स्थिति असहिष्णुता की उस राजनीति के साथ अविभाज्य रूप से जुड़ी हुई है जिसकी बुनियाद पर इस्लामिक राष्ट्र की नींव रखी गई थी। यह विभाजन के लिए रक्तपात के जरिए लोगों को उनके घरों से बेघर कर देने की राजनीति थी। क्योंकि पाकिस्तानी राष्ट्र एक झूठ की बुनियाद पर खड़ा था इसलिए उसने पाकिस्तान के शासक अभिजन को राजनीतिक रूप से और भी ज़्यादा मनोरोगी व असुरक्षित बना दिया। दूसरी तरफ, तमाम गंभीर समस्याओं और टकरावों के बावजूद भारत एक लोकतांत्रिक राजनय (सिवाय कुछ सीमावर्ती राज्यों और मंडल आयोग रिपोर्ट जैसे कुछ तीखे विवादों के अलावा) के रूप में कायम रहा और यहां जातीय तनाव की वजह से भारतीय समाज के विखंडित हो जाने का खतरा दिखाई नहीं देता। पाकिस्तान में कभी भी ऐसा हो सकता है। यहां तक कि यह भी संभव है कि यदि भारत पाकिस्तान के साथ लगने वाली अपनी सीमाओं को खोल दे और लोगों की आवाजाही पर लगी पाबंदियां हटा दे तो पाकिस्तान का वजूद ही शायद खत्म हो जाए।

गांधीजी एवं अन्य लोगों की अगुवाई में भारत ने इस सिद्धांत का पालन किया कि विध्वंसक विभाजन के बावजूद मुसलमानों को जबरन भारत से नहीं निकाला जाएगा। इस तरह भारत ने नैतिक और राजनीतिक स्तर पर एक नई मिसाल पेश की। जो लोग मुसलमानों को बाहर निकालने की बात करते हैं, या उन्हें दूसरे दर्जे के नागरिक के तौर पर रखना चाहते हैं, जैसे पाकिस्तान में हिंदू रहते हैं, वह लोग असल में हमें तमाम उपलब्धियों और सफलताओं को मटियामेट करके राजनीतिक और नैतिक आत्महत्या के लिए उकसा रहे हैं। जो लोग पाकिस्तान को एक आदर्श के रूप में देखना चाहते हैं वे असल में आत्मविश्वास से हीन और अपनी खुद की आस्था में बेयकीनी के शिकार हैं।

आत्मघृणा की राजनीति

मुसलमानों के खिलाफ भाजपा गठजोड़ का दूसरा तर्क यह है कि मुसलमान आक्रमणकारियों ने हिंदुओं पर अनगिनत अत्याचार किए हैं इसलिए हिंदुओं को उन ऐतिहासिक ज़्यादतियों का हिसाब चुकाने का अधिकार मिलना चाहिए। भारतीय मुसलमानों को न केवल विभाजन के लिए दोषी ठहराया जाता है बल्कि उन्हें मंदिरों की तोड़-फोड़ सहित ऐसे तमाम अपराधों के लिए भी जिम्मेदार माना जाता है जो असल में बाहरी आक्रमणकारियों (जो संयोग से मुसलमान थे) ने किए थे। ज़्यादातर मामलों में विदेशी आक्रमण के फलस्वरूप बड़े पैमाने पर तबाही और लूटपाट हुई थी। हार-जीत के लिए होने वाली हर लड़ाई में सदा यही होता है। यहां तक कि खुद भारत में स्थानीय हिंदू शासकों के बीच हुए अनगिनत युद्धों में भी यही कहानी दोहराई गई थी। दिक्कत यह है कि भाजपा-आरएसएस इस्लामिक आक्रमणों का जो इतिहास बताते हैं वह भी पूरी तरह सही नहीं है। ये संगठन हमारे इतिहास के उस दौर की तस्वीर को अतिसरलीकृत रूप में पेश करने की कोशिश करते हैं ताकि उस पर लोगों को उन्मादित किया जा सके। इसके बावजूद, अगर हम यह मान लें कि इतिहास के

बारे में उनकी राय बिल्कुल सही है तो भी उस राजनीतिक निष्कर्ष पर पहुंचना तो आत्मविध्वंसक ही होगा जो निष्कर्ष उन्होंने निकाला है।

आज के हिन्दुस्तान के मुसलमानों को अब विदेशी नहीं कहा जा सकता। उन्हें गज़नी या औरंगजेब जैसों द्वारा किए गए अत्याचारों के लिए बलि का बकरा नहीं बनाया जा सकता। जिस तर्क से उन तमाम जगहों पर दावे की बात की जा रही है जहां मंदिरों को तोड़कर मस्जिद बनाई गई थी, उसी तर्क को और भी आगे तक ले जाया जा सकता है। हम क्यों भूल जाते हैं कि आज के बहुत सारे हिंदू मंदिर बौद्ध धार्मिक केंद्रों को तोड़कर बनाए गए हैं? क्या अब इन सब मंदिरों को हम तोड़ दें? अगर इतिहास में हुई नाइंसाफ़ियों का हिसाब चुकाने में जुटे रहे तो यह खूनी खेल तो कभी खत्म ही नहीं हो पाएगा। इससे भारत की वही दुर्दशा होगी जो दूसरे विश्वयुद्ध में जर्मनी की हुई थी। सबसे अहम बात यह है कि क्या भाजपा-आरएसएस के नेता चाहते हैं कि मस्जिदों के ध्वंस पर अपने इस आग्रह के फलस्वरूप हिंदू उन्हें बीसवीं सदी के औरंगजेब के रूप में याद रखें? भाजपा-आरएसएस जिस हिन्दुत्व का प्रचार कर रहे हैं वह ईसाई और इस्लाम धर्म के इतिहास में आए कई रक्तरंजित पड़ावों से मिलता-जुलता है। उन दौरों में इन धर्मों को मानने वालों ने भी दुनिया भर में अपनी फतह का झंडा लहराने के लिए लोगों का कत्लेआम किया था, तबाही मचाई थी।

हिंदू धर्म को विकृत करना

हिंदू सनातन धर्म छोटे-बड़े हर जीव को समान मानता है, जीव व निर्जीव को भी उसी परमात्मा का रूप मानता है। हिंदू परंपरा के भीतर ऐसी कई शक्तिशाली अभिव्यक्तियां हैं जो मनुष्यों के विरुद्ध होने वाली हिंसा की तो बात ही छोड़िए, पौधों और पशुओं के विरुद्ध होने वाली हिंसा का भी निषेध करती हैं। हिन्दुत्व में ईश्वर को किसी दूरस्थ स्वर्ग में रहने वाले शक्तिशाली जीव के रूप में नहीं बल्कि सर्वव्यापी शक्ति के रूप में देखा जाता है। हिंदुओं के लिए तो '*कण-कण में राम बसे हैं*'। हिंदू सभ्यता में *धर्म* शब्द को एक व्यापक अर्थ में इस्तेमाल किया गया है। हिंदू सभ्यता में धर्म का आशय सामाजिक और नैतिक आदेशों से रहा है जो कि समय के साथ बदलते रहने के बावजूद सदैव जीवित रहने वाले मानवीय मूल्यों पर आधारित रहे हैं।

हिंदू धर्म का यह बुनियादी पहलू एक लोककथा में बड़ा साफ उभर कर सामने आता है जो मेरी मां बचपन में मुझे अकसर सुनाया करती थी। छुटपन में जब कभी भी मैं किसी ऐसे व्यक्ति से बदला लेना चाहती थी जिसने मेरे खयाल में मेरा कुछ नुकसान किया था तो मेरी मां बड़े दुलार से मुझे ऐसा करने से रोकती थी। ऐसे मौकों पर वह बदले की भावना में निहित खतरों से वाकिफ कराने के लिए मुझे अक़सर ये कहानी सुनाया करती थी।

बहुत पुरानी बात है। एक महात्मा नदी में स्नान कर रहे थे। उन्होंने देखा कि एक बिच्छू पानी में डूब रहा है। महात्मा बिच्छू को बचाकर बाहर निकालने की कोशिश करने

लगे। जैसे ही महात्मा ने बिच्छू को अपने हाथ में लिया बिच्छू ने उनके हाथ में डंक मार दिया। डंक के दर्द से महात्मा का हाथ कांप उठा और बिच्छू दोबारा पानी में जा गिरा। वह फिर डूबने लगा। महात्मा ने फिर बिच्छू को उठाया और बिच्छू ने उन्हें फिर काट लिया। बिच्छू फिर पानी में जा गिरा। यह क्रम कई बार दोहराया गया। कुछ लोग किनारे पर खड़े यह सब देख रहे थे। उन्हें महात्मा की यह हरकत बहुत अजीब लगी। वह हैरत में थे कि महात्मा ऐसी घातक व बेवकूफ हरकत क्यूं कर रहे हैं? आखिरकार उन लोगों ने महात्मा से पूछ ही लिया : 'जब आपको पता है कि यह बिच्छू आपको काट लेगा तो आप उसे बचाने की इतनी कोशिश क्यों कर रहे हैं?' महात्मा ने जवाब दिया : 'बिच्छू का धर्म है काटना, और मनुष्य होने के नाते मेरा धर्म है जीवमात्र के प्रति दया दिखाना। मुझे तो अपने धर्म का ही पालन करना होगा। मैं इंसान होकर बिच्छू का धर्म नहीं अपना सकता। मैं अपने धर्म का त्याग करके चोट के बदले चोट कैसे दे सकता हूं जबकि एक बिच्छू भी अपना धर्म त्यागने को तैयार नहीं है?'

ऐसा लगता है कि भाजपा-आरएसएस-विहिप गठजोड़ हिंदुओं के धर्म को नष्ट करने का संकल्प ले चुका है। सामी धर्मों — यहूदी धर्म, ईसाई धर्म और इस्लाम — के भगवानों के विपरीत हिंदू देवता ईर्ष्यालु नहीं होते। अपने देवताओं के साथ हम हिंदुओं का संबंध बड़ा सहज होता है। हम उनके साथ ऐसे ही हंसी-ठिठोली करते हैं जैसे अपने दोस्तों के साथ करते हैं। हम उनके साथ खेलते भी हैं और उन पर नाराज होने का हक भी रखते हैं। हिंदू देवता अपने अनुयायियों को दूसरों के देवताओं और धर्मों पर हमला करने का आदेश कभी नहीं देते। उनमें से कोई भी न तो निरपेक्ष सर्वोच्चता का दावा करता है और न कोई सबको अपना अनुयायी बनाने की अपेक्षा रखता है। हमारे देवता दूसरे देवताओं की पूजा करने पर अपने भक्तों से रुष्ट होकर उन पर कहर नहीं ढाते। न ही वह मस्जिद, गुरुद्वारे या चर्च में पूजा-अर्चना करने वालों को नुकसान पहुंचाते हैं। वह तो अपने भक्तों की इच्छा पूरी करने के लिए नए-नए देवताओं को जगह देने के लिए हमेशा तैयार रहते हैं। चाहे संतोषी मां जैसा कोई नया रूप हो या दूसरे धर्मों के ऐसे देवता हों जो परस्पर साथ रहने को तैयार हों, हिंदू देवताओं की नज़र में उनमें से कोई बाहरी या दुश्मन नहीं है। यदि हिंदू अपने घर में शिव और पार्वती की तस्वीर के साथ ईसा मसीह की तस्वीर लटका लें तो हिंदुओं के देवता परेशान नहीं होते। अगर कोई उनकी तस्वीर के सामने बैठकर कुरान या बाईबल का पाठ करे तो भी उन्हें एतराज़ नहीं होता। सबसे बड़ी बात यह है कि वह संपूर्ण और निरपेक्ष भक्ति की अपेक्षा भी नहीं करते। उन्हें इसकी कतई इच्छा नहीं कि उनके भक्त सिर्फ उन्हीं की पूजा करें। बहुत सारे ग्रामीण इलाकों में आज भी किसी बाबा, फकीर या साधु का हिंदू और मुसलमान, दोनों पूरे श्रद्धा से आदर-सत्कार करते हैं। भक्तों की माढ़ियों और सूफियों-दरवेशों की मजारों पर हिंदू और मुसलमान, दोनों सिर नवाते हैं। आप चाहें तो नास्तिक होते हुए भी हिंदू बने रह सकते हैं। हिंदुओं को अपना नया देवता या देवी गढ़ने की पूरी आजादी है। भारत के तकरीबन हर गांव का अपना एक ग्राम देव

या ग्राम देवी होती है। और इसके बावजूद वहां राम तथा दूसरे अखिल भारतीय देवताओं की पूजा-आरती व आस्था भी कायम रहती है। इसके लिए उन्हें किसी केंद्रीय धार्मिक सत्ता से इजाज़त लेने की ज़रूरत नहीं पड़ती। भक्त जिन देवी-देवताओं की रचना करता है उन्हें वह अपनी इच्छा के मुताबिक रूप दे सकता है। भक्त को इस बात की भी पूरी आजादी है कि वह अपने देवता को विविध रूपों में देखे और अपने मन चाहे नाम उसे दे। श्रद्धालु अपने-अपने देवताओं को चाहे जैसे गुणों से लैस कर दें। कौन नहीं जानता कि मीरा का कृष्ण उसका अपना ही एक निराला कृष्ण है। वह *गीता* या *महाभारत* के कृष्ण से अलग है।

इन तमाम चीजों ने हिंदू धार्मिक-सांस्कृतिक परंपराओं के भीतर विचारों की विविधता के लिए खूब जगह मुहैया कराई है। हिंदू धर्म के भीतर मौजूद विविधता का यह पहलू उसके कुछ दमनकारी पहलुओं को प्रतिसंतुलित भी करता है। सनातन धर्म में भक्तों को अपने देवताओं के कारनामों का उसी तरह मूल्यांकन करने की छूट है जैसे वह आम लोगों के कामों का मूल्यांकन करते हैं। इस बात को सारे हिंदू एक जैसी नज़र से नहीं देखते कि भगवान कृष्ण ने युधिष्ठिर को कुरुक्षेत्र के युद्ध में झूठ बोलने के लिए उकसाया था। इसी तरह राम द्वारा शम्बूक वध और अपनी पत्नी सीता को अग्निपरीक्षा के लिए विवश करने की घटना भी हिंदुओं की सामूहिक चेतना पर एक भारी बोझ की तरह कायम है। अग्निपरीक्षा के प्रति हिंदुओं की यह बेचैनी उस समय बड़े साफ तौर पर दिखाई दी जब रामानंद सागर के टेलीविजन धारावाहिक *रामायण* के निर्माण के दौरान रामानंद सागर को अनगिनत लोगों ने यह आग्रह करते हुए चिट्ठियां लिखीं कि वह सीता को अग्निपरीक्षा में न उतारें। फलस्वरूप सागर को अपने मूल कथानक से हटकर इसे एक भिन्न, प्रतीकात्मक घटना के रूप में दिखाना पड़ा। बहुत सारे लोकगीतों में तो सीता अपने पति के अन्याय पर बगावत करते हुए भी दिखाई देती हैं।

क्योंकि हिंदू अपने देवताओं की गलतियों पर विपरीत टिप्पणी करने से नहीं डरते इसलिए इस बात की बहुत कम संभावना दिखाई देती है कि आडवाणी और उनके लग्गू-भग्गुओं की चालबाजियों को हिंदू समाज लंबे समय तक माफ करता रहेगा। इस गठजोड़ की चालबाजियों के खिलाफ मुसलमानों के मुकाबले हिंदुओं के बीच से ही ज़्यादा कड़ी आवाज़ें उठेंगी।

तुष्टीकरण या धोखा?

यह गठजोड़ मुसलमानों को एक ऐसे तबके के रूप में पेश करना चाहता है जो खुद को देश के कानून से ऊपर मानने लगा है। मुस्लिम समुदाय को कथित रूप से जो विशेष सुविधाएं दी गई हैं उनके सबूत के तौर पर संविधान की भावना के विपरीत मुस्लिम महिला संरक्षण विधेयक जैसे प्रतिगामी कानूनों का हवाला दिया जाता है। कुछ राज्यपालों और मुस्लिम उपकुलपतियों की नियुक्ति, मंत्रिमंडल में नाममात्र के लिए कुछ मुस्लिम मंत्रियों की मौजूदगी, सरकार की अरब समर्थक और इजरायल विरोधी विदेश नीति, या, मुसलमानों के दबाव

में आकर किसी पुस्तक को प्रतिबंधित कर देने जैसी घटनाओं को मुसलमानों के तुष्टिकरण का उदाहरण बताया जाता है।

इसमें कोई शक नहीं कि मुसलमानों में आज जिस नेतृत्व का दबदबा है वह कई बार वाकई उन पूर्वाग्रहों को सही ठहरा देता है जिसे भाजपा-आरएसएस गठजोड़ मुसलमानों की खासियत बताते हैं। ये नेता अकसर अपने मजहब का निहायत कट्टरपंथी रूप पेश करते हैं। उनमें से बहुत सारे नेता खुद धर्मनिरपेक्ष कायदे-कानूनों का पालन नहीं करते फिर भी हिंदुओं से धर्मनिरपेक्ष राजनीति के रास्ते पर चलने की मांग करते हैं। बहुत सारे मुस्लिम नेता जितने तीखे ढंग से मुस्लिम महिलाओं के अधिकारों का विरोध करते हैं, उससे वह स्वयं अपने समुदाय के भीतर असंतोष की आवाज़ों को दबाने और धार्मिक असहिष्णुता को बढ़ावा देने के दोषी साबित हो जाते हैं। उनके इस व्यवहार ने स्वयं उनके अपने समुदाय की कई नैतिक और सामाजिक खूबियों को नष्ट कर दिया है। दूसरी तरफ उनकी राजनीति ने हिंदुओं के बीच असहिष्णुता की आवाज़ों को मजबूती भी दी है।

सरकारी नीति ने भी मुस्लिम नेतृत्व को टुकड़े बटोरने की राजनीति का आदी बनाने में कोई कम योगदान नहीं दिया है। इस नीति ने हिंदुओं को भी यह मानने के कई ठोस आधार मुहैया करा दिए कि सरकार मुस्लिम समुदाय का तुष्टिकरण कर रही है। राजनीतिक पार्टियों, खासतौर से कांग्रेस ने मुस्लिम वोट बैंक को कायम रखने के लिए और अल्पसंख्यक-बहुसंख्यक संबंधों की एक समन्वयपूर्ण, सुसंगत नीति की दिशा में काम करने की बजाय सांप्रदायिक खाई को और गहरा करने के लिए प्रतिक्रियावादी कदम उठाना अभी भी बंद नहीं किया है। आज स्थिति यह है कि खास सुविधाओं की तो बात ही छोड़िए मुसलमानों की एक बहुत बड़ी संख्या को संविधान में दिए गए मूलभूत अधिकार भी प्राप्त नहीं हैं। उनमें से ज़्यादातर गरीबी और दड़बों जैसी घुटन भरी जिंदगी गुजार रहे हैं। उन्हें रोजगार, आवास या शिक्षा में बराबरी का मौका नहीं मिलता। उनके भीतर हाशिए पर पड़े अल्पसंख्यक समुदाय के सारे लक्षण दिखाई देते हैं।

हिटलरी रुतबे की तमन्ना

आडवाणी और संघ परिवार के अन्य नेता राम मंदिर के मुद्दे पर अपनी बैठकों में जुटने वाली विशाल भीड़ को देख कर बड़े उत्साहित हैं। गिरिलाल जैन इसे महात्मा गांधी के बाद हिंदुओं की सबसे बड़ी संगठित मुहिम बताते हैं। यह निहायत अटपटी तुलना है। गांधी का हिंदू धर्म भक्ति परंपरा में निहित था जो सभी मनुष्यों की एकता के हक में था। गांधी के लिए ईश्वर की पूजा जाति, नस्ल, धर्म या लिंग के विभाजन से ऊपर उठकर मनुष्य मात्र के प्रति प्रेम और सम्मान में अभिव्यक्त होती थी। उनकी राजनीति में शत्रु द्वारा आक्रमण के विरुद्ध भी ईंट का जवाब पत्थर से देने के लिए कोई स्थान नहीं था।

गांधीजी ने भारतवासियों को मानसिक रूप से आजाद होने की प्रेरणा दी और उन्हें भय से मुक्ति दिलाने पर सबसे ज़्यादा जोर दिया। उनके अनुयायियों के मन में शारीरिक

यातना और वंचना का भय भी शामिल था। उन्होंने अपने अनुयायियों के हृदय में सच्चा आत्मसम्मान भरने की कोशिश की। मगर यह आत्मकेंद्रित स्वाभिमान नहीं था। इस आत्मसम्मान में दूसरों के लिए आदर की भावना भी निहित थी, फिर भले ही कोई कितना भी भिन्न क्यों न हो। मगर भाजपा-आरएसएस तो चालबाजी और झूठ के जरिए हिंदुओं को भी खुद अपने ही देश में असुरक्षा और भय के माहौल में जीने का पाठ पढ़ा रहे हैं। इस कुप्रचार की ताकत इतनी भयानक है कि खतरे में पड़े मुस्लिम अल्पसंख्यकों को ही हिंदुओं के लिए एक भयानक खतरा घोषित कर दिया गया है। आज उन मुसलमानों को भारत की सुरक्षा खतरे में डाल देने का दोषी बताया जा रहा है जिनकी अपनी न्यूनतम सुरक्षा भी दिन-ब-दिन क्षीण होती जा रही है। हिटलर की तारीफ में ताली पीटने वाली भीड़ इससे भी बड़ी और ज़्यादा उत्साही होती थी जितनी बड़ी भीड़ भाजपा-आरएसएस की रैलियों में आडवाणी के भाषणों पर नारे लगाती है। परंतु इतिहास में अकसर ऐसा हुआ है कि घृणा और भय के इर्द-गिर्द बुने गए जनोन्माद से उनके लिए तो परिणाम भयानक परिणाम होते ही हैं जिनके खिलाफ यह घेरेबंदी की जा रही है बल्कि जिन्हें संगठित किया जा रहा है उनके लिए भी ऐसी राजनीति से कोई कम विनाशकारी परिणाम सामने नहीं आते।

हिंदुओं को अपमानित होने का अहसास करा कर, उनके मस्तिष्क को कुप्रचार से दूषित करके उन्हें अल्पसंख्यकों के खिलाफ एकजुट करने का जो अभियान चलाया जा रहा है उसका सबसे गहरा नकारात्मक परिणाम यह है कि अब बहुत सारे हिंदू इस बात को मानने लगे हैं कि मुसलमानों से छुटकारा पाना उनका एक राष्ट्रीय दायित्व बनता है। बहुत सारे हिंदू यह मानने लगे हैं कि जब वह मुसलमानों का सफाया करते हैं तो असल में वह अपने धर्म और अपने राष्ट्र की रक्षा कर रहे होते हैं। इस तरह हत्या और रक्तपात को सम्मान का दर्जा दिया जा रहा है। यह परिघटना हिंदू समुदाय के एक बहुत बड़े हिस्से को अपराधीकरण की ओर ढकेल रही है। एक जमाने में हिटलर ने भी कुछ ऐसा ही माहौल बनाकर पूरी जर्मन कौम का अपराधीकरण कर दिया था। लेकिन इससे पहले कि हिंदू समुदाय अपराधीकरण की दलदल में धंस जाए, हमें इन कोशिशों के खिलाफ मजबूती से उठ खड़े होना चाहिए। भाजपा-आरएसएस की विचारधारा और कार्यपद्धति का यह पहलू ऐसे किसी भी शहर में साफ दिखाई देता है जहां बड़े पैमाने पर सांप्रदायिक हिंसा हो चुकी है।

ऐसी जिन कुछ घटनाओं से मेरा निजी तौर पर साबका पड़ चुका है, उनमें से मेरठ और मलियाना के जनसंहार मुझे सबसे पहले याद आते हैं। इन दोनों जगह मई 1987 में भयानक जनसंहार हुआ था। *मानुषी* के एक महिला जांच दल ने इन हत्याकांडों के फौरन बाद इन दंगों की जांच के लिए एक हफ्ता मेरठ में बिताया था। दंगों के बाद आधिकारिक रूप से जो आंकड़े जारी किए गए उनका इस हिंसा और ध्वंस की सच्चाई से बहुत कम ही रिश्ता था। सरसरी नज़र से देखने पर भी साफ पता चलता था कि मेरठ और मलियाना में जितने मुस्लिम मोहल्लों और घरों को निशाना बनाया गया था उनकी तादाद हिंदुओं के मोहल्लों से ज़्यादा थी। यहां हुई हिंसा का स्वरूप अहमदाबाद, भागलपुर और गोंडा में हुई

ऐसी घटनाओं से काफी मिलता-जुलता था।

मेरठ में जहां कहीं भी बड़ी तादाद में मुसलमान रहते थे वहां प्रोविंशियल आर्म्ड कॉंस्टेब्युलरी (पीएसी) के जवान लूटपाट, हत्या और रक्तपात में दंगाई हिंदुओं के साथ थे। हाशिमपुरा, गड्ढा, मलियाना – सब जगह यही हुआ। ऐसे हालात में मुसलमानों द्वारा ठोस प्रतिरोध या जवाबी हमले की गुंजाइश कहां बचती थी? इसीलिए, जान-माल का जो भी नुकसान हुआ वह एकतरफा था। इस बारे में दस्तावेजी सुबूत मौजूद हैं और आम लोग भी इस बात को अच्छी तरह जानते हैं कि पीएसी ने हाशिमपुरा के दर्जनों मुसलमानों की लाशें एक नहर में बहा दी थीं और मलियाना गांव में बीसियों मुसलमानों की लाशों को जबरन एक साथ दफनाया था।

दहशत फैलाने के लिए झूठ का सहारा

हमले या आगजनी की शिकार हुई दुकानों, घरों और व्यावसायिक प्रतिष्ठानों में से करीब 95 प्रतिशत मुसलमानों के थे। मरने वालों और घायलों की संख्या तो और भी एकतरफा थी। तमाम कोशिशों के बावजूद मेरठ में हमें मुसलमानों के हाथों मारे गए हिंदुओं के पांच से ज़्यादा नाम नहीं मिल पाए। घायल हिंदुओं से मिलने की तमाम कोशिशों के बावजूद हम बमुश्किल इक्का-दुक्का लोगों से ही मिल पाए। दूसरी तरफ मारे गए और घायल हुए मुसलमानों की संख्या सैकड़ों में थी।

इसके बावजूद सांप्रदायिक कुप्रचार की ताकत इतनी भयानक है कि हमने जिन हिंदुओं से बात की उनमें से ज़्यादातर को इस बात का पूरा यकीन था कि नुकसान सिर्फ उन्हीं का हुआ है। उन्हें यहां तक बरगलाया गया कि न केवल मुसलमानों ने दंगा शुरू किया बल्कि मुआवजा हड़पने के लिए खुद ही अपने घरों को आग भी लगा दी। कई लोगों ने मुट्ठी भर राहत राशि (मसलन, प्रत्येक मृतक के लिए 10,000 रुपए) की घोषणा को भी मुस्लिम समुदाय के तुष्टिकरण का सबूत बताया। हमें यह देखकर हैरानी हुई कि मुसलमानों के मुकाबले हिंदू कहीं ज़्यादा भयभीत और पस्त थे। हमारे जांच दल में पांच में से चार महिलाएं हिंदू थीं (और एक ईसाई) फिर भी हिंदुओं से बात करने में ही हमें ज़्यादा दिक्कतों का सामना करना पड़ा। हिंदुओं की तरफ से हर जगह पहला सवाल यही होता था : 'तुम हिंदू हो या मुसलमान?' माहौल ऐसा था कि यदि हममें से कोई मुसलमान होती तो उसे अपना परिचय देने में भी खौफ महसूस होता। हमसे जिन कुछ हिंदुओं ने बात की उनमें से ज़्यादातर ने हमें मुसलमानों के मोहल्लों से दूर रहने की ताकीद की। हिंदुओं ने हमें ऐसी कई हृदयविदारक कहानियां सुनाईं जिनके मुताबिक, मुस्लिम इलाकों में जाने वाली कई महिला पत्रकारों के साथ मुसलमानों ने क्रूर ढंग से बलात्कार करके उनकी हत्या कर दी थी। और तो और, उन्होंने हमें यहां तक भी बताया कि मुसलमानों ने पीएसी के जवानों को भी मोहल्ले में घसीट-घसीट कर मारा था। जब हमने प्रशासन से इस तरह की खबरों की सच्चाई के बारे में जानने की कोशिश की तो पता चला कि ऐसा कुछ भी नहीं हुआ था। यह साफ दिखा

कि जिन लोगों की निर्मम हत्या में उन्होंने प्रत्यक्ष-अप्रत्यक्ष रूप से मदद की थी उनका भय ही उन्हें विक्षिप्तता की अवस्था में पहुंचा रहा था। ये लोग खुद अपने शहर में असुरक्षित महसूस कर रहे थे। हिंदू समुदाय के भीतर आत्मविश्वास का लोप रोंगटे खड़े कर देने वाला था। उनके भीतर असुरक्षा की भावना इतना भयावह रूप ले चुकी थी मानो वह किसी बहुत ही कमजोर समुदाय के और पिटे हुए अल्पसंख्यक हों। यह इस सबके बावजूद था कि पुलिस व प्रशासन भी दंगाई हिंदुओं के पक्ष में काम कर रहा था और इसलिए वह हत्या व लूटपाट के इल्ज़ामों से आसानी से बचकर निकल सकते थे। वह किसी भी अजनबी से बात करने में डरते थे – यहां तक कि हमारी जैसी साधारण सी दिखने वाली महिलाओं से भी। यह स्थिति भारत के शहरी या ग्रामीण, किसी भी मोहल्ले में आमतौर पर दिखाई देने वाली मेहमाननवाजी और खुलेपन की भावना के बिल्कुल विपरीत थी। इसके विपरीत जान-माल का ज़्यादा नुकसान उठाने के बावजूद मुसलमानों ने बिना किसी भय के हमारा स्वागत किया। उन्होंने इस बात पर हमारा शुक्रिया अदा किया कि कम से कम किसी को तो उनकी दुखभरी दास्तान सुनने की परवाह है।

हमें यह समझने में काफी समय लगा कि जिन्होंने लूटपाट की थी, हत्याएं की थीं वही क्यों डरे हुए हैं। पीएसी ने उनका साथ दिया था, उन्हें हिंसा भड़काने के लिए उकसाया था। असल में इसके बावजूद उन्हें यही डर खाए जा रहा था कि जो अपराध उन्होंने किए हैं कहीं उन अपराधों के नाम पर उन्हें मुकदमों में न फंसा दिया जाए। हालांकि इतने सारे मुसलमान हिंसा का शिकार हुए थे फिर भी पीएसी के जवान केवल हरिजनों और दूसरे हिंदू परिवारों के बाहर ही पहरा दे रहे थे जबकि असल में इन्हीं घरों के लोग हमलावरों में शामिल थे। ये जवान उन्हें पत्रकारों और बाहरी लोगों के सम्पर्क में आने से बचा रहे थे ताकि कहीं वह अनजाने में कोई सच्चाई न उगल दें। उनमें से बहुत सारे लोगों को अच्छी तरह पता था कि उनके हाथ अपने पड़ोसियों के खून में रंगे हुए हैं। इसीलिए वह पकड़े जाने के भय से बुरी तरह ग्रस्त थे। पीएसी वालों ने उन्हें अच्छी तरह रटवा दिया था कि अगर कोई भी पूछे तो सबसे पहले यही कहना है कि पहले उन्हीं पर हमला हुआ था। अपने घरों को पहुंचे नुकसान की बात साबित करने के लिए कई बार वह बड़ी बचकाना कोशिशें भी करते दिखे। मिसाल के तौर पर, बहुतों ने अपने घर के पिछवाड़े कूड़े-कबाड़ के जलाए हुए ढेर सजा रखे थे, यह दिखाने के लिए कि मुसलमानों ने उनके घरों पर हमला किया था। उनके लिए यही घर पर हुए हमले का सबसे बड़ा सुबूत था हालांकि उनका पूरा घर सुरक्षित खड़ा था। उन्हें रटवाए गए उत्तरों में से एक आम उत्तर यह था : 'हमें क्या पता कि क्या हुआ था? हम तो घर के काम कर रहे थे। हमें बाहर देखने की फुर्सत ही नहीं थी।' या 'मुसलमानों ने मुआवजा पाने के लिए खुद ही अपने घर जला दिए। ये तो हैं ही बेईमान।' सबसे अजीबोगरीब जवाब हमें मलियाना की दो औरतों से मिला। इन औरतों का घर उस मकान के ठीक सामने स्थित था जिस घर में सभी के सभी 11 मुस्लिम सदस्यों को कत्ल कर दिया गया था। मुसलमानों की भयानक रूप से सड़ चुकी लाशें बाद में उन्हीं

के अहाते में स्थित कुएं से बरामद की गई थीं। हमने उन औरतों से पूछा : 'यह सब कुछ कैसे हुआ था?' उन्होंने कहा : 'हमें पता नहीं। हम तो घर में काम कर रहे थे।' 'क्या कोई उन पर हमला करने आया था?' 'नहीं जी, हमने किसी को नहीं देखा। उन्होंने मुआवजे के लिए खुद ही अपना घर जला दिया था।' 'तो फिर वह मारे कैसे गए?' 'हमें मारने के लिए वे जो बम लाए थे वही उनके घर में फट गया होगा।' 'तो फिर उनकी लाशें इस कुएं में कैसे आ गईं? मरने के बाद कोई लाश अपने आप तो कुएं में छलांग मार नहीं सकती।' 'आपको पता नहीं हैं जी, ये मुसलमान कितने फसादी होते हैं। ये कुछ भी कर सकते हैं।' इस बेशर्मी भरे जवाब के बाद उन महिलाओं ने हमसे बात करने से इनकार कर दिया और हमारे मुंह पर ही दरवाजा फटाक से बंद कर दिया। बाद में हमें पता चला कि इस गली में हिंदुओं के घरों के बीच मौजूद इस एकमात्र मुस्लिम परिवार पर उसके अपने पड़ोसियों ने ही हमला किया था।

बहुत सारे हिंदू मध्यमवर्गीय इलाकों में व्याप्त भय अज्ञानता पर आधारित था। अफवाहों से उसे और बल मिला। कर्फ्यू लगने के बाद यहां के ज़्यादातर लोग अपने मोहल्लों में ही कैद होकर रह गए थे और उन्होंने खुद अपनी आंखों से हिंसा होते हुए नहीं देखी थी। उन्हें जो जानकारी मिली थी वह सिर्फ अफवाहों पर आधारित थी। वह मुसलमानों के पास जाकर ऐसी खबरों की पुष्टि नहीं कर सकते थे क्योंकि उनके परिचितों में कोई मुसलमान नहीं था। इसीलिए उन्हें सारे मुसलमान चाकू-छुरीबाज ही दिखाई देते थे।

हिंदुओं का अपराधीकरण

हमने ऐसी दर्जनों घटनाओं की तहकीकात की जहां निहत्थे क़त्ल हुए मुसलमानों पर ही हमलावर होने की मोहर लगा दी गई थी। उन सबमें भय भरी चुप्पी और ऐसे अनजानेपन का नाटक करते लोग मिले जो किसी जघन्य अपराध को छिपाने की कोशिश करने वाले लोगों के व्यवहार में स्वाभाविक रूप से पैदा हो जाता है। इन अनुभवों से मुझे अपने एक जर्मन दोस्त की कही बात याद आ गई कि कैसे दूसरे महायुद्ध के बाद जर्मनी में भी पूरे समाज के चेहरे पर दहशत भरी चुप्पी का ऐसा ही परदा दिखाई देता था। हिटलर के शासनकाल में जो कुछ हुआ वह लोगों के लिए एक निषिद्ध विषय बन गया था। नाज़ी अपराधों में अपनी हिस्सेदारी के सवाल पर मां-बाप अपने बच्चों को जवाब देने से कतराते थे। वह सिर्फ इतना कहकर पीछा छुड़ाने की कोशिश करते थे कि 'हमें क्या पता, क्या हो रहा था। हमें तो सिर्फ अपनी नौकरी करनी थी।'

भागलपुर, अहमदाबाद, बिहारशरीफ और दूसरे स्थानों पर हुए सांप्रदायिक जनसंहारों की तमाम रिपोर्टों से भयपूर्ण चुप्पी या आक्रामक अनभिज्ञता के उसी पैटर्न की पुष्टि होती है जो अपराधियों की खास पहचान होती है। लगातार हिंसा के भय में जीने और फलस्वरूप अपने भीतर घेरेबंदी तथा उद्विग्नता के भयानक परिणामों का थोड़ा-बहुत जिक्र अकसर सुनने-पढ़ने को मिल जाता है मगर भाजपा-आरएसएस-विहिप हिंदू समुदाय को जिस तरह उकसा रहे

हैं उसके विनाशकारी परिणामों पर अभी हमने बहुत ध्यान नहीं दिया है। हिंदुओं का सुनियोजित ढंग से अपराधीकरण किया जा रहा है। अब सिर्फ गरीबों को ही नहीं बल्कि तथाकथित सम्मानित मध्यम एवं उच्चवर्गीय घरों के युवकों को भी लुटेरे और कातिल गिरोहों की सरदारी करने के लिए प्रोत्साहित किया जा रहा है। जब एक पूरा समुदाय इन अपराधों पर परदा डालना सीख जाता है, अपनी चेतना से खून की बू को पोंछने की कोशिश करने लगता है तो यह उस समुदाय के सांस्कृतिक व नैतिक पतन का निश्चित लक्षण होता है। हममें से जो लोग अपने समुदाय की बेहतरी चाहते हैं उन्हें हिन्दुत्व के नाम पर हो रहे इस रक्तपात पर न केवल शर्म महसूस करनी चाहिए बल्कि इन चीजों को रोकने के लिए मजबूती से कदम भी उठाने चाहिएं।

स्वहित में

कुछेक मुस्लिम नेताओं की गैर-जिम्मेदाराना राजनीति की आड़ में हम अपनी जिम्मेदारियों से मुक्त नहीं हो सकते। अगर हिंदू समुदाय मुसलमानों के खिलाफ हो रहे भेदभाव को सही साबित करने के लिए मुस्लिम नेताओं की बेवकूफियों का सहारा लेता है तो इसका मतलब है कि हम खुद अपने लिए संकट के बीज बो रहे हैं। मुसलमानों के खिलाफ जो जातिसंहार चल रहा है वह एक पहले से ही बेहद गरीब और राजनीतिक रूप से संवेदनशील समुदाय को और ज़्यादा हाशिए पर धकेल देगा। अगर उनसे आजीविका जुटाने के जायज़ तरीके भी छीन लिए जाएंगे तो उनमें से और ज़्यादा लोग छोटे-मोटे अपराधों और हिंसा की जिंदगी को अपनाने पर विवश होंगे। यानी मुस्लिम समुदाय को हाशिए पर धकेलने, उनमें असुरक्षा का भाव पैदा करने और उनकी घेरेबंदी के फलस्वरूप हम सबके लिए, और भारतीय समाज की सेहत के लिए भयानक हानिकारक परिणाम निकलेंगे। इस दलील के आधार पर भारतीय मुसलमानों के साथ गलत बर्ताव करना बेवकूफी होगा कि ज़्यादातर इस्लामिक देशों में हिंदुओं के साथ बुरा बर्ताव हो रहा है। यहां तक कि खुद हिंदू समाज की भलाई भी इसी में है कि अल्पसंख्यकों के हकों की हिफ़ाज़त के लिए हम एक न्यायसंगत नीति तैयार करें।

कहां से शुरू करें?

1. सबसे पहली और बुनियादी ज़रूरत यह है कि हम अपने धार्मिक स्थानों की पवित्रता पुनर्स्थापित करें और उन्हें राजनेताओं के चंगुल से आजाद कराएं। ब्रिटिश औपनिवेशिक शासन के दौरान मंदिरों के प्रबंधन की व्यवस्था में जो विकृतियां आई हैं उन्हें सुधारा जाए। परंपरागत रूप से हमारे देश में धार्मिक स्थान किसी राजनीतिक सत्ता के मोहताज नहीं होते थे। ज़्यादातर मंदिरों को स्थानीय समुदाय के बलबूते पर ही चलाया जाता था और उनके कामकाज पर भी समुदाय का ही नियंत्रण रहता था। भाजपा-आरएसएस-विहिप अयोध्या में परंपरागत राम मंदिर को स्थानीय पुजारियों से छीनकर अपने हाथ में लेने की जो कोशिश कर रहे

है वह धार्मिक स्थलों पर राजनीतिक कब्जे की कोई अनोखी घटना नहीं है। यहां तक कि केरल में कम्युनिस्टों ने भी राज्य के कई बड़े मंदिरों पर नियंत्रण कायम करने के लिए तीखे संघर्ष किए हैं। ऐसी सूरत में यह ज़रूरी है कि धार्मिक स्थानों और संपत्तियों के संचालन के लिए स्पष्ट नियम बनाए जाएं। हमें चाहिए कि धार्मिक स्थलों पर राजनीतिज्ञों के वर्चस्व को रोकने और यह सुनिश्चित करने के लिए स्पष्ट नियम बनाए जाएं कि वह सिर्फ पुजारियों, भक्तों और स्थानीय समुदाय के ही हाथों में रहें।

2. हमें संस्थागत सुरक्षात्मक व्यवस्था भी विकसित करनी चाहिए ताकि मंदिरों में आने वाले भारी-भरकम चढ़ावे का सत्ता की जोड़-तोड़ के लिए नहीं बल्कि सामाजिक और आध्यात्मिक कार्यों के लिए इस्तेमाल किया जा सके। इस पैसे से लंगर के रूप में ज़रूरतमंदों को मुफ्त भोजन दिया जाए और निराश्रितों को आश्रय देने का प्रावधान किया जाए। गुरुद्वारों में यह काम आज भी होता है। मेरा मानना है कि कई सरकारी कार्यक्रमों के मुकाबले इस तरह के कार्यक्रमों के जरिए गरीबों की ज़्यादा मदद की जा सकती है। समुदाय के भौतिक परिवेश में सुधार लाने के लिए कारसेवा की परंपरा को और मजबूत किया जाना चाहिए। मिसाल के तौर पर, कारसेवा के जरिए मंदिर के आसपास साफ-सफाई, साफ पानी की आपूर्ति और पक्की सड़कें बनाई जा सकती हैं। सरकार इन तमाम बिंदुओं पर पूरी तरह नाकाम हो चुकी है। यदि मंदिरों और गुरुद्वारों की सहायता से स्थानीय समुदाय इन सारे सार्वजनिक कार्यों को करने लगें तो उनकी स्थिति काफी सुधर सकती है।

3. जो लोग हिंदू धर्म का पुनरुत्थान होते हुए देखना चाहते हैं उनके लिए एक महत्वपूर्ण काम यह है कि वे मंदिरों को शिक्षा-दीक्षा, धार्मिक अध्ययन, धर्मशास्त्रीय अध्ययन और कला व संस्कृति के केंद्रों के रूप में पुनर्जीवित करें।

4. आज यह बहुत ज़रूरी है कि दंगे-फसाद से संबंधित तथ्यों का सावधानीपूर्वक संग्रह किया जाए जिससे भाजपा-आरएसएस-विहिप के घृणा अभियान का मुकाबला किया जा सके। इन संगठनों का यह अभियान सुनियोजित गलतबयानी और झूठ पर आधारित है। हमें इस बात पर जोर देना चाहिए कि प्रेस और सरकारी एजेंसियां सांप्रदायिक हिंसा के दौरान विभिन्न समुदायों को हुए नुकसान का सटीक ब्यौरा दें। तथ्यों की सटीक जानकारी के सहारे हमें हिंदुओं के भीतर पैदा की जा रही गलतफहमियों को दूर करने और चंद मुस्लिम नेताओं के गैरजिम्मेदाराना बयानों पर अंकुश लगाने में मदद मिलेगी।

5. हमें दोनों समुदायों के बीच व्यापक सामाजिक साहचर्य विकसित करने के ठोस तरीके निकालने होंगे। इस तरह की कोशिशें मंत्रियों द्वारा दी जाने वाली इफ्तार की पार्टियों तक सीमित नहीं रहनी चाहिएं। मुस्लिम समुदाय जिस घेरेबंदी के

अहसास में जी रहा है उससे संवादहीनता और बढ़ रही है।

6. हमें बेवजह सरकारी हस्तक्षेप का सहारा लेने की बजाय सांप्रदायिक टकरावों को स्थानीय स्तर पर ही सुलझाने के रास्ते ढूंढने चाहिएं। मिसाल के तौर पर, भाजपा-आरएसएस-विहिप के अभियान की कामयाबी का एक प्रमुख कारण यह है कि धर्मनिरपेक्षतावादी हमेशा की तरह आज भी केवल राजसत्ता के सहारे ही उनका विरोध किए जा रहे है। इन संगठनों को 'कारसेवा' करने से रोकने के लिए सरकारी बलप्रयोग के अलावा शायद ही कोई वैकल्पिक कोशिश की गई है। जिस तरह मस्जिद ध्वंस को रोकने के लिए पुलिस और अर्धसैनिक बलों का इस्तेमाल किया गया उसके कारण बेवजह ही इतना रक्तपात और हत्याएं हुईं। अगर हम ऐसी समस्याओं के समाधान के लिए राज्य मशीनरी पर गुलामों जैसी निर्भरता छोड़ने के लिए तैयार नहीं हुए तो सामाजिक टकरावों के स्थायी समाधान की दिशा में कभी भी नहीं बढ़ पाएंगे।

7. हमें इस बात को समझना चाहिए कि भारत की समृद्ध विविधता ही हमारे समाज की अंदरूनी शक्ति और निरंतरता का एक प्रबल स्रोत रही है। यह भारत में लोकतंत्र के बने रहने के लिए एक महत्वपूर्ण अवलंब है। हिंदू राष्ट्रवादियों की तरह इस विविधता को एक अनचाहे बोझ की तरह देखने की बजाय हमें अल्पसंख्यकों को हमलों और भेदभाव से बचाने के लिए ठोस इंतजाम करने चाहिएं। इस बारे में एक आम सहमति विकसित करना बहुत मुश्किल काम नहीं है क्योंकि हमारे देश में हर समुदाय देश के किसी न किसी कोने में अल्पसंख्यक ही है (जैसे कश्मीर में हिंदू और जम्मू में मुसलमान) इसलिए सभी समुदायों को देश में अल्पसंख्यक अधिकारों के संरक्षण की एकसमान नीति स्वीकार करने के लिए तैयार किया जा सकता है।

8. हिंदू समुदाय केवल तभी अपनी संस्कृति और धर्म को विकृतियों से बचाने के लिए गोलबंद हो सकता है जब वह अपनी सांस्कृतिक धरोहर से वाकिफ हो। धर्मनिरपेक्ष शिक्षा को प्रोत्साहित करने के नाम पर पश्चिम शिक्षित अभिजात्य वर्ग ने भारत की समृद्ध विरासत के बारे में उपेक्षा को बढ़ावा दिया है। हमारी विविध धार्मिक और सांस्कृतिक परंपराओं की शिक्षा के लिए पर्याप्त सुविधाएं जुटाने और उनके लिए सम्मान पैदा करने का काम सरकार पर नहीं छोड़ा जा सकता — इसे सरकार पर छोड़ना भी नहीं चाहिए। इस काम को सरकारी प्रश्रय व्यवस्था के बाहर खड़े सामाजिक-सांस्कृतिक संगठन ही ज़्यादा अच्छी तरह अंजाम दे सकते हैं।

9. हमारे प्राचीन स्मारकों, जिनमें मंदिर भी शामिल हैं, की रक्षा के लिए गंभीर प्रयास किए जाने चाहिएं। ये स्मारक हमारी सांस्कृतिक विरासत के जीते-जागते सबूत हैं। इनमें से बहुत सारे स्मारक निरंतर उपेक्षा के कारण इस कदर क्षत-विक्षत हो

चुके हैं कि अब उनकी मरम्मत की गुंजाइश भी नहीं बची है। तस्करों के हाथों प्राचीन मंदिरों की लूट शायद मुगल आक्रमणकारियों द्वारा फैलाई गई तबाही से भी ज़्यादा गंभीर रूप ले चुकी है। लेकिन हिंदू राष्ट्रवादी इस पर खामोश हैं। अगर ये संगठन खतरे में पड़े इन मंदिरों की रक्षा के लिए अभियान चलाते तो उनका योगदान वाकई काबिले-तारीफ होता। पर उन्हें तो उजड़ते मंदिरों को बचाने में नहीं बल्कि मस्जिदें तोड़ने में ज़्यादा दिलचस्पी है। भारतीय पुरातत्व सर्वेक्षण विभाग (एएसआई) तथा अन्य सरकारी विभाग इस समस्या से निपटने में सक्षम नहीं हैं। इन स्मारकों के संरक्षण का काम लोगों की सक्रिय हिस्सेदारी के जरिए एक बड़े पैमाने पर आयोजित किया जाना चाहिए।

10. और शायद इससे भी ज़्यादा अहम बात यह है कि उन ऐतिहासिक, धार्मिक और अन्य आलेखों के तमाम बचे-खुचे हिस्सों को बचाया जाए जो हमारे अतीत पर बेहतर रोशनी डाल सकते हैं। हमारे लिए यह बड़े शर्म की बात है कि हमारे ताजा इतिहास के बारे में भी भारतीय पुस्तकालयों की बजाय ब्रिटिश म्यूजियम और विदेशी पुस्तकालयों में ज़्यादा बेहतर और सुरक्षित रिकॉर्ड मिल जाते हैं। चूहे, दीमक और कीड़े-मकौड़े हमारे आलेखों और पांडुलिपियों पर दावत उड़ा रहे हैं। ध्वंस की इस प्रक्रिया को तत्काल रोका जाना चाहिए। पहले ही बहुत कुछ नष्ट हो चुका है। अब हम और नुकसान उठाने का जोखिम नहीं ले सकते। जिस समाज के पास अपने अतीत की चेतना नहीं है वह समाज अपने स्वत्व की चेतना से भी हीन हो जाता है। ऐसे समाज को बड़ी आसानी से आत्मविनाश की गर्त में धकेला जा सकता है।

6

राजनीति का अपराधीकरण

बाबा लाल दास की हत्या

खुद को प्रगतिशील समझने वालों में यह धारणा आम है कि संघ परिवार की राजनीति भारतीय समाज के लिए एक भयानक खतरा पैदा कर रही है क्योंकि संघ परिवार धर्म को राजनीति में घसीट लाता है। यह विश्लेषण पर्याप्त नहीं है। संघ परिवार की राजनीति देश के लिये इसलिये खतरा पैदा करती है क्योंकि वह अपने निहित स्वार्थों के लिये हिंसा व आपराधिक कृत्यों का सहारा लेने से भी नहीं कतराते। उदाहरण के लिए, अगर भाजपा-आरएसएस-विहिप, बजरंग दल और उनके समर्थक संगठन अयोध्या में राम मंदिर के अभियान को शान्तिपूर्वक और अहिंसक ढंग से चलाते या मस्जिद के ध्वंस पर ही रुक जाते और भजन-आरती गाकर अपनी जीत का गुणगान करते तो उनके इस दावे को बहुत सारे लोग शायद ज़्यादा आसानी से मान लेते कि ये संगठन सचमुच धार्मिक भावनाओं से प्रेरित हो रहे हैं।

राम जन्मस्थान मंदिर के पुश्तैनी महंत बाब लाल दास को संघ परिवारियों ने पहले महंत के पद से जबरन हटाया गया और अंत में उनकी हत्या कर दी। बाबा लाल दास ने कई साक्षात्कारों में खुलकर कहा था कि विहिप का कोई भी नेता न तो कभी पूजा करने राम मंदिर में आया था और न कभी किसी ने यहां कोई चढ़ावा चढ़ाया। लाल दास का आरोप है कि बाबरी मस्जिद को तोड़ने के बाद आरएसएस के कैडर जबरन रामलला मंदिर में घुस गए और उन्होंने पूरे महीने के चढ़ावे से भरा बक्सा लूट लिया। उन्होंने करोड़ों रुपए मूल्य की प्राचीन मूर्तियां भी चुरा लीं। स्वर्गीय लाल दास के मुताबिक उन्होंने रामलला की प्राचीन मूर्ति भी चुरा ली और उसकी जगह एक नकली मूर्ति रख दी।

जिस समय कुछ लोग राम मंदिर की लूटपाट में व्यस्त थे उसी समय बाकी लोग रक्तपात मचाने में लगे हुए थे। 6 दिसंबर की शाम और अगले दिन अपरान्ह तक ये कथित कारसेवक 13 मुसलमानों और उनके बच्चों को मौत के घाट उतार चुके थे। वह ज़्यादा

---

* पहली बार *मानुषी*, संख्या 79 (नवंबर-दिसंबर 1993) में प्रकाशित। ६

लोगों को इसलिए नहीं मार पाए क्योंकि अयोध्या के ज़्यादातर मुसलमान 6 दिसंबर से पहले ही वहां से भाग चुके थे और बाकी बाबरी मस्जिद के गिरने की खबर सुनकर शहर छोड़कर चले गए। अयोध्या में 7 दिसंबर की सुबह से दंगे शुरू हुए। संघ परिवार के गिरोह लगभग 12 घंटे तक सड़कों पर आजाद घूमते रहे। उन्होंने शहर में मुसलमानों के 134 घरों और प्रतिष्ठानों में से एक-एक को लूट कर आग में झोंक दिया। पहले उन्होंने तमाम कीमती साजोसामान और पैसा लूटा और फिर घरों में मौजूद हर चीज को चिंदी-चिंदी कर डाला। जो चीजें टूट नहीं सकती थीं उन्हें ढेर लगाकर जला दिया। मोटरसाइकिलें, कपड़े, किताबें, सब आग के हवाले कर दीं। इसके बाद उन्होंने मुसलमानों के घरों को भी आग में झोंक दिया। उन्होंने अयोध्या की दो मस्जिदों को छोड़कर तमाम मस्जिदों और ईदगाहों को या तो पूरी तरह तोड़ दिया या बुरी तरह क्षतिग्रस्त कर दिया।

संघ परिवार के गुंडों का यह हुड़दंग बाबरी मस्जिद को मिट्टी में मिला देने की कामयाबी पर उनकी उन्माद भरी प्रतिक्रिया मात्र नहीं था। यह एक सोची-समझी योजना का हिस्सा था। संघ परिवार के लोगों ने शहर के तमाम मुस्लिम घरों के पते-ठिकानों की पूरी सूची पहले से ही तैयार कर रखी थी। मुलसमानों के घरों को निशाना बनाने की योजना इतने सोचे-समझे ढंग से तैयार की गई थी कि जहां कहीं मुसलमानों का घर हिंदुओं के किसी घर के बहुत नजदीक था वहां उन्होंने घर को लूट कर घर की हर चीज तबाह तो कर दी मगर घर को आग नहीं लगाई क्योंकि ऐसा करने पर हिंदुओं के घर भी आग की चपेट में आ सकते थे। उन्होंने ये सारे काम भरी दोपहरी में किए। पुलिस और प्रोविंशियल आर्म्ड कांस्टेब्युलरी (पीएसी) के जवान इस तबाही में बेशर्मी से उनका साथ दे रहे थे।

पुलिस और अर्धसैनिक बलों की खुल्लम-खुल्ला मदद और सरकारी संरक्षण में मुसलमानों को चुन-चुन कर निशाना बनाने का यह तरीका पिछले सालों में हुए तमाम बड़े जनसंहारों में भी देखने में आया है। मेरठ और मलियाना में 1987 में, उसके बाद भिवंडी, भागलपुर, अहमदाबाद में, और हाल ही में सूरत व बंबई के दंगों में यही तरीका अपनाया गया था। इनमें से बहुत सारे दंगों में हमलावरों ने महिलाओं के साथ सामूहिक बलात्कार और उनकी हत्या करने से पहले उन्हें नंगा करके सड़कों पर घुमाया।

यह अपराध सिर्फ इसलिए नहीं हो रहे हैं क्योंकि धर्म को राजनीति के साथ मिलाया जा रहा है। इनके पीछे राजनीतिक लड़ाई में जीत हासिल करने के लिए आपराधिक साधनों के निर्लज्ज प्रयोग का हाथ ज़्यादा है। इसलिए, आज असली मुद्दा धर्मनिरपेक्षता की रक्षा का नहीं बल्कि हमारे राजनीतिक जीवन के बढ़ते अपराधीकरण और अपराधियों को राजनीतिक मशीनरी से मिलने वाले संरक्षण का है। यही गठजोड़ है जिसको तोड़ना आज सबसे ज़रूरी हो गया है।

जिस तरह संघ परिवार का हिन्दुत्व हिंसा, कत्लेआम, तबाही, लूट, बलात्कार और आगजनी पर आश्रित है उसी तरह पिछले कुछ दशकों में कांग्रेस का 'धर्मनिरपेक्ष राष्ट्रवाद' भी इन्हीं चीजों पर निर्भर हो गया है। सत्तर के दशक से बाद के सालों में कांग्रेस ने भी

वोट बैंक की राजनीति के लिए दंगों और जाति-संहारों का जमकर सहारा लिया है। नवंबर 1984 में उन्होंने हिंदू वोट बैंक को नज़र में रखकर ही सिख विरोधी जनसंहार आयोजित किया था। कई कांग्रेस शासित राज्यों में मुसलमानों के खिलाफ बार-बार हिंसा होती रही है। कांग्रेस पार्टी ने शिवसेना के गुंडों की समाज विरोधी राजनीति को खुलकर संरक्षण दिया है और नफरत व रक्तपात की राजनीति को वैधता प्रदान करने में संघ परिवार से वह किसी भी लिहाज से पीछे नहीं हैं। इसलिए राजनीति में धर्म का हस्तक्षेप इतना बड़ा खतरा नहीं है जितना राजनीतिक लक्ष्यों को प्राप्त करने के लिये हिंसा व अपराध का सहारा लेने की बढ़ती प्रक्रिया है फिर चाहे वह "राष्ट्रवाद" के या हिन्दुत्ववाद के नाम पर हो और चाहे वर्ग संघर्ष या नस्ली स्वायत्तता के नाम पर, जैसा कि नक्सलवादी या अलगाववादी संगठन कर रहे हैं।

यूरोप में रोमन कैथोलिक व अन्य चर्चों द्वारा राजनीति में हस्तक्षेप का एक लंबा इतिहास रहा है। इसके विपरीत भारत में ऐसी कोई परंपरा नहीं रही। भारत में धर्म ने कभी राजनीति को निर्धारित नहीं किया क्योंकि हमारे यहां कोई सर्वसम्मत केंद्रीय धार्मिक सत्ता नहीं है जो सारे हिंदुओं या मुसलमानों की तरफ से बोलने का दावा कर सके। आधुनिक भारत में राजनीति को धर्म से अलग रखने की लड़ाई के लिये यूरोपीय लड़ाइयों से बिल्कुल भिन्न संघर्ष करना पड़ेगा।

हमारे देश में शायद ही कोई ऐसा धार्मिक नेता होगा जो इस बात पर जोर दे कि राजनीति को धर्म के अधीन होना चाहिए। इसके विपरीत हमारे यहां तो पिछले कुछ दशकों में राजनीतिज्ञों ने ही धार्मिक प्रतिष्ठानों पर कब्जा करने और उनकी स्वायत्तता व पवित्रता नष्ट करने का काम किया है। पंजाब में अकाली दल और कांग्रेस के बीच इस बात को लेकर संघर्ष रहा है कि गुरुद्वारों पर किसका नियंत्रण रहेगा और कौन उनका राजनीतिक फायदा उठाएगा। इस संघर्ष से देश में भीषण रक्तपात और तनाव पैदा हुआ है। यह परंपरा हमारे देश में ब्रिटिश सरकार ने शुरू की थी जो गुरुद्वारों में भ्रष्ट महंतों को बढ़ावा देना चाहती थी। इसीलिए अकालियों ने गुरुद्वारों को ब्रिटिश प्रभाव से मुक्त कराने के लिए एक लंबा संघर्ष चलाया था।

आज अकालियों का संघर्ष गुरुद्वारों को राजनीति या राजसत्ता से मुक्त कराने के लिये नहीं बल्कि गुरुद्वारों को कांग्रेस के दबदबे से आजाद रखने और केवल अपना प्रभुत्व जमाये रखने के लिए चल रहा है ताकि वह चुनावी राजनीति में गुरुद्वारों का इस्तेमाल कर सकें। इसी तरह वक्फ बोर्डों पर नियंत्रण के जरिए कांग्रेसी सरकार ने भी मस्जिदों के कामकाज में खूब घुसपैठ की है। सभी इमामों को सरकारी तनख्वाह पर आश्रित कर उन्हें राजनीति के भारी-भरकम अखाड़े में कठपुतलियों की तरह नचाने का उसने एक नायाब तरीका ढूंढ लिया है।

क्योंकि हिंदू मंदिरों के ऊपर कोई केंद्रीकृत निकाय नहीं होता इसलिए राजनेता तख्तापलट के जरिए उन पर कब्जा नहीं कर सकते थे। मगर पिछले कुछ दशकों में राजनीतिक

पहुंच वाले अपराधियों ने मंदिरों पर जबरन कब्जे के लिए सुनियोजित कोशिशें की हैं। राम मंदिर को इतना खूनी राजनीतिक रूप देने में भाजपा-आरएसएस-विहिप को जो सफलता मिली है उसका एक कारण यह भी है।

हमारे देश में राजनीति को धर्म से बचाने की नहीं बल्कि धर्म को राजनीतिक गुंडों से बचाने की ज़रूरत है। मंदिरों, गुरुद्वारों और वक्फ बोर्डों से आपराधिक तत्वों को भारी-भरकम आर्थिक संसाधन और एक ठोस राजनीतिक आधार हासिल होता है। इन तत्वों ने धार्मिक संस्थानों को "गैंग वॉर" का अखाड़ा बना दिया है।

अगर राजनीतिक पार्टियां अपने हित साधने के लिए आपराधिक साधनों का प्रयोग करना बंद कर दें तो धर्म का राजनीतिकरण उतना हानिकारक मामला नहीं रहेगा। इसी एक विशिष्टता ने जिन्ना को इतना खरतनाक बना दिया था। उन्होंने देश के विभाजन के लिए धार्मिक भावनाओं का नहीं बल्कि हिंदुओं और मुसलमानों का ध्रुवीकरण करने के लिए "डायरैक्ट ऐक्शन" के नाम पर दंगों और रक्तपात का सहारा लिया था। इसी के फलस्वरूप कई मुस्लिम बहुल इलाकों से हिंदुओं को जबरन खदेड़ा जाने लगा जिसके जवाब में हिंदू बहुल इलाकों में रहने वाले हिंदू बदले की कार्यवाही पर उतर आए। इस तरह, पाकिस्तान की बुनियाद धर्म-केंद्रित राजनीति की बजाय राजनीतिज्ञों द्वारा मचाए गए रक्तपात और आपराधिक कृत्यों पर खड़ी की गई थी।

आज संघ परिवार के आडवाणी, बाल ठाकरे एवं सिंघल जैसे नेता और बहुत सारे कांग्रेसी जो राजनीति में धर्म या राष्ट्र के नाम हिंसा का सहारा लेने से नहीं कतराते, जिन्ना के रास्ते पर चल रहे हैं भले ही जिन्ना को वह अपना दुश्मन मानते हों। शहर-दर-शहर, हर जगह हिंदू-मुसलमान दंगे राजनीतिक उकसावे का परिणाम रहे हैं। नतीजतन, दोनों समुदायों के बीच ध्रुवीकरण बढ़ता जा रहा है। हमारे उपमहाद्वीप के मुसलमान, खासतौर से पाकिस्तान के मुहाजिर और भारतीय मुसलमान इस बात की भारी कीमत चुका रहे हैं कि उन्होंने 'जिन्नावाद' का पुख्ता और मुकम्मल विरोध नहीं किया। अगर हम हिंदुओं ने हिंदू जिन्नाओं को अपने ऊपर हावी हो जाने दिया तो हम भी आत्मविनाश के गड्ढे में धकेल दिये जायेंगे।

संघ परिवार की राजनीति को सांप्रदायिक राजनीति कहकर हम उसे बेवजह सम्मान देते हैं। सांप्रदायिक होने का मतलब है कि व्यक्ति पूरे समाज की बजाय अपने जातीय समुदाय के हितों के प्रति ठोस समर्पण की भावना से लैस हो। परंतु संघ परिवार की राजनीति तो हिंदू समुदाय में अपराधीकरण पनपाने का काम कर रही है।

कांग्रेस और संघ परिवार ने सालों तक मुस्लिम बस्तियों पर हमलों के लिए गरीबों और दलितों का इस्तेमाल किया है। मध्यम और उच्चवर्ग के लोग अकसर अपने शहर के हालात के प्रति उपेक्षा का भाव रखना फ़ैशनेबल समझते हैं। मगर पिछले कुल सालों में तथाकथित मध्यम और उच्चवर्गीय घरों के युवकों को भी लुटेरे-हत्यारे गिरोहों की अगुवाई करने के लिए प्रोत्साहित किया जा रहा है। अब इस रक्तपात में न केवल बहुत सारी महिलाओं को भी शामिल कर लिया गया है बल्कि वह दंगों के दौरान अपने कार्यकर्त्ताओं को मुस्लिम

महिलाओं के साथ बलात्कार करने को भी उकसाते हैं। यह रवैया एक गंभीर चिंता का विषय है। जनवरी-मार्च 1993 में बंबई और सूरत के दंगों में बड़े पैमाने पर बलात्कारों को मुस्लिम समुदाय को अपमानित करने के लिये एक हथियार के रूप में इस्तेमाल किया गया।

संघ परिवार जिस तरह हिंदुओं का अपराधीकरण करता जा रहा है उससे तो यही लगता है कि उसे हिंदू समुदाय की बेहतरी में कोई दिलचस्पी नहीं है। हिंदू समुदाय के भीतर उठने वाली असहमति की आवाज़ों को खामोश कराने के लिए खालिस्तानी आतंकवादियों की तरह उसने भी हिंसा व अपराधों का रास्ता चुना है। बाबा लाल दास की हत्या इसी बात का सबूत है।

जुलाई 1993 में बाबा लाल दास अयोध्या के सिलसिले में गठित किए गए सिटिजंस ट्राइब्यूनल के सामने अपना बयान देने दिल्ली आए थे। उस समय मैंने उनका एक इंटरव्यू रिकॉर्ड किया था। अगले हिस्से में मैं उसी इंटरव्यू के कुछ अंश पेश कर रही हूं।

मंदिरों के आपराधिक अधिग्रहण के बारे में बाबा लाल दास के अनुभव

मेरा नाम लाल दास है। मुझे न्यायालय ने 1983 में राम जन्मभूमि मंदिर का प्रधान पुजारी नियुक्त किया था। मैंने इस पद पर 1 मार्च 1992 तक काम किया। इससे पहले मैं राम जन्मभूमि सेवा समिति का कामकाज देखता था। 1969 से 1983 तक मैं अदालत में चल रहे मुकदमे में {विवादित जगह के संबंध में} लगातार जाता रहा। इसके बाद मुझे मन्दिर का प्रधान पुजारी नियुक्त कर दिया गया। कागज पर तो आज भी प्रधान पुजारी मैं ही हूं। यह नियुक्ति सरकारी रिसीवर ने की थी। पहले कोई मस्जिस्ट्रेट या न्यायाधीश ही रिसीवर होता था। 1992 में भाजपा सरकार ने मुझे हटाकर अपने समर्थकों को राम जन्मभूमि का पुजारी बना दिया।

उन्होंने ऐसा क्यों किया? उन्हें क्यों लगता था कि आप उनके हित में काम नही करेंगे?

किसी के हित में काम करने का सवाल ही नहीं था। मैं उनके मातहत नहीं था। मुझे न्यायालय ने नियुक्त किया था और न्यायालय आमतौर पर किसी निष्पक्ष व्यक्ति को ही नियुक्त करता है। वह मुझसे जो कुछ भी चाहते थे या उनकी ऐसी किसी भी इच्छा का मैं पालन नहीं कर सकता था जिसमें मुझे किसी पार्टी विशेष के लिए काम करना पड़े।

उन्हें आपसे क्या अपेक्षाएं थी? वह आपसे किस तरह का काम करवाना चाहते थे?

उनकी दो उम्मीदें थीं। सबसे पहले तो वह चाहते थे कि मैं प्रेस में उनके पक्ष में बयान दूं, और दूसरे, मैं यह ऐलान कर दूं कि राम जन्मभूमि के पुजारी को मिलने वाले चढ़ावे पर विहिप का हक है।

सालाना तकरीबन कितना पैसा चढ़ावे के रूप में आता था?

शुरू-शुरू में तो यह ज़्यादा नहीं था मगर ताला खुलने के बाद चढ़ावे में हर साल 5 से 10 लाख रुपए तक आने लगे थे।

ताला खुलने से पहले कितना चढ़ावा आता था?

उससे पहले जो कुछ भी आता था वह अखाड़े के चबूतरे पर आता था। लोग मंदिर

नोट : यह इंटरव्यू बाबा लाल दास के क़त्ल के तुरंत बाद *मानुषी* में छपा था।

में नहीं जाते थे। जब हम 5 या 6 महीने बाद दानपात्र खोलते थे तो हमें उसमें 10-12,000 रुपए तक मिलते थे। कुल मिलाकर साल भर में औसतन 30-35,000 रुपए तक आ जाते थे। इस पैसे को हम अपने खाने-खर्चे में इस्तेमाल कर लेते थे।

क्या वह चाहते थे कि मंदिर में जो भी पैसा आए वह उनको ही मिले?

उनकी बुनियादी दिलचस्पी अपने राजनैतिक प्रचार में थी। असल में वह चाहते थे कि हम मंदिर में आने वालों को बताएं कि यह मंदिर विहिप का है। आप को तो पता ही है कि वह देश भर में ऐलान कर चुके थे कि मंदिर पर उन्हीं का अधिकार है।

विहिप के लोगों ने अयोध्या आना कब से शुरू किया?

1984 से।

उससे पहले उन्होंने अयोध्या में कभी कोई दखल नहीं दिया?

सारा दंगा-फसाद और मार-काट तो 1984 से ही शुरू हुई। इससे पहले तो वहां कोई विवाद या संकट था ही नहीं। 1959 में छोटा सा विवाद हुआ था और उस वक्त दोनों पक्ष न्यायालय में चले गए थे। उस समय न तो सड़कों पर कोई नारे लगे थे और न कहीं कोई हिंसा हुई थी।

उन्हें 1984 में अचानक इस जगह की याद कैसे आ गई?

सारा तमाशा बिहार में सीतामढ़ी से शुरू हुआ था। वहां उन्होंने राम जन्मभूमि के ताले खुलवाने का प्रचार करते हुए एक रथयात्रा निकाली थी। इस रथयात्रा में उन्हें काफी समर्थन मिला और खूब सारा पैसा भी मिल गया। अपनी इस सफलता से उन्हें लगा कि इस तरह वह काफी पैसा कमा सकते हैं और उन्हें पब्लिसिटी भी मिल सकती है। नतीजतन, जैसे-जैसे पैसा बढ़ने लगा, वैसे-वैसे उनका आन्दोलन भी बढ़ने लगा।

आपको उन्होंने कैसे हटाया?

मुझे तो जबर्दस्ती हटाया गया था। बिल्कुल वैसे जैसे डकैत किसी घर में घुस कर सब कुछ लूट कर ले जा रहे हों।

पुलिस ने क्या किया?

उसे क्या करना था? पुलिस तो उनके साथ थी ही, राज्य सरकार भी उन्हीं की थी।

क्या अयोध्या के दूसरे महंतों ने इसका विरोध नहीं किया?

महंत क्या कर सकते हैं? जो हमारे पक्ष में हैं वे लड़ने के लिए सड़क पर नहीं आ सकते। फिर भी उन्होंने नैतिक आपत्ति ज़रूर उठाई थी।

इसके लिए उन्होंने क्या किया? उनकी तरफ से बहुत बयान सुनने में नहीं आए।

अयोध्या में छोटे-बड़े लगभग 8,500 मंदिर हैं। प्रेस वाले आमतौर पर कुछ लोगों से ही बात करते हैं। उन्हें आमतौर पर ऐसे लोगों में ही दिलचस्पी रहती है जिनकी ज़्यादा चर्चा रहती है। लेकिन साधु समाज ने हमें नैतिक समर्थन दिया और विहिप की हरकतों का विरोध किया था। हमारे पक्ष में बहुत सारे साधारण जन और राजनीतिक दलों के लोग भी थे।

आपको किन राजनीतिक दलों ने समर्थन दिया?

हमें एसजेपी, जनता दल, जनता (एस) और बहुजन समाज पार्टी वालों ने समर्थन दिया था। सिर्फ कांग्रेस और भाजपा ने ही चुप्पी साधे रखी।

ऐसा कैसे हो सकता है कि कांग्रेस पार्टी ने आपको समर्थन नही दिया जबकि उन्ही की सरकार ने आपको पुजारी नियुक्त किया था?

कांग्रेस और भाजपा की नीतियों में कोई फ़र्क़ नहीं है। इनमें से एक पार्टी जो कुछ करती है दूसरी पार्टी उसका समर्थन कर देती है। सारा झंझट तो कांग्रेस ने ही खड़ा किया है। मस्जिद टूटने से पहले तक कांग्रेस ने भाजपा का पूरा समर्थन किया था। आज भी भाजपा को कांग्रेस का पूरा समर्थन मिलता है। उनके बीच एक गुप्त समझौता है—भाजपा जो कुछ भी करेगी कांग्रेस उसका समर्थन कर देगी। मगर जनता को यह दिखाने के लिए वह बड़ा ड्रामा करते हैं कि वह भाजपा के समर्थन में नहीं है। रामलीला में भी ऐसा ही नाटक होता है। रामलीला में मेघनाद, रावण और सीता का मेक-अप करके लोगों के मनोरंजन के लिए मंच पर लाया जाता है। परंतु पर्दे के पीछे असली अभिनेता न तो रावण होता है और न सीता। वैसे ही यह सारा नाटक भी जनता को बेवकूफ बनाने के लिए चल रहा है। पर्दे के पीछे भाजपा और कांग्रेस दोनों एक ही थैली के चट्टे-बट्टे हैं।

मान लीजिए इस विवाद का हल निकालने की जिम्मेदारी आपको सौंप दी जाती है तो आप क्या कदम उठाएंगे?

क्योंकि मुसलमानों ने कभी इस पर लड़ाई उठाई ही नहीं थी इसलिए समस्या तो खुद ही हल हो जाती है। मुसलमानों ने 1959 से बाबरी मस्जिद का कभी इस्तेमाल भी नहीं किया। बाकी हिन्दुस्तान के मुसलमानों की तो बात ही छोड़िए फैजाबाद के मुसलमान तक नहीं जानते कि बाबरी मस्जिद है कहां? हो सकता है कि फैजाबाद के बड़े-बूढ़ों को पता हो कि बाबरी मस्जिद कहां थी मगर नई पीढ़ी के लोगों को तो इसके बारे में कुछ भी पता नहीं। संघ परिवार ने जब कथित रूप से बाबर के वारिसों से बदला लेने और उन्हें पाकिस्तान खदेड़ने के लिए अपना अभियान शुरू किया था तो उनके इस प्रोपेगेंडा से ही लोगों का ध्यान इस बात पर गया कि अयोध्या में कहीं बाबरी मस्जिद भी है। उन्होंने ही भारत के सारे मुसलमानों को एकजुट कर दिया। इसके बाद तो मुसलमानों की तरफ से वही प्रतिक्रिया हुई जो होनी थी। वह भी कहने लगे कि यह एक शाही मस्जिद है और जब तक इस बारे में अदालत का फैसला नहीं आ जाएगा तब तक कोई उसे हाथ भी नहीं लगा सकता। मुसलमान तो इसके लिए तब तक सड़कों पर आए ही नहीं जब तक उन पर खुलेआम हमला नहीं हुआ।

1 फरवरी 1986 को जिला अदालत ने जन्मभूमि का ताला खोलने का आदेश दे दिया। भाजपा-विहिप को अपनी रथयात्रा रद्द करनी पड़ी। 7 फरवरी तक वह चुप रहे। उन्हें समझ में ही नहीं आ रहा था कि क्या करें। अब तो उनकी आमदनी का जरिया ही खत्म हो चुका था। इससे पहले तक तो वह रथयात्राओं के नाम पर खूब पैसा इकट्ठा करते थे;

गांव वाले मंदिर खुलवाने के लिए उन्हें पैसे दे दिया करते थे। लेकिन अब तो मंदिर का ताला खुल चुका था इसलिए उन्हें समझ में ही नहीं आ रहा था कि अब क्या किया जाए?

क्या इस दौरान मुसलमानों ने कभी किसी किस्म की परेशानी खड़ी नहीं की?

नहीं, उन्हें दुख तो था मगर फिर भी वह सड़कों पर नहीं आए। उनकी लड़ाई तो अदालत में ही चल रही थी। लखनऊ में 6 फरवरी 1986 को एक बैठक हुई। इस बैठक में विहिप वालों ने तय किया कि अब वह विवादित स्थल पर मंदिर निर्माण का आंदोलन चलाएंगे। इस विवाद से काफी सारा पैसा और राजनीतिक फायदा उन्हें पहले ही मिल चुका था। इसके बाद उन्होंने मंदिर के निर्माण का आहवान किया और ऐलान कर दिया कि उनका संघर्ष तब तक जारी रहेगा जब तक अयोध्या में मंदिर का निर्माण नहीं हो जाएगा। इसके बाद उनके नारे बदल गए। उन्होंने ये ऐलान करते हुए सारे देश में जुलूस निकाले कि जब तक अयोध्या में मंदिर का निर्माण नहीं होगा तब तक उनका संघर्ष जारी रहेगा। उनका एक नारा यह भी था : *अभी तो ये झांकी है, मथुरा काशी बाकी* है। इसके बाद वह मुसलमानों को गाली देते हुए मुसलमानों के इलाकों में जुलूस निकालने लगे। मुसलमान पहले से ही दुखी थे। इन हमलों से वह और परेशान हो गए। 7 फरवरी 1986 से दंगे होने लगे।

इन दंगों का एक नतीजा यह हुआ कि कश्मीर में बहुत सारे हिंदुओं पर हमले हुए। दंगों के कारण ही कश्मीर की सरकार बर्खास्त कर दी गई। कश्मीर में तभी से चुनाव नहीं हुए हैं। कश्मीर में अब भी राष्ट्रपति शासन लगा हुआ है।

जब 7 फरवरी को दंगे शुरू हुए और 20-22 फरवरी तक चलते रहे तो उस समय के मुख्यमंत्री वीर बहादुर सिंह ने रथ यात्राओं पर रोक लगा दी। तब उत्तर प्रदेश में कांग्रेस की सरकार थी। जब केंद्र सरकार के आदेश पर मंदिर का ताला खोला गया तो वीर बहादुर सिंह ने जुलूस रोक दिए। वरना तो और खून-खराबा होता। ताला खुलने के बाद विहिप ने विवादित स्थल पर मंदिर बनाने के लिए शिलान्यास का आंदोलन शुरू कर दिया।

उन्होंने अपने असली मंसूबों को कभी जाहिर नहीं होने दिया। सरकार को दिए अपने हलफनामे में उन्होंने कहा था कि वह सिर्फ तीन फुट जगह पर मंदिर का शिलान्यास करेंगे। उन्होंने दावा किया कि वह और किसी चीज को हाथ भी नहीं लगाएंगे; विवादित ढांचे को कोई नुकसान या क्षति नहीं पहुंचाएंगे; उनकी तरफ से किसी किस्म की हिंसा नहीं होगी। लेकिन उनके असली इरादे कुछ और थे। उनकी सोच यह थी कि शिलान्यास के बाद और हिंसा फैलेगी। इस हिंसा के कारण मंदिर का निर्माण रुक जाएगा और निर्माण कार्य रुकने के बाद हिंदू गुस्सा होकर इस झगड़े में उनकी तरफ आने लगेंगे।

शिलान्यास करने के बाद वह मंदिर का निर्माण करने लगे। वीर बहादुर सिंह ने मंदिर का निर्माण रुकवा दिया। इस पर विहिप ने कहा कि उसे मंदिर बनाने से रोका जा रहा है। कुछ समय बाद राजीव गांधी की हत्या हो गई। पूरे देश में चुनाव हुए। केंद्र में कांग्रेस की सरकार बनी और उत्तर प्रदेश में भाजपा की। आम आदमी को क्या पता था कि कांग्रेस और भाजपा की सोच एक जैसी है! लोग भाजपा-कांग्रेस की इस चाल को नहीं समझ पाए

क्योंकि वह कभी गर्म, कभी नर्म की नीति अपनाते हैं।

असल में यह ताला किसी के आदेश से नहीं लगाया गया था। ताला तो 1971 में लगा था। 1949 में तो किसी ने भी ताला नहीं लगाया था। पूरे मामले का कानूनी पहलू यह था कि यह जगह एक 'रिसीवर' के अधिकार में आती है। खाना रामचबूतरे की रसोई में बनाया जाता था। इसके बाद भोग लगाने के लिए संतरी ताला खोल देता था।

1971 में रिसीवर प्रियदत्त राम की मृत्यु हो गई। तब नए रिसवीर और निर्मोही अखाड़े के बीच विवाद खड़ा हो गया। इस पर पुलिस ने दखल दिया और ताला लगाकर चाबी अपने पास रख ली। मौके पर तैनात संतरी बदल दिया गया और चाबी नए संतरी को सौंप दी गई। वहां दो दरवाजे थे। एक दरवाजा भोग लगाने और प्रार्थनाओं के लिए हमेशा खुला रहता था। लंबे समय तक यही व्यवस्था चलती रही। तब भाजपा और विहिप को अपने विचारों को फैलाने और प्रचार करने का एक बढ़िया मौका मिल गया। इसके बाद दूसरा ताला भी हटा दिया गया। यानी, कुल मिलाकर यह जगह पूरी तरह ताले में बंद थी ही नहीं। ताला तो सिर्फ सुरक्षा के लिहाज से कभी-कभार ही लगाया जाता था।

ताला खोलने का काम बिना चमक-दमक और टीवी पर प्रचार के बिना भी तो किया जा सकता था?

यह सारा काम राजनीतिक फायदे के लिए किया गया था। आरएसएस, बजरंग दल, विद्यार्थी परिषद, शिवसेना और इन तमाम लोगों को राम से कोई प्यार नहीं है। ये तो आर्यसमाजी सोच वाले लोग हैं। ये मूर्ति पूजा में विश्वास ही नहीं रखते। मगर क्योंकि इस मुद्दे से उन्हें खूब सारा पैसा और राजनीतिक फायदा मिल रहा था इसलिए वह हिंदुओं की भावनाएं भड़काने में लग गए। पूरे देश में आपको एक भी ऐसा मंदिर नहीं मिलेगा जो आरएसएस ने बनवाया हो।

देवी का हमारा झंडा षट्कोणीय है। राम या कृष्ण के मंदिरों पर जो झंडे लगाए जाते हैं उन पर हनुमान की तस्वीर बनी होती है। उनका (हिंदुत्ववादियों का) भगवा रंग का झंडा वैष्णवों का नहीं बल्कि आर्यसमाजियों का प्रतीक होता है। ओ3म तो हमारे मंत्रों में भी होता है मगर उन्होंने तो तमाम मंत्रों को एक तरफ रखकर ओ3म को ही हर चीज का आधार बना दिया है। यानी, पूजा करने के हमारे और उनके तरीके में कोई समानता है ही नहीं। वह राम को राष्ट्रनायक मानते हैं जबकि हम उन्हें ब्रह्म मानते हैं। हम कृष्ण को देवता मानते हैं जबकि वह उन्हें भी एक नेशनल हीरो यानी एक विशिष्ट मनुष्य भर मानते हैं।

डॉ. गोलवलकर ने अपनी किताब में लिखा है कि हिंदुओं की सबसे बड़ी गलती यही है कि वह राम और कृष्ण को देवताओं के रूप में देखते हैं। यदि गोलवलकर के हिसाब से यह हिंदुओं की सबसे बड़ी गलती है तो जाहिर है कि उनकी नज़र में राम और कृष्ण सामान्य व्यक्ति ही थे।

वह जब भी कभी राम की बात करते है तो क्या हमेशा भगवान राम नही कहते?

ये तो सिर्फ पाखंड है, मैं यही तो आपको बता रहा था।

अगर आप कहते हैं कि राम भगवान हैं तो उनका जन्मस्थान कैसे हो सकता है?

ऐसा है या नहीं, यह तो बौद्धिक बहस की बात है, मैं इसमें फंसना नहीं चाहता। यह आस्था का मामला है : हम उन्हें देवता मानते हैं और वह उन्हें सामान्य मनुष्य, यानी नश्वर मानते हैं।

पहले आपने कहा था कि मंदिर के मामले में कभी कोई विवाद नहीं था। जब मैंने आपसे पूछा कि आप इस संकट को कैसे हल करते तो आपने कहा कि यह एक कृत्रिम संकट है। तो क्या आप राम मंदिर के लिए शुरू किए गए इस अभियान के पक्ष में हैं?

मेरा मानना है कि वहां एक भव्य राम मंदिर बनना ज़रूर चाहिए। अयोध्या तो मंदिरों का शहर ही है। अयोध्या में हर जगह राम मंदिर हैं।

जब वहां पहले से ही 8,000 से ज़्यादा मंदिर हैं तो क्या एक और मंदिर की ज़रूरत सही ठहराई जा सकती है?

हम तो राम जन्मभूमि मंदिर की बात कर रहे हैं। अयोध्या 8,500 मंदिरों का शहर है। मुसलमानों ने एक और राम मंदिर के निर्माण पर कभी एतराज नहीं उठाया। हालांकि विवादित स्थल की बगल में 42 एकड़ की जमीन सरकारी राजस्व विभाग की किताबों में भी एक मुस्लिम कब्रिस्तान के रूप में दर्ज है।

मगर विवादित स्थान के भीतर बाबरी मस्जिद भी तो आती है।

यह विवाद का एक हिस्सा है। मगर पूरी जगह एक कब्रिस्तान के रूप में दर्ज है। 1949 के बाद इस कब्रिस्तान में 8 मंदिर बनाए गए! भाजपा ने ही उन्हें तोड़ दिया क्योंकि वह लोगों को दिखाना चाहती थी कि उसने कुछ किया है।

मंदिर तोड़ना कोई अच्छी बात तो नहीं मानी जाती।

बिल्कुल, मगर सिर्फ तब जब वह राम में आस्था रखते हों। मगर उन्हें तो राम में विश्वास ही नहीं है...।

क्या इन मंदिरों के टूटने पर अयोध्या में कोई विरोध नहीं हुआ?

काफी विरोध हुआ था। उन्होंने प्राचीन साक्षी गोपाल मंदिर, हनुमान मंदिर और केशव दास मंदिर सहित 8 मंदिर तोड़े थे। 6 दिसंबर को कार सेवा के दौरान उन्होंने ऐतिहासिक सीता की रसोई मंदिर को भी तोड़ दिया।

मुसलमानों ने अपने कब्रिस्तान में मंदिरों के निर्माण पर कभी आपत्ति नहीं उठाई। बल्कि उन्होंने तो स्वेच्छा से अयोध्या के मठों को जमीन सौंपी थी। जन्मभूमि के पीछे स्थित इस जगह पर एक शांति भवन है और उसके बाद एक मंदिर है। मुसलमानों ने स्वेच्छा से यह जमीन मंदिर बनाने के लिए हिंदुओं को दी थी। हो सकता है उन्हें कुछ मुआवजा मिला हो मगर हकीकत यह है कि मुसलमानों ने खुद यह जमीन हिंदुओं को सौंपी थी। कब्रिस्तान में इन मंदिरों के निर्माण पर दोनों समुदायों के बीच कभी कोई झगड़ा रहा ही नहीं। जो भी झगड़ा था वह न्यायालय में था। उन्होंने तो विवादित स्थल में हमारी पूजा-अर्चना पर कभी उंगली नहीं उठाई।

इस इलाके में कितने मुसलमान हैं?

फैजाबाद और अयोध्या में मुसलमानों की कुल आबादी 1.25 से 1.3 लाख के आसपास होगी। फैज़ाबाद में 25-30 प्रतिशत मुसलमान हैं। अयोध्या में लगभग 5,000 मुसलमान रहते हैं। इसके बावजूद मुसलमानों के साथ यहां कभी कोई झगड़ा या विवाद नहीं हुआ। बल्कि मंदिर के रख-रखाव में मुसलमानों की तरफ से हमेशा बड़ी मदद मिला करती थी। उनके पास फूलों के बगीचे हैं और वही मंदिरों को फूल बेचा करते थे। पूजा के लिए ज़रूरी दूसरी चीजें भी मुसलमान ही लाकर देते थे। सारे हालात बड़े सहज थे, कहीं कोई भेदभाव नहीं था। पिछले 40 साल से एक मंदिर (मंगल भवन) का तो प्रबंधक ही मुसलमान है।

अयोध्या में हिंदुओं और मुसलमानों के बीच पूरी शांति थी। सारा फ़साद बाहर वालों ने खड़ा किया है। उनके लिए तो यह हिंदुओं के वोट इकट्ठा करने का एक सुनहरी मौका था। वह तो सिर्फ अपनी सरकार बनाना चाहते थे। हालांकि वह जानते थे कि इसके बदले में पूरा देश आग की लपटों में झुलसने लगेगा। मगर उन्हें देशवासियों के नुकसान से भला क्या मतलब? उनका तो सिर्फ एक ही मकसद था – वोट।

कुछ लोग कहते हैं कि उन्होंने राम जन्मभूमि मंदिर के नाम पर जो पैसा इकट्ठा किया वह 800 करोड़ रुपए से भी ज़्यादा है। क्या इसका कोई हिसाब-किताब रखा जाता है?

मेरे पास सारे दस्तावेज और सुबूत हैं। भारत साधु समाज के नजदीक विहिप का एक ऑफिस था। उन्हें पश्चिमी जर्मनी से 2.1 करोड़ रुपए मिले थे। इसके अलावा उन्हें सोने और चांदी की न जाने कितनी ईंटें मिली थीं। देश भर के हिंदुओं ने उन्हें दान में जमकर पैसा दिया था। उन्होंने सैकड़ों करोड़ रुपए इकट्ठा किए हैं। 1991 के चुनावों से पहले उन्होंने इस पैसे को बांटा था...।

यह पैसा कुल कितना रहा होगा?

मुझे जर्मनी से आए पैसे के बारे में पूरा पता है। मुझे यह भी पता है कि रामचन्द्र परमहंस ने उसमें से 30 लाख रुपए कमीशन के तौर पर लिए थे। अपना हिस्सा लेने के बाद ही उन्होंने चुनाव से पहले भाजपा को यह पैसा निकालने की छूट दी थी। उन्होंने यहां से पैसा निकाल कर उसे दूसरे बैंकों में जमा करवा दिया। राम जन्मभूमि के लिए इकट्ठा किए गए पैसे को निकाल कर दिल्ली के बैंकों में जमा करवा दिया गया और उसका चुनाव में इस्तेमाल हुआ।

अब उन्हें सालाना कितनी आमदनी हो रही है?

फिलहाल उन्हें राम जन्मभूमि से कोई कमाई नहीं हो रही क्योंकि अब यह जगह सरकार के कब्जे में है।

मगर क्या वे राम जन्मभूमि के नाम पर देश भर में अभी भी पैसा इकट्ठा नही कर रहे हैं?

टाटा, बिड़ला, डालमिया जैसे बड़े-बड़े पूंजीपति उन्हें खूब पैसा देते हैं। वह उन्हें

इसलिए पैसा देते हैं क्योंकि वे चाहते हैं कि यह समस्या ऐसे ही बनी रहे ताकि लोगों का ध्यान असली मुद्दों की तरफ न जाए और वे मनमाफिक ढंग रो पैसा बनाते रहें।

फिल्म "राम के नाम" में इंटरव्यू के दौरान आपको कहा गया था कि आप कम्युनिस्टों की तरह बात करते हैं।

क्या सच बोलने का मतलब कम्युनिस्टों की तरह बोलना होता है? मैं तो सिर्फ वही कह रहा हूं जो हो रहा है।

विहिप ने आपको हटाकर मंदिर पर जबरन कब्जा कर लिया है। इसी तरह यह भी कहा जाता है कि उन्होंने अयोध्या के बहुत सारे मंदिरों के महंतों को हटा कर उनकी जगह अपने गुंडों को महंत बनवा दिया है। क्या यह सच है?

बिल्कुल सच है। उन्होंने अयोध्या में ही नहीं बल्कि भारत के हर उस मंदिर में अपने लोगों को घुसाने की कोशिश की है जिसकी लोगों के बीच अच्छी साख है। वे मंदिरों और मठों पर कब्जा कर रहे हैं जिससे हर तरफ उन्हीं का बोलबाला हो।

मंदिरों पर उन्होंने कब्ज़ा कैसे किया?

सबसे पहले तो विहिप और आरएसएस के लोगों ने मंदिरों में रहने के लिए जगह मांगी। उन्होंने कहा कि वह हिंदू समाज के लिए काम करते हैं। अब हमारे यहां के लोग इतने चालाक और तेज तो होते नहीं हैं इसलिए उन्होंने रहने के लिए इन लोगों को कमरे दे दिए। इसके बाद वह धीरे-धीरे मंदिरों और मठों में अपने ज़्यादा से ज़्यादा लोगों को लाने लगे। क्योंकि हमारे पास वंशकुल की नहीं बल्कि गुरु परंपरा की मान्यता है इसलिए उन्होंने अपने एक शिष्य को चुनकर उसे महंत बनवा दिया और असली महंत को बाहर निकाल दिया।

मगर ऐसा तो तभी हो सकता था जब गुरु की रजामंदी रही हो?

गुरु की रजामंदी कहीं नहीं है। सब कुछ बाहुबल और हिंसा के दम पर हो रहा है। गुरुओं को तो उन्होंने सड़कों पर फेंक दिया है। उनकी कोई फिक्र नहीं करता। असल में इन लोगों के लिए तो न कोई गुरु है न गोबिंद। गुरु भला क्या कर सकते हैं? पुलिस उनकी नहीं सुनती, उन्हें कहीं से इंसाफ नहीं मिल सकता।

8,500 में से कितने मंदिरों पर वे कब्जा कर चुके हैं?

मैं ऐसे 8 मंदिरों के बारे में जानता हूं जिन पर उन्होंने ठीक वैसे ही कब्जा किया था जैसे जन्मस्थान पर कब्जा किया था।

आंतरिक स्तर पर इसका कोई विरोध नही हुआ?

कौन विरोध करेगा? खालिस्तानियों के खिलाफ लाखों लोग विरोध कर रहे हैं मगर हो क्या रहा है? ये लोग भी खालिस्तानियों का ही एक और अवतार हैं।

उनके और खालिस्तानियों के बीच आपको क्या समानता दिखाई देती है?

मेरी नज़र में तो उनके और खालिस्तानियों के बीच कोई फ़र्क़ नहीं है। खलिस्तानी पंजाब पर अपनी चौधराहट कायम करना चाहते हैं। आरएसएस हिंदू समाज पर अपनी चौधराहट

कायम करना चाहता है। दोनों यही चाहते हैं कि लोग आंख मूंद कर उनकी बात मानने लगें।

आपकी नज़र में इस समस्या का क्या समाधान हो सकता है?

कांग्रेस और भाजपा, दोनों को मुंह पर ताला डालकर इस मामले से बाहर निकल जाना चाहिए। अयोध्या और फैजाबाद के हम लोग इस मामले को खुद हल कर सकते हैं। मंदिर भी बन जाएगा और मुसलमान उसका विरोध भी नहीं करेंगे।

क्या आप बाबरी मस्जिद को तोड़ने के हक में थे?

जी नहीं, बिल्कुल भी नहीं।

तो क्या आप मानते हैं कि उसे तोड़े बिना वहां मंदिर बनाया जा सकता था?

मंदिर तो वहां पहले से ही था। जब अदालत में मुकदमा चल रहा था तब भी वहां रोज पूजा होती थी। सरकार खुद मामले को लंबा खींच रही थी। सरकार इस मुद्दे को गरमाए रखना चाहती थी क्योंकि उसी के सहारे ये लोग जब चाहे दंगा-फसाद करवा सकते थे।

क्या यह बात सही है कि अयोध्या में बड़े पैमाने पर हत्याएं हो रही हैं?

यह सब इन्हीं लोगों की कारस्तानी है। वह गुंडों और हत्यारों से मिले हुए हैं। जो महंत उनकी बात नहीं सुनता उसकी हत्या हो जाती है।

पिछले दो सालों के दौरान कितने महंतों की हत्या हुई है?

कम से कम 50-60 महंत मारे जा चुके हैं। उनमें बड़ी छावनी के मंहत रामप्रताप दास, जानकी घाट के मैथिलीशरण जैसे बड़े-बड़े महंत भी थे। हनुमान गढ़ी के बजरंग दास की हत्या तो कुछ दिन पहले ही हुई थी। कुछ समय पहले बहुत सारे लोगों की हत्याएं हुई हैं। मैं किस-किस का नाम गिनवाऊं?

ऐसे लोगों की कोई सूची तो होगी।

मेरे पास सूची है। सूची को देखे बिना मैं सारे नाम याद नहीं रख सकता। हर हफ्ते कत्ल हो रहे हैं—हर हफ्ते न सही तो हर महीने तो किसी न किसी की हत्या हो ही जाती है। मुझे तो हैरत है कि मेरे जैसा आदमी अब तक जिंदा कैसे बचा हुआ है।

वाकई, यह हैरानी की बात है कि आपने उनके बारे में जो कुछ खुलेआम कहा है उसके बावजूद उन्होंने आपको जिंदा छोड़ दिया।

मैं ईश्वर के आशीर्वाद से जिंदा हूं। उन्होंने मुझे मारने के लिए हर कोशिश की है। मेरे घर पर हमला किया, मेरी जमीन ली, घर छीन लिया। उन्होंने मेरे घर पर बम फेंके, उसे जलाने की कोशिश की। मुझे खत्म करने के लिए उन्होंने हर तरीका अपनाया है। विहिप के विनय कटियार ने तो मुझे मारने के लिए एक यज्ञ भी करवाया था।

आप जिस जमीन की बात कर रहे हैं क्या वह खेती की जमीन थी?

जी नहीं, उस जमीन पर मैं घर बनाना चाहता था। अभी मैं किसी और के घर में रहता हूं।

आजकल आप क्या कर रहे हैं?

आजकल मैं रियासत के मंदिर की देख-रेख करता हूं।

आपका मतलब सरकार के मंदिर से है?

जी नहीं सरकार का नहीं, पुराने राजा का मंदिर।

क्या आपका किसी राजनीतिक पार्टी की तरफ झुकाव है?

मेरा किसी राजनीतिक पार्टी की तरफ कोई झुकाव नहीं है। मैं इन सब पार्टियों से नफरत करता हूं। सारी समस्याओं की जड़ तो ये पार्टियां ही हैं।

क्या आपकी नज़र में कोई ऐसी पार्टी है जो इस तनाव को कम कर सके?

मुझे ऐसी कोई पार्टी दिखाई नहीं देती।

कम्युनिस्ट भी नही?

अब कम्युनिस्ट भी भ्रष्ट हो चुके हैं।

मैंने अखबारों में पढ़ा था कि फैज़ाबाद के एक कम्युनिस्ट सांसद ने अयोध्या में बहुत सारे अच्छे काम करवाए थे।

वह पापी है। संकट की इस घड़ी में उसने एक बयान तक जारी नहीं किया कि जो कुछ हो रहा है वह ग़लत हो रहा है। वह मुसलमानों के पास तक नहीं फटका। वह किसी के भी पास नहीं गया--न हिंदुओं के और न मुसलमानों के। वह तो सिर्फ अहीरों और यादवों का सांसद है। उसे पूरे इलाके से कोई मतलब नहीं।

जिन मुसलमानों के घर जले थे क्या वह वापस लौट चुके हैं?

उनमें से ज़्यादातर वापस आ चुके हैं।

अब हालात कैसे हैं?

हालात अभी भी अच्छे नहीं हैं। वह अभी भी असुरक्षित हैं। जब तक कांग्रेस की सरकार रहेगी वह असुरक्षित ही रहेंगे।

क्या भाजपा के शासन में भी वह असुरक्षित ही रहेंगे?

जी हां, वह तो तब भी असुरक्षित ही रहेंगे।

तो किया क्या जाए? क्या हम कांग्रेस और भाजपा पर सौ साल के लिए पाबंदी लगा दें?

अगर कांग्रेस और भाजपा को जड़ से खत्म नहीं किया गया, अगर यह व्यवस्था पूरी तरह नहीं बदली, अगर भारतीय प्रशासनिक सेवा और प्रांतीय लोक सेवा के लोग इसी तरह बने रहे तो जयप्रकाश नारायण ने जिस संपूर्ण क्रांति की बात कही थी वह कभी नहीं हो पाएगी। इन चीजों के बिना हिन्दुस्तान कभी नहीं बदल सकता।

आप आईएएस और पीसीएस को खत्म क्यों करवाना चाहते हैं?

क्योंकि आईएएस और पीसीएस के अफसरों को लगता है कि देश पर उन्हीं का शासन है। उनकी सोच ये रहती है : 'जब तक हम लोग नौकरी में हैं देश पर हमारा शासन है और जब हम रिटायर हो जाएं तो हमें भाजपा या कांग्रेस से टिकट मिलना चाहिए ताकि हम दोबारा शासन में आ जाएं।' उनकी इच्छा तो यही रहती है कि वह पैदाइश से मरने

तक गद्दी पर बैठे रहें। उन्हें पैसा और ताकत, दोनों चाहिए। कांग्रेस और भाजपा, दोनों के पास पैसा भी है और ताकत भी। पूंजीपति इन पार्टियों को पैसा देते हैं। आम आदमी, मजदूर, किसान अभी भी इस बात को नहीं समझ पाया है कि हमें वोट डालने का हक क्यों मिला है। सिर्फ मेरे जैसे बेवकूफ इस बात को समझ गए हैं।

क्या आपकी नज़र में मुलायम सिंह की सरकार ने कोई ढंग का काम किया है?

मुलायम सिंह की सरकार ने अपना फर्ज सही तरीके से निभाया। लेकिन अगर मैं मुलायम सिंह की जगह होता तो और भी सख्ती करता। ज़्यादा सख्ती से मेरा मतलब है कि मैं इतनी गोलियां चलवाता कि लोग आंख उठाकर भी नहीं देख पाते। वह बेवकूफ था—डर गया। यदि उसकी जगह मैं मुख्यमंत्री होता तो हजारों लोगों को मरवा देता ताकि कोई जीते जी अयोध्या की तरफ आंख उठाकर भी न देख सके।

क्या आपको लगता है कि मुलायम सिंह दोबारा कभी सत्ता में आ पाएंगे?

हो सकता है।

हिंदुओं में उनके प्रति जो नफरत है उसे आप कैसे देखते है?

हिंदुओं में नफरत कहां है? यह तो सब कुप्रचार की देन है। आज भी उत्तर प्रदेश के लोग महसूस करते हैं कि मुलायम सिंह सही आदमी है। उसने गरीबों और किसानों की भलाई का काम किया। उसने बहुत कुछ किया—किसानों के 11,000 रुपए तक के कर्जे माफ कर दिए, चुंगी खत्म कर दी। किसानों को जिन चीजों की ज़रूरत थी वह उसने सस्ती कीमत पर मुहैया करा दीं।

अगर वह दोबारा सत्ता में आए तो क्या इस समस्या का समाधान हो पाएगा?

जब तक केंद्र में कोई और सरकार नहीं बनेगी तब तक समस्या हल कैसे हो सकती है? मंदिरों की हालत उन लोगों के ऊपर निर्भर करती है जो उन पर नियंत्रण रखते हैं। अगर वे भ्रष्ट हैं तो मंदिर बर्बाद हो जाएगा; अगर वे ईमानदार हैं तो मंदिरों में सुधार होगा।

पिछले पचास साल के दौरान मंदिरों का जो राजनीतिकरण हुआ है उसके बारे में आप क्या सोचते हैं?

पहले सोचने-विचारने वाले लोग साधु समाज के पास आते थे। इस भौतिक दुनिया से ऊब चुके भले लोग अपने विचारों को ईश्वर भक्ति और प्रार्थना में डुबोने के लिए आते थे। वह ईर्ष्या और घृणा से दूर रहते थे। आज समाज की यह स्थिति हो चुकी है कि एक तरफ तो भाजपा के तथाकथित समर्थक हैं जो रक्तपात के जरिए रामराज्य लाना चाहते हैं और दूसरी तरफ साधु समाज है जो अपराधियों का अखाड़ा बनता जा रहा है। जब तक इनमें अच्छे लोग नहीं आएंगे तब तक राजनीतिक पार्टियों और मंदिरों की दशा में सुधार की कोई उम्मीद नहीं की जा सकती।

लोगों में सुधार कैसे आएगा?

जब समाज में बदलाव आता है, जब संपूर्ण क्रांति होती है, जब व्यवस्था बदलती है, लोग तभी बदलते हैं।

7

सुरक्षा अविभाज्य होती है

बंबई के दंगों की चेतावनी

हमारे राजनेता, उद्योगपति, और मीडिया के लोग बंबई में हुए बम विस्फोटों और 1992 तथा 1993 के दंगों जैसी त्रासदियों पर भी हमेशा की तरह गैरजिम्मेदाराना अंदाज़ में प्रतिक्रिया देने से बाज़ नहीं आए। मृतकों के लिए शोक व्यक्त करने की बजाय हमारे राजनीतिक और व्यावसायिक कर्णधार ज़्यादातर इस बात को लेकर चिंतित हैं कि इन विस्फोटों और दंगों से विदेशी निवेश पर कितना बुरा असर पड़ेगा। उन्हें इस बात में जरा सी भी दिलचस्पी नहीं कि लोग कितनी भयंकर असुरक्षा की भावना से ग्रस्त हैं। न ही उन्हें इस बात से कोई फ़र्क़ नहीं पड़ता है कि हमारे राजनेताओं द्वारा आयोजित किए गए दंगों और जनसंहार से जिन लाखों लोगों की रोज़ी-रोटी का जरिया छीन गया है उनका अब क्या होगा। उन्हें चिंता है तो सिर्फ इस बात की कि जो उद्योगपति विदेशी कंपनियों के साथ साझेदारियां कर रहे हैं उनका निवेश और मुनाफा सुरक्षित रह पाएगा या नहीं।

अब तक इस बारे में कोई निश्चित सुबूत नहीं मिल पाया है कि इन विस्फोटों के पीछे किसका हाथ था। अगर हम यह मान लें कि ये बम विस्फोट पाकिस्तानी गुप्तचर एजेंसियों और बंबई अंडरवर्ल्ड के कुछ मुसलमानों की मिलीजुली साज़िश का ही नतीजा थे तो भी दोषियों की धरपकड़ से भी ज़्यादा ज़रूरी इस बात का पता लगाना है कि हमारी सुरक्षा प्रणाली में क्या-क्या खामियां हैं। हमारे देश में तस्करी के जरिए बेहद आधुनिक और शक्तिशाली विस्फोटक पदार्थ आसानी से आ जाते हैं। यह तथ्य हमारी गुप्तचर एजेंसियों की अक्षमता को उजागर करने के लिए काफी है। ये गुप्तचर एजेंसियां या तो इस हकीकत से नावाकिफ हैं या इन खतरनाक चीजों की आवाजाही की टोह पाने में नाकामयाब रही हैं। इस काम में उनकी नाकामयाबी के पीछे एक कारण यह भी हो सकता है कि हथियारों की तस्करी में हमारे कई बड़े राजनेता और पुलिस अफसर भी शामिल हैं। नशीली दवाओं और

---

* पहली बार *मानुषी*, संख्या 74-75 (जनवरी-अप्रैल 1993) में प्रकाशित।

हथियारों की तस्करी को लंबे समय से शक्तिशाली राजनीति संरक्षण मिलता रहा है। इन बम विस्फोटों के पीछे दाऊद इब्राहिम का हाथ बताया जा रहा है। यह बात किसी से छिपी हुई नहीं है कि दाऊद इब्राहिम जैसे लोगों को कांग्रेस के बड़े-बड़े नेताओं का आशीर्वाद मिलता रहा है और ऐसे लोग अपनी आपराधिक और राजनीतिक सरगर्मियों के मामले में बड़े 'धर्मनिरपेक्ष' रहे हैं। इन बम विस्फोटों से एक और महत्वपूर्ण तथ्य सामने आता है : जब राज्य तंत्र अपराधियों द्वारा बंधक बना लिया जाता है तो वह अपनी न्यूनतम जिम्मेदारियों का निर्वाह करने की ताकत भी खो देता है। वह अपने नागरिकों को सुरक्षा देने के अपने बुनियादी कार्यभार को पूरा करने में भी विफल हो जाता है। इन विस्फोटों से हमें यह चेतावनी भी मिलती है कि स्वास्थ्य की तरह सुरक्षा भी अविभाज्य होती है। जैसे हमारे देश के अभिजन सिर्फ बिसलेरी की बोतलों और एयरकंडीशनरों के जरिए तब तक स्वस्थ रहने की उम्मीद नहीं कर सकते जब तक तमाम लोगों को मिलने वाला पानी और हवा साफ नहीं हो, उसी तरह हिंदू भी तब तक अपने जान-माल की सुरक्षा की उम्मीद नहीं कर सकते जब तक उनके नेता पुलिस और अर्धसैनिक बलों की सक्रिय हिस्सेदारी के ज़रिए मुसलमानों के खिलाफ हिंसा को बढ़ावा देना बंद नहीं करेंगे।

इस बात की उम्मीद बहुत कम है कि हमें इन विस्फोटों के पीछे मौजूद सच्चाई का कभी पता चल पाएगा। सरकार हर चीज को गोपनीयता की धुंध में छिपाने की कोशिश करती है और आम लोगों को सत्ता में बैठे लोगों के हितों के मुताबिक आधी-अधूरी सच्चाई और झूठ से ही बहलाया जाता है। बम विस्फोटों के कारण जो बेचैनी और डर पैदा हुआ है उसे हमारे शासक हिंदुओं को मुसलमानों के बीच अलगाव बढ़ाने के लिए भुनाने में कोई कसर नहीं छोड़ेंगे। इन विस्फोटों के सहारे वह 6 दिसंबर 1992 को बाबरी मस्जिद के टूटने के बाद दिसंबर 1992 और जनवरी 1993 में हुए बंबई दंगों पर मिट्टी डालने की भी पूरी कोशिश करेंगे। मगर उस हिंसा के समग्र परिणामों की अनदेखी करना आत्मघाती होगा क्योंकि इन खूनी हादसों से पता चलता है कि सरकारी मशीनरी का कितना बड़ा हिस्सा अपराधियों के खेमे में शामिल हो चुका है। पुलिस ने गुंडे गिरोहों की बांहों में बांह डालकर न जाने कितने लोगों को मौत के घाट उतारा, कितनी औरतों की इज्जत लूट ली, हजारों मुसलमानों के घरों और दुकानों को लूटा, घरों को जलाया, हजारों लोगों को उनके घरों से खदेड़ दिया।

सतही नज़र से देखने पर यह जनसंहार ऐसे दूसरे दंगों से बहुत अलग या अनोखा नहीं दिखता। ये दंगे भी पिछले दंगों की श्रृंखला की ही अगली कड़ी ही मालूम पड़ते हैं और भिवंडी, सीतामढ़ी, मेरठ, अहमदाबाद और भागलपुर में हुए दंगों से किसी मायने अलग दिखाई नहीं देते। मगर इन दंगों में कुछ नई और काबिलेगौर विशिष्टातायें दिखाई दी हैं।

- हिंसा के स्तर और निर्ममता में हर नए दंगे के साथ बढ़ोतरी होती जा रही है।
- ऐसे जनसंहारों को भड़काने वाले राजनेता दंगों में अपनी हिस्सेदारी के सवाल पर पहले से ज़्यादा बेशर्म होते जा रहे हैं। अब वह दंगों में अपनी हिस्सेदारी

को छिपाने की कोशिश नहीं करते।

- पुलिस और अर्धसैनिक बल कानून के रखवालों और व्यवस्थापालकों की अपनी अपेक्षित भूमिका के बारे में निष्पक्षता का दिखावा तक करने की ज़रूरत नहीं समझते।
- ये दंगे सिर्फ गुंडों और समाज विरोधी तत्वों की करतूत नहीं है। अब मध्यवर्ग और समाज के कथित रूप से सम्मानित तबके भी इन दंगों का समर्थन करते हैं और हत्यारे गिरोहों में शामिल होते हैं।
- अब इस हिंसा की लपटें सिर्फ गरीब बस्तियों तक सीमित नहीं है। यह आग संपन्न इलाकों को भी अपनी चपेट में लेने लगी है।
- हिंसा और नफरत की इस मुहिम में महिलाएं और कम उम्र लड़कियां भी बढ़-चढ़ कर हिस्सा लेने लगी हैं।
- पिछले कुछ सालों में हिंदू-मुसलमान दंगों में जातीय सफाये जैसी शिद्दत पैदा हुई है। इस तरह के दंगे देश के बंटवारे के समय भी भारत के कई हिस्सों में हुए थे, जिनमें लाखों लोगों को उनके घरों से निकाल कर उन्हें अपनी मातृभूमि से महरूम करके शरणार्थियों के रूप में अजनबी इलाकों की तरफ भगा दिया गया था। एक आकलन के अनुसार जनवरी में हुई हिंसा के दौरान 2,15,000 लोग पनाह की तलाश में बंबई शहर छोड़कर अपने गांवों या अन्य ठिकानों की तलाश में भाग गए थे। भागने वालों में ज़्यादातर मुसलमान थे।

हिंदू बहुल इलाकों में मुसलमानों की लगभग तमाम दुकानें और व्यवसायिक प्रतिष्ठान नष्ट कर दिए गए। मुसलमानों के घरों और दुकानों को इस कदर सोचे-समझे ढंग से निशाना बनाया गया था कि पड़ोसी हिंदुओं के घरों और दुकानों को कहीं जरा सी खरोंच भी नहीं आई।

हालांकि इस दौरान कई दूसरे शहरों में भी दंगे हुए थे मगर यह आलेख मुख्य रूप से बंबई में हुई हिंसा पर ही केंद्रित है। विस्तृत विश्लेषण के लिए बंबई को चुनने का एक कारण यह भी है कि यहां हिंदू-मुसलमान तनाव का कोई लम्बा इतिहास नहीं रहा है लेकिन फिर भी यहां भयानक हिंसा हुई।

मैं अपनी रिपोर्ट में पूरे शहर के हालात का जायजा नहीं ले सकी। इतने लंबे-चौड़े शहर के हर इलाके में क्या कुछ हुआ इस बारे में विस्तृत ब्यौरा इकट्ठा करने के लिए एक ज़्यादा बड़ी और ज़्यादा लंबी जांच की दरकार थी जिसके लिए मेरे पास पर्याप्त साधन नहीं थे। मैंने अपने विश्लेषण को बंबई के कुछ चुनिंदा इलाकों और बहुत सारे लोगों के साथ हुई बातचीत पर आधारित किया है।

मोटे तौर पर मैंने शहर के विभिन्न हिस्सों में हिंदुओं के बयानों और हिंसा के बहुत सारे पीड़ितों से हुई बातचीत पर ध्यान केंद्रित किया है। जिन दंगा पीड़ितों से मैंने बात की उनमें से कुछ अभी भी राहत शिविरों में रह रहे हैं। मैंने उन सामाजिक एवं राजनीतिक कार्यकर्ताओं के बयानों और वृत्तांतों का भी सहारा लिया है जो पीड़ितों के बीच राहत और

पुनर्वास का काम कर रहे हैं और इसलिए जिन्हें हालात का अच्छी तरह पता है। इस पूरी कोशिश को बंबई के दंगों का एक सुव्यवस्थित अध्ययन तो नहीं कहा जा सकता मगर यह बंबई दंगों के दौरान उभर कर सामने आए हिंसा के पैटर्न को समझने और उसके कुछ अहम पहलुओं को रेखांकित करने की एक संजीदा कोशिश ज़रूर है।

दिसंबर के दंगे

प्रेस ने इन दंगों की जो तस्वीर पेश की है उससे ऐसा लगता है मानो 6 दिसंबर के बाद हुए दंगों के पीछे बाबरी मस्जिद टूटने के बाद गिरोहबंद होकर सड़कों पर निकल आए मुसलमानों का ही हाथ रहा हो। इस सोच को मान्यता देने में कुछ ऐसे अखबार भी शामिल थे जिन्हें सामान्यतः धर्मनिरपेक्ष माना जाता है। यदि विभिन्न शहरों में हुई हिंसा के इन रुझानों पर नजदीक से नज़र डाली जाए तो पता चलता है कि असल में यह हिंदू-मुस्लिम दंगे थे ही नहीं।

बंबई में दो बार हिंसा हुई। हिंसा का पहला चक्र बाबरी मस्जिद टूटने के बाद 7 दिसंबर से शुरू हुआ। हिंसा की दूसरी लहर जनवरी की शुरुआत में आई। जहां तक दिसंबर में हुई हिंसा का प्रश्न है, उसके स्वरूप के बारे में व्यापक सहमति बन चुकी है। जब बाबरी मस्जिद के टूटने की खबर बंबई के लोगों तक पहुंची तो शहर के कुछ इलाकों के मुसलमान इस घटना पर अपना शोक और विरोध प्रकट करने के लिए सड़कों पर निकल आए। मुस्लिम बहुल इलाकों में उन्होंने दुकानें बंद करवाने की कोशिश भी की। उनका गुस्सा सरकार के खिलाफ था क्योंकि वह मुस्लिम समुदाय को बार-बार आश्वासन देने के बावजूद बाबरी मस्जिद को टूटने से नहीं बचा पाई। कांग्रेस सरकार के 'विश्वासघात' पर अपना गुस्सा जताने के लिए उन्होंने बस स्टॉप आदि सरकारी संपत्तियों पर हमले किए या उन्हें आग लगा दी। उन्होंने कुछ बसों पर पथराव किया और नरसिम्हा राव का पुतला जलाया।

बसों को जलाने और नुकसान पहुंचाने की यह घटना अपने आप में कोई अनोखी नहीं है। हम चाहे इसे कितनी भी बेवकूफी भरी बात मानते हों मगर सच्चाई यह है कि हमारे देश में विरोध का रास्ता अपनाने वाले तमाम संगठन यह काम अकसर करते हैं। विद्यार्थियों को जब भी कोई वास्तविक या काल्पनिक शिकायत होती है तो वह बसों को आग लगाते हैं, उन्हें तोड़ते हैं। आरक्षण विरोधी आंदोलन के दौरान दिल्ली और दूसरे शहरों में सैकड़ों बसें जलाई गई थीं और पुलिस खामोश खड़ी रही। यहां तक कि ट्रेड यूनियनों और राजनीतिक दलों की अगुवाई में होने वाले आंदोलनों में भी बसों को जलाने का कृत्य विरोध का एक 'सामान्य' ढंग माना जाता है। ऐसा शायद इसलिए होता है कि राज्य परिवहन की बसें ही सबसे ज़्यादा और सबसे आसानी से दिखाई देने वाली सरकारी संपत्ति होती हैं। परंतु क्योंकि इस बार विरोध करने वाले मुसलमान थे इसलिए पुलिस ने बेहद निर्ममता और कातिलाना इरादे के साथ अपनी प्रतिक्रिया दिखाई।

मिसाल के तौर पर दिल्ली की इस घटना पर गौर कीजिए। 7 दिसंबर की सुबह

लगभग 25 मुस्लिम युवक दिल्ली के जाफराबाद इलाके में सड़कों पर निकल आए और आसपास की दुकानें व स्कूल बंद करवाने लगे। स्कूल के बाहर खड़े पुलिस वालों ने इन लड़कों की पिटाई कर दी। जवाब में इन लड़कों ने दो बसें, एक स्कूटर और कुछ पुराने टायर जला दिए। बसों में आग लगाने से पहले उन्होंने सारी सवारियों को नीचे भी उतारा ताकि किसी को चोट न आए। इसके बावजूद भीड़ को तितर-बितर करने के लिए पुलिस ने लाठी चार्ज, आंसू गैस या हवाई गोलियां चलाने की बजाय सीधे भीड़ पर गोलियां दागना शुरू कर दिया। स्थानीय कांग्रेसी नेता जमाल दौड़कर पुलिस वालों के पास गया। उसने पूछा कि उन्हें गोली चलाने का हुक्म किसने दिया है। जवाब में डीसीपी ने अपनी पिस्तौल जमाल की कनपटी पर तान दी। एक मुस्लिम लड़के को लगा कि डीसीपी जमाल को गोली मारने वाला है इसलिए उसने बंदूक की नली दूसरी तरफ घूमा दी। यह लड़का फौरन मारा गया। डीसीपी ने जमाल के सिर पर वार किया और कहा : 'तुम हो कौन? तुम दादा हो इस एरिया के?' इसी समय एक मुस्लिम लड़के ने एक पुलिस वाले से उसका वायरलैस सेट छीनकर नाले में फेंक दिया। पुलिस को शायद इसी मौके का इंतजार था।

पुलिस की फायरिंग में तीन मुसलमान मारे गए और कई घायल हुए। पुलिस ने इस आशय की अफवाहें फैलाना शुरू कर दिया कि मुसलमानों ने पुलिस पर हमला किया था और एक पुलिस वाले की हत्या करके उसकी बंदूक छीन ली थी जिसकी वजह से पुलिस को गोली चलानी पड़ी। अब विभिन्न स्वतंत्र जांच दलों की जांच से सिद्ध हो चुका है कि जाफराबाद में एक भी पुलिस वाला नहीं मारा गया था। न रिकार्ड में किसी छीनी गई बंदूक का जिक्र था। इसके बावजूद इस बंदूक की बरामदगी के नाम पर पुलिस ने मुसलमानों के घरों में घुस-घुस कर जबरन 'तलाशी' अभियान चला दिया। इस बहाने पुलिस वालों ने मुसलमानों की संपत्ति लूटी, उन्हें पीटा और न जाने कितने मुस्लिम लड़कों और पुरुषों को गिरफ्तार किया, हिरासत में उन पर तमाम तरह के अत्याचार किए। सीलमपुर के हिंदू-बहुल इलाके में मुसलमानों के कई घर जला दिए गए। मुसलमानों की संपत्ति लूटने और उनके घरों व दुकानों को आग लगाने में पुलिस ने दंगाइयों का नेतृत्व किया।

बंबई में भी एक ऐसी ही अफवाह फैलाई गई। वहां कहा गया कि देवनार में चार पुलिस वालों की हत्या के पीछे कथित रूप से मुसलमानों का हाथ है। इसी आधार पर मुस्लिम समुदाय के खिलाफ व्यापक हिंसा को सही ठहरा दिया गया। मुसलमानों ने पुलिसकर्मियों पर बहुत हमले नहीं किए थे। आमतौर पर हो यह रहा था कि 16 से 25 साल की उम्र के मुस्लिम लड़के विरोध करने के लिए सड़कों पर निकलते थे, बस स्टैंडों और कुछ टायरों को आग लगाते थे, बसों पर पथराव करते थे और सरकार व पुलिस विरोधी नारे लगाते थे। पुलिस ने ऐसी घटनाओं का जवाब गोलियों से दिया।

इन प्रदर्शनों के दौरान मुसलमानों ने हिंदुओं पर हमले या उनकी हत्या नहीं की। न ही कहीं हिंदुओं की संपत्ति को नुकसान पहुंचाया। उन्होंने भाजपा या शिवसेना के खिलाफ भी नारे नहीं लगाए। वह मुख्य रूप से सिर्फ कांग्रेस सरकार के खिलाफ अपना विरोध व्यक्त

कर रहे थे।

सरकारी आंकड़ों के मुताबिक बाबरी मस्जिद को तोड़े जाने के खिलाफ 7 दिसंबर को मुसलमानों के विरोध प्रदर्शनों के जवाब में बंबई पुलिस की गोली से लगभग 300 मुसलमान मारे गए। असली आंकड़ा संभवतः इससे काफी अधिक होगा। इस समय तक हिंसा मुख्य रूप से पुलिस और मुसलमानों के बीच ही केंद्रित थी। कुछ इलाकों में लोगों ने फायरिंग के जवाब में पुलिस पर पथराव भी किया।

हालांकि बहुत सारे मुसलमान मारे जा चुके थे और उन्हें पुलिस की हरकतों पर निश्चय ही गुस्सा था फिर भी दिसंबर में पहले दौर की हत्याओं के बाद हालात जैसे-तैसे दोबारा शांत हो गए। पूरे शहर को अपनी चपेट में ले लेने वाली हिंसा की दूसरी लहर तक कहीं कोई अप्रिय वारदात नहीं हुई। मगर हिंसा का दूसरा दौर पहले दौर के मुकाबले बिलकुल अलग था। इस बार ऐसा लगता था जैसे शिवसेना, कांग्रेस और संघ परिवार के लोग पुलिस की मदद से मुसलमानों के जाति-सफाये की एक सुनियोजित योजना के तहत काम कर रहे हों।

जनवरी के दंगे

2 जनवरी के आसपास शिवसेना ने एक शहरव्यापी अभियान शुरू किया। इस अभियान में ऐलान किया जा रहा था कि 'जब तक मुसलमान अज़ान के लिए मस्जिदों में लाउडस्पीकर का प्रयोग बंद नहीं करेंगे और शुक्रवार की नमाज़ के लिए मस्जिदों के बाहर सड़कों पर बैठना बंद नहीं करेंगे तब तक हम भी लाउडस्पीकर लेकर सड़कों पर महाआरतियां करते रहेंगे।' बंबई के बहुत सारे लोगों का कहना है कि 'जब यह अभियान शुरू हुआ तभी हमें साफ दिखाई देने लगा था कि उन्होंने किसी बड़े दंगे की तैयारी कर ली है।'

हिन्दुत्ववादियों का कहना था कि सड़कों पर नमाज़ के जरिए मुसलमान हिंदुओं को 'चिढ़ाने या उकसाने' की कोशिश करते हैं। सड़कों पर नमाज़ के इस मुद्दे के दो पहलू हैं। यह सच है कि शुक्रवार के दिन बंबई की अनेक सड़कों पर मुसलमानों की नमाज़ के कारण रास्ता जाम हो जाता है। परन्तु मुसलमान हिंदुओं को जान-बूझकर चिढ़ाने के लिए ऐसा नहीं करते। नमाज़ के लिए आने वाले लोग इसलिए सड़कों पर नमाज़ पढ़ते हैं क्योंकि ज़्यादातर मस्जिदें, खासतौर से भेंडी बाज़ार जैसे भीड़-भाड़ वाले इलाकों की ज़्यादातर मस्जिदें बहुत छोटी हैं। उनमें इतनी जगह नहीं होती कि नमाज़ पढ़ने वाले सारे लोगों को भीतर ही जगह मिल सके। पिछले कुछ सालों में हिंदुओं और मुसलमानों के बीच दूरी काफी बढ़ी है जिसकी वजह से मुसलमानों के मन में घेरेबंदी की सी भावना बैठ गई है और वह पहले से भी ज़्यादा धार्मिक तेवर अपनाने लगे हैं। यही कारण है कि कुछ साल पहले के मुकाबले अब शुक्रवार की नमाज़ में कहीं ज़्यादा लोग दिखाई देते हैं। इसी वजह से नमाज़ पढ़ने वालों में से बहुत सारे लोग सड़कों पर पहुंच जाते हैं और आसपास के लोगों को कुछ देर के लिए परेशानी का सामना करना पड़ता है। मगर नमाज़ का पूरा कार्यक्रम 15 मिनट

से ज़्यादा नहीं लेता। वैसे भी मुसलमान इन मौकों पर नमाज़ पढ़ने के अलावा और कुछ नहीं करते। नमाज़ के दौरान मस्जिद में आने वाले मुसलमान हिंदुओं के खिलाफ गाली-गलौच करते हों ऐसी अब तक एक भी घटना देखने में नहीं आई। मगर शिवसेना ने महाआरतियों की जो श्रृंखला शुरू की वह एक बिल्कुल अलग माजरा होता है। उनका मकसद धार्मिक कतई नहीं होता। महाआरती कुल मिलाकर एक राजनीतिक रैली जैसी दिखाई देती है जिसमें शिवसेना के नेता भड़काऊ भाषण देते हैं और 'इन *लेंडियों* को पाकिस्तान भगा दो' जैसे नारे लगाते हैं। इन सभाओं का मकसद मुस्लिम विरोधी भावनाएं भड़काने और मुसलमानों के खिलाफ गाली-गलौच करने का ही होता है।

शिवसैनिक मनचाहे ढंग से तय कर देते हैं कि हफ्ते के किस दिन किस इलाके में महाआरती की जाएगी। उन्हें इस बात से कोई फ़र्क़ नहीं पड़ता कि जिस दिन वह महाआरती का आयोजन करने वाले हैं उस दिन का कोई धार्मिक महत्व है या नहीं। यह महाआरती दो घंटे चलती है। जनवरी और फरवरी में शिवसैनिक और उनके हिंदू समर्थक इन कथित आरतियों के बाद मुसलमानों के घरों और दुकानों पर पथराव करने लगे। कई जगह तो मुसलमानों पर बाकायदा हमले हुए। ऐसे कई हमलों में तो नौबत छुरेबाजी तक भी पहुंच जाती थी। महाआरतियों का आयोजन दक्षिण बंबई से शुरू हुआ और उसके बाद मध्य बंबई में भी आरतियां होने लगीं। अंत में यह आयोजन शहर के उपनगरीय इलाकों तक पहुंच गए। हफ्ते के हर दिन शिवसैनिक किसी न किसी इलाके में महाआरती करने लगे। उन्हें कर्फ्यू के समय भी नहीं रोका जाता था। जिन इलाकों में कर्फ्यू नहीं होता था वहां आरती के दौरान पुलिस की मदद से पूरा ट्रैफिक दूसरी तरफ मोड़ दिया जाता था।

जनवरी के पहले हफ्ते में महाआरतियों की शुरुआत के बाद शहर के विभिन्न हिस्सों में छुरेबाजी की कई घटनाएं घटीं। इन घटनाओं में हिंदू और मुसलमान दोनों समुदायों के लोग मारे गए। तुलनात्मक रूप से छोटे पैमाने पर ही सही मगर यह एक प्रच्छन्न दंगा था जिसमें हिंदू और मुसलमान, दोनों समुदायों के लोग जहां-तहां दूसरे समुदाय के व्यक्ति की हत्या कर देते थे। एक समय के बाद बंबई के लगभग हर इलाके में मुस्लिम विरोधी हिंसा की सुनियोजित लहर चल पड़ी। सरकारी बयानों और प्रेस रिपोर्टों से पता चलता है कि इन दंगों की शुरुआत तीन वारदातों से हुई थी जिनके लिए मुसलमानों को जिम्मेदार ठहराया जा रहा था। ये तीनों घटनाएं इस प्रकार हैं :

- 6 जनवरी की रात को बंबई के बांद्रा ईस्ट इलाके में बहरामपाड़ा के मुस्लिम-बहुल इलाके में सड़क किनारे बने एक हिंदू मंदिर पर कथित रूप से हमला किया गया जिससे गणेश की प्रतिमा को क्षति पहुंची।
- 7 जनवरी को जोगेश्वरी के मुस्लिम बहुल इलाके में चार-पांच हिंदू परिवारों की खोलियां जला दी गई। इसमें एक हिंदू परिवार के लोग उस आग में जलकर भस्म हो गए।
- 7 जनवरी को बंबई डॉक में काम करने वाले दो हिंदू कुलियों को छुरा मार

दिया गया।

जब ये घटनाएं घटीं तो सरकारी और निजी, दोनों प्रकार के जनसंचार माध्यमों ने बाद में चले मुसलमानों के कत्लेआम को मुसलमानों की तरफ से की गई हरकतों के जवाब में एक स्वाभाविक प्रतिक्रिया के रूप में पेश किया। धर्मनिरपेक्ष 'लिबरल' प्रेस भी इस सोच को हवा देने में शामिल थी। बंबई के तमाम अखबार, खासतौर से मराठीभाषी अखबार इन तीन घटनाओं की कवरेज के मामले में मुस्लिम विरोधी उन्माद के शिकार दिखाई दिए। अखबारों के इस रवैये से शिवसेना, संघ परिवार और उनके सहयोगियों का काम और आसान हो गया।

विडंबना यह है कि कुछ दिन बाद 'लिबरल' खेमे के कुछ अखबारों ने खुद ही भंडाफोड़ किया कि जोगेश्वरी की वारदात असल में मुसलमानों की तरफ से किया गया सांप्रदायिक हमला नहीं थी बल्कि उसके दूसरे भी पहलू थे। इस घटना की वास्तविकता यह थी कि शेट्टी नाम के एक हिंदू बिल्डर ने उस चाल की जमीन खरीद ली थी और वह चाल में रहने वाले परिवारों को वहां से निकालना चाहता था। संयोग की बात यह थी कि चाल में रहने वाले परिवार हिंदुओं के थे और उनके चारों तरफ मुसलमानों के घर थे। माना जाता है कि शेट्टी ने कुछ गुंडों को सुपारी देकर चाल में आग लगवाई थी।

चाल में आग किसने लगाई थी इस बात का कोई चश्मदीद गवाह नहीं था क्योंकि यह घटना रात में हुई थी। फिर भी पुलिस ने अपनी जांच पूरी किए बिना ही अखबार वालों को यह बताना शुरू कर दिया कि चाल को आग लगाने वाले मुसलमान थे। क्योंकि इस इलाके में मुसलमानों की तादाद ज़्यादा है इसलिए लोगों ने भी मान लिया कि यह सच ही होगा। पुलिस के बयान को सभी अखबारों ने पहले पन्ने पर छापा जिससे ऐसा प्रतीत होने लगा मानो बंबई को अपने आगोश में ले लेने वाली भयानक हिंसा के लिए मुसलमान ही जिम्मेदार थे।

इस घटना के बारे में मुसलमानों द्वारा बताया गया विवरण (जिसकी कुछ हिंदुओं ने भी पुष्टि की) इस प्रकार है : 7 जनवरी यानी जुम्मे की रात को पुलिस ने नजदीक के इलाके में एक मुस्लिम लड़के को गोली मार दी। यह लड़का उस इलाके में दंगों की खबर सुनकर अपनी चाची का हाल-चाल पता करने गया था। वहां से लौटते हुए वह पुलिस की गोली से मारा गया। मौका-ए-वारदात से कई लोग दौड़ कर जोगेश्वरी के मुस्लिम बहुल इलाके में जा घुसे। ये लोग चिल्ला-चिल्ला कर कह रहे थे कि 'इरफान को गोली मार दी।' जोगेश्वरी के बहुत सारे मुसलमान यह देखने के लिए दौड़े कि माजरा क्या है। यह रात में 11.30 बजे के बाद की बात है। इसी बीच किसी ने चाल में आग लगा दी। जोगेश्वरी के बहुत सारे बच्चे चीखते हुए अपने मां-बाप को इस बारे में बताने के लिए दौड़ पड़े। क्योंकि यहां के घर एक-दूसरे से बिल्कुल सटे हुए हैं इसलिए लोगों में दहशत फैल गई कि कहीं पूरा इलाका आग की चपेट में न आ जाए। पड़ोस के मुस्लिम परिवारों ने दौड़-दौड़ कर आग बुझाने में मदद की और भीतर फंसे लोगों को सुरक्षित बाहर निकाला। फिर भी

वह सबको नहीं बचा सके। 7 लोग (कुछ रिपोर्टों के मुताबिक 4) जिंदा जलकर मर गए। यह सभी लोग एक कमरे में थे और किसी ने बाहर से कमरे की कुंडी लगा दी थी। जब पुलिस आई तब तक स्थानीय लोग आग बुझा चुके थे। 6 में से केवल एक कमरा ही पूरी तरह जला था। एक कमरा आंशिक रूप से क्षतिग्रस्त हुआ था। बाकी कमरे मोटे तौर पर सुरक्षित थे। शेष बचे परिवारों ने उसी समय चाल छोड़ दी और वह किसी दूसरी जगह चले गए।

इस घटना का सहारा लेकर बंबई में मुसलमानों के खिलाफ हुई बड़े पैमाने की हिंसा को सही ठहराया जाने लगा। हिंसा के इस दौर में औरतों और बच्चों सहित कई हजार लोग मौत के घाट उतार दिए गए। हजारों लोग बेघर और बेसहारा हुए। सरकार का कहना है कि जनवरी की हिंसा में लगभग 600 लोग मारे गए थे। स्वतंत्र गवाहों का कहना है कि मरने वालों की संख्या 2,000 से 4,000 के बीच थी। मुसलमानों के घरों और दुकानों को पूरे शहर में सुनियोजित ढंग से लूटपाट और आगजनी का निशाना बनाया गया। बहुत सारी महिलाओं के साथ सामूहिक बलात्कार हुए और उनमें से कई को बाद में मार डाला गया। इन पूरे हालात के बारे में चश्मदीदों गवाहों के बयान उस दहशत और भयानकता को उजागर कर देते हैं जिसके जरिए मुसलमानों को चुन-चुन कर निशाना बनाया जा रहा था।

जोगेश्वरी की घटना के बाद अखबारों और शिवसेना-संघ परिवार द्वारा फैलाए गए उन्मादी प्रोपेगेंडा के फलस्वरूप किसी अखबार ने इस बात पर ध्यान देने की ज़रूरत नहीं समझी कि वह अपने पाठकों को बताए कि यह किसी हिंदू परिवार के साथ आकस्मिक हिंसा की एक सामान्य वारदात थी जिसे मुसलमानों द्वारा किये जाने के कोई स्पष्ट सबूत नहीं थे। यहां तक कि जिन्होंने बिल्डरों और इस घटना के बीच निहित संबंध को उजागर किया था उन्होंने भी यह नहीं छापा कि ज़्यादातर हिंदू अभी भी उस इलाके में शांति से रहते हैं और उनकी दुकानें व कारोबार पहले की तरह सुरक्षित हैं। मैंने उस चाल के आसपास रहने वाले लगभग आधा दर्जन हिंदू परिवारों से बात की। उन लोगों का कहना था कि उन्हें किसी तरह की असुरक्षा महसूस नहीं होती और न ही किसी ने उन्हें इलाका छोड़कर जाने के लिए धमकाया है। मैंने हिंदुओं की बहुत सारी दुकानों को भी देखा जो पहले की तरह स्वाभाविक रूप से चल रही है। इसके विपरीत हिंदू बहुल इलाकों में मुसलमानों के साथ बिल्कुल अमानवीय बर्ताव किया गया। लोगों ने उन्हें पीटा और उनके घरों में आग लगाकर पूरे परिवारों को ख़त्म कर दिया। जनवरी और फरवरी में जब मैं दो बार बंबई गई तो केवल मुट्ठी भर मुसलमान ही अब भी अपने घरों में रह रहे हैं। यहां तक कि एम.एफ. हुसैन जैसे सुविख्यात कलाकारों और मुस्लिम फिल्मी सितारों को भी अपने घर छोड़कर भागना पड़ा।

पार्वती शंकर धनावड़े उस चाल के नजदीक ही रहती हैं जिसको आग लगाई गई थी। वह लगभग 55 साल से यहां रह रही हैं। उन्होंने बताया : 'शहर में हुए दंगों के बाद कुछ हिंदू परिवारों ने ज़रूर यह इलाका छोड़ा मगर उनके अलावा हिंदुओं के बाकी सारे

परिवार अभी भी यहीं रहते हैं। इनमें हमारे अपने मोहल्ले के लोग भी शामिल हैं जहां 6-7 हिंदू परिवार रहते हैं। जिस समय शहर में दंगे हो रहे थे उस समय भी हमारे बच्चे पड़ोस में मुसलमानों के घर सो जाते थे और हिंदू-मुसलमान साथ मिलकर पूरी रात पहरा देते थे।' अकेली रहने वाली एक और वृद्ध महिला ने मुझे बताया : 'हम तो बहुत डरे हुए थे। हमें लगता था कि जोगेश्वरी में भी दंगा ज़रूर होगा। मैं सारी रात अपने मुस्लिम पड़ोसियों के घर बैठकर ही गुजारती थी। हम दिन का समय तो किसी तरह काट लेते थे मगर रात में हमारी आंख नहीं लग पाती थी। पुलिस वाले रात में ही आते थे। वे मुसलमानों के लड़कों को खींच-खींचकर ले जाते थे। हम तो रात में ही ज़्यादा डरते थे।'

मैंने इस बूढ़ी महिला से पूछा कि हिंदू होते हुए भी वह पुलिस से क्यों डर रही हैं, क्या उन्होंने हिंदुओं को भी गिरफ्तार किया था? मेरे इस सवाल पर उन्होंने जवाब दिया :

> अगर हिंदू गिरफ्तार नहीं हुए तो क्या हुआ? आखिर हैं तो वे भी हमारे पड़ोसी ही। मेरे घर में तो कोई मर्द नहीं है। इसलिए मैं तो वैसे भी हमेशा ही डरी रहती हूं। जब मुसलमानों के लड़के गिरफ्तार होते हैं तो मैं और बेचैन हो जाती हूं। हम सवेरे चार बजे तक जागते रहते हैं और उसके बाद मैं अपने घर वापस आती हूं। फिर थोड़ी देर बाद मैं प्रभावती में लोगों के घरों में बर्तन और कपड़े धोने के काम पर निकल जाती हूं। उन्होंने कुछ दिन पहले मेरे पड़ोस की एक मुस्लिम औरत को आधी रात में गिरफ्तार कर लिया। उसका गुनाह सिर्फ यह था कि वह भी उस चाल के पास रहती थी। उसका मर्द बड़ा सीधा आदमी है। वह कभी किसी के साथ झगड़े में नहीं पड़ता। उसके पांच छोटे-छोटे बच्चे हैं। उसकी गिरफ्तारी तो बिल्कुल नाजायज थी।

इस राय से कई हिंदुओं ने सहमति जताई। नागपाड़ा जैसे कुछ मुस्लिम बहुल इलाकों में हिंदुओं पर हमले हुए थे। मगर ये इस तरह की इक्का-दुक्का घटनाएं थीं। कुल मिलाकर मुसलमानों ने हिंदुओं को अपने इलाकों या पड़ोस से खदेड़ने की कोशिश नहीं की। मुस्लिम समुदाय के कई जिम्मेदार नेताओं ने संभवतः इस बात को महसूस किया होगा कि अगर वह हिंदुओं को अपने इलाके से निकालने लगे तो उनके खिलाफ हिंसा और तेज हो जाएगी। मुस्लिम बहुल इलाकों में हिंदू और मुसलमान एक-दूसरे के साथ सहज ढंग से रहते दिखाई देते हैं। मुसलमानों ने जोर देकर कहा कि मुझे खुद जाकर हिंदू परिवारों के साथ बैठना चाहिए, उनसे बात करनी चाहिए ताकि मैं खुद देख सकूं कि उनके पड़ोस में हिंदू सचमुच सुरक्षित हैं। परंतु हिंदू बहुल इलाकों में आमतौर पर मुसलमान कहीं नही बचे दिखे। मुसलमानों को खदेड़ने की अपनी हरकतों पर शर्मिंदगी महसूस करने की बजाय हिंदुओं की तरफ से मुसलमानों के खिलाफ शिकायतों का पुलिंदा ज़्यादा बड़ा दिखाई दिया। उनमें से ज़्यादातर इस बात पर आमादा हैं कि अब वह मुसलमानों को दोबारा अपने पड़ोस में आकर नहीं बसने देंगे।

जोगेश्वरी के मुस्लिम परिवारों का कहना है :

अगर कोई वारदात होती है तो हम पुलिस तफ्तीश के खिलाफ नहीं हैं। जो असली दोषी है उसको सजा मिलनी ही चाहिए फिर चाहे वह हिंदू हो या मुसलमान। उसे बचाने का सवाल ही नहीं है। कोई भी शहरपरस्त और सुकूनपरस्त शख्स यह नहीं चाहेगा कि दोषी को सजा न दी जाए। किसी अपराधी या आतंकवादी की नज़र में इंसानी जिंदगी की कोई कीमत नहीं होती। वह तो खुद अपने समुदाय की सुरक्षा की फिक्र भी नहीं कर सकता। मगर इसका कोई मतलब नहीं कि पुलिस मासूम लोगों को गिरफ्तार करे और मुसलमानों की हत्याओं का समर्थन करते हुए उन्हें दहशत में डाले। पुलिस वाले सदा रात में आते हैं, लोगों को पीट-पीट कर घर से बाहर घसीटते हैं। उन्होंने न जाने कितने निर्दोष लोगों को गिरफ्तार किया है। उन्होंने दिल के मरीज और छोटे-छोटे लड़कों को भी नहीं छोड़ा जिनकी स्कूली परीक्षाएं शुरू होने वाली थीं। अगर जोगेश्वरी के मुसलमान हिंदुओं के घर जलाना ही चाहते थे तो फिर भला हमने हिंदुओं के उन सैकड़ों घरों को क्यों नहीं जलाया जो चाल के मुकाबले ज़्यादा आसानी से आग पकड़ लेते? जिस चाल में आग लगाई गई वह तो ईंटों की बनी हुई थी। उसे जलाना तो बहुत मुश्किल था। आधी रात में भी आपको यहां बहुत सारे हिंदू अपने घर के बाहर टहलते मिल जाएंगे। हम अभी भी दुख-सुख में एक-दूसरे का साथ देते हैं। बुरे वक्त में हमने हमेशा एक दूसरे को सहारा दिया है।

जब राज्यतंत्र खुद गलत सूचनाएं फैलाने के काम में लग जाता है तो अपेक्षतया धर्मनिरपेक्ष अखबारों के लिए भी तटस्थ रहते हुए सच्चाई को सामने लाना मुश्किल हो जाता है। सामान्य दिनों में भी हिन्दुस्तान के ज़्यादातर अखबार सरकारी और पुलिसिया प्रेस वक्तव्यों को सच खबर मानकर बिना तहकीकात किए छाप देते हैं। मगर असामान्य हालात में, जब हालात दंगों जैसे हों, उस समय तो घटनाओं पर पकड़ बनाए रखने के लिए अखबारों के ऊपर दबाव और भी बढ़ जाता है। ऐसे में उन्हें पुलिस-प्रशासन द्वारा उपलब्ध कराई गई पक्षपातपूर्ण रिपोर्टों को बिना छानबीन किये छाप देने का अच्छा बहाना मिल जाता है। यहां तक कि जो अखबार सचमुच संजीदा ढंग से अपने स्तर पर जांच करना चाहते हैं वह भी आधिकारिक सूचनाओं के प्रसार के अलावा और कुछ नहीं कर पाते क्योंकि दंगों के दौरान हर रोज़, हर पल नयी वारदातें होती रहती हैं जिनकी तुरन्त पूरी तहकीकात करना आसान नहीं होता।

दुष्प्रचार अभियान का एक अहम पहलू मुस्लिम बहुल इलाकों को 'मिनी पाकिस्तान', मुस्लिम कट्टरपंथियों के गढ़ और राष्ट्रविरोधी ताकतों के गिरोह के रूप में पेश करने पर केंद्रित रहता है। अखबारी रिपोर्टों ने इस भ्रांति को और बढ़ावा दिया कि इन इलाकों में हथियार बनाने के बड़े-बड़े कारखाने और गोदाम हैं जहां पाकिस्तान और दूसरे मुस्लिम देशों से तस्करी के जरिए लाए गए हथियारों के बड़े-बड़े जखीरे मौजूद हैं। साथ ही यह भी जोड़ दिया जाता है कि इन हथियारों का मकसद देश को अस्थिर करना है।

इस दरमियान पुलिस मुस्लिम बस्तियों और व्यावसायिक प्रतिष्ठानों पर नियमित रूप से छापे डालती रही। इसके बावजूद पुलिस वाले कभी ऐसा कोई दावा नहीं कर पाए कि छोटे-मोटे हथियारों और पेट्रोल बमों के अलावा वहां उन्हें एक भी बड़ा हथियार मिला। दिसंबर और जनवरी की हिंसा के दौरान सिर्फ एक ऐसा मौका सामने आया जब कुछ मुसलमानों ने एके-47 राइफल का इस्तेमाल किया था।

इस तरह के प्रोपेगेंडा का सही ध्येय पहली बार मुझे तब समझ में आया था जब मैं 1987 में मेरठ-मलियाना के मुस्लिम विरोधी दंगों की जांच के लिए गई *मानुषी* के महिला जांच दल के साथ मेरठ गई। उस दौरे के समय पीएसी के जवानों और मेरठ के हिंदुओं ने हमें बार-बार आगाह किया था कि हम हाशिमपुरा इस्लामपुर या गढ्ढा जैसे मुस्लिम बहुल इलाकों में न जाएं। उनका कहना था कि वहां से कभी कोई हिंदू जिंदा नहीं लौट पाया। हमें बहुत मिर्च-मसाला लगाकर बताया जाता था कि किस तरह हाल ही में कुछ 'बेवकूफ' महिला पत्रकारों ने वहां जाने की गलती की थी और उनके साथ पहले तो सामूहिक बलात्कार किया गया और बाद में उनकी बोटी-बोटी कर दी गई, हालांकि ऐसा कोई हादसा नहीं घटा था। मकसद साफ़ था कि मुसलमानों को इतना अलग-थलग करके रख दो, उनके बारे में इतनी दहशत फैला दो कि कोई हिंदू उनका दुख-दर्द सुनने के लिए भी उनके पास न फटके। इससे उनके बारे में गलत-सलत अफ़वाहों को प्रचलित करना आसान हो जाता है।

1984 के दंगों और उसके बाद चले भयानक सिख विरोधी दुष्प्रचार के अनुभवों से गुजरने के बाद हम मानसिक रूप से इस तरह की सलाह को सुनने के आदी हो चुके थे। इसलिए हमने तय किया कि तमाम अफवाहों के बावजूद हम हाशिमपुरा और इस्लामपुर ज़रूर जाएंगे। इन इलाकों में पहुंचने के बाद वहां के मुसलमानों की आवभगत और खुलेपन से हम दंग रह गये हालांकि उनके मन में हिंदुओं के प्रति खौफ़ होना ज़्यादा स्वाभाविक था क्योंकि वह हमलों के शिकार हुए थे। उन्होंने अपने घरों और दिलों के दरवाज़े खोल बेबाक ढंग से अपनी आपबीती सुनाई। इसके विपरीत, जब हिंदुओं को इस बात का पता चलता था कि हम मुसलमानों के पास जा चुके हैं और उनसे बात करके आए हैं तो वह बड़े आग-बबूला होते थे। इन अफवाहों का मकसद बिल्कुल साफ था। वह हिंदुओं और मुसलमानों के बीच संपर्क के सारे साधन काट देना चाहते थे। इसके लिए न केवल वह मुसलमानों को हिंदू बहुल इलाकों से बाहर खदेड़ रहे थे बल्कि यह कोशिश भी कर रहे थे कि कोई हिंदू किसी मुस्लिम बहुल इलाके या बस्ती के नजदीक न फटकने पाए। इस तरह उन्हें प्रेस वालों को मुसलमानों तक पहुंचने और उनसे बात करने से रोकने में काफी मदद मिली। नतीजा यह हुआ कि वह मुसलमानों के बारे में जो अफवाहें फैला रहे थे वही तथ्य दिखाई देने लगीं। पिछले कुछ सालों के दौरान मुसलमानों को निशाना बनाते हुए जो भी दंगे हुए हैं उनकी निष्पक्ष ढंग से जांच करने वाले किसी भी व्यक्ति को इस तरह के अनुभवों का सामना करना पड़ा है।

बम्बई दंगों की तहकीकात के दौरान भी मैंने बहरामपाड़ा के कई परिवारों से बात

की। इसके अलावा मैं बहरामपाड़ा से सटे बांद्रा ईस्ट के कुछ हिंदू परिवारों से भी जाकर मिली। मुझे यह देखकर बड़ा अचंभा होता था कि हालांकि हिंदुओं के एक भी घर को नुकसान नहीं पहुंचा था फिर भी वह जबर्दस्त दहशत में थे। यहां के परिवारों को बहरामपाड़ा के लोगों द्वारा हमलों के कारण किसी किस्म का नुकसान नहीं हुआ था। इसके बावजूद वह हमसे बात करने से डर रहे थे। वह न केवल अजनबियों के साथ खुलने में घबरा रहे थे बल्कि जिन लोगों को वह जानते थे उनके सामने भी मुंह खोलने से डर रहे थे। शमा दलवाई बहरामपाड़ा के पड़ोस में स्थित एक बहुमंजिला इमारत में लंबे समय से रहती हैं। मुझे अच्छी तरह याद है कि जब उन्होंने मुझे अपने पड़ोसियों से मिलवाने के लिए उनके दरवाजे की घंटी बजाई थी तो दरवाजा खोलने आई पड़ोसियों की बेटी दरवाजे में बने सुराख से ही झांक कर वापस चली गई थी। उसने शमा को देखकर दरवाजा ही नहीं खोला। कहने की ज़रूरत नहीं कि शमा दलवाई इस परिवार को अच्छी तरह जानती थीं और वह लड़की शमा की बेटी की सहेली भी थी। वह मुझ जैसी अजनबी को तो घर में दाखिल ही नहीं होने देना चाहती थी मगर वह शमा से भी खासा डरी हुई थी। शायद इसलिए, क्योंकि शमा खुद तो हिन्दू परिवार से है पर उसने एक मुस्लिम व्यक्ति से शादी की है। कुछ दूसरे परिवार भी बात करने से बुरी तरह हिचकिचा रहे थे और जब किसी तरह उनसे बात हुई भी तो उन्होंने गोल-मोल ही जवाब दिए।

इसके विपरीत अगर कोई हिंदू मुसलमानों के मोहल्लों में जाकर उनकी दास्तान सुनना चाहता तो वह खुलकर बात करते थे। जब मेरी उनसे बात हुई तो उन्होंने इस बात पर भी जोर दिया कि मैं खुद जाकर बहरामपाड़ा के हिंदुओं और ईसाइयों से मिलूं। मैंने देखा कि अपने मुसलमान पड़ोसियों की मौजूदगी में हिंदुओं और ईसाइयों को किसी किस्म की हिचकिचाहट या परेशानी नहीं थी बल्कि वह तो अपने मुसलमान पड़ोसियों की तरह आने वाले कल के बारे में चिंतित थे क्योंकि सरकार उनकी बस्ती को भी वहां से हटाने की बात कर रही थी। उन्हें इसी बात का डर था कि अगर बस्ती हटा दी गई तो वह कहां जाएंगे। मुसलमानों ने बड़े गर्व के साथ मुझे बहरामपाड़ा स्थित एक मंदिर भी दिखाया। संकट के इस समय में भी इस मंदिर पर कोई खरोंच तक नहीं आई थी।

जब बांद्रा की तरफ से फेंका गया एक पेट्रोल बम एक मंदिर की छत पर जा गिरा था तो मुसलमानों के लड़कों ने ही दौड़कर आग बुझाई थी और मंदिर को बचाया था। बस्ती के लोगों के इस बयान की दो ऐसे हिंदू परिवारों ने भी पुष्टि की जो हिंसा के इस पूरे दौर के गवाह थे। मगर ये दोनों हिंदू परिवार भी हिन्दुत्त्ववादियों की नाराजगी के डर से अपना नाम बताने को तैयार नहीं थे। बहरामपाड़ा के ठीक सामने स्थित एक इमारत में रहने वाले व्यवसायी मदन बजाज (जिन्होंने अपना सही नाम गुप्त रखने का अनुरोध किया) ने बताया :

> यहां पुलिस ने ऐसे-ऐसे काम किए जो किसी भी स्वतंत्र राष्ट्र के लिए सबसे भयानक खतरा हैं। स्थानीय शिवसेना विधायक सरपोतदार हमारे पड़ोस की एक इमारत में

गया और वहां के लोगों से उसने कहा कि कुछ देर बाद झेंडे नाम का एक इंसेक्टर आएगा जिसे कोई उनकी हाऊसिंग सोसाइटी की इमारत के ऊपर से बहरामपाड़ा की तरफ गोली चलाने से न रोके।

लोग कहते हैं कि नमाज़ के समय मुसलमान इकट्ठा हो गए थे और उन्होंने पुलिस वालों पर हमला किया था। ऐसा कुछ नहीं हुआ था। पुलिस को तो मुसलमानों पर गोली चलाने का सिर्फ बहाना चाहिए था। मेरी बेटी ने अपनी एक हिंदू सहेली को फोन किया जो उसी इमारत में रहती थी जहां से यह हमला किया जाना था। उसकी सहेली ने बताया कि जिस समय मुसलमान नमाज़ पढ़ रहे थे उसी समय शिवसैनिक ऊपर से उन पर बम और पत्थर फेंकने लगे। मुसलमान अफरा-तफरी में चारों तरफ भागने लगे। हर तरफ दहशत का माहौल था। पुलिस का कहना है कि मुसलमानों ने उन पर हमला किया था। मगर अगली घटना तो मैंने खुद अपनी आंखों से देखी थी। लगभग 8-10 मुसलमान गली में छिपे हुए थे। वैसे भी, अगर तुम किसी को तंग करते ही चले जाओगे तो वह भी थोड़ा बहुत जवाब तो देगा ही न! इन मुसलमानों ने भी जवाब में पत्थर और सोडा वाटर की बोतलें फेंकीं। उनमें से एक के पास देसी तमंचा भी था। मगर दूसरी तरफ तो कम से कम 150 शिवसैनिक थे। पुलिस वाले उनके साथ खड़े थे और शिवसैनिक उन्हें बता रहे थे कि 'इधर गोली चलाओ, उधर गोली चलाओ।' क्या पुलिस शिवसेना की प्राइवेट आर्मी बन गई है? क्या हम इतना भारी जोखिम उठा सकते हैं कि पुलिस एक समुदाय की तो हिफ़ाज़त करे और दूसरे को सूली पर लटकाने लगे? तो फिर सरकार के होने का मतलब ही क्या है? इतनी भारी-भरकम सरकारी मशीनरी के होते हुए भी सेना बुलानी पड़ी। क्या सरकार के पास गुप्तचर विभाग में 25 लोग भी ऐसे नहीं थे जो निष्पक्ष ढंग से सरकार को बता सकें कि कौन किस पर हमला कर रहा है?

मेरी समझ में नमाज़ पढ़ते किसी भी आदमी पर बम फेंकने वाला शैतान ही हो सकता है। हमारे किसी भी देवता ने कभी नहीं कहा कि तुम किसी दूसरे धर्म के ऐसे व्यक्ति पर बम फेंकों जो पूजा कर रहा है। रामायण में उन ऋषियों की कहानी भी है जिन्होंने राम-लक्ष्मण को राक्षसों से अपनी रक्षा के लिए बुलवाया था क्योंकि राक्षस उनके यज्ञ और पूजा-पाठ में खलल डाल रहे थे। मगर यहां तो हिंदू ही नमाज़ पढ़ते लोगों पर बम और पत्थर बरसा रहे थे। मैं तो ऐसे हिंदुओं से दूर ही रहना बेहतर समझूंगा। मेरी नज़र में ऐसे लोग हिंदू नहीं हो सकते...।

मैंने खुद अपनी आंखों से यह देखा था। 6 दिसंबर को जब मस्जिद तोड़ी गई थी उसके थोड़ी देर बाद ही पास की बस्तियों में रहने वाले हिंदू बहरामपाड़ा के घरों पर पेट्रोल बम वगैरह फेंकने लगे थे। इससे चारों तरफ भ्रम फैलने लगा। मुसलमान बाहर आकर गली में इकट्ठा हो गए। इसके बाद पुलिस आई और सीटियां बजाते हुए तीन-चार अलग-अलग जगह से बहरामपाड़ा के मुसलमानों पर गोलियां

चलाने लगी। उन्होंने औरतों और बच्चों को भी नहीं बख्शा। पुलिस की गोली से एक औरत को दम तोड़ते हुए मैंने खुद देखा था। क्या उस औरत के पास मशीनगन थी? पूरी बंबई में मुसलमानों ने मस्जिद से सिर्फ एक मशीनगन का इस्तेमाल किया था। फिर भी लोग कहते हैं कि मुसलमानों ने बाहर से ला-लाकर हथियारों के ढेर जमा कर रखे हैं! सब जानते हैं कि हिंदू और मुसलमान, दोनों धर्मों के अपराधियों और तस्करों के पास मशीनगन और एके-47 राइफलों की कोई कमी नहीं है। इनमें से ही एकाध अलग-अलग हाथों से गुजरते हुए कहीं पहुंच गई होगी और उसका इन हमलों में इस्तेमाल हो गया। मगर इस एक घटना के अलावा मुसलमानों ने देशी तमंचों, तेजाब के बमों और सोडा वाटर की बोतलों के अलावा और किसी चीज का इस्तेमाल नहीं किया...।

मुस्लिम बस्ती पर गोली चलाने के बाद पुलिस मुसलमानों के घरों की तलाशी लेने के बहाने बहरामपाड़ा में घुस गई। पुलिस तलाशी लेने नहीं बल्कि मुसलमानों को मारनें-पीटने, गिरफ्तार करने और उन्हें डराने-धमकाने के लिए वहां गई थी। अगर हम एक मिनट के लिए इस बात को मान भी लें कि मुसलमान ही हमला कर रहे थे तो हमें यह भी मानना पड़ेगा कि हिंदू भी हमला कर रहे थे क्योंकि वरना भला ऐसा कैसे हो सकता है कि इतने सारे मुसलमान सिर्फ हमला करते हुए मारे जाएं। और अगर हिंदू भी हमला कर रहे थे तो फिर सवाल यह उठता है कि उनके घरों की तलाशी क्यों नहीं ली गई? शिवसेना विधायक सरपोतदार जब दंगों की योजना बना रहा था तभी सेना की टुकड़ी यहां आई और उसने सरपोतदार को रंगे हाथों गिरफ्तार कर लिया क्योंकि तलाशी लेने पर पता चला कि कर्फ्यू के बावजूद वह अपनी कार में काफी सारे हथियार और गोला-बारूद लेकर घूम रहा था। फिर भी पुलिस ने थोड़ी ही देर में उसे छोड़ दिया। उसकी गिरफ्तारी का यह पाखंड बाद में एक बार फिर दोहराया गया। हालांकि कहने को तो कर्फ्यू लगा था मगर शिवसैनिक सैकड़ों औरतों को लेकर नारे लगाते हुए सरपोतदार को छुड़वाने के लिए थाने के बाहर जमा हो गए। सरपोतदार की रिहाई के बाद पूरे एक घंटे तक जश्न चला। इस दौरान शिवसेना वाले सड़कों पर पटाखे छोड़ते रहे और जुलूस निकालते रहे...।

कर्फ्यू सिर्फ मुसलमानों के लिए था हिंदुओं के लिए नहीं था। हम अपनी कार में बाहर निकल सकते थे...।

मेरी पत्नी और मैं हर रोज सुबह टहलने जाते हैं। कुछ दिन पहले हमने देखा कि पाव (एक किस्म की डबलरोटी) बेचने वाला एक आदमी साइकिल पर दोबारा हमारे इलाके में आने लगा है। वह यहां यह देखने आया था कि शायद इस इलाके के लोगों को ब्रेड की ज़रूरत हो क्योंकि स्थानीय बेकरियों के नष्ट हो जाने से इलाके में ब्रेड की सप्लाई खत्म हो गई थी। उन्होंने मेरी आंखों के सामने उसकी साइकिल तोड़ दी और उसको खूब मारा। वह बेचारा जख्मी हालत में जान बचाकर जैसे-तैसे

भागा। मैं उसकी मदद करना चाहता था मगर कुछ नहीं कर पाया। हालांकि सिर्फ चार-पांच गुंडे थे मगर यदि मैं दखल देता तो वह मेरा भी सिर फोड़ देते। मैं भी कोई भीम तो हूं नहीं। मेरे पास दो ही रास्ते थे—या तो पाव वाले के साथ मैं भी पिटूं या अपनी अंतरात्मा को मारकर चुपचाप घर लौट आऊं...।

इस बिल्डिंग में 28 परिवार हैं। यहां सिर्फ एक आदमी है जो मेरी सोच से इत्तफाक रखता है। बाकी में से ज़्यादातर ऐसा नहीं सोचते। इनमें आर्किटेक्ट, इंजीनियर, और तमाम पढ़े-लिखे लोग भी हैं। वह बार-बार यही कहते हैं कि 4,000-5,000 मुसलमान एके-47 रायफलें और मशीनगन लेकर हिंदुओं पर हमला करने आए थे जबकि असलियत उन्होंने भी अपने घरों में बैठकर साफ देखी थी। हमला करने आए मुसलमानों की संख्या 10 से ज़्यादा नहीं थी। न ही उनके पास सोडा वाटर की बोतलों से ज़्यादा खतरनाक कोई चीज थी। दूसरी तरफ 150 शिवसैनिक कर्फ्यू के दौरान छत पर चढ़कर पुलिस वालों के पूरे सहयोग से उन पर गोलियां बरसा रहे थे...।

अगर मैं यह बात खुलकर उनसे कह दूं तो वह मेरा बहिष्कार कर देंगे और हर काम पहले से भी ज़्यादा लुक-छिप कर करने लगेंगे। मैं पहले ही देख चुका हूं कि जब मैं मॉर्निंग वॉक के बाद वापस लौटता हूं तो बिल्डिंग के आहते में खड़े होकर एक-दूसरे के साथ बात करते मेरे पड़ोसी मुझे देखते ही चुप्पी साध लेते हैं...।

बेकरी चलाने वाला हमारा एक पड़ोसी मुसलमान मुझे अंकल कहता है। कुछ दिन पहले रात को 11 बजे वह मेरे घर आया। उसने मुझसे कहा, 'उन्होंने मेरी दुकान भी जला दी। अब मैं अपने गांव वापस जा रहा हूं।' मैंने उससे कहा, 'कुछ दिन इंतजार कर लो। हो सकता है हालात सुधर जाएं। इंसानियत लौट आए।' अगर मैं उसकी जगह होता तो मैं भी डर कर भाग जाता। उन्होंने मुकम्मल योजना तैयार की हुई थी। उन्होंने मुसलमानों की दुकानों और झोपड़पट्टियों की निशानदेही करके उन्हें जलाया। मुमकिन है कि इस पूरे फसाद के पीछे उनकी जान-पहचान वाले बिल्डरों का भी हाथ हो क्योंकि मुसलमानों को भगाने से उन्हें भारी फायदा होना है। बंबई के लाखों लोग अपने घर छोड़कर भाग चुके हैं। भला झोपड़पट्टी में कोई पुलिस की गोलियों का किस दम पर सामना कर सकता है?

हमारी बिल्डिंग में सिर्फ एक मुस्लिम परिवार है। इस परिवार के लोग अभी भी यहां रुके हुए हैं। हमने उन्हें कहा : 'आप लोग यहीं रहिए। जो कोई आपको भगाएगा उसे हमारी लाश से गुजरना होगा।'

इसी बीच उनकी बेटी रमानी (बदला हुआ नाम) इस मुस्लिम परिवार पर पड़ रहे दबावों के बारे में बताने लगी :

हमारे यहां एक बड़ा पढ़ा-लिखा और ऊंची हैसियत वाला आदमी है। लोग उसे इस मुस्लिम परिवार का दोस्त मानते हैं। उसी ने कुछ दिन पहले इस मुस्लिम परिवार

की एक वयस्क लड़की से कहा : 'क्या बहरामपाड़ा (नजदीक स्थित मुस्लिम झोपड़पट्टी) में कोई भी नहीं है जो तुम्हारी हिफ़ाज़त कर सके? क्या तुम कुछ दिन के लिए किसी और के घर में जाकर नहीं छिप सकते?'

रमानी ने भी अपने पड़ोस की कुछ अहम घटनाओं के बारे में बताया :

रविवार 10 जनवरी को नजदीक की बिल्डिंग में सवेरे 11 बजे दो मुस्लिम लड़कों को दिन-दहाड़े मार दिया गया। वह हिंदुओं के एक घर में रंगाई-पुताई का काम कर रहे थे। पहले तो शिवसैनिक पुलिस वालों के पास गए। उनसे थोड़ी देर बात की। फिर कुछ देर बाद पुलिस वाले सीटी बजाने लगे। सीटी की आवाज़ सुनकर शिवसेना के तकरीबन 150 लड़के नीचे आ गए। उनके पास तलवारें, लोहे की छड़ें, ट्यूबलाइटें और इसी तरह की चीजें थीं। कल्पना करके देखिए—दो मुस्लिम लड़के : सामने 150 शिवसैनिक। शिवसैनिकों ने दोनों लड़कों को इतना मारा कि पूरा फर्श खून से लाल हो गया। फिर उन्होंने दोनों को सड़क पर फेंक दिया। एक की तो तभी मौत हो गई। दूसरे के बदन से अभी भी खून बह रहा था। और जानते हैं पुलिस ने क्या किया? पुलिस वाले इन दोनों लड़कों पर निशाना साध कर खड़े हो गए। उन्होंने शिवसैनिकों से कुछ नहीं कहा। उन्होंने खून में सने फर्श को साफ कर दिया। इसके बाद पुलिस की गाड़ी आई और दोनों लड़कों को लेकर चली गई। एक दम तोड़ चुका था, दूसरा दम तोड़ रहा था। शिवसैनिक आराम से वापस चले गए मानो कुछ हुआ ही न हो। इसके बाद कर्फ्यू लगा दिया गया। मगर कर्फ्यू का कोई मतलब नहीं है। इस इलाके में तो पुलिस वाले शिवसेना वालों के घर बैठकर ही खाते-पीते हैं, नहाते हैं और सोते हैं। उन्हें शिवसेना वालों की योजना का पूरा पता रहता है। शिवसेना और पुलिस वाले तो साथ बैठकर ही योजना बनाते हैं। वह खुद समय तय करते हैं कि कब हमला बोलना है। उनका अपना एक 'कोड' होता है। जब वह एक बार सीटी बजाते हैं तो इसका मतलब है कि 'एक्शन' का समय हो चुका है। दूसरी सीटी बजने का मतलब है कि लोग तैयार हो जाएं। और तीसरी बार सीटी बजने पर वह हमला बोल देते हैं। अगर सेना आसपास होती है तो पुलिस वाले इन शिवसैनिकों को चुपचाप घर भेज देते हैं।

एक मुस्लिम परिवार कई सालों से हमारे सामने वाली बिल्डिंग में रहता है। एक दिन उनके घर में एक महिला और उसकी बेटी अकेली थी। शिवसेना के कुछ लोग आए और दरवाजे पर लात मारने लगे। वह महिला डर तो गई मगर उसने हिम्मत नहीं हारी। वह घर के भीतर से ही चीखने लगी। उसने दरवाजा नहीं खोला। बिल्डिंग के लोग बाहर निकले और उन्होंने शिवसेना वालों से कहा कि 'वह हमारी पड़ोसी है, उसे मत मारो।' तब कहीं जाकर वह लोग वापस गए। मगर उन्होंने पूरी कॉलोनी को अहसास करा दिया था कि अब वह किसी मुसलमान को वहां नहीं रहने देंगे। इस कॉलोनी की सारी बिल्डिंगों में रहने वाले मुसलमान अब जा चुके हैं...।

रविवार को सवेरे-सवेरे एक मुर्गी बेचने वाला हमारी कॉलोनी में आया था। वह हमेशा यहां आता है। उसकी गाड़ी में करीब 150-200 मुर्गियां थीं। शिवसैनिकों ने उसे रोका और कहने लगे कि वह सारी मुर्गियों को बाहर निकाल दे। जब उसने मुर्गियों को निकाल दिया तो उन्होंने उसको जम कर पीटा और मुर्गियां लेकर भाग गए। बाद में पता चला कि मुर्गियां बेचने वाला हिंदू था। शिवसेना वाले सोचते थे कि वह मुसलमान है। इसीलिए उन्होंने उसकी पिटाई की थी। पर अगर वह हिंदुओं पर भी हमला करने लगें तो उन पर भला कौन उंगली उठा सकता है?

शिवसेना वालों के साथ काम करने वाला हमारे पड़ोस का एक लड़का एक दिन मेरे पास आया और कहने लगा कि 'तुम लोग बिल्कुल मदद नहीं करते। हम लोग तो हिंदुओं के लिए जान भी देने को तैयार रहते हैं मगर तुम लोग तो हमारी हिफ़ाज़त भी नहीं करते। तुम लोग मुसलमानों पर हमला करने के लिए हमें अपने अहाते से गुजरने की छूट भी नहीं देते।' मैं उसकी बात सुनकर चुप रही। इसके बाद उसने मुझे *निरधार निधि* (सुरक्षा कोष) के नाम पर १०० रुपए की परची कटवाने को कहा। मैंने कहा कि 'मैं परची नहीं कटवाऊंगी। मैं इन सब चीजों पर विश्वास नहीं करती।' उसने पूछा, 'क्यों नहीं? हम तो हिंदुओं के लिए लड़ने-मरने को भी तैयार हैं और तुम हमारी इतनी सी मदद भी नहीं कर सकती।' मुझे लगता है कि उसकी बात न मानकर मैंने खुद को खतरे में डाल दिया है मगर यह एक ऐसी चीज है जिस पर मैं समझौता नहीं कर सकती...।

कुछ दिन पहले शाम को 8 बजे के आसपास शिवसेना के दो-एक लड़के आए और उन्होंने सड़क पर आग जला दी। फिर उन्होंने इस आग से लकड़ी का एक टुकड़ा जलाया। यह पेट्रोल बम नहीं था। यह लकड़ी का एक छोटा सा टुकड़ा था जिसके एक सिरे पर मिट्टी के तेल में भीगा कपड़ा लिपटा हुआ था। हमारे पास में बहरामपाड़ा के सामने कोने पर 30 नंबर की बिल्डिंग है। यह हिंदुओं की बिल्डिंग है। शिवसैनिकों ने यह जलती हुई लकड़ी बिल्डिंग की तरफ फेंक दी और जोर-जोर से चिल्लाने लगे। पुलिस वाले चुपचाप खड़े सब कुछ देख रहे थे। शिवसैनिक चिल्लाने लगे और पुलिस यहां-वहां भागने लगी। वे यह दिखाने की कोशिश कर रहे थे कि बहरामपाड़ा के मुसलमानों ने हिंदुओं की इमारत पर हमला कर दिया है और अब वह उसे आग लगाना चाहते हैं। बस, फिर क्या था, पुलिस वाले मुसलमानों पर गोलियां चलाने लगे।

रात में साढ़े ग्यारह बजे इन लोगों ने फिर हल्ला मचा दिया और चारों तरफ से आकर यहां इकट्ठा हो गए। वह बहुत देर तक बहरामपाड़ा की तरफ पेट्रोल बम फेंकते रहे। पुलिस ने फिर मुसलमानों पर गोली चला दी जिससे वह अपने घरों में लगी आग भी न बुझा सकें और उनकी झुग्गियां जल जाएं। फिर भी जैसे-तैसे उन्होंने आग बुझा दी। सुबह ढाई बजे तीसरी बार उन्होंने फिर यही नाटक किया। हम लोगों

ने फायर ब्रिगेड को सूचना देने की बहुत कोशिश की मगर हमारा फोन नहीं लग पाया। करीब साढ़े तीन बजे फायर ब्रिगेड और सेना के लोग आए। पुलिस वालों ने सेना के जवानों से भी झूठ बोला कि बहरामपाड़ा के मुसलमानों ने गोली चलाई थी और 30 नंबर की बिल्डिंग को आग लगाने के लिए पेट्रोल बम फेंके थे। सच्चाई यह थी कि हमला शिवसैनिकों ने किया था। आप विश्वास नहीं करेंगे कि शिवसेना के लोगों ने कितना ढोंग और हंगामा किया! हम लोग भीतर तक कांप गए थे। पूरा नजारा रोंगटे खड़े कर देने वाला था। ऐसा लगता था आज वह सारे मुसलमानों को खत्म कर देंगे। उनके घरों से चीखने की भयानक आवाज़ें आ रही थीं : 'यहां पानी डालो, हम पर हमला हुआ है, हमें बचा लो।' आप समझ सकती हैं कि झोपड़पट्टी में इन लोगों पर क्या बीती होगी। अगर वह आग बुझाने की कोशिश करते थे तो बाहर निकलने वाले हर आदमी पर पुलिस गोली चला देती थी। अगर वह आग न बुझाते तो भीतर ही जलकर मर जाते। उसी समय मेरी छोटी सी बेटी नींद से जाग गई और यह हाहाकार सुनकर जोर-जोर से रोने लगी। उसे भी लग रहा था कि बाहर कुछ भयानक घटना घट रही है। घर के तमाम लोग कांप रहे थे। मम्मी को इस तनाव से पेचिश हो गई।

हमारे पड़ोसियों के रवैये को देखकर तो ऐसा लगता था कि उनके दिल भी पत्थर हो चुके हैं और उन्होंने आंखें मूंद ली हैं। । इस बिल्डिंग में हर कोई कहता है, 'हमारे पड़ोस से बहरामपाड़ा को हटा देना चाहिए। बहरामपाड़ा की यहां कोई जगह नहीं।' मगर सच यह है कि बहरामपाड़ा वालों ने हमें कभी कोई नुकसान नहीं पहुंचाया।

हमारी बिल्डिंग की दीवार बहरामपाड़ा से सटी हुई है। यह बिल्डिंग 3 नंबर की बिल्डिंग कहलाती है। हमारी सारी कारें बिल्डिंग के अहाते में ही खड़ी होती हैं। बहरामपाड़ा के लोगों ने इस तरफ एक पत्थर भी नहीं फेंका। अगर मुसलमान चाहते तो हमारी कारों को राख कर सकते थे। उन्होंने कारों को हाथ भी नहीं लगाया। उन्होंने कभी हमें परेशान नहीं किया।

बल्कि सच तो यह है कि शिवसैनिकों ने जो पेट्रोल बम फेंके थे उनसे यहां ज़रूर आग लग जाती क्योंकि वे हमारे परिसर में ही आकर गिरे थे। आप अंदाजा लगा सकती हैं कैसे भयानक हालात थे। उस रात हम सो नहीं पाए। न हमने खाना खाया। फिर भी उस बिल्डिंग नं. 30 की किसी ने तलाशी नहीं ली। उस बिल्डिंग के एक भी आदमी से पूछताछ नहीं की गई।

मेरी भाभी को उसी समय बच्चा हुआ था और हम सब लोग अस्पताल में थे। बहरामपाड़ा की एक युवती भी वहां भर्ती थी। इस तनाव और डर के कारण पांचवे महीने में ही उसका प्रसव हो गया। उसे जुड़वां बच्चे हुए—मरे हुए। इन बेचारों के दिल में इतनी भयानक दहशत बैठ चुकी है।

मैंने पाया कि हालांकि हिंदुओं के घरों पर हमला नहीं हुआ था फिर भी वह कहीं ज़्यादा डरे हुए थे। सविता की उम्र 30-35 साल है। उसका कहना है कि इस डर ने उसकी जिंदगी तबाह कर दी है। 'अगर रसोई के बर्तन भी खनकते हैं तो हम डर के मारे जाग जाते हैं। मैं अपने बच्चों को घर में अकेला छोड़कर नहीं जा सकती।' वह उन कुछ लोगों में से एक है जो मानते हैं कि बहरामपाड़ा से सटी बिल्डिंगों में एक भी हिंदू को शारीरिक रूप से कोई चोट नहीं पहुंची। मगर वह अच्छी तरह जानती है कि बहरामपाड़ा में बहुत सारे लोगों के घर नष्ट हुए हैं। यही कारण है कि वह डरी रहती है। उसे इसी बात का डर रहता है कि अगर मुसलमान बदला लेने पर उतर आए तो क्या होगा? मैंने उससे पूछा : 'क्या उन्होंने कभी तुम्हें धमकी दी है? कभी तुम्हारे साथ कोई डरावनी हरकत की है?' उसका जवाब था : 'नहीं। बल्कि उनका बर्ताव तो बड़ा भला रहता है। कल की ही बात है। एक पत्थर हमारी खिड़की में आकर लगा। मैंने बाहर झांक कर देखा और बस्ती के लोगों पर चीखने लगी। मैंने उन्हें कहा कि हमारे घर में पत्थर मत फेंको। इस पर उन्होंने कहा कि 'परेशान मत हो बहन, हमारी तरफ से तुम्हारे घर में कोई पत्थर नहीं आएगा। यह किसी और शरारती ने फेंका होगा। हम तुम पर कोई चोट नहीं आने देंगे।' मगर सविता का डर इस बात को लेकर है कि अगर हिंदुओं की तरफ से बस्ती पर हमले जारी रहे तो उधर के लोग भी आखिर कब तक सब्र कर पाएंगे।

इसका मतलब यह नहीं है कि बहरामपाड़ा कोई बहुत आदर्श बस्ती है। बंबई के तमाम दूसरे झोपड़पट्टी इलाकों की तरह इस बस्ती में भी न तो अपराधी तत्वों की कोई कमी है और न नशीली दवाओं और दूसरी अवैध चीजों के कारोबार में लगे लोगों की। मगर यहां उनका अनुपात संभवतः हमारे सांसदों, विधायकों और मंत्रियों के बीच आपराधिक गतिविधियों में सक्रिय लोगों के मुकाबले काफी कम है। बहरामपाड़ा की आंतरिक राजनीति भी उतनी ही विविध है जितनी कि बाकी पूरे देश की है।

बहरामपाड़ा के लोगों ने इसलिए संयम से काम लिया क्योंकि उन्हें पता था कि जब पुलिस ही शिवसेना के साथ है तो वह जवाबी हमला करने का जोखिम कैसे उठा सकते हैं। बस्ती के कई दूसरे लोगों के साथ-साथ एक मुस्लिम बुजुर्ग ने भी बस्ती का माहौल शांत रखने में काफी महत्वपूर्ण भूमिका अदा की थी। उन्हें ज़्यादातर लोग 'अंकल' कहकर पुकारते हैं। वह कांग्रेस की स्थानीय जिला कमेटी के अध्यक्ष हैं परंतु उन्हें पार्टी के आला नेताओं से कोई मदद नहीं मिली।

उन्होंने यह कहकर उत्तेजित मुस्लिम युवकों को लगातार नियंत्रण में रखा :

> देखो, शिवसैनिक तुम पर पत्थर और पेट्रोल बम फेंक कर भाग सकते हैं। वह तो सिर्फ तुम्हें उकसाना चाहते हैं। मगर जैसे ही तुम बाहर निकलोगे वे जा चुके होंगे और उनकी जगह पुलिस खड़ी दिखाई देगी। पुलिस वाले तुम्हें गोलियों से छलनी कर देंगे। तुम उनके जाल में क्यों फंसना चाहते हो? अगर हम मुस्तैद रहें तो उनके पेट्रोल बम एक बार में ज़्यादा से ज़्यादा 4-5 झोंपड़ों को ही फूंक सकते हैं मगर

यदि तुमने जवाब दिया तो वे पूरी बस्ती को राख कर देंगे।

मुसलमानों को कैसे खामोश कराया गया

गौर करने वाली बात यह है कि मुसलमानों की तरफ से की गई हिंसा के मुकाबले हिंदुओं द्वारा मुसलमानों के खिलाफ की गई हिंसा बहुत ज़्यादा थी। परंतु इसका मतलब यह नहीं है कि मुसलमान जान-बूझकर जवाबी हमले से बचने की कोशिश कर रहे थे। मुसलमानों को भी आसानी से उकसाया जा सकता है। अगर यह हिंदुओं और मुसलमानों के बीच सीधी भिडंत होती तो हिंदुओं के लिए भी अंजाम काफी अलग होते। मिसाल के तौर पर धारावी में बड़ी तादाद में मुसलमान रहते हैं। वहां उन्होंने जवाब में ज़्यादा तीखे हमले किए और हिंदुओं के बहुत सारे घर और दुकानें तबाह हुईं। छुरेबाजी की मुहिम में भी वे किसी से पीछे नहीं रहे। बंबई अंडरवर्ल्ड में मुसलमानों की तादाद हिंदुओं के मुकाबले कई गुना ज़्यादा है। अगर इस लिहाज से देखा जाए तो कहर बरपाने की उनकी ताकत वाकई भयानक है।

मगर अपराधी आमतौर पर 'धर्मनिरपेक्ष' होते हैं। वह पुलिस की हिफ़ाज़त में ही फलते-फूलते हैं जिसमें संयोग से हिंदुओं का दबदबा है। जब मुस्लिम अपराधियों से यह सुरक्षा वापस ले ली गई और पुलिस शिवसेना के नेतृत्व में हिंदू अपराधियों के पक्ष में खुलकर खड़ी हो गई तो मुसलमानों में वह तत्व भी निःसहाय हो गए जिनकी गुंडागर्दी में धाक थी। दाऊद इब्राहीम जैसे लोग भी हिंदुओं की भीड़ से अपने व्यावसायिक ठिकानों की हिफ़ाज़त नहीं कर पाए। ऐसे हालात में दूसरे मुसलमानों की हिफ़ाज़त करने का तो सवाल ही नहीं उठता। शायद इसीलिए वह बम विस्फोटों के जरिए हिसाब बराबर करने की कोशिश कर रहे हैं; क्योंकि इस काम को अंजाम देने के लिए चोरी-छिपे ढंग से काम किया जा सकता है। इन कामों के लिए उस तरह खुलकर सामने आने की कोई ज़रूरत नहीं है जिस तरह हिंदू सामने आ सकते हैं।

जिन इलाकों में मुसलमानों ने दंगा किया और जवाबी हमले बोले वहां भी थोड़े ही समय में उन्हें अपना यह दुस्साहस छोड़ना पड़ा। मुसलमानों की एक गैरकानूनी झुग्गी-झोंपड़ी बस्ती (Squatters Colony) एक ऐसा ही स्थान थी। वहां लगभग 2,000 झुग्गियां हैं। क्योंकि इस इलाके में रहने वाले मुसलमान ज़्यादातर दूसरे इलाकों के मुसलमानों के मुकाबले आर्थिक रूप से ज़्यादा अच्छी स्थिति में हैं इसलिए शहर के मुसलमानों में इस बस्ती का काफी असर रहता है। यह बस्ती पूरे समुदाय के लिए एक राजनीतिक केंद्र की तरह काम करती है। इसीलिए शिवसेना बहुत दिनों से इस बस्ती पर नज़र गड़ाए हुए थी।

पुलिस के हाथों 7 दिसंबर को कुछ मुसलमानों की हत्या के बाद इस कॉलोनी में सचमुच एक सांप्रदायिक दंगा भड़क उठा था। उस समय हिंदू और मुसलमान एक-दूसरे पर हमला कर रहे थे। एक हिंदू मंदिर को आग लगा दी गई और पुजारी पर चाकू से वार किए गए। इस तरह के कई टकराव हुए जिनसे दोनों तरफ के बहुत सारे लोगों को चोटें आईं। मगर जनवरी आते-आते मुसलमानों की इस बस्ती को 'एक सही सबक' सिखा दिया

गया। पूरी बस्ती की इस तरह घेराबंदी की गई कि कोई हिल भी नहीं सकता था। जनवरी के अंत में मैंने सामाजिक कार्यकर्ताओं सनोबर किश्वर और टॉमी के साथ इस इलाके का दौरा किया। मुसलमानों की यह छोटी सी बस्ती चारों तरफ से हिंदुओं से घिरी हुई है। जब मैं वहां गई तब भी सेना ने कर्फ्यू के जरिए इस बस्ती को चारों तरफ से पूरी तरह बंद किया हुआ था। मगर अजीब बात यह थी कि यह कर्फ्यू सिर्फ मुसलमानों पर ही थोपा गया था। सड़क के दूसरी तरफ हिंदुओं के इलाके में बिल्कुल सामान्य चहल-पहल कायम थी। जब हमने बस्ती के भीतर जाने की कोशिश की तो सेना के जवानों ने बंदूकें हमारी ओर तान दीं और हमें फौरन वहां से चले जाने का हुक्म दिया। हद तो यह थी कि वह बाकायदा हमें खदेड़कर वहां से भगाने लगे।

शिवसेना ने 26 जनवरी को महाआरती का आयोजन करके इस मुस्लिम बस्ती में सुनियोजित ढंग से दंगा खड़ा किया था। सनोबर और टॉमी लगातार इस इलाके के संपर्क में रहे हैं। 26 जनवरी की घटनाओं को समझने के लिए मैं उनके बयान को ही उद्धृत करती हूं :

> यहां एक सड़क इस बस्ती और गोविंद नगर के बीच से गुजरती है। फेरी वालों की यह बस्ती मुस्लिम इलाका है और गोविंद नगर हिंदुओं का। गोविंद नगर एक पहाड़ी पर स्थित है। अगर दोनों कॉलोनियों के बीच स्थित सड़क पर पर्याप्त चौकसी और पुलिस बंदोबस्त रहता तो शायद कोई अप्रिय घटना नहीं घटती। 26 जनवरी को महाआरती शाम 8.30 बजे खत्म हुई थी। थोड़ी देर बाद महाआरती में शामिल कुछ लोग गोविंद नगर से कॉलोनी की तरफ पत्थर फेंकने लगे। गोविंद नगर थोड़ा ऊंचाई पर स्थित है। पहले पत्थर आए और कुछ देर बाद एसिड बल्ब तथा पेट्रोल बम गिरने लगे। इसके बाद यह गिरोह पहाड़ी से नीचे उतरने लगा। मुसलमानों में भी कई उग्र युवक हर स्थिति का मुकाबला करने के लिए तैयार थे। उन्होंने शिवसैनिकों की हरकतों का करारा जवाब दिया और उन्हें वापस पहाड़ी पर खदेड़ दिया। यह सब कुछ 15-20 मिनट तक चलता रहा। इसके बाद पुलिस आ गई। पुलिस ने यहां भी वही रवैया अपनाया जो बंबई के तमाम दूसरे इलाकों में देखने में आया है।
>
> पुलिस वाले सड़क से होकर नहीं बल्कि हिंदुओं की भीड़ के साथ मौके पर आए। क्योंकि वह हिंदुओं के साथ वहां आए थे इसलिए उन पर भी पथराव हुआ। परंतु दिक्कत यह है कि पथराव करके आप अपनी हिफ़ाज़त का इंतजाम नहीं कर सकते। पुलिस वाले मुस्लिम बस्ती में घुस गए और गलियों पर गोलियां चलाने लगे। फकीर मोहम्मद नाम का एक व्यक्ति अपने घर में चटाई पर बैठा हुआ था। 66 वर्षीय फकीर मोहम्मद दिल का मरीज था। इंस्पेक्टर पाटिल जब उसके घर के सामने पहुंचा तो घर का दरवाजा खोलने की कोशिश करने लगा। जब दरवाजा नहीं खुला तो उसने खिड़की तोड़ दी और इस बूढ़े आदमी को चटाई पर ही गोली मारकर

ढेर कर दिया। पुलिस ने कुल 36 राउंड फायर किए। यह सरकारी बयान है। 9 लोग गंभीर रूप से घायल हुए और 2 मारे गए। घायल और मरने वाले सभी मुसलमान थे। एक भी हिंदू अस्पताल नहीं भेजा गया। इन आंकड़ों से सारी सच्चाई सामने आ जाती है। फिर भी वह तो यही कहेंगे कि मुसलमानों ने हिंदुओं पर हमला किया था। हम बड़ी मुश्किल से एक-दो निष्पक्ष पत्रकारों को इस बात के लिए राजी कर पाए कि वह खुद आकर देखें कि सच्चाई क्या थी। लेकिन इससे पहले ही पुलिस ने पर्चे बंटवा दिए जिनमें बताया गया था कि जिस समय महाआरती के बाद लोग वापस अपने घर जा रहे थे तभी फेरी वालों की बस्ती के 500 लोगों की भीड़ ने उन पर हमला कर दिया जिसके कारण पुलिस को भी हस्तक्षेप करना पड़ा। इस फसाद में पुलिस को फायरिंग करनी पड़ी जिसमें दो लोग मारे गए।

फायरिंग के बाद लगातार धमकियों, गिरफ्तारियों और तलाशी अभियानों का दौर चला। इस तरह पुलिस ने आमतौर पर काफी मिलिटेंट सी दिखाई देने वाली इस बस्ती की नाक में भी नकेल डाल ही दी।

महिलाओं की दास्तान

तमाम दूसरे दंगों और जाति-संहारों की तरह इस बार भी महिलाओं की पीड़ा शारीरिक पीड़ा और चोटों तक ही सीमित नहीं थी। महिलाओं के साथ हुई हिंसा में न केवल महिलाओं को बल्कि उनके पूरे समुदाय को हर तरह से ज़लील और अपमानित करने व उनके स्वाभिमान को पूरी तरह कुचलने की कोशिश की गई। महिलाओं के साथ ऐसी बर्बर हिंसा की गई जिससे उनके समुदाय के पुरुष कभी इस पीड़ाजनक अहसास से मुक्त न रह सकें कि वह अपनी महिलाओं को खुलेआम बलात्कार और बेइज्जती से भी नहीं बचा पाए। जो महिलाएं भीड़ के हाथों पड़ीं उनके साथ क्या कुछ हुआ इसका एक ज्वलंत उदाहरण सीमा हाकिम हैं।

सीमा हाकिम 35 वर्षीय मुस्लिम महिला हैं और उनके तीन बच्चे हैं। वह दंगों से पहले चरकोप आशियाना कोऑपरेटिव सोसायटी, प्लाट नं. 435, सेक्टर-IV, कमरा नं. 3, कांदीवली (पश्चिम), बंबई में अपने पति शाहिद हाकिम के साथ रहा करती थीं। शाहिद हाकिम अफ्रीकी देशों को रेडीमेड कपड़े और सस्ते गहने निर्यात करने का छोटा सा कारोबार करते थे।

सीमा के पति को बलवाइयों ने उनकी आंखों के सामने पीट-पीट कर मार डाला। उन्होंने सीमा के घर की एक-एक चीज लूट ली और पूरा घर तबाह कर दिया। इसके बाद पहले उन्होंने सीमा को पूरे मोहल्ले में नंगा घुमाया और फिर उनके साथ सामूहिक बलात्कार किया। मेरी मुलाकात सीमा से डोम्बीविली पुलिस थाने में हुई। मैं राहत और पुनर्वास कार्यों में सक्रिय दो सामाजिक कार्यकर्ताओं—शैला सतपुते व शमा दलवाई के साथ उनसे मिलने गई थी। हमारे पहुंचने से पहले पुलिस वाले कई घंटे तक सीमा से पूछताछ कर चुके थे।

वह उन्हें अपने हमलावरों की शिनाख्त करने के लिए कह रहे थे। जब वह बाहर निकली तो ऐसा लगता था मानो वह किसी यातनागृह से बाहर निकली हों। जब हमने सीमा की तरफ से पुलिस द्वारा दर्ज किए गए बयान को देखा तो यह देखकर हमें बहुत आश्चर्य नहीं हुआ कि उनकी एफआईआर में बेहद गोलमोल भाषा का इस्तेमाल किया गया था। उसमें न तो उन सभी लोगों के नाम थे जिन पर सीमा ने आरोप लगाए थे कि वह हमलावरों में शामिल थे और न ही सीमा के साथ हुए सामूहिक बलात्कार का जिक्र था।

पुलिस ने सीमा की मेडिकल जांच भी नहीं करवाई थी। शैला ताई और शमा ने पुलिस वालों से कहा कि सीमा का बयान उनकी मौजूदगी में दोबारा लिखा जाए। जब सीमा ने दोबारा अपना बयान दिया तो मैंने उनकी कही बातों को लगभग शब्दशः नोट कर लिया। सीमा के शब्दों में :

> 10 जनवरी की शाम को लगभग 8-9 बजे के बीच चरकोप में दंगा शुरू हो गया। 11 फरवरी को हमारे मकान मालिक वसीम ने हमें बताया कि हमारे घर के बाहर कुछ लड़के खड़े हैं जो कह रहे हैं कि *'यहां आज अंगार लगाना है।'* वसीम ने कहा कि हम घर छोड़ कर चले जाएं तो ज़्यादा अच्छा रहेगा। उस इलाके में कुल मिलाकर सिर्फ चार-पांच मुस्लिम परिवार रहते थे। बाकी लोग पहले ही अपने घर छोड़ कर जा चुके थे। मेरे पति जनता दल की स्थानीय इकाई के अध्यक्ष थे। मैं खुद भी जनता दल की सदस्य थी। मेरे पति ने कहा : 'वसीम पढ़ा-लिखा आदमी नहीं है इसीलिए ऐसी बातें कर रहा है। हमारी चाल में आग लगाने कोई नहीं आ रहा।' 11 तारीख की रात को मैं और मेरे पति अपने बच्चों को लेकर मलाड में मेरी सास से मिलने गए। अगले दिन मेरी सास की बिल्डिंग के ग्राउंड फ्लोर में आग लगा दी गई। इसलिए हम उन्हीं के पास रुक गए। 14 जनवरी को मेरे पति और मैंने एक ऑटो-रिक्शा वाले से पूछा कि चरकोप में हालात कैसे हैं। उसने हमें बताया कि वहां अब हालात सामान्य हो गए हैं। हमने अपने बच्चों को सास के पास ही छोड़ दिया और ऑटो-रिक्शा में बैठकर शाम के लगभग 4 बजे अपने घर की हालत का पता लगाने के लिए चरकोप की तरफ चल दिए। शाहिद के पास काफी पैसा भी था। चरकोप जाने के बाद हमें खरीदारी करनी थी क्योंकि कुछ दिनों बाद शाहिद को नेरौबी जाना था। हमने देखा कि हमारे एक कमरे वाले घर में बाहर से कुंडी लगी हुई थी। 12 तारीख को घर छोड़ने से पहले हमने जो ताला लगाया था वह टूट चुका था। हमने दरवाजा खोला तो पता चला कि घर में कोई सामान नहीं बचा था। हमारा सोनी का टीवी, वीसीआर, मिक्सर, 75,000 रुपए नकद, 8 तोले सोना, कुछ घड़ियां, विदेशी कपड़े और दूसरे कीमती सामान गायब थे। फ्रिज और तमाम बर्तन टूटे पड़े थे। सारा घर पूरी तरह तहस-नहस था। चारों तरफ पुराने कपड़े बिखरे पड़े थे।
>
> यहां तक कि छत का पंखा भी उतार लिया गया था। मेरे पति ने मुझसे कहा :

'सीमा सामान को छोड़ो वापस चलते हैं।' जैसे ही हम दरवाजे से बाहर निकले 25-50 लोगों ने हमें घेर लिया। वे हमें पीटने लगे। हम अपने पड़ोसियों से पनाह मांगने के लिए खूब गिड़गिड़ाए मगर किसी ने हमें अपने घर में जगह नहीं दी। उन्होंने कहा : 'तुम मुसलमान हो और हमारा मोहल्ला हिंदुओं का है। *मुसलमानों के साथ ऐसा ही होना चाहिए।*'

दूसरे मुस्लिम परिवारों के घर भी लुट चुके थे। यहां तक कि घरों की छत भी उड़ा दी गई थी। हमारे पड़ोस की हिंदू औरतें दंगाइयों से कह रही थीं : 'इन्हें खूब मारो, इनकी आंखें फोड़ दो।'

हमारे पड़ोस में रॉकी नाम का एक आदमी है। उसकी पुलिस से बड़ी अच्छी दोस्ती है। पुलिस वाले हमेशा उसके घर आते रहते हैं। उसने कहा : 'मुसलमानों को तो जान से मार देना चाहिए। *बहुत चर्बी है इनके ऊपर।* जो सद्दाम ने किया वही इनके साथ होना चाहिए।' इसके बाद हमारे पड़ोस की औरतों ने दरवाजे बंद कर दिए।

उन्होंने पहले शाहिद पर हमला किया। मैं उनके साथ खड़ी थी। मैंने कहा, 'तुम मुझे मार डालो, इन्हें मत मारो।' वे लोग चिल्लाए, 'तुम सारे मुसलमान हथियार लेकर घूमते हो।' हम खूब गिड़गिड़ाए कि हमारे पास कोई हथियार नहीं है। हम तो सिर्फ अपना घर देखने आए थे।

हमलावरों के पास गुप्ती, चाकू और त्रिशूल जैसे तरह-तरह के हथियार थे। सबसे पहले एक आदमी ने शाहिद के सिर पर सरिया मारा। उसके बाद वे सारे एक साथ शाहिद पर टूट पड़े। वे हमारे पड़ोस के लोग नहीं थे। मगर इतना ज़रूर है कि वे हमारे पड़ोसियों के घरों से ही निकले थे। हमारे पड़ोसी भी उनकी पूरी मदद कर रहे थे। सारे पड़ोसी चुपचाप खड़े देखते रहे। हमारी चाल के लोग कह रहे थे : 'हम यहां मुसलमानों को नहीं रहने देंगे।'

इसके बाद वे मुझे भी पीटने लगे। जब एक आदमी ने शाहिद के सिर पर गुप्ती मार कर उनका सिर फाड़ दिया तो वह गिर पड़े। फिर उन्होंने दो गुप्ती शाहिद के पेट में घोंप दी। उनमें से एक आदमी कहीं से आग ले आया और मेरे पति का चेहरा जलाने लगा। पड़ोस में सिगरेट की दुकान चलाने वाला इन लोगों की मदद कर रहा था। वह उन्हें इस दौरान सिगरेट पिलाता रहा।

फिर उन्होंने मुझ पर भी सरिये से वार किया। मेरी आंखों के सामने अंधेरा छा गया। तभी उनमें से किसी ने कहा, 'इसे नंगी करके मारो।' एक ने चाकू से मेरी जम्पर फाड़ दी। मेरी सलवार भी फट कर एक तरफ से आधी लटक गई। मेरा दुपट्टा भी तार-तार हो गया। उन्होंने मुझ पर सरिये का फिर वार किया और मेरी सारी चीजें छीन ली। मैं सोने की एक चेन, सोने की दो अंगूठियां, चार सोने की चूड़ियां, सोने की बालियां और घड़ी पहने हुए थी। मेरे पति के पास 15,000 रुपए

और सोने की एक भारी अंगूठी थी। उन्होंने सब चीजें छीन लीं। मेरे पति के पास इसलिए इतना सारा पैसा था क्योंकि घर से लौटने के बाद हम शॉपिंग के लिए जाने की सोच रहे थे। सिर्फ तीन दिन बाद, 17 तारीख को उन्हें नेरौबी लौटना था।

उनमें से एक आदमी को बाकी सारे मामा कहकर पुकार रहे थे। मैं उसे जानती तो नहीं मगर सामने आएगा तो मैं उसे ज़रूर पहचान लूंगी। उसने मेरे बाल पकड़े और मुझे सड़क पर बेरहमी से घसीटने लगा। वे कई घंटों तक मुझे नंगा करके मोहल्ले भर में घुमाते रहे। आखिर में मुझे वे हमारे ही घर के पिछवाड़े ले आए। मैंने चारों तरफ देखा मगर मेरे पति का वहां निशान भी नहीं था। उन्होंने मुझे कमरे में धकेल कर वहीं गिरा दिया जहां हमारे कपड़े बिखरे पड़े थे। मुझे जोर से चोट लगी। उन्होंने मेरी आंखों पर वार किया जिससे मैं बेहोश हो गई। जब वे मुझे सड़कों पर घसीट रहे थे तभी उन्होंने मेरा कुर्ता तो पूरी तरह फाड़ कर फेंक दिया था मगर मेरी चोली अभी भी मेरे सीने पर थी। सलवार फट कर आधी लटकी हुई थी। जब मैं होश में थी तब मैंने मामा नाम के उस आदमी को कहते हुए सुना, 'अब तू देख हम तेरे साथ क्या करते हैं। हम तेरे साथ ज़ीनाखोरी (बलात्कार) करेंगे। जो कपड़े बचे है उतार दे।' इसके बाद उन्होंने मेरी आंखों पर वार किया और सिर पर सरिया दे मारी। उन्होंने मेरी छाती और पेट में लात और घूंसों से वार किया। इसके बाद मैं बेहोश हो गई।

जब मुझे दोबारा होश आया तो मैंने देखा कि मेरे बदन पर एक धागा भी नहीं बचा था। मैं पूरी तरह गंदगी में पड़ी थी। मेरे गुप्तांगों से खून बह रहा था। मेरे इन हिस्सों पर अभी भी सूजन और घाव हैं। इससे मुझे भीतर-बाहर दोनों तरफ दर्द होता है। जब मैं होश में आई तो मुझे भयानक दर्द हो रहा था। रात हो चुकी थी। मैंने बिखरे पड़े कपड़ों में से एक सलवार कमीज निकाल कर पहनी। धीरे-धीरे मैं घिसटते हुए बाहर आई। वहां मुझे एक सफेद कार खड़ी दिखाई दी। उस पर महाराष्ट्र की नंबर प्लेट थी। मैं दीवार के साथ-साथ घिसटते हुए जैसे-तैसे इस कार तक पहुंची। एक आदमी उसके बाहर खड़ा था और दूसरा भीतर बैठा था। मैंने उन्हें अपनी आपबीती सुनाई और कहा कि वे मुझे नजदीकी पुलिस चौकी तक पहुंचा दें। मगर उन्होंने कहा, 'नहीं, नहीं, यहां से भाग जाओ।' वहां एक और अधेड़ आदमी खड़ा था। उसने उन्हें कहा, 'इसे ले जाकर मेन रोड पर छोड़ दो।' इसके बाद इन दोनों लोगों ने मुझे गाड़ी में बिठाया और चरकोप पुलिस थाने से कुछ दूर लाकर छोड़ दिया। चौकी के बाहर पुलिस की एक जीप और एक बड़ी-सी गाड़ी तथा चार सिपाही खड़े थे। उन्हें देखकर मैं चिल्लाई, 'भाई साहब, देखो मेरी क्या दुर्गति हुई है। मेरे पति को भी मार डाला।'

एक अधेड़ पुलिस वाले ने मेरी चीख सुनकर कहा, 'तुम अपने घर वापस क्यों गई थी। *तुम लोगों के साथ तो ऐसा होना मांगता है।* तुम्हारे ऊपर बहुत चर्बी

चढ़ गई है। तुम वहां फसाद करने गई क्यों थी?' उन्होंने मेरी मदद करने से मना कर दिया और कहा : 'हम कुछ नहीं जानते। तुम्हें जो कुछ कहना है वह कांदीवली थाने में जाकर लिखवाओ। ये रहा ऑटोरिक्शा, इसमें बैठो और भाग जाओ।' उन्होंने एक ऑटोरिक्शा वाले को बुलाया और अपने एक आदमी को मेरे साथ जाने के लिए कहा। इसके बाद मैं यहां इसी पुलिस थाने में आई थी। यहां के लोगों ने मुझे दो-तीन पुलिस वालों के साथ एक वैन में बिठाकर उस इलाके का चक्कर लगवाया। मैं लगभग बेहोशी की हालत में थी। वे उसी हालत में मुझे दोबारा दंगे वाली जगह ले गए। रास्ते में उन्होंने एक लाश का मुआयना किया। इसके बाद वे मुझे मेरे मोहल्ले में ले गए। मैं वैन में ही बैठी रही। पुलिस वाले बाहर गए और मेरे घर को देखा। एक सिपाही ने मुझे चाय पीने के लिए कहा। मैंने मना कर दिया। मैं वैन में ही लेट गई। उसने भी मेरे साथ बदतमीजी की। {पहले सीमा ने ऐसा संकेत दिया था कि उनके साथ कुछ पुलिस वालों ने भी बलात्कार किया था परंतु पुलिस थाने में वह इस बारे में बताने से घबरा रही थीं और वहां उन्होंने सिर्फ 'बदतमीजी' की बात कही।} 'उसने मेरा पेट दबाया, मेरे हाथ और स्तन भीचें और बार-बार मुझ पर चाय पीने के लिए दबाव डालता रहा। मैंने चाय पी ली। मुझे इतना होश ज़रूर था कि मैं जान सकती थी कि मेरे साथ क्या हो रहा है मगर मेरे अंदर इतनी हिम्मत नहीं थी कि मैं किसी का विरोध कर सकूं या कोई हरकत कर सकूं क्योंकि मुझे चक्कर आ रहे थे।'

फिर पुलिस वाले मुझे भगवती हॉस्पिटल (एक सरकारी अस्पताल) लेकर गए। मैं तीन दिन तक अस्पताल में पड़ी रही। दो दिन तक मेरे घर का कोई आदमी मुझसे मिलने नहीं आ सका। मैं बार-बार होश में आती, बेहोश हो जाती। उस हालत में अगर मैं उनसे पानी भी मांगती थी तो कोई मेरे मुंह में दो बूंद पानी भी नहीं डालता था। तीसरे दिन, मैं अस्पताल वालों पर चीख पड़ी, 'तुम लोग मुझे जरा सा पानी भी नहीं दे सकते।'

उन्होंने मुझे नींद के दो इंजेक्शन लगा दिए और कागज पर कुछ दवाइयां लिख दीं। मगर क्योंकि मेरा कोई रिश्तेदार वहां नहीं था इसलिए मेरे लिए दवाई नहीं आई। उन्होंने मेरी भीतरी जांच {बलात्कार का पता लगाने के लिए} भी नहीं की। उन्होंने सिर्फ मेरे छाती के घावों को देखा, मेरे कुछ एक्सरे लिए और कागज पर दवाइयां लिख दीं। मैंने उनसे कहा, 'मेरा पाजामा बदल दो। यह गंदा हो गया है और हिलने-डुलने में भी चुभता है।' मगर उन्होंने कहा : 'चुपचाप पड़ी रहो। अगर तुम्हें कुछ चाहिए तो अपने घरवालों को बुला लो।'

16 तारीख की सुबह जब मेरे घरवाले आए तो अस्पताल वालों ने मुझे छुट्टी दे दी। तब मेरे घर वालों ने मुझे बांद्रा के होली क्रॉस अस्पताल में भर्ती करवाया। होली क्रॉस अस्पताल के डॉक्टरों ने भी मेरी भीतरी जांच नहीं की। मैंने अपने देवरों

से भी मेरी जांच करवाने के लिए कहा मगर उन्होंने कहा कि 'अब तो आठ-दस दिन हो चुके हैं। अब जांच का क्या फायदा? हमें अपने भाई को दफनाना है और यहां तुम्हें अपनी जांच की पड़ी है।'

मैं दो-तीन दिन तक होली क्रॉस अस्पताल में रही। हालांकि उन्होंने दो हफ्ते आराम करने के लिए कहा था मगर मैं ज़ल्दी-से-जल्दी छुट्टी चाहती थी। अस्पताल में मेरा जी घबराता था।

मैंने पहली बार भी पुलिस वालों को ये सारी बातें बताई थीं और उन सारे हमलावरों के नाम बताए थे जिन्हें मैं पहचानती हूं। मगर आज जब पुलिस वाले शिनाख्त के लिए लोगों को लाए तो उनमें न तो मामा था न वह सिगरेट वाला था जो उनकी मदद कर रहा था। वह उन सबको अच्छी तरह ज़रूर जानता होगा।

सीमा ने बताया कि पुलिस वाले बार-बार उन्हें थाने में बुलाकर घंटों बिठाए रखते हैं। वह दबाव डाल रहे हैं कि सीमा पुलिस वालों के खिलाफ ज़्यादती का आरोप वापस ले ले।

वफादारी का इम्तहान

ज़्यादातर हिंदू अपने मुस्लिभ विरोधी इरादों को सही ठहराने के लिए शहाबुद्दीन और दूसरे कट्टरपंथी मुस्लिम नेताओं की गैर-जिम्मेदाराना हरकतों का जिक्र करते हैं। विडंबना यह है कि आज के हालात में मुसलमान खुद ही अपने ऐसे उन्मादी नेताओं से दूर होते जा रहे हैं क्योंकि उन्हें इन नेताओं के कारनामे समझ में आने लगे हैं। राहत कार्यों में लगे एक सरकारी अधिकारी ने कहा :

> बहुत सारे मुस्लिम राहत शिविरों में कई मुस्लिम मर्दों ने आकर मुझे बताया है कि 'साहब फलां-फलां आदमी गुंडा है। उसी ने हमारे इलाके में गड़बड़ी फैलाई थी। आप उसे गिरफ्तार कर लीजिए।' अगर वह सचमुच उतने ही सांप्रदायिक होते जितना कि हिंदू उन्हें बताते हैं तो भला वह खुद अपने समुदाय के अपराधी तत्वों के खिलाफ सुबूत क्यों देते? मगर आज हिंदू इन्हीं सताये हुये मुसलमानों से वफादारी के और भी कड़े सुबूत मांगते हैं। वह मुसलमानों को अपने घरों में लौटने की सहूलियत देने के बदले उनसे अपमानजनक शर्तें मनवाने पर अड़े हुए हैं। बहुत सारे मुसलमानों से उन्होंने अभी से लिखवा लिया है कि वह न तो मुसलमानों को किराएदार रखेंगे और न किसी मुसलमान को अपना घर बेच कर जाएंगे।

मुसलमानों को यह साबित करने के लिए कहा जा रहा है कि वे 'गद्दार' नहीं हैं। उन्हें भारतीय राज्य के प्रति बिना शर्त वफादारी रखने और उसके तमाम निर्देशों और प्रतीकों के सामने सिर झुकाने के लिए कहा जा रहा है जबकि हिंदुओं से ऐसी कोई उम्मीद नहीं की जाती।

'स्वधार' नामक संस्था से जुड़ी शैला सतपुते बड़े दुख भरे शब्दों में बताती हैं कि

मुसलमानों से जो मांग की जा रही है कल उसके कितने खतरनाक परिणाम सामने आएंगे : पूरा माहौल इतना दूषित हो चुका है कि इस साल हमें मुस्लिम इलाकों में जाकर उन्हें इस बात के लिए समझाना पड़ा कि वह 26 जनवरी ज़रूर मनाएं क्योंकि उन्हें इस देश के प्रति वफादारी का प्रमाणपत्र पाना है। उन्हें 'साबित' करना है कि वे 'गद्दार' नहीं हैं। इन हालात की उस दौर से तुलना करके देखिए जब मैं युवा थी और 'युवा क्रांति दल' के साथ काम करती थी। उस समय हम 26 जनवरी को 'काला दिवस' के रूप में मनाते थे। हमारा कहना था कि जब तक दलितों और दूसरे दबे-कुचले लोगों को इस गणतंत्र में उनका वाजिब हक नहीं मिलता तब तक हमारे लिए इस 26 जनवरी का कोई मतलब नहीं है। मुझे 15 अगस्त 1971 की घटना आज भी याद है। हमारा संगठन हमेशा की तरह उस साल भी 15 अगस्त को 'काला दिवस' के रूप में मना रहा था। 15 अगस्त की उस रात को हम मशाल जुलूस निकालने वाले थे। मुझे 15 दिन बाद ही बच्चा होने वाला था फिर भी मैं अपने पति से इस बात पर झगड़ पड़ी थी कि मैं जुलूस में ज़रूर जाऊंगी। उन्हें मेरी चिंता इसलिए ज़्यादा थी क्योंकि सुनने में आ रहा था कि पुलिस जुलूस को अपने मुकाम तक नहीं जाने देगी जिसकी वजह से खून-खराबा भी हो सकता है। मेरे पति ने कहा कि 'अगर हिंसा होने लगी तो मैं इस स्थिति में नहीं होऊंगा कि तुम्हारी देखभाल करूं और तुम्हें सुरक्षित घर वापस ले आऊं। ऐसी सूरत में मैं प्रदर्शनकारियों के पास ही रहना चाहूंगा।' उन दिनों में हमारा जोश और जज़्बा ऐसा होता था।

मगर इस साल हमें हर इलाके के मुसलमानों के पास जाकर यह कहना पड़ा कि 'इस बार तुम तिरंगा ज़रूर फहराओ। तभी लोग तुम्हें देशभक्त मानेंगे। तब तुम्हें कोई गाली नहीं देगा।' देखिए कितनी घटिया हो गई है हमारी राजनीति। हमारे इलाके के हिंदू मौहल्लों में सन्नाटा छाया हुआ था मगर मुस्लिम इलाकों में लोग 26 जनवरी को भी ईद की तरह मना रहे थे। लोग गाना-बजाना कर रहे थे, बच्चे नए कपड़े पहने और हाथों में तिरंगा लिए घूम रहे थे। 26 जनवरी मनाकर वह इसी बात का दावा करना चाहते हैं कि यह देश उतना ही उनका भी है जितना हिंदुओं का। मुझे सचमुच बुरा लगा कि उन्हें इस वहशियत के बावजूद गणतंत्र दिवस मनाना पड़ रहा है। उनके दिलों पर क्या गुजर रही होगी! मगर वह अपना दुख व्यक्त नहीं कर रहे हैं क्योंकि उन्हें पता है कि अगर उन्होंने इस मौके पर शोक मनाया तो उन्हें 'गद्दार' कहा जाएगा।

मैं तुम्हें आज सुबह की एक और घटना बताती हूं। आज सवेरे मैं 26 जनवरी की तैयारियों के सिलसिले में गोलीबर नाम के एक झोपड़पट्टी इलाके में गई थी। सुबह के लगभग पौने आठ बजे थे। लोग बहुत अच्छे मूड में थे मानो कह रहे हों कि अब 'हम तुम्हें दिखाते है कि अपने देश के प्रति हम कितने वफादार हैं।' गोलीबर के बाहर जहां मुस्लिम बहुल इलाका खत्म होता है और हिंदू बहुल इलाका शुरू

होता है वहीं दोनों इलाकों के बीच पाखानों की एक कतार बनी हुई है। 16 साल का एक अपाहिज मुसलमान लड़का पाखाने के लिए गया था। उसकी नज़र बहुत कमजोर है। वह अच्छी तरह देख ही नहीं सकता। पड़ोसी इलाके के कुछ हिंदू लड़कों ने उसे पाखाने के पास पकड़ लिया और चाकू-तलवारों से उसे बुरी तरह जख्मी कर दिया। उन्होंने उसके हाथ-पैर तोड़ दिए और सिर पर भी गहरे वार किए।

वह वहीं गिर पड़ा। यह ठीक उसी वक्त की बात है जब मैं वहां पहुंची थी। चारों तरफ पुलिस वाले तैनात थे मगर उन्होंने इस हमले को रोकने के लिए कुछ नहीं किया। जब सब कुछ खत्म हो चुका तो वे मौके पर आए। उन्होंने लापरवाही से चारों तरफ देखा और घायल लड़के को लेकर अस्पताल चले गए। जब मैं पहुंची तो वहां खूब सारे लोग जमा थे। थोड़ी देर पहले वे जितने उत्साह में थे अब इस वारदात को लेकर उतने ही गुस्से और हिंसक मूड में थे। कुछ लोग गालियां देने लगे। जब उन्होंने मुझे देखा तो बोले : 'ताई तुम हम पर यकीन नहीं करती न? इस मकान की छत पर जाकर खुद देख लो।' मैं जल्दी-जल्दी सीढ़ी से ऊपर चढ़ी तो देखा कि शिवसेना के कुछ लड़के हाथों में तलवार लिए दौड़ रहे हैं। मेरे जैसी एक मध्यमवर्गीय हिंदू औरत को इस तरह ऊपर चढ़ते देखकर वे सकते में आ गए। मैंने माथे पर बिंदी लगाई हुई थी और मेरे कपड़े-लत्तों से साफ पता चलता था कि मैं झोपड़पट्टी में नहीं रहती हूं। उन्होंने जल्दी-जल्दी अपने हथियार छिपा लिए और कोने में खड़े होकर मुझे देखने लगे। कुछ दूरी पर रेलवे वालों की थोड़ी सी जमीन है जो एक दीवार से घिरी हुई है। इस दीवार के पीछे खड़े होकर रेलवे पुलिस के लोग भी मजे से पूरा नजारा देख रहे थे।

क्योंकि यह लोग कुछ ऊंचाई पर थे इसलिए आसानी से देख सकते थे कि मुस्लिम लड़के को किस तरह से मारा गया है। मुझे वह दृश्य साफ-साफ याद है। उनकी बंदूकों का निशाना मुस्लिम बस्ती की तरफ, मेरी तरफ था—न कि हमलावरों की तरफ जबकि उन्होंने पूरे हमले को अपनी आंखों से खुद देखा था। उनका इरादा इस घटना के जरिए मुसलमानों को उकसाने का था। उन्हें यकीन था कि इस तरह की घटना के बाद मुसलमान हिंसा पर उतारू हो जाएंगे। हर तरफ अफरा-तफरी फैल जाएगी। कुछ मुसलमान छतों पर चढ़ कर हिंदू बस्ती की तरफ पत्थर फेंकने लगेंगे। और इसी बहाने पुलिस वाले मुसलमानों पर गोली चला देंगे। मगर मेरे वहां पहुंचने से उनके सारे मंसूबे धरे के धरे रह गए। मैं उन पर चिल्ला पड़ी : 'तुम बंदूक क्यों नहीं चलाते? तुमने मुझ पर और बस्ती पर ही निशाना साधा हुआ है न! अगर हिम्मत है तो मुझ पर गोली चलाकर दिखाओ!'

उन्होंने गोली तो नहीं चलाई मगर हमलावर लड़कों को भी नहीं रोका। अगर वह चाहते तो उन लड़कों को गिरफ्तार कर सकते थे या उनकी टांगों में गोलियां मारकर उन्हें भागने से रोक सकते थे। मगर उन्होंने कुछ भी नहीं किया। जब मैंने

उन्हें मुझ पर गोली चलाने के लिए कहा तो उन्होंने बंदूकें एक तरफ रख दी और आपस में बात करते हुए मेरा मजाक उड़ाने लगे।

मैं नीचे उतरी और मुसलमानों से हाथ जोड़कर कहा कि वह शांत रहें। मैंने कहा 'आज फसाद मत करो। ये सारी हरकतें तुम्हें बदनाम करने के लिए जानबूझ कर की जा रही हैं। इनका कोई जवाब मत दो।' वह मेरी बात मान गए। वह कर भी क्या सकते थे? वह तो पहले ही टूटे हुए और बेसहारा हैं। उनका गुस्सा सिर्फ आत्मघाती हो सकता है। उन्होंने मुझसे कहा 'ताई हम अमन चाहते हैं। पर अगर ये लोग ऐसे ही करते रहे तो हम चैन से कैसे रह सकते हैं?' फिर भी मेरे कहने पर उन्होंने खुद को काबू में रखा और कोई गलत कदम नहीं उठाया।

आम दिनों में भी मुसलमानों का खूब तिरस्कार होता है। उनके साथ हर जगह भेदभाव किया जाता है। इसीलिए वह अपनी गरीब बस्तियों में कैद रह जाते हैं। बार-बार की हिंसा से मुस्लिम समुदाय की विपन्नता और निःसहायता और बढ़ गई है। इससे मुस्लिम समुदाय का बड़े पैमाने पर अपराधीकरण हो रहा है। अगर उनकी आजीविका के सारे रास्ते बन्द कर दिये गये तो उनमें से बहुत सारे लोगों के सामने आपराधिक गतिविधियों के जरिए रोज़ी कमाने के अलावा और कोई रास्ता नहीं बचेगा। इससे न केवल मुसलमानों के लिए बल्कि बाकी समाज के लिए भी खतरनाक हालात पैदा हो जाएंगे।

मध्यम एवं उच्चवर्ग की भूमिका

गुंडों, असामाजिक तत्वों, बिल्डर लॉबी और राजनीतिक दलों की आपसी तकरार को अकसर इस हिंसा का कारण बताया जाता है। ये सारे कारण इस हिंसा के पीछे निश्चय ही एक अहम भूमिका निभाते हैं। परंतु ये चीजें एक खास बिंदु तक ही अहमियत रखती हैं। किसी भी समाज पर गुंडे और बिल्डर लॉबियां तब तक हावी नहीं हो सकते जब तक समाज खुद अपराधी तत्वों की इस चौधराहट को अपनी मौन या मुखर स्वीकृति प्रदान न कर दे।

पुराने दंगों में ज़्यादातर गुंडे ही मारकाट और लूटमार में सक्रिय रहते थे। उन्हें गुंडा विरोधी कानूनों के तहत गिरफ्तार करके फौरन शांति-व्यवस्था बहाल की जा सकती थी। ऐसी स्थिति में सिर्फ उन लोगों को हिरासत में ले लेना ही काफी था जिनका पहले से कोई आपराधिक रिकार्ड था। मगर पिछले कुछ सालों में दंगे सिर्फ इन लोगों तक ही सीमित नहीं रह गए हैं। मध्यम और उच्चवर्ग का भी एक बड़ा हिस्सा इस हिंसा को हवा देने में अहम भूमिका निभा रहा है। एक वरिष्ठ सरकारी अधिकारी ने बताया :

आम दिनों में जो लोग घर में एक बड़ा चाकू रखने से भी डरते थे वही अब मुसलमानों पर पेट्रोल बम फेंक रहे थे, लोगों को जिंदा जला रहे थे और उसमें मजा ले रहे थे...। यह मेरी आंखों के सामने की बात है। दादर के मध्यवर्गीय इलाके में बहुत सारे सम्मानित से दिखाई देने वाले लोग एक मुस्लिम लड़के को घेरे हुए थे। इनमें से बहुत सारे लोग बैंक में काम करते हैं। उन लोगों ने एक मुस्लिम लड़के को

उठक-बैठक लगाने के लिए कहा। फिर उन्होंने कहा कि : 'जब तुम बैठो तो *जय श्री राम* बोलो और जब ऊपर उठो तो *वंदे मातरम* कहो।' और जब सौवी बार उसने जय श्री राम कहा तो उन्होंने उसे सरेआम छुरा घोंप दिया। मैंने किसी की मौत पर ऐसी भयावह खुशी पहले कभी नहीं देखी। अकसर कहा जाता है कि बेरोजगार युवा अपने दिल का गुबार निकालने के लिए इन दंगों में कूद पड़ते हैं मगर इस बार तो दंगों में हिस्सा लेने वाले ज़्यादातर लोग न केवल रोजगारशुदा थे बल्कि वह संपन्न संगठित क्षेत्र में काम करने वाले लोग थे। और तो और, इनमें सरकारी कर्मचारी और पेशेवर ट्रेड यूनियन कार्यकर्ता तक शामिल थे। इस हिंसा में अफरा-तफरी जैसा कुछ भी नहीं था। सब कुछ सुनियोजित और सोचे-समझे ढंग से किया गया था...।

यह बड़ी हैरानी की बात है कि अब शहर के संपन्न लोग भी न केवल इस तरह के व्यवहार को मंजूरी दे रहे हैं बल्कि उसे बढ़ावा भी दे रहे हैं। बंबई में कलानगर नाम की एक कॉलोनी है। वहां कलाकार, लेखक, चित्रकार, बुद्धिजीवी और उच्च मध्यवर्गीय—यानी सभ्य-अभिजात्य लोग—रहते हैं। वह बौद्धिक मसलों पर बड़े-बड़े लेक्चर और संगीत सभाएं आयोजित करते हैं और उनके जलसों में अच्छी-खासी भीड़ जुटती है। 12 जनवरी को मैं अपनी कार में बैठ कर उसी इलाके से गुजर रहा था। मेरी कार से कुछ फासले पर आगे-आगे एक टूरिस्ट टैक्सी जा रही थी। टैक्सी की पिछली सीट पर दो महिलाएं बैठी हुई थीं। एक जगह दो-तीन लड़कों ने उन महिलाओं की टैक्सी को रुकवा दिया। पहले उन्होंने टैक्सी वाले से उसका नाम पूछा। शायद उसने कोई हिंदू नाम बताया इसलिए उन्होंने उसे चले जाने दिया। जैसे ही टैक्सी वाला कुछ कदम आग पहुंचा इन लड़कों ने हाथ हिलाकर आगे खड़े एक और गिरोह को इशारा कर दिया। अचानक लगभग 25 लोग दूसरी तरफ से लाठियां और चाकू लेकर सड़क के बीचोंबीच आ खड़े हुए। टैक्सी वाले को टैक्सी रोकनी पड़ी।

इस गिरोह ने भी टैक्सी वाले से उसका नाम पूछा और उसके जवाब की परवाह किए बिना उसका लाइसेंस मांगने लगे। उसके लाइसेंस से पता चला कि वह मुसलमान था और हिंदू नाम का सहारा लेकर जान बचाने की कोशिश कर रहा था। इससे पहले कि वह कुछ कह पाता एक आदमी ने उसकी पैंट खोल दी। फिर तो वे सारे उस पर टूट पड़े। वह खून की उल्टियां करता हुआ गिर पड़ा। इसके बाद उन गुंडों में से कुछ लोग टैक्सी की पिछली सीट पर बैठी दोनों हिंदू गुजराती महिलाओं (जिनमें एक अधेड़ उम्र की थी और एक लड़की थी) के पास गए और उनसे कहा, *'माताजी/बहनजी, बंबई के हालात बहुत खराब हैं, आप आगे मत जाइए। यहीं पास में हमारा घर है।'* पास की बिल्डिंग से उच्च मध्यवर्गीय सा दिखाई देने वाला एक आदमी निकला, उसने टैक्सी की डिक्की खोली, इन महिलाओं के बैग निकाले और उनसे बोला : 'आप हिफ़ाज़त से हमारे घर में बैठिए। वो तो मुसलमान है, आप

उसकी फिक्र मत कीजिए।' ऐसा कहते हुए वह दोनों महिलाओं को नजदीक की एक बिल्डिंग में ले गया।

इसके बाद उन्होंने टैक्सी उलट दी। एक आदमी सड़क के पास बने पेट्रोल पंप से डिब्बे में भरकर पेट्रोल ले आया। जब वह कार पर पेट्रोल छिड़क रहा था तो एक और आदमी *'मिले सुर तुम्हारा-हमारा'* का राष्ट्रीय एकता वाला गाना गाते हुए एक मशाल ले आया। उन्होंने टैक्सी में आग लगा दी। घायल मुस्लिम लड़के ने उठकर भागने की कोशिश की मगर जैसे ही वह उठा उसकी पैंट नीचे गिर गई। जैसे ही वह अपनी पैंट ऊपर करने के लिए झुका गिरोह के लोगों ने उसे पकड़ लिया और दोबारा उसे मारने लगे। इस बार जैसे ही वह नीचे गिरा उन्होंने पास की फुटपाथ से पत्थर की एक बड़ी सी सिल्ली उठाई और *'जय श्री राम'* चिल्लाते हुए उन्होंने सिल्ली उसकी छाती पर पटक दी। इस पूरे दौरान कई उच्च मध्यमवर्गीय लोग अपनी बॉलकनियों में खड़े होकर यह सब कुछ देख रहे थे मानो कोई फिल्म का मसालेदार सीन चल रहा हो। और तो और, थोड़ी सी दूरी पर कई पुलिस वाले भी चुपचाप खड़े सब कुछ देख रहे थे। उन्होंने दिन-दहाड़े हुए इस निर्मम कत्ल को रोकने के लिए जरा सी भी हरकत नहीं की।

अगर मैंने दखल दिया होता तो वे छूटते ही कहते, 'पहले हम तुम्हें मारेंगे और बाद में उसको।' आखिर मैं भी दाढ़ी तो रखता ही हूं। यही निशानी उन्हें उकसाने की वजह बन सकती है। मेरी दाढ़ी ही उन्हें यह यकीन दिलाने के लिए काफी थी कि मैं भी मुसलमान हूं। वह भूल चुके हैं कि खुद शिवाजी भी भरी-पूरी दाढ़ी रखते थे। जुनून के उन दिनों में तो अगर शिवाजी भी उनके सामने आ जाते तो शायद जिंदा न बचते क्योंकि उनकी नज़र में दाढ़ी एक मुकम्मल मुस्लिम प्रतीक है।

दादर थाने के पास दाऊद शू मार्ट नाम की एक काफी बड़ी और प्रसिद्ध दुकान है। इस दुकान का मालिक मुसलमान है। जब दंगाइयों ने उस दुकान को लूट लिया तो दुकान में रखे मंहगे-मंहगे जूतों को भी फुटपाथ पर 15-20 रुपयों में खुलेआम बेचा जा रहा था। मध्यवर्ग के बहुत सारे लोग हंसी-खुशी आए और लूटे गए इस माल को मिट्टी के मोल खरीद कर ले गए। बहुत सारे लोगों ने तो लूटपाट में खुद भी हाथ साफ कर लिया। उन्हें जो हाथ आया, ले भागे। अगर जूता उनके पैर के साइज का नहीं था तो बेशर्मी के साथ बाद में अपने दोस्तों के साथ उनकी अदला-बदली भी करते रहे। उनकी यह हरकत उनके अपराध का खुला सुबूत थी मगर फिर भी किसी के माथे पर शर्मिंदगी की एक शिकन तक नहीं थी।

कुछ मध्यमवर्गीय और संपन्न इलाकों में लोग शिवसेना की धमकियों के कारण मुसलमानों को खदेड़ रहे थे। शहर के संपन्न तबके का एक हिस्सा इस वहशियत पर सचमुच एक हद तक सहमा हुआ था क्योंकि दंगाई गिरोह पॉश इलाकों की उन इमारतों को भी जलाने पर आमादा थे जिनमें मुसलमानों की भी रिहाइश है। ऐसे इलाकों में लोगों को अपनी

सुरक्षा के लिए अपनी इमारतों के इर्द-गिर्द रात दिन पहरा देना पड़ा। उन्हें अच्छी तरह पता था कि अगर एक बार शिवसैनिक उनकी इमारत में आ घुसे तो उनकी लूटपाट सिर्फ मुसलमानों के घरों तक ही सीमित नहीं रहेगी। बहुत सारे संपन्न मुसलमानों ने भी (हिंदुओं की तरह ही) शिवसेना को अपनी हिफ़ाज़त के नाम पर भारी-भरकम पैसा दिया था। फिर भी बहुत सारे मुसलमान नहीं बच पाए। सभी बहुमंजिला इमारतों में लोगों ने अपने घर के बाहर लगी नेम-प्लेट्स हटा दी थीं ताकि शिवसैनिकों को यह पता न लग पाए कि किस मकान में मुस्लिम परिवार रहते हैं। ऐसी बहुत सारी इमारतों में हिंदुओं ने भी अपने मुस्लिम पड़ोसियों को कम से कम कुछ समय के लिए ही सही मगर वहां से चले जाने को कह दिया ताकि पूरी इमारत की सुरक्षा खतरे में न पड़ जाए। बड़े-बड़े मुस्लिम फिल्मी सितारों सहित बहुत सारे उच्चवर्गीय प्रतिष्ठित मुसलमानों को भी जुनून के वे दिन होटलों में बिताने पड़े।

बहुत सारी घटनाओं में मध्यवर्गीय हिंदू परिवारों ने अपने मुस्लिम पड़ोसियों के भीतर मौजूद असुरक्षा की भावना को जानबूझ कर और बढ़ा दिया। मिसाल के तौर पर, मराठा मंदिर के पीछे स्थित रिजर्व बैंक कॉलोनी में स्थित अफसरों के परिवारों ने अपने साथी मुस्लिम अफसरों को कॉलोनी छोड़ कर जाने के लिए विवश कर दिया। और तो और, हिंदू अफसरों के छोटे-छोटे बच्चों ने भी इस काम में बढ़-चढ़ कर हिस्सा लिया। वह मुसलमानों की खिड़कियों पर पत्थर फेंकते थे, उन्हें गालियां देते थे, उनके बच्चों को धमकाते, पीटते थे।

बहुत सारे इलाकों के लोगों ने अब इस आशय के प्रस्ताव भी पारित कर दिए हैं कि वहां मुसलमानों को नहीं रहने दिया जाएगा। पुनर्वास कार्यों में लगे लोगों ने हिंदुओं को खुलेआम यह ऐलान करते हुए देखा है कि 'हमारे एरिया में पाकिस्तान नहीं चाहिए।'

हिंसा के इस दौर में मध्यम और उच्चवर्गीय लोगों के बीच शिवसेना की लोकप्रियता को इस बात से भी आंका जा सकता है कि इस दौरान शिवसेना के अखबार *'सामना'* की बिक्री में अचानक भारी इजाफा हुआ। ऐसा पहली बार हुआ कि यह अखबार उन संपन्न लोगों के घरों तक भी जा पहुंचा जिन्हें अब तक इस बात पर गर्व था कि वह सिर्फ *इंडिया टुडे* और *टाइम* मैगजीन जैसी चीजें ही पढ़ते हैं। मगर रातोंरात *सामना* और शरद पवार के *नवाकाल* के लिए लोगों की लाइनें लगने लगीं। कई जगह तो लोग बोल-बोल कर *सामना* को पढ़ते थे और सड़कों के महत्वपूर्ण कोनों पर उसको चिपकाया जाता था। कुछ खास दिनों पर तो *सामना* 16 से 25 रुपए तक की कीमत पर बिका। कुल मिलाकर बाल ठाकरे ने उच्चवर्गीय हिंदुओं को भी इस बात का यकीन दिला दिया कि वही उनका रक्षक है।

18 जनवरी के आसपास यह अफवाह फैला दी गई कि बाल ठाकरे गिरफ्तार होने वाला है। सार्वजनिक क्षेत्र संस्थानों के कार्मिक प्रबंधक फोन करके पुलिस से पूछने लगे कि क्या यह खबर वाकई सच तो नहीं है। उनका कहना था कि उनके कर्मचारी बिना किसी से कुछ कहे दफ्तर छोड़ते जा रहे हैं। बाज़ार बंद होने लगे, ऑफिस खाली हो गए और इस अफवाह के आधार पर दुकानों को लूट कर जलाया जाने लगा। नतीजा यह हुआ कि

सरकार को रेडियो और टेलीविजन पर बार-बार घोषणा करनी पड़ी और माइक्रोफोन के जरिए सार्वजनिक स्थानों पर ऐलान करना पड़ा कि 'आप लोग शांत रहिए। बाल ठाकरे को गिरफ्तार नहीं किया गया है।'

दिन-दहाड़े कत्ल हो रहे थे। यह मारकाट सिर्फ झोपड़पट्टियों में ही नहीं बल्कि मध्यवर्गीय और उच्चवर्गीय बस्तियों में चल रही थी और जो लोग इन घटनाओं को देख रहे थे उन्होंने मोटे तौर पर इस हिंसा पर तालियां ही बजाईं। उन्होंने दोषियों के खिलाफ कार्रवाई की मांग नहीं की। मध्यमवर्गीय परिवारों के स्कूली बच्चे और कॉलेज जाने वाले लड़के चाकू लेकर निकलने लगे। कई ने इस बात का बड़े गर्व से ऐलान किया कि वह अपने एक मुसलमान सहपाठी को छुरा घोंप कर आए हैं! महिलाओं, बच्चों और किशोरों सहित हजारों मध्यवर्गीय लोग इन तथाकथित महाआरतियों के लिए कर्फ्यू के वक्त भी इकट्ठा हो जाते थे। हालांकि उन्हें अच्छी तरह पता था कि ये आरतियां दोबारा दंगे शुरू करने का सिर्फ एक छोटा सा बहाना भर हैं। इस तरह वे इन आपराधिक कृत्यों को और स्वीकार्यता दे रहे थे। उनके इन कामों में पुलिस भी साथ थी।

परंतु शहर के संपन्न तबके के कई लोगों ने अपनी चिंता और संवेदनशीलता भी व्यक्त की। वह सिटीज़ंस फॉर पीस (सीएफपी) नामक एक व्यापक मंच पर स्वतःस्फूर्त ढंग से इकट्ठा हुए। इस मंच की शुरुआत कारमाईकल रोड नामक पॉश इलाके के कुछ लोगों ने की थी। ये लोग शिवसैनिकों द्वारा मचाई गई तबाही देख चुके थे। जब लगभग 150 मुस्लिम परिवारों के घर जलाकर उन्हें खदेड़ दिया गया तो वह एक ऊंची इमारत में पनाह मांगने लगे। हाथों में तमाम तरह के हथियार लिए शिवसैनिक उनका पीछा कर रहे थे। शिवसैनिकों की मांग थी कि इन मुसलमानों को उनके हवाले कर दिया जाए। परंतु जिस इमारत में मुसलमानों ने पनाह ली हुई थी वहां के लोगों ने पुलिस बुला ली और मुसलमानों को पुलिस के हवाले कर दिया। इस घटना से ही सीएफपी की शुरुआत हुई। सीएफपी ने न केवल राहत कार्यों के लिए संसाधन जुटाने की कोशिश की बल्कि चौबीसों घंटे हॉटलाईन भी शुरू की ताकि फंसे हुए परिवार मदद मांग सकें और फलस्वरूप सीएफपी ऐसी शिकायतों पर ध्यान देने के लिए पुलिस या सेना पर दबाव डाल सके। सीएफपी को एक ऐसे समय में बहुत सारे स्वैच्छिक कार्यकर्ता और काफी सारी राहत सामग्री जुटाने में कामयाबी मिली जिस समय मध्यवर्गीय बुद्धिजीवियों सहित बंबई के ज़्यादातर लोगों को ऐसा लगता था कि मुसलमानों के साथ जो कुछ हुआ है वह सही है। यह उस स्याह दौर की एक बड़ी उपलब्धि है। क्योंकि सीएफपी ने प्रशासन को इस बात का अहसास करा दिया था कि वह सरकार की कार्रवाइयों पर नज़र रखे हुए है इसलिए सरकार पर एक किस्म का नैतिक दबाव पड़ने लगा। इसके अलावा नागरिक अधिकार संगठनों और वामपंथी रुझान वाले संगठनों ने कई जगह राहत शिविर भी शुरू किए। शहर के संपन्न तबकों में से जैन समुदाय राहत कार्यों के लिए पैसा और संसाधन इकट्ठा करने में सबसे आगे रहा।

क्या भाजपा का राम सीता को त्याग चुका है?

इन दंगों का सबसे दुखद पहलू यह था कि इस बार की हिंसा में महिलाओं और स्कूली व नौजवान लड़कियों ने भी बड़े पैमाने पर और उत्साहपूर्वक हिस्सा लिया। संघ परिवार की राजनीति के प्रति महिलाओं का उत्साह इस वजह से और भी ध्यान देने योग्य हो जाता है क्योंकि संघ परिवार की राजनीति बेशर्मी की हद तक मर्दवादी है। हद तो यह है कि उन्होंने सीता को भी राम की दुनिया से गायब कर डाला।

उत्तर भारत के गांवों में आम लोग जब एक-दूसरे से मिलते हैं तो *'जय सिया राम'* कहकर एक-दूसरे को संबोधित करते हैं। यह सदियों पुरानी परंपरा है। हालांकि राम ने सीता को नाजायज़ एवं क्रूर ढंग से अपनी जिंदगी से बेदखल किया था फिर भी जिन लोगों के लिए *रामायण* एक सम्मानित धार्मिक कृति है उनकी नज़र में राम और सीता कभी अलग नहीं हो सकते। जैसे शिव को शक्ति से अलग करके नहीं देखा जा सकता उसी तरह सीता के बिना राम की कल्पना भी असंभव है। ध्यान देने वाली बात यह भी है कि लोकप्रिय अभिव्यक्तियों में सीता का नाम राम से हमेशा पहले आता है। लोग 'जय सिया राम' ही बोलते हैं।

परंतु भाजपा-आरएसएस-विहिप गठजोड़ ने हर मुमकिन कोशिश की है कि सीता का नाम परंपरागत संबोधनों से गायब हो जाए। इसके लिए उन्होंने 'जय सिया राम' को भी 'जय श्री राम' बना डाला। कहने की ज़रूरत नहीं कि यह अभिव्यक्ति उस लड़ाकू राम की छवि के ज़्यादा करीब है जिसके जरिए ये संगठन घृणा और रक्तपात की अपनी राजनीति फैलाने की कोशिश कर रहे हैं। उनके लिए वाल्मीकि, तुलसी और *रामायण* के असंख्य संस्करणों में मौजूद सौम्य और सहृदय राम का कोई महत्व नहीं है। इन ग्रंथों में तो राम एक ऐसा व्यक्ति है जो सीता के अपहरण पर वियोग में बच्चों की तरह रोने लगता है, जो एक कोमलहृदयी, प्यार करने और मान देने वाला पति, भाई और बेटा है।

जो लोग दिन रात दंगे-फसाद और मारकाट को उकसाने में लगे रहते हैं, लोगों के घर जलाते हैं, लोगों के सामने उनके सगे-संबंधियों को मौत के घाट उतारते हैं, जो बच्चों को भी नहीं बख्शते, उनके लिए गैर-लड़ाकू राम का कोई महत्त्व नहीं। *लोगों के घर जलाने वाले गुण्डा गिरोह आखिरकार राम की गृहस्थी क्योंकर बसी रहने देंगे? और सीता-राम की अमिट जोड़ी को भी वह भला क्यों बख्शने लगे?'*

सीता के प्रति संघ परिवार की उदासीनता का कारण स्पष्ट है। राम के बगल में सीता की मौजूदगी संघ परिवार की नफरत में डूबी विचारधारा के लिए एक ठोस चुनौती है क्योंकि सीता ने ही राम को शांति का पाठ पढ़ाया था। *अरण्य कांड* में सीता और राम के बीच एक जगह बड़ा मर्मस्पर्शी संवाद होता है। यह उन विरल अवसरों में से एक है जब सीता अपने पति राम को शांति और स्थितप्रज्ञ रहने का पाठ पढ़ाते हुए उसे सही दिशा दिखाती है :

> अधिक लालसा से तीन प्रकार की विकृतियां पैदा होती हैं। असत्य बोलना, जो अपने आप में एक पाप है। मगर इससे भी बुरे वे हैं जो दूसरे की पत्नी पर बुरी नज़र डालते हैं और जिनसे कोई दुश्मनी नहीं उन्हें भी चोट पहुंचाते हैं। हे राम, आपने कभी एक शब्द भी झूठ नहीं बोला, और न ही आप कभी इस तरह की गलती करेंगे। और दोषपूर्ण प्रेम का विकार भी कभी आप में नहीं आया—उसका विचार तक नहीं आया। आप अपनी ब्याहता पत्नी के प्रति सदैव निष्ठावान रहे हैं।
>
> परन्तु यह तीसरा शैतान, रक्त की प्यास आपके अत्यंत निकट दिखाई दे रही है। जिनसे हमारी कोई शत्रुता नहीं है उनके रक्तपात की इच्छा रखना अज्ञानियों के व्यक्तित्व का ही अंग हो सकती है। आपको यह शोभा नहीं देता।
>
> हे नायक, मेरी प्रार्थना है कि जब आप इस वन में रहने वाले राक्षसों के विरुद्ध युद्ध छेड़ो तो कभी भी ऐसे लोगों की हत्या मत करना जिनका कोई दोष नहीं है...।

जो सीता अपने राम को इस बात का उपदेश देती है कि राम कभी भी ऐसे लोगों का नाश न करें जिनका कोई दोष नहीं है, भाजपा-आरएसएस-विहिप गठजोड़ ऐसी सीता को मासूमों पर कहर ढाने वाले राम के साथ कैसे छोड़ सकते हैं? संघ परिवार की कल्पना में राम के साथ संगिनी के रूप में ऋतंभरा जैसी जहर उगलने वाली महिला ही सही दिखाई पड़ती है—एक ऐसी महिला जो हिंदुओं के बीच घृणा और हिंसा के बीज बोकर गर्व व उल्लास महसूस करती है। सीता के शब्दों की ऋतंभरा के भाषण के साथ तुलना करके देखिए :

> हम उन्हें शब्दों से नहीं समझा पाए। अब उन्हें लातों से ही सीखना पड़ेगा...। अब एक बार यह रक्तपात भी हो ही जाने दो। ....
>
> कायरता और नपुंसकता का लबादा उतार फेंको। शौर्य और साहस के गीत गाओ। किसी तरह की प्रीत न दिखाओ। इस आग को धधक कर जलने दो। इस तरह पल-पल जलने से तो एक बार ज्वाला में भस्म हो जाना बेहतर है...। हम विशाल हिंदू शक्ति को एक मुट्ठी में एकजुट करने के लिए निकले हैं...। तुम बार-बार कहते रहे कि तुम कुर्बानी दोगे। अब हम हजारों कुर्बानियां लेंगे। अब हम सिर्फ अपना खून नहीं बहाएंगे, दूसरों को भी खून में नहला देंगे...। उस महात्मा गांधी ने तुम्हें विनाश की ओर धकेल दिया...। अपनी धार्मिकता और दयालुता को गांठ बांध कर जमना मैया में बहा दो...। हिन्दुस्तान मूर्ख है, वह मूर्खता के अपने मार्ग को छोड़ना नहीं चाहता, बार-बार पिटता है और अपने विरोधियों को क्षमा कर देता है - क्यों? क्योंकि यह बुद्ध और महात्मा, गुरु नानक देव और ऐसे संतों की भूमि है जिन्होंने अपनी जिंदगी कुर्बान कर दी, अपनी गर्दन तलवार पर रख दी मगर दूसरों की गर्दन नहीं तोड़ पाए...।

दुर्भाग्यवश संघ परिवार की इस ज़हरीली विचारधारा को बहुत सारी महिलाओं ने उत्साहपूर्वक स्वीकार कर लिया है।

अब तक हमारे देश में महिलाओं ने किसी ताकतवर पुरुष राजनीतिज्ञ की पत्नी, मां

या बेटी के तौर पर ही राजनीति में जगह बनाई है। संघ परिवार ने दो महिलाओं—उमा भारती और ऋतंभरा—को महत्त्वपूर्ण जगह देकर इस स्थिति को बदल दिया है। ये दोनों महिलाएं अपने पारिवारिक संपर्कों से नहीं बल्कि खुद अपने बलबूते पर राजनीति के शिखर तक पहुंची हैं। यह महिलाएं दुर्गा वाहिनी जैसे संगठनों में महिलाओं को संगठित करने के काम में आश्चर्यजनक रूप से कामयाब साबित हुई हैं। इस तरह उन्होंने एक और परंपरागत हिंदू प्रतीक का विकृत प्रयोग किया है। दुर्गा को राक्षसों का नाश करने वाली शक्ति माना जाता है परंतु संघ परिवार की दुर्गाएं बेकसूर लोगों के घर जलाने और मासूमों को मौत के घाट उतारने के लिए दंगाई भीड़ का नेतृत्व करती हैं।

बंबई में मुझे कई लोगों ने बताया कि उन्होंने अपनी जिंदगी में पहली बार महिलाओं को इस कदर उत्साह के साथ हिंसा का समर्थन और उसमें हिस्सेदारी करते देखा। सामान्य रूप से औरतें बलात्कार पर जश्न नहीं मनातीं। मगर इस बार बंबई की बहुत सारी हिंदू महिलाएं मुस्लिम महिलाओं के साथ बलात्कार को सही साबित करती दिखाई दीं। उनकी दलील थी : 'क्यों नहीं? इसमें गलत क्या है? सैकड़ों-हजारों सालों से मुसलमान भी तो हिंदुओं के साथ यही करते आए हैं। अब हम ज़्यादा ताकतवर और एकजुट हैं इसलिए अब हिसाब बराबर करने की बारी हमारी है। इसके लिए मुसलमान खुद जिम्मेदार हैं।'

बंबई में एक महिला पार्षद उस समय पुलिस की गोली से मारी गई जब वह मुसलमानों के घरों और दुकानों पर हमला करने वाली भीड़ की अगुवाई कर रही थी। यह उन इक्का-दुक्का घटनाओं में से एक थी जब पुलिस ने दंगाइयों की भीड़ पर गोली चलाई। यह महिला पार्षद पुलिस की मदद के बारे में इतनी आश्वस्त थी कि जब एक पुलिस अधिकारी ने उसे रोकने की कोशिश की तो उसने जरा भी परवाह नहीं की और लोगों को हमले के लिए उकसाती रही। उसने इस बात को अनदेखा कर दिया था कि अभी भी कुछ पुलिस अधिकारी ऐसे हैं जो दंगों को रोकना चाहते हैं। आरोप लगाया जाता है कि यह महिला शराब की दुकानें चलाने जैसी तमाम तरह की गैरकानूनी गतिविधियों में संलग्न थी। वह रिपब्लिकन पार्टी के उस धड़े से संबंधित थी जिसका कांग्रेस के साथ तालमेल है।

कांग्रेस की मालसा नामक महिला 'सामाजिक कार्यकर्ता' के बारे में भी यही कहा जाता है कि वह धारावी में रेडीमेड कपड़ों और चमड़े का सामान बेचने वाले एक विशाल कमर्शियल कॉम्प्लैक्स को लूट कर आग लगाने वाली भीड़ की अगुवाई कर रही थी। जनवरी के दंगों में पुरुषों के साथ-साथ महिलाएं भी बंबई में दुकानों की लूटपाट में आगे-आगे थीं। मैंने इस आशय के कई ब्यौरे सुने जिनमें हिंदू महिलाओं ने मुस्लिम महिलाओं और बच्चों को घसीट-घसीट कर उनके घर से बाहर निकाला और उन्हें पत्थरों से मारने और आग लगाने में मर्दों का साथ दिया।

जब दंगे भड़काने में एक अहम भूमिका निभाने वाले शिवसेना विधायक मधुकर सरपोतदार को एक सैनिक अधिकारी ने कर्फ्यू के दौरान कार में हथियार लेकर चलने के आरोप में रंगे हाथों गिरफ्तार कर लिया तो सैकड़ों महिलाएं (कुछ लोगों के मुताबिक हजारों)

सेना की गाड़ियों के सामने सड़क पर लेट गई थीं। उनका कहना था कि सेना सरपोतदार को उनकी लाशों के ऊपर से होकर ही ले जा सकती है। उन्होंने थाने के बाहर जाकर प्रदर्शन किया और आखिरकार सरपोतदार को छुड़वा ही लिया। इसी दौरान जब बहरामपाड़ा में शिवसैनिकों ने कई मुस्लिम झुग्गियों को आग लगा दी थी तो शिवसैनिकों के परिवारों की औरतें सड़कों पर आकर बैठ गईं ताकि फायर ब्रिगेड की गाड़ियां बहरामपाड़ा के भीतर दाखिल न हो सकें।

परंतु शिवसेना ने जिन हिंदू महिलाओं को इस मारकाट में शामिल किया था उनमें से बहुत सारी ऐसी भी थीं जो अपनी इच्छा से नहीं बल्कि डर से उनकी मदद कर रही थीं। झौपड़पट्टियों की जो महिलाएं सरपोतदार की गिरफ्तारी के खिलाफ हुए प्रदर्शन में आई थीं उन्हें यह कहकर प्रदर्शन में लाया गया था कि मुसलमानों के दबाव में सरकार सरपोतदार के साथ-साथ तमाम हिंदू युवकों को भी गिरफ्तार करने वाली है। उन्हें कहा गया था कि 'अगर तुमने अब विरोध नहीं किया तो जब तुम्हारे पति या बेटे को गिरफ्तार किया जाएगा उस वक्त शिवसैनिक भी तुम्हारी मदद के लिए नहीं आएंगे।'

फिर भी कम से कम कुछ ऐसी साहसी महिलाएं ज़रूर थीं जिन्होंने धारा के विरुद्ध बहने का साहस दिखाया। उन्होंने कई लोगों की जान बचाने के लिए खुलकर और असरदार ढंग से हस्तक्षेप किया। बहुत सारी महिलाएं हिंसा के दौरान हस्तक्षेप नहीं कर पाईं तो उन्होंने राहत कार्यों में हाथ बंटाया। इनमें से कुछ महिलाएं महिला संगठनों से जुड़ी हुई थीं जबकि कुछ अन्य महिलाएं नागरिक अधिकार संगठनों में सक्रिय थीं। इनमें से कुछ महिलाएं जनता दल और कांग्रेस की स्थानीय राजनीतिक कार्यकर्ता भी थीं। इस तरह के ज़्यादातर लोग अपनी खुद की पार्टियों में भी अलग-थलग पड़ गये और उन्होंने कुल मिलाकर अपनी व्यक्तिगत क्षमता के आधार पर काम किया। क्योंकि कोई भी पार्टी या जनसंगठन हिंसा को संगठित और सुनियोजित ढंग से रोक पाने की स्थिति में नहीं था इसलिए इस तरह की ज़्यादातर कोशिशें इक्का-दुक्का लोगों की निजी बहादुरी और/या अपवाद के तौर पर कुछ मोहल्लों में नागरिकों की समझदारी के रूप में उभर कर आई। फिर भी ऐसी कोशिशें हिंसा के उस बवण्डर में स्पीड ब्रेकर की भूमिका निभाने में कामयाब रहीं।

यहां मैं जनता दल से जुड़ी और "स्वाधार" नामक महिला संगठन की संस्थापकों में से एक, शैला सतपुते, को उद्धृत करना चाहती हूं जिनकी आंखों देखी मैं पहले भी बयान कर चुकी हूं :

> जनवरी में जब दंगे अपने चरम पर थे उसी दौरान लगभग 10,000 लोगों की एक भीड़ हमारे घर के पास इकट्ठा हो गई। जब हम लोग यह देखने के लिए नीचे उतरे कि मामला क्या है तो लोगों ने हमें बताया कि पास में स्थित संगमरमर की दुकान के मुसलमान मालिकों ने अपने गोदामों में हथियारों का जखीरा इकट्ठा किया हुआ है। मुसलमानों की इन दुकानों के पीछे ही उनके कुछ परिवार भी रहते हैं। बाकी मोहल्ला हिंदुओं का है। पूरी स्थिति देखने के बाद हम स्थानीय थाने में गए और

वहां जो प्रभारी व्यक्ति था उससे पूछा कि तनाव के ऐसे माहौल में उसने इतनी भारी भीड़ कैसे इकट्ठा हो जाने दी। पुलिस ने भी वही आरोप दोहरा दिया कि मुसलमानों ने अपनी दुकानों में हथियार जमा किए हुए हैं। हिंदू इन दुकानों पर पथराव शुरू कर चुके थे। वे दुकानों पर हमला बोलने के लिए पूरी तरह तैयार थे। फिर भी जैसे-तैसे हमने पुलिस वालों को अपने साथ चलने के लिए तैयार कर लिया और साथ में तीन-चार ऐसे मुसलमानों को भी ले लिया जिनका उनके अपने समुदाय में काफी भरोसा और सम्मान है। इसके अलावा मैंने भाजपा विधायक अभिराम सिंह और स्थानीय शिवसेना पार्षद को भी इस बात के लिए मना लिया कि वह हमारे साथ चलकर मुसलमानों की उन दुकानों की स्वयं पूरी तलाशी लें। इन दुकानों में संगमरमर की सिल्लियों और पत्थर के बचे-खुचे टुकड़ों के अलावा कुछ नहीं मिला। इनके अलावा दुकानों में हमें कुछ बेकार ट्यूबलाइटें भी मिलीं। जिस दुकान में पचास ट्यूबलाईट इस्तेमाल होती हैं वहां चार या पांच फ्यूज ट्यूबलाइटों का पाया जाना कोई असामान्य बात नहीं थी। हथियार के नाम पर इन दुकानों में कुछ भी नहीं था। जाहिर है कि यदि मैं नीचे जाकर लोगों से बात न करती तो इन दुकानों को तो नष्ट कर ही दिया जाता बल्कि साथ में उनके मालिकों को मार दिया जाता। सौभाग्य से हमारा स्थानीय शिवसेना पार्षद थोड़ा रहमदिल आदमी है। मगर दूसरे इलाकों में तो इस तरह की अफवाहों ने भयानक तबाही मचाई थी।

मगर शैला को हर जगह, हर बार कामयाबी नहीं मिली। वह खुद अपने पार्टी कार्यकर्ताओं के घर भी नहीं बचा पाई।

मेरे अपने इलाके में हमारी पार्टी के एक-एक मुस्लिम कार्यकर्ता का घर तबाह हो गया। खुर्शीद नाम के एक कार्यकर्ता को हमारी स्थानीय इकाई का अध्यक्ष चुना जाना था। जब मैंने सुना कि 5,000 लोगों की एक भीड़ खुर्शीद के घर पर हमला करने वाली है तो मैं फौरन मौके पर पहुंची। मगर हमारी पार्टी के एक वरिष्ठ साथी ने मुझे कहा, 'ताई तुम वापस चली जाओ। यहां एक मिनट भी मत रुको। ये लोग तुम्हें भी नंगा करके मार देंगे।' भीड़ ने खुर्शीद का घर लूट कर नष्ट कर दिया। खुशकिस्मती से वह खुद भाग कर अपनी जान बचाने में कामयाब रहे।

इसी तरह धारावी में शोभा बरवे की कोशिशों से भी नाजुक हालात में फंसे ऐसे बहुत सारे लोगों की जान बच गई। मुसलमानों ने शरले पवार का नाम भी काफी कृतज्ञता की भावना के साथ लिया। बताया जाता है कि इस कांग्रेसी महिला पार्षद ने मुसलमानों के सौ से भी ज़्यादा परिवारों को सुरक्षित ठिकानों तक पहुंचाया। 20 वर्षीय परवीन और उनके पति मोहम्मद हुसैन भी उन लोगों में से हैं जिन्होंने शरले के साहस और सहृदयता की तारीफ की। परवीन और मोहम्मद हुसैन तारदेव में रहा करते थे। दंगाइयों ने उनका घर उनकी आंखों के सामने ही मिट्टी में मिला दिया और तमाम मुसलमानों को भाग जाने के लिए कहने लगे। हुसैन ने मुझे बताया :

यह शरले पवार (वह उन्हें सरली पवार कहता है) ही थीं जिन्होंने बचे हुए मुसलमानों को उस इलाके से भागने में मदद दी। अगर वह हमारी मदद नहीं करती तो हम सब मारे जाते। पुलिस चौकी वालों ने तो हमारी जरा सी भी मदद नहीं की। शरले ने ही सब मुसलमानों को उस इलाके से बाहर निकाला। उन्होंने कुछ परिवारों को बांबे सेंट्रल में और कुछ को मदनपुरा में सुरक्षित भिजवाया। मगर जब वह अपने इलाके में वापस लौटी तो मुसलमानों की मदद करने के लिए दंगाई उन्हें भी धमकियां देने लगे। पर फिर भी वह जो कुछ कर सकती थीं उन्होंने किया। उन्होंने कम से कम 100-150 लोगों को जिंदा निकाल लिया।

पर फिर भी कुल मिलाकर दंगों में महिलाओं की उत्साहपूर्वक भागीदारी और सहमति ने महिलाओं के बारे में प्रचलित इस छवि को तार-तार कर दिया है कि वह पुरुषों के मुकाबले ज़्यादा शांतिप्रिय और संवेदनशील होती हैं।

शिवसेना को फायदा

इस हिंसा से सबसे ज़्यादा फायदा शिवसेना को हुआ। उसके नेताओं ने ही इस हिंसा में सबसे बढ़-चढ़ कर हिस्सा लिया और अपने कुकृत्यों का छाती ठोंक कर प्रचार किया। दूसरे दलों को मजबूरन यह ढोंग करना पड़ा कि उन्हें यह सब अच्छा नहीं लगा हालांकि उनके नेताओं और कार्यकर्ताओं ने भी रक्तपात में कोई कसर नहीं छोड़ी थी।

भीतरी खींचतान के कारण दंगों से पहले तक शिवसेना की हालत खस्ता होती जा रही थी। लोग पार्टी छोड़ने लगे थे। पिछले नगरपालिका चुनावों में शिवसेना की बुरी तरह हार हुई थी। यहां तक कि विपक्ष के नेता का पद भी उनके हाथ से छिनकर भाजपा के हाथ में चला गया था। इसलिए शिवसेना ने राम मंदिर अभियान से पैदा हुई हिन्दुत्व की लहर का फायदा उठाने और भाजपा को हाशिए पर धकेलने में कोई कसर नहीं छोड़ी।

शिवसेना के एक युवा सदस्य, जायस, ने मुसलमानों को निशाना बनाने के पीछे निहित शिवसेना की सोच के बारे में बड़े साफ शब्दों में बताया। जायस और उसके पिता बांद्रा ईस्ट में फर्नीचर का व्यवसाय करते हैं। उसने बताया कि चार दिन के कत्लेआम के बाद बाल ठाकरे ने कथित रूप से शिवसैनिकों को कहा कि वह कुछ समय के लिए हिंसा रोक दें क्योंकि शिवसेना को चुनावों के समय एक और मुस्लिम विरोधी लहर की ज़रूरत पड़ेगी। जायस ने शेखी बघारते हुए कहा कि अगर शिवसैनिकों को एक हफ्ते का भी समय और मिल जाता तो बंबई में एक भी मुसलमान जिंदा नहीं बचता। जब हमने उससे पूछा कि 'क्या तुम तमाम मुसलमानों को मारना चाहते हो?' तो उसका जवाब था : 'नहीं, नहीं, एक बार में ही सारे मुसलमानों को मारना ठीक नहीं है। फिर हम हिंदुओं के पास लड़ने के लिए मुद्दा ही क्या बचेगा? जब कभी भी चुनाव हों तो हमें मुस्लिम विरोधी भावनाएं भड़काने के लिए कुछ मुसलमानों को मारना ज़रूरी है। अगर सारे मुसलमानों का सफाया हो गया तो हमारा तो कोई दुश्मन ही नहीं बचेगा। फिर तो हिंदू आपस में ही लड़ने लगेंगे।'

उसने बात को और स्पष्ट करते हुए कहा : 'हमारे दोस्तों में जब भी कोई लड़का गुस्सा होता है, मारपीट करने लगता है तो हम उसे कहते हैं कि "भाई, हिंदू से मत लड़ो। जाओ अपना गुस्सा शांत करने के लिए किसी मुसलमान को पीटो या मार डालो।" अगर हम आपस में लड़ेंगे तो खुद कमजोर हो जाएंगे। हम चाहते हैं कि कुछ मुसलमान भारत में बने रहें वर्ना हिंदुओं के पास खुद को राजनीतिक रूप से एकजुट करने का कोई मुद्दा ही नहीं बचेगा।'

हमने उससे पूछा कि 'निरधार निधि' के नाम पर जो पैसा इकट्ठा किया जाता है क्या उससे वाकई हिंदुओं को सुरक्षा मिलती है या पैसा यूं ही दबा लिया जाता है। उसका जवाब था : *'खाएंगे तो हमारे लोग खाएंगे।'* बाल ठाकरे ने भी शिवसैनिकों के बीच भ्रष्टाचार के आरोपों के जवाब में यही कहा था—*'अपने लोगों को खाने दो।'*

जायस को इस बात पर गर्व है कि वह उन कुछ लोगों में से एक है जो शिवसेना में शामिल होने के फैशन से भी पहले ही शिवसैनिक बन गए थे। परंतु उसे इस बात का थोड़ा सा मलाल भी है कि शिवसैनिकों की नई पौध काबू से बाहर होती जा रही है। उसने हमें एक घटना बताई जिसमें उसके साथी शिवसैनिकों ने एक लड़के को पकड़ लिया और उस पर किरोसिन का तेल छिड़क कर आग लगा दी। लड़का चिल्लाता रहा कि 'मुझे मत मारो। मैं हिंदू हूं। मेरा नाम शंकर है।' मगर सैनिक ठहाका लगाते रहे, 'तुम तो मराठी नहीं जानते, तुम भला कैसे हिंदू हो?' और उन्होंने उसे जिंदा जला दिया।

जायस का स्पष्टीकरण था : *'और क्या होगा मैडम? जिन लोगों की पत्थर मारने की भी औकात नही है उनके हाथ में बंदूक पकड़ा देंगे तो ऐसे ही होगा न फिर।'* उसने यह बात बाल ठाकरे द्वारा शिवसेना प्रमुखों की एक बैठक में दिए गए बयान के बारे में कही थी। उस बैठक में बाल ठाकरे ने कहा था कि 'यह हिंदू धर्म के लिए बड़े शर्म की बात है कि तुम लोग मुसलमानों को सबक नहीं सिखा पा रहे हो। जो भी हथियार चाहो उठा लो। तुम जितने हथियार और बंदूकें मांगोगे मैं तुम्हें दूंगा। मगर तुम्हें काम पक्का करना पड़ेगा।'

उसने माना कि शिवसेना ने ही उन्हें हथियार दिए थे और शिवसेना की सारी शाखाओं के पास भारी मात्रा में हथियार हैं। ज़्यादातर सैनिक अपने हथियार घर ले जाने की बजाय सेना के दफ्तर में ही रखते हैं ताकि अगर पुलिस का छापा पड़े तो उनके हथियार न पकड़े जा सकें। परंतु दिसंबर और जनवरी के दंगों के दौरान पुलिस ने शिवसेना के एक भी दफ्तर पर छापा नहीं मारा जबकि पुलिस मुस्लिम बस्तियों पर बार-बार छापा मार रही थी।

जायस ने यह भी कहा कि तब पहली बार उसे भी मुस्लिम विरोधी हिंसा देखकर बहुत बुरा लगा था जब उसका एक पुराना मुस्लिम दोस्त भी इस हिंसा का शिकार हो गया। पहले जब जायस और दूसरे शिवसैनिक लूटपाट के लिए निकलते थे तो यह लड़का भी ऐसे हर मौके पर उनके साथ रहता था। जायस के दोस्तों ने इस लड़के की कैसेटों की दुकान जला दी। जायस कहता है, 'जब मेरे दोस्त ने हम लोगों की तरफ उंगली उठाकर कहा कि "तुम लोगों ने तो मेरी दुकान जला दी, अब मैं कैसे जीयूंगा? मुझे भी आग में फेंक

दो" तो मुझे बहुत बुरा लगा था।' जायस ने हमें बताया कि इस बार सैनिकों ने उन कुछेक मुसलमानों को भी नहीं बख्शा जो शिवसेना के सदस्य रह चुके हैं।

बंबई में आम धारणा है कि शिवसेना के पास जो भयानक शक्ति आई है वह शासक कांग्रेस पार्टी की तरफ से बाल ठाकरे और उसके गुंडा गिरोह को मिले राजनीतिक संरक्षण का ही परिणाम है। बाल ठाकरे को वसंत राव नायक और उनके बाद आए मुख्यमंत्रियों का *पालतू कुत्ता* कहा जाता है। इन मुख्यमंत्रियों ने बड़े-बड़े उद्योगपतियों का सहारा लेकर बाल ठाकरे को बढ़ावा दिया ताकि वह दत्ता सामंत के जुझारू ट्रेड यूनियन आंदोलन की जड़ें काट दे। वसंत दादा पाटिल ने उसे महाराष्ट्र के ग्रामीण इलाकों में पैर जमाने के लिए उकसाया ताकि किसानों के बीच शेतकारी संघटना का असर कम किया जा सके। मौजूदा मुख्यमंत्री शरद पवार की बाल ठाकरे से पुरानी दोस्ती रही है और उन्होंने तमाम तरह के राजनीतिक दुश्मनों से हिसाब बराबर करने के लिए उसका जमकर इस्तेमाल किया है। नतीजतन, अब ठाकरे इतना ताकतवर हो चुका है कि अब कोई उसके खिलाफ कदम उठाने की हिम्मत नहीं कर सकता।

कई राजनीतिज्ञों के साथ नजदीकी तौर पर काम कर चुके एक व्यक्ति ने ठाकरे की ताकत का राज़ बड़े साफ शब्दों में बयान किया :

> लोग कहते हैं कि बाल ठाकरे राजनीति में इसलिए इतना ताकतवर हो गया क्योंकि उसके शिवसैनिक उद्योगपतियों और तमाम लोगों से खूब पैसा वसूलते हैं। मगर मुझे नहीं लगता कि पैसा इतना बड़ा फ़र्क़ पैदा कर सकता है। अगर कल मैं तुम्हें 100 करोड़ रुपए थमा दूं तो सिर्फ इस पैसे के दम पर तुम बड़ी नेता नहीं बन जाओगी। मगर जैसे ही मैं तुम्हें राजनीतिक ताकत और नैतिक स्वीकार्यता प्रदान कर दूं, उसी क्षण माहौल बदलने लगेगा। जब एक के बाद एक आने वाले मुख्यमंत्री खुद बाल ठाकरे को न्यौता देते हैं और उसे पुलिस के कामकाज तथा सामान्य सरकारी नीति में दखल देने और उसे प्रभावित करने की छूट दे देते हैं तो यह कदम ठाकरे के राजनीतिक असर को नित नयी मजबूती प्रदान करता है। ज़ाहिर है कि ये मुख्यमंत्री और नेता उसे इसलिए इतनी छूट देते हैं ताकि वह अपने राजनीतिक दुश्मनों से हिसाब बराबर करने या किसानों अथवा ट्रेड यूनियन जैसे विभिन्न आंदोलनों का मुकाबला करने के लिए ठाकरे के गुंडों का इस्तेमाल कर सकें। अगर अपने आप में बाल ठाकरे की बात की जाए तो वह सिफर है। मगर इन तमाम ताकतवर राजनेताओं के वरदहस्त ने उसे एक भयानक राक्षसी ताकत बना दिया है।

दंगों के दौरान शिवसेना के मुखपत्र *सामना* ने उकसावे भरी झूठी कहानियों और मुसलमानों के खिलाफ नारेबाजी छापने में कोई कसर नहीं छोड़ी। शिवसेना ने देश का हर कानून तोड़ा मगर फिर भी न तो उसके किसी नेता को गिरफ्तार किया गया और न उसके अखबारों पर सेंसरशिप या पाबंदी लगाई गई। शिवसैनिक कांग्रेसी सांसद सुनील दत्त और एक वरिष्ठ पुलिस अधिकारी को खुलेआम अपनी हिट लिस्ट में गिनाते थे क्योंकि उन्होंने

कथित रूप से हिंदू विरोधी भूमिका निभाई थी। सुनील दत्त राष्ट्रीय स्तर के एकमात्र राजनेता थे जिन्होंने मुसलमानों की जिंदगी बचाने और राहत कार्यों में मदद देने के लिए अपनी जिंदगी तक दांव पर लगा दी। यहां तक कि उन्होंने हिंसा में अपनी पार्टी की भूमिका से नाराज होकर इस्तीफा तक दे दिया; हालांकि दंगों में अपनी भूमिका से खिंसियायी कांग्रेस ने उनका इस्तीफा मंजूर नहीं किया।

जब पुनर्वास का काम शुरू हुआ तो शिवसैनिक खुलेआम धमकियां दे रहे थे कि वे मुसलमानों को उनके पुराने मोहल्लों में वापस नहीं लौटने देंगे। उनकी यह हरकत भी तबाह हो चुके मुस्लिम घरों पर कब्जा करने या बदले में पैसा वसूलने का एक तरीका थी। राहत कार्यों में लगे एक राजनीतिक कार्यकर्ता ने कहा कि जब मुसलमानों को अपने घर वापस जाने के लिए प्रोत्साहित किया जा रहा था तब भी शिवसैनिक खुलेआम कहते थे : 'अब तुम तभी वापस आ सकते हो ज़ब या तो हर झुग्गी या दुकान के एवज में इतना-इतना पैसा दे दोगे या फिर अपना मदरसा या कोई दूसरी संपत्ति हमें सौंप दोगे।'

शिवसेना की ट्रेड यूनियनों ने भी मुसलमानों को अपनी-अपनी नौकरियों पर वापस आने से रोकने में सक्रिय भूमिका निभाई। फरवरी में ऐसी कई घटनाएं हुईं जब काम पर लौटने वाले मुसलमानों के ऊपर या तो शिवसैनिकों ने हमले किए या उन्हें जान से मार दिया। इसी तरह मुस्लिम फेरी वालों और रेहड़ी वालों को भी हिंदुओं या मिश्रित आबादी वाले इलाकों में काम-धंधा करने से रोक दिया गया। मुसलमानों के बच्चों को वापस स्कूलों में नहीं जाने दिया गया।

शिवसेना की इस मुहिम में दलितों के शामिल हो जाने से दंगों की व्यापकता में जबर्दस्त बढ़ोतरी हुई क्योंकि मुसलमानों की ज़्यादातर बस्तियां दलितों की बस्तियों से घिरी हुई हैं। हिंदुओं के भीतर भय की भावना पैदा करके शिवसेना ने हिंदुओं को सफलतापूर्वक गुमराह किया कि उसने ही हिंदुओं को मुसलमानों से बचाया है।

जिस समय मुस्लिम विरोधी हिंसा अपने चरम पर थी उसी समय *इंडियन एक्सप्रेस* ने एक खबर छापी जिसमें बताया गया था कि भारतीय तटरक्षक बल ने हथियारों से लदा एक पाकिस्तानी जलपोत पकड़ा है। इस खबर में यह आशय निहित था कि ये हथियार मुसलमानों के लिए भेजे जा रहे थे ताकि वह हिंदुओं के खिलाफ लड़ाई में उनका इस्तेमाल कर सकें। शिवसेना के अखबार *सामना* ने इन अफवाहों को और हवा दी। *सामना* ने छापा की 400-500 मुसलमान काली वर्दी पहनकर आएंगे और हिंदुओं के घरों व इमारतों पर हमला करेंगे। शिवसेना ने सावधानीपूर्वक एक ऐसी योजना तैयार की जिसके फलस्वरूप कफी परेड से लेकर बोरीविली तक हर हिंदू रात भर जागता रहा और रात भर अपनी-अपनी इमारत के बाहर पहरा देता रहा।

अपना नाम न छापने का आग्रह करते हुए एक व्यवसायी ने मुझे बताया कि बंबई में उस दौरान कैसा पागलपन छाया हुआ था :

मैंने देखा कि हमारी अपनी बिल्डिंग में लोग पिसी हुई मिर्च और सोडे की बोतलें

इकट्ठा कर रहे हैं। मैंने उनसे पूछा : 'नीचे पुलिस बैठी हुई है। हर तरफ फौज का पहरा है। अगर उनकी गोलियां भी तुम्हें नहीं बचा पाईं तो सोडे की बोतलों से तुम अपनी जान कैसे बचा लोगे। अफवाह तो ये है कि 400-500 लोग आधुनिक हथियारों से लैस होकर तुम पर हमला करने आ रहे हैं। क्या तुम सिर्फ मिर्च के सहारे उनसे अपनी हिफ़ाज़त कर लोगे?'

मगर जब आदमी की मति मारी जाती है तो वह सोचने-समझने की ताकत भी खो देता है। नतीजा यह हुआ कि शिवसेना अपने इरादों में कामयाब रही। जब कुछ मुस्लिम गुंडों के घर छापा पड़ा तो उनके पास तलवारों और पेट्रोल बमों के सिवा कुछ नहीं मिला। अंधेरी में शिवसेना पार्षद ने झूठ बोला था कि 400-500 मुसलमान उस पर हमला करने आए थे। पर उसके इस झूठ के बदले शिवसैनिक मुसलमानों की झोपड़ियों और छोटी-छोटी दुकानों को आग में झोंक आए। मगर हिंदू यह सवाल नहीं पूछते कि 'अगर मुसलमानों के पास वाकई इतने भयानक हथियार हैं तो वही क्यों मारे जा रहे हैं? ज़्यादातर मुसलमानों के घर ही क्यों जल रहे हैं? ऐसा क्यों है कि मरने वालों में हिंदू इतने कम हैं?'

शिवसेना के गुंडे सिर्फ मुसलमानों को ही डराकर संतुष्ट नहीं हैं। तमाम आतंकवादियों की तरह उन्हें भी पहले खुद अपने ही समुदाय के दिल में भय पैदा करना पड़ा ताकि वह बेरोकटोक अपना काम कर सकें। उनका निशाना बनने वाले लोग भी बार-बार बदलते रहते हैं। पहले उनहोंने गैर-महाराष्ट्रियों, खास तौर से दक्षिण भारतीयों को अपना निशाना बनाया। इसके बाद उन्होंने प्रतिद्वंद्वी ट्रेड यूनियनों को निशाना बनाया। कुछ साल तक वह सिखों को भी परेशान करते रहे। अब मुसलमानों और ऐसे हिंदुओं की बारी आई है जो उनका विरोध करने की हिम्मत करते हैं।

बंबई के लोग त्यौहारों और दूसरे मौकों पर शिवसैनिकों को मुंहमांगा चंदा देने के आदी हो चुके हैं। परंतु दंगों के बाद तो शिवसैनिक हिंदुओं से और भी ज़्यादा पैसा ऐंठने लगे। मगर कोई उन्हें मना करने की हिम्मत नहीं जुटा सकता था। बाल ठाकरे ने खुले तौर पर ऐलान किया था कि चुनावों के लिए 100 करोड़ रुपए इकट्ठा करने हैं।

हालांकि शिवसैनिक हिंदुओं की रक्षा के नाम पर हिंसा फैला रहे थे फिर भी मुसलमानों के मुकाबले हिंदू ही शिवसेना से ज़्यादा डरे हुए दिखाई दिए। एक तरफ मुसलमान थे जिन्होंने शिवसेना की भूमिका की खुलकर आलोचना की और अपना बयान देते हुए एक बार भी अपनी पहचान छिपाने या फोटो खिंचवाने से मना नहीं किया। दूसरी तरफ हिंदू थे जो हिंसा के बारे में बात करने से भी कतरा रहे थे। जिन थोड़े-बहुत हिंदुओं ने इस हिंसा के बारे में बात की उन्होंने भी आग्रह किया कि उनके नाम सार्वजनिक रूप से प्रकाशित न किए जाएं। शिवसेना ने उन लोगों के दिमाग में भयानक डर बिठा दिया है जिनकी रक्षा करने का वह दावा करते हैं।

शिवसेना और संघ परिवार ने हिंदू समुदाय के एक बड़े हिस्से को आपराधिक

गतिविधियों की ओर धकेल दिया है। इसके लिए वह दोनों समुदायों की नकारात्मक छवियों और एक-दूसरे के बारे में व्याप्त रूढ़ छवियों का सहारा लेते हैं। मुसलमानों को लेकर हिंदुओं के दिल में एक गहरा भय रहता है। उन्हें लगता है कि मुसलमान ज़्यादा क्रूर और हिंसक होते हैं। अपनी इस सोच के समर्थन में वह उनकी मांसाहारी भोजन पद्धति का हवाला देते हैं। इसके अलावा मुसलमानों में कुछ लोग जानवरों को काटकर उनका मांस बेचने का धंधा भी करते हैं। इससे भी मुसलमानों को 'कसाई' के रूप में दर्शाने वाली छवियों को मजबूती मिलती है। अंडरवर्ल्ड के माफिया गिरोहों में मुसलमानों की संख्या ज़्यादा होने से भी यह धारणा पुष्ट होती है कि उनमें क्रूरता करने की ज़्यादा प्रवृत्ति होती है। हिंदुओं को यह भी लगता है कि मुसलमानों में मैथुन की क्षमता अधिक होती है तथा खतने के कारण उन्हें बेहतर 'सेक्स परफ़ॉर्मेंस' करने में मदद मिलती है। इसीलिए उन्हें हमेशा यह डर सताता है कि मुसलमान पुरुष यौनतुष्टि के लिए हिंदू महिलाओं को ज़्यादा आसानी से आकर्षित कर सकते हैं।

दिलचस्प बात यह है कि जिस तरह हिंदुओं ने मुसलमानों की नज़र में खुद को कायर मान लिया है उसी तरह मुसलमान भी अपनी यौन क्षमता से जुड़ी इस धारणा को अपने व्यक्तित्व की खासियत मानने लगे हैं। शिवसेना के कार्यकर्ता खुलेआम कहते फिरते हैं कि वे दादागिरी पर मुसलमानों की चौधराहट नहीं चले देंगे। भीष्म साहनी के उपन्यास *तमस* में एक दिल दहला देने वाला दृश्य है जिसमें आरएसएस द्वारा भर्ती किए गए एक लड़के के दीक्षा संस्कार के रूप में उसे खुद अपने हाथों से मुर्गी काट कर खून बहाने के प्रति अपने अन्दरुनी डर पर विजय पाने का तरीका सिखाया जाता है। संघ परिवार और शिवसैनिक अब इस अनुष्ठान को और आगे बढ़ा रहे हैं। इसके लिए वह हिंदुओं को इस बात का उपदेश दे रहे हैं कि मार-काट और महिलाओं के साथ बलात्कार के जरिए वह हिंदुओं को एक 'घातक दोष'—अहिंसा के प्रति व्यर्थ लगाव—से मुक्ति दिला रहे हैं।

शिवसेना और संघ परिवार अपनी राजनीति के जरिए हिंदू समुदाय को बड़े पैमाने पर अपराधीकरण की ओर धकेल रहे हैं। इसके लिए वह हिंदू समुदाय के युवकों को लूटपाट और रक्तपात के जरिए 'बहादुरी' और धर्मपरायणता का अहसास देने की कोशिश करते हैं। यह हिंदू समुदाय के लिए एक भारी खतरे की बात है।

सुरक्षित राष्ट्र, असुरक्षित जन

संघ परिवार और शिवसेना खुद को हिंदू धर्म का रक्षक बताते हैं। असलियत यह है कि वे हिंदू समुदाय के सामाजिक और नैतिक ताने-बाने और उसके धर्म, दोनों को नष्ट कर रहे हैं। हिंदुओं के लिए धर्म शब्द पश्चिमी दुनिया के *रिलीजन* शब्द से बहुत अलग व व्यापक मायने रखता है। हिंदुओं के लिए धर्म शब्द का आशय उन नाना प्रकार की नैतिक आचार-संहिताओं और विभिन्न सामाजिक व आध्यात्मिक भूमिकाओं से है जिनका हर व्यक्ति को अपने जीवन में निर्वाह करना होता है। इसका एक आशय हमारे इन्सानी अस्तित्व के

आंतरिक नियमों के सार से भी है। इस प्रकार, हिंदुओं के लिए *मातृ धर्म*, *पुत्र धर्म*, *पितृ धर्म*, *राज धर्म*, *गुरु धर्म*, *मानव धर्म*, *क्षत्रिय धर्म* आदि विभिन्न धर्म होते हैं। इन नाना ज़िम्मेदारियों का आशय एक माता, पुत्र, पिता, शासक, गुरु, एक मनुष्य और योद्धा इत्यादि के रूप में उसके अपेक्षित व्यवहार की संहिता से होता है। इसमें मानव जीवन के लगभग हर आयाम और प्रत्येक सामाजिक संबंध को शामिल किया जा सकता है।

समाज और परिवार में व्यक्ति जो कोई भी भूमिका निभाता है उन सबमें उससे एक खास नैतिक संहिता का अनुसरण करने की अपेक्षा की जाती है। इस धार्मिक दृष्टिकोण में 'प्रेम और युद्ध में सब कुछ जायज है' वाली सोच के लिए कोई जगह नहीं है। घटिया से घटिया दुश्मन के साथ भी एक निश्चित संहिता का पालन करने की उम्मीद की जाती है और शत्रुओं के साथ भी सम्मानजनक व्यवहार की अपेक्षा की जाती है। इस संहिता का उल्लंघन करने पर तो देवताओं को भी क्षमा नहीं किया जाता। उदाहरण के लिए, जब कृष्ण महाभारत का युद्ध जीतने के लिए युधिष्ठिर को झूठ बोलने के लिए प्रेरित करते हैं या दुर्योधन को कहते हैं कि वह अपनी मां गांधारी के सामने पूरी तरह निर्वस्त्र होकर न जाए जिससे वह अजेय हो जाएगा तो कृष्ण को भी रणक्षेत्र में अपेक्षित आचार-संहिता के उल्लंघन के रूप में ही देखा जाता है।

हिंदुओं से अपेक्षा की जाती है कि वह पूरे ब्रह्मांड को अपने परिवार की तरह देखें। *वसुधैव कुटुम्बकम* उनका एक दार्शनिक आदर्श है। आम जिंदगी में यह आदर्श ही पड़ोस धर्म या मोहल्लेदारी के रूप में एक दैनिक आचार-संहिता का रूप ले लेता है। अपेक्षा की जाती है कि ज़रूरत पड़ने पर पड़ोसी एक-दूसरे की मदद करें, एक-दूसरे के दुख-सुख में शामिल हों, बाहरी हमलों के समय एक-दूसरे की रक्षा करें, पड़ोसी के घर में बीमारी या मौत की स्थिति में अपने गुस्से को परे रख कर उनके दुख में शरीक होकर उसे हल्का करें। इस तरह लोगों के बीच आपसी सहयोग पैदा होता है और सभी के लिये सामाजिक सुरक्षा सुनिश्चित की जाती है। ऐसी सुरक्षा उन समाजों में नहीं मिलती जहां लोग एक-दूसरे से कटे रहते हैं, जहां पारस्परिक उत्तरदायित्व की भावना नहीं होती। हमारे यहां पड़ोसियों के प्रति दायित्व का यह विचार इतना मजबूत है कि बहुत सारे शांतिप्रिय मोहल्लों में गुंडों को भी इस मान्यता का सम्मान करना पड़ता है। वह न तो पड़ोस में घटिया हरकतें कर सकते हैं और न ही पड़ोस की महिलाओं के साथ छेड़छाड़ या बदतमीजी कर पाते हैं। चाहे मोहल्ले के बाहर वह कितनी भी गुण्डागर्दी करते हों। अपने मोहल्ले में उन्हें ऐसा करने की आसानी से छूट नहीं मिल पाती और उनसे अपेक्षा की जाती है कि वे अपने मोहल्ले-पड़ोस या गांव की तमाम महिलाओं को मां-बहनों के रूप में ही देखें।

लाजपत नगर स्थित हमारे मोहल्ले में मैंने अपने पड़ोस के लड़कों को आसपास की लड़कियों के साथ छेड़छाड़ करते कभी नहीं देखा हालांकि मुझे पूरा यकीन है कि उनमें से बहुत सारे लड़के बाहर जाकर ऐसी हरकतें ज़रूर करते होंगे। 1984 के सिख विरोधी दंगों के दौरान बहुत सारे मोहल्लों में लोग रात-रात भर मिलकर पहरा देते रहे। इस तरह

कई बार उन्हें हमलावरों को भगाने में कामयाबी भी मिली। दिल्ली के जिन इलाकों में खुद पड़ोसी सिखों की हिफ़ाज़त के लिए सामने आए वहां सिख दंगाइयों की हिंसा से बचे रहे। ज़्यादातर हिंसा 'बाहर' से बुलाए गए गुंडा गिरोहों की ही कारस्तानी थी। जिन इलाकों में मोहल्ले की हिफ़ाज़त के लिए हिंदू-सिख जत्थे नहीं बने वहां भी बहुत सारे सिखों ने इस बात की गवाही दी कि अपने घर-बार तबाह हो जाने के बावजूद उन्होंने अपने पड़ोसियों के घर में पनाह लेकर अपनी जान बचाई। दिल्ली के जिस हिस्से में मेरे माता-पिता रहते हैं वहां जब कुछ गुंडे सिखों के एक मकान को जलाने के लिए आ धमके तो सिर्फ दो निहत्थे लोग—मेरे पिता और अस्सी वर्ष की एक महिला—दंगाइयों के सामने यह कहते हुए खड़े हो गये कि उनकी जान लेकर ही वे मोहल्ले के सिख परिवारों को हाथ लगा सकेंगे। नतीजतन, दंगाइयी शर्मिन्दा हो उस मोहल्ले में आगजनी नहीं कर पाये। अब तक के ज़्यादातर दंगों में पड़ोसी आमतौर पर संकट में फंसे लोगों को अपने घर में पनाह दे देते थे और लूटपाट व आगजनी में हिस्सा नहीं लेते थे। जब मुट्ठी भर संकल्पबद्ध लोग भी अपने मोहल्ले की हिफ़ाज़त के लिए कमर कस कर निकल पड़ते थे तो दंगाइयों का आगजनी और लूटपाट का खूनी खेल अकसर रुक जाता था।

जो लोग अपने पड़ोसियों को बचाने की हिम्मत करते थे उनके मारे जाने या उनके घरों में आग लगाने की घटनाएं बहुत कम होती थीं। पर अब माहौल तेज़ी से बदल रहा है। बम्बई के दंगों में पड़ोसी ही उन लोगों के खिलाफ दंगाइयों की पांत में शरीक थे जिनके साथ वह बरसों से रहते आए थे। ज़्यादातर लोग "हमें क्या लेना-देना" के भाव से सब कुछ देखते रहे। जिन इक्का-दुक्का लोगों ने मुसीबतज़दा लोगों को पनाह देने की कोशिश की उन्हें शिवसैनिकों के हमलों का सामना करना पड़ा। जिन्हें उनके हिंदू पड़ोसियों ने बचाया था ऐसे कई मुसलमानों ने बताया कि अपनी कोशिशों के लिए उनके पड़ोसियों को किस तरह सजा दी गई। घरेलू नौकरानी का काम करने वाली भामाबाई तुलसीवाड़ी की झोपड़पट्टी में अकेली रहती हैं। इस बूढ़ी महिला ने अपनी पड़ोसन कहकशां, उसके छः बच्चों और उसके पति को अपनी झुग्गी में छिपा लिया था। नतीजा यह हुआ कि दंगाइयों ने न केवल भामाबाई का घर तोड़ डाला बल्कि उनके पास जो थोड़ा-बहुत सामान था उसको भी लूट लिया। जब मैं मार्च में उनसे मिली तो उन्होंने मुझे बताया कि अब उनके पास कुछ भी नहीं बचा है। यहां तक कि वह जो साड़ी पहने हुए थी वह भी किसी पड़ोसी की दी हुई थी। बहुत सारे लोगों ने शिवसैनिकों की इन धमकियों के सामने घुटने टेक दिए कि जो भी मुसलमानों को छिपाएगा ऐसे तमाम हिंदुओं के घर तोड़ दिए जाएंगे। परिणामस्वरूप, जिन लोगों को पड़ोसियों के घर में पनाह मिल चुकी थी उन्हें भी निकलने के लिए कहा जाने लगा। ऐसे वातावरण में मुट्ठी भर लोग ही अपने पड़ोसियों की मदद का साहस जुटा पाए।

मोहल्लेदारी या गांव की एकजुटता की भावना मानवीय स्वभाव का हिस्सा होने के अलावा इस व्यावहारिक सोच पर भी आधारित है कि हमारी अपनी सुरक्षा भी पूरे मोहल्ले

की सुरक्षा के जरिए ही संभव हो सकती है। महात्मा गांधी जैसे लोगों के लिए अहिंसा एवं शांति के प्रति पूर्ण, बेशर्त प्रतिबद्धता एक नैतिक, धार्मिक संकल्प थी। ज़्यादातर साधारण लोग व्यावहारिक कारणों से मारकाट और आगज़नी से दूर रहते हैं। उन्हें पता होता है कि किसी को मारना या चोट पहुंचाना, खासतौर से अपने आस-पड़ोस में, एक जोखिम भरी बात है क्योंकि हिंसा के जवाब में हमेशा हिंसा ही होती है और यह चक्र फिर कभी खत्म नहीं होता। इस बुद्धिसंगत स्वार्थ की बुनियाद पर ही मोहल्लेदारी की आचार-संहिता का आधार पैदा होता है, अपने सामाजिक वातावरण को सुरक्षित रखने के लिए एक-दूसरे के साथ मिल कर चलने की सोच पैदा होती है। हमारे शहरों और कस्बों में मोहल्ले के सभी निवासियों की सुरक्षा के लिए सामूहिक रूप से एक चौकीदार को नियुक्त करने का चलन काफी आम है। यह तरीका पुलिस व्यवस्था का हिस्सा नहीं है क्योंकि सुरक्षा के मामले में लोग पुलिस पर बहुत भरोसा नहीं करते।

परंतु निरंतर घृणा अभियान के जरिए संघ परिवार और शिवसेना के गठजोड़ ने मोहल्ले के स्तर पर बनने वाले इन संबंधों को अब काफी हद तक छिन्न-भिन्न कर दिया है। पिछले कुछ सालों के दौरान उन्होंने मोहल्लों को परस्पर शत्रुता रखने वाले खेमों में बांट दिया है। पहले मोहल्ला संगठनों और पंचायतों पर राजनीतिक नियंत्रण हासिल करने के लिए बुनियादी तौर पर कांग्रेस और भाजपा (या उसके पुराने संस्करण जनसंघ) के बीच खींचतान चलती थी। इस खींचतान से कई ऐसी संस्थाओं में भी दलगत राजनीति के भद्दे पहलू पैदा होने लगे जिन्हें कायदे से व्यापक सहमति के आधार पर काम करने के लिए बनाया जाता था। इस प्रक्रिया में उन्होंने मोहल्लों को सांप्रदायिक आधार पर बांटने के बीज भी बो डाले। इस प्रक्रिया की शुरुआत देश के बंटवारे के समय मुस्लिम लीग और संघ परिवार की विचारधारा में यकीन रखने वालों ने की थी। परंतु उस समय यह सारा संकट राष्ट्रीय स्तर पर गढ़ा गया था और उसे अधिकांशतः बाहरी गुंडों के जरिए ही स्थानीय स्तर पर लागू किया गया था। वैसे भी यह मारकाट देश के कुछ खास हिस्सों तक ही सीमित रही। परंतु अब हिंदू-मुस्लिम विभाजन एक व्यापक रूप ले चुका है और इसने मोहल्लेदारी के ज्यादातर रिश्ते-नाते तहस-नहस कर दिए हैं।

जहां धर्म का महत्व सबसे ज़्यादा होना चाहिए वहीं संघ परिवार हिंदुओं के धर्म को पूरी तरह भ्रष्ट करने की ठान चुका है। पड़ोसियों के बीच अविश्वास और घृणा के बीज बोकर, हिंदुओं को अपने मुस्लिम पड़ोसियों के खिलाफ खड़ा करके संघ परिवार असल में हिंदुओं को खतरे में धकेल रहा है व हिंदू समुदाय की संस्कृति को अमानवीय रूप दे रहा है। अगर लोग अपने मोहल्लों और गांवों में ही असुरक्षित महसूस करने लगें तो उनके लिए राष्ट्रीय सुरक्षा का क्या अर्थ रह जाता है? राष्ट्रीय एकता का फायदा ही क्या अगर घृणा और अविश्वास की वजह से हर मोहल्ला तार-तार हो जाए?

बार-बार हुई हिंदू-मुस्लिम हिंसा से मुस्लिम समुदाय घैट्टो (दड़बे) जैसे हालात में घिरता चला जा रहा है। ऐसे हालात में हिंदू और मुसलमान, दोनों ही ऐसे इलाकों को छोड़कर

जाने लगते हैं जहां दूसरे समुदाय की बहुतायत होती है। मगर यह कोई नई बात भी नहीं है। इस प्रक्रिया की शुरुआत तो बंटवारे के समय ही हो गई थी।

संघ परिवार की विचारधारा में यकीन रखने वाले लोग यही चाहते हैं कि विभाजन के समय शुरु हुई प्रक्रिया तेजी से बढ़े। वह चाहते हैं कि मुसलमान पूरे समाज से अलग-थलग पड़ जाएं, दोनों समुदायों के बीच संवाद का हर जरिया खत्म हो जाए। जब तक हिंदू और मुसलमान पड़ोसियों या सहकर्मियों या व्यापारिक रिश्तों के आधार पर एक-दूसरे के साथ जुड़े रहेंगे तब तक उन्हें इस बात का आभास भी होता रहेगा कि वह थोड़ी-बहुत सांस्कृतिक और धार्मिक भिन्नताओं के बावजूद एक-दूसरे से भिन्न नहीं हैं। परंतु जैसे ही दोनों समुदाय भौतिक रूप से एक-दूसरे से दूर जाने लगते हैं, दोनों तरफ के घृणा फैलाने वाले तत्वों के लिए एक-दूसरे के खिलाफ जहर उगलने का काम आसान हो जाता है। इस तरह वह दूसरों के खिलाफ घृणा और हिंसा को सही ठहराने में कामयाब हो जाते हैं।

दोषी कौन है

बंबई में हुई हिंसा के कारणों का अलग-अलग तरीके से विश्लेषण किया गया है। कोई इन्हें राजनेताओं द्वारा मुसलमानों और हिंदुओं की धार्मिक भावनाओं को भड़काने का नतीजा बताता है; किसी की नज़र में ये दंगे बिल्डर लॉबी के साथ जुड़े अंडरवर्ल्ड के माफिया सरगनाओं की कारस्तानी हैं क्योंकि उनके लिए मंहगी जमीनों के लालच में झोपड़पट्टियों और चालों को जलाना एक आम बात है; जबकि कुछ लोग इन्हें कांग्रेस पार्टी में शरद पवार और सुधाकर नाईक के बीच चल रही राजनीतिक दुश्मनी का नतीजा मानते हैं।

इसमें कोई शक नहीं कि अपराधियों और बिल्डरों ने इस हिंसा को बढ़ावा देने में एक अहम भूमिका निभाई है। परंतु यह भी सच है कि किसी भी समाज पर अपराधियों का दबदबा तब तक कायम नहीं हो सकता जब तक कि समाज के प्रभावशाली तबके इस दबदबे को अपनी मंजूरी न दे दें। मध्यवर्ग की हिस्सेदारी और शहर के संपन्न तबकों की प्रच्छन्न गा सक्रिय सहायता से अपराधों को भयंकर बढ़ावा मिला है। संघ परिवार के अलावा कांग्रेस और रिपब्लिकन पार्टी के भी बहुत सारे नेताओं व कार्यकर्ताओं ने न केवल हत्यारे गिरोहों में हिस्सेदारी की बल्कि उनका नेतृत्व भी किया। यहां तक कि वामपंथी ट्रेड यूनियनों ने भी कोई विरोध संगठित नहीं किया या फिर वह विरोध करने की क्षमता खो बैठी हैं। शिवसेना ने या तो संगठित श्रमिक वर्ग को भी अपने साथ मिला लिया या यह वर्ग निष्क्रिय खड़ा रहा। यहां तक कि जिन ट्रेड यूनियन नेताओं ने इस हिंसा को सही नहीं माना वह भी अपने तथाकथित अनुयाइयों का समर्थन को खो देने के डर से सार्वजनिक स्तर पर स्पष्ट स्टैंड नहीं ले पाए। जब दंगे खत्म होने के बाद शिवसैनिक मुस्लिम कामगारों को काम पर लौटने से रोक रहे थे ,उस समय भी ट्रेड यूनियन नेताओं ने मुसलमानों को इस तरह खदेड़ने की कोशिशों को रोकने के लिए कुछ नहीं किया।

हालांकि कुछ ऐसी घटनाएं ज़रूर सुनने में आई जहां दलितों ने मुसलमानों के साथ

मिलकर अपनी बस्तियों की हिफ़ाज़त की मगर मोटे तौर पर दलितों ने भी या तो दंगाइयों का साथ दिया या उनका नेतृत्व किया। इनमें रिपब्लिकन पार्टी से जुड़े दलित भी शामिल थे। रिपब्लिकन पार्टी से जुड़े समाज कल्याण राज्यमंत्री रामदास अठावले ने शिवसेना के मधुकर सरपोतदार की रिहाई के लिए जमकर लॉबिंग की थी। जब सरपोतदार को जमानत पर रिहा कर दिया गया तो अठावले ने उसके साथ एक मंच से शिवसेना की विजय रैली को संबोधित भी किया।

ताकतवर राजनेताओं की हिफ़ाज़त के बिना अपराधी खुलेआम काम नहीं कर सकते। न ही दंगों को सिर्फ उन लोगों की कारस्तानी माना जा सकता है जो जमीनों पर कब्जा करना चाहते हैं। अगर ऐसा होता तो यह हिंसा कुछ खास इलाकों तक ही सीमित रहती। जिस तरह यह हिंसा पूरी बंबई में फैली उससे पता चलता है कि यह धार्मिक भावनाओं के आहत होने पर कोई स्वतःस्फूर्त प्रक्रिया नहीं थी। इस हिंसा के पीछे ताकतवर राजनीतिक शक्तियां सक्रिय थीं और ये दंगे बाकायदा सुनियोजित और सोचे-समझे ढंग से संचालित किए गए थे।

इसके बावजूद यह भी सच है कि कोई राजनेता चाहे कितना भी ताकतवर और असरदार क्यों न हो, वह तब तक इतनी बेशर्मी से हिंसा नहीं भड़का सकता जब तक कि उसे इस बात का यकीन न हो कि पुलिस और सरकारी मशीनरी के दूसरे अंग उसके साथ खड़े होंगे और उसके रास्ते में किसी तरह की रुकावट नहीं आएगी। सामान्य हालात में भी पुलिस और राजनेताओं की मिलीभगत, मदद और संरक्षण के बिना अपराधी छोटी-मोटी शरारतों से ज़्यादा कुछ नहीं कर सकते। इसी तरह बिल्डरों की लॉबी भी किसी चाल या झुग्गियों को जलाने के लिए तब तक भाड़े के अपराधियों का सहारा नहीं ले सकती जब तक वह आमतौर पर ऐसा करने की आदी न हो चुकी हो और जब तक उसने पुलिस, नौकरशाही तथा राजनेताओं को खरीद न लिया हो।

हिंदुओं और मुसलमानों के बीच एक-दूसरे के प्रति घृणा चाहे कितनी भी हो फिर भी केवल मुट्ठी भर लोग ही अपनी इस घृणा को व्यावहारिक रूप से व्यक्त करने की हिम्मत जुटा पाते हैं। ज़्यादातर लोग गुस्सा आने पर भी जवाबी हमलों के डर से मार-काट से दूर रहने की कोशिश करते हैं। शक्तिशाली राज्य मशीनरी की मौजूदगी में केवल वह संगठन या व्यक्ति ही बेधड़क मार-काट मचा सकते हैं जिन्हें राज्य मशीनरी की तरफ से हिफ़ाज़त का यकीन होता है।

सरकार प्रायोजित हत्याकांड

शिवसैनिक और अन्य अपराधी तत्व इसलिए खुलेआम मारकाट पर उतर आए क्योंकि सरकारी मशीनरी, खासतौर से पुलिस ने उन्हें खुलकर मदद दी थी। इसके कुछ अपवाद ज़रूर रहे मगर मोटे तौर पर पुलिस वालों ने या तो हिंसा को जानबूझ कर अनदेखा किया या वह खुद दंगाई गिरोह में शामिल हो गए। पुलिस की मिलीभगत का इससे बड़ा सुबूत और

क्या होगा कि उन इलाकों में ही दंगे सबसे भीषण हुए जहां पुलिस की आवासीय कॉलोनियां बनी हुई हैं?

शिवसेना ने पुलिसकर्मियों के बेटों को अपने साथ जोड़ने पर पिछले कुछ सालों के दौरान खास ध्यान दिया है। इसीलिए पुलिस क्वार्टरों के आसपास स्थित इलाकों में युवा शिवसैनिक जरा सी भी रोक-टोक के बिना भयानक तबाही मचाते रहे क्योंकि पुलिस वाले लूटपाट और हत्या की मुहिम पर निकले अपने बेटों को खुला समर्थन और प्रोत्साहन दे रहे थे।

दंगों के दौरान एक भारतीय संवाददाता ने पुलिसकर्मियों और उनके कंट्रोल रूम के बीच हुए उस रेडियो संचार को संयोग से टेप कर लिया जिसे उसने पुलिस की रेडियो बैंड (फ्रीक्वेंसी) पर सुना था। भारतीय अखबारों ने तो अपने ऊपर एक किस्म की सेंसरशिप थोपी हुई थी इसलिए उन्होंने हिंसा में पुलिस की हिस्सेदारी के इन सुबूतों को प्रकाशित नहीं किया। परंतु रिकार्ड की गई इस बातचीत के कुछ अंश 4 फरवरी 1993 को *दि न्यूयार्क टाइम्स* में छपे थे। इन अंशों से साफ पता चलता है कि पुलिस मुख्यालय में बैठे अधिकारी मौके पर तैनात पुलिसकर्मियों को इस बात की हिदायत दे रहे थे कि वह मुसलमानों के जलते हुए घरों को जलने दें और मुसलमानों को किसी किस्म की मदद न दें।

दि न्यूयार्क टाइम्स के इस अंक में छपे एक अंश के मुताबिक, नियंत्रण कक्ष की ओर से मराठी में बात कर रहे व्यक्ति ने एक ऐसी जगह का जिक्र किया गया जहां आग लगी हुई थी और कहा कि यह ज़रूर किसी मुसलमान की गैराज होगी। कुछ देर बाद उसने कहा, 'उसे जलने दो।' इसके बाद उसने कहा, 'अगर वह प्रॉपर्टी किसी महाराष्ट्रियन की है तो खयाल रखना कि उसे कोई नुकसान न पहुंचे।' नियंत्रण कक्ष में बैठा व्यक्ति पुलिसकर्मियों को इस बात के लिए प्रोत्साहित कर रहा था कि वह मुसलमानों की हर चीज को जला कर राख कर दें।

एक और बातचीत में डोंगरी जिले की पुलिस ने अपने विभागीय रेडियो पर पूछा कि सेना के जिन दो ट्रकों में दूध भर कर भेजा गया है उनका क्या किया जाए? यह दूध उन झोपड़पट्टियों के लिए भेजा गया था जहां बहुत सारे मुसलमानों के घर जला दिए गए थे और अब वह सड़कों पर पड़े थे। नियंत्रण कक्ष से जवाब आया, 'उन्हें दूध क्यों बांट रहे हो?' और फिर यह हिदायत दोहरायी गई, 'इन लांडियों को दूध मत बांटो, समझे?' इसके बाद नियंत्रण कक्ष ने इन पुलिसकर्मियों को आदेश दिया, 'उस गाड़ी को जब्त कर लो।'

दंगों में सरकार की निष्क्रियता और मिलीभगत की सबसे भयानक साक्षी महाराष्ट्र सरकार के एक अत्यंत वरिष्ठ अधिकारी ने दी। उसका दावा था कि उसने सरकार की हरकतों को एक अंदरूनी व्यक्ति के तौर पर नजदीक से देखा है। उसने बताया कि 'मैंने अपनी आंखों से देखा कि एक जगह गृहमंत्री की गाड़ियों के काफिले को गुजरते देख कर भी पुलिस और हिंदुओं की भीड़ अपनी लूटपाट, आगजनी और मार-काट में लगी रही। उन्हें

एक पल के लिए भी यह ज़रूरी नहीं लगा कि वह थोड़ी देर के लिए हिंसा रोक दें ताकि गृहमंत्री वहां से गुजर सकें। दरअसल उन्हें पूरा यकीन था कि उनके खिलाफ कोई कार्रवाई नहीं होगी इसलिए वह बेधड़क अपना काम करते रहे।'

एक साहसी पुलिसकर्मी

हालांकि बहुत सारे पुलिस वालों ने खुद अपने पेशे के कायदे-कानूनों का उल्लंघन किया फिर भी मुट्ठी भर साहसी और निष्पक्ष पुलिसकर्मी ऐसे थे जिन्होंने भारी व्यक्तिगत जोखिम उठाकर भी अपनी जिम्मेदारियों का निर्वाह किया। धारावी पुलिस थाने के प्रभारी डीसीपी पांडे ने अपनी तटस्थता के दम पर हालात को नियंत्रण में बनाए रखने के लिए हर संभव कदम उठाए और इसमें उन्हें काफी सफलता भी मिली। फिर भी पुरस्कृत किए जाने की बजाय उन्हें एक ऐसे विभाग में स्थानांतरित कर दिया गया जिसका जनता से कोई वास्ता नहीं पड़ता। बहुत सारे लोग इसे सजा के तौर पर किया गया तबादला मानते हैं। इस श्रेणी में कई दूसरे अधिकारियों का नाम भी आता है।

राहत और पुनर्वास कार्यों में सक्रिय रही बंबई की सामाजिक कार्यकर्ता सनोबर किश्वर ने बताया कि प्रतीक्षा नगर इलाके के हबीबपुर में एक सिख पुलिस वाले ने अपनी जान पर खेलकर बड़ी बहादुरी से अपनी जिम्मेदारी निभाई। 11 जनवरी को शिवसेना ने यहां के एक स्थानीय हनुमान मंदिर में महाआरती का आयोजन किया था। यह महाआरती कुछ देर बाद मुसलमानों के खिलाफ बाकायदा हमले में तब्दील हो गई। शिवसैनिक मुसलमानों के घरों पर आग फैलाने वाले बम फेंकने लगे। मुसलमानों के कई घर और दुकानें उनकी आंखों के सामने राख हो गईं। 500 लोगों की इस भीड़ की अगुवाई सत्यराम जमकार नाम का एक भूतपूर्व शिवसेना पार्षद कर रहा था। यह लोग आए और इन्होंने मुसलमानों के कुछ मकानों में आग लगा दी। जलते हुए मकानों में फंसे लोग इस कदर डरे हुए थे कि वह नीचे भी नहीं उतर पा रहे थे। भीड़ घात लगाए उनका इंतजार कर रही थी। उन्होंने बाद में सनोबर को बताया कि खासतौर से महिलाओं ने यह तय कर लिया था कि वह अपने मकानों में ही जिंदा जल जाएंगे मगर शिवसैनिकों के हाथों नहीं मरेंगे। हालांकि पुलिस की एक टुकड़ी पास में ही तैनात थी मगर उसने फंसे हुए लोगों को बचाने के लिए कुछ नहीं किया। इस मौके पर केवल एक पुलिसकर्मी, प्रताप सिंह ने साहस का परिचय दिया। एक मुस्लिम सामाजिक संगठन ने इन मकानों में फंसे लोगों को निकालने के लिए एक ड्राइवर और एक हैल्पर के साथ एंबुलैंस भेजी थी मगर क्योंकि एंबुलैंस में आए दोनों आदमी मुसलमान थे इसलिए वह खुद भी भीड़ का सामना करते हुए भीतर फंसे लोगों को निकालने से डर रहे थे। बताया जाता है कि तभी प्रताप सिंह ने अकेले पूरी भीड़ को एक तरफ कर दिया। प्रताप सिंह के हाथ में सिर्फ उनकी एक बंदूक थी। वह खुद इमारत में ऊपर गए और चिल्ला कर लोगों से कहा : 'मैं तुम्हारी हिफ़ाज़त करूंगा। नीचे आ जाओ वर्ना मारे जाओगे।' क्योंकि भीतर फंसे लोग एंबुलैंस के साथ आए सामाजिक कार्यकर्ताओं को पहचानते थे इसलिए उनमें

से बहुत सारे बाहर निकल आए। अगर इस मौके पर प्रताप सिंह साहसपूर्वक काम न करते तो दंगाई इन मकानों में फंसे सारे लोगों को मार डालते। प्रताप सिंह भीड़ को एक तरफ रखने के लिए हवा में गोलियां चलाते रहे और इस तरह उन्होंने अकेले दम पर तकरीबन सौ परिवारों को बचा लिया। जिस समय प्रताप सिंह अपनी जान जोखिम में डालकर लोगों को बचा रहे थे उसी समय दूसरे पुलिस वालों ने एंबुलैंस के ड्राइवर की गोली मार कर हत्या कर दी और दूसरे व्यक्ति को घायल कर दिया तथा एंबुलैंस के टायरों की हवा निकाल दी। घायल ड्राइवर ने वाहन को ले जाने की कोशिश की परंतु कुछ दूर जाने पर दंगाइयों ने उसे पकड़ कर सबके सामने मार डाला। सनोबर बताती हैं कि प्रताप सिंह अब इस घटना के बारे में बात नहीं करना चाहते। उन्हें डर है कि अपनी जिम्मेदारी का ईमानदारी से निर्वाह करने के बदले सजा के तौर पर उन्हें दूसरे इलाके में भेज दिया जाएगा या कोई और सज़ा मिल जायेगी।

हालांकि इस तरह के हालात आमतौर पर सेना की तैनाती के बाद नियंत्रण में आ जाते हैं मगर इस बार सेना ने भी पक्षपात भरा रवैया अपनाया। यह बात दोहराने की ज़रूरत नहीं है कि भूतपूर्व रक्षामंत्री शरद पवार दंगों के दौरान पूरे समय बंबई में मौजूद रहे ताकि प्रशासन को जानबूझ कर कमजोर किया जा सके। माना जाता है कि वह तत्कालीन मुख्यमंत्री नाईक को सबक सिखाना चाहते थे क्योंकि उन्होंने पप्पू कलानी जैसे शरद पवार के नजदीकी अपराधियों को गिरफ्तार किया था और पवार समर्थक मंत्रियों को मंत्रिमंडल से निकाल दिया था।

सरकार में बैठे बहुत सारे लोगों का आरोप है कि पुलिस ने रक्षा मंत्री शरद पवार की निजी सेना की तरह काम किया। असल में पवार नाईक को दिखाना चाहते थे कि बंबई पर किसकी चौधराहट चलती है। नतीजतन, पवार के उकसावे पर ज़्यादातर जगह पुलिस वाले दंगाइयों के साथ दिखाई दिए। पवार ने उन्हें रोकने की कोई कोशिश नहीं की। हद तो यह थी कि इस बार पवार ने सेना को भी राजनीतिक रंग में रंग डाला। नाम छिपाने का आग्रह करते हुए एक सरकारी अधिकारी ने विस्तारपूर्वक बताया कि किस तरह सेना के कमांडर किसी न किसी बहाने से मुख्यमंत्री को मदद देने से इनकार कर रहे थे :

> वह इस तरह के बहाने बनाते थे : 'हम सिर्फ फ्लैग मार्च करेंगे, फायरिंग नहीं करेंगे। हम सिविलियनों को अपने खिलाफ नहीं करना चाहते,' या 'हम तब तक गोली नहीं चलाएंगे जब तक हर जगह के लिए हमें अलग से लिखित आदेश नहीं मिलेगा।' अब आप ही बताइए कि सेना की हर टुकड़ी के साथ मजिस्ट्रेट कैसे भेजा जा सकता है जो दंगाई भीड़ को देखते ही गोली चलाने का आदेश देने को तैयार हो? नाईक की सरकार ने तो दंगाग्रस्त इलाकों में गश्त लगा रही सैनिक टुकड़ियों के प्रभारियों को छूट देने के लिए पहले से हस्ताक्षर किए हुए आदेशों का एक पूरा बंडल भी थमा दिया था। परंतु खुद रक्षा मंत्री द्वारा सैबोटाज के कारण सेना अपनी जिम्मेदारी का निर्वाह नहीं कर पाई। लोग तो यहां तक कहते हैं कि मुस्लिम महिलाओं के साथ

बलात्कार करने वालों में इस बार सेना के जवान भी शामिल थे।

जो अखबार और पत्रिकाएं पुलिस की भूमिका की निंदा कर रहे थे उन्हें भी सेना द्वारा की गई इस तरह की गलतियों का जिक्र करने में दिक्कत महसूस हो रही थी। बहरहाल, ऑब्जर्वर समाचारपत्र समूह के प्रधान संपादक प्रीतिश नंदी ने निजी अनुभवों के बारे में मुझे बताया :

> मैं कारमाईकल रोड पर बनी एक बहुमंजिला इमारत के चौबीसवें माले पर रहता हूं। यह बंबई के सबसे पॉश इलाकों में से एक है। मैंने अपने घर की खिड़की से कम से कम 30 जगह भारी आगजनी की घटनाएं देखीं। मैंने यह भी देखा कि मेरे घर के बाहर स्थित झोपड़पट्टियों से मुसलमानों को खदेड़-खदेड़ कर बाहर निकाला जा रहा है। मैंने पुलिस को फोन करके कहा कि वह इन लोगों की रक्षा करे। पहले तो पुलिस वालों ने आने से मना कर दिया। इसके बावजूद जब वह आए तो भी उनका रवैया तटस्थता और मिलीभगत वाला ही रहा। इसके बाद मैंने प्रधानमंत्री कार्यालय में फोन किया। जब मेरी प्रधानमंत्री से बात नहीं हो पाई तो मैंने रक्षा मंत्री शरद पवार को फोन किया और उन्हें इस बात के लिए तैयार किया कि वह दंगों को रोकने के लिए सेना को तैनात करें। मगर सेना की टुकड़ियां भी चुपचाप खड़े होकर तमाशा देखती रहीं। उन्होंने गश्त के नाम पर यहां-वहां टहलने के अलावा कुछ नहीं किया। ऐसा लगता था मानो वह आग में झुलसती सड़कों पर हवा खाने निकले हैं। ज़्यादातर जगह तो सिपाही अपनी गाड़ियों से नीचे भी नहीं उतरे। यह उस समय की बात है जब हिंसा अपने चरम पर थी और दंगाई छोटे-छोटे बच्चों और दुधमुंहे शिशुओं को भी हवा में उछाल कर आग के हवाले कर रहे थे।

हमारे समाज में बढ़ती सांप्रदायिक हिंसा का एक मुख्य कारण यह है कि जब कभी भी विभिन्न समुदायों के बीच कोई टकराव होता है तो हमारी अपराधीकृत हो चुकी राज्य मशीनरी ताकतवर पक्ष का साथ देने लगती है। हिंदू-मुस्लिम टकराव के हालात में जब हिंदुओं को पुलिस और दूसरे किस्म की सुरक्षा का भरोसा रहता है तो वह किसी बात की चिंता नहीं करते। ऐसी हिंसा पर तो तभी अंकुश लगाया जा सकता है जब सरकारी मशीनरी को उसकी हरकतों के लिए जवाबदेह बनाया जाए। इस काम को समाज के कमजोर वर्ग के लोग मध्यमवर्गीय बुद्धिजीवी तबके की मदद के बिना अकेले अपने दम पर नहीं कर सकते हैं।

हम क्या करें?

मानवाधिकार संगठनों ने इस तरह के हर संकट का मुकाबला करने के लिए अब तक इसी बात पर ज़्यादा जोर दिया है कि दोषियों को सजा दी जाए। मगर हमारी इस मांग से हालात में कोई खास बदलाव नहीं आ पाता क्योंकि हमारे यहां ऐसी संस्थागत व्यवस्था ही नहीं है जिसके जरिए दोषियों को स्वाभाविक प्रक्रिया में दंडित किया जा सके। हमें इस दिशा

में कुछ खास कदम उठाने चाहिएं, मसलन :

1. लोगों के प्रति पुलिस की ठोस जवाबदेही : हर इलाके की पुलिस स्थानीय निवासियों के मातहत होनी चाहिए। इन कर्मचारियों की भर्ती और उनकी बर्खास्तगी का अधिकार स्थानीय निवासियों के निर्वाचित प्रतिनिधियों के हाथ में होना चाहिए। ऐसी स्थिति में पुलिस स्थानीय लोगों को इतनी आसानी से अपनी जोर-जबर्दस्ती का निशाना नहीं बना पाएगी। आज के हालात में पुलिसकर्मी सिर्फ अपने वरिष्ठ पुलिस अधिकारियों के प्रति जवाबदेह होते हैं और स्थानीय लोगों के प्रति उनकी कोई जवाबदेही नहीं होती।
2. केंद्रीय स्तर पर संचालित किए जाने वाले पुलिस बल के अधिकार क्षेत्र में केवल राष्ट्रीय स्तर पर घट रही घटनाएं और अपराध ही आने चाहिएं। उसे स्थानीय स्तर पर स्वतंत्र रूप से चुने गए स्थानीय प्रतिनिधियों के आग्रह पर ही हस्तक्षेप करने की छूट दी जानी चाहिए या उसे ऐसी स्थिति में हस्तक्षेप करने का अधिकार दिया जाए जहां स्थानीय पुलिस ही लोगों के मानवाधिकारों का उल्लंघन कर रही है।
3. सांप्रदायिक और अल्पसंख्यक विरोधी हिंसा से निपटने के लिए एक विशेष शांति दल स्थापित किया जाए। इस बल की प्रत्येक इलाकाई टुकड़ी में इलाके के सभी समुदायों का आनुपातिक प्रतिनिधित्व होना चाहिए। इसका अर्थ है कि इस बल में अल्पसंख्यकों का प्रतिनिधित्व अखिल भारतीय आबादी में उनके समग्र हिस्से के अनुपात में नहीं बल्कि उस क्षेत्र विशेष में उनकी संख्या के अनुपात में होगा। यानी उसमें मुसलमानों का 12-13 प्रतिशत (अखिल भारतीय संख्या) या आदिवासियों का 7-8 प्रतिशत (अखिल भारतीय संख्या) नहीं होगा बल्कि संबंधित क्षेत्र में उनकी आबादी के अनुरूप प्रतिनिधित्व होगा।
4. विधायिका की रूपरेखा में उचित बदलाव किए जाएं जिससे सांप्रदायिक हत्याओं के लिए राजनीतिक प्रतिनिधियों, विधायकों और सांसदों को जिम्मेदार ठहराया जा सके। यदि सांसद या विधायक के निर्वाचन क्षेत्र में जनसंहार या दंगे होते हैं तो उसका निर्वाचन रद्द करने या उसे चुनाव लड़ने के अधिकार से वंचित करने के लिए कानूनी प्रावधान किए जाएं। वोट बैंक की राजनीति के लिए दंगे भड़काने वाले राजनेताओं को राजनीतिक लाभ उठाने से रोकने के कड़े कानूनी प्रावधान होने चाहिए।
5. डिप्टी कमिश्नर के दायित्वों में यह बात भी शामिल की जाए कि वह मारे गए, घायल हुए या यातना का शिकार हुए लोगों का एक विस्तृत, सामुदायिक विवरण दे तथा प्रत्येक समुदाय को हुए आर्थिक नुकसान की वस्तुगत रिपोर्ट तैयार करे। अगर यह साबित होता है कि डिप्टी कमिश्नर गलत सूचनाएं दे रहा है तो उसे तत्काल सेवा से बर्खास्त कर दिया जाए।

6. यह सुनिश्चित करने के लिए कानूनी बदलाव किए जाएं कि जब भी कभी इस तरह की घटनाएं हों तो संबंधित इलाके के डिप्टी कमिश्नर और पुलिस सुपरिंटेंडेंट की भूमिका की भी स्वतः यानी ऑटोमैटिक जांच की जाए।

यदि पुलिस व अन्य सरकारी अफ़सरों और निर्वाचित प्रतिनिधियों को मालूम हो कि सांप्रदायिक हिंसा के मामलों में उनकी भूमिका के लिए उन्हें ही सबसे पहले जिम्मेदार ठहराया जायेगा तो अपराधियों, राजनेताओं, घृणा फैलाने वालों और सरकारी ओहदेदारों के बीच बन रहे इस भयानक गठजोड़ को तोड़ा जा सकता है।

8

सांप्रदायिक हिंसा से निपटने के तरीके

अंतर्राष्ट्रीय महिला दिवस के मौके पर कुछ बातें

हमारे देश के बहुत सारे महिला संगठन इस साल (1991) अंतर्राष्ट्रीय महिला दिवस के मौके पर देश में बढ़ते सांप्रदायिक तनाव और हिंसा का मुद्दा उठाएंगे। इस आशय का फैसला दिसंबर 1990 में कालीकट में आयोजित किए गए राष्ट्रीय सम्मेलन में लिया गया था। यह एक स्वागतयोग्य कदम है।

भारत में लोकतंत्र तभी जीवित रह सकता है जब हम विभिन्न धार्मिक व जातीय समुदायों के बीच चल रहे टकरावों का मानवीय, शांतिपूर्ण और न्यायसंगत समाधान ढूंढ पायें। महिलाओं की दशा में सुधार का प्रश्न भी इन टकरावों के समाधान की इस प्रक्रिया के साथ निहित रूप से जुड़ा हुआ है क्योंकि जैसे-जैसे समाज में हिंसा का स्तर बढ़ता है वैसे-वैसे महिलाओं की स्थिति में गिरावट आती जाती है। ऐसी सूरत में हिंसा के नग्न प्रदर्शन को भी जघन्य अपराध की बजाय रोजमर्रा की सामान्य घटना के रूप में देखा जाता है। किसी सभ्य समाज से इस रवैये की उम्मीद नहीं की जा सकती। जब हिंसा विभिन्न समुदायों के बीच बनने वाले संबंधों का एक स्वीकार्य रूप बन जाती है तो समाज अन्दरुनी तौर पर टूटने लगता है।

लेकिन अब इस मुद्दे को उठाना ही काफी नहीं है। इस पर तो पहले ही लोग काफी ध्यान दे रहे हैं। आज ज़्यादा ज़रूरत इस बात की है कि बढ़ती हिंसा से निपटने के लिए सार्थक और असरदार रणनीतियां विकसित की जाएं। अगर ऐसा न हुआ तो हमारा सारा काम सांप्रदायिक सद्भाव के उन्हीं घिसे-पिटे नारों को दोहराने तक सीमित रह जाएगा जिनसे अब लोग ऊब चुके हैं, जिन पर अब कोई ध्यान नहीं देता। इस कोशिश के लिए हमें खुद अपने कामों और इस संकट पर अपनी राजनीतिक प्रतिक्रियाओं का ईमानदारी से और आलोचनात्मक ढंग से मूल्यांकन करना होगा।

---

* पहली बार *मानुषी*, संख्या 62 (जनवरी-फरवरी 1991) में प्रकाशित।

यह अपंगता क्यों?

भाजपा-आरएसएस-विहिप गठजोड़ के राम मंदिर अभियान के कारण जैसी भयानक हिंसा हुई है उसे देखते हुए यह कहना अतिश्योक्ति नहीं होगा कि इस संकट से निपटने के लिए हमारी प्रतिक्रिया न केवल नाकाफी रही बल्कि वह कई जगह गलत भी थी।

मोटे तौर पर महिला संगठनों ने निम्नलिखित प्रकार के कदम उठाए :

1. कुछ घटनाओं की निंदा करते हुए प्रेस वक्तव्य जारी किए।
2. चंद महिला कार्यकर्ताओं और मुट्ठी भर समर्थकों को लेकर यदा-कदा धरने दिये गए या जुलूस-प्रदर्शन निकाले गए।
3. मानवाधिकारों की रक्षा के प्रति पहले से ही समर्पित कार्यकर्ताओं के लिए सम्मेलन और कार्यशालाएं आयोजित कीं।
4. बीच-बीच में नुक्कड़ नाटक, पोस्टर प्रदर्शनियों के आयोजन और पर्चा वितरण के माध्यम से व्यापक जनसंपर्क गतिविधियां चलाई गईं।

इसमें कोई शक नहीं कि इन सभी कदमों की भी अपनी एक अहमियत है। परंतु भाजपा-आरएसएस-विहिप गठजोड़ घृणा और प्रतिशोध की अपनी राजनीति के लिए जिस पैमाने पर लोगों को गोलबंद कर रहा है उससे निपटने के लिए इस प्रकार के कार्यक्रम बहुत असरदार नहीं हो सकते। अपनी ओर से राजनीतिक हस्तक्षेप के नाम पर हम लोगों को सांप्रदायिक राजनीति के जाल में न फंसने की नसीहत देते हुए केवल अखबारी किस्म के वक्तव्य जारी करते हैं। इस बात को दोहराते जाना कि सांप्रदायिक हिंसा से सबसे ज़्यादा नुकसान महिलाओं को ही उठाना पड़ता है, खुद महिलाओं को भी ज़्यादा अपील नहीं करता दिख रहा। सबसे ज़्यादा परेशान करने वाली बात यह है कि दंगों और जनसंहार के पीड़ितों की खातिर हम नाममात्र की राहत भी नहीं जुटा पाए। ऐसा कैसे हुआ कि हम उन लोगों के सदमे और आक्रोश को बांटने में भी नाकामयाब रहे जिन्हें यातनाएं दी गई थीं, जिन पर अत्याचार हुआ था, जिनके सगे-संबंधी मारे गए थे, जिनके घर और जिंदा रहने के साधन नष्ट हो गए थे?

नवंबर 1984 के सिख विरोधी दंगों के समय कम से कम दिल्ली में राहत कार्य स्वतःस्फूर्त ढंग से शुरू हुए थे। उस वक्त जब पूरा शहर हिंसा की आग में जल रहा था तभी नागरिक एकता मंच (एनईएम) नामक एक मंच गठित किया गया और महिला संगठनों की कार्यकर्ताओं सहित तरह-तरह के लोग उस मंच पर एकजुट हो गये। यह देखकर बड़ा संतोष होता था कि मंच द्वारा बड़े पैमाने पर शुरू किए गए राहत कार्यों के लिए वॉलंटियरों की कमी कभी नहीं पड़ी। एनईएम को काफी मात्रा में पैसा और दूसरे संसाधन भी लगातार मिलते रहे। कुल मिला कर उसका कामकाज असरदार ढंग से चलता रहा।

एनईएम की मिसाल

एनईएम ने अपने बूते पर राहत कार्य शुरू कर दिए तो सरकार को भी इस बात के लिए शर्मिंदा और मजबूर होना पड़ा कि 1984 के दंगा पीड़ितों के पुनर्वास की कुछ जिम्मेदारी वह भी उठाए। इस पुनर्वास में वैकल्पिक आवासीय व्यवस्था, विधवाओं और आश्रितों के लिए पेंशन तथा नौकरियों के इंतजाम तथा दूसरे प्रावधान शामिल थे। सिख संगठनों के साथ मिलकर एनईएम ने कई माह तक इन गतिविधियों पर लगातार नज़र रखी। नतीजतन आखिरकार कुछ आर्थिक सहायता पीड़ितों तक पहुंची जबकि ऐसी ज़्यादातर विपदाओं के समय सरकार राहत उपायों की जो घोषणा करती है उसके बाद भी ज़रूरतमंदों को अकसर कुछ नहीं मिल पाता। हालांकि इसमें कोई शक नहीं कि राहत या मुआवजे की कितनी भी बड़ी मात्रा पीड़ितों के जीवन पर लगे आघात और घावों को नहीं भर सकती थी परंतु फिर भी एनईएम ने सिख समुदाय को पूरी तरह बहिष्कृत होने से बचा लिया। उसने एक ऐसे समय में हिंदुओं और सिखों के बीच संवाद सेतु के रूप में काम किया जब ताकतवर राजनीतिक शक्तियां चुनावी फायदे के लिए इन दोनों समुदायों के बीच एक स्थायी दरार पैदा कर देना चाहती थीं।

एनईएम के राहत व पुनर्वास कार्यों के साथ नजदीकी से जुड़े रहे कुछ वॉलंटियरों ने इन दंगों के बारे में विस्तृत और प्रत्यक्षदर्शी रिपोर्टें तैयार कीं। यह भी एनईएम की एक महत्वपूर्ण उपलब्धि थी। क्योंकि एनईएम ने इस संकट पर तत्काल प्रतिक्रिया दी थी इसलिए इन वॉलंटियरों को ऐसी बहुत सारी जानकारियां इकट्ठा करने में सफलता मिली जो कई दिन या कई हफ्ते बाद पहुंचने के बाद उन्हें नहीं मिल सकती थीं। राहत कार्यों में हिस्सेदारी से एनईएम को पीड़ितों और शेष सिख समुदाय का विश्वास हासिल करने में मदद मिली। फलस्वरूप, एनईएम से जुड़े लोगों ने जो जानकारियां इकट्ठा कीं वह दंगों के बारे में तैयार होने वाली सामान्य किस्म की रिपोर्टों से लाख दर्जे बेहतर थी। इसके साथ-साथ विरोध प्रदर्शन, अदालत में याचिका, नागरिक जांच आयोगों के गठन जैसी विभिन्न गतिविधियां भी चलती रहीं जिससे जनसंहार के दोषियों के खिलाफ जनमत का निर्माण संभव हो पाया। कांग्रेस पार्टी की सरकार दोषियों के खिलाफ चल रही कार्रवाइयों को सैबोटाज करती रही क्योंकि इस जनसंहार में कांग्रेस के शीर्ष स्तर के कई राजनेता और सरकारी मशीनरी के उच्च अधिकारी भी शामिल थे। परन्तु एनईएम की सफलता उसके बहुआयामी स्वरूप में निहित थी। उसने नवंबर 1984 में हुई हिंसा के बारे में आम लोगों की धारणा और समझ को बदलने में एक अहम भूमिका निभाई। शुरू-शुरू में हिंदू समुदाय का एक बड़ा तबका श्रीमती गांधी की हत्या के बाद हुए इस रक्तपात को 'स्वाभाविक और अनिवार्य' प्रतिक्रिया मान रहा था। बहुत सारे हिंदुओं की नज़र में यह महज एक और दंगा था। इस समझ का अर्थ यह है कि उनकी नज़र में यह गुस्से की एक स्वाभाविक अभिव्यक्ति और हिंदू व सिखों के बीच एक स्वतःस्फूर्त टकराव था। परंतु आने वाले सालों में एनईएम के निरंतर और संकल्पबद्ध प्रयासों ने ज़्यादातर लोगों को यह मानने पर विवश कर दिया कि ये हत्याएं कांग्रेस पार्टी

के नेताओं ने सुनियोजित ढंग से करवाई थीं और इसमें पुलिस और प्रशासन का भी उन्होंने जमकर इस्तेमाल किया था। भले ही अदालतें अपना काम करने में चूक गई हों मगर लोग हत्यारों के खिलाफ अपना फैसला सुना चुके हैं। यह कोई मामूली सफलता नहीं थी। एक और उल्लेखनीय उपलब्धि यह थी कि एनईएम इस पूरे दौरान सिखों के सामुदायिक संगठनों के साथ मिलकर काम करता रहा।

यह एक अफ़सोसनाक बात है कि एनईएम के इस उदाहरण को 1984 के बाद हुये दंगों में दोहराया नहीं जा सका जबकि यह पिछले कुछ सालों में मानवाधिकार संगठनों द्वारा राहत, पुनर्वास, रिपोर्टिंग, दस्तावेजीकरण और जनमत निर्माण के लिए की गई एक सबसे असरदार कोशिश थी। हमें एनईएम के अनुभव को और अच्छी तरह परखने की कोशिश करनी चाहिए ताकि इस बात की समझ विकसित की जा सके कि वह कौन से कारक थे जिनके बूते पर इतने सारे तरह-तरह के लोग और संगठन एक मंच पर इकट्ठा हुए और लंबे समय तक कुशलतापूर्वक काम करते रहे। यह सोचने लायक बात है कि एनईएम ने छात्रों, गृहिणियों, पेशेवरों — यानी गैर-राजनीतिक माने जाने वाले लोगों से इतना समर्थन कैसे हासिल किया? उसके बाद के अनेक भीषण व व्यापक हिंसा के हादसों के दौरान हम ऐसी प्रतिक्रिया क्यों नहीं दे पाए? इससे तो यही लगता है मानो हममें प्रेस वक्तव्य जारी करने, सम्मेलन और यदा-कदा छोटे-मोटे विरोध प्रदर्शन व धरने आयोजित करने से ज़्यादा सार्थक कदम के बारे में सोचने की हिम्मत भी नहीं बची है।*

नेटवर्क ज़्यादा, काम कम

इस विफलता का एक कारण इस बात में भी निहित हो सकता है कि महिलाओं के संगठन और मानवाधिकार कार्यकर्ता अपने लिए बहुत सीमित परिक्षेत्र प्राप्त करना चाहते हैं।

पिछले सालों के दौरान राष्ट्रीय और अंतर्राष्ट्रीय नेटवर्कों के गठन का चलन काफी बढ़ा है। इस रुझान के सामने आने के बाद अब समुदाय आधारित कामों पर काफी कम ध्यान दिया जाने लगा है। यहां तक कि हम जो सम्मेलन, कार्यशालाएं, सेमिनार और विरोध प्रदर्शन आयोजित करते हैं वह भी कुछ खास इलाकों तक ही सीमित रह जाते हैं। वैसे भी आमतौर पर उनमें एक जैसी सोच वाले थोड़े से लोग ही आते हैं। उदाहरण के लिए, दिल्ली में नारी अधिकार संगठनों और मानवाधिकार संगठनों की ज़्यादातर गतिविधियां मंडी हाउस, इंडिया गेट और लोदी एस्टेट कॉम्प्लैक्स के बीच पड़ने वाले इलाके तक में ही केंद्रित रहती हैं। कई बार हम अपने विरोध प्रदर्शन, नुक्कड़ नाटक और पोस्टर प्रदर्शनियों को उन इलाकों में भी आयोजित करते हैं जहां ज़्यादातर गरीब तबके के लोग रहते हैं। इसके

** यह संतोष की बात है कि 1984 के बाद पहली बार 2002 में गुजरात के दंगों के बाद वहां भी एनईएम जैसा एक मंच बन पाया और महिला व नागरिक अधिकार संगठनों ने सरकार को बाकायदा कटघरे में खड़ा करने में सक्रिय भूमिका निभाई। परन्तु अहमदाबाद के दंगों में नेशनल मीडिया, विशेषकर इंडियन एक्सप्रेस की भूमिका स्वयंसेवी संगठनों के प्रयासों से भी ज़्यादा प्रभावशाली रही।*

जरिए हम यह दिखाने की कोशिश करते हैं कि हमारे कामों का स्वरूप अभिजात्यवादी नहीं है। हम जामा मस्जिद, चांदनी चौक या मंगोलपुरी जैसे इलाकों में पर्चे बांटते हुए, गाने गाते हुए या नारे लगाते हुए गुजरते हैं और अंत में एक छोटी सी सार्वजनिक सभा के रूप में कार्यक्रम का समापन करते हैं। जब कार्यक्रम का समापन होता है तो उस समय संबंधित इलाके के थोड़े से लोग सभा स्थल के इर्द-गिर्द आ खड़े होते हैं और हमारे भाषण सुनने लगते हैं। ऐसे कार्यक्रमों के बाद उस इलाके में प्रायः कोई काम नहीं होता। नतीजतन, लोग हमारे जुलूस, बैठक या संदेश को जल्दी ही भूल जाते हैं।

अपने मोहल्लों और समुदायों में इस तरह की गतिविधियां करने से हम हमेशा बचते रहते हैं। इसी बिंदु पर मुख्यधारा की राजनीतिक पार्टियां, खासतौर से भाजपा और आरएसएस, हमसे आगे निकल जाती हैं। वह अपना काम हमेशा स्थानीय समुदाय से निकले कार्यकर्ताओं के जरिए ही चलाती हैं। वह अपने कार्यकर्ताओं को मोहल्ले और समुदाय के बीच काम करने के लिए प्रोत्साहित करती हैं फिर भले ही राज्य या राष्ट्रीय स्तर की राजनीति में वह कोई दखल देते हों या नहीं। उन्हें अपने इलाके का प्रभावशाली सदस्य होने में बड़ा गर्व महसूस होता है। उनकी ज़्यादातर राजनीतिक हिस्सेदारी अपने समुदाय और इलाके में उनके असर और उनकी साख की बुनियाद पर ही चलती है। आरएसएस या भाजपा की राजनीति कुल मिलाकर कितनी भी विषैली क्यों न हो परंतु समुदाय के स्तर पर उनके कार्यकर्ता की छवि आमतौर पर एक ऐसे समर्पित सामाजिक कार्यकर्ता वाली होती है जिस पर विपत्ति के समय भरोसा किया जा सकता है। उनका राजनीतिक जीवन उनकी रोज़मर्रा की सामाजिक जिंदगी से गहरे तौर से जुड़ा हुआ होता है। इसी कारण उनके विचारधारात्मक काम को इतना ठोस आधार मिल पाता है। उनकी राजनीति का यह हिस्सा समुदाय की संस्कृति में गुंथ जाता है।

इसके अलावा एक और गौरतलब बात यह है कि वह नए सामाजिक और राजनीतिक संस्थानों के निर्माण की कोशिश जारी रखते हुए मौजूदा सामाजिक और राजनीतिक संस्थानों के जरिए काम करने से भी नहीं चूकते। उनकी बहुत सारी राजनीतिक ऊर्जा मोहल्ले के संगठनों, बिरादरी पंचायतों और ग्राम पंचायतों पर अपना नियंत्रण कायम करने में खर्च होती है। ऐसा सिर्फ चुनावों के समय वोट जुटाने वाली मशीन पर कब्जा करने के मकसद से नहीं बल्कि स्थानीय स्तर पर विभिन्न प्रकार की निर्णयकारी प्रक्रियाओं को प्रभावित करने के लिए एक सामाजिक वर्चस्व हासिल करने के लिए भी किया जाता है। लोगों को बड़े पैमाने पर इकट्ठा कर पाने की उनकी क्षमता इस रोज-ब-रोज के जनसंपर्क से पैदा होती है जिसके लिए अनेक कार्यकर्त्ताओं को सुनियोजित ढंग से तैयार किया जाता है। इस जनसंपर्क से उन्हें बड़ी संख्या में नए सदस्य भी मिलते हैं और अपने राजनीतिक कामों के लिए बड़ी मात्रा में पैसा भी मिल जाता है।

इसके विपरीत अधिकांश महिला एवं मानवाधिकार संगठन 'राष्ट्रीय नेटवर्कों' की ओर ज़्यादा झुके हुए दिखाई देते हैं। इनमें से केवल कुछ संगठनों ने ही अपने मोहल्लों और

समुदायों के स्तर पर काम करने में रुचि दिखाई है। जो लोग इस तरह की कोशिशें करते हैं वह भी अपने काम की शुरुआत प्रायः अपने समुदाय की बजाय दूसरे समुदायों से ही करते हैं। वह आमतौर पर गरीब बस्तियों, झोपड़पट्टियों और गांवों में विकास एजेंसियों के 'प्रोजेक्टों' के तहत अपना काम शुरू करते हैं। इस तरह की परियोजनाओं में काम करने वाले कार्यकर्ताओं को स्थानीय लोग समुदाय का अभिन्न अंग नहीं मानते हैं। उन्हें ऐसे बाहरी लोगों के रूप में देखा जाता है जो अपनी नौकरी की खातिर वहां आए हैं; या उन्हें ऐसे संवेदनशील बाहरी लोगों के रूप में देखा जाता है जो जब चाहे चले आते हैं और अपनी सुविधा के हिसाब से एक प्रोजैक्ट छोड़कर दूसरा शुरू कर देते हैं।

इस तरह वह न केवल अपने समुदाय और मोहल्ले से बल्कि उन लोगों से भी कटे रह जाते हैं जिनके बीच वह काम करने की कोशिश करते हैं। वह इस वजह से अपने मोहल्ले या समुदाय के भीतर राजनीतिक काम करने से कतराते हैं क्योंकि इससे वह मध्यवर्ग और अभिजात्य तबकों तक सिमट कर रह जाएंगे जबकि 'असली' काम तो सिर्फ वही है जो गरीबों और समाज के दबे-कुचले तबकों के बीच किया जाता है।

बहुत सारी महिला कार्यकर्ता तुलनात्मक रूप से संपन्न पृष्ठभूमि से आती हैं। खुद को वामपन्थी 'रेडिकल' मानने वाले ज़्यादातर लोगों की तरह बहुत सारी महिला कार्यकर्ताओं में भी सम्पन्न घरों से आने की वजह से अपराधबोध की भावना बनी रहती है। वह इस गलतफहमी के जाल में फंस जाती हैं कि मध्यवर्ग के लोगों के बीच काम करने से उनकी विश्वसनीयता समाप्त हो जाएगी और वह अभिजात्यवादी दिखाई देने लगेंगी। परंतु क्योंकि गरीबों के साथ भी उनका कामकाज यहां-वहां और छुटपुट पैमाने पर ही होता है इसलिए वह कहीं भी 'स्थानीय' नहीं बन पातीं। यह एक बड़ी वजह है कि महिला संगठन राष्ट्रीय और अंतर्राष्ट्रीय नेटवर्कों का हिस्सा क्यों बनते जा रहे हैं जबकि ये नेटवर्क उन्हें सामाजिक तनावों और टकराव के बिंदु से दूर करते जा रहे हैं। सामुदायिक आधार और स्थानीय समर्थन के अभाव में पैसे और कार्यकर्ताओं की कमी भी निरंतर बनी रहती है। इसीलिए अब फंडिंग एजेंसियों से मदद लेने का रुझान जोर पकड़ता जा रहा है। 'नेटवर्कों' की तो भरमार होती जा रही है जबकि कार्यकर्ता ढूंढना कठिन होता जा रहा है। हालत यह है कि ज़्यादातर महिला संगठनों को अपने रोज-ब-रोज के काम चलाने के लिए अच्छे विश्वसनीय वॉलंटियर ढूंढने में भी दिक्कत आ रही है और ये संगठन अपना ज़्यादातर काम वेतनभोगी कार्यकर्त्ताओं के माध्यम से ही करवा रहे हैं। ऐसे प्रोफ़ेशनल कार्यकर्त्ता किसी संगठन में ज़्यादा दिन नहीं टिकते। बेहतर वेतन व सुविधाओं की खोज में आये दिन संगठन बदलते रहते हैं।

हिंसा चाहे घरेलू स्तर की हो या दंगों और जनसंहारों के दौरान होने वाली हिंसा हो, उसके खिलाफ असरदार हस्तक्षेप के लिए हमें एक जगह टिक कर, सामुदायिक स्तर पर काम करने वाले कार्यकर्ताओं की ज़रूरत पड़ती ही है। इसके लिए अपने-अपने मोहल्लों की हिफ़ाज़त के लिए स्वैच्छिक सुरक्षा समितियों का गठन बहुत ज़रूरी है। नवंबर 1984 के जनसंहार के समय यह बात साफ हो गई थी कि जहां कहीं पड़ोसियों ने एकजुट होकर

हमलों को रोकने की कोशिश की ऐसे लगभग सभी इलाकों में मारकाट नहीं हुई। यहां तक कि चंद मुट्ठी भर संकल्पबद्ध लोग भी मारकाट और लूटपाट को रोकने में काफी हद तक कामयाब रहे।

ज़्यादातर महिला संगठनों ने शहर के पैमाने की तो बात ही छोड़िए, खुद अपने मोहल्ले-पड़ोस में भी इस तरह की संगठन शक्ति तैयार नहीं की है। इसके बावजूद वह 'राष्ट्रीय' स्तर के सम्मेलन और कार्यशालाओं के आयोजन में लगे रहते हैं। एक तरफ भाजपा-आरएसएस-विहिप गठजोड़ है जो अपनी रक्तरंजित राजनीति के लिए पूरे देश में लाखों लोगों को गोलबंद कर रहा है जबकि दूसरी तरफ मानवाधिकारों की रक्षा का दावा करने वाले हैं जो दंगों और हत्याओं का विरोध करने के लिए अपने मोहल्ले के दस लोगों को भी अपने हक में खड़ा नहीं कर सकते। यह असंतुलन खत्म होना बहुत ज़रूरी है और उम्मीद है कि आने वाले वर्षों में महिला संगठन इस प्रयास की अगली पांत में खड़े होंगे।

मध्यवर्ग की भूमिका

कई बार मध्यवर्गीय इलाकों के अपने मोहल्ले में काम करना कम फौरी या गैर-ज़रूरी प्रतीत हो सकता है क्योंकि सांप्रदायिक हिंसा आमतौर पर गरीब इलाकों या बाज़ारों में ही ज़्यादा होती है। परंतु क्योंकि मध्यमवर्गीय बुद्धिजीवी वर्ग ने ही वैचारिक स्तर पर ऐसे तेज़तर्रार तर्क मुहैया कराए हैं जिनके बिना सांप्रदायिक ताकतें घृणा और अहंकार की राजनीति नहीं कर सकती थीं इसलिए यदि विचारधारात्मक और राजनीतिक रूप से प्रभावशाली मध्यवर्ग भाजपा-आरएसएस-विहिप की सोच का समर्थन करना बंद कर दे तो उनकी राजनीति काफी कमजोर पड़ सकती है। यह गठजोड़ मध्यवर्ग का विश्वास अर्जित करके ही प्रेस में अपनी राजनीति को एक स्वीकार्य रूप में प्रस्तुत कर पाता है। उसी के आधार पर वह विश्वविद्यालयों, कॉलेजों और स्कूलों जैसे विचारधारात्मक केंद्रों में अपना दबदबा कायम करता है। अपने इसी प्रभाव के जरिए उसे राजनीतिक स्वार्थ के लिए सरकारी तंत्र का दुरुपयोग करने में मदद मिलती है। मिसाल के तौर पर, उत्तर प्रदेश में पीएसी के जवानों को मुसलमानों के खिलाफ हथियार उठाने में कोई हिचकिचाहट महसूस नहीं होती क्योंकि उन्हें पूरा विश्वास होता है कि नौकरशाही में बैठे उनके आला अफसर और दूसरे लोग उन पर कोई आंच नहीं आने देंगे। इसके अलावा उन्हें मध्यम और उच्चवर्गीय हिंदुओं का जो समर्थन मिलता है उससे भी उनके हौसले और बुलन्द होते हैं। इस समर्थन में उत्तर प्रदेश की प्रेस भी शामिल है जो पीएसी के तमाम गैरकानूनी कारनामों की प्रबल समर्थक के रूप में सामने आई है।

जब एक बार मध्यवर्ग फासीवाद की तरफ मुड़ जाता है तो वह समाज के गरीब, दबे-कुचले तबकों को भी नफरत की अपनी मुहिम को आगे बढ़ाने के लिए इस्तेमाल करने लगता है। एक के बाद एक हुए दंगों से यह साफ हो चुका है कि मध्यवर्गीय तत्वों के नेतृत्व में किए गए इन जनसंहारों में मुसलमानों पर हमला करने के लिए गरीबों और दलितों का इस्तेमाल बढ़ता जा रहा है। मध्यवर्ग के समर्थन और हिस्सेदारी के कारण हत्या और

दंगे-फसाद सम्मानजनक गतिविधियों जैसे दिखाई देने लगते हैं। इस समर्थन के बिना भाजपा-आरएसएस-विहिप गठजोड़ मुस्लिम विरोधी हिंसा के लिए गरीबों और दलितों को अपनी कतारों में शामिल नहीं कर सकता था। उसने उन्हें इस बात का यकीन दिला दिया है कि वह 'राष्ट्र के रक्षक' हैं और इसके लिए दूसरे नागरिकों के साथ लूटपाट या उनकी हत्या करना भी उनके राष्ट्रप्रेम का ही सबूत है।

इन खतरनाक प्रवृत्तियों को मज़बूत होते देख हमें मध्यवर्ग के प्रति तिरस्कार की अपनी भावना पर दोबारा विचार करना चाहिए। इस वर्ग का हिस्सा होने में हमें जो शर्म और अपराधबोध महसूस होता है उससे हमें ऊपर उठना चाहिए। जब तक हम ऐसा नहीं करेंगे तब तक हम मानवाधिकारों की राजनीति को मजबूती देने के लिए अपनी तुलनात्मक रूप से बेहतर स्थिति का पूरा लाभ नहीं उठा पाएंगे। सांप्रदायिक घृणा और हिंसा की विचारधारा का मुकाबला करने के लिए मध्यवर्ग और संपन्न तबकों का भरोसा जीतना ज़रूरी है ताकि वह मानवाधिकारों के प्रति सम्मान पर आधारित राजनीति को समर्थन देने लगें। चाहे इस बात को हम पसंद करते हों या न करते हों, इसमें कोई दो राय नहीं कि मध्यवर्ग और अभिजात्य तबके हमारे समाज में वर्चस्वशाली भूमिका निभाते हैं। हमारे देश में मध्यवर्ग न केवल बहुत बड़ा है बल्कि इसके आकार में लगातार वृद्धि हो रही है, इसलिए इस समूह का विचारधारात्मक प्रभाव निश्चय ही अतुलनीय है। समाज के इस महत्वपूर्ण हिस्से के बीच राजनीतिक कार्यों की ज़रूरत को पूरी तरह अनदेखा करते हुए हम उन्हें घृणा में डूबी सांप्रदायिक निरंकुशतावादी राजनीति की तरफ जाने से रोकने में विफल हो चुके हैं। सत्ता प्रतिष्ठान की शक्ति को सबसे प्रभावी चुनौतियां प्रायः अभिजात्य समूहों के भीतर मौजूद रेडीकल तबकों से ही मिलती हैं। खासतौर से मध्यवर्ग को अकसर ऐसे उद्देश्यों के लिए लामबंद किया गया है जिनका उनके फौरी भौतिक हितों से कोई खास ताल्लुक नहीं होता। हमें ज़ोरदार प्रयास करने चाहिए कि इस वर्ग की यह शक्ति विनाशकारी दिशा में न जा पाए। महात्मा गांधी की सफलता काफी हद तक इसी बात पर आधारित थी कि वह समाज के सुविधासंपन्न तबकों के बीच व्याप्त आदर्शवाद को रचनात्मक दिशा दे पाए। उन्होंने इस तबके के लोगों को संकीर्ण स्वार्थ की राजनीति से ऊपर उठने के लिए प्रेरित किया और उन्हें वंचित तथा हेय समझे जाने वाले तबकों के हित में खड़ा होने के लिए प्रोत्साहित किया। मसलन गांधी जी ने ऊंची जातियों और वर्गों को खादी बुनने का पाठ पढ़ाया, उन्हें छुआछूत के ख़ात्मे और महिलाओं को बराबरी देने के लिए प्रेरित किया, उन्हें इस बात के लिए तैयार किया कि वह बंटवारे के बाद भी भारत में मुसलमानों की मौजूदगी को स्वीकार करें जबकि पाकिस्तान से असंख्य हिंदुओं को खदेड़ कर बाहर निकाला जा चुका था। उनकी यह सफलता इस बात का सुबूत है कि संवेदनशील ढंग से प्रयास किया जाए तो मध्यवर्ग और संपन्न तबकों के लोग भी समाज के दबे-कुचले लोगों के प्रति जिम्मेदारी भरा व्यवहार कर सकते हैं। आजादी के बाद हम इस मध्यवर्ग की राजनैतिक क्षमता/संभावना का कतई सदुपयोग नहीं कर पाए जिसके चलते ही मध्यवर्ग भाजपा-आरएसएस-विहिप गठजोड़ के सामाजिक रूप से विनाशकारी

उद्देश्यों का वाहक बन गया।

यह बात सुविदित है कि दंगाइयों, हत्यारों और लुटेरों को राजनेताओं और सरकारी तंत्र से हमेशा सुरक्षा, संरक्षण और प्रोत्साहन मिलता है। इस तथ्य ने हिंदुओं और मुसलमानों के बीच चल रहे संघर्ष को बेहद गैर-बराबर बना दिया है क्योंकि सरकारी और राजनीतिक तंत्र पर हिंदू बहुसंख्या का ही प्रभुत्व और नियंत्रण है। बहुमत समुदाय के दंगाइयों को पुलिस और अन्य प्रकार की सुरक्षा का पूरा भरोसा रहता है, उन्हें अपनी हरकतों के परिणामों का भय नहीं होता। इस गठजोड़ को केवल तभी तोड़ा जा सकता है जब सरकारी तंत्र को उसके कामों के लिए पूरी तरह उत्तरदायी बनाया जा सके। समाज के कमजोर तबकों के लोग इस काम को मध्यमवर्गीय बुद्धिजीवियों की मदद के बिना नहीं कर सकते। दबे-कुचले तबकों के विरोध और मांगों को या तो अनदेखा कर दिया जाता है या उनका और दमन होने लगता है। फिर भी, यदि अभिजात्य समुदाय का एक बड़ा हिस्सा सरकारी और राजनीतिक मशीनरी के बढ़ते अपराधीकरण का विरोध करने के लिए एकजुट हो उठे तो वह इन स्थितियों पर अंकुश लगा सकता है।

9

महिला हितैषी या मुस्लिम विरोधी?

शाह बानो विवाद

अखबारों में शाह बानो विवाद के बारे में पढ़ने पर दिमाग में कुछ ऐसी तस्वीर उभरती है :

1. सर्वोच्च न्यायालय के भूतपूर्व मुख्य न्यायाधीश वाई.वी.चन्द्रचूड़ पहले ऐसे न्यायाधीश थे जिन्होंने आपराधिक दण्ड संहिता (सीआरपीसी) की धारा 125 के तहत एक मुस्लिम महिला को गुज़ारा भत्ता दिलाया; और
2. अपने इस फैसले के जरिए उन्होंने मुस्लिम पर्सनल लॉ को खारिज कर दिया।

मीडिया के जरिए इस तरह की गलतफहमियों का फैलाया जाना इस बात का संकेत है कि अगर प्रेस के जरिए समाज-सुधार की आड़ में गलत तथ्य सुनियोजित ढंग से फैलाए जाएं तो अज्ञानता कितना खतरनाक रूप ले सकती है। वास्तविकता यह है कि जब खण्डपीठ में मौजूद अपने सहयोगी न्यायाधीशों, देसाई, वेंकटरमैया, चिन्नप्पा रेड्डी और आर. मिश्रा के साथ न्यायमूर्ति चन्द्रचूड़ ने यह फैसला सुनाया था तो असल में वह सर्वोच्च न्यायालय के दो पुराने फैसलों का ही अनुसरण कर रहे थे। यानी यह अपनी तरह का कोई पहला फैसला नहीं था बल्कि बिल्कुल इसी तरह के दो फैसले पहले भी दिए जा चुके थे। इनमें से एक फैसला कृष्ण अय्यर, तुल्ज़ापुलकर और आर. एस. पाठक ने 1979 में बाई ताहिरा बनाम अली हुसैन फिसाली के मुकदमे में सुनाया था जबकि दूसरा फैसला 1980 में कृष्णा अय्यर, चिन्नप्पा रेड्डी तथा ए.पी.सेन की खंडपीठ ने फज़लुनबी बनाम के.खादर वली के मुकदमे में सुनाया था। इन दोनों मामलों में तलाकशुदा महिला के गुज़ारे भत्ते के हक को कायम रखा गया था। उस वक्त इन दोनों फैसलों पर कहीं कोई शोर नहीं मचा।

तो फिर चन्द्रचूड़ के फैसले पर इतना हंगामा क्यों उठा जबकि यह फैसला तो कोई नज़ीर भी नहीं था? इस सवाल का जवाब देने के लिए पहले इन तीनों फैसलों का थोड़ा

---

* पहली बार *मानुषी*, संख्या 32 (जनवरी-फरवरी 1986) में प्रकाशित।

सा विश्लेषण कर लेना ठीक रहेगा।

न्यायमूर्ति कृष्ण अय्यर पहले दोनों फैसलों से जुड़े हुए थे। उन्होंने अपने दोनों फैसलों में औरतों के साथ होने वाली सामाजिक नाइंसाफी के सवाल पर खासतौर से जोर दिया है। बाई ताहिरा वाले फैसले में वह 'मुस्लिम' शब्द का एक बार भी ज़िक्र नहीं करते। अपने फैसले में वह इस बात पर जोर देते हैं कि भारतीय दंड संहिता की धारा 127 के तहत मुकदमे से जुड़े दोनों पक्षों के पर्सनल लॉ के तहत तलाकशुदा औरत को अगर कोई भी राशि दी जाती है तो गुज़ारे भत्ते पर फैसला देने के समय उस राशि को भी ध्यान में रखा जाएगा। यदि यह राशि संबंधित महिला के गुज़ारे भत्ते के लिए काफी है तो उसे अलग से गुज़ारा भत्ता देने की कोई ज़रूरत नहीं है परंतु यदि यह राशि पर्याप्त नहीं है तो तलाकशुदा महिला को आर्थिक तंगी से बचाने के लिए उसे अलग से गुज़ारा भत्ता ज़रूर मिलना चाहिए।

फज़लुनबी के मुकदमे में अपना फैसला सुनाते हुए कृष्ण अय्यर यह साबित करने के लिए मुस्लिम प्रतिनिधियों को उद्धृत करते हैं कि *मेहर** असल में पत्नी के प्रति सम्मान का संकेत, उसके साथ शादी के वक्त एक तयशुदा बंदोबस्त है न कि तलाक के एवज़ में किया जाने वाला भुगतान। इस फैसले में उन्होंने मुस्लिम पर्सनल लॉ के बारे में सामान्य रूप से कोई टिप्पणी नहीं की। पूरे फैसले में उनका जोर मुख्य रूप से इसी बात पर रहता है कि, 'मर्दाना नाइंसाफी' पर अंकुश लगाया जाए और 'मुसीबतज़दा औरत' की मदद की जाए।

इसके विपरीत शाह बानो के मुकदमे में जो फैसला सुनाया गया उसका एक भी अहम पैराग्राफ ऐसा नहीं है जिसमें 'मुस्लिम' और 'मुस्लिम पर्सनल लॉ' के बारे में टीका-टिप्पणी न की गई हो। मिसाल के तौर पर, इस वक्तव्य को देखिए : 'इसमें कोई शक नहीं कि मुस्लिम पति को इस बात का पूरा अधिकार मिला हुआ है कि वह जब चाहे अपनी पत्नी को छोड़ सकता है। इसके लिए वह अच्छा, बुरा या कैसा भी कारण दे सकता है। बल्कि, वह चाहे तो कोई कारण न भी दे।'

लेकिन, यदि इस वाक्य से 'मुस्लिम' शब्द को हटा दिया जाए तो क्या तब भी इस वाक्य का आशय यही नहीं रहेगा? क्या हमारे समाज में ज़्यादातर पति इस हक का इस्तेमाल नहीं करते, फिर चाहे उनका कोई भी धर्म हो या कोई धर्म हो कि न हो? इस तरह, मुस्लिम मर्दों और इस्लाम को एक खास ख़ाने में रखकर न्यायमूर्ति चन्द्रचूड़ ने बुनियादी तौर पर औरतों के हक से जुड़े इस सवाल को एक समुदाय विशेष पर बेवजह निशाना साध कर उनको मैदाने-जंग में उतार दिया। पूरे फैसले का स्वर यह एहसास देता है मानो हमारे देश में बाकी तमाम समुदायों के भीतर एकदम समतामूलक और भेदभावरहित कानून मौजूद हैं। बहरहाल, इस बारे में विस्तार से हम बाद में चर्चा करेंगे।

इसमें कोई शक नहीं कि हमारे देश में मुस्लिम पर्सनल लॉ को जिस शक्ल में संहिताबद्ध किया गया है और जिस तरह उस पर अमल किया जाता है, वह बेरहमी से महिलाओं के खिलाफ जाता है। और इसमें भी कोई शक नहीं कि मुस्लिम राजनीतिज्ञों ने अब तक

ज़रूरी बदलावों की हर कोशिश का विरोध किया है और इस तरह उन्होंने खुद अपने समुदाय, खासतौर से महिलाओं के हितों को भारी नुकसान पहुंचाया है। मगर इस मामले में वह दुनिया के किसी भी इलाके के ज़्यादातर समुदायों के मर्दों से खास अलग नहीं हैं। पुरुषों ने हमेशा अपने संकीर्ण हितों को ही अपने पूरे समुदाय के हितों के रूप में पेश किया है। इस जरिए से उन्होंने अपने हकों के लिए महिलाओं की दावेदारी की संभावनाओं को लगातार कुंद किया है। और अगर यह टकराव या दावेदारी पुरुषों के खिलाफ हो तब तो किसी रियायत का सवाल ही नहीं उठता।

न्यायमूर्ति चन्द्रचूड़ ने अपने फैसले के जरिए इस मुद्दे को जिस तरह एक खास रूप में पेश किया है उससे हिंदुओं के बीच मौजूद विभिन्न स्वयंभू सुधारकों को मुस्लिम औरतों की दुर्दशा की आड़ में मुस्लिम विरोधी उन्माद फैलाने का एक अच्छा मौका मिल गया। विभिन्न समुदायों के पुरुषों ने एक-दूसरे के साथ पुराने द्वेष व भड़ास निकालने के लिए औरत को एक बार फिर हथियार बना लिया है।

नतीजा सबके सामने है। शाह बानो ने अपने हक के लिए दस साल तक मुकदमा लड़ा और हर मुश्किल का सामना किया। मगर जब मीडिया और स्वयंभू सुधारकों ने अपने एंजेंडा के लिए उनके केस को भुनाना शुरू कर दिया तो साम्प्रदायिकतावादियों के हाथों शोषण के भय से उन्होंने खुद ही पैर पीछे खींच लिए और सर्वोच्च न्यायालय से आग्रह किया कि वह अपना फैसला निरस्त कर दे।

यह बात गौर करने वाली है कि जब टेलीविजन पर शाह बानो का इंटरव्यू लिया गया था तो उन्होंने बेहद साफ शब्दों में यह बात कही कि उनके पति ने उनके साथ भारी अन्याय किया था। जब उनसे पूछा गया कि उन्होंने अपने पक्ष में दिए गए फैसले को रद्द करने की मांग क्यों की तो उनका जवाब बहुत सीधा मगर सकते में डाल देने वाला था। उन्होंने कहा कि इस फैसले से दंगे-फसाद का खतरा दिखाई दे रहा है और वह नहीं चाहतीं कि उनकी वजह से मुसलमानों के खिलाफ दंगे होने लगें। यानी, एक औरत होने के नाते अपने साथ हुई नाइंसाफी को मानते हुए भी वह हिंदू साम्प्रदायिकतावादियों के हमलों से अपने समुदाय को बचाने के लिए अपने संघर्ष को छोड़ देने की मजबूरी महसूस कर रही थीं। असल में उन्हें इस बात का अहसास कराया जा रहा था कि एक औरत के रूप में अपने अधिकारों की मांग करते हुए वह अपने समुदाय को हमलों की ज़द में धकेल दे रही हैं। जैसा कि एम. वाई. काजी नाम के एक सज्जन ने *दि टाइम्स ऑफ इंडिया* को लिखा था :

> ... यह बड़े शर्म की बात है कि मुस्लिम पर्सनल लॉ के मुद्दे को कुछ निहित स्वार्थी लोगों ने एक राजनीतिक मुद्दा बना दिया है। उन्होंने इस मुद्दे पर गंभीर बहस की तमाम गुंजाइश खत्म कर दी है। एक मुसलमान होने के नाते मैं अच्छी तरह जानता हूं कि मेरा जूता कहां काटता है और उसके लिए मुझे क्या करना चाहिए। मगर मैं साफ शब्दों में बता देना चाहता हूं कि ऐसे लोगों को इस मामले में बोलने का कोई

हक नहीं है जो अपनी पहचान के सिवा हर पहचान को कमतर, बाहरी और गैर-देशभक्त मानते हैं, जो मुसलमान औरतों की 'दुर्दशा' पर घड़ियाली आंसू तो बहाते हैं मगर जिन्हें उस वक्त इन औरतों पर जरा सा भी रहम नहीं आता जब वे भिवंडी, अहमदाबाद, बड़ौदा, मेरठ और न जाने कहां-कहां इन औरतों को बेवा और यतीम बनाकर छोड़ देते हैं...। एक मुसलमान के तौर पर मुझे साझा आचार-संहिता से कोई एतराज़ नहीं है बशर्ते उसमें तमाम मौजूदा धार्मिक कानूनों के सभी अच्छे पहलुओं को शामिल किया जाए।

मुस्लिम समुदाय के प्रति नफरत की भावना रखने वाले "सुधारकों" से मिलने वाली 'सहायता' के स्वरूप से सिर्फ शाह बानो जैसी औरतें ही खौफ नहीं खातीं। बहुत सारे ऐसे मुसलमान भी वाजिब तौर पर चिंता की हालत में हैं जो हमेशा से मुस्लिम पर्सनल लॉ में सुधारों की वकालत करते आए हैं या जिन्होंने एक साझा आचार संहिता के हक में आवाज़ उठाई है। उन्हें डर है कि मुस्लिम औरतों के लिए हमदर्दी की आड़ में बहुत सारे गैर-मुस्लिम, खासतौर से हिंदू, एक पहले से ही मुस्लिम विरोधी माहौल में मुसलमानों के खिलाफ और भी ज़्यादा नफरत और ज़हर फैला सकते हैं।

क्या यह वाकई इतना प्रगतिशील फैसला था?

इस फैसले पर बवाल मचने से पहले भारतीय दंड विधान की धारा 125 के तहत बहुत सारी मुस्लिम महिलाओं को विभिन्न न्यायालयों से गुज़ारे भत्ते का हक मिल चुका था। इनमें से एक उदाहरण कैसर जहां का भी है जिन्होंने मदद के लिए *मानुषी* से संपर्क साधा था। दिल्ली के जामिया मिलिया विश्वविद्यालय में रीडर के पद पर कार्यरत उनके पति ग़ालिब हुसैन ने कैसर को तलाक देकर दोबारा शादी कर ली थी। अलीगढ़ में नौकरी करने वाली कैसर अपने दस साल के बेटे फैसल ग़ालिब की परवरिश खुद कर रही थीं।

मानुषी के वकीलों ने भारतीय दंड विधान की धारा 125 के तहत कैसर जहां के हक में गुज़ारे भत्ते की मांग करते हुए अदालत में याचिका दायर की और अक्तूबर 1984 में दीपा शर्मा नामक एक महिला मेट्रोपॉलिटन मजिस्ट्रेट ने कैसर को 500 रुपए माहवार गुज़ारा भत्ता देने का फैसला सुनाया। उल्लेखनीय है कि इस धारा के तहत किसी भी धर्म के किसी भी व्यक्ति को अधिकतम इतना ही गुज़ारा-भत्ता मिल सकता है। अगर कैसर बेरोज़गार होतीं तो उन्हें अलग से भी गुज़ारा-भत्ता मिल जाता।

मगर शाह बानो मुकदमे में सर्वोच्च न्यायालय का फैसला आने के बाद अखबार निचली अदालतों में सुनाए जाने वाले ऐसे हर फैसले को एक और 'जीत' के तौर पर पेश करने लगे जिसमें किसी मुस्लिम महिला को गुज़ारा भत्ता देने का आदेश दिया गया था। मगर उन्हें शायद इस बात का पता नहीं था कि इनमें से बहुत सारे फैसले शाह बानो का फैसला आने से सालों पहले ही दिए जा चुके थे।

आपराधिक दंड संहिता और मुस्लिम पर्सनल लॉ के तहत जो स्थिति बनती है उसके

बारे में शाह बानो बनाम मुहम्मद अहमद खान मामले में हस्तक्षेप करते हुए दानियाल लतीफ़ी ने अपने लिखित बयान में बताया है :

> धारा 125, सीआरपीसी, में एक ज़रूरतमंद पत्नी, बच्चे या अभिभावक को अधिकतम 500 रुपए माहवार तक का गुज़ारा भत्ता देने का प्रावधान किया गया है। धारा 127 (3) (बी) में कहा गया है कि धारा 125 के तहत दिया गया गुज़ारे भत्ते का आदेश उस स्थिति में रद्द माना जाएगा जब 'महिला का पति उसे तलाक दे चुका है और... संबंधित आदेश की तारीख से पहले या बाद में, संबंधित पक्षों पर लागू होने वाले परंपरागत या पर्सनल लॉ के तहत उसे तलाक के मद में देय पूरी राशि प्राप्त हो चुकी है।'

न्यायमूर्ति कृष्ण अय्यर ने इस धारा की व्याख्या करते हुए व्यवस्था दी कि यदि पर्सनल लॉ के तहत अदा की गई राशि संबंधित महिला को आर्थिक तंगी से बचाने के लिए पर्याप्त है तो धारा 125 के तहत दिया गया गुज़ारे भत्ते का आदेश रद्द हो जाएगा परंतु यदि पर्सनल लॉ के तहत दी गई राशि उसे आर्थिक तंगी से बचाने के लिए काफी नहीं है तो धारा 125 के तहत दिया गया आदेश कायम रहेगा। उन्होंने दलील दी कि धारा 125 लोगों को आर्थिक दुर्दशा से बचाने और यह सुनिश्चित करने का साधन है कि यदि ऐसे लोगों के पास देखभाल के लिए अपने नजदीकी सगे-संबंधी मौजूद हैं तो उस व्यक्ति की देखभाल का जिम्मा राज्य के ऊपर न आए।

मोहम्मद अहमद खान ने इस व्याख्या को चुनौती दी। उसका कहना था कि धारा 127 में यह बात साफ तौर पर कही गई है कि यदि पर्सनल लॉ के तहत देय 'पूरी' राशि का भुगतान किया जा चुका है तो तलाकशुदा महिला को धारा 125 के तहत राहत पाने का कोई अधिकार नहीं रहता। इसलिए सर्वोच्च न्यायालय को फैसला असल में यह करना था कि शाह बानो को मुस्लिम पर्सनल लॉ के तहत देय पूरी राशि मिल चुकी है या नहीं।

मोहम्मद अहमद खान ने शाह बानो को मेहर के रूप में 3,000 रुपए की रकम और *इद्दत** के दौरान गुज़ारे के लिए खर्चे का भुगतान कर दिया था। उसका दावा था कि मुस्लिम पर्सनल लॉ के तहत तलाक की स्थिति में औरत को केवल इन्हीं दो चीजों के मद में भुगतान किया जा सकता है।

शाह बानो के वकील का तर्क यह था कि तलाक की सूरत में इन दोनों भुगतानों के अलावा *मता* नाम का एक और भुगतान भी किया जाना चाहिए। उनके मुताबिक कुरान के सूरा-II (सूरा-अल-बक्र) की 241वीं आयत में कहा गया है कि - *'वा लिल मोताल्लकते मता अनबिल मारूफे हक़्क़न अल्लल मुत्तक़ीना'*, जिसका तर्जुमा होता है 'और तलाकशुदा औरत के लिए भी एक न्यायसंगत व्यवस्था की जाए। जो खुदा को मानते है यह उनका फर्ज है।' (अनुवाद, डॉ. सैय्यद अब्दुल लतीफी, 1969)

शाह बानो को 'मता' का भुगतान नहीं किया गया था। उनके पति मोहम्मद अहमद खान के वकील ने तर्क दिया कि यह प्रावधान सब मुसलमानों पर लागू नहीं होता बल्कि

केवल मुत्तकीना मुसलमानों, यानी उन मुसलमानों पर ही लागू होता है जो खासतौर से धर्मपरायण हैं और मोहम्मद अहमद खान का ऐसा कोई दावा नहीं है कि वह पूरी तरह धर्मपरायण मुसलमान है। इस पर शाह बानो के वकील ने जवाब दिया कि कुरान में तो शुरू से मुत्तकीना मुसलमानों को ही संबोधित किया गया है इसलिए यदि यह मान लिया जाए कि इसमें सभी मुसलमानों को संबोधित किया गया है तो सभी मुसलमान मुत्तकीना माने जाएंगे और यह आयत उन सभी पर लागू होगी।

शाह बानो के वकील ने इस आयत की कई सम्मानित व्यक्तियों द्वारा की गई व्याख्याओं को भी उद्धृत किया :

> इस सवाल पर दो प्रतिष्ठित लोगों, मौलाना बैज़ावी और इब्न कतीर ने विचार किया है...। इन टीकाकारों का कहना है कि अपनी तलाकशुदा पत्नी को मता-उन-बिल-मारूफ (न्यायसंगत प्रावधान) के रूप में भुगतान की जो जिम्मेदारी पति को दी गई है वह ऐच्छिक नहीं बल्कि आदेशसूचक और बाध्यकारी है। वह इसका उल्लंघन कर ही नहीं सकता। गौरतलब है कि इमाम शफी की राय सुन्नियों की सभी विचारधाराओं, जिनमें हनफी धारा भी शामिल है, को स्वीकार्य है...। यही दृष्टिकोण शिया न्याय व्यवस्था की सभी विचारधाराओं के बीच सर्वोच्च अधिकारी की हैसियत रखने वाले इमाम जफर-अल-सादिक ने और भी आग्रहपूर्वक व्यक्त किया है। प्रोफेसर फैज़ी कहते हैं : 'इमाम जफर-अल-सादिक का मानना है कि यह (मता-उन-बिल मारूफ) बाध्यकारी (*फरीदा वाजिबा*) होता है और इसका भुगतान अवश्य होना चाहिए।' उन्होंने आगे कहा है : 'मता के मद में सहृदयतापूर्वक भुगतान होना चाहिए।'

फलस्वरूप, कई सम्मानित आलीमों के मुताबिक मुस्लिम पर्सनल लॉ इस बात के हक में है कि तलाक के समय मेहर और इद्दत के दौरान गुजारे भत्ते के अलावा महिला को सहृदयतापूर्वक भुगतान किया जाए। शाह बानो के वकील ने अदालत में अपील की कि इस मामले में कानून का पालन किया जाए। अदालत ने उनकी यह बात मान ली। सर्वोच्च न्यायालय के न्यायाधीशों ने आयत 241 की जिस व्याख्या का सहारा लिया वह न्यायाधीशों की अपनी नहीं बल्कि इमाम शफी जैसे धर्मशास्त्रियों की ही व्याख्या थी।

मुस्लिम कानून पर आज जो हमला किया जा रहा है इतिहास में उसकी एक और दिलचस्प मिसाल भी मिलती है। उन्नीसवीं शताब्दी में जब ब्रिटिश शासक भारत पर अपना शासन कायम करने में कामयाब हो गए तो भारतीय जनता पर अपने वर्चस्व को सही सिद्ध करने के लिए उन्होंने जिन विचारधारात्मक हथियारों का सहारा लिया उनमें से एक इस आशय का दावा भी था कि वह भारतीय समाज को सुधारने के लिए यहां आए हैं। उनका कहना था कि भारतीय समाज 'असभ्य' और 'पिछड़ा' हुआ है इसलिए उनका मिशन उसे सुधारना है। उन्होंने भारतीयों को 'सभ्यता का पाठ पढ़ाने' की जिम्मेदारी अपने ऊपर ले ली। भारतीय समाज के 'असभ्य' स्वरूप का वर्णन करने के लिए उन्होंने भारतीय महिलाओं की कथित

दुर्दशा को प्रतीक के रूप में बखूबी इस्तेमाल किया। जिस तरह हिंदू आज मुसलमानों और इस्लाम को बर्बर व पिछड़ा 'साबित' करने के लिए मुस्लिम पर्सनल लॉ और बुर्का, ट्रिपल तलाक, तथा अन्य भेदभाव भरे पहलुओं का हवाला देते हैं उसी तरह उन्नीसवीं सदी में अंग्रेजों ने सती प्रथा, बाल विवाह, पर्दा और विधवा विवाह पर पाबंदी जैसी चीजों को भारतीय समाज के पिछड़ेपन के सबूत के तौर पर इस्तेमाल किया था।

दोनों ही स्थितियों में जो मुद्दे उठाए गए वह अपने आप में वाजिब मुद्दे बनते हैं। दोनों ही बार इस कथित चिंता के पीछे कुछ और ही स्वार्थ छिपे हैं। किसी भी अभियान के कैसे परिणाम निकलेंगे यह काफी हद तक इसी बात से तय हो जाता है कि उस अभियान के पीछे किस आशय की प्रेरणा काम कर रही है। मिसाल के तौर पर, अंग्रेजों ने कुछेक भारतीय समुदायों की महिलाओं की दुर्दशा का सहारा लेकर यह साबित करने की कोशिश की कि हिन्दुस्तानी कौम अपना शासन खुद चलाने के काबिल नहीं है। बाद में यही तर्क भारतीयों के साथ अपमानजनक बर्ताव का औचित्य सिद्ध करने का भी एक और जरिया बना। इन मुद्दों से अंग्रेजों को भारतीय जनता की आर्थिक, सामाजिक और सांस्कृतिक गुलामी से ध्यान बंटाने में भी मदद मिलती रही।

इस प्रहार के चलते बहुत सारे जाने-माने राष्ट्रवादी अंततः अंग्रेजी शासन द्वारा हिंदुस्तानियों के निजी पारिवारिक एवं सामाजिक मुद्दों में दखलंदाजी का कड़ा विरोध करने लगे। हमें याद रखना चाहिए कि लोकमान्य तिलक जैसे व्यक्तियों ने भी एज ऑफ कन्सेंट विधेयक का तीखे शब्दों में विरोध किया था। इस विधेयक के जरिए लड़कियों के विवाह की उम्र बढ़ाकर 14 साल करने का प्रस्ताव रखा गया था। उस समय तिलक का तर्क काफी हद तक आज के बहुत सारे मुस्लिम नेताओं की दलीलों से मिलता-जुलता दिखाई देता है। तिलक का तर्क था कि महिलाओं के अधिकार का सवाल हिंदू समुदाय का आंतरिक मामला है और अंग्रेजों को हिंदुओं के रीति-रिवाज़ों और निजी कानूनों में दखल देने का कोई हक नहीं बनता।

हमें यह भी नहीं भूलना चाहिए कि राष्ट्रीय आंदोलन के उत्तरवर्ती चरणों में गांधी ने भी ऐसे कई बड़े कांग्रेसी नेताओं के खिलाफ लगातार संघर्ष किया था जो इस वजह से विभिन्न सामाजिक सुधारों के खिलाफ थे क्योंकि उनका मानना था कि ऐसे मुद्दों पर आंतरिक टकरावों से अंग्रेजों के खिलाफ संघर्ष में हिन्दुस्तानी समुदाय कमजोर पड़ जाएगा।

कुछ इसी तरह की स्थिति आज के मुसलमानों में दिखाई देती है। जिस तरह आज मुस्लिम महिलाओं की स्थिति के बारे में चिंता व्यक्त की जा रही है वह मुसलमानों को हमले जैसा लगता है। ऐसा लगता है कि यह चिंता मुस्लिम महिलाओं के प्रति सहानुभूति से नहीं बल्कि मुसलमानों के प्रति दुराव की भावना से पैदा हुई है। क्योंकि मुसलमान अल्पसंख्यक हैं इसलिए हिंदुओं की नज़र में वह हमेशा संदेह के दायरे में रहते हैं और उनसे बार-बार देश के प्रति अपनी निष्ठा का सबूत देने की उम्मीद की जाती है। उनसे अपेक्षा की जाती है कि वह राष्ट्र के प्रति अपनी निष्ठा के सबूत के तौर पर 'सुधरने के लिए'

तैयार हो जाएं। अगर कोई हिंदू किसी सामाजिक सुधार का विरोध करता है तो उसे महज 'पुरातनपंथी' कहकर छोड़ दिया जाता है। मगर यदि कोई मुसलमान ऐसा करता है तो उस पर फौरन "राष्ट्र विरोधी" (एन्टी-नेशनल) का ठप्पा लग जाता है जो अरब में बैठे अमीरों का नुमाइंदा है। या फिर उसे फौरन देश छोड़कर पाकिस्तान जाने का फरमान सुना दिया जाता है। हैरानी की बात यह है कि अब ज़्यादातर मुस्लिम महिलाएं भी यही मांग उठाने लगी हैं कि उनके कानूनों के साथ छेड़छाड़ न की जाए।

मुस्लिम पर्सनल लॉ में सुधार का यह अभियान जिस तरह चलाया जा रहा है उसका एक दुष्परिणाम यह हुआ है कि स्वयं मुस्लिम समुदाय के भीतर महिलाओं के अधिकारों के हक में जो आवाज़ें उठ रही थीं अब वह दबने लगी हैं। जैसे हिंदू समाज में मौजूद 'कुप्रथाओं' पर अंग्रेजों का हमला था उसी तरह इस हमले का मकसद भी मुसलमानों के निम्नलिखित बुनियादी मुद्दों से ध्यान हटाने की कोशिश ही है :

1. हमारे देश के मुसलमान आर्थिक और सामाजिक रूप से अभी भी एक अत्यंत वंचित समुदाय हैं।
2. रोजगार और दूसरे अवसरों के मामले में उनके साथ निरंतर भेदभाव होता है।
3. धर्मनिरपेक्षता की कानफोड़ू नारेबाजी के बावजूद आज भी ज़्यादातर हिंदू उन्हें अछूत की तरह देखते हैं। वह मुसलमानों के घरों या होटलों में बना खाना नहीं खाते।
4. बहुत कम हिंदू मकान मालिक मुसलमानों को अपना किराएदार रखने को तैयार होते हैं। नतीजतन, मुसलमान चारों तरफ से घिरे हुए दडबों जैसी जिंदगी जीते हैं और फिर उन पर यह आरोप चस्पां कर दिया जाता है कि वह 'मिनी पाकिस्तान' बना रहे हैं।
5. निम्न आय वर्ग की मुस्लिम महिलाओं की साक्षरता और पढ़ाई-लिखाई के लिए विशेष कदम नहीं उठाए गए हैं।
6. दंगों के रूप में मुसलमानों को आए दिन हिंसा का सामना करना पड़ता है जिसके कारण पूरे समुदाय को खुद अपने देश में भी सुरक्षा का आश्वासन नहीं मिल पाता।
7. तमाम मुसलमानों को आशंकित पाकिस्तानी एजेंट की तरह देखा जाता है।

इस तरह की और भी कमियां गिनाई जा सकती हैं। परंतु इन बुनियादी समस्याओं का हल ढूंढने की बजाय दूसरी चीजों की तरफ ज़्यादा ध्यान दिया जा रहा है। जिस तरह भारतीय महिलाओं के साथ होने वाले निर्मम व्यवहार को उजागर करने के उत्साह में अंग्रेज लगभग हमेशा यह भूल जाते थे कि इंग्लैंड में ज़्यादातर अंग्रेज महिलाओं की स्थिति भी खास अच्छी नहीं है उसी तरह आज के उत्साही सुधारक भी इस तथ्य को अकसर नज़रअंदाज़ कर देते हैं कि हिंदू महिलाओं के वास्तविक और वैधानिक, दोनों तरह के अधिकार भी किसी भी लिहाज से संतोषजनक नहीं हैं।

मुस्लिम गुजारा भत्ता कानून

हमारे देश में तलाकशुदा औरतों के गुजारे-भत्ते के लिए भारतीय अपराध संहिता, हिंदू कानून या मुस्लिम कानून, किसी में भी संतोषजनक प्रावधन नहीं है। गुजारा-भत्ता कानून को हर समुदाय की औरतों के लिए न्यायसंगत बनाने की सख्त ज़रूरत है।

हिंदू महिलाओं को हिंदू दत्तकता एवं भरण-पोषण अधिनियम, 1955 के अंतर्गत गुजारा भत्ता मिलता है। इस कानून के तहत महिला पति-पत्नी की संयुक्त आय का अधिकतम एक तिहाई हिस्सा मांग सकती है। इसका अर्थ यह है कि यदि, उदाहरण के लिए, वह 500 रुपए कमाती है और उसका पति 1000 रुपए कमाता है तो वह कुछ नहीं मांग सकती क्योंकि उसकी 500 रुपए की आय ही संयुक्त आय (1,500 रुपए) का एक तिहाई बैठती है।

परंतु हिंदू पर्सनल लॉ के अंतर्गत व्यवहार में इतना भी कर पाना बहुत कठिन है कि कोई महिला अपने हक का दावा करके अपना हक हासिल कर सके। यह वैसी ही स्थिति है जैसे मुस्लिम पर्सनल लॉ के तहत मुस्लिम औरत को 'सहृदयतापूर्ण भुगतान' नहीं मिल पाता। क्योंकि यह मुकदमा दीवानी अदालत में चलता है इसलिए पति उसे साल-दर-साल लटकाने के लिए जो चाहे तरीका अपना सकता है। इस लंबी प्रक्रिया के बाद हो सकता है आखिर में औरत को नाममात्र की रकम के अलावा कुछ भी न मिले। उच्च न्यायालय ने शाह बानो को महज 179 रुपए दिलाए थे और सर्वोच्च न्यायालय ने भी उस पर अपनी सहमति की मोहर लगा दी थी। फैसला आने तक शाह बानो इस मुकदमे पर सैकड़ों गुना ज़्यादा पैसा खर्च कर चुकी होंगी। और इसके बाद यह सुनिश्चित करने का कोई तरीका नहीं होता कि पति नियमित रूप से उस छोटी सी रकम का भुगतान भी करता रहेगा। अगर वह पैसा देना बंद कर दे तो महिला के पास इसके सिवा और कोई रास्ता नहीं होता कि वह दोबारा अदालत की शरण में जाए। पति को भुगतान करने के लिए बाध्य करने के उद्देश्य से वह पुलिस के पास नहीं जा सकती।

इसीलिए ज़्यादातर महिलाएं भारतीय दंड संहिता की धारा 125 के तहत याचिका दायर करती हैं जबकि असल में यह धारा तलाकशुदा पत्नी के गुजारे-भत्ते के सिलसिले में बहुत प्रासंगिक है ही नहीं। गुजारा-भत्ता तलाकशुदा महिला का एक बुनियादी अधिकार है जबकि धारा 125 कथित रूप से बेसहारा औरतों, बच्चों और बूढ़े माता-पिता की रक्षा के लिए बनाई गई है।

इसके बावजूद ज़्यादातर तलाकशुदा महिलाओं को गुजारे भत्ते के लिए इसी धारा के अंतर्गत मुकदमा करना पड़ता है क्योंकि यह धारा फौजदारी कानून के अंतर्गत आती है और इसलिए इसके तहत कुछ जल्दी राहत मिल जाती है। इस धारा के तहत उन्हें 500 रुपए से ज़्यादा गुजारा भत्ता नहीं मिल सकता जो कि उस राशि से बहुत कम है जो बहुत सारी महिलाओं को तलाक के बाद गुजारे-भत्ते के रूप में हक के तौर पर मिलनी चाहिए।*

---

* सन् 2002 में इस राशि की ऊपरी सीमा को रद्द कर दिया गया है)।

इसके अलावा वैसे भी 500 रुपए की राशि एक तयशुदा राशि है और पति की आय चाहे कुछ भी हो उससे कोई फ़र्क़ नहीं पड़ता। यदि पति की आमदनी लाखों में हो तब भी उसकी तलाकशुदा पत्नी इस धारा के तहत अधिकतम केवल 500 रुपए माहवार का ही गुजारा भत्ता मांग सकती है। हो सकता है पर्सनल लॉ के तहत वह और अधिक पैसे का दावा कर सके मगर दीवानी कानून की प्रक्रिया इतनी जानलेवा और धीमी होती है कि उसके तहत गुजारे भत्ते के लिए सवाल उठाना लगभग बेमानी हो जाता है। व्यवहार के धरातल पर गुजारे-भत्ते से जुड़े तमाम कानून अपने आप में बेहद नाकाफी हैं। क्योंकि सहृदयता की परिभाषा में काफी भिन्नता रहती है इसलिए यह कह देना ही पर्याप्त नहीं है कि महिला को 'न्यायसंगत' या 'सहृदयतापूर्ण' भुगतान कर दिया जाए। महिलाएं ज़रूरत से ज़्यादा लंबे समय तक पुरुषों की सहृदयता पर निर्भर रह चुकी हैं। अब ज़रूरत यह दावा ठोंकने की है कि गुजारा भत्ता औरत का एक बुनियादी हक है। गुजारा भत्ता पाने के लिए यह ज़रूरी नहीं कि वह लाजिमी तौर पर बेसहारा भी हो।

गुजारा-भत्ता हासिल करने का तरीका ऐसा होना चाहिए जिससे महिला को जल्दी से जल्दी राहत मिल सके। उसे जो राशि दी जाए वह भी उसके पति की आय के अनुपात में होनी चाहिए। इस संबंध में न केवल महिला को निराश्रयता की स्थिति से बचाने की बल्कि दुर्व्यवहार की शिकार या पति द्वारा छोड़ दी गई महिला को एक सम्मानजनक जीवन स्तर सुनिश्चित कराने की जिम्मेदारी समाज और राज्य के कंधों पर भी आती है।

शाह बानो का मामला इस बात की एक अच्छी मिसाल है कि ज़्यादातर भारतीय महिलाओं को गुजारे भत्ते के लिए किस कदर जद्दोजहद करनी पड़ती है। शाह बानो को हमारी "सेक्युलर" अदालतों के दरवाजों पर दस साल तक दस्तक देनी पड़ी तब कहीं जाकर उन्हें गुजारे-भत्ते के रूप में महज 179 रुपए प्रति माह मिल पाए। यह राशि देश के निर्धनतम इलाकों में निर्धारित वैधानिक न्यूनतम वेतन सीमा से भी बहुत-बहुत कम है। निचली अदालत ने तो उन्हें कुल 25 रुपए माहवार का गुजारा-भत्ता दिलवाया था जिसे इंसाफ के नाम पर एक भौंडा मजाक ही कहा जा सकता है।

क्या अपने परिवार के संपन्न पुरुष सदस्यों की मदद के बिना कोई साधारण महिला अपने पति द्वारा छोड़ दिए जाने के बाद इतने लंबे समय तक अपनी लड़ाई जारी रख सकती है? शाह बानो भी इतने लंबे समय तक अपना केस इसीलिए लड़ पाईं क्योंकि उन्हें अपने बेटों से मदद मिलती रही थी। क्या यह उचित है कि इतनी लंबी जद्दोजहद के बाद भी उन्हें इतनी हास्यास्पद मदद मिले?

इसके बावजूद मीडिया ने मुस्लिम, हिंदू, ईसाई या सिख, सभी महिलाओं की दुर्दशा के इस पहलू को जान-बूझकर अनदेखा कर दिया। हमारी अदालतें मुसीबत में फंसी एक महिला को उचित मदद दे पाने में विफल हो गई, इस बात पर किंचित शर्मिंदा महसूस करने की बजाय न्यायधीशों ने ऐसा आडम्बर रचाया मानो वह शाह बानो पर, और क्रमशः तमाम मुस्लिम महिलाओं पर बहुत बड़ा अहसान कर रहे हों। मीडिया भी बिना सोचे-समझे

इस फैसले को मुस्लिम महिलाओं की एक ऐतिहासिक 'जीत' के रूप में पेश करता जा रहा है।

क्या हिंदू कानून महिलाओं को बराबरी देता है?

अल्पसंख्यक या बहुसंख्यक, किसी भी समुदाय के शक्तिशाली सदस्यों को धर्म या किसी अन्य 'वाद' के नाम पर अपने समुदाय के कमजोर तबकों को दबाने का हक नहीं होना चाहिए। परंतु महिलाओं का शोषण करने के लिए धर्म की आड़ लेने के मामले में मुस्लिम पुरुष कोई अकेले नहीं हैं।

मुस्लिम निजी कानून को रद्द करने की मांग करने वाले ज़्यादातर गैर-मुसलमान इस गलतफहमी का शिकार दिखाई देते हैं कि पर्सनल लॉ का अधिकार सिर्फ अल्पसंख्यकों को ही मिला हुआ है। ज़्यादातर हिंदुओं को ऐसा लगता है मानो उनका अपना कानून 'धर्मनिरपेक्ष और भारतीय' है और वह किसी भी सूरत में 'धार्मिक' नहीं है। सच यह है कि शादी-ब्याह, तलाक और उत्तराधिकार जैसे मामलों में हिंदू भी हिंदू पर्सनल लॉ के मुताबिक ही चलते हैं।

यह सच है कि हिंदू पर्सनल लॉ में कुछ सुधार हो चुके हैं और उसके कुछ भेदभाव भरे पहलू रद्द किए जा चुके हैं। मगर कई लिहाज से ये कानून अभी भी महिलाओं के खिलाफ ही जाते हैं। कुछ उल्लेखनीय उदाहरणों पर गौर कीजिए :

बेटों के मुकाबले बेटी के उत्तराधिकार संबंधी अधिकार बहुत कमजोर हैं। जिस दिन बेटे का जन्म होता है वह उसी दिन से अपने परिवार की संपत्ति में शेष पुरुष सदस्यों के साथ बराबर का हिस्सेदार बन जाता है। हिंदू संयुक्त परिवार में बेटी बराबर की साझेदार नहीं हो सकती। जब पारिवारिक संपत्ति का बंटवारा होता है तो उसे अपने पिता को विरासत में मिलने वाली संपत्ति का केवल एक छोटा हिस्सा ही दिया जा सकता है। एक अविवाहित बेटी को परिवार की संपत्ति से गुजारे भत्ते का अधिकार मिलता है। परंतु जैसे ही उसका विवाह हो जाता है अपने मायके की संपत्ति में गुजारे भत्ते का उसका अधिकार समाप्त हो जाता है। यदि बाद में उसका तलाक हो जाए या पति उसको छोड़ दे, या वह विधवा हो जाए तो भी उसे यह अधिकार दोबारा नहीं मिलता।

यदि वसीयतनामा लिखे बिना पिता की मृत्यु हो जाती है तो हिंदू बेटी को अपने पिता द्वारा खुद कमाई गई संपत्ति में बराबर की हिस्सेदारी मिल सकती है। लेकिन ज़्यादातर हिंदू पिता अपनी बेटियों को संपत्ति अधिकार देने से कतराते हैं इसलिए वसीयत के जरिए बेटियों को संपत्ति से बेदखल कर देने का प्रावधान हिंदू उत्तराधिकार कानून में दिया गया है। यदि पिता की मृत्यु वसीयतनामा लिखे बिना हो जाती है तो बेटी को बराबर का हिस्सा मिल सकता है लेकिन ऐसे में भी आमतौर पर बेटियों के ऊपर इस बात के लिए दबाव डाला जाता है कि वह अपने भाइयों के हक में संपत्ति पर अपना दावा छोड़ दें।

हिंदू मायनोरिटी एंड गार्जियनशिप एक्ट, 1955 (गार्जियंस एंड वॉर्ड्स एक्ट के

साथ पढ़े जाने पर) के तहत एक हिंदू पिता 5 वर्ष से अधिक आयु की अपनी वैध संतानों का 'स्वाभाविक अभिभावक' होता है। इसका अर्थ यह है कि यदि तलाकशुदा पति-पत्नी के बीच अपने बच्चों को रखने के अधिकार पर विवाद खड़ा होता है तो बच्चे पर पहला हक उसके पिता का ही माना जाता है। मां अदालत में यह साबित करके ही अपने बच्चे को अपने पास रखने का अधिकार पा सकती है कि उसका पिता बच्चे का अभिभावक बनने के योग्य नहीं है। यह कानून उन पुरुषों के हाथ में एक अहम हथियार होता है जो बच्चों पर अपना अधिकार न छोड़ने की धमकी देकर पत्नी को जबरन विवाह संबंध जारी रखने के लिए विवश करते रहते हैं।

हिंदू दत्तकता एवं भरण-पोषण अधिनियम, 1955 के तहत अकेले रहने वाले हिंदू पुरुष या स्त्री अपने नाम पर किसी बच्चे को गोद ले सकते हैं परंतु एक विवाहित हिंदू महिला अपने नाम पर बच्चा गोद नहीं ले सकती।

इसके अलावा भी हिंदू पर्सनल लॉ के ऐसे बहुत सारे पहलू हैं जो महिलाओं के लिए भारी समस्या खड़ी कर देते हैं। मसलन, हिंदू विवाह अधिनियम, 1955 के तहत हिंदू विवाह पंजीकरण के बिना भी वैध होता है। उसे आमतौर पर तभी पूर्ण मान लिया जाता है जब *सप्तपदी* जैसी कुछ खास रस्में अदा की जाती हैं। मगर बहुत सारे पुरुष दूसरी शादी करने के समय कुछ खास रस्में अदा नहीं करते ताकि बहुविवाह की सजा से बच सकें। क्योंकि दूसरा विवाह भी खूब तड़क-भड़क के साथ खुलेआम संपन्न होता है इसलिए समाज तो उसे मान्यता दे देता है मगर क्योंकि उसमें कुछ धार्मिक रस्मों का पालन नहीं किया जाता इसलिए न्यायालय ऐसे विवाह को वैध हिंदू विवाह नहीं मानता। यह एक बड़ा कारण है जिसकी वजह से पहली हिंदू पत्नी अपने पति को बहुविवाह का दोषी साबित नहीं कर पाती। इस तरह, हिंदुओं में एक से अधिक विवाह करना कानूनन भले ही जुर्म माना जाता हो मगर यह चलन आज भी कायम है।

हकीकत दोनों की एक जैसी है

महत्व की बात यह भी है कि यद्यपि हिंदू और मुस्लिम कानूनों के बीच कुछ फ़र्क़ तो हैं मगर व्यवहार में दोनों समुदायों के बीच खास फ़र्क़ नहीं है।

ज़्यादातर हिंदू 1955 में पारित किए गए अधिनियमों के अनुरूप संहिताबद्ध हिंदू कानूनों का पालन नहीं करते। इसकी बजाय वह अपने कुनबे-कुटुम्ब और इलाके में चलने वाले परंपरागत रीति-रिवाज़ों का अनुसरण करते हैं। उदाहरण के लिए, बहुत सारी हिंदू लड़कियों की शादी अभी भी 18 साल से पहले ही हो जाती है। ऐसा करना जात-बिरादरी के रिवाज़ के तो मुताबिक होता है जबकि कानून इसके खिलाफ है।

कुछ मामलों में संशोधित हिंदू कानून मुस्लिम कानून से भी ज़्यादा स्त्री-विरोधी है। मिसाल के तौर पर, एक मुस्लिम पिता वसीयत के जरिए भी बेटी को पैतृक संपत्ति से पूरी तरह बेदखल नहीं कर सकता जबकि हिंदू पिता अपने बेटों के हक में वसीयत लिख कर

बेटी को उस संपत्ति से बेदखल कर सकता है और अकसर कर देता है।

जिन मामलों में हिंदू कानून कागज़ी तौर पर बेहतर है वहां भी व्यवहार में स्थिति कुछ और ही है। कमेटी ऑन द स्टेटस ऑफ वूमैन इन इंडिया ने 1975 की अपनी रिपोर्ट में कहा था कि भारत के जनगणना सर्वेक्षण के अनुसार हिंदुओं में एक से अधिक पत्नी रखने वाले पुरुषों की संख्या 5.8 प्रतिशत है जबकि मुस्लिम पुरुषों में 5.7 प्रतिशत है। यानी, हालांकि कानूनन मुसलमान एक से अधिक विवाह कर सकते हैं और हिंदुओं के लिए ऐसा करना गैरकानूनी है, मगर एक से अधिक विवाह के मामले में दोनों समुदायों की स्थिति में कोई खास फ़र्क़ नहीं है।

समाज, परिवार और समुदाय के भीतर अपने दबदबे के आधार पर पुरुष कानूनों की उपेक्षा कर सकते हैं। महिला हिंदू हो या मुसलमान, यदि वह आर्थिक व सामाजिक रूप से अपने पति पर निर्भर है या हिंसा अथवा हिंसा की आशंका से बचने के लिए उसके पास कोई सुरक्षा नहीं है तो उसे अपने पति की दूसरी पत्नियों को स्वीकार करने के लिए आसानी से विवश किया जा सकता है।

इस बात पर भी बहुत बवाल मच चुका है कि मुस्लिम पुरुष सिर्फ 'तलाक' शब्द या 'मैं तुम्हें तलाक देता हूं' को तीन बार दोहरा कर अपनी पत्नी को तलाक दे सकता है जोकि मुस्लिम महिलाओं के साथ भारी अत्याचार की बात है। परंतु जब एक पुरुष (चाहे वह हिंदू हो या मुसलमान) अपनी बेरोजगार पत्नी को छोड़ कर चला जाता है और उसको या अपने बच्चों को गुजारा भत्ता देने से इनकार कर देता है तो इस बात से कोई खास फ़र्क़ नहीं पड़ता कि उसने 'मैं तुम्हें तलाक देता हूं' कहा या नहीं।

हमारे पास मदद के लिए ऐसी बहुत सारी परित्यकता हिंदू महिलाएं आई हैं जिनकी स्थिति परित्यकता मुस्लिम महिलाओं से किसी भी लिहाज से बेहतर नहीं थी। कुछ दिन पहले हमारे पास एक युवा महिला आई जिसके दो छोटे-छोटे बच्चे थे। अब तक यह महिला अपने पति के साथ विदेश में रहती थी और उसका पति वहां ब्राह्मण पुजारी था। कुछ समय पहले अचानक उसके पति ने उसे छोड़ दिया। वह लंबे समय से उसके साथ दुर्व्यवहार कर रहा था और दूसरी महिलाओं के साथ उसके संबंध थे। इसके बाद एक दिन अचानक वह उसको बिना कोई जानकारी दिए गायब हो गया। मंदिर प्रशासन ने महिला को वापस भारत भेज दिया। लड़की के मां-बाप इतने गरीब हैं कि वह उसका खर्चा नहीं उठा सकते; उसके ससुराल वाले उसे अपने पास रखना नहीं चाहते। वह न तो पढ़ी-लिखी है और न उसे कोई काम-धंधा आता है। उसे नहीं पता कि उसका पति अब कहां है। कुल मिलाकर उसको इस बात से कोई तसल्ली नहीं दी जा सकती कि उसके पति ने उसे छोड़ने से पहले कम से कम 'तलाक, तलाक, तलाक' तो नहीं कहा था।

बहुत सारे मामलों में यह पता चल जाता है कि पति कहां है और पत्नी गुजारे भत्ते के लिए उस पर मुकदमा भी ठोंक देती है। मगर होता यह है कि पति अदालत के आदेश को ही मानने से इनकार कर देता है। ऐसी स्थिति में पत्नी को दोबारा अदालत में जाना

पड़ता है। यह प्रक्रिया लंबे समय तक जारी रह सकती है और इसमें पत्नी का इतना खर्चा हो जाता है जितना कि उसे गुजारे भत्ते के रूप में भी नहीं मिल पाता।

यदि कोई पत्नी अपने पति को छोड़ती है तो ऐसा बहुत कम होता है कि पति बेसहारा हो जाए। परंतु पति द्वारा छोड़ दी गईं अधिकतर औरतें कंगाली की कगार पर खड़ी दिखाई देती हैं। यह मौजूदा गैरबराबरी पति और पत्नी, पुरुष और स्त्री के आर्थिक और सामाजिक हालात और संबंधों में ही निहित होती है। महिलाओं की राजनीतिक, आर्थिक एवं सामाजिक परिस्थितियों में ठोस परिवर्तन के बिना कोई कानून समानता का आश्वासन नहीं दे सकता।

मीडिया की शरारत

बदकिस्मती से मीडिया भी असली मुद्दों को धुंधलाने में भागीदार रहा है। यह एक अच्छा मौका था जब इस बात पर संजीदा ढंग से बहस की जाती कि कानून के जरिए अलग-अलग समुदायों की महिलाओं पर जो पाबंदियां थोपी गई हैं उन्हें कैसे दूर किया जाए। मगर मीडिया ने सिर्फ इस मुद्दे पर ध्यान दिया कि मुसलमान औरतों के साथ कितनी नाइंसाफी हो रही है। इस तरह मीडिया ने भी मुस्लिम विरोधी भावनाओं को भड़काने में मदद देने के अलावा और कुछ नहीं किया।

ज़्यादातर अखबार व पत्रिकाएं समान नागरिक संहिता की रट लगाए रहते हैं। मगर इस बात को बहुत कम ही पत्रकार समझते हैं कि उनकी इस मांग का आशय यह है कि न केवल मुस्लिम और ईसाई पर्सनल लॉ बल्कि हिंदू पर्सनल लॉ को भी समाप्त किया जाए। परंतु मीडिया में जितनी भी बहस हुई उसमें इस बात का कहीं जिक्र नहीं था कि हिंदू पर्सनल लॉ को भी रद्द करने की ज़रूरत है। हिंदू कानून को तो पहले ही पूरी तरह धर्मनिरपेक्ष मान लिया गया है और ज़रूरत सिर्फ इस बात की है कि तथाकथित संशोधित सेक्युलर हिंदू कानून को ही बाकी समुदायों पर भी लागू कर दिया जाए।

जैसा कि पीछे भी उल्लेख किया जा चुका है, हिंदू कानून कुछ मामलों में तो थोड़ा बेहतर है मगर कई लिहाज से यह मुस्लिम पर्सनल लॉ से भी ज़्यादा अन्यायपूर्ण है। परंतु बहस में कूदने वाले ज़्यादातर लोग या तो इस तथ्य से अनजान थे या वह जान-बूझकर इसको अनदेखा कर रहे थे।

उत्तर प्रदेश के कुछ स्वयंभू सुधारकों ने शाह बानो फैसले के जवाब में मुस्लिम पर्सनल लॉ को खत्म करने के लिए दी जाने वाली दलीलों का एक कैसेट तैयार किया और उसकी एक प्रति हमें भी भेजी। इस कैसेट में उन्होंने मुस्लिम मांओं की पीड़ा को बड़े मार्मिक तरीके से व्यक्त किया है : 'उस मां के साथ यह कितने भयानक अत्याचार की बात है जिससे उसका दुधमुंहा बच्चा सिर्फ इसलिए छीन लिया जाता है कि शरीयत के मुताबिक बच्चे पर पहला हक उसके बाप का बनता है! जिस मां ने बच्चे को नौ महीने तक अपने गर्भ में रखा, जिसने प्रसव की पीड़ा सही, जो अपने बच्चे का पेट भरने के लिए खुद भूखी रह जाती है, जो अपने बच्चे को सुलाने के लिए खुद रात भर जागती रहती है, जो तमाम गर्मी-सर्दी

बर्दाश्त करके भी बच्चे को अपनी गोद में महफ़ूज़ रखती है, शरीयत के हुक्म से उसे ही अपने कलेजे के इस टुकड़े से महरूम कर दिया जाता है! ये कहां का इंसाफ है?'

मुस्लिम मां के इन हमदर्दों को यह याद नहीं आया कि हिंदू मायनॉरिटी एंड गार्जियनशिप एक्ट के अंतर्गत हिंदुओं में भी पांच वर्ष से अधिक आयु के बच्चे का 'स्वाभाविक अभिभावक' पिता ही होता है। मुस्लिम पर्सनल लॉ के अंतर्गत पिता को सात वर्ष से अधिक आयु के बच्चे का अभिभावक माना जाता है (हालांकि कुछ मामलों में यह व्यवस्था भी दी गई है कि यदि बच्चा लड़की हो तो यौवनारभ यानी प्यूबर्टी तक उसकी मां को ही उसका अभिभावक माना जाएगा)। ऐसी स्थिति में उपरोक्त विलाप का भला क्या मकसद हो सकता है? यदि यह दलील उस तलाकशुदा औरत के प्रति हमदर्दी में दी गई है जिसका बच्चा उससे छीन लिया गया है तो फिर यह दलील सिर्फ मुस्लिम महिलाओं पर ही क्यों केंद्रित रह जाती है जबकि अपने बच्चे पर तो दूसरे धर्मों की महिलाओं को भी अधिकार नहीं मिल पाता।

कैसेट में आगे कहा गया है : 'मुस्लिम पर्सनल लॉ में तमाम सामाजिक कुरीतियां मौजूद हैं।' कैसेट में इस बात को कहीं रेखांकित नहीं किया गया है कि मुस्लिम पर्सनल लॉ के कई पहलू ऐसे हैं जो दूसरे धर्मों के पर्सनल लॉ से भी बेहतर हैं। मिसाल के तौर पर, कोई मुसलमान अपनी संपत्ति के केवल एक तिहाई हिस्से की ही वसीयत कर सकता है। दो तिहाई हिस्सा उसके वारिसों को जाता है। इस तरह एक मुस्लिम पिता अपने बेटों के हक में वसीयत लिखकर अपनी बेटियों को पैतृक संपत्ति से वंचित नहीं कर सकता। हिंदू पिता ऐसा कर सकता है।

जब इन तथ्यों को रेखांकित नहीं किया गया है, और हिंदू पर्सनल लॉ को 'संशोधित कानून' और धर्मनिरपेक्षता का एकमात्र विकल्प मान लिया गया है तो एकसमान नागरिक संहिता की मांग संदेह पैदा करने लगती है।

शिवसेना और आरएसएस जैसी हिंदू सांप्रदायिक ताकतों ने राष्ट्रीय एकता के हित में समान नागरिक संहिता की मांग उठाते हुए बयान जारी किए हैं। उनके लिए राष्ट्रीय एकता का क्या मतलब है यह उनके दूसरे बयानों से साफ हो जाता है। 9 नवंबर 1985 को आरएसएस प्रमुख बालासाहब देवरस ने कहा था कि आरएसएस का प्रमुख उद्देश्य हिंदू एकता कायम करना है और उसका मानना है कि भारत के सभी नागरिकों को 'हिंदू संस्कृति' का अनुसरण करना चाहिए।

ये वही लोग हैं जो मुसलमानों के खिलाफ दंगे करवाते हैं, उन पर उंगली उठाने का कोई मौका नहीं चूकते। आश्चर्य नहीं कि ऐसे लोगों से "हमदर्दी" प्राप्त शाह बानो तक को मजबूरन अपना कदम वापस खींचना पड़ा और उन्होंने यह बयान भी दिया कि क्योंकि उनके केस को मुसलमानों के खिलाफ मुहिम के लिए इस्तेमाल किया जा रहा है इसलिए अब वह अपना केस आगे नहीं बढ़ाना चाहतीं।

हिंदू सुधार—वही कहानी

यह सचमुच बड़े दुर्भाग्य की बात है कि जब न्यायालय ने शाह बानो के हक में फैसला दिया तो कई जाने-माने मुस्लिम नेताओं और बहुत सारे कट्टरतावादी संगठनों ने शाह बानो के खिलाफ दबाव बनाने की मुहिम शुरू कर दी। उन्होंने मुस्लिम महिलाओं को भयभीत करने के लिए 'इस्लाम खतरे में है' का नारा देना शुरू कर दिया। यह रवैया सिर्फ मुस्लिम महिलाओं तक ही सीमित नहीं है। पुरुषों ने इतिहास के अनेक मौकों पर महिलाओं के ऊपर अपने अन्यायपूर्ण वर्चस्व को सही साबित करने के लिए धर्म को ही इस्तेमाल किया है।

जब हिंदू कानून में संशोधन के लिए संसद के सामने हिंदू कोड बिल रखा गया था तो हिंदुओं ने भी उसके खिलाफ कुछ ऐसा ही अभियान छेड़ा था। हिंदू कानून के महिलाओं से संबंधित पहलुओं में सुधार का विरोध करने वालों में सिर्फ रुढ़िवादी ही नहीं बल्कि सरदार पटेल जैसे जाने-माने राष्ट्रवादी भी शामिल थे।

हिंदू कोड बिल को लेकर उठी बहस संसद, मीडिया और आम जनता, सबके बीच बहस का एक बड़ा मुद्दा बनी। जब भी संसद में यह विधेयक बहस के लिए आता तो बहस पूरी नहीं हो पाती। इस विधेयक को पहली बार 1944 में पेश किया गया था मगर 1955 तक यह कानून पारित नहीं हो पाया।

इस मुद्दे पर कांग्रेस दो खेमों में बंटी हुई थी और कांग्रेस के अध्यक्ष पट्टाभि सीतारमैया जैसे दिग्गजों ने इसका तीखे शब्दों में विरोध किया था। तमाम पार्टियों की महिला सांसद सुधारों के हक में एकजुट थीं और उन्हें कट्टर विरोध का सामना करना पड़ा। सीतारमैया जैसे कांग्रेसी नेताओं ने सुधार की मांग को महिलाओं द्वारा ब्लैकमेल की संज्ञा देते हुए कहा कि 'महज आधा दर्जन महिला सांसदों ने हमें घसीट-घसीट कर इस विधेयक पर बहस करने के लिए मजबूर कर दिया है।'

हिंदू कोड बिल की हर धारा का विरोध हुआ। और तो और, उस धारा को भी नहीं बख्शा गया जिसमें बहुविवाह के उन्मूलन का प्रावधान किया गया था। संसद में अनेक सदस्यों ने इस विधेयक को 'हिंदू विरोधी और भारत विरोधी' बताया। 'धर्म खतरे में है' की दुहाई तब भी दी गई। विधेयक के खिलाफ देश के अलग-अलग भागों में जबर्दस्त विरोध-प्रदर्शन हुए। इस विरोध के चलते ही यह विधेयक सालों तक पारित नहीं हो पाया। कांग्रेस के कई सदस्यों ने नेहरू को खुलेआम चेतावनी दी कि यह विधेयक लोगों को कांग्रेस से दूर कर देगा और इसकी वजह से चुनाव में कांग्रेस को हार का सामना करना पड़ सकता है।

सबसे ज़्यादा विरोध उस धारा पर था जिसमें बेटियों को संपत्ति में हिस्सा देने की बात कही जा रही थी। इस तीखे विरोध के कारण ही आखिरकार बेटियों को पारिवारिक संपत्ति में हिस्से से महरूम कर दिया गया। विधेयक के समर्थकों ने इस बात पर कड़े शब्दों में खेद जताया कि जब यह विधेयक पारित हुआ तब तक उसमें इतने बदलाव आ चुके थे कि असल में उससे महिलाओं को कोई खास फायदा पहुंचने की गुंजाइश ही नहीं बची थी।

आज भी हिंदू कानून में सुधार की कोशिशों का इसी तरह का विरोध होता है। मिसाल के तौर पर, आंध्र प्रदेश विधानसभा ने कुछ समय पहले हिंदू उत्तराधिकार अधिनियम में संशोधन करने की कोशिश की थी ताकि परिवार की संयुक्त संपत्ति में बेटियों को भी बराबर का हिस्सा मिल पाए। परंतु इस विधेयक की भी जमकर आलोचना की गई और केंद्र में सत्ताधारी पार्टी के विरोध के कारण यह विधेयक काफी समय तक लटका रहा।

अल्पसंख्यक होने का दर्द

इस तर्क के निहितार्थों को तब हम ज़्यादा बेहतर तरीके से समझ पाएंगे जब हम अल्पसंख्यक मुसलमानों की प्रतिक्रियाओं की तुलना एक ऐसी स्थिति से करके देखें जहां हिंदू अल्पसंख्या में हैं। सुविधा के लिहाज से हम ब्रिटेन का उदाहरण ले सकते हैं। कल्पना कीजिए कि यदि ब्रिटिश सरकार यह कहने लगे कि हिंदू विवाह कानून और रीति-रिवाज़ पिछड़े हैं तथा उनमें महिलाओं के साथ नाइंसाफी होती है इसलिए हिंदू पर्सनल लॉ के उन तमाम पहलुओं को अवैध माना जाएगा जो महिलाओं के प्रति न्याय की समकालीन ब्रिटिश समझ के विपरीत जाते हैं, तो क्या होगा? हो सकता है सरकार यह दलील दे कि क्योंकि हिंदू विवाह समारोहों में महिलाओं को पति के जीवन-मरण में साथ निभाने की शपथ लेनी पड़ती है जो स्त्री-पुरुषों के बीच समानता की समझ के खिलाफ जाती है इसलिए हिंदू विवाह को अवैध माना जाएगा। परिणामस्वरूप सरकार यह कानून बना सकती है कि देश में रहने वाले सभी लोगों को एक धर्मनिरपेक्ष ढंग से यानी ब्रिटिश अदालतों में पंजीकरण के रूप में ही विवाह करने का अधिकार होगा।

इसमें कोई शक नहीं कि ब्रिटिश सरकार तर्क के सहारे इस सवाल को उठा सकती है और उसके परिणामस्वरूप इंग्लैंड में रहने वाली हिंदू महिलाओं की स्थिति में कुछ न कुछ सुधार ज़रूर आ जाएगा। परंतु इस बात की पूरी गुंजाइश है कि जो लोग आज मुस्लिम पर्सनल लॉ को खत्म करने की मांग कर रहे हैं तब वही लोग ठीक उसी तरह की दलीलें देने लगेंगे जिस तरह की दलीलें कथित 'बाहरी हस्तक्षेप' के खिलाफ आज मुस्लिम नेतृत्व दे रहा है। इंग्लैंड के हिंदू इस तरह की कोशिशों को संभवतः एक नस्लवादी हमले के रूप में देखेंगे। उनकी नज़र में ऐसा कदम बहुल समुदाय द्वारा एक अल्पसंख्यक समुदाय की संस्कृति और धार्मिक मान्यताओं को कुचलने की कोशिश होगा।

यानी अल्पसंख्यक समुदाय की प्रतिक्रियाओं का अपना एक अलग तर्क होता है और उसे आसानी से खारिज नहीं किया जा सकता, खासतौर से यदि अल्पसंख्यक समुदाय एक वंचित समुदाय भी हो। भारत के मुसलमान और इंग्लैंड के हिंदू, दोनों को वंचित समुदायों की श्रेणी में रखा जा सकता है।

ऐसे हालात में उनकी आशंकाओं के कुछ ठोस कारणों को दूर करने का काम एक महत्वपूर्ण प्राथमिकता बन जाता है ताकि समुदाय के भीतर सुधार के मुद्दे पर सार्थक संवाद शुरू किया जा सके।

एक ही वफादारी की इजाज़त

आज मुस्लिम समुदाय को जिस तरह निशाना बनाया जा रहा है उससे प्रगतिशील मुसलमान भी सहमा हुआ और असुरक्षित महसूस कर रहे हैं जबकि उदार हिंदू आक्रामक तेवर अपनाते जा रहे हैं। जो इस आधार पर बहस में कूदे हैं उनका कहना है कि अल्पसंख्यकों को एकसमान नागरिक संहिता पर सहमति देकर संविधान के प्रति अपनी प्रतिबद्धता प्रदर्शित करनी चाहिए। बताते हैं कि श्री राम जेठमलानी ने तो यहां तक कहा है कि मुसलमानों को पाकिस्तान जाने की बजाय हिन्दुस्तान में रहने की यह कीमत तो चुकानी ही पड़ेगी कि वह एक सेक्युलर कानून को स्वीकार करें। 26 अक्तूबर 1985 को *दि इंडियन एक्सप्रेस* में छपे एक लेख में उन्होंने लिखा है : 'भारत के मुसलमानों का फर्ज है कि वह धारा 44 सहित भारत के संविधान में निहित निर्देशक सिद्धांतों के प्रति पूरी निष्ठा रखें। 1976 में जोड़ी गई एक नई धारा (धारा 51ए) के बाद तो यह प्रत्येक नागरिक का कर्तव्य बन चुका है कि वह संविधान का पालन करे और उसके आदर्शों तथा संस्थानों के प्रति सम्मान रखे ताकि वैज्ञानिक सोच, मानवतावाद और बहस-मुबाहिसे व सुधार की भावना विकसित हो सके। इस कर्तव्य को मूलभूत कर्तव्य का दर्जा दिया गया है और इसलिए यह कर्तव्य धर्मनिरपेक्ष या दैवी, किसी भी स्रोत से पैदा होने वाले किसी भी किस्म के दायित्व से बढ़कर है।'

एक वैज्ञानिक दृष्टिकोण और खुलकर वैचारिक बहस व लेन-देन की भावना भयमुक्त वातावरण में ही विकसित हो सकती है। यह मानना बेमतलब है कि मानवीय या वैज्ञानिक होने की जिम्मेदारी किसी पर भी थोपी जा सकती है और उसे थोप दिए जाने के बाद व्यक्ति उसका सफलतापूर्वक पालन कर ही लेगा। ज़रूरत इस बात की है कि एक ऐसा माहौल विकसित किया जाए जो ऐसी समझ के विकास में मददगार हो और उम्मीद की जाए कि दुनिया के साथ साक्षात्कार और नए-नए मौकों के जरिए लोगों के व्यक्तित्व में निखार आएगा। वैज्ञानिक सोच और मानवीय भावना ऐसी चीजें नहीं हैं जिन्हें आप दुकान पर जाकर खरीद लें। न ही उन्हें एक फार्म भरकर या फीस देकर हासिल किया जा सकता है।

यदि हम यह कहते हैं कि नागरिकों को संविधान के तमाम आदर्शों का सम्मान करना चाहिए तो इसका मतलब है कि हम संविधान को कुरान शरीफ या बाइबिल जैसी धार्मिक पुस्तक का दर्जा दे रहे हैं। यदि संविधान में लिखे हर शब्द को ऐसे अविवाद्य सूत्र की तरह मान लिया जाए जिसका आंख मूंद कर पालन किया जाना चाहिए तो वह उन कायदे-कानूनों से कैसे अलग रह जाएगा जो बहुत सारे धर्मों के ठेकेदार भगवान के नाम पर अपने अनुयायियों पर थोपते हैं। किसी आदर्श या संस्थान के प्रति गुलाम भाव से अनुपालन की वकालत करना ही अपने-आप में सबसे अवैज्ञानिक व अंधविश्वासी बात है। यह किसी भी नागरिक का एक बुनियादी अधिकार होना चाहिए कि किसी धार्मिक ग्रंथ या सामान्य पुस्तक की तरह वह संविधान के भी किसी भी पहलू की तर्कसंगत ढंग से आलोचना कर सके, उस पर टिप्पणी कर सके और असंतोष या सहमति व्यक्त कर सके।

क्या लोगों पर किसी खास चीज के प्रति निष्ठा थोपना संभव या ज़रूरी होता है? क्या राज्य के प्रति निष्ठा परिवार, दोस्तों, समुदाय और अपनी मान्यताओं के प्रति निष्ठाओं से अनिवार्य रूप से बढ़कर होनी चाहिए? यदि राज्य फासीवादी हो जाए, जैसा कि हिटलर के समय जर्मनी में हो गया था, तो क्या तब भी नागरिकों का सबसे बड़ा दायित्व यही बनता है कि वह अपनी तमाम दूसरी निष्ठाओं को राज्य की बलिवेदी पर कुर्बान कर दें?

असहमति की आवाज़ों को कुचलने के लिए फासीवादी ऐन इसी तर्क का सहारा लेते हैं—एक देश, एक धर्म (या धर्म की समाप्ति), एक पार्टी, एक नेता। इस तरह की एकात्मता लोगों को एकजुट करके नहीं बल्कि उन लोगों का सफाया करके ही प्राप्त की जा सकती है जो अपने ऊपर थोपे गए आदर्श चौखटे में फिट नहीं हो पा रहे हैं। यूरोप में यहूदियों से जो घृणा की जाती थी उसका एक प्रमुख कारण यह था कि उन ईसाई-बहुल समाजों में वही प्रमुख गैर-ईसाई समूह दिखाई देते थे।

हिंदू समुदाय को यह सीखना होगा कि शारीरिक एवं सांस्कृतिक आक्रामकता का सहारा लिए बिना अल्पसंख्यक समुदायों के मामलों के बारे में सभ्य तरीके से संवाद की शुरुआत कैसे की जाए। 'अगर मुसलमान इस सुधार के हक में नहीं हैं तो वे पाकिस्तान चले जाएं' जैसे बयान इस घमंड भरी मान्यता पर आधारित हैं कि यह देश सिर्फ हिंदुओं का है और दूसरे धर्मों के लोग हिंदुओं की शर्तों पर ही यहां रह सकते हैं। इस तरह का रवैया 'राष्ट्रीय एकीकरण' की तो बात ही छोड़िए, देश और समाज, दोनों को तार-तार कर देगा। हमें समझना होगा कि रुढ़िवादी मुसलमानों और ईसाइयों को भी इस देश की नागरिकता का उतना ही हक है जितना हक रुढ़िवादी हिंदुओं को है।

समाधान की ओर कदम

1. आज सबसे बड़ी ज़रूरत इस बात की है कि हिंदू सांप्रदायिकतावादियों को मुसलमानों और दूसरे अल्पसंख्यकों के खिलाफ सांप्रदायिक नफरत फैलाने के लिए इस मुद्दे को उठाने से रोका जाए। यह मुद्दा बुनियादी तौर पर नारी अधिकार के सवाल से जुड़ा हुआ है। उनकी नफरत का यह अभियान मुस्लिम कट्टरपंथियों को मजबूती देने और मुस्लिम समुदाय के भीतर सुधार की आवाज़ों को दबाने के अलावा और कुछ नहीं कर सकता। अब वक्त आ गया है कि हम तत्काल एकसमान धर्मनिरपेक्ष नागरकि-संहिता तैयार करें जो देश के सभी नागरिकों पर लागू हो। परंतु इस दिशा में बढ़ते हुए हमें सावधान रहना होगा कि एक वर्चस्वशाली बहुल समाज अपने निजी रीति-रिवाज़ों और मान्यताओं को अल्पसंख्यकों पर थोपने की कोशिश न करे। इसीलिए हिंदू पर्सनल लॉ को दूसरे समुदायों पर भी लागू करने जैसी सोच के तहत एकसमान नागरिक संहिता का विचार नुकसानदेह और खतरनाक है। हमें इस तरह की कोशिशों का डटकर मुकाबला करना चाहिए।

2. बहुत सारे उदारमना लोगों का सुझाव है कि साझा नागरिक संहिता की रूपरेखा इस तरह तैयार की जाए कि इसमें सभी मौजूदा धार्मिक कानूनों के अच्छे पहलुओं का समावेश

किया जा सके।

महिलाओं के लिए बराबरी के नज़रिए से देखा जाए तो यह राय कतई पर्याप्त नहीं है। अगर हम मौजूदा पर्सनल लॉ या धार्मिक कानूनों के कुछ सबसे अच्छे पहलुओं को एक साथ रख दें तो तब भी महिलाओं को पूर्ण निष्पक्षता और बराबरी का हक नहीं मिल पाएगा। इसलिए समान नागरिक संहिता का प्रारूप निष्पक्षता और समानता के सिद्धांतों को ध्यान में रखते हुए ही तैयार किया जाना चाहिए। यह साझा नागरिक संहिता महिला या पुरुष, सभी नागरिकों के लिए समान रूप से उपलब्ध होनी चाहिए। इस तरह की संहिता की बुनियाद महिलाओं के लिए समान अधिकारों की नींव पर रखी जानी चाहिए।

3. हिंदू, मुसलमान, ईसाई या दूसरे धार्मिक कानूनों को मानने या न मानने का हक हर धर्म के अनुयायियों को दे दिया जाना चाहिए। एकसमान संहिता को सरकारी मशीनरी के जरिए थोपने की कोई ज़रूरत नहीं है। सरकार का यह फर्ज नहीं बनता कि वह धार्मिक पर्सनल लॉ को क्रियान्वित करे या उसके क्रियान्वयन पर नज़र रखे। न ही इस तरह के कानूनों को सरकारी कानूनों में समाहित किया जाना चाहिए। राज्य केवल तभी धर्मनिरपेक्ष रह सकता है। धार्मिक कानूनों का क्रियान्वयन व्यक्ति विशेष की स्वैच्छिक नैतिक प्रतिबद्धता के आधार पर तय होना चाहिए। साझा नागरिक संहिता का लाभ उठाने का विकल्प हर स्त्री-पुरुष को उपलब्ध होना चाहिए चाहे वह किसी भी धर्म से वास्ता रखता हो। सरकार की जिम्मेदारी होनी चाहिए कि वह केवल समान नागरिक संहिता का क्रियान्वयन सुनिश्चित करे। धार्मिक कानूनों का क्रियान्वयन धार्मिक प्रतिष्ठानों के प्रतिनिधि ही करें तो बेहतर है।

4. पुरुषों द्वारा पैदा किए गए विवादों का पिछलग्गू बनने की बजाय महिला संगठनों को एक साझा नागरिक संहिता के प्रावधानों की रूपरेखा निर्धारित करने में पहल लेनी चाहिए। इस मुद्दे पर हमें सघन बहस चलानी चाहिए। हमें यह भी सुनिश्चित करना चाहिए कि अल्पसंख्यक समुदाय की महिलाएं इस बहस में मुकम्मल तौर पर शामिल हों और वह महिला अधिकारों की एक नई संहिता की रचना में अपना हिस्सा दें।

हमारे देश में वैधानिक मशीनरी के कामकाज का जैसा इतिहास रहा है उसे देखते हुए आवश्यक है कि हम इस बात पर अधिक से अधिक ध्यान दें कि इन कानूनों को व्यवहार में बेहतर ढंग से लागू किया जाए।

इस दिशा में कुछ महत्वपूर्ण कदम इस प्रकार होंगे :

सरकार प्रत्येक नागरिक, खासतौर से महिलाओं को उनके बुनियादी अधिकारों और उनके लिए उपलब्ध प्रावधानों के बारे में जानकारी देने की जिम्मेदारी निभाए। सरकार को चाहिए कि वह नागरिकों के मूल अधिकारों की एक छोटी सी पुस्तिका तैयार करे जिसमें महिलाओं के कानूनी अधिकारों पर विशेष ध्यान दिया गया हो। नए कानूनों को सरल भाषा में तैयार किया जाए और वह सभी क्षेत्रीय भाषाओं में उपलब्ध हों। इस पुस्तिका को सभी घरों में निःशुल्क पहुंचाया जाए।

बहरहाल, एक साझा नागरिक संहिता के हक में पुरजोर आवाज़ उठाते हुए भी हमें

इस किस्म का भ्रम नहीं पालना चाहिए कि ऐसी संहिता हमारे देश की महिलाओं की जिंदगी में रातों-रात क्रांतिकारी परिवर्तन ला देगी।

हमारे देश की असंख्य महिलाएं इंसाफ के लिए अदालत तक जाने का सपना भी नहीं देख सकतीं। उनके लिए अदालती विकल्प विभिन्न आर्थिक एवं सामाजिक कारणों से पूरी तरह नामुमकिन है। ज़्यादातर महिलाओं को इस तरह के मामलों में स्वतंत्र रूप से फैसले लेने का हक नहीं मिलता। जैसे विवाह का फैसला परिवार वाले लेते हैं उसी तरह तलाक और दूसरे सवालों पर भी अकसर घर के दूसरे लोग ही फैसला लेते हैं। हमारे देश में ज़्यादातर महिलाओं, चाहे वह हिंदू हों या मुसलमान, के लिए तलाक अपनी इच्छा का मामला नहीं है। आमतौर पर यह फैसला उनके पति एकतरफा तौर पर उनके ऊपर थोपते हैं। ऐसी स्थिति में उनके पास आमतौर पर पर्याप्त साधन उपलब्ध नहीं होते जिसकी वजह से वह या तो अपने वयस्क बेटों पर निर्भर हो जाती हैं या अपने मायके वालों की कृपा और मदद पर आश्रित रहती हैं। ज़्यादातर महिलाएं अपने मायके वालों की इच्छा के खिलाफ अदालत तक पहुंचने की हिम्मत नहीं जुटा सकतीं। भारत में ज़्यादातर परिवार इस तरह के मामलों को या तो सीधे बातचीत के जरिए या बिरादरी/कुटुम्ब के बड़े-बुजुर्गों की मदद से निपटाते हैं। हालांकि इस तरह के हस्तक्षेपों से महिलाओं को अकसर इंसाफ नहीं मिल पाता फिर भी यह व्यवस्था काफी तुरत-फुरत और सस्ती तो पड़ती ही है। जिनके पास पर्याप्त संसाधन हैं उनमें से भी केवल कुछ ही अदालत तक जाने की हिम्मत कर पाती हैं। लेकिन, कानूनी प्रक्रिया में लगने वाले समय और ताकत की वजह से अदालत का दरवाजा खटखटाना उनके लिए भी बहुत आकर्षक विकल्प दिखाई नहीं देता। इतना ही नहीं, जिन महिलाओं के परिवार वालों के पास इस काम के लिए पर्याप्त संसाधन मौजूद होते हैं वह भी यह रास्ता नहीं अपनातीं क्योंकि अदालत के फैसले के बारे में यकीन से कुछ नहीं कहा जा सकता और इसकी संभावना कम रहती है कि फैसला न्यायसंगत होगा।

क्योंकि कानूनी प्रक्रिया ज़्यादातर आम लोगों की पहुंच से दूर होती है इसलिए केवल कुछ गिनी-चुनी महिलाएं ही इस बात की जानकारी रखती हैं कि उन्हें अदालत के जरिए भी इंसाफ मिल सकता है। इस प्रकार, परिवार में महिलाओं की स्थिति, कानूनी दांव-पेंच के लिए पैसे की कमी, और कानूनी तंत्र की अविश्वसनीयता व जर्जर स्थिति के कारण कानूनी तंत्र ज़्यादातर महिलाओं की पहुंच के बाहर चला जाता है।

बहरहाल इसका अर्थ यह नहीं है कि कानून में बदलाव की कोशिशें बिल्कुल बेमानी हैं। यदि कानून में बदलाव से केवल कुछेक महिलाओं की जिंदगी में ही सुधार की उम्मीद दिखाई देती है तो भी यह व्यापक सुधारों की दिशा में एक महत्वपूर्ण कदम माना जाएगा। हम आशा कर सकते हैं कि इस तरह के बदलाव समाज को ज़्यादा मानवीय कायदे-कानूनों को अपनाने के लिए प्रेरित करेंगे। इससे महिलाओं को बराबरी के हक दिलवाने का काम थोड़ा सा हल्का हो जाएगा।

नोट्स

* मेहर का तर्जुमा 'विधवादाय' के रूप में किया जाता है। यह पश्चिमी यूरोप के देशों में प्रचलित परंपरा से मिलता जुलता है जिसमें पति अपनी पत्नी के गुजारे के लिए एक रियासत या खास संपत्ति उसके नाम कर देता था। मेहर की रकम दो तरह की होती है-तत्काल और विलम्बित। तत्काल मेहर वह होता है जिसे पत्नी किसी भी समय मांग सकती है। विलम्बित मेहर वह होता है जिसे पत्नी तब तक नहीं मांगती जब तक मृत्यु या तलाक के कारण विवाह निरस्त नहीं हो जाता। हमारे देश में विलम्बित मेहर का चलन ज़्यादा है। बाई ताहिरा और फजलुनबी के मामले में न्यायमूर्ति कृष्ण अय्यर ने यह दर्शाने के लिए मुस्लिम विद्वानों को उद्धृत किया था कि मेहर तलाकशुदा पत्नी को क्षतिपूर्ति के रूप में दी जाने वाली राशि नहीं होती है। यह प्रत्येक पत्नी के प्रति सम्मान का संकेत है और इसके भुगतान का तलाक के साथ अनिवार्य रूप से कोई संबंध नही होता।

* तलाक के बाद पहले तीन महीने इद्दत की अवधि कहलाते हैं इस दौरान पति से अपेक्षा की जाती है कि वह तलाकशुदा पत्नी को अपने घर में ही रखे और उसके खानपान का उचित खयाल रखे। इस अवधि का प्रावधन इस सम्भावना को ध्यान में रखते हुए किया गया था कि तलाक के बाद भी पति-पत्नी के बीच सुलह हो सकती है। इद्दत कि अवधि समाप्त होने के बाद पति चाहे तो 'सहृदयता और सम्मानपूर्वक पत्नी को अपने साथ रख सकता है या सहृदयता और सम्मानपूर्वक उससे अलग हो सकता है।'

10

गतिरोध को तोड़ने के लिए

समान नागरिक संहिता बनाम निजी कानून

समान नागरिक संहिता बनाम विभिन्न अल्पसंख्यक समुदायों के निजी कानूनों का मुद्दा आज हमारे देश के सबसे विवादास्पद राजनीतिक मुद्दों में से एक बन चुका है। इस सवाल पर भारी ध्रुवीकरण हो चुका है और उसने देश के विभिन्न समुदायों, खासतौर से हिंदू-मुसलमानों के आपसी रिश्तों को बिगाड़ने में अहम भूमिका अदा की है।

इस मुद्दे पर सरकार की नीति हमेशा भ्रामक रही है। यह नीति संकीर्ण और फौरी चुनावी फायदे-नुकसान के गणित पर आधारित रही है। बहुमत समुदाय की नज़र में यह नीति अल्पसंख्यकों के तुष्टिकरण का एक ठोस एवं खतरनाक सबूत है। नतीजनत, बहुत सारे लोगों में इस नीति को लेकर भारी रोष है। कभी एक तो कभी दूसरे वोट बैंक को लुभाने के लिए एक के बाद एक आई सरकारों ने समान नागरिक संहिता की बहस को भारी नुकसान पहुंचाया है। सरकार के इन तौर-तरीकों से हिंदू-मुसलमानों के बीच मौजूद खाई और गहरी हुई है।

इस बात को प्रायः रेखांकित नहीं किया जाता है कि इस मुद्दे पर जो विवाद खड़ा हुआ है वह पचास के दशक में हिंदू पर्सनल लॉ को संहिताबद्ध करने के तरीकों से शुरू हुआ था। हिंदू कोड बिल के समर्थकों ने इसे 'सामाजिक क्रांति' की दिशा में एक बड़ा कदम बताया था। उनकी नज़र में यह एक ऐसा कदम था जिससे 'विवाह, उत्तराधिकार और दत्तक-ग्रहण के मामलों में पुरुषों व महिलाओं के अधिकारों में निहित गैरबराबरी दूर हो जाएगी।' इससे भी अहम बात यह थी कि विधेयक को एक ऐसे कदम के रूप में देखा गया जो एकसमान नागरिक संहिता का रास्ता साफ करेगा। हिंदू कोड बिल से यह उम्मीद की गई कि उसके जरिए हिंदू पर्सनल लॉ को अन्य अल्पसंख्यक समुदायों के निजी कानूनों से बेहतर और इसलिए अनुकरणीय सिद्ध किया जा सकेगा।

---

* पहली बार *मानुषी*, संख्या 77 (जुलाई-अगस्त 1993) में प्रकाशित।

आज चार दशक बीत जाने के बाद भी इनमें से ज़्यादातर उम्मीदें पूरी नहीं हो पाई हैं। संशोधित हिंदू कानून के तहत महिलाओं की स्थिति भी मुस्लिम महिलाओं से कोई कम खराब नहीं है। सच्चाई यह है कि हिंदू कानून में संशोधन के समय महिलाओं को बराबरी के अधिकार देने की तमाम उम्मीदों और आश्वासनों के बावजूद जमीनी स्तर पर, खासतौर से ग्रामीण इलाकों में, हालात सुधरने की बजाय और बदतर हुए हैं। महिलाओं को अभी भी पैतृक संपत्ति में हिस्सा नहीं मिलता। जमीन, मकान और दूसरी आयवर्धक संपत्तियों से उन्हें प्रायः बेदखल कर दिया जाता है। यह महिलाओं की कमज़ोर हालत का एक अच्छा संकेतक है। 1956 से हिंदू उत्तराधिकार अधिनियम की मौजूदगी और महिलाओं की स्थिति में सुधार के लिए उसे एक अहम कदम बताए जाने के बाद भी ज़्यादातर महिलाओं को आज तक पैतृक संपत्ति में अधिकार नहीं मिल पाया है। यही स्थिति तलाक, गुजारे-भत्ते और बच्चों पर हक के मामले में भी बनी हुई है।*

यदि संशोधित हिंदू कानून पर नजदीक से नज़र डाली जाए तो उसमें ये खामियां दिखाई देती हैं :

1. हिंदू कोड बिल में महिलाओं के लिए जिन अधिकारों की कल्पना की गई वह बेहद सीमित थे और वह समानता की कसौटी पर खरा नहीं उतरता।
2. संसद में चली बहसों के दौरान हिंदू कोड बिल के सीमित प्रावधानों में और भी काट-छांट कर दी गई जिससे औरतों के हक और भी संकीर्ण हो गए।
3. नए अधिनियमों ने एक अव्यावहारिक और अपने आप में अंतर्विरोधी व्यवस्था विकसित की जिसका जल्दी ही उल्लंघन होने लगा।
4. संशोधित कानून हिंदू कायदों और ब्रिटिश विक्टोरियाई कानून का एक अजीब घालमेल था। कई मामलों में तो दोनों कानूनों के अतार्किक हिस्सों को लेकर एक बड़ी बेतुकी खिचड़ी पकाई गई थी।
5. नये कानून की सरकार में मौजूद समर्थक लॉबी का दावा था कि हिंदू कोड में हिंदू कायदों की विभिन्न शाखाओं के सर्वाधिक प्रगतिशील तत्वों को एक साथ रखा गया है। वास्तविकता यह थी कि नए अधिनियम में महिलाओं को बहुत सारी प्राचीन संहिताओं या कुछ समकालीन परंपराओं और व्यवहारों द्वारा स्वीकृत अधिकारों के मुकाबले बहुत सीमित अधिकार ही मिल पाए। सुधारकों की कोशिशों से कई स्थानीय परंपरागत व्यवस्थाएं ठप्प पड़ गईं जबकि उनमें से कई के जरिए महिलाओं को न केवल सैद्धांतिक स्तर पर बल्कि वास्तव में बेहतर सुरक्षा मिल पाती थी।
6. संहिताबद्ध हिंदू कानून की अवधारणा में जो कमियां थीं वह मुख्य रूप से इस वजह से थीं कि उस समय की लोक सभा में कुछ उत्तर भारतीय जातियों और समुदायों का ज़्यादा बोलबाला था। ये जातियां और समुदाय महिलाओं के बारे में देश के ज़्यादातर हिस्सों, खासतौर से दक्षिण और उत्तर-पूर्वी भारत में प्रचलित

परंपराओं के मुकाबले ज़्यादा दमनकारी सामाजिक परंपराओं का प्रतिनिधित्व करते थे। महिलाओं के अधिकारों की क्या सीमाएं हैं और क्या सीमाएं होनी चाहिएं—इस लिहाज से हिंदू कानून में उन्हीं की समझ हावी रही। नतीजा यह हुआ कि इससे देश के कई अन्य हिस्सों में भी महिलाओं के अधिकार पहले से ज़्यादा कमजोर हो गए।

7. समुचित क्रियान्वयन व्यवस्था के अभाव में इस कानून से मिले थोड़े-बहुत अधिकारों का भी महिलाओं को बहुत लाभ नहीं मिल सका। सुधारों के बारे में बढ़-चढ़ कर किए गए दावों से केवल यह गलतफहमी पैदा हुई कि प्रस्तावित बदलाव महिलाओं को समानता का अधिकार दिलाने की दिशा में एक रेडिकल कदम हैं। इसके अलावा सिर्फ हिंदुओं पर वैधानिक संशोधन थोपने से हिंदुओं में अल्पसंख्यक समुदायों, खासतौर से मुसलमानों के प्रति द्वेष का भाव पैदा हुआ जिससे देश में सांप्रदायिक विभाजन और गहराने लगा।

जिस कानून को दूसरे समुदायों के लिए एक प्रेरणास्रोत माना जा रहा था अंततः उसने एक सार्थक, सर्वानुमत समान नागरिक संहिता की संभावनाओं को और भी क्षीण कर दिया। शाह बानो विवाद के बाद तो समान नागरिक संहिता की मांग को और झटका पहुंचा। अब इस मुद्दे को हिन्दुत्ववादी एक राजनीतिक हथियार के रूप में इस्तेमाल कर रहे हैं। उनका आग्रह है कि बहुमत समुदाय द्वारा निर्धारित किए गए कायदे-कानूनों का पालन करते हुए अल्पसंख्यकों को अपनी देशभक्ति का सबूत देना चाहिए। जाहिर है इस प्रक्रिया में महिलाओं के अधिकारों की चिंता किसी को नहीं है। समान नागरिक संहिता के हिमायती कभी रुक कर अपने आप से यह सवाल नहीं पूछते : यदि संशोधित कानून हिंदू महिलाओं के अधिकारों को ही पर्याप्त सुरक्षा नहीं दे सके और न ही उन्हें घरेलू हिंसा से बचा पाए तो फिर इस बात की क्या गारंटी है कि समान नागरिक संहिता मुस्लिम महिलाओं के अधिकारों को उनके परिवार के पुरुषों द्वारा उल्लंघन से बचा पाएगी?

बहरहाल, यद्यपि मौजूदा हिंदू कानून किसी भी लिहाज से समतापरक नहीं है और उसके क्रियान्वयन में हजार खामियां हैं फिर भी उसने सामाजिक तौर-तरीकों पर काफी असर तो डाला ही है। समानता के शब्दाडंबर ने हिंदू महिलाओं को इस बात के लिए प्रोत्साहित किया है कि वह खुद को पुरुषों के बराबर मानने का साहस जुटाएं। इन परिवर्तनों ने उनमें ऐसे तमाम कानूनों में सुधार की मांग उठाने का आत्मविश्वास भर दिया है जो समतापरक नहीं हैं। इस तरह हिंदू कानून आज भी निरंतर विकसित हो रहा है। यह संशोधनों और न्यायधीशों की व्याख्याओं, दोनों के जरिए परिपक्वता ग्रहण करता जा रहा है और इससे यह उम्मीद ज़रूर पुष्ट होती है कि स्त्रियों के लिये समानता का रास्ता खुला है चाहे आज वह अपनी मंजिल से दूर खड़ी हैं। यह उम्मीद मुस्लिम महिलाओं को अभी भी उपलब्ध नहीं है। मुस्लिम नेतृत्व के कुछ खास तबकों ने मुस्लिम पर्सनल लॉ में ज़रूरी बदलावों का जिस तरह विरोध किया है वह न केवल गैरजिम्मेदाराना बल्कि महिला-विरोधी रवैया भी है। यदि हम भारत

में मुस्लिम समुदाय के अधिकारों को स्वीकार करते हुए यह मान लें कि वह अपने धार्मिक निजी कानूनों का अनुसरण कर सकते हैं तो भी निम्नलिखित तथ्यों को अनदेखा नहीं किया जा सकता :

1. दुनिया के विभिन्न भागों में अलग-अलग मुस्लिम समुदायों के बीच कुरान की आयतों की जिस तरह व्याख्या की जाती है और उन्हें जिस तरह लागू किया जाता है, उसके बीच भारी फ़र्क़ है। उत्तराधिकार तथा महिलाओं के अन्य अधिकारों के मामले में सऊदी अरब, मिस्र, मलेशिया, पाकिस्तान और श्रीलंका में कानूनों की व्याख्या और विभिन्न परंपरागत रीति-रिवाज़ों के बीच गहरा अंतर दिखाई देता है। भारत में भी सामुदायिक रीति-रिवाज़ों और मुस्लिम पर्सनल लॉ के बीच संबंध अलग-अलग इलाकों में अलग-अलग है। खासतौर से तलाक और उत्तराधिकार के सवाल पर देश के विभिन्न भागों व समुदायों के मुसलमानों के बीच काफी भिन्नताएं हैं। मसलन, सुन्नी और शिया मुसलमानों के रीति-रिवाज़ों में काफ़ी फ़र्क दिखता है। कश्मीरी, मलयाली और असमिया मुसलमानों के बीच पर्दे या बुर्के का कोई चलन नहीं है जबकि उत्तर भारत और पाकिस्तान के मुसलमान इसे इस्लामिक कानून का एक अभिन्न अंग मानते हैं।

2. पाकिस्तान सहित बहुत सारे इस्लामिक देशों ने अपने इस्लामिक पारिवारिक कानूनों में उल्लेखनीय बदलाव किए हैं। पाकिस्तान में कोई भी व्यक्ति अदालत की इजाज़त लिए बिना दूसरी पत्नी नहीं रख सकता। अदालत भी कभी-कभार ही व्यक्ति को दूसरे विवाह की इजाज़त देती है और यह इजाज़त भी पहली पत्नी की सहमति ले लेने के बाद ही दी जाती है। इसी तरह बंगलादेश के मौजूदा मुस्लिम विवाह कानून में भी दूसरे विवाह से पहले यह ज़रूरी होता है कि पति इसके लिए अपनी पत्नी से इजाज़त लेने के बाद विवाचन परिषद से भी लिखित स्वीकृति प्राप्त करे। इस विवाचन परिषद का मुखिया गांव स्तर का राजनीतिक नेता होता है। अब वहां के प्रगतिशील तबके सत्ताधारी बंगलादेश नेशनलिस्ट पार्टी की सांसद फ़रीदा रहमान द्वारा संसद में पेश किए गए एक विधेयक का समर्थन कर रहे हैं जिसमें प्रावधान किया गया है कि यदि कोई व्यक्ति अपनी पत्नी को तलाक देना चाहता है या दूसरा विवाह करना चाहता है तो इसके लिए उसे अदालत से अनुमति लेनी होगी। हमारे देश का मुस्लिम पर्सनल लॉ पुरुषों पर ऐसी कोई बंदिश नहीं लगाता। इस सबके बावजूद बहुत सारे भारतीय मुसलमान अकसर यह प्रचार करते रहते हैं कि भारत में जिस पर्सनल लॉ को लागू किया जा रहा है, कुरान का असली कानून वही है। सच्चाई यह है कि यह कानून कुरान की आयतों और बहुत सारे इस्लामिक देशों में प्रचलित मुस्लिम कानूनों से बहुत दूर है।

3. मुस्लिम धार्मिक नेतृत्व अपने पर्सनल लॉ या कुरान की आयतों के तहत महिलाओं को दिए गए अधिकारों को भी लागू नहीं करवा पाया है। मसलन, मुट्ठी भर मुस्लिम महिलाओं को ही पैतृक संपत्ति में उनका कानूनी हक (भाई को मिलने वाले हिस्से का आधा) मिल पाता है। इसी तरह तलाकशुदा पत्नियों को भी पति से मेहर की रकम अकसर नहीं मिलती।

खुद शाह बानो भी इसीलिए तो अदालत की शरण में गई थीं क्योंकि पर्सनल लॉ के तहत उनके अधिकारों की रक्षा नहीं की गई थी और उनके पति ने मेहर की रकम अदा करने से इनकार कर दिया था। पति अपनी जिम्मेदारियों और अपने आश्वासनों को पूरा करे, यह सुनिश्चित करने का काम परंपरागत रूप से समुदाय के स्तर पर ही किया जाता था। परंतु इन परंपरागत व्यवस्थाओं के टूटने तथा वैकल्पिक आधुनिक सुरक्षा व्यवस्था के अभाव में आज मुस्लिम महिलाओं की स्थिति अत्यंत दयनीय हो गई है।

भारत में समान नागरिक संहिता के रास्ते में दीर्घकालिक और भारी-भरकम मुद्दे सिर उठाये खड़े हैं। उनके समाधान के लिए ज़रूरी है कि मुसलमानों के अल्पसंख्यक अधिकारों तथा मुस्लिम महिलाओं के नागरिकता संबंधी अधिकारों के परस्पर अंतर्विरोधी दावों के बीच संतुलन कायम किया जाए। इस मुद्दे पर प्रचलित राजनीतिक सोच ने दोनों पक्षों को दो परस्पर विरोधी खेमों में बांट दिया है। नतीजतन, अब पूरी बहस ध्रुवीकृत हो चुकी है। हिंदू अहमवादियों की नज़र में समान नागरिक संहिता के प्रति मुसलमानों का विरोध इस बात का सबूत है कि वह देश के प्रति वफादार नहीं हैं। मुस्लिम कट्टरपंथियों ने मुस्लिम पर्सनल लॉ के गैर-कुरान पहलुओं को भी अक्षुण्ण बनाए रखने की चुनौती को भारतीय राज्य के धर्मनिरपेक्ष चरित्र की अग्निपरीक्षा का सवाल बना दिया है।

ट्रिपल तलाक के मुद्दे पर मुस्लिम समुदाय के भीतर पिछले दिनों चली बहस एक स्वागत योग्य घटनाक्रम है जिसके तहत दो बुनियादी मुद्दे उठाये गये हैं :

(क) मुस्लिम महिलाओं को आवश्यक सुरक्षा कैसे प्रदान की जाए? और,

(ख) हिंदू-मुसलमानों के बीच बढ़ती दूरी को कैसे कम किया जाए?

दुर्भाग्यवश मुस्लिम नेतृत्व का एक हिस्सा 'तलाक' शब्द के तीन उच्चारणों के बीच निहित समय अंतराल पर विशुद्ध धर्मशास्त्रीय खींचतान में ज़्यादा दिलचस्पी ले रहा है। वह इस वास्तविकता का सामना नहीं करना चाहता कि पुरुषों के हाथ में इस तरह की मनमानी ताकत और महिलाओं की निःसहाय निर्भरता उनके अपने समुदाय की बेहतरी के लिए भी अच्छी बात नहीं है। हिंदू अहमवादियों की तरह मुस्लिम कट्टरपंथी नेतृत्व भी पर्सनल लॉ के मुद्दे को एक हथियार की तरह ही इस्तेमाल कर रहा है। वह इस हथियार के जरिए अपने समुदाय को दड़बों में कैद रखने और अपने राजनीतिक शिकंजों में दबाए रखने की कोशिश कर रहा है।

हममें से जो लोग राजनीतिक हित के लिए समान नागरिक संहिता थोपने के सवाल पर संघ परिवार की राजनीति का विरोध करते हैं, वह भी इस बात की अनदेखी नहीं कर सकते कि आज हमारे देश में तलाक के प्रावधानों का किस तरह इस्तेमाल किया जा रहा है। यदि मुस्लिम पति निरंकुश शक्तियों का इस्तेमाल करना चाहता है तो यह व्यवस्था मुस्लिम महिला को पूरी तरह बेसहारा कर देती है। इसमें बदलाव होना आवश्यक है।

समाधान की दिशा में

मौजूदा गतिरोध को तोड़ने का एक संभावित तरीका यह हो सकता है कि मुस्लिम समुदाय की इच्छा के खिलाफ उस पर समान नागरिक संहिता थोपने का इरादा छोड़ दिया जाए। इसकी बजाय एक वैकल्पिक परंतु समतापरक समान नागरिक संहिता बनाई जाए और प्रावधान किया जाए कि अगर कोई व्यक्ति उसका सहारा लेना चाहता है तो वह ऐसा कर सकता है, भले ही वह किसी भी धर्म का हो। इसका अर्थ यह होगा कि सरकारी अदालतें हिंदू, मुसलमान या ईसाई—किसी भी धार्मिक कानून को लागू करने का साधन नहीं होंगी। महिलाओं के लिए बराबरी का अधिकार दिलवाना सरकार द्वारा स्थापित सेक्युलर अदालतों का बुनियादी मकसद होना चाहिए। मुस्लिम नेतृत्व स्वैच्छिक चुनाव के अधिकार को तर्कसंगत ढंग से कतई खारिज नहीं कर सकता।

इसका आशय यह भी है कि हिंदू विवाह अधिनियम, हिंदू उत्तराधिकार अधिनियम और हिंदू दत्तक-ग्रहण व अभिभावकत्व अधिनियम आदि में निहित हिंदू कानून के क्रियान्वयन की जिम्मेदारी भी सरकारी न्यायालयों के ऊपर नहीं होगी। जो लोग हिंदू, ईसाई या मुस्लिम कानून के अंतर्गत रहना चाहते हैं उन्हें इस काम के लिए अपने-अपने समुदायों व बिरादरियों में इसके लिये इन्तज़ाम करना होगा।

हिंदू, मुसलमान, ईसाई या अन्य निजी धार्मिक कानूनों को मानने या न मानने का मामला उनके अनुयायियों की इच्छा पर छोड़ दिया जाए। धार्मिक कानूनों के क्रियान्वयन की जिम्मेदारी संबंधित पक्षों की स्वैच्छिक नैतिक प्रतिबद्धता के आधार पर एक नितांत निजी मामला होनी चाहिए। परंतु दूसरी तरफ समान संहिता के चुनाव का विकल्प भी किसी भी घरेलू विवाद से जुड़े सभी संबंधित पक्षों के लिए उपलब्ध होना चाहिए। मिसाल के तौर पर, यदि कोई पुरुष या महिला इस बात से संतुष्ट नहीं है कि उसके मामले में उसके समुदाय ने पर्सनल लॉ को किस तरह क्रियान्वित किया तो संबंधित व्यक्ति को न्यायालय की शरण में जाने की छूट हो तथा वहां वह इस बात की मांग करे कि समतापरक नागरिक संहिता के प्रावधानों को उनके मामले में लागू किया जाए।

मौजूदा गुजारा भत्ता कानून अब तक हिंदू महिलाओं के लिए भी बेहद असंतोषजनक और अव्यावहारिक रहे हैं। यही कारण है कि ज़्यादातर हिंदू महिलाएं आपराधिक दंड संहिता (सीआरपीसी) की धारा 125 के तहत ही गुजारे भत्ते की मांग करती हैं। यहां तक कि शाह बानो ने भी सीआरपीसी की धारा 125ए के तहत ही गुजारे भत्ते की मांग की थी। सीआरपीसी की यह धारा तलाकशुदा पत्नी के गुजारे भत्ते के लिए असल में सही प्रावधान है ही नहीं। यह धारा तो सभी बेसहारा महिलाओं, बच्चों और बूढ़े अभिभावकों की सुरक्षा के लिए बनाई गई थी। इसके बावजूद ज़्यादातर तलाकशुदा महिलाओं को गुजारे भत्ते के लिए इसी धारा का सहारा लेना पड़ता है क्योंकि यह आपराधिक कानून के अंतर्गत पड़ती है जिसके कारण इसका फैसला तुलनात्मक रूप से जल्दी हो जाता है। परंतु इस धारा के तहत पत्नी केवल

500 रुपए माहवार का ही अधिकतम गुजारा भत्ता प्राप्त कर सकती है। यह राशि एक अकुशल मजदूर के लिए निर्धारित न्यूनतम वेतन के एक तिहाई से आधे के आसपास बैठती है। शाह बानो ने सीआरपीसी के इस प्रावधान के तहत अदालत का दरवाजा खटखटाया था और दस साल की अदालती लड़ाई के बाद सर्वोच्च न्यायालय से उन्हें गुजारे भत्ते के रूप में 179 रुपए प्रतिमाह की मामूली सी राशि मिली थी।

बदकिस्मती से 1986 में कांग्रेस सरकार ने मुस्लिम महिला अधिनियम पारित करके मुस्लिम महिलाओं से यह छोटी सी राहत भी छीन ली। परिणामस्वरूप, अब राज्य ही मुस्लिम महिलाओं के साथ भेदभाव करते हुए असंवैधानिक व्यवहार करता दिखाई दे रहा है। ऐसे में यदि मुस्लिम महिलाएं सरकारी अदालतों की शरण में आती हैं तो उन्हें भी दूसरे धर्मों की महिलाओं की तरह इंसाफ मिलना चाहिए।

तिहरे तलाक पर खड़ी हुई ताजा बहस के जवाब में सीएसडीएस में मेरे सहकर्मी धीरूभाई शेठ ने एक दिलचस्प प्रस्ताव रखा है। उनका कहना है कि हमें यह मानते हुए समाधान खोजना चाहिए कि कुरान-सम्मत कानून के तहत मुस्लिम पुरुषों को तलाक का एकतरफा अधिकार मिला हुआ है। इस बात पर खींचतान करना बेकार है कि तलाक देने के लिए इस शब्द को लगातार तीन बार बोला जाना चाहिए या उसके तीन उच्चारणों के बीच कुछ अंतराल होना चाहिए। हमें इस तथ्य को स्वीकार करना होगा कि वास्तविकता में एक साथ तिहरा उच्चारण ही प्रचलित है और रुढ़िवादी दायरे के ज़्यादातर हिस्से एकबारगी तलाक की व्यवस्था के पक्ष में है। इस पर अंकुश लगाने वाली परंपरागत बाधाएं टूट चुकी हैं क्योंकि सामुदायिक जीवन और उससे जुड़ी सामाजिक बंदिशें बिखरती जा रही हैं। मिसाल के तौर पर, परंपरा यह है कि तलाक समुदाय के दूसरे लोगों, यानी एक प्रकार की सभा के समक्ष ही दिया जाना चाहिए। इससे कम से कम यह सुनिश्चित होता था कि पति शादी के समय दिए गए आश्वासनों और शर्तों का पालन करेगा। परंतु अब इस प्रावधान के दुरुपयोग की घटनाएं बढ़ती जा रही हैं : पति मामूली से झगड़े पर तीन बार तलाक कहकर छुटकारा पा लेता है, वह बिना किसी गवाह की मौजूदगी में या सिर्फ चिट्ठी लिखकर तलाक दे देता है, या फोन पर तलाक दे देता है। मुस्लिम धार्मिक नेतृत्व तो मुस्लिम पर्सनल लॉ में महिलाओं की सुरक्षा के लिए निर्धारित शर्तों का पालन करवाने में विफल हो चुका है। इसी वजह से अब तलाक के प्रावधानों का गैरजिम्मेदाराना और बिना सोचे-समझे इस्तेमाल बढ़ता जा रहा है।

धीरूभाई का सुझाव है कि तिहरे तलाक को तो मुस्लिम पर्सनल लॉ का एक अभिन्न अंग मानकर यथावत रहने दिया जाए परंतु इस पूरी प्रक्रिया को सरकारी अदालतों के मातहत ला दिया जाए। इसमें अपनी पत्नी को तलाक देने की इच्छा रखने वाले मुस्लिम पति को तलाक देने से पहले पत्नी के नाम एक कानूनी नोटिस भिजवाना होगा और उसे भरी अदालत में जज के सामने 'तलाक' कहना होगा। यह व्यवस्था सामुदायिक सभा का एक आधुनिक विकल्प बन सकती है। सरकारी अदालत एकतरफा तलाक के बारे में मुस्लिम पुरुषों के अधिकार

की वैधता को चुनौती नहीं देगी। परन्तु अदालत तलाक को तभी वैध मानेगी जब निकाहनामा, मुस्लिम विवाह अनुबंध, आदि की तमाम दूसरी शर्तों और प्रावधानों का भी पालन हो चुका हो। इस प्रकार मुस्लिम पर्सनल लॉ यथावत रहेगा और न्यायालय सिर्फ यह सुनिश्चित करने का काम करेगा कि पति अपनी पत्नी को अकेले में या गलत ढंग से तलाक नहीं दे और तलाक को कानूनी गवाहों की मौजूदगी में घोषित किया जाए।

क्योंकि मुस्लिम विवाह एक किस्म के कान्ट्रैक्ट/अनुबंध की शक्ल में होता है इसलिए आधुनिक अदालतों को भी ध्यान रखना चाहिए कि पक्ष अनुबंधित विवाह की तमाम शर्तों और प्रावधानों का संतोषजनक ढंग से पालन करें।

---

* संशोधित हिंदू कानून के विस्तृत विश्लेषण के लिए देखें, मधु किश्वर, 'दि कोडिफाईड हिंदू लॉ', *इकोनॉमिक एंड पॉलिटिकल वीकली*, खंड 24, संख्या 33, 13 अगस्त 1994.

11

सुधारों के लिए माहौल बनाओ, थोपो मत

समान बनाम वैकल्पिक नागरिक संहिता

सर्वोच्च न्यायालय के न्यायधीश न्यायमूर्ति कुलदीप सिंह और न्यायमूर्ति आर. सहाय ने अपने एक ताजा फैसले में केंद्र सरकार को सुझाव दिया है कि वह तमाम धर्मों के लोगों के लिए समान नागरिक संहिता लागू करे। इस फैसले की चारों तरफ सराहना हुई है। लोगों ने इसे न्यायिक सक्रियता का उदाहरण बताया है। कई लोगों की नज़र में यह फैसला राजीव गांधी सरकार द्वारा 1986 में पारित किए गए मुस्लिम महिला संरक्षण कानून से मुस्लिम महिलाओं को पहुंचे नुकसान की भरपाई करने की कोशिश है जो कि राजीव गांधी सरकार ने न्यायमूर्ति वाई. वी. चंद्रचूड़ द्वारा शाह बानो मामले में दिए गए फैसले के बाद पारित किया था। हालांकि इन दोनों मामलों में सर्वोच्च न्यायालय के फैसले अप्रत्यक्ष रूप से मुस्लिम महिलाओं को पुरुषों के अत्याचार और दमन से बचाने की कोशिश थे परंतु यदि ध्यान से उसका निरीक्षण किया जाए तो पता चलता है कि लैंगिक न्याय के प्रति न्यायधीशों के सरोकार कई अन्य कारकों से भी प्रभावित रहे हैं।

न्यायमूर्ति चंद्रचूड तथा अन्य न्यायाधीशों ने भी शाह बानो के मामले में उसी प्रकार खेद प्रकट किया था जिस प्रकार इस नए फैसले में न्यायमूर्ति सिंह और न्यायमूर्ति सहाय ने दुख जताया है। दोनों फैसलों में इस बात पर जोर दिया गया है कि संविधान की धारा 44 (जिसमें आश्वासन दिया गया है कि राज्य पूरे देश में समान नागरिक संहिता के जरिए अपने सभी नागरिकों की सुरक्षा का प्रावधान करेगा) एक निष्प्रभावी प्रावधान बन चुका है। न्यायमूर्ति चंद्रचूड तथा अन्य ने कहा था : 'समान नागरिक संहिता परस्पर विरोधी विचारधाराओं की बुनियाद पर खड़े कानूनों के प्रति अलग-अलग निष्ठाओं को समाप्त करके राष्ट्रीय एकीकरण के उद्देश्य में मददगार सिद्ध होगी।'

---

* पहली बार *मानुषी* संख्या 89 (जुलाई-अगस्त 1995) में प्रकाशित। ११

न्यायमूर्ति सिंह और न्यायमूर्ति सहाय के ताजा फैसले में और भी गंभीर सुझाव दिया गया है। इस फैसले में लैंगिक न्याय के मुद्दे पर बहुत बातें नहीं कही गई हैं। फैसले को देख कर ऐसा लगता है कि न्यायधीशगण हिंदुओं के इस्लाम धर्म धारण कर लेने पर ज़्यादा चिंतित हैं न कि उन पत्नियों के प्रति होने वाली नाइंसाफी के बारे में जिनके पति दूसरी शादी करने के लिए तलाक लेने की बजाय इस्लाम धर्म अपना लेते हैं। हालांकि न्यायमूर्ति सिंह ने इस तरह के धर्मांतरण के पश्चात दूसरे विवाह की अवैधानिकता पर तो अपनी राय दी है परंतु मुख्य रूप से वह धर्मांतरण की वैधता समाप्त करने पर ज़्यादा चिंतित दिखाई देते हैं। उनके फैसले में दूसरी शादी के फलस्वरूप पहली पत्नी और उसके बच्चों पर पड़ने वाले प्रभावों का शायद ही कहीं जिक्र किया गया है। इसकी बजाय वह समान नागरिक संहिता के दूसरे अपेक्षित लाभों पर ज़्यादा ध्यान देते हैं। न्यायधीशों की राय में एकीकृत संहिता 'कमजोरों की सुरक्षा और राष्ट्रीय एकता एवं अखंडता', दोनों के लिए ज़रूरी है।

ऐसा लगता है कि न्यायाधीशगण इस भ्रांति के शिकार हैं कि 'उत्तराधिकार, विरासत और विवाह आदि को नियंत्रित करने वाले परंपरागत हिंदू कानून—हिंदुओं के पर्सनल लॉ—को 1955-56 में तभी अलविदा कह दिया गया था जब उसे संहिताबद्ध किया गया था।' इसलिए उनकी दलील है कि देश में समान नागरिक संहिता लागू करने के फैसले को टालने का कोई औचित्य नहीं है : 'अब तो हिंदुओं के साथ-साथ सिखों, बौद्धों और जैनों ने भी राष्ट्रीय एकता और अखंडता के हक में अपनी भावनाओं का परित्याग कर दिया है। परंतु फिर भी, यद्यपि संविधान में पूरे भारत के लिए "समान नागरिक संहिता" की स्थापना का निर्देश दिया गया है परंतु कुछ समुदाय ऐसा करने के लिए अभी भी तैयार नहीं होंगे।'

यहां इस बात को समझना ज़रूरी है कि हिंदू पर्सनल लॉ को 1955-56 में ही कानूनी रूप नहीं दिया गया था। उस समय तो उसमें कुछ सुधार करके उसे सिर्फ संहिताबद्ध किया गया था। और जहां तक महिलाओं के अधिकारों का सवाल है, यह संशोधन लाजिमी तौर पर उनके हक में गए हों ऐसा भी नहीं है। संशोधित हिंदू कानून एक ढीला-ढाला अव्यावहारिक कानून है और वह महिलाओं को इंसाफ दिलाने में नाकाम रहा है। महिलाओं के अधिकारों का उनके परिवार वाले जमकर उल्लंघन करते हैं।

न्यायाधीशों ने अपने फैसले में साफ कर दिया है कि समान नागरिक संहिता की सिफारिश के पीछे उनका एक और भी इरादा है :

> जिन लोगों ने बंटवारे के बाद भारत का नागरिक बने रहने का फैसला किया वह अच्छी तरह जानते थे कि भारतीय नेता दो-राष्ट्र या तीन-राष्ट्र सिद्धांत में यकीन नहीं रखते और भारतीय गणतंत्र केवल एक राष्ट्र—भारतीय राष्ट्र—होगा। वह जानते थे कि यहां किसी भी समुदाय को धर्म के आधार पर एक अलग इकाई के रूप में बने रहने का हक नहीं मिलेगा। यहां इस बात को दोहराना ज़रूरी है कि उत्तराधिकार, विवाह, आदि से जुड़े मामलों को संचालित करने के लिए संबंधित पर्सनल लॉ को ब्रिटिश सरकार ने वॉरेन हेस्टिंग्स के 1781 के कानून के तहत ही मंजूरी दी थी। यह धार्मिक मान्यता नहीं बल्कि एक सरकारी

कानून था जिसके तहत पर्सनल लॉ को मंजूरी दी गई और जो अभी भी कायम है। अब इस कानून को हटाकर समान नागरिक संहिता बनाई जा सकती है।

इस वक्तव्य से दो चीजें उभर कर सामने आती हैं :

- हमारे प्रशासक और न्यायधीश भी अपने 'शासितों' के साथ अपने संबंधों को उसी प्रकार परिभाषित करते हैं जैसे हमारे भूतपूर्व औपनिवेशिक शासक किया करते थे। उनकी भाषा भी उतनी ही अहंकारपूर्ण और शाही किस्म की है।
- कानूनों से व्यापक तौर पर सहमतिप्राप्त सामाजिक मान्यताओं को प्रतिबिंबित होना चाहिये जैसा कि सभ्य और नागरिक आज़ादी पसन्द समाजों में पाया जाता है। परन्तु हमारे देश के कानूनों का आशय शासकों की इच्छा थोपने का ज्यादा होता है—कानून नागरिकों की मान्यताओं को नहीं बल्कि इस बात को प्रतिबिंबित करते हैं कि शासक किस चीज को 'मंजूरी' देंगे और किस चीज को गैरकानूनी करार देंगे।

ऐसे में यह कोई हैरत की बात नहीं है कि हमारे देश में कोई कानून की परवाह नहीं करता। लोग अपनी जिंदगी अपने-अपने समुदायों और बिरादरियों की मूल्य-मान्यताओं और नैतिकता के हिसाब से ही चलाते हैं।

हैरत की बात यह है कि हमारे सर्वोच्च न्यायालय के न्यायधीशों को भी इस सच्चाई का पता नहीं है कि सिर्फ मुसलमान ही नहीं हैं जो अपने घरेलू मामलों को चलाने के लिए अपने सामुदायिक कायदे-कानूनों का पालन करते हैं। हिंदू भी ऐसा ही करते हैं। यदि हरियाणा के जाट हिंदुओं, कश्मीरी पंडितों या आंध्र प्रदेश के रेड्डी और केरल के नायरों की आपस में तुलना की जाए तो मामला चाहे विवाह अथवा उत्तराधिकार का हो या तलाक का, सबके अपने-अपने अलग कायदे और रीति-रिवाज़ हैं। औपचारिक कानून तो यदा-कदा तभी प्रभाव में आते हैं जब कोई परिवार न्यायालय का दरवाज़ा खटखटाने का फैसला करता है। मोटे तौर पर लोग अपने-अपने रीति-रिवाज़ों और दोनों पक्षों की ताकत के हिसाब से परिवार और बिरादरी के स्तर पर ही इन मामलों को निपटा लेते हैं और सरकारी कानून का उसमें कोई दखल ही नहीं होता। अदालत तक तो केवल मुट्ठी भर वैवाहिक विवाद ही पहुंच पाते हैं। ज़्यादातर मामलों में बिरादरी के बड़े-बूढ़े या प्रभावशाली व्यक्ति ही तलाक दिला देते हैं और अलगाव की शर्तें भी वही तय करते हैं। यह तौर-तरीके और शर्तें अलग-अलग समुदायों में अलग-अलग होती हैं। मिसाल के तौर पर, दहेज को कानूनन गलत माना जाता है। फिर भी एक आम सामाजिक सहमति के आधार पर ज्यादातर लोग दहेज लेते भी हैं और देते भी हैं। न्यायधीश, पुलिस अफ़सर या कानून पारित करने वाले विधायक भी इसका अपवाद नहीं हैं। हमारे पुलिस और आईएएस अफसरों को शादी के बाज़ार में सबसे ज़्यादा दहेज मिलता है और वह खुलेआम दहेज का सौदा करते हैं। इन उदाहरणों से साफ है कि हमारे देश में सामाजिक संबंधों की रूपरेखा आज भी औपचारिक कानूनों से नहीं बल्कि सामाजिक कायदे-कानूनों से ही तय होती है। जब खुद हिंदू ही इस तरह के मामलों में कानून का

पालन नहीं कर पाए हों तो समान नागरिक संहिता के जरिए मुस्लिम पर्सनल लॉ में सुधार के लिए वह इतनी उतावली क्यों दिखा रहे हैं?

सही मायने में यह कोई कानूनी फैसला नहीं है। इसका आशय यह राजनीतिक संदेश देना है कि मुस्लिम अल्पसंख्यकों को किस तरह का व्यवहार करना चाहिए और भारतीय राज्य के साथ उनके संबंधों की रूपरेखा कैसी होनी चाहिए। क्योंकि यह स्पष्ट है कि असल में ये न्यायाधीश भी देश की राजनीतिक मुख्यधारा में मुसलमानों के प्रति मौजूद एक व्यापक पूर्वाग्रह को ही प्रतिध्वनित कर रहे हैं इसलिये उनके इस फैसले के खिलाफ आवाज़ उठाना ज़रूरी हो जाता है। शायद इन न्यायधीशों ने मान लिया है कि मुस्लिम समुदाय अपने इस्लामिक पर्सनल लॉ पर इसीलिए अड़ा हुआ है क्योंकि वह जिन्ना के दो-राष्ट्र सिद्धांत का समर्थक है। यह डर हमारी राजनीतिक मुख्यधारा में बड़े पैमाने पर व्याप्त है। भाजपा जैसी पार्टियां इस खौफ़ का आक्रामक ढंग से फायदा उठाती हैं। अब भाजपा ने ऐलान कर दिया है कि वह उन सभी राज्यों में साझा नागरिक संहिता पारित करेगी जहां वह सत्ता में है। समान नागरिक संहिता के प्रति आग्रह एक तरह से मुसलमानों को वफादारी की अग्निपरीक्षा में उतरने की चुनौती है। इस बहाने उनसे यही कहा जा रहा है कि वह तमाम दूसरी निष्ठाओं, खासतौर से धार्मिक निष्ठा से ऊपर उठ कर भारतीय राज्य और उसके कानूनों के प्रति अपनी निष्ठा साबित करें।

एक से ज़्यादा पत्नियां रखने का चलन

ज़्यादातर हिंदुओं की नज़र में तीन बार तलाक का प्रावधान और मुस्लिम पुरुष को एक साथ चार-चार पत्नियां रखने की छूट देना ही मुस्लिम पर्सनल लॉ का सबसे चिढ़ाने वाला पहलू है। उन्हें इस बात की चिंता नहीं है कि इन प्रावधानों के कारण मुस्लिम महिलाओं के साथ कितनी नाइंसाफी होती है। उनका डर इस बेतुकी समझ पर आधारित है कि बहुविवाह के जरिए मुसलमानों में जनसंख्या वृद्धि की दर इतनी बढ़ जाएगी कि कुछ समय के भीतर वह हिंदुओं से भी आगे निकल जाएंगे और इस तरह हिंदू भारत में ही अल्पसंख्यक होकर रह जाएंगे। सचाई यह है कि मुसलमान पुरुष भी वही करते हैं जो बहुत सारे हिंदू पुरुष करते हैं। वह अपनी पहली पत्नी को मारपीट कर घर से बाहर निकाल देते हैं या पहली बीवी से औपचारिक तलाक लिए बिना दूसरी शादी कर लेते हैं। वह पहली पत्नी के लिए हालात इतने दुरुह बना देते हैं कि उसके लिए अपनी ससुराल का घर छोड़ने के अलावा कोई रास्ता नहीं बचता। कुछ समय पहले एक युवा महिला कानूनी सलाह के लिए हमारे पास आई। वह दिल्ली उच्च न्यायालय के एक प्रसिद्ध रिटायर्ड न्यायधीश की बहू थी। इस न्यायधीश का एक ही बेटा है और उसके किसी दूसरी महिला के साथ भी संबंध हैं। यहां तक कि वह उसको अपने घर भी लाता है और पत्नी की मौजूदगी में खुलेआम उसके साथ रहता है। क्या आपको लगता है कि उच्च न्यायालय के इस न्यायधीश और उसकी पत्नी ने अपनी बहू को पति पर मुकदमा चलाने के लिए प्रेरित किया होगा? कतई नहीं। वह तो

उसे सिर्फ इस बात के लिए तैयार करने की कोशिश कर रहे हैं कि वह अपने पति को औपचारिक रूप से तलाक दे दे ताकि उनका बेटा दोबारा शादी कर ले। कहने की ज़रूरत नहीं कि पहली पत्नी को मारपीट या ज्यादती की दलील के आधार पर नहीं बल्कि 'परस्पर सहमति' के आधार पर तलाक लेने को मजबूर किया जायेगा।

हिंदुओं में बहुविवाह भले ही गैरकानूनी घोषित कर दियां गया हो परंतु इस कानून का सहारा तभी लिया जाता है जब पहली या दूसरी पत्नी मामले को लेकर अदालत की शरण में चली जाती है। ऐसा कभी-कभार ही होता है। जनगणना और दूसरे सर्वेक्षणों से पता चलता है कि हिंदुओं में भी एक से अधिक विवाह करने वाले पुरुषों का प्रतिशत लगभग उतना ही है जितना मुसलमानों में है। यह स्थिति तब है जबकि हिंदू विवाह कानून में एक से अधिक पत्नी रखना अवैध है। यहां तक कि कई हिंदू सेलेब्रिटीज़ ने भी एक से अधिक पत्नियां रखी हैं। फिल्म स्टार हेमा मालिनी और धर्मेन्द्र का विवाह इसका उदाहरण है। इस मामले में अदालत कुछ भी नहीं कर पाई क्योंकि धर्मेन्द्र की पहली पत्नी ने अदालत का दरवाजा नहीं खटखटाया। मेरे घर में काम करने वाली सुशीला को उसका पति छोड़ चुका है। उसके पति ने चार महिलाओं से विवाह किया और एक को भी तलाक नहीं दिया। यदि धर्मेन्द्र या सुशीला के पति की कई-कई शादियों से 'राष्ट्रीय एकता' को खतरा नहीं पैदा होता तो मुसलमानों में एक से अधिक पत्नियों की मौजूदगी को ही खतरा क्यों माना जाता है? जब हरियाणा या पंजाब के जाट *करेवा* शादी (विधवा का उसके देवर से विवाह) करते हैं तो राज्य सरकारें ऐसी परंपराओं का समर्थन करती हैं जबकि कई बार इस तरह का विवाह करने वाला व्यक्ति पहले से शादीशुदा होता है और फलस्वरूप उसकी दूसरी शादी हिंदू विवाह अधिनियम का उल्लंघन होती है। एक से अधिक पत्नियां रखने के बावजूद सिख जाटों को भारतीय राष्ट्र के प्रति गद्दार नहीं माना जाता। परंतु यदि कोई मुसलमान एक से अधिक पत्नियां रखने की प्रथा का समर्थन करता है तो उसकी इस हरकत को सिर्फ लैंगिक अन्याय के रूप में नहीं बल्कि राष्ट्रीय एकता के लिए खतरे के रूप में पेश किया जाता है।

मैं द्विपत्नी या बहुपत्नी विवाहों को जायज़ साबित करने की कोशिश नहीं कर रही हूं बल्कि सिर्फ इस बात को रेखांकित करना चाहती हूं कि समस्या उससे कहीं ज़्यादा जटिल है जितना समान नागरिक संहिता के हिमायती मान रहे हैं। इस समस्या का हल तभी हो सकता है जब हम इसकी लैंगिक नाइंसाफी के पहलू पर भी ध्यान दें न कि निहित राजनीतिक फायदे-नुकसान के लिए नारी अधिकारों के एजेंडा को पटरी से उतार साम्प्रदायिक एजेंडे को प्रमुख बना दें। बहुविवाह के खिलाफ मौजूदा हिंदू विवाह कानून इस कदर बेधार हो चुका है कि यदि कोई परित्यक्ता पत्नी अपने पति के खिलाफ कार्रवाई करना चाहे तो भी उसे न्याय मिलने की सम्भावना ना के बराबर ही रहती है। दूसरे विवाह को एक अवैध विवाह 'सिद्ध' करने की जिम्मेदारी पहली पत्नी के ऊपर आती है। पहली पत्नी के रहते दूसरी शादी की गई है—इस बात को सिद्ध करने के लिए पहली पत्नी को ऐसे गवाह पेश करने पड़ते

हैं जो न केवल इस बात की गवाही देने को तैयार हों कि दूसरा विवाह हुआ था बल्कि इस बात की भी तस्दीक करें कि विवाह के सभी संस्कारों और रीति-रिवाज़ों का पालन किया गया था। उदाहरण के लिए, हिंदू विवाह तब तक कानूनन वैध नहीं माना जाता जब तक सप्तपदी (अग्नि के सात फेरे) की रस्म अदा न की गई हो। यदि आरोपित पुरुष गवाहों के जरिए यह साबित कर दे कि उसने सिर्फ छः फेरे लिए थे, सातवां फेरा लिया ही नहीं था तो उसे दूसरी पत्नी से कानूनन विवाहित नहीं माना जाएगा। ऐसी स्थिति में पहली पत्नी उसे द्विपत्नी विवाह के लिए सजा नहीं दिलवा सकती बल्कि केवल परस्त्रीगमन के लिए ही सजा दिलवा सकती है। यह सजा भी वह तभी दिलवा सकती है जब वह न्यायालय को इस बात का अपेक्षित संतोष दिला दे कि परस्त्रीगमन हुआ है। परस्त्रीगमन के लिए वास्तव में कोई खास दंड नहीं है। इसके जरिए वह पति या पत्नी तलाक की मांग ही कर सकता/सकती है जिसके साथ नाइंसाफी हुई है। इस प्रकार इससे केवल कानूनन तलाक की प्रक्रिया ही शुरू हो सकती है और उसका फैसला भी अकसर पुरुष के हक में ही जाता है। यानी उसे न तो दूसरे विवाह के अपराध में सजा मिलती है और न ही परस्त्रीगमन का आरोप सिद्ध हो जाने के बावजूद उसे कोई नुकसान होता है।

मानुषी के सामने ऐसे कई मामले आए हैं जिनमें महिलाएं अपने पतियों को इसलिये सजा दिलवाने के लिए मदद चाहती थीं क्योंकि उनके पति अपनी पहली पत्नी को तलाक दिए बिना दूसरी शादी कर चुके थे। परंतु अपनी तमाम कोशिशों के बावजूद यह महिलाएं साबित नहीं कर सकीं की उनके पति दूसरा विवाह कर चुके हैं जबकि वास्तविकता यह थी कि उनके पति खुल्लमखुल्ला अपनी दूसरी पत्नियों के साथ रह रहे थे और कई के तो दूसरी पत्नी से बच्चे भी हो चुके थे। जाहिर है कि पहली पत्नी को दूसरी शादी के समय नहीं बुलाया जाता है। दूसरी शादी तो पति और उसकी दूसरी पत्नी के नजदीकी दोस्त-रिश्तेदार ही आयोजित करते हैं। इनमें से कोई भी पहली पत्नी के हक में सबूत या बयान देने को भला क्यों तैयार होगा।

क्योंकि हिंदू विवाह कानून में शादियों को अनिवार्य रूप से पंजीकृत करवाने की आवश्यकता नहीं होती इसलिए ज़्यादातर लोगों की नज़र में शादी की वैधता के लिए इतना ही काफी है कि संबंधित परिवार वाले और रिश्तेदार पति-पत्नी को विवाहित युगल के रूप में सामाजिक मान्यता प्रदान कर दें। यानी हिंदू पुरुष तब तक द्विपत्नी विवाह करने के बाद भी मजे से रह सकता है जब तक उसका परिवार उसके दूसरे विवाह को मान्यता प्रदान करने के लिए तैयार है। यदि पहली पत्नी दूसरी शादी को चुनौती देना चाहती है तो अदालत के सामने दूसरा विवाह साबित करने के लिए उससे इतने असम्भव सबूत जुटाने की उम्मीद की जाती है कि केस जल्दी ही ठप्प हो जाता है। इससे साफ हो जाता है कि समान नागरिक संहिता के हिमायतियों को असल में द्विपत्नी विवाह से कोई खास दिक्कत नहीं है। अगर ऐसा होता तो वह हिंदू पुरुषों के हाथों अपनी पत्नियों के साथ दुर्व्यवहार और एकतरफा तौर पर परित्याग की घटनाओं को रोकने के लिए कड़े कदम उठाते। उनकी असली चिंता

तो मुस्लिम नेताओं की इस जिद को लेकर है कि उनके लिए शरीयत के प्रति निष्ठा भारतीय राष्ट्र-राज्य के प्रति निष्ठा से बढ़कर है।

काल्पनिक भय की मनोदशा

अप्रत्यक्ष रूप से भारत के प्रति मुसलमानों की निष्ठा का सबूत मांगने की बजाय समान नागरिक संहिता मुहिम के नेता मुस्लिम महिलाओं की स्थिति का रोना रोए बिना इस मुद्दे पर संघर्ष क्यों नहीं चलाते?

हिंदुओं का भय, खासतौर से उत्तरी भारत के हिंदुओं का भय इस तथ्य से पैदा होता है कि वह देश के बंटवारे के लिए जिम्मेदार उपनिवेशकालीन मुस्लिम नेतृत्व को न तो भुला पाए हैं और न माफ कर पाए हैं। ज़्यादातर हिंदुओं में यह खौफ़ बैठ गया है कि अगर मौका मिला तो मुसलमान भारत का फिर बंटवारा करने से नहीं चूकेंगे। पाकिस्तान की मदद से कश्मीर में चल रहे अलगाववादी आंदोलन से उनकी ऐसी शंकाएं और पुष्ट होती हैं।

बंगलादेश का अलग होना पाकिस्तान के लिए एक फौरी राजनीतिक अपमान और एक इलाके के नुकसान से ज़्यादा कुछ नहीं था। यही कारण है कि पाकिस्तानी शासकों को बंगलादेश के अलग होने से उस तरह का मानसिक कष्ट नहीं हुआ जो हिंदुओं को पाकिस्तान के बंटवारे से हुआ। ज़्यादातर पाकिस्तानियों का बंगलादेश की जमीन और उसकी संस्कृति, दोनों से कोई खास भावनात्मक लगाव नहीं है। न ही बंगलादेश से अलग होने के कारण पश्चिमी पाकिस्तान के लोगों को अपने घरों से उजड़ना पड़ा। मगर हिंदुओं के लिए देश का बंटवारा एक भारी प्रलय के समान था। इस घटना से लाखों लोगों को अपने घर और अपने पुश्तैनी माहौल से उजड़ना पड़ा। हालांकि हिंदू शरणार्थियों को भारत की सामाजिक और राजनीतिक मुख्यधारा में शामिल होने में खास दिक्कत नहीं हुई मगर पाकिस्तान गए मुसलमानों/मुजाहिरों के साथ ऐसा नहीं हुआ। इसके बावजूद, भारत के लोगों में बंटवारे का घाव आज भी भर नहीं पाया है। यह उन लोगों को भी टीसता है जो निजी तौर पर इससे प्रभावित नहीं हुए थे। इसकी बुनियादी वजह यह है कि हिंदू भारत को न केवल एक राजनीतिक भूखंड बल्कि एक ऐसा पवित्र स्थान मानते हैं जिसने एक विशिष्ट संस्कृति व सभ्यता को जन्म दिया। उनके अंदर यह भावना बहुत मजबूत है कि भारत का भौगोलिक क्षेत्र माँ समान पूजनीय है, उनका देश अनेक देवी-देवताओं व महापुरुषों की *पुण्यभूमि* है। उनके लिए भारत माता एक पूजनीय हिंदू देवी का रूप ले चुकी है। इस छवि में मुसलमानों को उसके ऐसे कृतघ्न पुत्रों के रूप में पेश किया जाता है जिन्होंने भारत माँ के हाथ काट दिए। इसके अलावा हिंदुओं और सिखों के कई महत्वपूर्ण धार्मिक स्थान भी मौजूदा पाकिस्तान में पड़ते हैं।

ज़्यादातर भारतीय मुसलमान न तो पाकिस्तान के प्रति नफरत रखते हैं और न पाकिस्तानियों को अपना दुश्मन मानते हैं। इसकी वजह से भी हिंदुओं के दिल में उनके प्रति अविश्वास और बढ़ जाता है। यदि दोनों राष्ट्र-राज्यों में ज़्यादा सिद्धांतनिष्ठ और सभ्य

किस्म की राजनीति विकसित होती और दोनों एक दूसरे के अस्तित्व को संवेदनशीलता के साथ स्वीकार कर लेते तो संभवतः विभाजन की पीड़ा को आसानी से भुलाया जा सकता था। परंतु दोनों देशों के नेतृत्व ने बिल्कुल उल्टी राह चुनी। उन्होंने एक-दूसरे के प्रति दुश्मनी के भाव को जीवित रखा।

मुसलमानों के प्रति हिंदुओं के रोष और मुसलमानों के हाथों अपने साथ हुई नाइंसाफी के अहसास को पाकिस्तान और बंगलादेश में हिंदुओं की दुर्दशा से और बल मिलता है। वहां हिंदुओं को दोयम दर्जे का नागरिक भी नहीं माना जाता। दोनों देश खुद को इस्लामिक राज्य घोषित कर चुके हैं। हालांकि चालीस के दशक में मौजूदा पाकिस्तान की आबादी में हिंदुओं की एक अच्छी-खासी तादाद थी मगर अब वहां मुट्ठी भर हिंदू ही बाकी बचे हैं। पिछले कुछ सालों से बंगलादेश में भी हिंदुओं की संख्या लगातार गिरती जा रही है। दोनों देश हिंदुओं को जबरन खदेड़ रहे हैं और उनके साथ खुलेआम ज्यादतियां की जा रही हैं। बंगलादेश में हिंदू अल्पसंख्यकों की दुर्दशा को सामने लाने वाली तसलीमा नसरीन जैसी आवाज़ें इन देशों में भारत के मुस्लिम अल्पसंख्यकों के हक में आवाज़ उठाने वालों के मुकाबले बहुत कम और कमज़ोर हैं। दोनों देशों की सरकारें हिंदुओं की संपत्तियों पर जबरन कब्जे, खुलेआम धार्मिक भेदभाव, नौकरियों और राजनीति में हिस्सेदारी पर अंकुश और हिंदुओं के धार्मिक स्थलों के ध्वंस के मामले में भी भारत के मुकाबले ज़्यादा बेशर्म और निर्मम हैं।

कश्मीर में चल रहे अलगाववादी और पाकिस्तान-समर्थक विखंडनवादी आंदोलन ने हिंदुओं के इस भय को दोबारा बल दिया है कि मुसलमान जहां कहीं भी बहुमत में होंगे वह भारत को तोड़ने की कोशिश करेंगे और मुस्लिम बहुल राजनीति चाहे पाकिस्तान में हो या कश्मीर में, हिंदू अल्पसंख्यकों को जबरन बाहर निकाला जाएगा। बंबई के बहरामपाड़ा और दिल्ली के जामा मस्जिद जैसे मुस्लिम बहुल मोहल्लों को मिनी पाकिस्तान करार दिया जाता है और उन पर हिंदू-मुस्लिम टकराव के दिनों में उसी प्रकार हमले किए जाते हैं जैसे किसी दुश्मन देश पर किये जाते हैं। इस मामले में हिंदू नेता एक आश्वस्त बहुल समुदाय की बजाय चारों ओर से घिरे अल्पसंख्यक समुदाय के नेताओं की तरह व्यवहार करते हैं। भारत के हिंदुओं और मुसलमानों के बीच मौजूद तमाम उकसाने वाली बातों और अविश्वास को दूर करना निहायत ज़रूरी है। यह एक ऐसा काम है जिसे मुस्लिम पर्सनल लॉ में सुधार या मुस्लिम महिलाओं को इंसाफ दिलाने के मुकाबले ज़्यादा फौरी तौर पर हाथ में लिया जाना चाहिए। इस मामले को साफगोई के साथ हल करने और हिंदू-मुसलमानों के एक साथ रहने के सम्मानजनक तौर-तरीके ढूंढने की हमारी क्षमता ही भारत में लोकतंत्र की नियति को भी निर्धारित करेगी।

हिंदू-मुसलमानों के बीच बढ़ते अविश्वास को अनिच्छुक मुस्लिम समुदाय पर समान नागरिक संहिता थोप कर हल नहीं किया जा सकता है। ऐसी सूरत में इस कानून का भी वही हश्र होगा जो दहेज विरोधी कानून का हुआ था। यह भी सुधारों के नाम पर एक और

मजाक बनकर रह जाएगा। कानून केवल तभी कामयाब हो सकते हैं जब ज़्यादातर लोग उन्हें फायदेमंद मानते हों। मोटे तौर पर, आज तो मुस्लिम महिलाएं भी अपने पर्सनल लॉ के मुकाबले किसी समान नागरिक संहिता की स्थापना के हक में दिखाई नहीं देतीं। यदि यह महिलाएं नए नागरिक कानूनों को लागू करवाने के लिए अदालत में जाने को इच्छुक नहीं हों तो सिर्फ कागज पर समान नागरिक संहिता बन जाने से भी उनका क्या भला हो जाएगा?

इसका मतलब यह नहीं है कि सामाजिक मानदण्डों को ही महत्व दिया जाए या सामाजिक नज़रिए का सम्मान करने की आड़ में भयानक नाइंसाफी या आपराधिक व्यवहार को भी छूट दे दी जाए। परंतु हमें इस बात का भी पुख्ता इंतजाम करना चाहिए कि हमारे कानूनों के प्रति उपेक्षा या चिढ़ की बजाय सम्मान का भाव विकसित हो। उन्हें ऊपर से थोपे गए कानूनों की बजाय सामाजिक संबंधों को व्यवस्थित करने के एक सशक्त साधन के रूप में देखा और समझा जाना ज़रूरी है।

हिंदू और मुसलमान सदियों से साझा हितों और गांव, पेशे, भाषा, संस्कृति व धार्मिक पहचानों की बुनियाद पर पड़ोसियों के रूप में रहने के सम्मानजनक तौर-तरीके विकसित करते रहे हैं। आज ये परंपरागत बंधन टूट रहे हैं क्योंकि दोनों समुदायों के नेताओं ने एक-दूसरे के साथ सीधा संवाद बंद कर दिया है। उनके बीच होने वाला ज़्यादातर संवाद भ्रष्टाचारी और अक्षम सरकारी तन्त्र के जरिए होता है। मिसाल के तौर पर, यदि हिंदू-मुसलमानों के बीच दंगा होता है तो दोनों समुदाय सरकार से उम्मीद करते हैं कि वह पुलिस तथा दूसरे सरकारी विभागों की मदद से उनकी हिफ़ाज़त करेगी। स्थानीय स्तर पर एक-दूसरे की सुरक्षा के लिए दोनों समुदाय आमने-सामने बैठ कर एक साझा रास्ता निकालने की कोशिश नहीं करते। इसी प्रकार जो लोग मुस्लिम महिलाओं की खराब स्थिति को लेकर परेशान रहते हैं वह भी एक सामान्य नागरिक या पड़ोसी के नाते मुस्लिम समुदाय के लोगों से आमने-सामने बैठ कर बातचीत शुरू करने की कोशिश नहीं करते। इसकी बजाय वह सरकार से मांग करते हैं कि मुसलमानों को सुधारने के लिए सरकारी डंडे का इस्तेमाल किया जाए। इससे उन नेताओं को मौका मिल जाता है जो 'फूट डालो और राज करो' की नीति पर चलते हैं। एक-दूसरे के प्रति दुर्भावना पैदा होती है और दोनों समुदायों में झगड़े खड़े होते हैं जबकि महिलाओं की स्थिति में कोई सुधार नहीं आता।

यदि हमारे कानून निर्माता और अदालतें न्यायसंगत कानून बनाने और उन्हें ईमानदारी से लागू करने की स्थिति में होते तो मुस्लिम कानून में सुधार की आवाज़ अब तक काफी तेज हो चुकी होती। कौन नहीं जानता कि हिंदू, सिख और अन्य ज़्यादातर महिलाओं ने जब भी इंसाफ के लिए अदालत का दरवाजा खटखटाया है तो वह अकसर कड़वे अनुभवों के साथ खाली हाथ वापस लौटी है। न केवल हिंदुओं के विवाह और उत्तराधिकार संबंधी कानून महिलाओं के प्रति अन्यायपूर्ण हैं बल्कि जिस तरह हमारी अदालतें काम करती हैं उससे भी संकट में पड़ी महिलाओं की मुसीबत और बढ़ जाती है। किसी भी कानून में सुधार

की कोई भी संजीदा कोशिश सबसे पहले इस बात पर केंद्रित होनी चाहिए कि हमारे कानून निर्माता, अदालतें और पुलिस कानूनसम्मत और निष्पक्ष न्याय देने की क्षमता साबित करें। अगर हमारी अदालतें हिंदू महिलाओं के अधिकारों की असरदार ढंग से रक्षा कर पाने में सक्षम होतीं तो बहुत सारी मुस्लिम महिलाएं खुद ही मुस्लिम पर्सनल लॉ में सुधार की मांग उठाने लगतीं।

मुस्लिम कानून शरीयत नहीं है

इसके अलावा हमारे देश में पर्सनल लॉ के स्वरूप को लेकर भी भारी गलतफहमियां व्याप्त हैं। जिसे मुस्लिम पर्सनल लॉ कहा जाता है वह असल में शरीयत पर आधारित नहीं है और इसलिए उसका पालन करना असल में धार्मिक निष्ठा की बात है ही नहीं। यहां तक कि भारत में जिस तरह तीन बार तलाक की प्रथा का पालन किया जाता है उसका भी कुरान के कायदे-कानूनों से कोई सरोकार नहीं है। इसी प्रकार हिंदू विवाह कानून का भी मनु की आचार संहिता या विभिन्न हिंदू समुदायों के अलग-अलग रीति-रिवाज़ों से कोई गहरा रिश्ता नहीं है। मुस्लिम नेताओं की समझ इस गलतफहमी पर आधारित है कि मुस्लिम पर्सनल लॉ कुरान के निर्देशों पर आधारित है और इसलिए उसमें बदलाव की कोई भी कोशिश मुसलमानों की धार्मिक पहचान पर हमला है। वास्तविकता यह है कि जिसे हम मुस्लिम पर्सनल लॉ कहते हैं वह असल में ऐंग्लो-भारतीय-इस्लामिक कानून की बेतुकी खिचड़ी है जो ब्रिटिश शासन के दौरान ब्रिटिश अदालतों की चारदीवारी में उन्नीसवीं शताब्दी और बीसवीं शताब्दी की शुरुआत में विकसित हुआ। यानी यह कानून मुस्लिम काज़ियों ने नहीं बल्कि ईसाई जजों ने बनाया और लागू किया था। आज इसी कानून को भारतीय (ज़्यादातर हिंदू) जज लागू कर रहे हैं जो गुलामों की तरह अभी भी इस औपनिवेशिक विरासत को ढोने के लिए अभिशप्त हैं। ऐंग्लो-भारतीय-मुस्लिम (और ऐंग्लो-हिंदू) पर्सनल लॉ परंपरागत रीति-रिवाज़ों की ब्रिटिश अदालती अधिकारियों द्वारा की गई भ्रामक व्याख्याओं पर आधारित है। यही स्थिति कुरान और शरीयत की यूरोपीय न्यायाधीशों द्वारा की गई व्याख्याओं में है। इन न्यायाधीशों को न तो इस्लाम की समझ थी और न भारतीय मुसलमानों के रीति-रिवाज़ों की। इसके बावजूद इन मामलों में उनके फैसले कानून जैसी हैसियत हासिल कर चुके हैं क्योंकि ब्रिटिश (और अब भारतीय) न्यायविमर्श में अदालत के फैसलों को भी निरपेक्ष नज़ीरों की तरह लिया जाता है। इन्हें पहले औपनिवेशिक राज्य ने लागू किया और अब स्वतंत्र भारतीय राज्य लोगों पर थोप रहा है। विडंबना यह है कि मुस्लिम नेतृत्व इस ऐंग्लो-भारतीय-इस्लामिक कानून के चारों तरफ गोलबंद हो जाता है और उसकी ऐसे हिमायत करता है मानो उसके फैसले कुरान में अल्लाह के अल्फ़ाज जैसी अहमियत रखते हों जबकि ये फैसले ब्रिटिश न्यायधीशों और उनके वारिस भारतीय जजों की इस्लाम की सीमित या विकृत समझ का जीता-जागता उदाहरण हैं।

असली एजेंडा

यदि हम भारत के अलग-अलग समुदायों के भीतर एक-दूसरे के प्रति संवेदनशीलता और भाईचारे का भाव पैदा करना चाहते हैं, यदि हम अपने सभी लोगों को एक सुगठित समाज के निर्माण में शामिल करना चाहते है तो हमें टकराव की बजाय सर्वसहमति पर आधारित राजनीति रचनी होगी। इस काम को तब ज़्यादा बेहतर तरीके से अंजाम दिया जा सकता है जब हम इन बुनियादी बिन्दुओं पर एकमत हो जायें :

प्रत्येक व्यक्ति—हिंदू, मुसलमान, सिख, ईसाई, मर्द या औरत—को इस बात का विश्वास होना चाहिए कि उसके नागरिकता संबंधी अधिकार सुरक्षित हैं और यह समाज में उसका न्यायोचित हक है। अब तक भारतीय सरकारी तन्त्र नागरिकों के अधिकारों की रक्षा में विफल रहा है। वह संविधान में निहित मूलभूत अधिकारों की भी रक्षा नहीं कर पाया है। इससे लोगों में राज्य के प्रति एक अलगाव की भावना पैदा हुई है। अलगाव की यह भावना सामाजिक-आर्थिक लिहाज से कमजोर तबकों में और भी गहरी है। किसी भी लोकतंत्र में केवल वही राज्य और सरकारें अपने नागरिकों से निष्ठा की अपेक्षा कर सकते हैं जो लोगों में सुरक्षा की भावना पैदा कर पाए हैं और जो कानूनसम्मत तथा निष्पक्ष ढंग से व्यवहार करते हैं। इसलिए यह बहुत ज़रूरी है कि हमारी अदालतें और पुलिस कानूनसम्मत और कर्त्तव्यपरायण ढंग से काम करें। उनके भीतर इंसाफ दिलाने की क्षमता होनी चाहिए ताकि नागरिक अपने अधिकारों के प्रति आश्वस्त रहें। यह स्थिति किसी कच्चे-पक्के और आधे-अधूरे ढंग से लागू की गई समान नागरिक संहिता के मुकाबले ज़्यादा बेहतर होगी। इन ज़रूरतों को पूरा करना ही सच्ची राष्ट्रीय एकता को पुष्ट करने का सबसे मुकम्मल रास्ता हो सकता है।

हममें से जो लोग महिलाओं की बेहतरी के प्रति चिंतित है उन्हें इस बात को समझना चाहिए कि सामाजिक अमन-चैन महिलाओं के अधिकारों के सुदृढ़ीकरण की एक बुनियादी ज़रूरत है। जब भी कभी समाज में हिंसा और खूनी टकराव का बोलबाला होता है, महिलाएं हाशिए पर धकेल दी जाती हैं, उनकी जिंदगी और ज़्यादा असुरक्षित हो जाती है। ऐसे मौकों पर वह अपने दमन या अत्याचार का मजबूती से विरोध नहीं कर पातीं। जब तक मुस्लिम समुदाय दंगों की आग झेलता रहेगा, जब तक यह समुदाय अपने प्रति अविश्वास और घृणा महसूस करता रहेगा तब तक इस समुदाय के भीतर सुधार की आवाज़ें हाशिए पर ही पड़ी रहेंगी।

मुस्लिम महिलाओं को तभी औरत के रूप में अपने अधिकारों के लिए लड़ने को प्रेरित किया जा सकता है जब पहले वह मुस्लिम संप्रदाय का सदस्य होने के नाते अपने अधिकारों के प्रति असुरक्षित महसूस करना बंद कर दें। जब वह अपनी धार्मिक पहचान के प्रति खतरे को लेकर असुरक्षित महसूस करना बंद कर देंगी तभी वह औरत के नाते अपने अधिकारों की मांग भी ज़्यादा प्रखरता से उठा पाएंगी। जो लोग मुस्लिम महिलाओं की बेहतरी

चाहते हैं उन्हें हिंदुओं और मुसलमानों के बीच संवाद स्थापित करने पर जोर देना चाहिए ताकि वह दोनों समुदायों के बीच पारस्परिक मतभेद को प्रत्यक्ष ढंग से और शांतिपूर्वक हल कर सकें और परस्पर भरोसे व शांति का माहौल बना सकें। यह जितना मुसलमानों के हक में है उतना ही हिंदुओं के हक में भी है। जिन समाजों में अल्पसंख्यक असुरक्षित महसूस करते हैं वह समाज अंततः सबके लिए असुरक्षित बन जाते हैं। सुरक्षा सचमुच अविभाज्य होती है। पाकिस्तान का उदाहरण इसी बात की तस्दीक करता है। हिंदुओं को जबरन खदेड़ कर पाकिस्तानी राजनेताओं ने एक शक्तिशाली और अखंड पाकिस्तान का नहीं बल्कि ऐसे राष्ट्र-राज्य का निर्माण किया है जिस पर एक-दूसरे के खून के प्यासे विभिन्न जातीय समूहों (पंजाबियों, मुजाहिरों, सिंधियों, बलूचियों) के अपराधी राजनेताओं का वर्चस्व है।

एक सच्चे लोकतंत्र में बहुलवाद के खिलाफ शक्तिशाली सुरक्षा का इंतजाम होना चाहिए। जो लोग खुद को बहुल समुदाय का हिस्सा मानते हैं उन्हें तब भी अल्पसंख्यकों की भावनाओं को कुचलने की छूट नहीं दी जा सकती जब उनका यह कदम अल्पसंख्यकों के हित में हो। नीति निर्धारण के लिए बहुमत का होना लोकतंत्र का एक बुनियादी पहलू तो है परंतु एक उतना ही महत्वपूर्ण सिद्धांत यह भी है कि बहुल समुदाय चाहे कितना भी बड़ा हो वह चाहे किसी भी तरह निर्मित हुआ हो—उसे ऐसे फैसले लेने का अधिकार नहीं मिल सकता जिनसे अल्पसंख्यकों में असुरक्षा की भावना पेदा हो सकती हो। मिसाल के तौर पर, उसे यह तय करने का अधिकार नहीं मिलना चाहिए कि अल्पसंख्यकों को संबंधित भौगोलिक परिधि में रहने का अधिकार है अथवा नहीं, या उनके नागरिकता संबंधी अधिकारों में काट-छांट की जानी चाहिए अथवा नहीं। पाकिस्तानी या बंगलादेशी लोकतंत्र इसीलिए क्षीण और निरंकुशतावादी है क्योंकि इन देशों की राजनीति धार्मिक या अन्य जातीय अल्पसंख्यकों को सम्मानजनक अधिकार प्रदान नहीं करती। यदि हम अनिच्छुक मुस्लिम अल्पसंख्यकों पर समान नागरिक संहिता थोपते हैं तो क्रमशः हम पाकिस्तानी और बंगलादेशी राजनीति के बहुलवादी निरंकुशतावाद और कश्मीरी मुस्लिम अलगाववादियों की राजनीति को वैधता ही प्रदान करेंगे।

कश्मीर का मौजूदा अलगाववादी आंदोलन इस बात का एक बढ़िया उदाहरण है कि बहुलवाद का सहारा लेने में कैसे खतरे निहित होते हैं फिर भले ही बहुल समुदाय की शिकायतें कितनी ही वाजिब भी क्यों न हों। कश्मीरी मुसलमानों की यह शिकायत निःसंदेह सही है कि केंद्र सरकार ने उनके बुनियादी अधिकारों को बार-बार कुचला है और उनके लोकतांत्रिक अधिकारों का हनन किया है। कांग्रेस पार्टी ने कश्मीर पर या तो कठपुतली सरकारें थोपीं या सैनिक शासन का सहारा लिया। परंतु आज अलगाववादी कश्मीरी मुसलमानों का संघर्ष न केवल इसलिए लोकतांत्रिक रास्ते पर नहीं चल रहा है क्योंकि वह आतंकवाद का सहारा ले रहे हैं बल्कि इसलिए भी कि अलगाव की उनकी मांग एक बहुलवादी सिद्धांत पर आधारित है। वह जम्मू-कश्मीर में रहने वाले बौद्ध और हिंदू अल्पसंख्यकों (36 प्रतिशत) की भावनाओं को नजरअंदाज कर रहे हैं। ये समुदाय कश्मीरी मुसलमानों की भावनाओं के

साथ नहीं है और क्रमशः कश्मीरी मुसलमान भी इन समुदायों के मानवीय अधिकारों का सम्मान नहीं करते।

बहरहाल, यदि हमने शेष भारत में मुस्लिम अल्पसंख्यकों की भावनाओं की उपेक्षा की तो हम कश्मीर में मुस्लिम अलगाववादियों की बहुलवादी राजनीति को भी और मजबूत ही करेंगे। भारत में एक सुरक्षित और आत्मविश्वास से लैस मुस्लिम समुदाय जिन्ना और उसके दो-राष्ट्र सिद्धांत की जहरीली विरासत का सबसे अच्छा निषेध हो सकता है। इस सिद्धांत को पाकिस्तान में तो लागू किया ही जा रहा है बल्कि अब पाकिस्तान प्रशिक्षित आतंकवादियों के जरिए उसे कश्मीर में भी निर्यात किया जा रहा है। आज अपने बहुत सारे घिसे-पिटे रीति-रिवाज़ों में सुधार का विरोध करते हुए मुस्लिम समुदाय असल में अपना ही नुकसान कर रहा है। परंतु मुस्लिम समुदाय के जबरन 'सुधार' की मांग करते हुए हिंदू नेता भी समूचे भारतीय समाज को ही नुकसान पहुंचा रहे हैं क्योंकि वह इस मुद्दे का सहारा लेकर मुस्लिम विरोधी उन्माद भड़का रहे हैं और देश में सामाजिक तनाव व हिंसा को बढ़ावा दे रहे हैं।

असलियत यह है कि विभिन्न मुस्लिम समुदाय अपनी धार्मिक, जातीय और वर्गीय स्थिति के आधार पर अलग-अलग पारंपरिक रीति-रिवाज़ों का पालन करते हैं। जिस तरह उर्दू भारत के सभी मुसलमानों की भाषा नहीं है उसी तरह केरल और असम के मुसलमानों के रीति-रिवाज़ भी पंजाबी मुसलमानों और उत्तर प्रदेश के मुसलमानों से बिल्कुल अलग हैं। समान नागरिक संहिता की मांग करके हिंदू कट्टरवादी नेता पुरातनपंथी मुस्लिम नेताओं के काम को और आसान बनाये दे रहे हैं। ऐसी सूरत में ये नेता विभिन्न मुस्लिम उपसमूहों को 'इस्लाम खतरे में है' की चीख-पुकार मचा कर अपने पीछे एकजुट कर सकते हैं और इस बात का दावा कर सकते हैं कि वह पूरे भारत के मुसलमानों के नेता हैं। हिंदू राष्ट्रवादियों की तरह मुस्लिम नेता भी इस बात को स्वीकार करने से घबराते हैं कि मुस्लिम समुदाय भी सांस्कृतिक रूप से उतना ही विविध है जितना कि हिंदू समुदाय।

वैकल्पिक संहिता की छूट

यदि समान नागरिक संहिता को सभी नागरिकों के लिए वैकल्पिक, सच्चे अर्थों में समतापरक बना दिया जाए और उसे सही मायनों में लागू किया जाए तो यह बात काफी यकीनी लगती है कि समान नागरिक संहिता के ज़्यादातर हिमायती इस नागरिक संहिता के प्रति वैसा उत्साह नहीं दिखाएंगे जैसा वह आज दिखाते हैं। यदि हमारे देश का मुस्लिम नेतृत्व संकीर्ण दृष्टि वाला नहीं होता तो इस मामले में वह खुद पहल लेता और यह बात स्पष्ट हो जाती कि कट्टरपंथी हिंदू राष्ट्रवादी तत्व महिलाओं के अधिकारों के प्रति कतई संजीदा नहीं हैं।

भारत जैसे देश में, जहां लोग अलग-थलग जिंदगी नहीं जीते, जहां सामुदायिक पहचान (जाति, धर्म, भाषा, गांव, आदि आदि) पर आधारित जिंदगी काफी अहमियत रखती है, वहां सरकारी कानूनों के मुकाबले सामाजिक मानदण्ड और रीति-रिवाज़ आम लोगों के व्यवहार

को ज़्यादा प्रभावी ढंग से निर्धारित कर सकते हैं।

विभिन्न समुदायों के महिला विरोधी सांस्कृतिक रुझानों पर असरदार ढंग से अंकुश लगाने की सख्त ज़रूरत है। परंतु इस काम को केवल वही लोग कर सकते हैं जो लैंगिक न्याय के प्रति सचमुच चिंतित हैं। जो लोग मुस्लिम समुदाय के साथ हिसाब बराबर करने में ज़्यादा दिलचस्पी रखते हैं, यह उनके वश का काम नहीं है। लैंगिक न्याय के इस काम को अंजाम देने के लिए ज़रूरी है कि :

- प्रत्येक समुदाय के भीतर और विभिन्न समुदायों के बीच आपस में निरंतर संवाद और खुला आदान-प्रदान हो।
- जिन महिलाओं को लगता है कि उनके साथ उनके परिवार या समुदाय के लोग नाइंसाफी कर रहे हैं या जो महिलाएं धार्मिक कानूनों के मुताबिक नहीं जीना चाहतीं उन्हें व्यावहारिक विकल्प उपलब्ध कराए जाएं।

सरकारी अदालतों को चाहिए कि वह हिंदू विवाह या उत्तराधिकार अधिनियम अथवा मुस्लिम या ईसाई पर्सनल लॉ के दायरे में आने वाले विवादों को हाथ में न लें। एक धर्मनिरपेक्ष राज्य का अधिकार क्षेत्र उस बिंदु से शुरू होता है जहां एक नागरिक अपने मामले को साझा नागरिक संहिता के तहत न्यायधीश के सुपुर्द करने की इच्छा व्यक्त करता है। यह विकल्प खासतौर से उन लोगों के लिए उपलब्ध कराया जाना चाहिए जो अपने समुदाय के धार्मिक कानूनों या रीति-रिवाज़ों से असंतुष्ट महसूस करते हैं।

मानुषी ने कुछ वर्ष पहले एक निष्पक्ष वैकल्पिक संहिता का प्रस्ताव रखा था। बहुत सारे लोगों ने *मानुषी* के इस प्रस्ताव पर प्रतिक्रिया देते हुए कहा है कि यह एक अव्यवहारिक सुझाव है और इससे और ज़्यादा भ्रम ही पैदा होगा। इससे पहले कि वैकल्पिक नागरिक संहिता को लागू करने के लिए ज़रूरी सिद्धांतों को स्पष्ट किया जाए, पहले मैं उसके कुछ फायदों पर बात करना चाहूंगी :

1) इस नागरिक संहिता का प्रस्थानबिंदु यह है कि हमारे देश में ज़्यादातर लोग अपने पारिवारिक मामलों को आज भी अपने समुदाय के प्रचलित तौर-तरीकों के हिसाब से ही संचालित करते हैं। इनमें हिंदू, मुसलमान, सिख, ईसाई, सब शामिल हैं। वैसे भी यदि संबंधित महिला सरकारी तन्त्र की मदद नहीं लेना चाहती तो ऐसी स्थिति में सरकारी अदालतें अपनी तरफ से कुछ कर भी नहीं सकतीं। इसीलिए, यदि समान नागरिक संहिता बन भी गई तो भी यह उन्हीं के लिए प्रभावी होगी जो उसका सहारा लेना चाहते हैं। परंतु, यदि इसे सभी नागरिकों के लिए एक विकल्प के रूप में पेश किया जाए, जिसे वह जब चाहे इस्तेमाल कर सकते हैं तो सुधार के विरोधियों को वैकल्पिक नागरिक संहिता का विरोध करने की उतनी ठोस वजह नहीं मिल पाएगी।

2) जो लोग अपने धार्मिक या परंपरागत कानूनों के सहारे ही चलना चाहते हैं यदि उन्हें इस बात की छूट दे दी जाए तो हमारी अदालतों पर पड़ा बहुत सारा बोझ कम हो जाएगा। ऐसे में इस बात की संभावना बढ़ जाएगी कि जो लोग निष्पक्ष नागरिक संहिता

के तहत अपने विवादों का निपटारा चाहते हैं उन्हें कम समय में इंसाफ मिलेगा और न्यायधीश उनकी शिकायतों पर ज़्यादा अच्छी तरह ध्यान दे पाएंगे। इस तरह की आचार संहिता तैयार करते हुए हमें एक निहित प्रावधान करना चाहिए जिसके जरिए यह तय किया जा सके कि अदालत को अधिकतम कितने समय के भीतर फैसले पर पहुंचना होगा। आज न्यायिक टालमटोल और भ्रष्टाचार के कारण पैसे और समय की जो बर्बादी होती है उससे अदालतों का दरवाजा खटखटाने वाली महिलाओं को लगातार असुरक्षा में जीना पड़ता है।

3) यदि हमारे दीवानी न्यायालय सचमुच ऐसे लोगों को इंसाफ दिला सकें जो निष्पक्ष नागरिक संहिता के तहत इंसाफ पाना चाहते हैं तो विभिन्न समुदाय परंपरागत धार्मिक कानूनों के भीतर रहते हुए भी महिलाओं की स्थिति में सुधार लाने के लिए अवश्य प्रेरित होंगे। जाहिर है कि अगर उन्होंने ऐसा न किया तो विभिन्न समुदायों की बहुत सारी महिलाएं निष्पक्ष नागरिक संहिता का सहारा लेने लगेंगी।

4) इस संहिता के प्रमुख सिद्धांत इस प्रकार होंगे : जब हम कहते हैं कि विभिन्न समुदायों को पर्सनल लॉ के बारे में फैसला लेने का अधिकार मिलना चाहिए तो इसका मतलब यह नहीं है कि हम महिलाओं को संबंधित समुदाय के पुरुषों की दया पर ही छोड़ दें। ऐसी स्थिति में समुदाय के रीति-रिवाज़ों या धार्मिक परंपराओं की रक्षा के नाम पर समुदाय के पुरुष महिलाओं के अधिकारों को कुचलने में कोई कसर नहीं छोड़ते। परंपरागत या धार्मिक कानून के तहत दिए जाने वाले किसी भी फैसले में सरकारी तन्त्र की शक्ति का प्रयोग नहीं किया जाएगा और न ही उनके पर्सनल लॉ को हिंसा या हिंसा के भय के जरिए लागू करने की इजाज़त दी जा सकती है। उदाहरण के लिए, *फतवों* के जरिए मौत का फरमान सुनाने का अधिकार किसी को नहीं होगा। देश की फौजदारी अदालतों के अलावा किसी भी अन्य संस्था द्वारा नागरिकों को शारीरिक हिंसा पहुंचाने या जानलेवा सजा की धमकी देने को एक आपराधिक कृत्य माना जाना चाहिये क्योंकि यह एक संज्ञेय अपराध है। इसी प्रकार विभिन्न हिंदू समुदायों को भी इस बात के लिए बाध्य किया जाना चाहिए कि शादी से संबंधित फैसले ज़ोर-ज़बरदस्ती के जरिए लागू न किए जाएं। मिसाल के तौर पर, ऐसी अनगिनत घटनाएं घट चुकी हैं जब पिताओं और दूसरे पुरुष संबंधियों ने इस वजह से अपने घर की लड़कियों को मौत के घाट उतार दिया क्योंकि उन्होंने किसी अन्य जाति या धर्म के व्यक्ति से शादी की इच्छा व्यक्त की थी। हत्या, यातना या शारीरिक क्षति पहुंचाने का यह अधिकार किसी भी बिरादरी की पंचायत को नहीं दिया जा सकता। यदि असंतोष व्यक्त करने वाले किसी सदस्य को अपने सामने झुकाने के लिए शारीरिक हिंसा का सहारा लिया जाता है तो राज्य इस कृत्य को एक संज्ञेय अपराध के रूप में लेगा–फिर भले ही संबंधित व्यक्ति ने इसके विषय में शिकायत न भी की हो।

5) समान नागरिक संहिता में बेटियों के अधिकारों से लेकर तमाम तरह के लैंगिक भेदभाव को समाप्त करना आवश्यक होगा और वह केवल पति-पत्नी के आपसी संबंधों पर केंद्रित नहीं होगा। उदाहरण के लिए, यदि पिता अपनी वसीयत के जरिए बेटी को अपनी

संपत्ति से बेदखल कर देता है तो समान नागरिक संहिता के अंतर्गत इस दस्तावेज को अवैध दस्तावेज माना जाएगा। न ही सरकारी अदालतों को संयुक्त परिवार की संपत्ति में हिस्से के मामले में महिलाओं के खिलाफ भेदभाव की छूट दी जाएगी। महिलाएं भी परिवार की संयुक्त संपत्ति में बराबर की हिस्सेदार होंगी और बेटियों को भी अपने भाइयों के समान अधिकार मिलेगा।

6) सवाल उठता है कि यदि तलाक और बच्चे का गुजारा भत्ता मांगते हुए कोई पत्नी अदालत की शरण में जाती है और पति अपने धर्म के पर्सनल लॉ का सहारा लेना चाहता है तो क्या होगा? यदि इस तरह के विवाद से संबंधित कोई सा भी पक्ष अदालत का सहारा लेना चाहता है तो इस मुकदमे का फैसला लाजिमी तौर पर वैकल्पिक नागरिक संहिता के अनुरूप ही किया जाना चाहिए। मिसाल के तौर पर, यदि एक वयस्क बेटी हिंदू संयुक्त परिवार की संपत्ति से बेदखली को लेकर असंतुष्ट है तो उसे इस बात का अधिकार होगा कि वह चाहे तो अदालत में जाकर मांग कर सकती है कि परिवार की संपत्ति का निष्पक्ष नागरिक संहिता के अनुरूप बंटवारा किया जाए ताकि उसके हितों की रक्षा हो सके। परंतु यदि वह स्वेच्छापूर्वक किसी अन्य उत्तराधिकार व्यवस्था का अनुसरण करना चाहती है और अदालत उसके मामले में दखल नहीं दे सकती।

इसी प्रकार, यदि मुस्लिम महिला का पति पहली पत्नी के रहते हुए दूसरा विवाह करता है तो अगर उस महिला को लगता है कि मुस्लिम पर्सनल लॉ के तहत उसे इंसाफ नहीं मिल पाएगा तो उसे अधिकार होगा कि वह समान नागरिक संहिता के जरिए अदालत में अपने पति के खिलाफ मुकदमा दायर कर सकती है। यह कानून बिना सोचे-समझे सब लोगों पर नहीं थोपा जाएगा बल्कि केवल तभी लागू होगा जब उस समुदाय की अन्दरूनी व्यवस्था विवाद से जुड़े दोनों पक्षों को संतुष्ट करने में विफल हो चुकी हो। इस व्यवस्था से प्रत्येक समुदाय के भीतर इस किस्म का दबाव अवश्य पैदा होगा कि वह अपने पर्सनल कानूनों को कम भेदभावपरक बनाएं और सहमति के आधार पर फैसले लेने की कोशिश करें न कि महिलाओं को आत्मघाती हालात में रहने के लिए विवश करते रहें।

12

राष्ट्रवाद की चाकरी में धर्म

संघ परिवार की राजनीति का विश्लेषण

अयोध्या में राम मंदिर बनाने के प्रति संघ परिवार (भाजपा, आरएसएस, विहिप, बजरंग दल और ऐसे ही दूसरे संगठनों का गठजोड़) के उन्मादी आग्रह को धर्मनिरपेक्षतावादी लोग राजनीति में धर्म के नाजायज़ हस्तक्षेप के रूप में देखते हैं। यह विश्लेषण तथ्यों से मेल नहीं खाता। राम मन्दिर आन्दोलन का स्वरूप कुछ और ही कहानी कहता है। विवादित राम मंदिर के पुजारी ने संघ परिवार के सदस्यों पर आरोप लगाया है कि उन्होंने राम के नाम पर दान के रूप में इकट्ठा किए करोड़ों रुपए का घपला किया है। उन्होंने यह भी कहा कि हिन्दुत्ववादी विहिप-आरएसएस के एक भी नेता ने 'न तो कभी मंदिर में चढ़ावा चढ़ाया और न कभी कोई पूजा के लिए वहां आया।'

यह कोई आश्चर्य की बात नहीं है क्योंकि संघ परिवार के बहुत सारे नेता ऐसे धार्मिक पंथों से आए हैं जो राम को अपना ईष्ट देव नहीं मानते। इसके अलावा आरएसएस-भाजपा का उत्तरी भारत में अधिकांश जनाधार भी आर्यसमाजी पृष्ठभूमि वाला रहा है। उन्नीसवीं शताब्दी के आखिर में शुरू हुए इस राष्ट्रवादी सुधार आंदोलन का मकसद हिंदू धर्म को मूर्ति पूजा जैसी 'कुप्रथाओं' से मुक्त कराना था। परंतु आज बहुत सारे आर्यसमाजी अयोध्या में रामलला की एक और मूर्ति स्थापित करवाने के लिए चलाए जा रहे इस आंदोलन के कट्टर समर्थक बन गये हैं। उनका राम मन्दिर के प्रति यह उत्साह व उन्माद किसी धार्मिक भावना के कारण नहीं बल्कि हिंदुओं को एक राजनीतिक समुदाय के रूप में एकजुट करने के लिए राम का एक प्रतीक के रूप में प्रयोग करने के मंसूबे का द्योतक है।

मौजूदा हिंदू-मुस्लिम टकराव असल में कोई धार्मिक टकराव नहीं है। न ही इसकी जड़ें मध्यकालीन इतिहास में निहित हैं जैसा कि अकसर माना जाता है। औरंगजेब और शिवाजी जैसे राजाओं के बीच राजनीतिक टकराव और कुछ खास मुस्लिम शासकों द्वारा हिंदुओं

---

* पहली बार *मानुषी*, संख्या 76 (मई-जून 1993) में प्रकाशित।

के धार्मिक उत्पीड़न के बावजूद हमारे इतिहास में यूरोपीय इतिहास की तरह सदियों लंबे धार्मिक युद्धों का कोई जिक्र नहीं मिलता। न ही हमारे यहां अंग्रेजों के आने से पहले हिंदू-मुस्लिम दंगों का कोई इतिहास रहा है। अफगानों, मुगलों और तुर्कों के हमलों से पनपे धार्मिक टकरावों को हमारे देश के लोगों ने काफी रचनात्मक ढंग से सुलझा लिया था।

समावेशन की बहुत सारी दूसरी कोशिशों में हिंदू धर्म के भीतर पैदा हुए भक्ति आंदोलन और मुसलमानों में पैदा हुए सूफी पंथ ने दो परस्पर विरोधी धर्मों के बीच मौजूद खाई को पाटने का ऐतिहासिक काम किया और कई धर्मशास्त्रीय मुद्दों पर टकराव का शान्तिपूर्ण हल निकाला। कबीर, नानक, रहीम, रविदास, तुकाराम और बहुत सारे सूफी संतों ने ईश्वर व अल्लाह के नाम पर ठेकेदारी करने वालों की धार्मिक कट्टरता और निरंकुशता को भारी चुनौती दी। उन्होंने हिंदू धर्म और इस्लाम के अनुयायियों के बीच साझी मान्यताओं का एक विशाल भंडार रच डाला। उन्होंने हमें सिखाया कि दया और प्रेम ही सच्चा धर्म है न कि संकीर्ण रीति-रिवाज़ों या किसी पंडे-पुजारी के निर्देशों का आंख मूंद कर अनुसरण करना। लगभग तमाम संतों, भक्तों और सूफियों के अनुयायियों में हिंदू, मुसलमान और सिख, सबकी बराबर मौजूदगी थी। उन्होंने लोकप्रिय धर्मों की भाषा और विश्वासों को प्रभावित किया और साथ-साथ रहने के मानवीय तौर-तरीके विकसित करने में मदद दी। गौरतलब है कि बीसवीं शताब्दी के तमाम रक्तरंजित हिंदू-मुस्लिम टकरावों के बावजूद इनमें से एक भी बड़ा विवाद धर्मशास्त्रीय किस्म का नहीं था। मौजूदा हिंदू-मुस्लिम विवाद भी बुनियादी रूप से उन्नीसवीं शताब्दी के उत्तरार्ध और बीसवीं शताब्दी की राजनीति की देन है।

संघ परिवार की विचारधारा को अकसर हिंदू सांप्रदायिकता या हिंदू फन्डामेन्टलिज़्म का उदाहरण बताया जाता है। जो लोग धर्मनिरपेक्षता के हिमायती होने का दावा करते हैं वह संघ परिवार की विचारधारा का मुकाबला करने के लिए धर्म को राजनीति से बाहर रखने की ज़रूरत पर जोर देते हैं। उनकी राय में ऐसा करने से राष्ट्रवाद की सच्ची भावना पैदा की जा सकती है। धर्मनिरपेक्षता के इन समर्थकों में कांग्रेसी, समाजवादी और वामपंथी भी शामिल हैं।

संघ परिवार को हिंदू फन्डामेन्टलिस्ट नहीं माना जा सकता है क्योंकि हिंदू सनातन धर्म ईसाई धर्म या इस्लाम धर्म की तरह किसी खास धार्मिक ग्रन्थ में ईश्वर या किसी दैवी शक्ति द्वारा दिये निर्देशों पर आधारित नहीं है। हिंदू धर्म में ऐसा कोई एक ग्रंथ या निर्देशों का समुच्चय नहीं है जिसे कोई हिंदू धार्मिक प्राधिकारी तमाम हिंदू समुदायों के लिए हिंदू धर्म का मूल बता सके। हमारे देश में हिंदू धर्म के भीतर विभिन्न समुदाय असंख्य देवी-देवताओं को आस्था का केन्द्र मानकर उनकी आराधना करते हैं। इसीलिए यह नामुमकिन है कि किसी एक धार्मिक प्रतीक या देवी-देवता को सभी हिंदुओं का एकमात्र देवता मान लिया जाए। उदाहरण के लिए, ज़्यादातर शैव राम की पूजा नहीं करते क्योंकि वह विष्णु का अवतार है। दूसरी तरफ वैष्णव पंथ के लोग शिव की पूजा के प्रति उतने समर्पित नहीं रहते। यहां तक कि रामायण के भी अलग-अलग ऐतिहासिक कालों में अलग-अलग समुदायों ने अनगिनत

संस्करण रचे हैं। इनमें से कुछ संस्करणों में राम ईश्वर का रूप नहीं है जबकि कुछ में तो वह महाकाव्य का मुख्य नायक भी नहीं है। हिंदुओं में अनगिनत पंथ हैं और इन सबके अपने देवी-देवता तथा नीति-नियम हैं। इस स्थिति में कुछ खास मूल तत्वों को सभी हिंदुओं के लिए स्वीकार्य नहीं बनाया जा सकता है। राम मंदिर के मुद्दे पर सभी हिंदुओं को एकजुट करने की अपनी कोशिश के जरिए संघ परिवार हिंदू धर्म को भी स्यामी (सिमेटिक) धर्मों जैसा रूप देने की कोशिश कर रहा है। इस तरह संघ परिवार हिंदू धर्म को ईसाइयत और इस्लाम के उन पहलुओं से युक्त करने की कोशिश कर रहा है जिनके सहारे, बकौल संघ परिवार, इन दोनों धर्मों को वैश्विक स्तर पर शक्तिशाली बनने और शक्तिशाली राष्ट्र-राज्यों का विकास करने में मदद मिली।

क्या वह साम्प्रदायिक हैं?

संघ परिवार को सम्प्रदायवादी कहना भी उचित नहीं है। भारत के अलावा अधिकतर समाजों में सांप्रदायिकता को निम्न प्रकार से परिभाषित किया जाता रहा है। यही परिभाषा ब्रिटिश एन्साइक्लोपीडिया में भी दी गई है :

- ऐसा सिद्धांत या शासन व्यवस्था जिसमें व्यवहारतः स्वायत्त स्थानीय समुदाय एक सांस्कृतिक इकाई के रूप में स्वैच्छिक तरीके से एक-दूसरे से बंधे होते हैं;
- वस्तुओं और संपत्ति के सांप्रदायिक स्वामित्व का चलन या उसमें आस्था;
- संपूर्ण समाज की बजाय अपने संप्रदाय के हितों के प्रति अधिक समर्पण।

गौरतलब है कि पश्चिमी विश्व में 'सांप्रदायिक' शब्द को मोटे तौर पर सकारात्मक अर्थ में प्रयोग किया जाता है। लेकिन भारत में यह एक नकारात्मक शब्द है। इसके जरिए ऐसे व्यक्ति की ओर संकेत किया जाता है जो धार्मिक पक्षपात भरा आचरण करता है।

संघ परिवार सांप्रदायिकता शब्द के भारतीय अर्थ के हिसाब से भी सांप्रदायिक नहीं है क्योंकि इसके ज़्यादातर सदस्य धर्म के मामले में संजीदा ही नहीं हैं। धार्मिक व्यक्ति की एक प्रमुख निशानी यह होती है कि वह अपने धार्मिक संस्थानों की स्वायत्तता और पवित्रता को बनाए रखना चाहता है। जिस तरह संघ परिवार ने धार्मिक स्थानों का बेहूदा राजनीतिकरण किया है और चुनावी तथा अन्य राजनीतिक फायदों के लिए धार्मिक प्रतीकों को हथियाया है उससे पता चलता है कि धर्म में उसकी कतई दिलचस्पी नहीं है। न ही इस परिवार के अगुवा धार्मिक पुस्तकों या धर्मशास्त्र के विषय में खास जानकारी रखते हैं।

एक शक्तिशाली केंद्र के नियंत्रण में चलने वाली केंद्रीकृत राजनीति के प्रति संघ परिवार के लगाव को देखते हुए उसे सांप्रदायिकता शब्द की पहली परिभाषा के हिसाब से सांप्रदायिक नहीं कहा जा सकता। न ही ये संगठन संपत्ति के सांप्रदायिक स्वामित्व में विश्वास रखते हैं। यदि संघ परिवार के साहित्य को गंभीरतापूर्वक पढ़ा जाए तो साफ पता चलता है कि उसे तीसरी परिभाषा के हिसाब से भी सांप्रदायिक नहीं कहा जा सकता क्योंकि वह देश के विभिन्न हिंदू सम्प्रदायों की विशिष्ट संस्कृति व मान्यताओं को नकार कर उन्हें

एक समरूप सांचे में ढाल देना चाहते हैं।

भाजपा-आरएसएस-विहिप गठजोड़ की यह इच्छा बिल्कुल नहीं है कि आम जनता जाति, भाषा, धर्म या नस्ल के आधार पर अपनी अलग-अलग जातीय पहचानों में बंधी रहे। इस गठजोड़ के नेताओं को यह देखकर बड़ी दिक्कत होती है कि अलग-अलग भाषाई समूह अपनी भाषा के प्रति गहरी निष्ठा का भाव रखते हैं। ये अलग-अलग समूह इस परिवार की इच्छानुसार किसी एक *राष्ट्रभाषा* के आगे नमन कर अपनी मातृभाषा को दोयम दर्ज़ा देने को राज़ी नहीं हैं। हालांकि इस गठजोड़ का हिन्दुत्ववादी नेतृत्व अपने सद्यप्राप्त निम्नजाति सर्मथकों की आकांक्षाओं की बजाय कुछ खास ऊंची जातियों की आकांक्षाओं को ज़्यादा अभिव्यक्त करता है, फिर भी उसे जाति आधारित निष्ठाओं को लेकर काफी दिक्कत महसूस होती है क्योंकि यह निष्ठाएं सभी हिंदुओं को 'एकजुट' करने के रास्ते में रुकावट बनती हैं। संघ परिवार क्षेत्रीय पहचानों के भी खिलाफ है। उसे नागालैंड के नागा समुदाय या मणिपुर के हिंदुओं की स्वायत्ता की मांग रास नहीं आती। संघ परिवार को एकमात्र ध्येय यह है कि इस देश के तमाम लोगों को एक विशालकाय पहचान—'भारतीय' (जिसे वे हिंदू का पर्यायवाची ही मानते हैं)—में समेट लिया जाए। समेकीकरण की इन संघी कोशिशों के पीछे अवधारणा यह है कि जब एक बार सभी लोग 'सच्चे भारतीय' बन जाएंगे तो वह अन्य बहुस्तरीय, परस्पर अंतर्विरोधी निष्ठाओं से ऊपर उठने लगेंगे और 'राष्ट्र को अपनी हर निष्ठा से ऊपर' रखना सीख जाएंगे।

भारतीय बनो, यूरोपीय सोचो

संघ परिवारियों को भारत के लोगों की मौजूदा मान्यताओं को देखकर बड़ी कोफ़्त महसूस होती है। वह भारतीयों का 'आधुनिकीकरण', यानी यूरोपीयकरण करना चाहते हैं। यह सिर्फ इत्तेफाक की बात नहीं है कि आरएसएस की वर्दी धोती या कोई अन्य स्थानीय वस्त्र नहीं बल्कि खाकी निक्कर है जो ब्रिटिश सार्जेंट मेजरों की वर्दी हुआ करती थी। संघी भाइयों को लगता है कि देश के अलग-अलग लोगों का समेकीकरण भारत को बीसवीं शताब्दी के पश्चिमी यूरोपीय राष्ट्रों की तर्ज पर एक शक्तिशाली आधुनिक राष्ट्र-राज्य की शक्ल में ढालने के लिए आवश्यक है। उनकी नज़र में भारत इसीलिए 'शक्तिशाली और भव्य' नहीं बन पाया क्योंकि हम *एक* संस्कृति के उपासक नहीं हैं। उन्हें भारत के पिछड़ेपन के पीछे भारत की सांस्कृतिक विविधता, नाना धर्मों, अलग-अलग क्षेत्रों और परस्पर विरोधी भाषायी निष्ठाओं का हाथ दिखाई देता है। वह चाहते हैं कि हम जर्मनों, यहूदियों या जापानियों की तरह 'एक जन' बनकर अपने इस घातक दोष से मुक्ति पा लें।

स्पष्ट है कि उन्हें इस बात का जरा सा भी अहसास नहीं है कि सही मायने में एकल-सांस्कृतिक राज्य की परिकल्पना डेनमार्क या स्वीडन जैसे छोटे-छोटे समरूप इलाकों में ही साकार हो सकती है। यहां तक कि पश्चिमी यूरोप के राष्ट्र भी यहूदियों जैसे जातीय अल्पसंख्यक समूहों का खात्मा करके या उन्हें खदेड़ कर ही थोड़ा-बहुत एकल-सांस्कृतिक

बन पाए थे। परंतु भारत में मुसलमानों के सफाये के बावजूद परिवारियों का मकसद पूरा नहीं हो पाएगा क्योंकि हमें तो अनगिनत दूसरी विविधताएं भी विरासत में मिली हैं। पाकिस्तान के शासकों ने लगभग तमाम हिंदुओं को वहां से भगा दिया मगर इसके बावजूद पाकिस्तान के शासक पाकिस्तानी जनता में निहित व्यापक विविधता को समाप्त करके लोगों को एक सूत्र में नहीं बांध पाए।

'भारतीय' होना कोई सांप्रदायिक पहचान की अभिव्यक्ति नहीं है। यह एक राजनीतिक पहचान है। भारत में अंग्रेज़ीयत में लिपटे एक विशिष्ट और छोटे से तबके के अलावा शायद और कोई भी समुदाय खुद को केवल 'भारतीय' नहीं कहलाना चाहेगा। शादी-ब्याह और सामाजिक रिश्ते-नातों के मौके पर तो इस अंग्रेज़ी एलीट के भीतर भी अलग-अलग सांप्रदायिक पहचानें सिर उठा लेती हैं। जाति या भाषा पर आधारित पहचानों के विपरीत राजनीतिक पहचान को राजनीतिक क्रियाकलापों के जरिए ही बदला जा सकता है। मसलन, उत्तर प्रदेश में जन्मे बहुत सारे मुसलमान 1947 में बनी नई सीमा को पार करके बंटवारे के समय पाकिस्तान चले गए और पाकिस्तानी कहलाने लगे क्योंकि उन्होंने पाकिस्तानी सरकार के अधिकारक्षेत्र और प्रभुत्व को स्वीकार कर लिया। इसी प्रकार जो लोग भारत छोड़कर दूसरे देशों की नागरिकता ले लेते हैं वह भारतीय नागरिकता त्याग देते हैं।

संघी नेता साफ तौर पर मानते हैं कि उनके लिए *राष्ट्र धर्म* (यानी राष्ट्रवाद) हिंदू धर्म से बढ़कर है। संघ परिवार की इस प्रिय उक्ति पर ध्यान दीजिए :

अपने धर्म को अपने राष्ट्र से भी ज़्यादा महत्व देने वाले मुसलमान कभी राष्ट्रवादी नहीं हो सकते और धर्म को निजी मामला मानने वाले हिंदू कभी सांप्रदायिकतावादी नहीं हो सकते ... जो लोग अपने राष्ट्र को अपने धर्म से बढ़कर मानते हैं वह कभी सांप्रदायिकतावादी हो ही नहीं सकते। (उमा भारती के एक रिकॉर्डेड कैसेट से लिया गया अंश।)

नफ़रत में डूबे राष्ट्रवादी

संघ परिवार का नेतृत्व हिंदू देवताओं में से ऐसे देवी-देवताओं का चुन-चुन कर राजनैतिक इस्तेमाल कर रहा है जिनकी कहानी को विकृत रूप में पेश करके वह मुसलमानों के खिलाफ़ मुहिम छेड़ सकता है। उसे इस बात से कोई मतलब नहीं कि इस प्रयास में धर्म या उस प्रतीक की धार्मिक एवं आध्यात्मिक अंतःप्रेरणा व विशिष्टता का क्या होगा? संघ परिवार का राष्ट्रवाद भी जिन्ना के राष्ट्रवाद की तरह देश-प्रेम में नहीं, बल्कि घृणा में डूबा हुआ है। आडवाणियों और जिन्नाओं को इसीलिए गलती से धार्मिक कट्टरतावादी मान लिया जाता है क्योंकि वह उन लोगों के कुछ खास धार्मिक प्रतीकों को भुनाते हैं जिन्हें वह अपने साथ लामबंद करना चाहते हैं। यह सभी राष्ट्रवादियों की मजबूरी होती है कि वह इस पश्चिमी विचारधारा को एक देसी लबादे में लपेट कर पेश करें।

आधुनिक काल में किसी भी दूसरी विचारधारा के मुकाबले सबसे ज़्यादा रक्तपात राष्ट्रवाद ने ही फैलाया है। दो विश्वयुद्ध, बीसवीं सदी के कई अन्य विनाशकारी युद्ध, सोवियत

संघ के टूटने के बाद पूर्वी यूरोप में हुआ रक्तपात और ईरान-इराक युद्ध—इन सबकी जड़ राष्ट्रवाद की जहरीली विचारधारा में ही थी।

पंद्रहवीं शताब्दी से पहले आधुनिक किस्म के राष्ट्र-राज्य बहुत कम थे। एक प्रमुख विचारधारा के रूप में राष्ट्रवाद का उदय सत्रहवीं शताब्दी के यूरोप में हुआ और यह उन्नीसवीं शताब्दी के उत्तरार्ध तथा बीसवीं शताब्दी की शुरुआत में परिपक्व हुआ। उसके बाद से यह पूरी दुनिया में सबसे प्रभुत्वशाली विचारधारात्मक शक्ति बन चुका है। भारत में भी संघ परिवार ने इस विचारधारा का विषैला रूप स्वीकार कर लिया है।

तमाम राष्ट्रवादियों की तरह यह गठजोड़ भी अपने मौजूदा राजनीतिक उद्देश्यों की पूर्ति के लिए इतिहास के साथ छेड़छाड़ कर रहा है। वह चाहता है कि हम मान लें कि हमारे इतिहास या माइथोलॉजी में हुआ हर उल्लेखनीय देवता, राजा, विद्वान या योद्धा राष्ट्रवादी हिंदू ही था। उनकी नज़र में राम, कृष्ण और अर्जुन से लेकर विक्रमादित्य, चाणक्य, शिवाजी और राणा प्रताप तक सब राष्ट्रवादी थे हालांकि कहने की ज़रूरत नहीं कि इन सबका काल एक-दूसरे से बिल्कुल अलग था और उस दौर में भारत नामक भौगोलिक ईकाई एक राष्ट्र-राज्य थी भी नहीं। पाकिस्तान के मुस्लिम राष्ट्रवादियों की समस्या तो और भी विकट है। वह 1947 से पहले के इतिहास का अध्ययन करने से डरते हैं और अपने भू-भाग के इतिहास के पिछले दौरों को भी भुला देना चाहते हैं क्योंकि इतिहास के अधिकतर तथ्य पाकिस्तान की बुनियाद को हिला देते हैं। उनके लिए इतिहास तभी से शुरू होता है जब मुस्लिम आक्रमणकारी इस उपमहाद्वीप में दाखिल हुए। मेरे एक पाकिस्तानी दोस्त ने मुझे बताया कि पाकिस्तानी सरकार के पुरातत्व विभाग ने मोहनजोदड़ो के मुहाने पर एक बड़ा सा बोर्ड लगा दिया है जिस पर कुछ ऐसा लिखा है : 'देखिए अल्लाह काफिरों का क्या हश्र करता है—वह ख़ाक में मिल जाते हैं।' यानी पाकिस्तानी शासक मोहनजोदड़ो जैसी महान धरोहर को भी अपनाने की जुर्रत नहीं कर पाते क्योंकि यह उन्हें याद दिलाती है कि यदि वह वर्तमान पाकिस्तान नामक भूखण्ड के हकदार बनना चाहते हैं तो खुद को हिंदुओं से अलग नस्ल नहीं मान सकते।

राष्ट्रवाद बनाम देशभक्ति

तीसरी दुनिया के देशों में राष्ट्रवाद को कुछ विशेष सम्मान की नज़र से देखा जाता है। इसकी एक वजह तो यह है कि राष्ट्रवाद की जन्मस्थली, यानी पश्चिमी जगत में इस विचारधारा को अभी भी एक खास वैधता हासिल है। तीसरी दुनिया में राष्ट्रवाद को मिलने वाले सम्मान का एक और स्रोत उपनिवेशवाद विरोधी आंदोलनों से पैदा हुई राष्ट्रभक्ति की भावना में भी निहित रहा है।

उपनिवेशवाद का विरोध (विदेशी शासन से मुक्ति) और देशभक्ति (अपने लोगों और अपने जन्मस्थान से प्यार) राष्ट्रवाद से भिन्न होते हैं। उदाहरण के लिए, गांधी की देशभक्ति जिन्ना और आरएसएस के राष्ट्रवाद से बिल्कुल अलग थी। गांधी की राजनीति औपनिवेशिक

शासन के खात्मे के साथ-साथ गरीबों और वंचितों के अधिकारों के हक में भी केंद्रित थी। जिन्ना की राजनीति उपनिवेशवाद विरोधी नहीं थी। उन्हें ब्रिटिश समर्थक माना जाता था और वह भारतीय स्वतंत्रता आंदोलन को कमजोर करने के लिए औपनिवेशिक शासकों के साथ सौदेबाजी की ताक में रहते थे। उनकी राजनीति अभिजात्यवादी थी और उसमें मुस्लिम समुदाय के गरीबों के हक में सत्ता और संपत्ति के पुनर्वितरण के प्रति खास चिंता दिखाई नहीं देती थी। उन्होंने अपनी सारी लड़ाई को हिंदू अभिजात्य के मुकाबले मुस्लिम अभिजात्य वर्ग की ताकत में इजाफे पर केंद्रित कर दिया था। जिन्ना कहने को भी धार्मिक नहीं थे। वह इस्लाम के बुनियादी पहलुओं का भी पालन नहीं करते थे। यहाँ तक कि वह सुअर का माँस भी खाते थे। उन्होंने मुसलमानों का एक अलग राष्ट्र बनाने के लिए धार्मिक पहचान के कुछ अंशों को विकृत रूप से इस्तेमाल किया। उन्हें देशभक्त भी नहीं कहा जा सकता क्योंकि गुजरात का निवासी होने के बावजूद उन्होंने नए राष्ट्र-राज्य के लिए अपने जन्मस्थान को स्वेच्छापूर्वक छोड़ दिया था। उन्होंने देश के खूनी बंटवारे के जरिए लाखों-करोड़ों लोगों की सुरक्षा और जिंदगी को नर्क में झोंक दिया। 1947 के बाद भारत में बचे तमाम मुसलमान इसीलिए असुरक्षित हैं क्योंकि बंटवारे के समय पाकिस्तान के मुस्लिम राष्ट्रवादियों ने पाकिस्तान के हिंदुओं को जबरन वहां से निकाला दिया था। इसके बाद भी जिन्ना अपने देश के मुसलमानों और हिंदुओं के हितों को नुकसान पहुंचाने के बावजूद मुस्लिम राष्ट्रवाद के सबसे बड़े प्रवर्तक के रूप में खुद को पेश करने में कामयाब रहे।

दूसरी तरफ सनातन धर्म में अगाध आस्था के बावजूद गांधी ने एक हिंदू राष्ट्र की परिकल्पना का हमेशा विरोध किया। उन्होंने इस बात के लिए अपनी जान भी कुर्बान कर दी कि बंटवारे के बाद भी मुसलमानों को भारत में रहने का अधिकार दिया जाए और हिंदुओं के मुकाबले उनके साथ किसी किस्म का भेदभाव न किया जाए। गांधी की नज़र में भारतीय मुसलमान भी इस देश के बराबर के हकदार थे। गांधी इसीलिए देशभक्त थे क्योंकि उन्हें भारतीय राज्य की सत्ता पुष्ट करने की बजाय अपने देश के लोगों के हितों में ज़्यादा कटिबद्धता दिखाई थी। हालांकि वह भी कभी-कभी राष्ट्रवाद की शब्दावली का इस्तेमाल करते थे परंतु कुल मिलाकर वह राष्ट्रवादी नहीं बल्कि देशप्रेमी थे। हिंदू महासभा के नाथूराम गोडसे ने जिन्ना का नहीं बल्कि गांधी का कत्ल किया। उसकी नज़र में गांधी ही देश के गद्दार थे क्योंकि गांधी ने भारत में रहने वाले मुसलमानों के लिए सुरक्षा और बराबरी का प्रावधान करने की मांग की थी। उनकी इच्छा थी कि भारत के लोग नवजात पाकिस्तान में रहने वाले लोगों के साथ भी सम्मानजनक बर्ताव करें। अंत में उन्हें अपनी जान इसलिये गंवानी पड़ी कि उन्होंने भारत सरकार को मजबूर किया कि वह अपने उस वायदे को पूरा करे जिसके तहत आश्वासन दिया गया था कि भारत सरकार पाकिस्तान के निर्माण में मदद के लिए वह कुछेक करोड़ की राशि पाकिस्तानी सरकार को देगी मगर ऐन वक्त पर इस पैसे की अदायगी में कुछ दिक्कत आने लगी थी।

राष्ट्रवादियों का मूलमन्त्र होता है : 'मेरा राष्ट्र (यानी राष्ट्र-राज्य), सही या गलत।'

गांधी का मूलमंत्र था सच के हक में आवाज़ उठाना और गलत का विरोध करना, भले ही इससे राष्ट्र-राज्य के हितों को नुकसान ही क्यों न पहुंचता हो। उन्होंने मानव धर्म को राष्ट्र धर्म से बढ़कर माना क्योंकि वह जानते थे कि जो लोग राष्ट्र को तमाम दूसरी निष्ठाओं से उच्चतर मानते हैं अंत में वह मिथकीय आकर्षण की बलिवेदी पर अपने अनुयायियों की जिंदगी कुर्बान करने और हिंसा व वैमनस्य पर आधारित समाज खड़ा करने के अलावा और कुछ नहीं कर पाते। जिन्ना ने बिल्कुल ऐसा ही किया था।

सेक्युलर एजेंडा

जब तक संघ परिवार की विचारधारा आध्यात्मिक या धार्मिक की बजाय राजनीतिक चिंताओं तक सीमित रहती है, वहां तक यह विचारधारा धर्मनिरपेक्ष रहती है। संघ परिवार यूरोपीय मॉडल के अनुरूप एक शक्तिशाली राष्ट्र-राज्य खड़ा करना चाहता है। उसके इस सपने पर उसके ज़्यादातर विरोधी भी सवाल खड़ा नहीं करते। इनमें वामपंथी, धर्मनिरपेक्षतावादी और उदार राष्ट्रवादी भी शामिल हैं। वह भी भारतीय राष्ट्र-राज्य की सर्वोच्चता की दुहाई देते रहते हैं और चाहते हैं कि देश के लोग 'भारतीय राज्य के प्रति अपनी निष्ठा को बाकी सारे सम्बन्धों और वफ़ाओं से ऊपर रखें।' हिन्दुत्ववादी विचारधारा को जो अनपेक्षित प्रभाव हासिल हुआ है उसकी वजह यह है कि पूरी दुनिया में राष्ट्रवाद की एक भयानक लहर चली हुई है। इसके एजेंडा को अंतर्राष्ट्रीय स्तर पर सम्मानजनक स्थान प्राप्त हुआ है।

यह गठजोड़ कथित रूप से मुस्लिम आक्रमणकारियों द्वारा ढहाए गए कुछ मंदिरों का पुनर्निमाण करने के लिए कुछ मस्जिदों को गिराना चाहता है। अपनी इस इच्छा के अलावा संघ परिवार मुसलमानों के खिलाफ विषवमन करता है, इस पर भी भारत के बहुत से लोग सहमत हैं। आइए संघ परिवार की कुछ शिकायतों पर नजदीक से नज़र डालें। नीचे दी गई सूची उसके विभिन्न मीडिया अभियानों, उसके राजनीतिक मुखपत्र *दि ऑर्गेनाइजर*, उसके पर्चों और उसके विख्यात *प्रचारकों* के रिकॉर्डेड कैसेट्स से ली गई है :

- मुसलमान गद्दार हैं क्योंकि उन्होंने भारत का बंटवारा करवाया। विहिप के एक कैसेट के मुताबिक, 'जिन्होंने भारत माता की दोनों भुजाएं काट दीं... उन पाखंडियों के लिए यहां कोई ज़गह नहीं। यह हिन्दुस्तान उनका नहीं है... ।'
- पाकिस्तान से असंख्य हिंदुओं को भगा दिया गया। बाद में बांगलादेश ने भी यही किया। इसके बावजूद महात्मा गांधी के नेतृत्व में कांग्रेस इसी बात पर अड़ी रही कि मुसलमानों को भारत से न भगाया जाए। यह राष्ट्र के प्रति कांग्रेस की गद्दारी थी।
- भारत में रहने वाले मुसलमान भारत के प्रति वफादार नहीं हैं। वह पाकिस्तान समर्थक भावनाएं फैलाते हैं।
- मुसलमान अपने धर्म को राष्ट्र से बढ़कर और कुरान को संविधान से बढ़कर मानते हैं। मुसलमान समा.. नागरिक संहिता नहीं अपनाना चाहते और अपने धार्मिक पर्सनल

लॉ के प्रति उनकी निष्ठा इस बात का सबूत है कि उनके भीतर राष्ट्रवादी भावना नहीं है।

- मुसलमान हमेशा असहिष्णु तथा पुरातनपंथी होते हैं। वह इस्लाम की तर्कसंगत आलोचना भी बर्दाश्त नहीं कर सकते।
- पंजाब, कश्मीर और अन्य सरहदी प्रांतों में अलगाववादी आंदोलन को हवा देकर पाकिस्तान भारत को अस्थिर करने की कोशिश में रहता है। भारत के मुसलमान पाकिस्तानी शासकों के हाथ की कठपुतली हैं।
- कांग्रेस ने मुसलमानों के तुष्टिकरण की नीति अपनाई है और मुसलमानों की अनुचित व राष्ट्रविरोधी मांगों के सामने भी घुटने टेक दिये हैं। मुसलमान भारतीय राष्ट्र के भीतर एक अलग राष्ट्र (नेशनल विदिन ए नेशन) बनाकर जीते हैं (*दि ऑर्गेनाइजर* अप्रैल 1992)। मुसलमानों का दावा है कि उनके धार्मिक व सांप्रदायिक अधिकार देश के कानून से ऊपर हैं। मसलन, मुस्लिम कट्टरतावादियों के दबाव में आकर मुस्लिम महिला (संरक्षण) अधिनियम पारित किया गया जिससे मुसलमान आम नागरिकों पर लागू होने वाले कई कानूनों से भी ऊपर उठ गए। यह उनके तुष्टिकरण का एक ज्वलंत उदाहरण था। इसके अलावा अल्पसंख्यक संस्थानों को विशेष हैसियत प्रदान करना और जम्मू-कश्मीर के मुस्लिम बहुल राज्य के लिए संविधान में अलग प्रावधानों तथा मुसलमानों के लिए अलग पर्सनल लॉ की मौजूदगी भी इसी बात का उदाहरण है कि मुसलमानों के लिए खास कानून चलते हैं।
- हिंदुओं पर अत्याचार करने वाले औरंगजेब या मुहम्मद गजनी जैसे मुस्लिम आक्रमणकारियों और शासकों की धर्मनिरपेक्षता के नाम पर निंदा नहीं की जाती जबकि हिंदुओं से लगातार इसी बात की अपेक्षा की जाती है कि खुद को आधुनिक और धर्मनिरपेक्ष साबित करने के लिए वह अपनी ही विरासत की आलोचना और दमन करते रहें। मुसलमान उन शासकों का भी सम्मान करते हैं जिन्होंने हिंदुओं पर अत्याचार किए। यह इस बात का एक और सबूत है कि मुसलमान राष्ट्र विरोधी होते हैं।
- भारत में बड़े पैमाने पर बंगलादेशी मुसलमानों की अवैध घुसपैठ से भारत की सुरक्षा को खतरा पैदा हो रहा है और इससे न केवल भारतीय अर्थव्यवस्था पर दबाव पड़ता है बल्कि देश का जनसांख्यिकीय संतुलन भी गड़बड़ाता है। उनका आरोप है कि मुसलमान अपनी चुनावी ताकत के जरिए कांग्रेस को जिताने की कोशिश करते हैं ताकि बंगलादेश में हिंदुओं पर हो रहे अत्याचारों को रोकने के लिए कड़े कदम न उठाए जा सकें।
- मुसलमानों के मुल्ला उन्हें परिवार नियोजन उपाय अपनाने से रोकते हैं। मुस्लिम पुरुष एक साथ चार-चार पत्नियां रख सकते हैं। इससे मुसलमानों की जन्म दर

बढ़ती जा रही है जिसके फलस्वरूप आने वाले समय में मुसलमानों की संख्या हिंदुओं से भी ज़्यादा हो जाएगी।

- मुस्लिम नेता विदेश नीति के मामले में भारत सरकार को अपनी उंगलियों पर नचाते हैं। उन्होंने लंबे समय तक भारत को इजरायल के साथ पूर्ण कूटनीतिक रिश्ते बनाने से रोके रखा और भारत को फिलीस्तीन तथा अन्य अरब राष्ट्रों की ओर झुकाए रखा जबकि ये देश इस्लामिक होने के कारण निहित रूप से भारत के प्रति शत्रुता का भाव रखते हैं।
- भारत को पाकिस्तान, बंगलादेश, मलेशिया, इंडोनेशिया, अफगानिस्तान, मध्य पूर्व और खाड़ी के देशों ने घेरा हुआ है। ये मुस्लिम राष्ट्र भारत के खिलाफ हैं और भारत को अस्थिर करने की कोशिश करते रहते हैं। ये देश भारत की सुरक्षा के लिए एक बड़ा खतरा हैं। भारतीय मुसलमानों की दूसरे देशों के प्रति निष्ठा से यह खतरा और बढ़ जाता है क्योंकि उनकी मौजूदगी देश के भीतर एक दुश्मन की मौजूदगी के बराबर है।

इनमें से बहुत सारे आरोप अर्धसत्य और आशंकाओं पर आधारित है। मसलन, कहा जाता है कि बंगलादेशी मुसलमान बड़ी संख्या में भारत में घुसते जा रहे हैं। सच्चाई यह है कि इनमें हिंदू और मुसलमान दोनों शामिल हैं और बुनियादी तौर पर वह काम-धंधे और रोजी-रोटी की तलाश में यहां आ रहे हैं। वह अपनी दयनीय आर्थिक स्थिति के कारण ही ज़ोखिम उठाकर भी भारत-बंगलादेश बॉर्डर को पार करने के लिए विवश होते हैं। क्योंकि ये बेहद विपन्न लोग हैं इसलिए वह भारतीय शहरों में कूड़ा बीनने, साफ-सफाई जैसे काम करते हैं और बहुत मामूली वेतन पर घरेलू नौकरी तथा रिक्शा चलाने जैसे काम करते हैं। इस बात का कोई सबूत नहीं है कि गरीब मुसलमानों के बीच जन्म दर गरीब हिंदुओं की जन्म दर से ज़्यादा है। पाकिस्तान के अलावा किसी इस्लामिक देश की भारत से कोई खास दुश्मनी नहीं रही है। कुछ इस्लामिक देशों ने हिंदुओं सहित लाखों भारतीयों को रोजगार और व्यावसायिक अवसर उपलब्ध कराए हैं।

बहरहाल जिन मामलों में संघ परिवार की शिकायतें आशंकाओं की बजाय सचमुच तथ्यों पर आधारित हैं, जैसे कश्मीर और बंगलादेश से हिंदुओं की आमद, वहां भी इन तथ्यों से उन्होंने जो राजनीतिक निष्कर्ष निकाले हैं वह बिल्कुल गलत हैं। भारत मुसलमानों को बाहर निकाल कर अपनी किसी समस्या का हल नहीं पा सकता। यह कदम जिन्ना द्वारा शुरू की गई विनाशकारी राजनीति को उसकी तार्किक परिणति पर पहुंचाने वाला सिद्ध होगा।

उनका राम हिंदुओं का देवता नहीं है

गौरतलब है कि इस फेहरिस्त में एक भी धार्मिक मुद्दा नहीं है। अपनी राजनीति को धार्मिक रंग देने के लिए संघ परिवार मध्यकालीन मुस्लिम शासकों द्वारा हिंदुओं पर किए गए अत्याचारों और मंदिरों के ध्वंस का हवाला देता है। परंतु उन्होंने इस ऐतिहासिक टकराव को भी एक

नया राजनीतिक रंग दे दिया है। संघ परिवार बाबरी मस्जिद के स्थान पर राम मंदिर का निर्माण करना चाहता है। परंतु इस मांग को वह धार्मिक आधार पर नहीं बल्कि राष्ट्रवादी और राष्ट्र-विरोधी ताकतों के बीच द्वंद्व के रूप में सही साबित करने की कोशिश कर रहा है। उसकी नज़र में बाबरी मस्जिद को तोड़ना राष्ट्रीय गौरव का सवाल है क्योंकि उसे एक बाहरी आक्रमणकारी ने कथित राम मंदिर को गिराकर बनवाया था। परंतु संघ परिवार राम को भी एक हिंदू देवता के रूप में नहीं बल्कि एक राष्ट्रीय नायक के रूप में पेश करता है। उसके नेताओं के भाषणों में हमेशा एक ही बात पर जोर रहता है : 'जो राम का विरोध करेगा वह भारतीय नहीं हो सकता।' संघ परिवार यह नहीं कहता कि राम का विरोध करने वाला हिंदू नहीं हो सकता। विहिप के प्रोपेगेंडा में इस बात पर जोर दिया जाता है कि 'यहां रहने वाले हर व्यक्ति को मुख्यधारा के साथ बहना होगा। राम और कृष्ण को राष्ट्रीय आदर्श के रूप में स्वीकार करना होगा।' ध्यान दीजिए कि उन्हें मात्र धार्मिक आदर्श के रूप में स्वीकार करने की बात यहां नहीं कही जा रही है। शिवसेना के नेता बाल ठाकरे ने इस बात पर अपने अनुयायियों को बधाई दी थी कि उन्होंने बाबरी मस्जिद के ध्वंस में अहम भूमिका निभाई। उसकी नज़र में यह उनके राष्ट्रवादी होने का सबूत था। बताया जाता है कि उसने व्यापक मुस्लिम विरोधी हिंसा में अपने पार्टी कार्यकर्ताओं की हिस्सेदारी को भी यह कहते हुए सही बताया था कि 'अगर राष्ट्रवाद एक अपराध है तो मैं ये अपराध एक हजार बार करूंगा।'

विहिप की स्टार प्रचारक ऋतंभरा अपने हर भाषण में यह बात साफ कर देती है कि विहिप के पीछे चल रहे साधु-संत कोई धार्मिक लड़ाई नहीं लड़ रहे हैं। वह हिंदू धर्म की नहीं बल्कि 'राष्ट्र की रक्षा' के लिए मैदान में उतरे हैं क्योंकि गद्दारों, यानी कांग्रेसियों, के हाथों पड़कर राष्ट्र खतरे में पड़ता जा रहा है। उसके मुताबिक कांग्रेस अपने मुस्लिम वोटों को कायम रखने के लिए राष्ट्रीय हितों को भी बेचने के लिए तैयार बैठी है। यहां मैं ऋतंभरा के एक भाषण को उद्धृत करती हूं :

> साधु-संतों का काम मोक्ष की खोज में निकले व्यक्ति का अपने आंतरिक आंनद से साक्षात्कार कराना होता है। परंतु आज हमारे देश के संतों को राष्ट्र की रक्षा के लिए अपने इस कर्तव्य से मुंह मोड़ना पड़ रहा है। राष्ट्रवाद के सवालों की चिंता करना, या देश की सीमाओं की रक्षा करना... संतों की जिम्मेदारी नहीं है परंतु आज की परिस्थितियों ने उन्हें आपके बीच ला खड़ा किया है। सिर्फ 'जय श्रीराम' का आह्वान करना ही जागृति का प्रतीक नहीं है। तुम अपने देश, अपने भविष्य के प्रति कितने चिंतित हो? ... भारत के संन्यासियों, संतों ने अपने आध्यात्मिक जीवन को त्याग कर हिंदू राष्ट्र के निर्माण का बिगुल बजा दिया है। वह इस बात का अलख जगाने निकल पड़े हैं कि भारत के युवाओं, वृद्धों और महिलाओं को जागना होगा। मेरे भाइयों, बजरंग दल में शामिल हो जाओ। मेरी मां और बहनों दुर्गावाहिनी में शामिल होओ ताकि तुम्हारे भीतर राष्ट्रवाद की भावना प्रज्वलित हो उठे और हम भारत के

हालात बदलने में कामयाब हो सकें...। हम सच्चे अर्थों में धर्मनिरपेक्ष हैं क्योंकि हमने राष्ट्रधर्म को अंगीकार किया है। हमने जिन्नाओं का खात्मा किया, हमने जयचंदों को परास्त किया।... हम अपने जीवन होम करके भारत माता की अर्चना करेंगे।

भारत माता की हिटलरी संतानें

सारे झगड़े की जड़ यही है। संघ परिवार की सबसे प्रतिष्ठित देवी भारत माता है। संघियों का आग्रह है कि मुसलमान, ईसाई और दूसरे धर्मों के लोगों को चाहिए कि वह अपने अपने ईश्वर-अल्लाह से बढ़कर भारत माता और भारत भूमि की पूजा करें। हिंदुओं को भी इस बात के लिए प्रेरित किया जाता है कि वह अपने संकीर्ण सांप्रदायिक विश्वासों और सम्मानीय देवताओं के मुकाबले भारत माता और भारत भूमि को ज़्यादा मान दें। यहां तक कि राम और कृष्ण या काली या दुर्गा भी केवल उसी हद तक पूज्यनीय हैं जहां तक वह भारत माता की सेवा के लिए उपयोगी हो सकते हैं। उनके लिए राष्ट्रीय झंडा किसी रामध्वज या मंदिर से ज़्यादा पवित्र है। उनकी नज़र में राष्ट्रगान और वंदेमातरम् किसी भी धार्मिक भजन के मुकाबले ज़्यादा बड़ा आस्था बिन्दु है। मुसलमानों को निशाना बनाकर गढ़ा गया उनका एक प्रसिद्ध नारा है : *'हिन्दुस्तान में रहना है तो वंदेमातरम कहना होगा।'* वह राम भजनों पर जोर नहीं देते, इसकी सीधी वजह यही है कि उन्हें इन भजनों में कोई दिलचस्पी है ही नहीं।

ईसाइयत, जुरथुष्ट्रवाद और इस्लाम के विपरीत हिंदू धर्म में किसी ऐसे ईर्ष्यालु देवता की सर्वोच्चता के लिए कोई स्थान नहीं है जो अन्य सम्प्रदायों के देवी-देवताओं के प्रति ईर्ष्या भाव रखता हो। लेकिन हमारे राष्ट्रवादी हिंदू निश्चय ही बेहद ईर्ष्यालु भक्त हैं। क्योंकि पाकिस्तान के प्रति बहुत सारे भारतीय मुसलमानों की भावनाएं एकतरफा तौर पर शत्रुतापूर्ण नहीं हैं इसलिए हिन्दुत्ववादी उन्हें कभी भी भारत माता के प्रति निष्ठावान नहीं मान सकते। भारत-पाकिस्तान के बीच होने वाले क्रिकेट मैच में पाकिस्तान की जीत के बाद मुट्ठी भर मुसलमानों द्वारा छोड़े जाने वाले पटाखों को वह इस बात का निर्विवाद साक्ष्य मान लेते हैं कि भारत में रहने वाले मुसलमान दिल से पाकिस्तानी और भारत माता के प्रति गद्दार हैं।

भारत माता कोई धार्मिक देवी नहीं बल्कि एक धर्मनिरपेक्ष प्रतीक है। हिन्दुत्ववादियों की राय में उसके प्रति निष्ठा के लिए ज़रूरी है कि उसके भक्त उसकी उपासना को तमाम दूसरे देवी-देवताओं की उपासना से अधिक उच्च स्थान दें। भारत माता ब्रिटिश शासन के खिलाफ भारतीय स्वतंत्रता संघर्ष के दौरान अस्तित्व में आई। उसका जन्म प्रेम और ममता के प्रतीक के रूप में हुआ। काली या चण्डी जैसी देवियों के विपरीत भारत माता एक कोमल और दयालु देवी है। यह ऐसी देवी नहीं है जो गलतियों के लिए लोगों को दंडित करे। परंतु उसके हिन्दुत्ववादी उपासक पुत्र ही भारत माता के प्रति समर्पण के अभाव के लिए लोगों को दंडित करते हैं। हालांकि भारत माता के उपासकों को काली या चण्डी माँ के

उपासकों की तरह डरने की तो ज़रूरत नहीं है फिर भी उन्हें भारत माता के पुत्रों से ज़रूर डरना पड़ेगा क्योंकि वह अपनी भारत माता के मान की रक्षा के लिए पलक झपकते हिटलरी तेवर अपना लेते हैं। ज़्यादातर लोगों के लिए भारत माता को सिर्फ स्कूली नाटकों में ही एक ठोस अभिव्यक्ति मिल पाती है। इन नाटकों में किसी लड़की को लक्ष्मी जैसी वेशभूषा में भारत माता बनाकर इस प्रकार खड़ा किया जाता है जिससे उसकी परछाईं पीछे बने देश के नक्शे पर पड़ती रहे। उसके सहपाठी और सहेलियां भी भारत के नक्शे की शक्ल में उसके इर्द-गिर्द खड़े होकर भक्ति और उपासना के गीत गाती हैं।

पिछले कुछ सालों से विहिप ने भारत माता को एक अखिल भारतीय देवी की मान्यता दिलाने की मुहिम छेड़ रखी है। यह हिंदू राष्ट्रवाद को रस्मी रूप देने की कोशिश का हिस्सा है। 1983 में विहिप ने पूरे देश में *एकात्मकता यज्ञ* निकाला था। इस यज्ञ के दौरान भारत माता और गंगा माता की उपासना के कुछ नये रिवाज़ शुरू किये गये। उन्होंने हरिद्वार में भारत माता के नाम पर एक मंदिर भी बनवाया। इस मंदिर में विभिन्न देवी-देवताओं, योद्धाओं, 'शहीदों', सतियों, गुरुओं व संतों की प्रतिमाओं की स्थापना की गई। इतिहास, धर्म और संस्कृति के मुताल्लिक संघ परिवार की नज़र में यह सभी शख्सियतें हिंदू राष्ट्रवाद के इतिहास का हिस्सा हैं।

संघ परिवार को इस बात का डर हमेशा रहता है कि मुसलमान केवल अपने धर्म के प्रति ही निष्ठावान हैं और वह अपने धर्म को भारतीय संविधान व भारत माता से भी बढ़कर मानते हैं। दुर्भाग्य की बात है कि यह डर संघ परिवार के हिंदुओं तक ही सीमित नहीं। कांग्रेस व वामपंथी दलों के बहुत सारे लोग भी इसी डर में जीते हैं। बंबई में 1991-1992 के दंगों के विरुद्ध खड़े होकर मुसलमानों की मारकाट की निंदा करने वाले बहुत सारे धर्मनिरपेक्ष लोगों ने भी इस बात को स्वीकार किया कि उन्हें क्रिकेट मैच में पाकिस्तान की जीत पर खुशी मनाने वाले मुसलमानों के व्यवहार को लेकर बड़ा दुख होता है।

धार्मिक दायरे में हिंदू ज़्यादा सहिष्णु हो सकते हैं क्योंकि उनके देवी-देवता एक दूसरे के साथ सहअस्तित्व में रहना जानते हैं। परंतु जब हिंदू राष्ट्र धर्म को तमाम दूसरे धर्मों से बढ़कर मानने लगें तो वह भी किसी अहमन्यवादी राष्ट्रवादी जितने ही असहिष्णु बन जाते हैं। इस लिहाज से धार्मिक पृष्ठभूमि के बीच भारी फासले के बावजूद आडवाणी और जिन्ना के बीच फ़र्क़ मिटने लगता है। हम इस बात को भूल जाते हैं कि भारतीय मूल के जो लोग ब्रिटेन या दूसरे देशों की नागरिकता ले चुके हैं वह भी इंग्लैंड-भारत के मैच में भारत की जीत का ही जश्न मनाते हैं। क्योंकि बहुत सारे भारतीय मुसलमानों के रिश्तेदार पाकिस्तान में भी है इसलिए वह बहुत सारे हिंदुओं की तरह सारे पाकिस्तानियों को अपना दुश्मन नहीं मान सकते। पाकिस्तान के प्रति बहुत सारे भारतीय मुसलमानों की उभयनिष्ठा की तुलना 1947 या उसके बाद पाकिस्तान चले गए मुजाहिरों, यानी भारत से गये भारतीय मुसलमानों के द्वंद्व से की जा सकती है। मुहाजिरों को उनके अपने बनाये पाकिस्तान में भी अनचाहे बाहरी तत्वों की तरह देखा जाता है। उनकी भाषा (उर्दू), उनकी संस्कृति, भारत में रहने वाले अपने

रिश्तेदारों से उनके संबंध, अपने जन्म और पुरखों की जमीन के साथ उनके भावनात्मक लगाव, इन सबको शक की नज़र से देखा जाता है और पाकिस्तान के वर्चस्वशाली पंजाबी, सिंधी और बलूची इस बात के लिए उन पर आये दिन हिंसात्मक व राजनैतिक हमले बोलते जाते हैं। यह इस बात का सबूत नहीं है कि मुहाजिर पाकिस्तान के गद्दार हैं बल्कि इस बात का एक और सबूत है कि भारतीय उपमहाद्वीप का बंटवारा किस कदर बेतुका और बेमानी था। हमारा पूर्वाग्रह हमें यह अहसास नहीं होने देता कि बहुत सारे भारतीय मुसलमान भी पाकिस्तान के विरोधी हैं क्योंकि उन्हें इस बात का अहसास है कि पाकिस्तान बनाने वालों ने उन करोड़ों मुसलमानों की सुरक्षा को ख़तरे में डाल दिया जो बंटवारे के बाद भारत में ही रह गए और बंटवारे के कारण अपमानित और अविश्वसनीय अल्पसंख्यक बनकर रह गए।

संघ परिवार की विचारधारा आज इतनी शक्तिशाली इसलिए है क्योंकि उसने आबादी के एक बड़े हिस्से को इस बात का यकीन दिला दिया है कि केवल संघ परिवार ही राष्ट्रीय सम्मान, एकता और अखंडता की रक्षा के लिए एक शक्तिशाली राष्ट्र-राज्य के निर्माण के प्रति गंभीर है। कांग्रेस पार्टी की धोखाधड़ी भरी राजनीति से लोगों का मोहभंग मुसलमानों को गद्दार के रूप में पेश करने में संघ परिवार के लिए मददगार साबित हो रहा है।

बदलते हालात, बदलते समीकरण

बंटवारे के वक्त हिंदुओं के पास मुसलमानों के प्रति दुश्मनी का भाव रखने के वाजिब कारण थे। इसके बावजूद गांधी और नेहरू जैसे नेताओं ने देश की जनता को इस बात के लिए तैयार कर लिया कि मुसलमानों को भी देश में रहने का अधिकार दिया जाए। इस तरह वह संघ परिवार की राजनीति को हाशिए पर धकेलने में कामयाब रहे।

परंतु सवाल यह है कि बंटवारे के कई दशक बाद हमारे देश के बहुत सारे लोगों को संघ परिवार का मुस्लिम विरोधी राष्ट्रवाद इतना अच्छा क्यों लगने लगा? आजादी के बाद जनसंघ (भाजपा का पुराना संस्करण) जैसी पार्टियों का राजनीतिक आधार सीमित ही रहा। यह उत्तर भारत के कुछ शहरी इलाकों तक सीमित था और मुख्य रूप से व्यापारी वर्ग के कुछ हिस्से और शहरी मध्य एवं निम्नवर्ग के मुट्ठी भर लोग ही उसका समर्थन करते थे। जिन समुदायों ने बंटवारे का दंश झेला था, मसलन पाकिस्तान के हिस्से में गए इलाकों से आए पंजाबी, उन्होंने भी बड़ी संख्या में जनसंघ का समर्थन नहीं किया। बंगलादेश से बाहर निकाले गए हिंदू बंगाली तो संघ परिवार की राजनीति से पूरी तरह तटस्थ ही रहे।

परंतु पिछले कुछ सालों के दौरान कांग्रेस के जनाधार में भारी गिरावट आई है। अब उसका यह जनाधार भाजपा और शिवसेना के हाथ में पहुंचता जा रहा है। उदारवादी शिक्षित वर्ग और शहरी शिक्षित अभिजन के मामले में यह बात खासतौर से दिखाई देती है। यहां तक कि सत्तर के दशक के अंत तक भी, जब मैं जवाहरलाल नेहरू विश्वविद्यालय में पढ़ती थी, आरएसएस या उसके किसी संगठन के साथ जुड़ना बहुत हीन बात मानी जाती थी।

उस वक्त छात्रों और शिक्षकों के बीच उनका जनाधार मुख्य रूप से छोटी हैसियत वाले संस्थानों तक सीमित था जिनके छात्र आमतौर पर निम्न मध्यवर्गीय पृष्ठभूमि से आते थे। परंतु पिछले कुछ सालों के दौरान छात्रों, शिक्षकों, पेशेवरों और नौकरशाहों सहित बहुत सारे पश्चिम शिक्षित अभिजन भी संघ परिवार से जुड़े संगठनों की ओर झुकने लगे हैं। मुस्लिम विरोधी जहरीली भावनाओं की बुनियाद पर खड़े उनके इस राष्ट्रवाद की बढ़ती विश्वसनीयता के पीछे कौन से कारकों का हाथ है?

उनकी कामयाबी की वजह

कांग्रेस पार्टी तब तक संघ परिवार को हाशिए पर धकेले रही जब तक उसने स्वतंत्रता आंदोलन से उपजी आकांक्षाओं की पूर्ति करने का प्रयास जारी रखा और वह देशभक्ति की भावनाओं का वाहक बनी रही। क्योंकि आरएसएस के बहुत सारे नेता मोटे तौर पर ब्रिटिश समर्थक थे और उन्होंने कांग्रेस के नेतृत्व में चले उपनिवेशवाद विरोधी आंदोलन का विरोध किया था इसलिए वह मुख्यधारा की भारतीय राजनीति में लंबे समय तक अलग-थलग पड़े रहे। वह आम लोगों की भावनाओं में उपनिवेशवाद विरोध का पर्याय बन चुके गांधी के विरोधी थे। यह भी एक कारण था जिसके चलते उस समय भी आरएसएस का असर एक खास दायरे से आगे नहीं बढ़ पाया जबकि राष्ट्रवाद का उपनिवेशवाद विरोधी पहलू पूरे देश के मानस में प्रतिध्वनित हो रहा था।

जाहिर है कि नेहरू के उदार राष्ट्रवाद और संघ परिवार के अहमन्यवादी राष्ट्रवाद के बीच निःसंदेह कुछ बुनियादी फ़र्क़ रहे हैं। फिर भी, कांग्रेसी शासन के शुरुआती सालों का उदार राष्ट्रवाद नेहरू की नीतियों के फलस्वरूप पैदा हुई एक केंद्रीकृत, अधिनायकवादी राज्य मशीनरी के कारण लंबे समय तक कायम नहीं रह पाया। असल में यह ढांचा लोकतंत्र की बजाय एक गुलाम राज्य व्यवस्था को चलाने के लिए बनाया गया था। ऊपर से अफ़सरशाही द्वारा निर्देशित दिल्ली दरबार से संचालित होने वाली हमारी सरकारी मशनीरी राष्ट्रीय नीतियों के क्रियान्वयन के लिए केवल नौकरशाही का सहारा लेती है। यह नौकरशाही अंग्रेजी उपनिवेशवाद की मान्यताओं से परिपूर्ण होने की वजह से आम नागरिकों से बहुत कट कर उन पर दहशत फैलाकर शासन करने की आदी बन चुकी है। इस मशीनरी की सबसे बड़ी चारित्रिक विशिष्टता यह है कि वह उस आम जनता के प्रति जवाबदेह नहीं है जिसकी सेवा करना उसका उद्देश्य है। यह मशीनरी नीतियों के निर्धारण या क्रियान्वयन में लोगों की हिस्सेदारी को कतई स्वीकार नहीं करती। इससे केंद्र रोज-ब-रोज की जिंदगी में पैदा होने वाली दिक्कतों और खास संकट के हालात पैदा होने वाली स्थितियों से निपटने में अक्षम दिखाई देने लगता है।

स्वशासन के ग्रामीण, शहरी, और समुदाय आधारित संस्थानों को औपनिवेशिक शासन के दौरान भारी चोट सहनी पड़ी। नेहरू ने जिस राष्ट्र-राज्य की रचना की उसने इन बचे-खुचे स्वशासन संस्थानों को भी नष्ट कर दिया। लोकतंत्र को हर पांच साल में होने वाले मतदान

की रस्म अदायगी तक सीमित कर दिया जबकि सारी सत्ता केंद्र में बैठे शासकों के तहत रहने वाली स्थायी नौकरशाही के हाथों में कायम रही। राष्ट्रीय राजधानी और एक सीमित हद तक राज्यों की राजधानियां सत्ता का केंद्र बन गईं। आम लोगों की आवाज़ इन सत्ता केंद्रों तक पहुंचना बंद हो गई। राजनीति और प्रशासन शासन करने वाले लोगों के लिए लूटपाट का साधन बन गए।

हमारे देश में राजनीति की धुरी उन लोगों के इर्द-गिर्द घूमती है जो उन सत्ता केंद्रों पर कब्जा कर लेते हैं और जहां उन्हें बेतहाशा भ्रष्टाचार और लूटमार के अनगिनत मौके मिलते हैं। अकाली दल, द्रमुक, टीडीपी, माकपा और नेशनल कांफ्रेंस जैसी क्षेत्रीय पार्टियों तथा कांग्रेस के बीच ज़्यादातर बड़े टकराव देश को लूटने के लिए राजनीतिक सत्ता पर एकाधिकार कायम करने की कांग्रेस की इच्छा के कारण ही खड़े हुए हैं। इन संघर्षों में कांग्रेस के विरोधियों ने आमतौर पर केंद्र-राज्य संबंधों के पुनर्गठन और विकेंद्रीकरण की सही और तर्कसंगत मांगें उठाई हैं। परंतु दिक्कत यह है कि ये पार्टियां भी इस काम को बहुत महत्व नहीं देतीं और जैसे ही लूट में उन्हें छोटा सा हिस्सा मिलने लगता है वह भी अपना यह तेवर छोड़ बैठती हैं।

इस प्रणाली में जिन संगठनों की शिकायतों पर ध्यान नहीं दिया जाता उन्हें अपनी आवाज़ सुनाने के लिए लगातार और ऊंची आवाज़ में चीखना पड़ता है। कांग्रेस पार्टी ने पंजाब के अकालियों, बिहार के झारखंडियों, असम और कश्मीर के विभिन्न आंदोलनों या टिहरी बांध विरोधी आन्दोलनककारियों द्वारा उठायी गयी समस्याओं या झगड़ों के निदान के लिए कोई संस्थागत प्रणाली विकसित नहीं की। वह हर आन्दोलन को या तो कानून-व्यवस्था की समस्या के रूप में निपटाने की कोशिश करते हैं या विपक्षी आन्दोलनों के विशेष नेताओं को प्रलोभन देकर आन्दोलन को सैबोटाज करने की कोशिश करते हैं। यदि विपक्षी नेता बिकाऊ किस्म के न हों तो उन्हें देश की सुरक्षा और अखंडता के लिए खतरा घोषित कर दिया जाता है।

लोकतांत्रिक मांगों का गला घोंटने के लिए राष्ट्रवादी शब्दाडंबर के बार-बार इस्तेमाल के जरिए ही कांग्रेस ने अहमन्यवादी राष्ट्रवाद की जमीन पुख्ता की है। कश्मीर, पंजाब और नागालैंड जैसे सीमावर्ती क्षेत्रों में चल रहे आंदोलनों से निपटने के हथकण्डों से यह बात स्पष्ट साबित हुई है। इन इलाकों में आबादी का बड़ा हिस्सा हिंदू नहीं है और इसलिए उनकी मांगों को आसानी से भारत विरोधी कहकर उन आन्दोलनों का विकृत रूप पेश किया जा सकता है।

इसके अलावा कांग्रेस में निजी फायदे के लिए गुटबाजी, व्यापक भ्रष्टाचार और समाज विरोधी तत्वों के संरक्षण जैसी विकृतियां भी बड़े पैमाने पर सामने आई हैं। हिंदी फिल्मों में गांधी टोपी और खादी पोशाक का बदलता निरूपण कांग्रेस पार्टी के प्रति देशवासियों के बदलते रवैये को दर्शाता है। चालीस, पचास और साठ के दशक तक की फिल्मों में खादी और गांधी टोपी पहनने वाला व्यक्ति अकसर निःस्वार्थ, निष्ठापूर्ण सामाजिक कार्यों

का प्रतीक होता था। पिछले कुछ दशकों के दौरान यही पोशाक एक भ्रष्ट और पाखंडी राजनेता का प्रतीक बन गई है। दूसरे देशों के साथ हुए बोफ़ोर्स जैसे महंगे हथियारों और व्यावसायिक सौदों में हुए भ्रष्टाचार में कांग्रेस की मिलीभगत के कारण उसके 'राष्ट्रवादी' दावों से लोगों का मोहभंग हो चुका है। संघ परिवार ने कांग्रेस के प्रति लोगों के इस व्यापक मोहभंग का सहारा लेकर खुद को ऐसे उग्र राष्ट्रवादियों के रूप में पेश किया जो भारत माँ के "सच्चे उपासक" होने के नाते कभी भ्रष्ट नही हो सकते। जैसे-जैसे कांग्रेस का राष्ट्रवाद सामाजिक न्याय और लोकतंत्र से दूर होता गया वैसे-वैसे वह 'राष्ट्र खतरे में है' के खेल पर भी ज्यादा से ज्यादा आश्रित होने लगी। नतीजा यह हुआ कि धीरे-धीरे वह भी संघ परिवार की "फोबिक राजनीति" से कतई भिन्न नहीं रह गई।

जिस तरह कांग्रेस ने मुसलमानों को एक वोट बैंक की तरह इस्तेमाल किया है उससे इस समुदाय के भीतर भी मौकापरस्त व वोटों की दलाली करने वाले स्वार्थी नेतृत्व को मज़बूती मिली है। मुस्लिम महिला संरक्षण अधिनियम जैसी नुकसानदायक रियायतें और सलमान रुश्दी की किताब पर पाबंदी जैसी घटनाओं ने इस सोच को और हवा दी है कि मुसलमानों की लड़ाकू असहिष्णुता देश के लिये भारी खतरा बन चुकी है। इसके बावजूद कांग्रेस की 'छद्म धर्मनिरपेक्ष' राजनीति रुढ़िवादी व कट्टर किस्म के मुस्लिम नेताओं को आये दिन छोटी-मोटी रियायतों के टुकड़े फेंक कर उन्हें खुश रखने की नीति से यह गलतफहमी पैदा हुई है कि देश के मुस्लिम अल्पसंख्यकों को हिंदू बहुसंख्यकों के मुकाबले अनुचित राजनीतिक लाभ दिया जा रहा है।

मुस्लिम नेतृत्व मुस्लिम विरोधी भेदभाव और आतंक के बुनियादी मुद्दों को मज़बूती से उठाने में अक्षम रहा है। उन्होंने अपने नागरिक अधिकारों की बजाय बेतुके किस्म के धार्मिक अधिकारों पर जो ज़रूरत से ज़्यादा जोर दिया है उससे इस समुदाय और अन्य समुदायों के आपसी रिश्तों में कटुता बढ़ी है। नतीजा यह हुआ है कि भारत के ज़्यादातर दूसरे समुदाय मुसलमानों को शक और द्वेष की नज़र से देखने लगे हैं। उन्हें भारत के मुसलमान सिरफिरे पुरातनपंथी दिखाई देते हैं जो भारत की तरक्की में रुकावट बन रहे हैं।

इंदिरा गांधी के समय से ही कांग्रेस मुस्लिम नेतृत्व के ज़्यादा तार्किक और प्रगतिशील समझ रखने वाले लोगों को हाशिये पर ढकेलती रही है। अपने मुस्लिम वोट बैंक को एक भयभीत अल्पसंख्यक समुदाय की मनोदशा में कैद रखने के लिए उसने ऐसा किया है। जिन मुस्लिम राजनेताओं ने मुस्लिम समुदाय से जुड़े विभिन्न मुद्दों पर प्रगतिशील सोच अपनाने की कोशिश की उन्हें सुनियोजित ढंग से हाशिए पर धकेल दिया गया और उनकी जगह पुरातनपंथी नेताओं को हवा दी गई। शाह बानो विवाद के समय कांग्रेस के कई बड़े नेताओं ने मुस्लिम महिला संरक्षण विधेयक का विरोध किया था। परंतु फिर भी पार्टी शाही इमाम, शहाबुद्दीन और दूसरे मुस्लिम नेताओं के दबाव में आ गई और उनके साथ ऐसे बर्ताव करने लगी मानो वही मुसलमानों के सच्चे नेता हों।

मुस्लिम नेतृत्व और पश्चिमी रंग-ढंग में ढले मुस्लिम बुद्धिजीवियों में से बहुत सारे

लोग नेहरूवादी धर्मनिरपेक्षता को पसंद करते रहे हैं। लंबे दौर में उनकी यह मांग मुसलमानों के लिए काफी नुकसानदेह साबित हुई है। इस प्रक्रिया में उन्होंने अंतर्सामुदायिक सद्भाव के बारे में गांधी की समझ को खारिज और अपमानित किया क्योंकि वह इस बात को लेकर रुष्ट थे कि गांधी कुछ खास हिंदू प्रतीकों का प्रयोग करते थे। इन सब बातों से यह अहसास और मजबूत हुआ है कि मुस्लिम नेतृत्व निहित रूप से हिंदुओं से नफरत करता है क्योंकि वह अपने धर्म के अलावा और किसी धर्म को बर्दाश्त नहीं कर सकता तथा उन्हें नेहरू जैसे पश्चिमी रंग-ढंग में रंगे ऐसे हिंदू ही अच्छे लगते हैं जो खुद अपनी संस्कृति व धर्म और लोगों के साथ ही सहज जुड़ाव महसूस नहीं करते।

हिंदू-मुस्लिम सद्भाव के प्रति गांधी की सोच भक्ति आंदोलन और सूफी परंपरा से प्रभावित थी। उन्होंने सदियों पुराने परंपरागत रिश्तों को अपनी राजनीति का आधार बनाया जिनसे विभिन्न समुदायों के लोग सहअस्तित्व के रचनात्मक मानवीय तरीके गढ़ना जानते थे। इस तरह की जीवनशैली इस सोच पर आधारित थी कि उससे मोहल्लेदारी या गवंई भाईचारे के आधार पर हर नागरिक को परस्पर सुरक्षा का आश्वासन मिल पाता है।

अल्पसंख्यकों या अन्य कमजोर तबकों के अधिकारों की रक्षा के लिए सेना या पुलिस के इस्तेमाल को लेकर गांधी हमेशा सशंकित रहे। उन्हें आधुनिक राज्य तंत्र हिंसा पर आधारित दिखाई देता था इसलिए उनकी नज़र में यह मशीनरी स्थानीय समुदायों की सुरक्षा के काबिल नहीं थी। गांधी की नज़र में शांति और आपसी सुरक्षा स्थापित करने के लिए परंपरागत विकेंद्रीकृत सामुदायिक संगठन ज़्यादा बेहतर थे। वह इस बात पर जोर देते थे कि एक बाहरी पुलिस बल पर आश्रित रहने की बजाय लोग एक-दूसरे की जिम्मेदारी खुद उठाएं। वह जानते थे कि सामाजिक शांति और भाईचारा सरकार के नियंत्रण में काम करने वाली पुलिस के जरिए नहीं बल्कि समुदाय आधारित निगरानी एवं चौकसी के जरिए ही कायम हो सकता है।

अल्पसंख्यकों की रक्षा के लिए नेहरूवादी धर्मनिरपेक्षता लगभग पूरी तरह सरकारी मशीनरी के ऊपर आश्रित रही। इस समझ की एक प्रमुख सीमा यह थी कि उसमें राज्य गशीनरी को तटस्थ गानी 'न्यूट्रल' माना जाता था जबकि वास्तव में ऐसा विरले ही कभी होता हो। नेहरूवादी धर्मनिरपेक्षता ने मुसलमानों को इस गलतफहमी पर यकीन दिला दिया कि जब तक सरकार में उनकी पहुंच रहेगी और सरकार धर्मनिरपेक्षता के नारों को दोहराती रहेगी तब तक उनके हित सुरक्षित रहेंगे। जिस तरह जिन्ना ने हिंदुओं के मुकाबले मुसलमानों की सुरक्षा के बदले ब्रिटिश सरकार से सौदेबाजी की उसी तरह आजादी मिलने के बाद मुस्लिम नेतृत्व ने भी सारा जोर सरकार से 'रियायतें' हथियाने पर ही लगा दिया। इस तरह उन्होंने हिंदुओं और अन्य समुदायों से कटते जाने की प्रक्रिया को नज़रअन्दाज़ कर दिया। मुसलमानों के वोट हासिल करते रहने के लिए कांग्रेस ने इस अलगाव को और प्रोत्साहित किया।

हमारा सरकारी तन्त्र कानूनों के उल्लंघन और नागरिक अधिकारों के हनन के मामले में आमतौर पर अपराधियों से भी आगे दिखाई देता है। पुलिस और प्रशासनिक तंत्र ईमानदार

नागरिकों की बजाय अकसर अपराधियों की हिफ़ाज़त करता दिखाई देता है। सांप्रदायिक दंगों के दौरान अपराधियों और दंगाइयों की तरफ उसका खुला झुकाव लगभग हमेशा ही दिखाई देता है। इसके बावजूद हर दंगे के बाद मुस्लिम नेतृत्व अपनी सारी ऊर्जा और गुस्सा इसी शिकायत पर लगा देता है कि सरकार मुसलमानों की हिफ़ाज़त नहीं कर पाई। उसने पुलिस बल में मुसलमानों के लिए आनुपातिक प्रतिनिधित्व जैसी मांगें तो उठाई हैं लेकिन इस बात पर कभी खास चिंता नहीं जताई कि मुस्लिम समुदाय और शेष जनता के बीच संवाद घटता जा रहा है। इस बढ़ते फासले के कारण संघ परिवार का काम और भी आसान हो गया है।

मुस्लिम समुदाय का एकमात्र प्रवक्ता बनने की अपनी कोशिश में शहाबुद्दीन जैसे नेता मुसलमानों की शिकायतों को ऐन जिन्ना के अंदाज़ में व्यक्त करने की कोशिश करते हैं। इसके जवाब में हिंदुओं की तरफ से भी एकदम जुनूनी प्रतिक्रिया सामने आती है क्योंकि उन्हें तत्काल यह भय सताने लगता है कि अगर राष्ट्रीय राजनीति पर मुसलमानों का प्रभाव और बढ़ा तो देश के और बंटवारे हो उठेंगे। मुस्लिम नेताओं ने यह गलतफहमी पैदा कर दी है मानो तमाम मुसलमान एक एकाश्म समुदाय हों जिसके हित एक जैसे हैं। इस प्रवृत्ति ने हिन्दुत्ववादियों को इस बात का मौका दे दिया कि वह मुसलमानों के मुकाबले हिंदुओं को एक एकाश्म समुदाय की तरह व्यवहार करने के लिए प्रेरित करें। हिंदू इस बात को लेकर डरे रहते हैं कि मुस्लिम अल्पसंख्यक बहुसंख्यकों की हर इच्छा को वीटो कर सकते हैं जैसे जिन्ना आजादी के लिए हुई कई वार्ताओं के कुछ खास मौकों पर अंग्रेज़ों की मदद से स्वतन्त्रता आन्दोलन के निर्णयों व उद्देश्यों पर अपना वीटो थोपने में सफ़ल रहे। बहुत सारे लोगों को लगता है कि 'मुसलमानों को उनकी औकात बताने का समय आ गया है नहीं तो यह भारत को तबाह किये बिना चैन नहीं लेंगे।'

गांधी और नेहरू जैसे नेता देश की व्यापक जनता से यह निर्णय मनवाने में कामयाब रहे कि मुसलमानों को बंटवारे के बाद भी भारत में रहने का हक दिया जाए। मगर इसके बावजूद पाकिस्तान और भारत, दोनों देशों के शासक एक-दूसरे के साथ शांति से रहना नहीं सीख पाए। वह पड़ोसियों के रूप में सहअस्तित्व के सम्मानजनक और सभ्य तरीके विकसित नहीं कर पाए। इसकी बजाय उन्होंने अपने-अपने देश की जनता के बीच एक-दूसरे के प्रति फोबिया या झूठा डर पैदा करने की ज़्यादा कोशिश की है। इन कोशिशों की वजह से ही बंटवारे का दुःस्वप्न आज तक लोगों की यादों में ताज़ा है। खासतौर से पाकिस्तानी राजनेताओं ने अपने राष्ट्रवाद को मोटे तौर पर भारत के प्रति अमिट शत्रुता के संदर्भ में ही परिभाषित किया है। दोनों देशों में ही पाकिस्तान विरोधी बनाम मुस्लिम विरोधी या भारत विरोधी बनाम हिंदू विरोधी के बीच स्थित विभाजक रेखा बहुत महीन है। पाकिस्तानी शासकों के लिए ज़रूरी है कि वह भारत की एक राक्षसी छवि पेश करें क्योंकि वह भारतीय लोकतंत्र से भयभीत रहते हैं। दूसरी तरफ भारतीय शासक वर्ग भी अपने भय को कम नहीं होने देना चाहता क्योंकि पाकिस्तान के सैनिक तानाशाहों को अमेरिका का समर्थन मिलता रहा है। इसी

तरह पाकिस्तानी सरकार भी भारत को मिलने वाली सोवियत सहायता को लेकर भयभीत रहती थी। महाशक्तियों के इस हस्तक्षेप ने दोनों राष्ट्रों को एक-दूसरे की क्षमताओं का सटीक आकलन नहीं करने दिया जिसकी बुनियाद पर शांतिपूर्ण सहअस्तित्व के लिए वार्ता की शर्तें तय की जा सकती थीं।

सोवियत संघ के पतन के बाद अमेरिका और दूसरी पश्चिमी शक्तियों की राजनीतिक दृष्टि एक नाटकीय रूप से भिन्न दिशा में घूम गई है। अब जबकि पाकिस्तान और कुछ अन्य मुस्लिम देशों की साम्यवाद के खिलाफ बफर के तौर पर प्रासंगिकता समाप्त हो चुकी है तो पश्चिम विश्व ने एक नई दलील पेश कर दी। अमेरिका और उसके सहयोगी पाकिस्तान, अफगानिस्तान, सऊदी अरब और इराक में अब तक जिन इस्लामी कट्टरतावादियों को हवा देते थे, उन्हें ही अब नए शैतान के रूप में पेश किया जाने लगा है। पश्चिमी बुद्धिजीवी और राजनेता अब दुनिया भर को इस बात का यकीन दिलाने के लिए निकल पड़े हैं कि जैसे शीत युद्ध के दौर में साम्यवाद दुनिया की सुरक्षा के लिए खतरा था उसी तरह अब मुस्लिम कट्टरवाद का जिन्न दुनिया को खतरे में डाल रहा है। इस घटनाक्रम से भारत में मुस्लिम विरोधी भावनाओं को भी और बल मिला है। क्योंकि भारत चारों तरफ से इस्लामिक राष्ट्रों से घिरा हुआ है इसलिए अब भारतीय मुसलमानों को आसानी से राष्ट्रविरोधी तत्वों के रूप में पेश किया जा सकता है।

पंजाब और कश्मीर में पाकिस्तान जिस तरह अलगाववादी आंदोलनों को खुल्लमखुल्ला समर्थन और मदद दे रहा है और जिस तरह हिंदू कश्मीरियों को शरणार्थियों के तौर पर बाहर धकेला जा रहा है उससे हिंदुओं के मानस में गहरे पैठा डर और मजबूत हो जाता है। उन्हें लगता है कि मुसलमान तब तक भारत के टुकड़े-टुकड़े करते रहेंगे जब तक उन्हें 'सही सबक' नहीं सिखाया जाएगा। कश्मीर को हथियाने के चक्कर में पाकिस्तानी सरकार उन आतंकवादी संगठनों को मदद पहुंचा कर भारतीय मुसलमानों की जान को खतरे में डाल रही है जो कश्मीर को भारत से अलग करके पाकिस्तान का हिस्सा बनाना चाहते हैं।

बंटवारे के बाद मुसलमानों की नकारात्मक छवि को भुनाना और आसान हो गया क्योंकि बंटवारे के बाद भारत में जो मुसलमान बचे थे उनमें से ज़्यादातर गरीब तबके के थे जिनके पास अपनी पहचान का सवाल उठाने की ताकत नहीं थी। ज़्यादातर अभिजात्य और मध्यवर्गीय मुसलमान पाकिस्तान चले गए थे। मेरे माता-पिता की पीढ़ी तक के मध्यम और उच्चवर्गीय हिंदू ऐसे मुसलमानों को जानते थे जो उनकी नज़र में सामाजिक रूप से उनके बराबर की हैसियत रखते थे। उनमें से कई हिंदुओं के मुकाबले ज़्यादा बड़ी हैसियत रखते थे। व्यापक मुस्लिम समुदाय के साथ भी उनका रोज-ब-रोज का संबंध था। इसके विपरीत आजादी के बाद की उच्च और मध्यवर्गीय भारतीय अभिजात्यों की पीढ़ियां या तो मुसलमानों के साथ निजी रूप से कोई रिश्ता नहीं रखतीं क्योंकि वह गरीब और अलग-थलग हैं या उन्हें सिर्फ हम्मालों और कामगारों के तौर पर जानती हैं। ऐसी सूरत में समुदाय के नकारात्मक तत्वों को ही पूरे समुदाय की पहचान के रूप में पेश करना आसान हो जाता है जिससे

गलत-सलत पूर्वाग्रहों व आशंकाओं को और बल मिलता है।

पिछले कुछ सालों के दौरान मुस्लिम समुदाय के भीतर दस्तकारी और छोटे-मोटे काम-धंधे करने वाले बहुत सारे लोगों की संपन्नता में इजाफा हुआ। उनमें से बहुतों की यह संपन्नता खाड़ी के देशों में नौकरियों से भी आई है। इसके अलावा छोटे पैमाने के उद्योगों में उनकी घुसपैठ से भी उनके सामने प्रगति के नए रास्ते खुले हैं। कुछ कामकाजी मुसलमानों की सद्यप्राप्त संपन्नता भी गरीब हिंदुओं को उनके खिलाफ खड़े होने के लिए प्रेरित करती है। यह रवैया दलितों में ज़्यादा साफ दिखाई देता है जो परंपरागत रूप से मुसलमानों के नजदीक रहे हैं। हर नए दंगे में मुसलमानों के आसपास रहने वाली दलित बस्तियों के लोग मुसलमानों के घरों पर हमला करने और उनकी संपत्ति लूटने वाली भीड़ की अगली कतार में रहे हैं। हमलावर सबसे ज़्यादा यही शोर मचाते हैं कि *'मुसलमानों पर बहुत चर्बी चढ़ गई है'*।

आजादी के बाद होश संभालने वाले युवा मुसलमानों की पीढ़ी अपने अधिकारों के प्रति ज़्यादा सजग होने लगी है। वह अपने घैटोज़ या दड़बों से बाहर निकलना चाहते हैं। सम्पन्नता से आई नई आकांक्षायें व आक्रामकता भी ऐसे बहुत सारे हिंदुओं को भयभीत करती है जो उन्हें हिंसा के जरिए पीछे धकेलने की कोशिश करते हैं। खाड़ी के देशों के साथ बढ़ते संबंधों से इस्लाम के एक रुढ़िवादी संस्करण को हवा मिली है। मस्जिदों और दूसरे इस्लामिक संस्थानों के नाम पर खाड़ी के देशों से आने वाले पैसों से मुस्लिम नेतृत्व के उन कट्टरवादी नेताओं को मजबूती मिली है जो मुसलमानों को इस्लाम के भारतीय संस्करण से अलग और मध्य-पूर्वी संस्करण के नजदीक लाना चाहते हैं। इस प्रक्रिया में वह पास-पड़ोस के हिंदुओं के साथ बने सांस्कृतिक बंधनों और संबंधों को भी खत्म करना चाहते हैं। यहां तक कि वह जिस उर्दू की वकालत कर रहे हैं वह भी फारसी और अरबी के रंग में रंगी दिखाई देती है। बहुत सारे हिंदुओं को इस बात का डर खाए जा रहा है कि मुसलमानों में नया धार्मिक उत्साह भारत को टुकड़े-टुकड़े करने की एक सुनियोजित वैश्विक इस्लामिक साज़िश का हिस्सा है।

पहले जो राजनेता दंगे भड़काते थे वह दंगों में अपनी हिस्सेदारी को छिपाने की कोशिश करते थे। परंतु राजनीति के बढ़ते अपराधीकरण और समाज के मध्यम तथा अभिजात्य वर्ग की ओर से मुसलमानों के खिलाफ हिंसा को स्वेच्छापूर्वक सहमति ने दंगे भड़काने वाले राजनेता-गुंडा गठजोड़ को बेशर्म और बेबाक बना दिया है।

राजनीति के अपराधीकरण ने सरकारी मशीनरी के अपराधीकरण को भी बढ़ावा दिया है। पुलिस तथा अन्य सरकारी प्रतिनिधियों से हिंदुओं की दंगाई भीड़ को मिलने वाली खुली सुरक्षा और समर्थन ने मुसलमानों और हिंदुओं के बीच होने वाले टकरावों को और ज़्यादा गैरबराबरी वाला बना दिया है। परंपरागत रूप से हिंदू और मुसलमान एक-दूसरे के खिलाफ अपने-अपने पूर्वाग्रहों के बावजूद परस्पर सहअस्तित्व के कुछ व्यवहारिक तौर-तरीके निकाल लेते थे। उन्हें साफ दिखाई देता था कि आक्रामक तरीके से अपने पूर्वाग्रहों को उजागर कर

देना खतरे से खाली नहीं है। मोहल्ला आधारित एकजुटता की परंपरा प्रबुद्ध हितों की तर्कसंगत मान्यता के जरिए हिंसक कृत्यों से बचने की कोशिश पर आधारित थी। परंतु बहुसंख्यक समुदाय को पुलिस और सरकारी मशीनरी की मदद के साथ-साथ बाहरी राजनीतिक ताकतों की मिलीभगत ने भी शक्ति संतुलन को पूरी तरह अल्पसंख्यकों के खिलाफ कर दिया है। शक्तिहीन अल्पसंख्यकों पर होने वाले हमलों की जवाबी हिंसा का बहुसंख्यकों को कोई डर न रहने से उनके हौसले और बढ़े हैं।

राजनीतिक उददेश्यों से प्रेरित जातीय हिंसा की घटनाओं में इजाफे ने हिंदुओं सहित हरेक समुदाय को भयभीत और सशंकित कर दिया है। भ्रष्ट और निकम्मी कानून व्यवस्था मशीनरी पर अब हिंदू भी भरोसा नहीं कर पाते। मौजूदा परिस्थितियों में सामाजिक सुरक्षा सुनिश्चित करने के लिए कोई स्थापित प्रक्रिया और नियम नहीं रहे हैं। आजादी के बाद मुसलमान और दलित आदि कमजोर तबके कांग्रेस जैसी शासक पार्टियों के साथ राजनीतिक नजदीकी के जरिए एक हद तक सुरक्षा प्राप्त कर लेते थे। परंतु जैसे-जैसे खुद कांग्रेस ही अपराधियों और गुंडों के बलबूते राजनीति चलाने लगी वैसे-वैसे परंपरागत राजनीतिक संबंधों की संभावना भी क्षीण होने लगी। राजनीतिक व्यवस्था और उसके क्रियान्वयन निकायों के विखंडन से लोगों को महसूस होने लगा कि अपनी हिफ़ाज़त और जिंदगी के लिए बेहतर है कि वह खुद ही किसी गैंग से नजदीकी बना लें या फिर माफिया किस्म के नेताओं का संरक्षण लेने लगें। इसी डर से अर्द्धसैनिक बलों और शिवसेना व बजरंग दल जैसे हथियारबंद संगठनों तथा हाजी मस्तान या दाउद इब्राहीम जैसे माफिया सरगनाओं और पंजाब व कश्मीर के आतंकवादी संगठनों की अपने-अपने समुदाय के बीच पकड़ गहरी होती जा रही है।

ये सभी समूह अपने समर्थकों को न केवल दूसरे समूहों और समुदायों से बल्कि चरमराते राज्य तन्त्र से भी थोड़ी-बहुत सुरक्षा तो मुहैया कराते ही हैं। ये संगठन अपने अनुयायियों को मार्शल आर्ट की ट्रेनिंग देते है और उन्हें हिंसक मुकाबले के लिए तैयार करते हैं। यहां तक कि अब तो बड़े-बड़े व्यवसायी भी कानून-व्यवस्था तन्त्र की बजाय निजी सुरक्षा गार्डों पर ज़्यादा भरोसा करते हैं। इसके बावजूद उन्हें हमेशा इस बात का डर रहता है कि न जाने किस दिन अराजक हिंसा की लपटें उन तक भी पहुंच जाएं। इसी डर के कारण वह बाल ठाकरे जैसे राजनेताओं से हिफ़ाज़त मांगते हैं।

क्योंकि पाकिस्तान की बुनियाद ही एक झूठ पर पड़ी थी इसलिए पाकिस्तानी शासक वर्ग तो वहां के नागरिकों को शुरू से ही और भी ज़्यादा असुरक्षित महसूस कराता रहा। इसके विपरीत भारतीय शासक वर्ग ने एक ज़्यादा आत्मविश्वास और स्वाभिमान के साथ शुरुआत की। उसके इस आत्मविश्वास के पीछे महात्मा गांधी के विराट व्यक्तित्व और एक प्रेमपूर्ण व न्यायसंगत समाज के निर्माण की उनकी समझ का गहरा असर था। इसी का परिणाम था कि आजादी मिलने के कुछ ही समय के भीतर पूरे देश में अल्पसंख्यकों को समान अधिकार देने के नाम पर आसानी से एक व्यापक सहमति पैदा हो गई। अब भारतीय शासक वर्ग का आत्मविश्वास भी क्षीण हो चुका है। इसके लिए उसकी अपनी अक्षमता और कुप्रबंधन

के अलावा और कोई जिम्मेदार नहीं है। आज हमारे शासक अंतर्राष्ट्रीय मुद्रा कोष, विश्व बैंक और दूसरे विदेशी निवेशकों के सामने हाथ जोड़े खड़े हैं। भारत की गरीबी, निरक्षरता व बदहाली हमारे शासक वर्ग की अक्षमता का जीता-जागता सबूत है और इस सच्चाई से मुंह मोड़ना सम्भव नहीं कि भारतीय शासक वर्ग आर्थिक और राजनीतिक मोर्चे पर अपने आश्वासनों को पूरा करने में विफल हो चुका है। हालांकि इसके लिए वह खुद अपने आप को हीन महसूस करते हैं परंतु उनमें इतना साहस भी नहीं है कि वह इस संकट से निकलने का रास्ता ढूंढ सकें। संघ परिवार इसी आत्म-तिरस्कार को बड़े सोचे-समझे ढंग से हवा दे रहा है। हालांकि संघ परिवार के नेता पश्चिमी सरकारों को लुभाने में खुद कोई कसर नहीं छोड़ते, उन्हें इस बात का भरोसा दिलाते रहते हैं कि भारत में विदेशी निवेश सुरक्षित रहेगा और यदि वह सत्ता में आए तो उसका स्वागत करेंगे फिर भी वह इस डर को लगातार हवा देते रहते हैं कि देश को विदेशी शक्तियों के हाथों बेचा जा रहा है और हमारा देश भी सोवियत संघ की तरह कभी भी बिखर सकता है।

अतीत की अपनी विफलताओं से निपटने का एक सही तरीका यह होगा कि हम अपनी गलतियों का साहसपूर्वक सामना करें और हालात को सुधारने का संकल्प लें। परंतु भारत के आत्मघृणाग्रस्त शासक वर्ग के पास ऐसा करने का आत्मविश्वास नहीं है। वह सिर्फ दूसरों पर इल्जाम लगाने का ही काम कर सकते हैं।

हमारे शासक मध्यवर्ग की स्थिति एक ऐसे व्यक्ति जैसी है जो अपने 'मर्दानेपन' और 'पुंसत्व' को लेकर हमेशा परेशान रहता है और उसकी वजह से अपनी पत्नी के साथ ज़्यादा आक्रामक व हिंसक तरीके से पेश आता है। वह अपनी अक्षमता के लिए बार-बार पत्नी पर दोष मढ़ता है। अपना काम सही ढंग से न कर पाने के बावजूद हमारे नेता अपने शर्मिंदगी भरे प्रदर्शन के लिए सदा बलि का बकरा ढूंढते हैं। मुसलमानों को ही सारी समस्याओं की जड़ साबित करने वाली संघ परिवार की विचारधारा इस ज़रूरत को अच्छी तरह पूरा करती है। उनके कार्यकर्ता इस बात को दोहराते नहीं थकते कि अगर मुसलमान यहां न होते तो भारत को जर्मनी की तरह कामयाब होने से कोई नहीं रोक सकता था। मुसलमान ही हैं जो हमें पीछे खींचे जा रहे हैं।

राम मंदिर अभियान जनता दल सरकार की आरक्षण की नीति का मुकाबला करने के लिए शुरू किया गया था। संघ परिवार को अच्छी तरह पता है कि निचली और पिछड़ी जातियों की चुनावी ताकत ऊंची जातियों की चौधराहट को खतरे में डाल सकती है। संघ परिवार इसी डर का प्रतिकार करने के लिए मुसलमानों को साझा शत्रु साबित करके सारे हिंदुओं को एकजुट करने की कोशिश कर रहा है।

राष्ट्रवाद लोगों को बांटता है

भारतीय उपमहाद्वीप जैसी किसी भी बहुधार्मिक, बहुभाषी और बहुजातीय इकाई में लोगों की पहचानें स्पष्ट नहीं होतीं। यहां विभिन्न क्षेत्रीय समूहों की संस्कृति में भारी फ़र्क़ है। विभिन्न

समूहों की पहचानें कई परतों में बंटी होती हैं। हमारे देश का कोई भी व्यक्ति भारतीय होने के साथ-साथ पंजाबी, कश्मीरी, मलयाली, मणिपुरी, तमिल या कुछ और भी ज़रूर होता है। इसी तरह पंजाबी की भी पहचान कई परतों में बंटी होती है। पंजाबी पहचान दोआब या लाहौर के किसी खास इलाके से भी तय होगी जबकि इसके साथ ही वह व्यक्ति पंजाबी सिख, हिंदू या मुसलमान भी होगा। पंजाबी हिंदू की भी कई उपधार्मिक पहचानें होंगी। वह आर्यसमाजी, सनातनी या राधास्वामी पंथ का अनुयायी हो सकता है। इसके बाद जातिगत पहचान की परतें खुलती हैं। वह हिंदू खत्री या बनिया या ब्राह्मण हो सकता है। इसके अलावा हर जाति के भीतर भी उपजातियां और उनके भीतर भी गोत्र होते हैं। सबसे अंत में और सबसे अहम पहचान परिवार और बिरादरी के रिश्ते-नातों से तय होती है और उसके बाद उम्र और लिंग की पहचान आती है।

जब भी किसी व्यक्ति की कोई खास पहचान खतरे में पड़ती दिखाई देती है या किसी खास पहचान से व्यक्ति को राजनीतिक या आर्थिक फायदा होता दिखाई देने लगता है तो अकसर वह व्यक्ति अपनी उस खास पहचान को दूसरी पहचानों के मुकाबले ज़्यादा अहमियत देने लगता है। मसलन, तथाकथित 'निचली' जातियों के लिए नौकरियों में आरक्षण की नीति लागू होने के बाद इन जातियों के लोगों के लिए अपनी जातिगत पहचान को भुनाना ज़्यादा फायदेमंद हो गया है क्योंकि इसके बिना वह नौकरी नहीं पा सकते या यूं कहें कि इसकी वजह से उन्हें नौकरी पाने में आसानी हो जाती है। परंतु सेंट स्टीफंस कॉलेज जैसे अभिजात्य संस्थान में पढ़े ऊंची जाति के लड़कों को अपनी जातीय पहचान की अपेक्षा स्टीफंस की अपनी पृष्ठभूमि पर ज़्यादा गर्व रहता है क्योंकि उसकी यह शैक्षणिक पृष्ठभूमि पेशेवर जिंदगी में उन्हें ज़्यादा फायदा दिला सकती है।

जब सिख राष्ट्रवादी थे

राजनीतिक दायरे में कौन सी पहचान ज़्यादा असरदार साबित होगी यह कई बातों पर निर्भर करता है। सिख राष्ट्रवाद के उदय से हम कई अहम सबक सीख सकते हैं जिनको अनदेखा करना बहुत नुकसानदायक साबित होगा क्योंकि दयानंद और उनके आर्यसमाजी समर्थकों द्वारा सिख पंथ पर किए गए हमलों के जवाब में उन्नीसवीं शताब्दी के दौरान पंजाब के सिख अपनी एक अलग पहचान गढ़ने लगे थे। यह प्रक्रिया तब शुरू हुई जब दयानंद और उनके आर्यसमाजी अनुयायियों ने सिखों को हिंदू धर्म में वापस लाने के लिए शुद्धि का अभियान शुरू किया था। सिखों की दावेदारी की अगली बड़ी लहर पचास के दशक में आई जब पंजाबी सूबे की मांग की जाने लगी क्योंकि सिखों को लगता था कि उनके साथ भाषा के आधार पर भेदभाव हो रहा है। उन्होंने राज्यों के भाषायी पुनर्गठन के सिद्धांत का हवाला देते हुए अपने लिए अलग राज्य की मांग उठाना शुरू कर दिया। परन्तु पंजाब के हिंदू पंजाबी सूबे के लिए अकालियों की मांग से भयभीत होने लगे क्योंकि पंजाबी सूबे की मांग पंजाबियों की साझा मांग के रूप में नहीं बल्कि सिखों की मांग के रूप में पेश

की जा रही थी। हद तो यह थी कि पंजाबी हिंदुओं ने अपनी भाषायी पहचान को खत्म करके हिंदी को ही अपनी मातृभाषा घोषित कर दिया। उनको डर था कि सिख बहुल पंजाबी सूबे में उनकी हिंदू पहचान पर राजनीतिक खतरा पैदा हो सकता है। अकाली पार्टी गुरुद्वारों से संचालित होती थी इसलिए उसमें गैर-सिखों की राजनीतिक आकांक्षाओं को जगह देने की गुंजाइश बहुत नहीं थी। नतीजतन, कतर-ब्योंत के बाद सिखों के लिए पंजाब राज्य का गठन कर दिया गया। उसके कई हिस्से हिमाचल प्रदेश और हरियाणा में चले गए। इस खेल में सिर्फ सिखों को ही शह और मात का सामना नहीं करना पड़ा। पंजाब में हिंदुओं को भी भारी चोट पहुंची क्योंकि वह स्थायी रूप से अल्पसंख्यकों की श्रेणी में पहुंच गए। वह अपने राजनीतिक हितों की सुरक्षा के लिए जनसंघ और कांग्रेस जैसी 'राष्ट्रीय' पार्टियों की ओर मुखातिब होने लगे।

जब सत्तर के दशक की शुरुआत में केंद्र-राज्य संबंधों में बदलाव की मांग पर अकालियों ने आंदोलन शुरू किया तो असल में पंजाबियों के तौर पर वह अपनी क्षेत्रीय पहचान को ही मजबूत कर रहे थे। यद्यपि प्रत्यक्ष रूप से तो यह आंदोलन राजनीतिक और आर्थिक सत्ता के विकेंद्रीकरण की मांग कर रहा था परंतु बुनियादी स्तर पर अकालियों को राजनीतिक आधार मुहैया कराने वाले जाट किसानों के आर्थिक हितों को भी अभिव्यक्ति मिल रही थी। जाट किसानों ने ही इस विकेंद्रीकरण के लिए दबाव पैदा किया था क्योंकि केंद्र सरकार पंजाब के किसानों को नियंत्रित दामों पर अपना गेहूं बेचने के लिए मजबूर कर रही थी। यदि केन्द्र सरकार अपने ज़ालिम कानूनों के ज़रिये उनके रास्ते में रुकावट न खड़ी करती तो जिस दाम पर पंजाब के किसानों से सरकार गेहूं खरीदती थी उससे ज़्यादा कीमत तो उन्हें खुले बाज़ार में मिल सकती थी। कृषि पदार्थों के व्यापार की स्वतत्रंता आनंदपुर साहिब प्रस्ताव की एक प्रमुख मांग थी। इस प्रस्ताव में कृषि उपज के निर्यात की स्वतन्त्रता की मांग भी उठाई गई थी। पंजाब के हिंदुओं ने पंजाबियों के तौर पर अपनी क्षेत्रीय पहचान को जान-बूझकर कमजोर किया और क्षेत्रीय स्वायत्ता की मांग का विरोध करने लगे क्योंकि उन्हें डर था कि यदि पंजाब की सत्ता में अकालियों का दबदबा और मज़बूत हुआ तो उनके राजनीतिक हित और भी ज़्यादा खतरे में पड़ जाएंगे। अकाली राजनेता सत्ता के विकेंद्रीकरण के अपने वाजिब संघर्ष में हिंदुओं को साथ लेकर नहीं चल सके हालांकि पंजाब में 40 प्रतिशत मतदाता हिंदू हैं। अकालियों की इसी कमजोरी के कारण श्रीमती गांधी को यह दावा करने का एक ठोस बहाना मिल गया कि अकालियों की मांगें 'राष्ट्र विरोधी' थीं। अकालियों की इसी कमी ने श्रीमती गांधी को अकालियों के दमन और टकराव के रास्ते पर ढकेल दिया और यह प्रक्रिया अंततः आपरेशन ब्ल्यू स्टार के साथ जाकर खत्म हुई।

इस सैनिक आपरेशन ने देश भर के हिंदुओं और सिखों के बीच एक ऐसी अनपेक्षित खाई पैदा कर दी कि जो हिंदू पंजाबी हर रोज ग्रंथ साहिब का पाठ किया करते थे उनमें से भी बहुत सारे स्वर्ण मंदिर में सेना की कार्रवाई का समर्थन करने लगे। नवंबर 1984 में जब कांग्रेस के समर्थकों ने हजारों सिखों का निर्मम ढंग से कत्लेआम किया तो बहुत

सारे हिंदुओं ने इन हत्याओं को यह कहते हुए सही ठहराया कि सिखों को 'एक सबक सिखाना' ज़रूरी था।

सिख उग्रवादियों ने सत्ता के विकेंद्रीकरण के आंदोलन को कांग्रेस की मदद से खालिस्तान की दिशा में मोड़ दिया। संत लौंगोवाल के नेतृत्त्व को स्वीकार करने वाले अकाली दल का असर खत्म करने के लिए भिंडरावाले को कांग्रेस ने ही गुरुद्वारों के राजनैतिक अखाड़े में उतारा था। क्षेत्रीय स्वायत्तता के आंदोलन को पटरी से उतारने के लिए कांग्रेस ने खालिस्तान का नारा उठाने के लिए भिंडरावाले को हर तरह की मदद और बढ़ावा दिया। हालांकि इस बात को सब जानते थे कि पहले-पहल भिंडरावाले कांग्रेसी एजेंट था फिर भी बहुत सारे सिख आपरेशन ब्लू स्टार के बाद खालिस्तान की उसकी मांग का समर्थन करने लगे। जैसे तीस और चालीस के दशक में कुछ मुस्लिम नेताओं ने ऐलान किया था उसी तरह वह भी खुद को एक अलग कौम या राष्ट्र घोषित करने लगे।

स्थानीय समुदाय पड़ोसियों और सहवासियों के तौर पर अपने सांप्रदायिक मतभेदों या टकरावों को साझा हितों के हवाले से आसानी से हल कर सकते हैं। पचास और साठ के दशक में शहरी हिंदू हितों की नुमाइंदगी करने वाले जनसंघ को अकाली पार्टी के साथ मिलकर गठबंधन सरकार बनाने में कोई दिक्कत पेश नहीं आई जबकि इन दोनों पार्टियों के बीच तमाम तरह के राजनीतिक, धार्मिक और दूसरे मतभेद मौजूद थे। परंतु दिक्कत यह है कि जैसे ही कोई समुदाय अपने 'शुद्धिकरण' का फैसला लेता है और खुद को एक अलग राष्ट्रीयता घोषित कर देता है उसके हित अन्य समुदायों के विपरीत दिखाई देने लगते हैं और क्रमशः यही टकराव एक खुले युद्ध का रूप ग्रहण कर लेता है। जैसे ही सिखों के एक तबके ने सिख धर्म के 'शुद्धिकरण' का अभियान छेड़ा और सिख समुदाय को एक अलग राष्ट्रीयता घोषित कर दिया वैसे ही हिंदू सिखों के खिलाफ तमाम अत्याचारों का समर्थन करने लगे। इसमें दूर-दराज स्थित इलाकों के ही नहीं बल्कि पंजाब के हिंदू भी सिखों के खिलाफ हो गए हालांकि सांस्कृतिक और जातीय लिहाज से सिखों को पंजाबी हिंदुओं से अलग नहीं किया जा सकता है।

जब ऐतिहासिक रूप से हिंदू धर्म के रक्षकों की भूमिका निभाने वाले सिखों को भी इस कदर अलगाव में डाला जा सकता है कि वह खुद को हिंदुओं से अलग और उनका विरोधी घोषित करने की सीमा तक चले जाएं और हिंदू उनकी ओर से अपने अस्तित्व पर खतरा महसूस करते हुए अपने उन ऐतिहासिक रक्षकों के जनसंहार को सही ठहराने लगें तो हमें समझ लेना चाहिए कि किसी भी व्यक्ति या समुदाय की विभिन्न पहचानों की अनेकों परतों में से अगर किसी भी एक पहचान को अभिव्यक्ति का उपयुक्त स्थान नहीं दिया गया तो वही एक पहचान अलगाववादी भावनाओं का आधार बन सकती है।

एकाश्म पहचान के खतरे

हमारा इतिहास गवाह है कि पचास के दशक में भाषा के आधार पर राज्यों के पुनर्गठन

का जो फैसला लिया गया था वह एक समझदारी भरा राजनीतिक कदम था। इस फैसले से साझा भाषा के आधार पर हर प्रान्त में विभिन्न जातियों व समुदायों के लोगों को एक साझा पहचान पुख्ता करने का मौका मिला। बांगलादेश और पाकिस्तानी मुसलमानों की धार्मिक पहचान तो एक ही थी फिर भी बंगलादेश के अलग होने का एक मुख्य कारण यह भी था कि पश्चिमी पाकिस्तान के शासक बंगलादेश के बंगला भाषी मुसलमानों पर उर्दू को थोपने की कोशिश कर रहे थे। जब भारत में भी हिंदी को थोपने की कोशिश की गई तो दक्षिणी राज्यों ने बगावत के तेवर अपना लिए और तमिलनाडु में तो यह विरोध अलगाववादी रास्ते पर बढ़ने लगा। अगर भाषायी स्वायत्तता न दी जाती तो भारत में और भी कई राष्ट्रीयताओं के अलगाववादी आंदोलन सिर उठाने लगते और ऐसे आंदोलनों को राष्ट्रीय एकता की दुहाई देकर भी शांत नहीं किया जा सकता था।

दूसरी जातीय पहचानों के उभार के साथ भी इसी तरह के मुद्दे जुड़े रहे हैं। 1947 में जब कश्मीर के महाराजा ने पाकिस्तान की बजाय भारत में शामिल होने के प्रस्ताव को मंजूरी दे दी तो कश्मीरी मुसलमानों ने इस कदम का विरोध नहीं किया। उस समय मुस्लिम पहचान के मुकाबले उनकी कश्मीरी पहचान भारी पड़ी। परंतु राज्य स्तर पर लोकतांत्रिक ढंग से चुनी गई सरकारों को बर्खास्त करके बार-बार राष्ट्रपति शासन की घोषणा से कश्मीर में भी क्षेत्रीय स्वायत्तता की मांग जोर पकड़ने लगी। आखिरकार यह मांग भारत से कश्मीर के अलगाव की मांग बन गई। क्योंकि कश्मीरी राष्ट्रवाद का आन्दोलन पाकिस्तान के सहयोग से चला और उसका बहुत तीव्रता से इस्लामीकरण हुआ, इसलिये इस मुहिम ने जम्मू-कश्मीर के हिंदुओं और लद्दाख के बौद्धों को भी क्षेत्रीय स्वायत्तता की इस मांग के खिलाफ खड़ा कर दिया और वह अपने-अपने इलाकों के लिए और ज़्यादा अधिकारों की मांग करने लगे।

जिस तरह कश्मीर के लोग दिल्ली के इशारों पर नहीं चलना चाहते उसी तरह जम्मू के डोगरा और दूसरे हिंदू तथा लद्दाख के बौद्ध भी नहीं चाहते कि उनकी बागडोर श्रीनगर के हाथों में रहे। इस प्रकार, राज्य की आबादी का एक बड़ा हिस्सा केवल इसलिए क्षेत्रीय स्वायत्ता की मांग का विरोधी है क्योंकि उसे पता है कि कश्मीरी आज़ादी की लड़ाई लड़ने वाले इस सिद्धांत को लद्दाख या जम्मू जैसे क्षेत्रों पर लागू नहीं करेंगे। वह इन क्षेत्रों को सापेक्ष स्वायत्तता नहीं देंगे जबकि मुसलमान यहां अल्पसंख्या में हैं। अगर नेशनल कांफ्रेंस या हुर्रियत जैसे संगठनों के नेता राज्य के स्तर पर सत्ता के विकेंद्रीकरण का एक सार्थक कार्यक्रम विकसित कर पाते तो केन्द्र सरकार उनकी मांग को इतनी आसानी से नाजायज़ करार नहीं कर पाती।

यही बात व्यक्तियों के मामले में भी लागू होती है। जब मैं दिल्ली की सड़कों पर चलती हूं तो खुद को भारतीय महसूस नहीं करती। क्योंकि यहां मुझे लगातार यौन उत्पीड़न की आशंका रहती है इसलिए मुझ पर मेरी शहरी और लैंगिक पहचान ज़्यादा हावी रहती है। परंतु अपने परिवार में मुझे अपनी लैंगिक पहचान का सहारा नहीं लेना पड़ा क्योंकि बेटी के रूप में वहां मेरे साथ कोई भेदभाव नहीं हुआ। जब मैं भीड़ भरी डीटीसी बस में चलती

हूं तो पुरुष मुसाफिरों की अश्लील हरकतों से बचने के लिए मुझे महिलाओं के लिए आरक्षित सीट का दावा करने की ज़रूरत महसूस होने लगती है। जब मैं किराए पर मकान ढूंढने के लिए निकलती हूं तो मैं अपनी लैंगिक और पंजाबी पहचान के बारे में सचेत हो जाती हूं क्योंकि दिल्ली में पंजाबियों, और खासतौर से महिलाओं को मकान देने के मामले में अजीब पूर्वाग्रह काम करते हैं। जब मैं देश के बाहर, खासतौर से पश्चिम में कहीं जाती हूं तो मुझे बार-बार इस बात का अहसास होता है कि मैं एक भारतीय हूं। मेरी चमड़ी का रंग, मेरा पहनावा और मेरी भाषा मुझे वहां के बहुसंख्यकों से अलग कर देती है। एक भारतीय होने के नाते मुझे जिन पूर्वाग्रहों का सामना करना पड़ता है उनके चलते भी मैं अपनी भारतीयता के प्रति ज़्यादा संवेदनशील हो जाती हूं। कहने का मतलब ये कि व्यक्तिगत और सामुदायिक, दोनों किस्म के संबंधों में हम अपनी उसी पहचान को ज़्यादा आक्रामक ढंग से पकड़ने लगते हैं जिस पर हमें ज़्यादा खतरा दिखाई देता है।

बहुत सारे लोगों का मानना है कि भारत में हिंदू-मुस्लिम टकराव का समाधान काफी हद तक भारत-पाकिस्तान और भारत-बंगलादेश संबंधों के सुधरने पर निर्भर करता है। उनका यह भी तर्क है कि जब तक बंगलादेश हिंदुओं को अपने यहां से भारत खदेड़ता रहेगा और पाकिस्तान कश्मीर व पंजाब में आतंकवादी, अलगाववादी राजनीति को समर्थन देता रहेगा तब तक भारतीय हिंदू भारतीय मुसलमानों को अपने गुस्से का निशाना बनाते रहेंगे। कुछ हद तक यह बात सही है। परंतु क्योंकि हमारी बदकिस्मती है कि हमारे पड़ोसी हमसे भी ज़्यादा अलोकतांत्रिक हैं तो इसका मतलब यह नहीं है कि हम पाकिस्तानी और बंगलादेशी सरकारों की अक्षमता और फ़ोबिया के दबाव में आत्मघाती राजनीति की तरफ बढ़ने लगें। इस टकराव से निकलने का रास्ता यही है कि हम उन तत्वों को वैधता प्रदान न करें जो भारत को पाकिस्तान के आत्मघाती रास्ते पर धकेलना चाहते हैं, जो उन लोगों को मदद नहीं करना चाहते जिनका धर्म हिंदू नहीं है। हम ऐसी शक्तियों को वैधता प्रदान नहीं कर सकते जिनका सिर्फ यही तर्क है कि मुसलमानों के साथ भी वैसा ही बर्ताव किया जाना चाहिए जैसा बर्ताव पाकिस्तान या बंगलादेश के हिंदुओं के साथ किया जा रहा है।

पाकिस्तान से घृणा का संघी तरीका वाकई अजीब है। वह चाहते हैं कि भारत भी पाकिस्तान की धर्मकेंद्रित राजनीति का आंख मूंद का अनुसरण करने लगे। यह सचमुच बदकिस्मती की बात है कि संघ परिवार के कई नेता जिन्ना का आधुनिक अवतार बनने का सपना पाल रहे हैं। संघ गठजोड़ की राजनीति का सारतत्व अनचाहे ही जिन्ना को सही साबित करने पर केंद्रित है हालांकि इतिहास जिन्ना को गलत साबित कर चुका है। हिंदुओं को भारतीय राष्ट्रवादियों के रूप में 'एकजुट' करने की कोशिशें तयशुदा दौर पर ऐसे ही भयानक परिणाम देंगी।

हिंदुओं व मुसलमानों, तथा हिंदुओं व सिखों के बीच पैदा हुए टकराव को सिर्फ राष्ट्रीय एकता के मंत्रजाप से हल नहीं किया जा सकता। इस मामले में आधुनिक राष्ट्रवाद के मुकाबले हमारे परंपरागत बंधनों ने ज़्यादा अच्छी गोंद का काम किया है। विभिन्न उपराष्ट्रीय

प्रवृत्तियों का जवाब देने के लिए अधिराष्ट्रवाद का सहारा लेना अकसर फायदे की बजाय उलटे नुकसानदेह साबित होता है। अधिराष्ट्रवादी विचारधारा उपराष्ट्रीय प्रवृत्तियों को अलगाववादी तेवर अपनाने से रोकने में अकसर विफल हो जाती है। राष्ट्रवाद का निहित तर्क ही ये है कि उससे परस्पर विरोधी राष्ट्रवाद जन्म लेते हैं। यह एक समूह विशेष की अपेक्षित एकता पर आधारित होता है और लगभग हमेशा किसी अन्य समूह के विरोध से वैधता ग्रहण करता है। यह विचारधारा किसी वास्तविक या पौराणिक संस्कृति और इतिहास को साझा बंधन के रूप में चुनकर अलग-अलग समाजों को 'एक सुत्र में पिरोने' की कोशिश करती है। स्वतन्त्रता आन्दोलन के दौरान कांग्रेस ने जिस सर्वसमावेशी राष्ट्रवाद की वकालत की थी उसे विभिन्न उपराष्ट्रवादों ने जमकर चुनौती दी। मुस्लिम उपराष्ट्रवाद की चुनौती तो आखिरकार बंटवारे में ही परिणत हुई। बाद में पाकिस्तानी राष्ट्रवाद को बांगलादेशी राष्ट्रवाद से चुनौती मिली (हालांकि दोनों का धर्म एक ही था)। बांगलादेश के अलग होने के बाद भी पाकिस्तान को सिन्धियों, बलूचियों, मुहाजिरों, पंजाबियों और दूसरी राष्ट्रीयताओं की चुनौती का सामना करना पड़ रहा है। ये सारे समुदाय भी मुस्लिम कश्मीरियों की तरह अपनी अलग राष्ट्रीय पहचान का दावा करते रहे। इसी प्रकार, हमारा यह 'धर्मनिरपेक्ष' आह्वान भी बहुत बढ़िया नहीं है कि धर्म को राजनीति से बाहर रखा जाए। आखिरकार संघ परिवार राजनीतिक उद्देश्य से जनता की गोलबंदी के लिए अपने आंदोलन को एक जातीय रंग देने के लिए सावधानीपूर्वक चुने गए धार्मिक प्रतीकों के सहारे उनके धार्मिक अस्तित्व की नहीं बल्कि राजनैतिक अधिकारों की लड़ाई ही लड़ रहा है। इसीलिए वामपंथियों और धर्मनिरपेक्षतावादियों की राष्ट्रीय एकता की अपील हिंदू राष्ट्रवाद के भाजपाई तर्क का मुकाबला नहीं कर पाती। संघ परिवार का नेतृत्व भी बुनियादी तौर पर वही बात तो कह रहा है–'राष्ट्र को धर्म से ऊपर रखो।' उनकी नज़र में वह राष्ट्र के गद्दार हैं जो धर्म को राष्ट्र से बढ़कर मानते हैं।

इस फ़साद से बाहर निकलने का सही रास्ता यही है कि सरकारी तन्त्र प्रत्येक व्यक्ति, प्रत्येक समूह और समुदाय को उसके जान-माल की सुरक्षा का आश्वासन दे। हमारी सरकार लोगों को हिंसा और शोषण के निर्मम प्रहारों से बचाने में नाकाम होती जा रही है। यदि लोगों की जिंदगी भय और असुरक्षा से ग्रस्त हो, उनकी जिंदगी कातिलाना हमलों के साये में गुज़र रही हो तो उनके लिए "राष्ट्रीय सुरक्षा" बेमानी हो जाती है। और अगर सरकार उन्हें इज़्ज़तदार व भयमुक्त जीवन प्रदान करने की काबलियत नहीं रखती तो लोग राष्ट्र के प्रति दिली निष्ठा भी कायम नहीं रख सकते। राज्य की स्थिरता में केवल ऐसे नागरिकों की ही दिलचस्पी हो सकती है जिन्हें इस बात का यकीन है कि सरकार किसी भी तरह के नुकसान और जानलेवा हमलों से उनकी हिफ़ाज़त करेगी।

निष्ठावान नागरिक उन्हीं समाजों में पाए जाते हैं जहां का राष्ट्रवाद नागरिकों के प्रति संवेदनशील रवैया अपनाता है और उनके मानवीय अधिकारों और स्वतंत्रता के प्रति सजग व सक्रिय रहता है, जहां सरकारें कानूनसम्मत ढंग से काम करती हैं और नागरिकों के प्रति जवाबदेह होती हैं, जहां जातीय समूहों के बीच समानता को सामाजिक एवं राजनीतिक संरचना

के एक बुनियादी सिद्धांत के रूप में मान्यता दी जा जाती है। जहां इन सिद्धांतों का पालन नहीं किया जा रहा है और जहां राष्ट्रवाद केवल एक भावनात्मक नारे के रूप में नागरिक अधिकारों को कुचलने का साधन बनकर रह जाता है वहां तनाव और मारकाट का माहौल बना रहता है। और बहुत से नागरिक सरकारी तन्त्र पर हिंसात्मक हमले करने को "क्रांतिकारी" राजनीति का सर्टिफ़िकेट दे देते हैं। इस मारकाट की आग में अकसर बहुत सारे मासूम नागरिक भी झुलस जाते हैं। अमेरिका में ऊंची अपराध दर अश्वेतों तथा अन्य वंचित समुदायों के खिलाफ भारी भेदभाव और उनके घेटोआइज़ेशन से जुड़ी हुई है। दूसरी तरफ, अमेरिका के पड़ोस में स्थित कनाडा में सामाजिक तनावों और अपराधों का स्तर काफी कम है क्योंकि वहां अल्पसंख्यक समूहों के खिलाफ कम भेदभाव किया जाता है। उग्र राष्ट्रवाद लगातार ज्यादा से ज्यादा विषैला रूप लेता जाता है क्योंकि वह सामाजिक न्याय से लगातार दूर हटता चला जाता है।

विविध पहचानों को फलने-फूलने दो

संघ परिवार दो समुदायों के बीच जिस स्थायी और अनम्य शत्रुता का दावा कर रहा है. उससे निपटने का एकमात्र असरदार तरीका यही है कि विभिन्न समुदायों के भीतर सिर उठा रही 'शुद्धिकरण एवं सफाए' की घातक प्रवृत्तियों के जरिए एकाश्म पहचानों को उभरने से रोका जाए। मिसाल के तौर पर, जब राजनेता इस बात पर जोर देने लगते हैं कि तमाम हिंदुओं, या तमाम मुसलमानों के हित एक जैसे हैं—फिर चाहे वह केरल के हों या महाराष्ट्र के, किसान हों या कारीगर, उर्दू भाषी हों या तमिल भाषी, अमीर हों या गरीब, सुन्नी हों या शिया, निचली जाति के हों या सवर्ण हों—तो उन्हें स्थायी शत्रुओं के तौर पर एक-दूसरे के खिलाफ खड़ा किया जा सकता है। परंतु जब मुसलमान और हिंदू एक किसान की हैसियत से अपने हितों की रक्षा के लिए एकजुट हो सकें, या अपनी भाषायी व क्षेत्रीय पहचान के लिए सारे गुजराती या सारे कश्मीरी एकजुट हो जाएं, या एक ही गांव या एक ही मौहल्ले के आधार पर समानता के बंधनों को रेखांकित करने लगें तो उनकी भिन्न धार्मिक पहचानें नाजायज़ तौर पर हावी नहीं हो सकतीं और उन्हें राष्ट्रीय स्तर पर एक-दूसरे के खिलाफ आसानी से नहीं खड़ा किया जा सकता।

अल्पसंख्यक अधिकार नीति

इसका यह मतलब नहीं है कि हिंदुओं और मुसलमानों के बीच कोई जायज़ शिकायतें नहीं हैं। समस्या इस वजह से है कि अभी भी हमारे देश में बहुसंख्यक व अल्पसंख्यक समुदाय ों के बीच सत्ता के बंटवारे का न्यायसंगत और संस्थागत रूप विकसित नहीं हो पाया है। दुनिया भर में इसके अनेक उदाहरण मौजूद हैं कि बहुसंख्यक-अल्पसंख्यक संबंधों को परिभाषित करने के सही प्रावधानों के अभाव में बहुसंख्यकवादी समुदाय की राजनीति आसानी से निरंकुश तानाशाही स्वरूप अख़्तियार कर लेती है, तमाम समूह अपने अस्तित्व को लेकर भयभीत रहने लगते हैं, और अन्ततः एकमात्र रास्ता यही दिखाई देने लगता है

कि अन्य समूह/समूहों को या तो पूरी तरह संहार कर दिया जाए या उसे धकेल कर बाहर निकाल दिया जाए। इसीलिए पाकिस्तान और बांगलादेश के हिंदुओं की संख्या में भारी गिरावट आई और आज वह भारत के मुसलमानों से भी ज़्यादा कमजोर और वंचित हैं।

भारत की विविधता को देखने पर पता चलता है कि यहां प्रत्येक समुदाय यदि किसी खास इलाके में अल्पसंख्यक है तो दूसरे इलाके में बहुसंख्यक है। मिसाल के तौर पर, कश्मीर, लद्दाख, पंजाब और नागालैंड में हिंदू अल्पसंख्यक हैं परन्तु बाकी देश में वह बहुसंख्यक हैं। कश्मीर के अलावा पूरे भारत में मुसलमान अल्पसंख्यक हैं। पंजाब को छोड़कर बाकी पूरे देश में सिख अल्पसंख्यक हैं। नागालैंड के अलावा बाकी सारे राज्यों में ईसाई अल्पसंख्यक हैं। तमिल मूल के लोग तमिलनाडु के बाहर अल्पसंख्यक हैं। इसी तरह कुछ खास सरकारी नौकरियों और अभिजात्य व्यवसायों के अलावा बाकी सब जगह ब्राह्मण अल्पसंख्यक हैं।

चाहे कश्मीर या पंजाब के हिंदू अल्पसंख्यक हों, मध्य प्रदेश के मुसलमान अल्पसंख्यक हों या तमिलनाडु के ईसाई अल्पसंख्यक हों, हमें इन सब समुदायों के साथ सत्ता में साझेदारी के व्यावहारिक तौर-तरीके विकसित करने होंगे। आज हमारे पास एक ऐसी सुनियोजित नीति नहीं है जिसके जरिए अल्पसंख्यकों के अधिकारों को स्पष्ट रूप से परिभाषित किया जा सके और उसे देश भर में संस्थात्मक रूप दिया जा सके। अब तक हमारी सरकार पैगंबर मुहम्मद के जन्मदिन को सरकारी छुट्टी घोषित करने या मुस्लिम पर्सनल लॉ के मुद्दे पर कट्टरवादी दबावों के सामने घुटने टेक देने या *सेटेनिक वर्सेज़* जैसी पुस्तकों पर पाबंदी थोपने जैसे सांकेतिक काम ही करती आई है।

एक जवाबदेह सरकार

जिसके जरिए अल्पसंख्यकों को सचमुच उनका सही हक मिल पाए ऐसी नीति केवल तभी कामयाब हो सकती है जब उसके साथ-साथ सरकारी तंत्र का भी आमूल पुनर्गठन किया जाए। उसमें उत्तरदायित्व के सिद्धांतों को इस प्रकार लागू किया जाना चाहिए जिससे सरकारी निकाय लोगों के प्रति जवाबदेह बन जाएं। जब तक हम कानून-व्यवस्था तंत्र को कानूनसम्मत ढंग से व्यवहार करने के लिए प्रेरित नहीं क़र पाएंगे जिससे लोगों को गिरोह न बनाने पड़ें और माफिया गैंग्ज़ या अपराधी किस्म के राजनेताओं की हिफ़ाज़त की ज़रूरत न पड़े, तब तक हर छोटे-बड़े सवाल पर हिंसा का प्रयोग बढ़ता जाएगा।

एक प्रभावी कानून-व्यवस्था मशीनरी के लिए ज़रूरी है कि राजनीतिक व्यवस्था को नए सिरे से दुरुस्त क्रिया जाए। इसके जरिए हमें न केवल राज्यों और केंद्र के बीच बल्कि राज्यों के भीतर विभिन्न इलाकों के बीच भी सत्ता का प्रभावी और सार्थक विकेंद्रीकरण करना होगा। ऐसी सूरत में प्रत्येक गांव और प्रत्येक शहर को एक हद तक स्वायत्तता मिलेगी।

सत्ता के अत्यधिक केंद्रीकरण से लाजिमी तौर पर भ्रष्टाचार और निरंकुशता पैदा होती है। इससे विभिन्न जातीय समूहों के बीच टकराव की संभावना भी बढ़ती है। सोवियत संघ

का पतन हमें यही सीख देता है। सार्थक पहचानों को रौंद कर एक सर्वशक्तिशाली राष्ट्रीय राज्य की रचना के लिए व्यापक जनता से कुर्बानी की मांग और अफ़सरशाही व पार्टी आलाकमान के हित में समर्पण नागरिकों से पूर्ण समर्पण की मांग समाज में भीषण असन्तोष व तनाव फैलाती है। भूतपूर्व साम्यवादी देशों में ऐसा हो चुका है।

यदि संघ परिवार के नेताओं की तमाम कोशिशों के बावजूद हमारा देश हिटलर के जर्मनी या एक और यूगोस्लाविया की राह पर बढ़ने से बच निकला है तो इसकी वजह यही है कि हमारे देश की विविधता एक कातिलाना मकसद के लिए लोगों को एकजुट करने की कोशिशों को बार-बार बेअसर कर देती है। हमारी समृद्ध सभ्यता की विविधता ही एक निरंकुशवादी तानाशाही के विरुद्ध सबसे अच्छी गारंटी है। यदि हम अपने राजनेताओं को इसे नष्ट करने की इजाज़त दे देंगे तो हमारी यही कमजोरी भारत की अन्तरात्मा को नष्ट करने का कारण बन जाएगी।

13

कश्मीर और कश्मीरियत

भाषा, धर्म और क्षेत्र की राजनीति

इस साल (1994) की शुरुआत में जब मैं कश्मीर गई तो मेरा सामना एक झकझोर देने वाले तथ्य से हुआ। वहां यह देखकर मुझे बड़ा झटका लगा कि कश्मीर में कोई विरला ही होगा जो कश्मीरी लिपि को पढ़ना-लिखना जानता हो। इसका मतलब है कि कश्मीर दुनिया के उन कुछ गिने-चुने इलाकों में से एक है जहां खासे पढ़े-लिखे तबकों सहित तकरीबन सभी लोग अपनी मातृभाषा में निरक्षर हैं। कश्मीरी लिपि या साहित्य न तो यहां के स्कूलों में पढ़ाई जाती है न कॉलेजों में। इसलिए उसे राज्य की आधिकारिक भाषा बनाने का तो कोई सवाल ही नहीं उठता। कश्मीर में पढ़ाई-लिखाई और आधिकारिक कामकाज की भाषा उर्दू और अंग्रेजी ही हैं।

यह स्थिति तब है जबकि कश्मीरी भाषा में लिखित परम्परागत साहित्य की कोई कमी नहीं है। और भी हैरतअंगेज बात यह है कि देश के दूसरे इलाकों के अंग्रेज़ी भाषा में शिक्षित लोगों के विपरीत कश्मीर के लोग एक-दूसरे से हमेशा कश्मीरी में ही बात करते हैं। घाटी में अपने पांच दिन के प्रवास के दौरान मैंने शायद ही दो कशमीरियों को किसी और भाषा में बात करते देखा होगा। हालांकि आज़ाद कश्मीर की लड़ाई लड़ने वाले भी कश्मीरी संस्कृति और पहचान के अनूठेपन का बखान करते तो कभी नहीं थकते मगर वह भी कश्मीरी लिपि में एक वाक्य भी पढ़-लिख नहीं सकते।

भाषा को लोगों की पहचान को परिभाषित करने वाला एक अहम तत्व माना जाता है। आधुनिक युग के ज़्यादातर राष्ट्र-राज्य भाषायी आधार पर ही विकसित हुए हैं। हमारे उपमहाद्वीप में कुछ ही अरसा पहले बंगलादेश इसी कारण पाकिस्तान से अलग हुआ था क्योंकि बंगलादेशियों को यह मंजूर नहीं था कि पश्चिमी पाकिस्तान में बैठे शासक उनकी मातृभाषा बंगला को हाशिए पर ढकेल कर उन पर उर्दू थोप दें। इस घटनाक्रम ने पाकिस्तान

---

* पहली बार *मानुषी* संख्या 82 (मई-जून 1994) में प्रकाशित।

के संस्थापक सिद्धांत को ही छिन्न-भिन्न कर डाला। पाकिस्तान की स्थापना के लिए सबसे बढ़-चढ़कर यही दलील दी गई थी कि भारत के मुसलमान एक भिन्न और अलग राष्ट्रीयता से वास्ता रखते हैं क्योंकि उनका धर्म अलग है। परन्तु पाकिस्तान से बंगलादेश के अलग हो जाने के बाद भी पाकिस्तान के दूसरे भाषायी समूहों को उर्दू के वर्चस्व से खासी नाराजगी रहतीं है। वहां के सिन्धी, बलूची, पश्तून, पंजाबी और दूसरे भाषायी समुदाय उर्दू के दबदबे पर असंतोष व्यक्त करते रहते हैं। इसके बावजूद कश्मीरी मुसलमानों ने अपनी मातृभाषा के स्थान पर उर्दू की चौधराहट मंजूर कर ली है।

दूसरी तरफ भारत के अन्य हिस्सों में उर्दू को शक की निगाह से देखा जाता है। उसके जन्मस्थान--उत्तर प्रदेश--में भी उसकी उपेक्षा की जा रही है। हिंदुओं को उर्दू की आधिकारिक मान्यता से बड़ी परेशानी रहती है क्योंकि उसे बंटवारे को जन्म देने वाली एक कलंकित भाषा के रूप में देखा जाने लगा है। पाकिस्तान की स्थापना की मांग सबसे ज़्यादा भारत के उर्दूभाषी मुसलमानों ने ही उठाई थी। यह मांग उन इलाकों से पैदा नहीं हुई थी जो आज पाकिस्तान का हिस्सा हैं। उत्तर भारत से पाकिस्तान गए उर्दूभाषी मुसलमानों ने पाकिस्तान के गर्वोन्मत्त संस्थापकों के नाते उर्दू को राष्ट्रीय भाषा बनाकर पाकिस्तान के विभिन्न भाषायी समूहों के बीच राष्ट्रीय एकता थोपने की कोशिश की जबकि सच्चाई यह थी कि उर्दू उन मुट्ठी भर लोगों की ही मातृभाषा थी जो उत्तर प्रदेश से पाकिस्तान गए थे।

बोलने के लिहाज से उर्दू को हिन्दुस्तानी से अलग करके नहीं देखा जा सकता। उत्तर भारत के ज़्यादातर हिंदू हिन्दुस्तानी बोलते हैं। इसके बावजूद इन दोनों एक मां की जायी बेटियों को एक-दूसरे से अलग कर दिया गया क्योंकि दोनों की लिपि अलग थी और दोनों को अलग-अलग धार्मिक पंथों के साथ जोड़कर देखा जाने लगा था। उर्दू में अरबी लिपि का इस्तेमाल होता है इसलिए उसे इस्लाम के साथ जोड़कर देखा गया। हिन्दुस्तानी में देवनागरी लिपि इस्तेमाल होती है इसलिए वह हिंदुओं की भाषा कही जाने लगी।

कश्मीरी भाषा के अध्ययन की उपेक्षा का एक बड़ा कारण यह भी है कि कश्मीर के मुसलमानों और हिंदुओं ने भाषा पर अलग-अलग इतिहास और भावनाएं लाद दी हैं। कश्मीरी पंडित आपको बताएंगे कि असली कश्मीरी सिर्फ शारदा लिपि में लिखी जा सकती है जबकि कश्मीरी मुसलमानों को लगता है कि कश्मीरी भाषा के लिए अरबी लिपि ज़्यादा मुफीद है क्योंकि यह लगभग 400 सालों से इस्तेमाल में रही है और अब कश्मीरी भाषा की खास ज़रूरतों के हिसाब से उसमें ज़रूरी तब्दीलियां कर ली गई हैं। यह विवाद चौदहवीं शताब्दी के भक्ति-सूफ़ी आन्दोलन की पैदायश संतनी लाल देड़ के जमाने तक जाता है। उन्हें आधुनिक कश्मीरी भाषा की जन्मदात्री माना जाता है। हिंदू उन्हें लालेश्वरी के नाम से पुकारते हैं और उनका मानना है कि वह एक ब्राह्मण परिवार में पैदा हुई थीं तथा शैव पंथ की अनुयायी थीं। फारसी के पुराने दस्तावेजों से पता चलता है कि उन्होंने इस्लाम धर्म ग्रहण कर लिया था और वह सूफी परंपरा से प्रभावित थीं। इस तरह हिंदू और मुसलमान दोनों ही उन्हें अपना बताते हैं और दोनों का कश्मीरी भाषा से गहरा लगाव है।

भारत और पाकिस्तान, दोनों से स्वायत्तता और अलगाव की मांग को लेकर कश्मीरी पहचान के हक में हुए व्यापक विद्रोहों के एक लंबे इतिहास के बावजूद कश्मीरियत के हिमायतियों और आजादी के 'लड़ाकों' ने शायद ही कभी यह मांग उठाई है कि कश्मीरी भाषा को स्कूलों और कॉलेजों के पाठ्यक्रम में शामिल किया जाए तथा उसे प्रशासन की भाषा बनाया जाए।

नसीम मेहराज उन विरले कश्मीरियों में से एक हैं जो कश्मीरी भाषा के अरबी संस्करण को लिखना-पढ़ना जानती हैं। वह एक कॉलेज में कश्मीरी भाषा और साहित्य पढ़ाती हैं। उनका कॉलेज ऐसे गिने-चुने कॉलेजों में से एक है जहां कश्मीरी भाषा में डिप्लोमा पाठ्यक्रम पढ़ाया जाता है। नसीम की नज़र में यह बड़ी बदकिस्मती की बात है कि कश्मीर के लोग अपनी ही भाषा में पढ़ना-लिखना नहीं जानते। सत्तर के दशक में कुछ कश्मीरी लेखकों के दबाव के कारण सरकार ने यह फैसला लिया था कि पांचवी कक्षा तक कश्मीरी पढ़ाई जाएगी। परंतु इस फैसले को कभी लागू नहीं किया गया और ज़्यादातर बच्चे उर्दू ही पढ़ते रहे। तब कुछ लेखकों और बुद्धिजीवियों ने सरकार पर दबाव डाला कि कश्मीरी भाषा को उच्च शिक्षा संस्थानों में लागू किया जाए। नतीजतन, विश्वविद्यालय के स्तर पर नौ माह का एक डिप्लोमा पाठ्यक्रम शुरू किया गया। इसके बाद कुछ कॉलेजों में कश्मीरी भाषा के प्रारंभिक अध्ययन की व्यवस्था भी की गई। परंतु आज भी कश्मीरी में जो थोड़ा-बहुत काम किया जाता है वह केवल दो संस्थानों तक ही सीमित है, एक सरकार द्वारा संचालित सांस्कृतिक अकादमी है और दूसरा कश्मीर विश्वविद्यालय का कश्मीरी विभाग।

नसीम डिप्लोमा लेने वाले छात्रों के पहले बैच में थीं। वह बताती हैं कि कश्मीरी भाषा की प्रारंभिक पांडुलिपियां शारदा लिपि में थीं : 'हमारे ज़्यादातर शब्द मूल रूप से संस्कृत आधारित थे। परंतु बाद में मुस्लिम राजाओं के प्रभाव के कारण बहुत सारे अरबी व फारसी शब्दों को भी कश्मीरी में शामिल किया गया। यह भाषा अभी भी इसीलिए एक जीवित भाषा है क्योंकि उसने कई बाहरी प्रभावों को अपने भीतर समेट लिया। लेकिन यह हमारी गुलाम मानसिकता की निशानी है कि हम कश्मीरी भाषा को उसका उचित सम्मान नहीं दे पाए। जब मुगलों ने अंतिम कश्मीरी राजा युसूफ शाह चक को धोखे से गद्दी से हटा दिया था तभी से यहां कश्मीरी भाषा को खत्म करने की साज़िश चली आ रही है।'

मुगल शासक अकबर को बाकी सारा देश भले ही कितनी भी इज्जत की नज़र से देखता हो, कश्मीर के लोग उसे अपना दुश्मन मानते हैं क्योंकि उसने युसूफ शाह चक को गिरफ्तार करके उसे गद्दी से हटा दिया था। कश्मीरी मुसलमानों का मानना है कि वे तभी से गुलाम हैं क्योंकि तब से अब तक कश्मीर पर बाहरी लोगों—मुगल, अफगान, सिख, डोगरा और अब 'भारतीय'—लोगों का ही शासन चला आ रहा है!

ऐसा कैसे हुआ कि कश्मीरी के अध्ययन को पाठ्यक्रम का एक सामान्य हिस्सा बनाने के लिए कोई राजनीतिक दबाव पैदा नहीं हुआ बल्कि उसे दूसरी विदेशी भाषाओं की तरह एक विशेष पाठ्यक्रम की हैसियत देने पर ही ज़्यादा जोर दिया गया? मैंने यह सवाल नसीम

के अलावा 'आजादी' के लिए जारी कश्मीरी आंदोलन के कई बड़े राजनीतिक नेताओं के सामने भी उठाया। कुछ नेताओं ने इस स्थिति के लिए भारत सरकार की साज़िशों को जिम्मेदार ठहराया। परंतु वह भी यह स्पष्ट नहीं कर पाए कि कश्मीरियों ने खुद कभी यह मुद्दा क्यों नहीं उठाया। श्रीनगर के पत्रकार जफर मेहराज जैसे कुछ लोगों का कहना है कि राज्य में निरंतर कायम राजनीतिक अस्थिरता और कश्मीरी स्वायत्तता आत्मनिर्णय के कश्मीर के अधिकार पर जारी विवाद तमाम दूसरी चिंताओं को अभिव्यक्त होने से रोक रहे हैं। कुछ अन्य लोग इसी बात से संतुष्ट हैं कि वह अपनी रोज-ब-रोज की बातचीत के लिए तो कश्मीरी का इस्तेमाल करते ही हैं। ज़्यादातर लोगों ने यह बात भी दोहराई कि जब कश्मीरी पढ़कर नौकरी ही नहीं मिल सकती तो भला उसे कोई क्यों पढ़ेगा? स्कूलों में मुस्लिम छात्र उर्दू पढ़ते हैं और कश्मीरी पंडितों के बच्चे हिंदी पढ़ते हैं।

श्रीनगर से निकलने वाले उर्दू अखबार *आफताब* के संपादक सोनुल्ला बट्ट ने समझाते हुए कहा : 'कश्मीर की आधिकारिक भाषा सिख शासकों के समय से ही उर्दू रही है। पहले मुगलों ने यहां फारसी लागू की थी। कश्मीर पर डोगरा शासकों का शासन कायम होने के बाद भी उन्होंने प्रशासकीय कामों के लिए उर्दू का ही इस्तेमाल जारी रखा। 1947 के बाद विधानसभा ने तय किया कि उर्दू राजभाषा होगी हालांकि ज़्यादातर सरकारी दफ्तरों में अंग्रेजी का इस्तेमाल होता रहा। इतना ही नहीं, मुसलमानों की भावनाएं उर्दू से जुड़ी हुई भी हैं क्योंकि बहुत सारा इस्लामिक साहित्य इसी भाषा में उपलब्ध है। जब पचास के दशक में रेडियो कश्मीर शुरू हुआ तो उस पर हर रोज कश्मीरी में खबरें प्रसारित की जाती थीं। हालांकि पंडित कश्मीरी भाषा के इस्तेमाल को बढ़ावा देना चाहते थे मगर मुसलमान इस बात पर नाखुश थे कि उर्दू की कीमत पर कश्मीरी को आगे बढ़ाया जा रहा है।' इस तरह उर्दू ने कश्मीरी पंडितों और कश्मीरी मुसलमानों तथा कश्मीरी भाषी मुसलमानों व जम्मू-लद्दाख में रहने वाले दूसरे जातीय समूहों को बांटने में एक अहम भूमिका निभाई।

जेकेएलएफ के नेता यासीन मलिक ने इस सवाल पर राजनीतिक रूप से ज़्यादा व्यवहारिक जवाब दिया : 'कश्मीरी ही जम्मू-कश्मीर की एकमात्र भाषा नहीं है। इस राज्य में दर्जनों दूसरी भाषाएं भी बोली जाती हैं—पंजाबी, डोगरी, गद्दी, लद्दाखी और कई दूसरी भाषाएं। हालांकि घाटी की भाषा कश्मीरी को काफी नुकसान उठाना पड़ा है फिर भी आप किसी एक खास भाषा पर ध्यान केंद्रित नहीं कर सकते। मैं इस बात के हक में हूं कि स्कूलों में कश्मीरी पढ़ाई जाए। मगर सच्चाई यह है कि जैसे ही आप कश्मीरियत की बात शुरू करते हैं तत्काल आपको पूरे राज्य की विभिन्न संस्कृतियों को भी समाहित करना पड़ेगा। नुकसान सिर्फ कश्मीरी भाषा ने ही नहीं बल्कि इस राज्य के विभिन्न इलाकों की संस्कृतियों ने भी सहा है। मेरी राय में उर्दू हम पर ऊपर से थोपी गई है। यह तो लखनऊ की भाषा थी। परंतु अब यह मुस्लिम संस्कृति का एक अभिन्न अंग बन चुकी है।'

गैर-कश्मीरी भाषी लोगों का समर्थन हासिल करने की कोशिश के बावजूद कश्मीरियों की ओर से बोलने के परस्पर विरोधी दबाव जेकेएलएफ नेताओं की दुविधा को जाहिर कर

देते हैं। अपनी उपक्षेत्रीय भावनाओं के कारण लद्दाखी बौद्ध, हिंदू, डोगरी, गद्दी और अन्य गैर-कश्मीरी भाषी समूह एक नितांत कश्मीरी नेतृत्व की अगुवाई में स्वतंत्रता की मांग का समर्थन करने वाले नहीं हैं। जिस तरह कश्मीरी खुद को राष्ट्रीय नेतृत्व के हाथों नाइंसाफी का शिकार महसूस करते हैं उसी तरह लद्दाख और जम्मू के लोग भी खुद को कश्मीरियों के हाथों भेदभाव का शिकार मानते हैं।

आजादी के नारे को तभी पर्याप्त विश्वसनीयता मिल सकती है जब जम्मू और लद्दाख के ज़्यादातर लोग उसके हक में खड़े हों। जम्मू और कश्मीर में हिंदू अल्पसंख्यकों में लगभग शत प्रतिशत लोग आजादी के खिलाफ है क्योंकि आजादी का नारा देने वाले लोग कश्मीरियत के आधार पर वहां के हिंदुओं को साथ लेकर नहीं चल पाये और इसीलिये उनके आन्दोलन का झुकाव इस्लामी कट्टरवाद की ओर बढ़ता गया।

जेकेएलएफ के नेता क्षेत्रीय और धार्मिक आधार पर अपनी राजनीति को परिभाषित करने में इतने मशगूल रहे कि लद्दाख व जम्मू की उपक्षेत्रीय भावनाओं के प्रति संवेदनशीलता नहीं दिखा पाये। यह उनकी राजनीति की सबसे बड़ी कमज़ोरी है। जितना ज़्यादा वह उर्दू और इस्लाम की ओर झुकते हैं उतना ही वह जम्मू, लद्दाख और कश्मीर के गैर-मुस्लिम लोगों से कटते चले जाते हैं। इसके चलते कश्मीर में जेकेएलएफ कार्यकर्ता पाकिस्तान समर्थक राजनीति के नजदीक और तमाम कश्मीरियों की आजादी के चिरप्रतीक्षित सपने से दूर होते चले जाते हैं। उनका अंतिम उद्देश्य घाटी के साथ-साथ जम्मू और लद्दाख के भी तमाम मुसलमानों को एकजुट करना है। इस काम के लिए उर्दू और इस्लाम का प्रतीक बड़ा मुफीद साबित होता है क्योंकि इनमें मुसलमानों के बीच मौजूद उपक्षेत्रीय भावनाओं को दबाने की काफी संभावना दिखाई देती है। नतीजा यह है कि जेकेएलएफ के लिए भी कश्मीरियत का सवाल *इस्लामियत* का एक उपांग बनकर रह गया है।

क्या इसका अर्थ यह है कि कश्मीरी मुसलमानों की धार्मिक पहचान उनकी कश्मीरी पहचान पर हावी हो गई है? क्या कश्मीरी मुसलमानों के लिए आजादी का मतलब अपनी संस्कृति के ऐसे तमाम तत्वों का सफाया करने से है जिनमें हिंदू या गैर-मुस्लिम लोकाचार की बू आती है, और जिनमें कश्मीरियत भी एक है? इसका जवाब हां भी है और ना भी।

इसमें कोई शक नहीं कि कश्मीरी मुसलमानों का एक उल्लेखनीय परंतु छोटा सा तबका भारत से अलग होकर पाकिस्तान से जुड़ना चाहता है। हिजबुल मुजाहिदीन जैसे संगठनों को सोपोर आदि इलाकों में काफी समर्थन मिलता है। इसके बावजूद, वहां भी भारत विरोधी प्रदर्शन आखिर में पाकिस्तान में शामिल होने की मांग की बजाय आजादी के नारों के रूप में ही उभरते हैं। इस आंदोलन में जेकेएलएफ को ही सबसे ज़्यादा लोगों का समर्थन मिल पाया है। परन्तु आज जेकेएलएफ भी हिजबुल मुजाहिदीन, अल-बकर, हरकत-उल-अंसार और ऐसे ही दूसरे पाकिस्तान समर्थित संगठनों के खिलाफ ज़िंदगी और मौत के संघर्ष में जूझ रहा है।

हालांकि शुरू-शुरू में पाकिस्तान ने जेकेएलएफ को भी हथियारबंद सहायता दी थी मगर बाद में उसने जेकेएलएफ की मदद करना कम कर दिया और उसके मुकाबले अपने

कठपुतली संगठन खड़ा करने लगा। इस बदलाव का मकसद जेकेएलएफ को कमजोर और तहस-नहस करना था क्योंकि पाकिस्तानी शासक आजादी के लिए कश्मीरी भावनाओं को कुचलना चाहते थे। इसलिए कश्मीरी भाषा की उपेक्षा और उर्दू को प्रोत्साहन, कश्मीर में सक्रिय पाकिस्तान समर्थक संगठनों के एजेंडा का एक अभिन्न हिस्सा है। उनका एजेंडा "आज़ाद कश्मीर की" भावनाओं का गला घोंट कर एक पाकिस्तान समर्थक भावना को प्रोत्साहित करने पर केंद्रित है। इस सबके बावजूद कश्मीर के ज्यादातर मुसलमान अभी भी मुस्लिम पहचान के मुकाबले अपनी कश्मीरी पहचान को ज़्यादा अहमियत देते हैं। परंतु कश्मीरियों के बीच बढ़ती धार्मिक उग्रता इस आन्दोलन को इस्लाम के पाकिस्तानी व पश्चिम एशियाई संस्करण की ओर झुका रही है जो कि कश्मीरी संस्कृति व कश्मीरी इस्लाम से बहुत अलग है।

कोई भी समुदाय लंबे समय तक अपनी भाषा से कटकर अपनी सांस्कृतिक पहचान बनाए नहीं रख सकता। कश्मीरी अधिकारों के लिए सक्रिय प्रमुख संगठन यदि आजादी की अपनी लड़ाई के एक अभिन्न पहलू के तौर पर कश्मीरी भाषा को जिंदा रखने पर ध्यान नहीं देंगे तो वह अपनी संस्कृति को नष्ट होने से नहीं बचा पायेंगे।

इसी प्रकार कश्मीरी पंडित भी भाजपा द्वारा फैलाए जा रहे हिन्दुत्व के एक आयातित संस्करण को अपना कर कश्मीरियत की विशिष्टता को गंभीर नुकसान पहुंचा रहे हैं। सदियों तक उन्होंने मुगल, अफगान, सिख या डोगरा राजाओं के तहत स्वेच्छापूर्वक उर्दू और फारसी का अध्ययन किया है क्योंकि उस वक्त फारसी और उर्दू ही अच्छे अवसरों और लाभदायक रोजगारों तक पहुंचने का जरिया थी। परंतु आज वह अरबी लिपि में लिखी जाने वाली अपनी कश्मीरी भाषा के मुकाबले हिंदी को अपनाने पर ज़्यादा जोर दे रहे हैं जबकि उनके लिये वह एक बाहरी भाषा है।

परंतु हिंदुओं और मुसलमान, दोनों के बीच पढ़े-लिखे लोग अब हिंदी-उर्दू या कश्मीरी की बजाय अंग्रेजी की तरफ ज़्यादा झुकने लगे हैं क्योंकि अब सबसे अच्छी नौकरियां और अवसर अंग्रेजी के जरिए ही हासिल किए जा सकते हैं। श्रीनगर स्थित आहदूज़ होटल में मेरे कमरे के बैरा ने मुझे बताया कि उसके गांव के लोग स्कूल में पढ़ने वाले बच्चों के मां-बाप से पैसे इकट्ठा करके अपने गांव में एक अंग्रेजी मीडियम स्कूल चला रहे हैं। वह अपने बच्चों को उर्दू मीडियम के सरकारी स्कूलों में नहीं भेजना चाहते। वहां ऐसे गरीब-गुरबा लोग ही अपने बच्चों को उर्दू मीडियम के स्कूलों में भेजते हैं जो अंग्रेजी स्कूल का खर्चा नहीं उठा सकते।

कश्मीरी पहचान के बारे में तमाम शोर-शराबे के बावजूद कश्मीर में सबसे ज़्यादा चाह अंग्रेजी शिक्षा की ही है। और जो यह भ्रम पाल रहे हैं कि इस अंग्रेजी शिक्षा से जो अंग्रेजी भाषी अभिजन पैदा होगा वह संभवतः ज़्यादा 'धर्मनिरपेक्ष' तथा संकीर्ण जातीय विभाजनों से ऊपर होंगा उन्हें याद रखना चाहिए कि बंटवारे को अंजाम देने वाले और सबसे भयानक हिंदू-मुस्लिम विभाजन की बुनियाद रखने वाले लगभग तमाम लोग अंग्रेजी में पारंगत थे। अगर हमारे देश के राजनीतिक अभिजन स्थानीय मदरसों या देसी पाठशालाओं में पढ़े होते तो मुमकिन है कि हमें विभाजन जैसे दुःस्वप्न का सामना न करना पड़ता।

14

कश्मीर से उठती आवाज़ें

मई 1994 के आखिरी हफ्ते में मैं सिटिज़ंस फॉर डेमोक्रेसी के श्री कुलदीप नैयर और न्यायमूर्ति तारकुंडे के साथ जम्मू-कश्मीर गई थी। यह कोई जांच दल नही था बल्कि हम राज्य में आम नागरिकों पर हुए अत्याचार और मानवाधिकार उल्लंघन के मामलों का दस्तावेजीकरण करने गए थे। हमारा उद्देश्य मुख्य रूप से इस बात का अनुमान लगाना था कि क्या सुरक्षा बलों की ज्यादती की घटनाओं में कोई कमी आई है और क्या कश्मीर मुद्दे के शांतिपूर्ण समाधान की कोई संभावना दिखाई देती है या नही। इस रिपोर्ट में मुख्य रूप से घाटी के कश्मीरी मुसलमानों पर ध्यान केंद्रित किया गया है। मुझे अफ़सोस है कि हम जम्मू-कश्मीर के दूसरे इलाकों के लोगों या कश्मीरी पंडितों के नज़रिए पर इसमें उतना ध्यान नही दे पाये। इसकी वजह यह नही थी कि उनका नज़रिया अहमियत नही रखता, बल्कि यह थी कि समस्या का शांतिपूर्वक समाधान तब तक नही निकल सकता जब तक हम घाटी के लोगों के साथ संवाद की प्रक्रिया को पुनर्जीवित नही करेंगे।

हम 25 मई को दोपहर बाद श्रीनगर पहुंचे। हवाई अड्डे पर माहौल तुलनात्मक रूप से सामान्य दिखाई देता था। जैसे ही हम होटल जाने के लिए टैक्सी में बैठे, टैक्सी ड्राइवर ने हमसे पूछा, '*आप प्रेस वाले हैं?*' हमने कहा 'हां' और साथ ही यह भी बताया कि हम मानवाधिकार संगठनों के नुमाइन्दे हैं। इस पर उसने पूछा 'तब तो आप मेरी ग्राहक तवलीन सिंह और हरिंदर बावेजा को भी जानते होंगे?' मैंने जवाब में पूछा, 'तुम उनकी रिपोर्टों के बारे में क्या सोचते हो?' '*हरिंदर ठीक-ठाक लिखती है, पर तवलीन तो, बाप रे! मैं तो उसके साथ जाने से बहुत डरता हूं।* पिछली बार वह आई थी तो मैं उसे दूर के एक गांव में ले गया था। वहां कुछ महिलाओं के साथ बलात्कार हुआ था। सीमा सुरक्षा बल (बीएसएफ) वाले हमें गांव में जाने नहीं जाने दे रहे थे। पर उसने उनको करारा जवाब दिया। वह तो किसी से नहीं डरती! मुझे तो उसके साथ जाने से डर लगता है। अगर वह दोबारा सुरक्षा बलों से लड़ बैठी तो मैं तो मारा जाऊंगा।'

---

* पहली बार *मानुषी*, संख्या 83 (जुलाई-अगस्त 1994) में प्रकाशित।

दिल्ली की एक महिला पत्रकार सुरक्षा बलों को खुली चुनौती देकर भी सुरक्षित वापस लौट सकती है जबकि एक स्थानीय कश्मीरी ऐसी महिला के साथ खड़े होने से भी कतराता है—इससे हमें अच्छा-खासा अंदाजा लग जाना चाहिए कि आज कश्मीर के आम लोगों के साथ सुरक्षा बलों का रिश्ता कैसा है।

हमने उससे पूछा, 'पिछले कुछ सालों के मुकाबले अब हालात कैसे हैं?' 'काफी बेहतर हैं। अब उग्रवादियों और सुरक्षा बलों के बीच पहले के मुकाबले कम मुठभेड़ होती हैं। पर मरने वालों की तादाद में अब भी कमी नहीं आई है। क्योंकि अब यासीन मलिक को रिहा कर दिया गया है तो हो सकता है कि हालात थोड़ा सुधर जाएं। कश्मीर के नेताओं में उनका बड़ा मान है। जिस दिन उन्हें जेल से रिहा किया गया था और वह वापस श्रीनगर लौटे थे, उस दिन हवाई अड्डे से उनके घर तक का रास्ता लोगों से भरा पड़ा था। लोग उनका स्वागत करने के लिए आए थे। हालांकि वैसे तो हवाई अड्डे से उनके घर की दूरी मुश्किल से आधे घंटे में पूरी हो जाती है मगर उस दिन उन्हें अपने घर तक पहुंचने में सात घंटे लगे।' हालांकि हमारा ड्राइवर जेकेएलएफ की आजादी की मांग के प्रति साफ तौर पर हमदर्दी जाहिर कर रहा था मगर अपनी निजी प्राथमिकताएं साफ करने में उसने जरा सी भी हिचकिचाहट नहीं दिखाई : 'मेरी सियासत तो मेरी रोजी-रोटी है जी। जिस दिन मुझे कोई ग्राहक नहीं मिलता उस दिन कोई मेरे घर आकर मेरे बाल-बच्चों को रोटी नहीं खिलाता। आज मेरे सहारे दस लोगों की रोटी चलती है। इनमें दो मेरे छोटे भाई भी हैं। मेरे एक भाई को कुछ दिन पहले पूछताछ के लिए उठा लिया था क्योंकि उसका एक दोस्त गिरफ्तार हुआ था और उसने सुरक्षा बलों को मेरे भाई का नाम भी बता दिया था। उन्होंने उसे पूछताछ के लिए बंद रखने के बाद छोड़ दिया था। उन्होंने उसे इतना मारा था कि पूरे बीस दिन तक वह चारपाई से नहीं उठ पाया। वह इसलिए उनकी गिरफ़्त से बच पाया क्योंकि न जाने कैसे उसने उन्हें यह भरोसा दिला दिया कि वह मिलिटेन्ट नहीं है।'

उग्रवादी बनाम निर्दोष

कश्मीरी मुसलमानों के साथ हमारी बातचीत का सबसे काबिलेगौर पहलू यह था कि जब कभी भी हमें सुरक्षा बलों के हाथों किसी की गिरफ्तारी, यातना या हत्या की कहानी सुनने को मिली, एक बार भी लोगों ने यह छिपाने की कोशिश नहीं की कि जिस व्यक्ति को निशाना बनाया गया वह उग्रवादी था या नहीं। मुझे लगता है कि इस लिहाज से हमें जितनी भी जानकारी मिली वह मोटे तौर पर विश्वसनीय थी। उन्होंने हमें यहां तक बताया कि संबंधित व्यक्ति पहले उग्रवादी था और उसने अब उग्रवाद छोड़ दिया था या वह अभी भी उग्रवादी था। मिसाल के तौर पर एक जगह हमें बताया गया कि दिल्ली के प्लाजा सिनेमा में बम रखने की कोशिश के आरोप में दिल्ली में गिरफ्तार किए गए एक लड़के ने उग्रवाद छोड़ दिया था और बाद में वह मजदूरी के लिए दिल्ली चला गया था—परंतु उसे दोबारा गिरफ्तार कर लिया गया और अब वह मजबूरन फिर से आतंकवादी बन गया है। इन लोगों को यह

बताने में भी कोई हिचकिचाहट नहीं थी कि कौन-कौन लोग वाकई आतंकवादी हैं। जहां कहीं भी किसी निर्दोष व्यक्ति को निशाना बनाया गया था वहां लोगों का गुस्सा और दुख ज़्यादा तीखा था। वास्तविक उग्रवादियों की गिरफ्तारी पर लोगों में वैसी तीखी प्रतिक्रिया दिखाई नहीं देती थी। ज़्यादातर लोग इस बात पर सहमत थे कि हालांकि हालात थोड़ा-बहुत 'सामान्य' होते जा रहे हैं फिर भी अलगाव की भावना अब भी काफी मजबूत है।

सतह पर चीजें भले ही पहले से ज़्यादा 'सामान्य' दिखाई दे रही थीं परंतु यह मान लेना सही नहीं होगा कि हालात पूरी तरह सामान्य हो चुके हैं। दमनकारी घटनाओं में कोई कमी नहीं आई है बल्कि उनकी तादाद में और इजाफा ही हुआ है। मिसाल के तौर पर, श्रीनगर के बटवाल नामक इलाके में कुछ ही समय पहले सेना के अधिकारियों ने 125वीं बार 'क्रैकडाऊन' किया। परंतु अब इन तलाशियों के तौर-तरीके में बदलाव दिखाई देने लगा है। कुछ समय पहले तक सुरक्षा बलों के जवान आम लोगों और उग्रवादियों के बीच खास फ़र्क़ नहीं कर पाते थे। हत्याओं और गिरफ्तारियों के चक्र में कोई तर्क नहीं दिखाई देता था। परंतु पिछले कुछ माह से वह उग्रवादियों की घेरेबंदी पर ज़्यादा ध्यान देने लगे हैं।

'क्रैकडाउन' शब्द का आशय सुरक्षा बलों द्वारा शहर के किसी इलाके या किसी गांव की घेरेबंदी से है। यह घेरेबंदी इलाके की तलाशी के लिए की जाती है। ऐसे मौके पर कम उम्र लड़कों सहित तमाम पुरुषों को घर से बाहर निकाल कर खड़ा कर दिया जाता है। पुरुषों की अकसर पिटाई होती है और कई को भारी यातना झेलनी पड़ती है। मसलन, अनंतनाग के पास स्थित एक गांव में सुरक्षा बलों के जवानों ने गांव के मर्दों को घर से बाहर निकाला और उन्हें कीचड़ और कचरे में धकेल दिया। उन्होंने बूढ़ों को भी नहीं बख्शा। इसके बाद सुरक्षा बलों के लोग हथियारों या छुपने की जगहों की तलाश में घर-घर तलाशी लेते हैं। परंतु ज़्यादातर मौकों पर वह घरों में लूटपाट करते हैं, सामने आने वाली हर चीज को तहस-नहस कर देते हैं। अकसर वह महिलाओं के साथ बदसलूकी भी करते हैं। ऐसी तलाशियों के दौरान बलात्कार की वारदातें भी हो चुकी हैं। हमें बलात्कार के ऐसे तीन मामलों का ब्यौरा मिला और एक बलात्कार पीड़ित महिला से हमने निजी तौर पर बात भी की।

हम 27 मई को सोपोर पहुंचे थे। सोपोर में इससे एक दिन पहले ही बीएसएफ ने एक बड़ा तलाशी अभियान चलाया था। इस कस्बे को पाकिस्तान समर्थक हिजबुल मुजाहिदीन का गढ़ माना जाता है। यह एकमात्र ऐसी जगह थी जहां हमें अपने खिलाफ प्रदर्शन का सामना करना पड़ा। जैसे ही हम सोपोर पहुंचे बहुत सारी महिलाएं उस मकान के बाहर इकट्ठा हो गईं जहां हम कुछ स्थानीय निवासियों के साथ बात कर रहे थे। ये महिलाएं काफी उत्तेजित थीं और पाकिस्तान समर्थक तथा भारत विरोधी नारे लगा रही थीं : *'ये तमाशा नही है, ये मातम सही है'* और *'यहां क्या चलेगा—निजामे मुस्लमीन'*। यकीन से कहना मुश्किल है कि यह प्रायोजित प्रदर्शन था या लोगों की स्वतःस्फूर्त प्रक्रिया थी। परंतु इतना ज़रूर है कि यहां दूसरे इलाकों के मुकाबले ज़्यादा तनाव और गुस्सा था। ऐसा शायद एक दिन पहले की घेरेबंदी और तलाशी के कारण भी था।

सोपोर में 26 मई को सुबह लगभग 7 बजे बीएसएफ के लोगों ने तमाम पुरुषों और लड़कों को आदेश दिया कि वह बाहर आकर एक जगह इकट्ठा हो जाएं। इसके बाद उनकी शिनाख्त परेड हुई। जिप्सी में बैठा एक लड़का मुखबिर के तौर पर काम कर रहा था। बीएसएफ के जवानों ने 23 लोगों को उठा लिया और एक-एक करके उन्हें एक टैम्परेरी पूछताछ केंद्र में ले गए। 27 मई को इनमें से कई लोगों से हम सोपोर मेडिकल कॉलेज हॉस्पिटल में जाकर मिले। सुरक्षा बलों के जवानों ने सबसे पहले 45 साल के एक ऐसे व्यक्ति को उठाया था जिसका बेटा उग्रवादी था परंतु जो चार साल पहले मुठभेड़ में मारा जा चुका था। सुरक्षा बलों के जवानों ने उससे कहा कि वह अपने मृत बेटे की बंदूक उनके हवाले कर दे। जब उसने कहा कि उसके बेटे के हथियार उसके पास नहीं हैं तो उन्होंने उसे काफी यातना दी।

34 वर्षीय दुकानदार फैयाज अहमद ने भी हमें अपनी आपबीती सुनाई :

> तीसरे नंबर पर मुझे पूछताछ के लिए बुलाया गया। वह मुझसे उग्रवादियों के छिपने के ठिकानों के बारे में जानना चाहते थे। मैंने उन्हें बताया कि मुझे इस बारे में कुछ नहीं पता और जब से बीएसएफ ने सोपोर के इर्द-गिर्द अपने बंकर बनाए हैं तब से उग्रवादियों ने वहां आना बंद कर दिया है। इसके बाद उन्होंने मुझे नंगा करके मेरे हाथ पीठ पर बांध दिए। एक ने मुझे जोर की लात मारी जिससे मैं गिर पड़ा। इसके बाद उन्होंने लोहे की एक मोटी सी छड़ मेरी जांघ पर रख दी और चार लोग उस पर कूद पड़े। उन्होंने मुंह में बनियान ठूंस कर मेरा मुंह बिल्कुल बंद कर दिया था। उनमें से एक आदमी ने मेरा सिर पकड़ा और वह मेरे नथुनों में पानी डालने लगा। दूसरा सिपाही मुझे बिजली के झटके देता जा रहा था। इस यातना के पन्द्रह मिनट बाद उन्होंने मुझे कहा कि मैं उन्हें अपने पुराने घर लेकर जाऊं। यहां से उनकी यातना का दूसरा दौर शुरू हो गया। कुछ देर बाद वह मुझे लेकर हमारे घर की तीसरी मंजिल पर पहुंच गए। वहां जाकर उन्होंने मुझसे फिर वही बात पूछी : उग्रवादियों के छिपने के ठिकाने कहां-कहां हैं? जब मैंने कहा कि वहां उग्रवादियों के छिपने का कोई ठिकाना नहीं है तो उन्होंने तीसरी बार फिर मुझे यातनाएं दीं। जब वह मुझे नीचे लाए तो उस समय मेरी मां हमारे नए घर के बाहर खड़ी थी। उसके पास एक थैला था जिसमें 6,37,000 रुपए नकद, कई फिक्स्ड डिपॉजिट की रसीदें और कुछ गहने थे। उन्होंने मां से वह थैला छीन लिया। मैंने उनका विरोध किया और हाथ-मिन्नत करके कहा कि यह हमारे खून-पसीने की कमाई है इसे मत छीनो, चाहे तो बैंक में जाकर पता कर लो। मेरे बहनोई ने भी उन्हें समझाने की कोशिश की। इसके बदले में उन्होंने उसे भी पूछताछ के लिए उठा लिया और खूब यातनाएं दीं। बाद में उन्होंने गहने तो लौटा दिए मगर नकदी और फिक्स्ड डिपॉजिट की रसीदें नहीं लौटाईं। उन्होंने फिक्स्ड डिपॉजिट रसीदों के नंबर और नकदी की पावती रसीद सिर्फ हमें थमा दी। मेरे परिवार के लोग चमड़े का कारोबार करते हैं। जिन लोगों

को उन्होंने गिरफ्तार किया था उनमें से एक हमारा कामगार था। उसे सबसे ज़्यादा यातना दी गई। जब उसने भागने की कोशिश की तो उन्होंने गोली चला दी। उसकी टांग में गोली लगी।

हमने जिस किसी से भी बात की उसने यही कहा कि यह लड़का पूरी तरह निर्दोष था। उसका उग्रवादियों से कोई लेना-देना नहीं था। अगले दिन दिल्ली के अखबारों में इस घटना का सरकारी ब्यौरा छपा। अखबारों में बताया गया कि बीएसएफ ने सोपोर कस्बे में छापे के दौरान पाकिस्तानी करेंसी बरामद की है। फिरोज अहमद की शिकायत थी कि सुरक्षा बलों ने न केवल उनका माल-असबाब लूट लिया बल्कि उन्होंने उसके घर बैठकर शराब पी, औरतों के साथ बदतमीजी की, यहां तक कि उनके मुंह पर काटा और कश्मीर के तमाम लड़कों को मौत के घाट उतारने की धमकी दी।

यातना का शिकार होने वालों में एक 35 वर्षीय मुहम्मद मुबाशिर भी थे। वह राज्य सरकार के ग्रामीण विकास विभाग में वर्क सुपरवाइजर की नौकरी करते हैं। उन्होंने बताया कि उनसे इसलिए पूछताछ की गई और यातना दी गई क्योंकि उनका साला तारिज़ अहमद हिजबुल मुजाहिदीन का उग्रवादी है। मुबाशिर को नंगा करके भयानक यातनाएं दी गईं। बीएसएफ के जवानों ने लोहे की छड़ उनके शिश्न में घुसेड़ दी और चाकू से उनका गुदा द्वार फाड़ दिया। सोपोर अस्पताल में पहुंचने से पहले तीन घंटे तक उनके गुदा क्षेत्र से लगातार खून बहता रहा। बीएसएफ वालों ने उन्हें उंगलियों पर बिजली के झटके भी दिए।

अस्पताल में भर्ती हर शख्स की यही स्थिति थी। पिछले कुछ सालों के दौरान सोपोर में इस तरह के 30-40 तलाशी अभियान हो चुके हैं। इस इलाके में इस्लामिक कट्टरवादी राजनीति की जड़ें काफी गहरी हैं क्योंकि यह जमाते इस्लामी के नेता सैयद अली जिलानी का इलाका है। परंतु 26 मई को जो तलाशी अभियान चलाया गया वह आतंकवादियों की किसी हरकत के खिलाफ नहीं था। इस बार बीएसएफ ने उन परिवारों को भी निशाना बनाया था जिनके रिश्तेदार उग्रवादियों से जुड़े हुए हैं।

श्रीनगर वापस आने पर श्रीनगर स्थित लाल बाज़ार के भगवानपुरा में रहने वाले मोहम्मद जावेद ने अपने 25 वर्षीय बेटे मोहम्मद यूसुफ लोन की गिरफ्तारी पर एक पूरी केस फाईल हमें पकड़ा दी। मोहम्मद जावेद का दावा है कि पुलिस ने उनके बेटे को झूठे आरोपों में बंद किया हुआ है। युसूफ को दिल्ली में 25 अप्रैल 1992 को गिरफ्तार किया गया था। जावेद गहरे शोक में थे और वह अपने बेटे की फोटो दिखा कर बार-बार हमसे यही कहते रहे : 'क्या ये आपको उग्रवादी लगता है?' जावेद ने हमें बताया कि उन्होंने अपने बेटे को काम करने के लिए दिल्ली भेजा था क्योंकि वह उसे कश्मीर के झंझटों से दूर ही रखना चाहते थे। 26 अक्तूबर 1991 को श्रीनगर में उसकी शादी हुई और 15 दिन बाद वह वापस दिल्ली चला गया। वह 1989 से दिल्ली स्थित गुलशन कारपेट्स में नौकरी करता था और एफ-100, लाजपत नगर में रहता था। 25 अप्रैल 1992 को गुलशन कारपेट्स के मालिक के एम-27, लाजपत नगर स्थित दफ्तर व घर पर छापा पड़ा जिसमें 6 अन्य

लोगों के साथ मोहम्मद युसूफ को भी पुलिस ने गिरफ्तार कर लिया। युसुफ तभी से पुलिस की हिरासत में है। युसूफ के पिता ने भारी रोष के साथ बताया कि उनके बेटे की जमानत की अर्जी चार बार ख़ारिज हो चुकी है जबकि पुलिस ने उसके खिलाफ अब तक एक भी आरोप पेश नहीं किया है। इसके विपरीत, गिरफ्तार किए गए सात लोगों में से एक, मोहम्मद अख्तर डार, जोकि गुलशन कारपेट्स के मालिक का भतीजा है, को कुछ ही समय में रिहा कर दिया गया जबकि उसके खिलाफ गंभीर आरोप थे। बताया जाता है कि उसने रिहाई के लिए पुलिस वालों को भारी घूस दी थी। युसूफ के पिता ने अपने बेटे की गिरफ्तारी से जुड़े कागजों में बहुत सारी कमियां गिनाईं। पुलिस के मनमानेपन के खिलाफ समुचित सुनवाई न हो पाने से दुखी परिवार वालों ने बताया कि जो लोग उग्रवादियों से हमदर्दी नहीं रखते वह भी इसी वजह से भारत सरकार के खिलाफ होते जा रहे हैं।

अनुशासन की कमी

अगर यहां के लोग सुरक्षा बलों को भय की बजाय नफरत की नज़र से ज़्यादा देखते हैं तो इसकी वजह यह है कि सुरक्षा बलों के अधिकतर जवान एक अनुशासित व स्वाभिमानी फ़ोर्स के रूप में काम करते नहीं दिखाई देते। हमने एक ऐसे मकान को भी देखा जिसे एक पूछताछ केंद्र में तब्दील कर दिया गया था। बीएसएफ के जवानों ने वहां सामने आई हर चीज को तहस-नहस कर दिया था। उन्होंने टेलीविजन, बर्तन और हर चीज को तोड़ दिया था। यहां तक कि लकड़ी की अलमारी भी टुकड़े-टुकड़े पड़ी थी। जब हमें गुस्से में भरे ये अल्फाज सुनने को मिले तो हमारा सिर शर्म से झुक गया :

> *उनका जब हल्दी मिर्च खत्म हो जाए, तो भी रेड करने आ जाते हैं। जो खाना-पीना दिखा डकार लिया, बच्चों का दूध तक भी। पुराने जूते तक हमारे ले जाते हैं। घर में औरतों के दूध के लिए बचाए पैसे भी चुरा लेते हैं। जो लोग अंडे तक चुरा लें आप सोच सकते हैं उनकी लेवल क्या होगी। बड़े बहादुर बनते हैं! मिलिटेंट को देख कर तो भाग जाते हैं पर इनोसेंट्स को आकर मार जाते हैं। जंग लड़ो तो जंग के उसूलों के साथ लड़ो।*

सेना के इस व्यवहार और आम जनता के प्रति उसके रवैये ने आतंकवाद से लड़ने की सशस्त्र बलों की काबिलियत को कुंद कर दिया है। जो लोग चोर-उच्चकों और लुटेरों जैसा बर्ताव करते हैं वह अपने प्रति विश्वास नहीं पैदा कर सकते। बदकिस्मती की बात यह है कि कश्मीरियों के लिए यह कोई नई बात नहीं है। कश्मीर जबसे भारत का हिस्सा बना है तब से अब तक 1977 के अलावा कभी भी वहां निष्पक्ष और स्वतंत्र चुनाव नहीं हो पाए और राज्य में बार-बार राष्ट्रपति शासन थोपा गया। वैसे भी यह सीमावर्ती राज्य था जिसका भविष्य भारत और पाकिस्तान नियंत्रित कश्मीर में जनमत संग्रह के जरिए तय होना था। बाद में इस राज्य को भारी सैनिक मौजूदगी का दंश झेलना पड़ा। दुनिया की ज़्यादातर सेनाओं की तरह भारतीय सेना भी आम नागरिकों के साथ तानाशाही व्यवहार करने से नहीं

चूकती। पिछले कुछ सालों के दौरान तो वह और बेकाबू हो गई है। यह सबसे बड़ा कारण है जिसके चलते कश्मीरी भारत के प्रति अलगाव महसूस करते हैं। उन्हें साफ दिखाई देता है कि एक तो उन्हें कभी नागरिकता के पूरे अधिकार नहीं मिले और दूसरी तरफ उनके साथ ऐसे बर्ताव किया जाता है मानो वह किसी विदेशी साम्राज्य के गुलाम हों।

प्रशासन तंत्र का धराशायी होना

आज सिर्फ आम नागरिक ही सुरक्षा बलों के व्यवहार से दुखी नहीं हैं। बहुत सारे वरिष्ठ नौकरशाह भी इस बात पर दुखी दिखाई देते है कि उनके राज्य पर सेना ने पूरी तरह कब्जा कर लिया है और वह हाशिए पर धकेल दिए गए हैं। सेना ने न केवल कानून-व्यवस्था की स्थिति अपने हाथ में ले ली है बल्कि वह रोज़मर्रा के प्रशासन को भी मनमाने ढंग से संचालित करना चाहती है। जम्मू में रहने वाले दो अधिकारियों ने निम्नलिखित घटना का उदाहरण देते हुए बताया कि किस प्रकार सेना के जवान खुद को ही कानून समझने लगे हैं।

> अप्रैल के मध्य में रविवार के दिन सेना के कुछ जवान जम्मू के पास मंसल झील पर पिकनिक के लिए गए थे। हालांकि यह एक लोकप्रिय पिकनिक स्थल है परंतु इस स्थान, खासतौर से झील के साथ एक किस्म की पवित्रता का भाव भी जुड़ा हुआ है। इस इलाके में यह एक सर्वज्ञात और स्वीकृत परंपरा है कि इस झील में न तो कोई मछली पकड़ेगा और न कोई शराब पिएगा। परंतु ये सिपाही झील में शराब की बोतलें लेकर गए और वह नाव में बैठकर शराब पीना चाहते थे। स्थानीय पर्यटन अधिकारियों ने उन्हें ऐसा करने से रोकने की कोशिश की। पर्यटन अधिकारियों की इस कोशिश पर सेना के जवान इतना गुस्सा हो गए कि उन्होंने अपनी बैल्ट निकाल कर पर्यटन अधिकार की पिटाई कर दी। मौके पर तैनात स्थानीय पुलिसकर्मियों ने दखल देकर हिंसा को रोकने की कोशिश की। इससे तो सिपाही और गुस्से में आ गए। उन्होंने पुलिस वालों को भी पीटा और रस्सियों से बांध कर जीप में डालकर उधमपुर स्थित अपने बेस कैंप ले गए। वहां जाकर सेना के जवानों ने उन्हें फिर पीटा। अगले दिन वह इन पुलिस वालों को उस थाने में लाए जहां वह तैनात थे और उन्हें प्रभारी अधिकारी के हवाले कर दिया। उनका कोई कुछ नहीं बिगाड़ सकता, इस बात को लेकर वह इतने आश्वस्त थे कि वह जिद करने लगे कि उन्हें इस बात की रसीद दी जाए कि उन्होंने अपहृत पुलिस वालों को वापस लौटा दिया है!

जब यह शिकायत इलाके के प्रभारी प्रशासक के पास पहुंची तो उसने मामले की जांच करनी चाही और संबंधित घटना से जुड़े तथ्यों को राज्यपाल के पास भेज दिया और आग्रह किया कि वह घटना की जांच की अनुमति दें। राज्यपाल ने इस मांग को सिरे से खारिज कर दिया। पूरा मामला यहीं खत्म हो गया। एक वरिष्ठ आईएएस अधिकारी (जिनका नाम उनके आग्रह पर प्रकाशित नहीं किया जा रहा है) ने कहा कि यदि नागरिक प्रशासन

की बागडोर एक भूतपूर्व सैनिक जनरल के हाथ में होगी तो इसके अलावा और क्या हो सकता है। 'वह इस बात को कैसे मान लेगा कि सेना भी गलती कर सकती है। इससे सशस्त्र बलों को ऐसा लगने लगता है कि वही सर्वोच्च शक्ति हैं।'

हालांकि सेना से उम्मीद तो यही की जाती है कि वह नागरिक प्रशासन की मदद करेगी मगर कश्मीर में सेना ऐसा नहीं करती। वहां तो वही सर्वोच्च है। एक वरिष्ठ प्रशासनिक अधिकारी ने अपना दुख व्यक्त करते हुए कहा : 'कश्मीर में 1947 से ही सेना को विशेषाधिकार मिले हुए हैं। यहां सैनिक अधिकारी खुद को एक विशेष प्रजाति का सदस्य मानते हैं और खुद को कानून से ऊपर रखकर चलते हैं।' सेना को एकीकृत कमान की बागडोर सौंप दी गई है। कुछ जिम्मेदार वरिष्ठ अधिकारियों के मुताबिक, 'जब से एकीकृत कमान सेना के हाथ में गई है तब से मरने वालों की संख्या और उग्रवाद, दोनों में इजाफा हुआ है। यहां तक कि अब आला आईएएस अधिकारियों की भी नहीं चलती। और तो और, उन्हें भी सेना के सामने सफाई देनी पड़ती है। सामान्य राजनीतिक गतिविधियां पूरी तरह ठप्प हो चुकी हैं। क्योंकि यहां लंबे समय से पंचायत के चुनाव भी नहीं हुए हैं इसलिए राज्य के लोगों के पास अपने असंतोष को व्यक्त करने का अब कोई वैध जरिया नहीं बचा है।'

सेना के जवानों में अनुशासन की कमी एक गंभीर समस्या बन चुकी है। हमें बताया गया कि कई जगह तो अफसर भी अपने जवानों से डरने लगे हैं क्योंकि वह अफरा-तफरी फैलाने और उसके बावजूद बच निकलने के आदी हो चुके हैं। न केवल कश्मीर घाटी बल्कि जम्मू के इलाके में भी उग्रवाद विरोधी ऑपरेशनों के बारे में वरिष्ठ पुलिस अधिकारियों को कोई जानकारी नहीं दी जाती। यह स्थिति तब है जबकि उग्रवादियों को पकड़ने में सेना को मिली कुछ ताजा 'कामयाबियां' जम्मू-कश्मीर पुलिस द्वारा उपलब्ध कराई गई सूचनाओं के आधार पर ही संभव हुई थीं। स्थानीय पुलिस के मुकाबले सेना की सबसे बड़ी कमज़ोरी यह है कि उसके जवानों को स्थानीय भाषा का ज्ञान नहीं है। उनकी 'पूछताछ' में अकसर यातना के अलावा कुछ नहीं होता जिसके बीच-बीच में इस तरह के सवाल ही दोहराए जाते हैं : 'हथियार कहां छिपाएं हैं?', 'उग्रवादी कहां छिपे हैं?' आदि।

पुलिस बल को हाशिए पर धकेल देने की प्रक्रिया को इस आधार पर सही ठहराया जा रहा है कि स्थानीय पुलिसकर्मी उग्रवादियों से हमदर्दी रखते हैं। एक वरिष्ठ सरकारी अधिकारी कथित रूप से इस बात का ऐलान कर चुका है कि जम्मू-कश्मीर के सारे पुलिस वाले पाकिस्तानी एजेन्ट हैं। परंतु अगर यह बात सच है तो उन पुलिस वालों पर मुकदमा चलाया जाना चाहिए और उन्हें नौकरी से हटा दिया जाना चाहिए। मगर ऐसा नहीं हुआ। राज्य के पुलिसकर्मी अभी भी सरकारी वेतन ले रहे हैं जबकि उनके पास जिम्मेदारी कुछ भी नहीं बची है। इसकी वजह से पुलिसकर्मियों का मनोबल टूटा है। उनके भीतर अपमान की भावना साफ़ दिखाई देती है।

मौजूदा राजनीतिक शून्य और सरकारी तंत्र की निष्क्रियता के फलस्वरूप सेना द्वारा संचालित प्रशासन और स्थानीय लोगों के बीच गहरा अलगाव पैदा हो गया है। राज्यपाल

और वरिष्ठ सैनिक अधिकारियों की जीवनशैली इसका सबसे अच्छा उदाहरण है। राज्यपाल का आवास शहर से मीलों दूर एक निर्जन इलाके में स्थित औपनिवेशिक किस्म के महलनुमा पुराने अंग्रेज़ी बंगले में है। दो पहाड़ियों के बीच फैली जमीन पर बनी इस इमारत से डल झील व उसके आस पास की पहाड़ियां बहुत सुंदर दिखाई देती है। मगर इस महलनुमा हवेली से कोई इंसान या इंसानी आबादी दिखाई नहीं देती। राज्यपाल के ड्राइंगरूम में बैठकर सेना की कामयाबियों पर उनके एकतरफा वृत्तांत और राज्य के बारे में उनकी आगामी योजनाओं को सुनते हुए हमें अंग्रेज़ी शासन के दिनों की याद ताज़ा हो आई। उनका व्यवहार, उनकी शैली और सोच किसी लोकतन्त्र के अधिकारी की बजाय किसी ब्रिटिश वायसराय के व्यक्तित्व से ज़्यादा मेल खाती थी।

कश्मीरियों का आरोप है कि सेना के जवान बार-बार और बेवजह शिनाख्त परेड़ कराते हैं क्योंकि इससे उन्हें पैसे ऐंठने का एक आसान मौका मिलता है। नियम यह है कि जब भी कभी लोगों को शिनाख्त परेड के लिए इकट्ठा किया जाए तो उन्हें 6 रुपए प्रति व्यक्ति की दर से जल-पान दिया जाना चाहिए। हकीकत में आमतौर पर ऐसा नहीं होता। इस नियम से सेना के जवानों को ही फायदा होता है। वह ज़्यादा से ज़्यादा लोगों को इकट्ठा कर लेते हैं ताकि प्रति व्यक्ति के हिसाब से अच्छी-खासी रकम जेब में डाल सकें।

क्योंकि सेना के जवान उग्रवादियों और आम नागरिकों के बीच फ़र्क़ नहीं करते इसलिए उग्रवादियों को पकड़ने के उनके तरीके अकसर उल्टा असर डालते हैं। अनंतनाग अदालत में वकालत करने वाले जमशेद नामक एक वकील ने अपने इलाके की स्थानीय आबादी को अपमानित करने के लिए चलाए गए एक तलाशी अभियान का ब्यौरा दिया :

> मेरा घर अनंतनाग से कुछ किलोमीटर दूर स्थित है। पिछले साल, 12 जुलाई 1993 के आसपास कुछ आतंकवादियों ने सड़क पर एक सुरंग बिछा दी। जब यह खबर इलाके में फैली तो लोग सेना के तलाशी अभियान के डर से घर छोड़ कर भागने लगे। घरों में सिर्फ बड़े-बूढ़े ही बचे थे। रात में सेना के जवानों ने तलाशी अभियान शुरू किया। गांव के दूसरे बुज़ुर्गों के साथ मेरे बूढ़े पिता को भी सुबह 3 बजे उन्होंने घर से बाहर घसीट लिया। जवानों ने उन सबको नंगा कर दिया और गंदे पानी में लिटा कर उन्हें तब तक मारते रहे जब तक वह बेहोश नहीं हो गए। इसके बाद वह उन्हें उसी हालत में ट्रकों में डालकर खंडूरा मुख्यालय ले गए। जब शाम को उन्हें रिहा किया गया तो उस समय मेरे पिता और बाकी लोग बात करने की हालत में भी नहीं बचे थे।

इस तरह के क्रूर ऑपरेशनों के कारण सुरक्षा बल स्थानीय जनता से पूरी तरह कटे हुए हैं। नतीजतन, उनके गुप्तचर सूत्र भी कम होते जा रहे हैं और पूछताछ व तलाशी के उनके तरीके भी ज़्यादा से ज़्यादा निर्मम रूप लेते जा रहे हैं।

मैंने पाया कि जब लोग यौन हिंसा की घटनाओं के बारे में बताते थे तो वह बलात्कार की घटनाओं को बढ़ा-चढ़ा कर पेश करने की बजाय उनका उतनी ही सावधानीपूर्वक ब्यौरा

देते थे जिस तरह वह यह बताते हुए सावधानी बरतते थे कि मारा गया व्यक्ति वास्तव में उग्रवादी था या नहीं। बड़े पैमाने पर बलात्कार के निर्मूल आरोप नहीं लगाए गए। जिन कुछ स्थानों पर हमने लोगों से बात की वहां लोगों ने संबंधित घटनाओं की तारीख और पीड़ित महिला के नाम आदि का सटीक ब्यौरा हमें दिया। ऐसी एक घटना अप्रैल के शुरुआत में हुई थी। अनंतनाग तहसील के वैलनागबल गांव में हुए एक तलाशी अभियान के दौरान सेना के जवानों ने एक बूढ़े स्वतंत्रता सेनानी मोहम्मद रजबवाणी की बेटी के साथ बलात्कार किया। जिस समय उसके साथ बलात्कार हुआ उस समय यह महिला घर में अकेली थी क्योंकि सैनिकों ने घर के पुरुषों को बाहर निकाल दिया था। एक और वकील एम. वाई. शेहारदर ने निम्नलिखित घटना के बारे में बताया :

> मेरे गांव सैलिया में तड़के सवेरे तलाशी हुई। बीएसएफ के जवानों ने बहुत सारे घरों को तहस-नहस कर दिया। मेरे पड़ोसी अहमद को उन्होंने एक कमरे में बंद कर दिया और उनकी पत्नी ज़ैनब को घसीट कर दूसरे कमरे में ले गए। वहां उन्होंने उसके साथ सामूहिक बलात्कार किया। हालांकि उसका पति ऐसे दिखावा करता रहा मानो उसने अपनी पत्नी को बचा लिया था परंतु गांव वाले जानते थे कि वह सिर्फ इज्जत बचाने की कोशिश कर रहा है क्योंकि सच्चाई यह थी कि उसकी पत्नी तीन दिन तक बिस्तर से उठ नहीं पाई थी।

लोगों का कहना है कि हालांकि सैकड़ों महिलाओं के साथ बलात्कार की घटनाएं हो चुकी हैं परंतु बलात्कार के साथ जुड़े सामाजिक कलंक के कारण ऐसे मुट्ठी भर मामले ही दर्ज हो पाते हैं। एक और वकील मोहम्मद सुल्तान बट्ट ने निम्नलिखित घटना के बारे में बताया :

> कुछ दिन पहले अनंतनाग से लगभग 3 किलोमीटर दूर आतंकवादियों ने एक बारूदी सुरंग बिछाई थी जिससे कुछ सिपाही मारे गए थे। इसके जवाब में राष्ट्रीय राइफल्ज़ शिविर के सिपाहियों ने सवेरे 4 बजे एक घर पर छापा मारा। वहां न तो उन्हें कोई उग्रवादी मिला और न ही कोई हथियार हाथ लगा फिर भी उन्होंने पूरे घर को बारूद से उड़ा दिया। भीतर मौजूद सातों लोग जिंदा जला दिए गए।

वकीलों को इस बात पर भी काफी क्षोभ था कि उनकी पेशेवर हैसियत के बावजूद उन्हें भी नहीं बख्शा जाता है। हमें एक व्यक्ति ने बताया : 'वह जबरन घर से बाहर निकाल कर हमसे कुलियों की तरह काम कराते हैं। हमारे पहचान-पत्र देखने के बाद भी वह हमें नहीं छोड़ते।'

अनंतनाग में मुस्लिम कट्टरपंथी इस शहर को 'इस्लामाबाद' के नाम से बुलाने लगे हैं। उनकी यह कोशिश इस इलाके में एक और समस्या बन गई है। इस्लामिक नाम के इस्तेमाल को इस बात के सबूत के तौर पर देखा जा रहा है कि वह पाकिस्तान के हिमायती हैं। सेना के जवान घूम-घूम कर ऐसे सभी बोर्डों को रंगते रहते हैं जिन पर इस्लामाबाद लिखा है। निर्मम तौर-तरीकों के इस्तेमाल से आम लोगों का विरोध और पुख्ता हो जाता है। हमें

यह बात अकसर सुनने को मिली कि जम्मू-कश्मीर में उग्रवाद बीएसएफ के साथ ही आया है। अपनी दलील के समर्थन में लोग बीजबहेड़ा का उदाहरण देते हैं। वहां कुछ समय पहले तक काफी शांति थी। 'जैसे ही उन्होंने उस इलाके में बीएसएफ का कैंप स्थापित किया वहां आतंकवाद की घटनाएं बढ़ने लगीं। जैसे ही कहीं सेना/बीएसएफ को तैनात किया जाता है, उस इलाके में समस्या शुरू हो जाती है।' लोगों ने हमें बार-बार बताया : 'उनकी मौजूदगी ही उकसावे और बेइज्जती का कारण बन जाती है।'

सेना के सहारे निजी रंजिशें

तमाम तरह के काले कानूनों से लैस और स्थानीय लोगों से कटे सुरक्षा बल अपने आतंकवाद विरोधी ऑपरेशनों में विवेक से कम और आतंक से ज़्यादा काम करते दिखे। वह एक आतंकवादी को पकड़ने के चक्कर में दर्जनों मासूम और भोले-भाले लोगों को यातना और मारपीट का शिकार बनाते हैं या मार डालते हैं। ऐसे हालात में अकसर ये होता है, कि स्थानीय लोग सेना की आड़ में बहुत सारी निजी रंजिशों को भी अंजाम देने लगते हैं। यहां भी ऐसा होने लगा है।

बारामूला अदालत में गुलजारा बानो नामक युवती ने सेना के उग्रवाद विरोधी ऑपरेशनों की एक रोंगटे खड़ी कर देने वाली दास्तान सुनाई। उसकी कहानी इस तरह की कोई अकेली या अनोखी कहानी नहीं है। गुलजारा की शादी दो साल पहले पाकिस्तान अधिकृत कश्मीर (पीओके) से सटे सीमावर्ती उरी जिले के लच्छीपुरा में रहने वाले बशीर के साथ हुई थी। बशीर अपने मां-बाप का अकेला बेटा है और उसकी तीन बहनें हैं। उसकी मां की मौत हो चुकी है। बशीर के दो चाचाओं का कोई बच्चा नहीं था इसलिए अपने पिता की जमीन के अलावा उनकी जमीन भी बशीर के ही नाम पर है। चन्नावाड़ी में बशीर का छोटा सा व्यवसाय भी है। गांव में उसे सबसे संपन्न लोगों में गिना जाता है क्योंकि बाकी लोगों के पास छोटी-छोटी जोतें ही बची हैं। उसकी पत्नी का कहना है कि इलाके में उसके दुश्मनों और जलने वालों की कोई कमी नहीं है। बशीर का पड़ोसी लस्सा लंबे समय से उसे ठिकाने लगाने की कोशिश करता रहा है। लस्सा के पास जमीन ज़्यादा नहीं है। उसके संयुक्त परिवार की संपत्ति में लस्सा के पांच भाई भी हिस्सेदार हैं। क्योंकि शादी के दो साल बाद भी बशीर के कोई बच्चा नहीं था इसलिए लस्सा और उसके कुछ पड़ोसियों ने बशीर को धमकी दी थी कि वह उसे खत्म करके उसकी जमीन पर कब्जा कर लेंगे।

खुद अपने हाथ खून में रंगने की बजाय लस्सा ने सेना के जवानों से जाकर कह दिया कि बशीर और उसका बहनोई, दोनों उग्रवादी हैं। 9 मई के आसपास सेना ने उन दोनों को गिरफ्तार कर लिया। दोनों व्यक्तियों की पत्नियों को इस बारे में कुछ नहीं बताया गया कि उन्हें कहां रखा गया है। दोनों औरतों ने उनका पता-ठिकाना मालूम करने के लिए हर मुमकिन कोशिश की मगर उन्हें कामयाबी नहीं मिली। जिस दिन हम गुलजारा से मिले उससे एक दिन पहले, 27 मई को गुलजारा के ननदोई अली असगर की लाश उसके परिवार

को सौंप दी गई। गुलजारा ने बताया कि अली असगर के शरीर पर यातना के भयानक निशान मौजूद थे। जैसे ही अली का क्षत-विक्षत शव गुलजारा की आंखों के सामने आया वह अपने होश खो बैठी। डर कर वह तभी बारामूला स्थित छात्रावास में रहने वाली अपनी छोटी बहन के पास आ गई। अगले दिन वह बारामूला के उपायुक्त के पास गई और उससे अपने पति की रिहाई की मांग की। उसने स्थानीय वकीलों से भी मदद लेने की कोशिश की। यहीं बारामूला अदालत में संयोग से हमारी उससे मुलाकात हुई। वह भय और दुख से पूरी तरह टूट चुकी थी। उसने हमें बताया :

जैसे ही लोग अली को दफनाने के लिए गए, मैं बारामूला के लिए भाग आई। जब मैंने उसकी लाश देखी तो मेरे होश उड़ गए। मेरे घर में तो सिर्फ मेरे ससुर ही हैं और उन्हें भी ठीक से दिखाई नहीं देता। हमें तो पड़ोसियों से बचाने वाला हमारे घर में कोई भी नहीं है। वह तो हमारी जमीन पर कब्जा करने के लिए हमेशा ही मेरे पति को खत्म करने की ताक में रहते हैं। लस्सा ने पहले भी मेरे पति की जान लेने की कई कोशिशें की थीं। वह खुलेआम उन्हें जान से मारने की धमकी दे चुका था। जब उसकी कोई कोशिश कामयाब नहीं हुई तो वह लोग मुखबिरी पर उतर आए और मेरे ननदोई और पति को सेना के हाथों गिरफ्तार करवा दिया।

यहां सेना के जरिए निजी रंजिश निकालने, संपत्ति से जुड़े विवादों को निपटाने और औरतों को लेकर होने वाले झगड़ों को निपटाने की घटनाएं बढ़ती जा रही हैं। गुलजारा कहती हैं :

> हमारा इलाका उग्रवादियों का इलाका नहीं है। बल्कि उग्रवादी तो उरी के लोगों पर भरोसा ही नहीं करते। वह यहां के लोगों को मुखबिर कहते हैं। उनके डर से हम खुलेआम बारामूला तक भी नहीं आ सकते। हमें उग्रवादियों और उनके समर्थकों से लुक-छिपकर रहना पड़ता है। वर्ना वह मुखबिर कहकर हम पर हमला कर देते हैं। एक बार मैं और मेरे पति यहां आए थे। मेरे चाचा का लड़का श्रीनगर में पढ़ता था जो दसवीं में फेल हो गया था। उसने हमें कहा कि हम श्रीनगर तक उसके साथ चलें ताकि उसके पर्चों की दोबारा जांच करवा सकें। जब हम वापस लौटकर बारामूला बस स्टॉप पर पहुंचे तो उग्रवादियों ने मेरे पति को पकड़कर उनकी खूब पिटाई की क्योंकि किसी ने उन्हें बता दिया था कि हम उरी के रहने वाले हैं। उरी के लोगों की ऐसी छवि इसलिए है क्योंकि हम सीमा के नजदीक रहते हैं। हम पर दोनों तरफ के लोग शक करते हैं और हमें मुखबिर मानते हैं।

दिलशाद ने जो ब्यौरा दिया वह ज़्यादा अस्त-व्यस्त और कम विश्वसनीय लगा। वह अपने पति मोहम्मद अशरफ खान के साथ श्रीनगर में रहती थीं। श्रीनगर के जवाहर नगर में उनके परिवार की अपनी एक बेकरी है। इस साल मई में ईद के कुछ दिन बाद मोहम्मद अशरफ खान को गिरफ्तार कर लिया गया। दिलशाद और अशरफ की शादी को 12 साल हो चुके थे और वह श्रीनगर के मेडिकल इंस्टीट्यूट में सालों से ब्रेड सप्लाई करते आ रहे

थे। दिलशाद का आरोप है कि उनके पति के चेहरे और पूरे शरीर को झुलस दिया गया और अब सेना के जवान उन पर इस बात के लिए दबाव डाल रहे हैं कि वह यह कह दें कि उनकी पत्नी भी मुजाहिद (उग्रवादी) है। वह कहती है, 'मेरे छोटे-छोटे बच्चे हैं। मैं भला कैसी मुजाहिदगी कर सकती हूं?' उनके मुताबिक उन पर यह मुसीबत इसलिए आई है क्योंकि उनके पति ने अपनी पहली पत्नी को तलाक देकर दिलशाद से शादी कर ली थी।

> अशरफ की पहली पत्नी गुज्जर है और उरी की रहने वाली है। उरी के लोग बहुत खराब होते हैं। उसने मुझसे बदला लेने के लिए मेरी फोटो सेना वालों को दे दी और उन्हें कह दिया कि मैं उग्रवादी हूं और मैंने बहुत सारा गोला-बारूद छिपाया हुआ है। एक तरफ तो उन्होंने हमें मुजाहिद कहकर सेना के जाल में फंसा दिया जबकि दूसरी तरफ कुछ समय पहले उन्होंने हमें सेना का मुखबिर बता कर उग्रवादियों से अत्याचार करवाए थे। जब सेना के लोग मेरे पति को उठाकर ले गए थे तो उससे कुछ दिन पहले उग्रवादियों ने हम दोनों को अगवा करके मेरे पति की पहली पत्नी के कहने पर हमें खूब यातनाएं दी थीं।

दिलशाद ने अपने शरीर के अलग-अलग हिस्सों के कई फोटोग्राफ मुझे दिखाए जिनमें चोट के गहरे निशान थे। उनके शरीर पर पिटाई और सिगरेट से जलने के कई निशान थे। उग्रवादियों ने उन पर यह आरोप लगाया कि उन्होंने उग्रवादियों के एक साथी हमीद शेख की मुखबिरी की थी जिससे वह गिरफ्तार हो गया था। दिलशाद का कहना है कि जब उग्रवादियों ने उसे एक-दो दिन बाद ही छोड़ दिया तो भी अशरफ की पहली पत्नी को संतोष नहीं हुआ। उसे लगता था कि उग्रवादियों ने दिलशाद को पर्याप्त यातना नहीं दी है। इसलिए कुछ दिन बाद उसने इन पति-पत्नी को सेना के हत्थे चढ़वा दिया। अब दिलशाद के पति सेना की गिरफ्त में हैं और वह कहती हैं कि उन पर भारी अत्याचार किया जा रहा है। लेकिन, इस मामले में मैं यह नहीं समझ पाई कि वह अभी तक गिरफ्तारी से कैसे बची हुई हैं जबकि उसका कहना है कि सेना वाले उसकी तलाश में हैं।

बारामूला बार एसोसिएशन द्वारा बुलाई गई एक मीटिंग में हमें गुलजारा, दिलशाद व कुछ अन्य महिलाओं से मिलने का मौका मिला। इस मीटिंग में ऐसे कई अन्य परिवारों के लोग भी मौजूद थे जिनके घर के सदस्यों को गिरफ्तार किया गया था, यातनाएं दी गई थीं या जान से मार दिया गया था। इन लोगों ने हमें संबंधित घटनाओं के पूरे ब्यौरे दिए। ज़्यादातर पीड़ित संयोग से बैठक में मौजूद थे। उनमें से ज़्यादातर अपने किसी मामले की सुनवाई के लिए अदालत में आए थे। पहले दौर में लोगों को अपनी-अपनी बात कहने के लिए कुछ मिनट का वक्त दिया गया। हमने जो कुछ भी वहां सुना वह सेना द्वारा अत्याचार की अनेक बार दोहराई जा चुकी घटनाओं की चिर-परिचित कहानियां थीं। इसके बाद मैंने गुजारिश की कि मुझे कुछ महिलाओं से अलग से बात करने का मौका दिया जाए। परन्तु बार एसोसिएशन के वकीलों ने अपनी एक महिला साथी को भी मेरे साथ बैठा दिया। जब

अकेले में महिलाओं ने अपनी आपबीती सुनानी शुरू की तो बार एसोसिएशन की सदस्य महिला बेचैन होने लगी क्योंकि ये कहानियां सामान्य कहानियां नहीं थीं। जैसे ही आयोजकों को महसूस होने लगा कि सही ढंग से बातचीत का मौका मिलने पर ये महिलाएं और भी जटिल व मर्मांतक कहानियां सुना रही है जिनमें सेना के साथ-साथ उग्रवादियों को भी लपेटा जा रहा है तो वह यह कहते हुए मुझे बात करने से रोकने लगे कि मेरे लंच का समय हो गया है। हालांकि मैंने बार-बार कहा कि लंच महत्वपूर्ण नहीं है फिर भी मुझे तीन-चार महिलाओं के अलावा और किसी से बात नहीं करने दी गई। वह लोग जबरन मुझे लंच के लिए ले गये। मुझे लगता है कि हमारे मेजबान नहीं चाहते थे कि मैं दोबारा वापस जाकर उन महिलाओं से बात करूं। मेरा इंतजार कर रही उन महिलाओं के पास वापस आने के लिए मुझे काफी जद्दोजहद करनी पड़ी। परंतु मुझे यह देखकर बड़ी हैरानी हुई कि अब तक कुछ महिलाओं ने अपना बयान पूरी तरह बदल दिया था। जो दिलशाद पहले हमसे बात करने के लिए बेचैन थी अब वही चीखने लगी कि हम इंडिया के लोग कश्मीर को उसके हालात पर छोड़कर निकल जाएं। 'तुम लोग सिर्फ ये देखने आते हो कि हम में अब भी लड़ने का जज़्बा बचा है या नहीं। आप प्लीज़ यहां मत आइए।' जाहिर था कि इस दौरान कुछ वकीलों ने उसको समझा दिया था कि उसे क्या कहना है और क्या नहीं कहना है।

बारामूला में हमें ख्वाजा सरवर शाह नाम के एक वकील के घर दावत पर बुलाया गया। जैसे ही हम उनके संपन्न से दिखने वाले घर में दाखिल हुए उन्होंने हमें अपने ड्राइंगरूम की खिड़की पर बना एक गोली का छेद दिखाया। उन्होंने हमें बताया कि यह गोली डेढ़ साल पहले सेना के एक बंकर से उनके घर की ओर दागी गई थी। हालांकि उनके बाकी पूरे मकान में कुछ समय पहले रंग-रोगन हो चुका था मगर खिड़की पर गोली के इस निशान को उन्होंने एक तमगे की तरह सुरक्षित रखा हुआ था। इसे वह तमाम अहम मेहमानों को दिखाते थे। बातचीत के दौरान इस वकील और उसके दोस्तों ने उग्रवादियों के अंदाज़ में भारत विरोधी आग उगलनी शुरू कर दी। उनका यह रूप देखकर मुझे थोड़ा ताज्जुब सा भी हुआ क्योंकि कुछ देर पहले उन्होंने कभी सांसद रह चुके अपने मामा की तस्वीर बड़े गर्व से हमें दिखाई थी। उनके मामा भारत सरकार की ओर से राजदूत के पद पर भी काम कर चुके थे। जब मैंने पूछा कि वह अपने मामा की विरासत पर इतना गर्व क्यों व्यक्त कर रहे हैं जबकि वह उसी सरकार के सेवक थे जिससे वह इतनी नफरत जता रहे हैं तो उन्होंने ऐसा दिखावा किया मानो मेरा सवाल सुना ही न हो। वह इस सवाल का भी तर्कसंगत जवाब नहीं दे सके कि जब वह पाकिस्तान समर्थक मुजाहिदीनों की राजनीति से इतनी हमदर्दी रखते हैं तो बंदूक उठाने की बजाय अभी भी भारतीय अदालतों में वकालत क्यों कर रहे हैं। उन्होंने कहा कि 'जब समय आएगा तो मैं बंदूक भी उठाऊंगा। फिलहाल मैं अदालत के जरिए इस आंदोलन की मदद कर रहा हूं।'

कश्मीरी वकीलों और नेताओं के साथ होने वाली बातचीत का रंग-ढंग और लहजा

आम कश्मीरियों के साथ हुई हमारी बैठकों से बिल्कुल अलग था। आम कश्मीरियों की भारत विरोधी भावनाएं उनकी निजी पीड़ाओं पर आधारित थीं जबकि कई राजनेता और वकील काफी बढ़-चढ़ कर बातें बना रहे थे। भारतीय सेना की हर गलती उनके तरकश को तीरों से भरती जा रही थी। ये वकील इस बात को मानने के लिए कतई तैयार नहीं थे कि उनके कथित मुक्तिदाता भी लोगों पर अत्याचार और मानवाधिकार उल्लंघन के दोषी हो सकते हैं। परंतु आम कश्मीरी दोनों पक्षों के अत्याचार पर एक बराबर परेशान थे और उन्होंने अपनी पीड़ा को बढ़-चढ़ कर पेश करने या नाटकीय रूप देने की कोई कोशिश नहीं की। मसलन, अनंतनाग के पास स्थित डबराना गांव में सेना के हाथों मारे गए एक व्यक्ति के घर में हुई एक बैठक के दौरान लोगों ने बहुत सारे वकीलों के उग्रवादी शब्दाडंबर के मुकाबले काफी संयत और नपे-तुले अंदाज़ में अपनी बात कही। गांव में न कोई उन्माद था, न कोई शेखी भरे राजनीतिक बयान थे और न अत्याचार के वास्तविकता से बड़े ब्यौरे थे। वह संयत अंदाज़ में सिर्फ यही बता रहे थे कि सेना उनके साथ कैसा बर्ताव कर रही है। 25 अप्रैल 1994 को हुए एक तलाशी अभियान के बारे में बात करते हुए गांव वालों ने हमें बताया कि रात में उन्हें फायरिंग की आवाज़ सुनाई दी। अगले रोज सुबह 8 बजे के आसपास सेना ने उन्हें कहा कि उग्रवादियों ने सेना पर गोली चलाई थी इसलिए वह गांव की तलाशी लेने आए हैं। उन्होंने गांव के पुरुषों को शिनाख्त परेड के लिए बाहर आने का हुक्म दिया। शिनाख्त परेड के बाद उन्होंने चार लोगों को बाहर निकाला और गोली से उड़ा दिया। इन चार व्यक्तियों के नाम अली मोहम्मद, फैयाज़ अहमद, फारूख अहमद और जावेद अहमद शाह थे। गांव वालों ने बिना किसी हीले-हवाले के हमें बताया कि फैयाज अहमद और फारूख वाकई उग्रवादी थे मगर 35 वर्षीय दर्जी अली मोहम्मद सिर्फ इसलिए मारा गया क्योंकि सेना के जवान दाढ़ी वाले हर मुसलमान को शक की नज़र से देखते हैं। गांव के एक और व्यक्ति मोहम्मद अमीन ने हमें बताया कि उन्होंने इस घटना के बाद ही अपनी दाढ़ी साफ करवा ली क्योंकि सेना के जवान सबसे पहले दाढ़ी वालों को ही पकड़ते हैं। हालांकि अली मोहम्मद के भाई मोहम्मद इब्राहीम भी बीएसएफ में नौकरी करते हैं परंतु इसके बावजूद उनकी जान नहीं बच पाई। हमेशा की तरह इस तलाशी के दौरान भी सेना के जवानों ने लोगों के घरों में जमकर लूटमार की। उन्होंने पुराने कपड़ों, टेप रिकार्डर, जूतों और घड़ियों जैसी चीजों को भी नहीं बख्शा।

लोगों ने हमें बेहिचक बताया कि इस गांव ने तीन आतंकवादी पैदा किए हैं। जावेद अहमद ने अस्सी के दशक के मध्य में प्रथम श्रेणी के साथ स्नातक की डिग्री ली थी। इसके बाद उसने इंजीनियरिंग कॉलेज में दाखिले के लिए आवेदन भी दिया था। कॉलेज में दाखिले के लिए उससे एक लाख की रिश्वत मांगी गई। इसके बाद वह पढ़ाई छोड़कर नौकरी की तलाश करने लगा। उसे कहीं काम नहीं मिल पाया। इसी चक्कर में वह घर से भाग गया और आतंकवादियों से जा मिला। हमें बताया गया कि गांव का ही एक उग्रवादी किसी दूसरे मुल्क में रहता है। तीसरे व्यक्ति फारूख ने अब उग्रवाद छोड़ दिया है और वह अब सामान्य

ढंग से अपना जीवन व्यतीत कर रहा है। लोगों ने मज़ाक के लहज़े में कहा, *'अब वह कबूतर पालता है* और उसका बूढ़ा गरीब बाप मजदूरी करता है।' जब हमने उससे मिलने की इच्छा जाहिर की तो लोगों ने इस युवक को तत्काल हमारे सामने हाजिर कर दिया।

फारूख को अल-जेहाद के साथ अपनी तीन-चार साल की सरगर्मी पर कोई खेद नहीं है। 'मैं 1990 में उनके साथ जुड़ा था। क्योंकि मैट्रिक करने के बाद भी मुझे कोई काम नहीं मिल रहा था इसलिए मैंने बंदूक उठा ली। मेरे मां-बाप बहुत गरीब हैं और मेरे पिता मजदूरी करके घर का पेट पालते हैं। वह रेहड़ा चलाते हैं। साल भर पहले मैंने यह काम छोड़ दिया क्योंकि मेरे मां-बाप बहुत बूढ़े और गरीब हैं। सेना वाले भी उनके साथ बार-बार जोर जबर्दस्ती करते थे। अगर उन्होंने हम लोगों को तंग करना बंद नहीं किया तो हो सकता है मैं दोबारा बंदूक उठा लूं।' मैंने उससे पूछा कि अगर उसे नौकरी मिल गई तो क्या वह उग्रवाद छोड़ देगा। 'नहीं, मैं नौकरी नहीं करूंगा। अब तो मुझे हिन्दुस्तान को भगाना है।' हिन्दुस्तान से उसका असल में मतलब क्या है? उसका साफ़ जवाब था— 'इंडियन आर्मी'।

कश्मीर की यही त्रासदी है। औसत कश्मीरी भारत के साथ अपने जुड़ाव को सैनिक शासन के नज़रिए से ही देख पाता है। बार-बार के राष्ट्रपति शासन और सेना की भारी-भरकम और मनमानी भरी मौजूदगी के कारण भारत उन्हें एक ऐसी ईकाई दिखाई देता है जहां सशस्त्र बलों का घमण्ड और अत्याचार ही कानून है और जहां लोकतांत्रिक संस्थाओं के लिए कोई जगह नहीं बची है।

बहरहाल, भारत सरकार के प्रति कश्मीरियों की तमाम घृणा के बावजूद बहुत सारे युवकों ने इस बात को माना कि वह इसीलिए आतंकवादी राजनीति की तरफ आकर्षित हुए क्योंकि उन्हें 'रोजगार नहीं मिल पाया।' यहां रोजगार का मतलब किसी भी तरह के रोजगार से नहीं बल्कि सरकारी नौकरी से है। मिसाल के तौर पर, आहदूज़ होटल में मेरे कमरे के वेटर ने मुझे बताया कि उसके पास 'कोई नौकरी नहीं' है। जब मैंने कहा कि वह वेटर की नौकरी तो करता है, तो उसने कहा *'ये तो कोई नौकरी नही है, ये तो ऐसे ही थोड़ा बहुत कमा लेते हैं'*। यहां उसे 800 रुपए माहवार की तनख्वाह मिलती है और इसके अलावा औसतन 1,500 रुपए माहवार वह टिप के जरिए कमा लेता है। परंतु जैसी नौकरी उसके दो भाई करते हैं उस लिहाज से यह 'असल में कोई नौकरी नहीं है'। ऐसा शायद इसलिए है क्योंकि देश के दूसरे इलाकों की तरह यहां भी मामूली से मामूली सरकारी नौकरी को भी थोड़े-बहुत काम के बदले एक अच्छी-खासी नियमित नौकरी ही नहीं बल्कि भ्रष्टाचार के जरिए पैसा कमाने के एक असीमित स्रोत के रूप में देखा जाता है। क्योंकि यहां लोकतांत्रिक नियंत्रण और संतुलन की प्रणाली पूरी तरह ध्वस्त हो चुकी है इसलिए अब कश्मीर अपने भ्रष्ट प्रशासन के लिए बदनाम हो चुका है। सरकारी नौकरी करने वाले कश्मीरियों ने काफी पैसा बनाया है। शहरों और गांवों में लूटपाट मचाने वाले सेना के जवानों को अकसर यह कहते हुए सुना जाता है : 'तुम लोगों ने भारत से बहुत माल लूट लिया है। पहले हम उसको

छीनेंगे और फिर तुमसे आजादी के बारे में बात करेंगे।'

बेलगाम भ्रष्टाचार

सुरक्षा बल आतंकवादियों को अलग-थलग करने और हालात को काबू कर पाने में इस कारण भी विफल हो रहे हैं क्योंकि उनके जवानों में पेशेवर ट्रेनिंग की भारी कमी है। यह सिर्फ कुछ खास गलतियों या ढील-ढाल का मामला नहीं है। न ही सुरक्षा बलों की 'ज्यादतियां' उग्रवादियों के उकसावे की वजह से हैं या भारी तनाव के हालात में में काम करने का नतीजा हैं। हमारे अखबारों, पत्रिकाओं, टेलीविजन और लोकप्रिय सिनेमा—जैसे फ़िल्म *रोजा*—में यही दिखाया जाता है।

रोजा फ़िल्म की भारी सफलता के पीछे इसी बात का हाथ बताया जाता है कि उसमें इस बात की सच्ची तस्वीर खिंची गई कि सुरक्षा बल और सरकारी कर्मचारी देश की एकता और अखंडता की रक्षा के लिए विशुद्ध आदर्शवाद के सहारे किस तरह अपनी जान जोखिम में डालकर काम कर रहे हैं। बदकिस्मती से जमीनी हकीकत काफी अलग है। जम्मू स्थित *कश्मीर टाइम्स* के सम्मानित संपादक श्री वेद भसीन सहित कश्मीर के बहुत सारे लोगों ने हमें बताया कि सुरक्षा बलों और नौकरशाही के एक हिस्से की दिलचस्पी इसी बात में है कि यह अव्यवस्था और अफरातफरी इसी तरह बनी रहे। उनकी इस इच्छा की वजह साफ है—सैनिक शासन के दौरान अधिकारियों को और भी निरंकुश ताकत मिल जाती है। ऐसे हालात में भ्रष्टाचार और भारी-भरकम संपत्ति जुटाने की संभावना कई गुना बढ़ जाती है। क्योंकि जम्मू-कश्मीर में ऐसे सभी लोकतांत्रिक संस्थान समाप्त हो चुके हैं जो राज्य और जनता के बीच संवाद स्थापित कर सकें और क्योंकि सेना को बेपनाह पॉवर मिल गई है इसलिए सुरक्षा बल आतंकवाद विरोधी ऑपरेशनों की आड़ में खुलेआम लूट और वसूली करने लगे हैं।

सीमा पार से घुसपैठ रोकने के लिए भारी जोखिम की बाबत सरकारी प्रचार के बावजूद कश्मीर के लोग खुलेआम बताते हैं कि सीमा पार कराने के लिए बीएसएफ वालों ने क्या दर तय की हुई है। घुसपैठ रोकने के लिए शोर-शराबा जितना तीखा और जितना अंधराष्ट्रवादी होता है उग्रवादियों को सीमा के पार जाने या हथियार लेकर वापस आने देने के लिए बीएसएफ वालों की कीमत उतनी ही बढ़ जाती है। यही बात कथित 'उग्रवादियों की गिरफ्तारियों' के बारे में भी सही है। अकसरहां बहुत सारे मासूम लोगों को सिर्फ इसलिए गिरफ्तार किया जाता है ताकि उनके घर वालों से पैसा वसूल किया जा सके। लोगों ने हमें बताया कि गिरफ्तार व्यक्ति को छुड़वाने की कम से कम दर 20,000 रुपए है और यह संबंधित परिवार की हैसियत के हिसाब से बढ़ती जाती है। यहां तक कि अगर स्थानीय दुकानदार भी रिश्वत देने से इनकार करते हैं तो उन्हें गिरफ्तारी की धमकी दी जाती है। भरोसेमंद सूत्रों ने हमें बताया कि यहां रिश्वत देकर जाने-पहचाने उग्रवादियों की रिहाई की भी कई घटनाएं हो चुकी है। इसी तरह जब्त किए गए हथियारों को भी कई बार उन्हीं उग्रवादियों को बेच दिया

जाता है जिनसे उन्हें बरामद किया गया था। इसका तरीका बहुत सीधा है। मान लीजिए की सुरक्षा बलों ने दस बंदूके बरामद कीं। रिकार्ड में वह दर्ज करते हैं कि तीन बंदूकें 'जब्त' की गईं। बाकी सात पैसे लेकर दोबारा उग्रवादियों के हवाले कर दी जाती हैं।

सुरक्षा बलों की भारी मौजूदगी मासूम लोगों पर अत्याचार के अलावा कश्मीर के पर्यावरण को भी भयानक नुकसान पहुंचा रही है। यह आरोप खुलेआम सुनने में आता है कि सुरक्षा बलों के जवान जंगल की लकड़ी की गैरकानूनी बिक्री में बड़े पैमाने पर लिप्त हैं। यहां के नंगे हो चुके पहाड़ वन संसाधनों के निर्मम दोहन के साक्षी हैं। पिछले कुछ सालों के दौरान इस लूटमार में और तेजी आई है। कई लोगों ने हमें बताया कि बड़े-बड़े अफसर अखरोट के पेड़ों को कटवा कर स्थानीय कारीगरों से बढ़िया फर्नीचर बनवाते हैं। अफ़सर इन कारीगरों से मुफ्त में काम करवाते हैं। जब कश्मीर में अफसरों की तैनाती का वक्त पूरा हो जाता है तो वह इस फर्नीचर को भी ट्रकों में भर कर ले जाते हैं। अर्धसैनिक बलों के भ्रष्टाचार और निहित स्वार्थों का एक ज्वलंत उदाहरण केंद्रीय आरक्षी पुलिस बल (सीआरपीएफ) के एक कमांडेंट का है। यह कमांडेंट 1991 तक कश्मीर में तैनात था। इसके बाद उसे पंजाब भेज दिया गया। वहां आतंकवादियों के साथ मुठभेड़ में उसे तीन गोलियां लगीं। इसके बाद उसे इस बात की छूट दे दी गई कि वह जहां चाहे तैनाती ले सकता है। ऐसे मौके पर आमतौर से लोग शांतिपूर्ण इलाकों में तैनाती चाहते हैं मगर उसने दोबारा कश्मीर में तैनाती की इच्छा जाहिर की और अपना तबादला वापस बडगांव में करवा लिया। कारण साफ था : वहां उसने खूब पैसा बनाया था और अभी भी पैसा बना सकता था।

बीएसएफ या सीआरपीएफ के मुकाबले सेना को अभी भी ज़्यादा अनुशासित माना जाता है। परंतु इसमें भी कोई शक नहीं कि यदि सेना को आंतरिक विद्रोहों को कुचलने के लिए लंबे समय तक इस्तेमाल किया गया तो बीएसएफ और सेना के बीच फ़र्क़ करना मुश्किल हो जाएगा। *कश्मीर टाइम्स* के संपादक वेद भसीन के मुताबिक : 'हमारा पिछला अनुभव बताता है कि बीएसएफ को जहां कहीं भी तैनात किया गया वहां हालात बिगड़ने लगे।' उनका कहना है कि हालांकि किसी भी इलाके को इस आधार पर सुरक्षा बलों को सौंपा जाता है कि वहां उग्रवादियों की वजह से कानून-व्यवस्था की स्थिति खराब है परंतु सुरक्षा बलों का मनमाना रवैया हालात को शांत करने की बजाय आग में ईंधन का काम करता है। हालांकि अभी तक भारत ने पाकिस्तान वाली नियति स्वीकार नहीं की है जहां सेना ही देश के राजनीतिक जीवन पर हावी रही है परंतु अब कश्मीर की हालत भी सेना-शासित राज्य जैसी ही हो गई है। अब यहां सेना के जनरल और बीएसएफ के वरिष्ठ अधिकारी भी राजनीतिक बयान देने लगे हैं। उनके बीच समन्वय का भी भारी अभाव होता है। एक ही घटना के बारे में बीएसएफ कुछ और कहती है जबकि सीआरपीएफ का बयान बिल्कुल अलग होता है। बहुत हलके शब्दों में भी कहा जाए तो ऐसा लगता है कि वह भी उसी प्रकार एक-दूसरे से भिन्न उद्देश्यों के लिए काम कर रहे हैं जैसे गृहमंत्री चव्हाण और उनके सहयोगी राजेश पायलट कश्मीर के बारे में परस्पर विरोधी बयान देते हैं और इस तरह

एक-दूसरे की कोशिशों को नुकसान पहुंचाते हैं। स्थानीय स्तर पर भी हालात गृह मंत्रालय के मुकाबले बहुत अलग नहीं हैं। दायां हाथ इस बात से अनभिज्ञ है कि बायां क्या कर रहा है। और जब एक को पता होता है कि दूसरा क्या कर रहा है तो वह उसकी मदद करने की बजाय उसको नीचा दिखाने की कोशिश करने लगता है।

नौकरशाहों में भी जो लोग भ्रष्ट हैं वह हालात को देखकर ज़्यादा संतुष्ट दिखाई देते हैं। विकास के नाम पर यहां जो करोड़ों रुपए आते हैं मौजूदा माहौल में उन्हें ज़्यादा आसानी से जेब में डाला जा सकता है। 'सामान्य' हालात में उनके अधिकारों पर जो न्यूनतम अंकुश रहता है यहां तो फिलहाल वह भी नहीं है।

आतंकवादियों का भय

उग्रवादी भी बुरी तरह बिखरे हुए हैं। यह बिखराव तब से और बढ़ा है जब से पाकिस्तान जेकेएलएफ के विरोधी संगठनों को मदद देने लगा है। अलग-अलग विचारधारात्मक और राजनीतिक हितों से जुड़े संगठनों के बीच राजनीतिक दुश्मनी के अलावा इन संगठनों के बीच एक-दूसरे के प्रति परस्पर अविश्वास और दुश्मनी भी काफी गहरी है। जैसा कि भूमिगत राजनीति करने वाले संगठनों के मामले में होता है, इन संगठनों में भी भारत और पाकिस्तान के जासूस घुसपैठ बना चुके हैं। इसीलिए परस्पर संदेह का स्तर बहुत ऊंचा है। और तो और, उनके सबसे विख्यात नेता भी इस संदेह से मुक्त नहीं हैं। मसलन, आम लोगों के बीच यासीन मलिक की विश्वसनीयता और सम्मान काफी है। वह सीमा पार करके पाकिस्तान जाने वाले शुरुआती लोगों में से एक थे। उन्होंने एक किशोर के रूप में सीमा पार की थी और अलगाववादी आंदोलन का यह दौर उन्होंने ही शुरू किया था। जब चार साल बाद उन्हें जेल से रिहा किया गया और वह सार्वजनिक रूप से यह कहने लगे कि कश्मीर समस्या का हल केवल बंदूक के जरिए नहीं निकल सकता तो हुर्रियत कांफ्रेंस (विभिन्न कश्मीरी संगठनों का व्यापक साझा मंच) में उनके कई सहयोगी और बहुत सारे अन्य लोग कहने लगे कि उन्होंने केंद्र सरकार के साथ 'सौदा' कर लिया है। आजादी के आंदोलन में सक्रिय आपराधिक तत्वों की सार्वजनिक आलोचना और उनके सफाये तथा अलगाव के उनके बयानों से और संदेह पैदा हुआ है। कुछ जाने-माने लोगों ने तो यहां तक इशारा किया कि हमारी टीम का दौरा भी यासीन मलिक को सरकारी एजेंट बनाने के लिए दिल्ली में किए गए 'सौदे' का ही हिस्सा है (सच्चाई यह है कि इस बार कश्मीर जाने से पहले मैं यासीन मलिक से न तो कभी मिली थी, और न कभी उनसे बात की थी। हमारी टीम के प्रत्येक सदस्य ने अपना खर्चा भी खुद उठाया था)। यासीन मलिक पर दो बार जानलेवा हमला हो चुका है। ज़्यादातर लोगों का कहना है कि क्योंकि अब वह पहले वाले लड़ाकू तेवरों की बजाय बातचीत के जरिए हल निकालने की ज़रूरत पर जोर देने लगे हैं इसलिए उनकी जान पर गहरा खतरा अभी भी बना हुआ है।

जो लोग इस आंदोलन पर आपराधिक तत्वों के दबदबे का विरोध करते हैं और

जो कश्मीर की आबोहवा में घुल चुकी हिंसा पर विराम लगाना चाहते हैं उनकी जिंदगी पर खतरा सबसे ज़्यादा है। परंतु अल जेहाद, हिजबुल मुजाहिदीन और हरकत-उल-अंसार जैसे पाकिस्तान समर्थित संगठनों के पास अपनी हैसियत से ज़्यादा हिंसक शक्ति आ चुकी है और अब उन्हें रोकना भी उसी तरह नामुमकिन हो चुका है जैसे अनेक पार्टियों में मौजूद उकसावेबाजों की हरकतों पर लगाम लगाना मुश्किल है।

इन हालात को देखकर मुझे सिख अलगाववाद के जमाने में खालिस्तान आंदोलन के प्रति पैदा हुए अविश्वास की याद आ गई। 1986 में मुझे अमेरिका और कनाडा के गुरुद्वारों में आयोजित बैठकों को संबोधित करने के लिए बुलाया गया था। यह वह दौर था जब विदेशों में बैठे सिख खालिस्तान के सक्रिय समर्थक बने हुए थे। उत्तरी अमेरिका के गुरुद्वारे लगभग पूरी तरह सिख आतंकवादियों की जागीर बने हुए थे। वहां जिन बैठकों को मैंने संबोधित किया उनमें कुछ लोगों ने बड़े आक्रामक तेवर अपनाए और मुझ पर बेहद चरमपंथी लफ्फाजी की बौछार की। मगर इन बैठकों के बाद कई लोग हौले से मेरे पास आकर कहते थे, 'मधु जी, उग्रवादियों की हिमायत करने वाले फलां-फलां आदमी की बातों पर ज़्यादा ध्यान मत देना। वह तो कांग्रेस का एजेंट है।' वहां इस बात का गहरा संदेह था कि जो लोग अपने राजनीति हितों की पूर्ति के लिए रक्तपात को सही ठहराने में सबसे आगे थे वह असल में भाड़े के एजेंट थे। कोई नहीं जानता था कि किस पर भरोसा करें और किस पर न करें। यहां तक कि मैंने कई नजदीकी रिश्तेदारों को भी एक-दूसरे पर शक करते पाया। लोग संयत ढंग से बात करने में कतराते थे क्योंकि उन्हें उग्रवादियों की नज़र में *सरकारी* सिख का तमगा मिलने से डर लगता था। नतीजतन, जो खालिस्तानियों के रास्ते से असंतुष्ट थे वह या तो पूरी तरह खामोश रहते या सरकारी दलाल कह दिए जाने के डर से उग्रवादियों का समर्थन करने लगते।

कश्मीर में भी मुझे यह समझने में काफी दिक्कत पेश आई कि कौन व्यक्ति संजीदगी के साथ अपनी बात कह रहा है और कौन सिर्फ इसलिए गर्मागर्म बातें उछाल रहा है ताकि वह उग्रवादियों की हिट लिस्ट में ना आ जाये। इनमें वकीलों और पत्रकारों जैसे अभिजात्य तबके के लोगों को समझने में मुझे खासतौर से दिक्कत महसूस हुई। ये लोग पाकिस्तान समर्थक उग्रवादियों से कुछ ज़्यादा ही डरते थे क्योंकि उनकी बंदूकों का खौफ भी उतना ही था जितना सुरक्षा बलों की बंदूकों का था। वकीलों के संगठनों के साथ हुई तमाम बैठकों में पाकिस्तान समर्थक लॉबी सबसे तेज़-तर्रार दिखाई दी। उन्हें कभी-कभार ही कोई गंभीरतापूर्वक चुनौती देता था। हालांकि बहुत सारे लोग निजी स्तर पर हमें इस बात का अहसास करा देते थे कि पाकिस्तान समर्थक भावनाओं की बजाय आजादी समर्थक भावनाएं ज़्यादा मजबूत हैं। जो लोग पाकिस्तान में विलय की हिमायत करते हैं वह संख्या के लिहाज से भले ही बहुत कम हैं मगर वह अपने इरादों में काफी कट्टर हैं। उन्होंने पाकिस्तानी दखलंदाजी का विरोध करने वाली आवाज़ों को सफलतापूर्वक दबा दिया। क्योंकि पाकिस्तान समर्थक संगठन ज़्यादा हथियारबंद और निर्मम हैं।

मिसाल के तौर पर, श्रीनगर में रहने वाले और जेकेएलएफ की राजनीति से नजदीकी से जुड़े पत्रकार जफर मेहराज आज कहते हैं कि कुछ ही समय पहले तक लोग उन्हें भारत समर्थक मानते थे परंतु अब उन्हें अहसास हो चुका है कि भारत के साथ सहअस्तित्व न तो संभव है न ही अपेक्षित। जिस तरह से उन्होंने अपनी राजनीति को अभिव्यक्त किया उससे मुझे यही महसूस हुआ कि वह भारत के कट्टर विरोधी हैं। इसलिए जब उनके किसी नजदीकी जानकार ने मुझे बताया कि कुछ साल पहले तक नर्म लाईन लेने के कारण वह आतंकवादियों की हिट लिस्ट में थे तो मुझे बहुत हैरानी हुई। उस समय उन्हें श्रीनगर छोड़ कर कुछ दिनों के लिए दिल्ली में भी रहना पड़ा था। इसीलिए मैं यकीन से नहीं कह सकती कि उनकी नर्म भारत समर्थक राजनीति के स्थान पर कट्टर अलगाववादी राजनीति डर की वजह से पैदा हुई है या यह संक्रमण भारतीय राज्य के साथ लगातार मोहभंग के कारण हुआ है या इसके पीछे दोनों का हाथ है। एक इंटरव्यू के दौरान जब उन्होंने मुझे बताया कि 1991 में वह दिल्ली के एक अखबार में नौकरी की उम्मीद में दिल्ली चले गए थे तो मुझे बड़ा ताज्जुब हुआ था : भला ऐसा व्यक्ति दिल्ली कैसे जा सकता है जो भारत से अलग होने के प्रति इतना आग्रही था। भला देश की राजधानी में उसका क्या काम जहां कश्मीरी बाकायदा लड़ाई छेड़े हुए हैं? और वह भी तब जबकि कश्मीर में अलगाववादी आंदोलन अपने शिखर पर था! ऐसी सूरत में उन्होंने कश्मीर में रहकर उस मिशन में मदद क्यों नहीं की जिसमें उन्हें सबसे ज़्यादा यकीन था?

उनका जवाब था : 'मैं राष्ट्रीय प्रेस के जरिए क़श्मीरियों के आंदोलन का प्रचार करना चाहता था। मैंने इसीलिए श्रीनगर छोड़ा था।' यह जवाब उस समय के हिसाब से भी मुझे संतोषजनक नहीं लगा। परंतु जब मैंने जाना कि उस समय वह उग्रवादियों की हिट लिस्ट में थे तो मुझे सारा मामला समझ में आने लगा।

सेना और बीएसएफ के हाथों सत्ता के निरंतर दुरुपयोग के बावजूद लोग भारत सरकार के खिलाफ बात करने से नहीं डरते। परंतु वह आतंकवादियों के मनमानेपन और अत्याचारों के बारे में बात करने से ज़रूर डरते हैं। यहां तक कि जफर मेहराज जैसे लोग भी उनकी आलोचना करने का जोखिम नहीं उठाते। बल्कि वह तो सार्वजनिक रूप से उनका बचाव करते हैं। वह इससे ज़्यादा कुछ नहीं कहते कि "उग्रवादियों ने भी कुछ 'गलतियां' की हैं, 'वह लोगों से जबरन पैसा नहीं वसूलते, वह तो हमसे सिर्फ मदद मांगते हैं। जबरन वसूली की वारदातें बहुत कम हुई हैं", इत्यादि। जब हमने उनसे पूछा कि उग्रवादियों की क्या 'गलतियां' रही हैं, तो उन्होंने कहा, 'मेरा खयाल है कि जब वह लोगों से पैसे मांगने जाते हैं तो उन्हें हथियार लेकर नहीं निकलना चाहिए। उन्हें निहत्थे जाना चाहिए।'

आज लोगों में सरकारी बंदूकों के मुकाबले आतंकवादियों की बंदूक का खौफ कहीं ज़्यादा है क्योंकि आतंकवादी आंदोलन पर पाकिस्तान प्रशिक्षित भाड़े के आतंकवादियों और विदेशी तत्वों का कब्जा हो चुका है। ये लोग किसी भी तरह के असंतोष को बर्दाश्त नहीं करते और जिसको चाहते हैं मौत के घाट उतार देते हैं। इसलिए कुछ साहसी लोग ही खुलेआम

उनकी आलोचना कर पाते हैं। श्रीनगर स्थित अखबार *डेली आफताब* के संपादक सनुल्ला खान उन कुछ लोगों में से एक हैं जो मानते हैं कि लोग आतंकवादियों की हरकतों को पसंद तो नहीं करते परंतु सुरक्षा बलों का बर्ताव भी ऐसा है कि वह आतंकवादियों की खुलकर आलोचना और मुकाबला करने से डरते हैं। वह मानते हैं कि हालांकि निजी तौर पर वह खुद उनकी राजनीति को सही नहीं मानते परंतु अपने अखबार में वह उग्रवादियों के पर्चों को छापने से इनकार भी नहीं कर सकते। इसी संदर्भ में यासीन मलिक द्वारा आतंकवादियों के आपराधिक कृत्यों की सार्वजनिक आलोचना, आंदोलन से इस तरह के लोगों को हटाये जाने का उनका इरादा और इस बात की सार्वजनिक स्वीकृति कश्मीर संकट के समाधान की दिशा में एक बड़ी सफलता है कि अकेले बंदूक के जरिए समस्या का हल नहीं निकल पाएगा। जब सनुल्ला खान कहते है कि यदि भारत सरकार ने बिना शर्त वार्ता के यासीन मलिक के प्रस्ताव का सही जवाब नहीं दिया तो यह एक भयानक गलती होगी, तो उनका यह वक्तव्य असल में राज्य के बहुत सारे लोगों की भावनाओं की अभिव्यक्ति करता है। यासीन मलिक ने यह कहकर व्यक्तिगत और राजनीतिक रूप से बहुत बड़ा जोखिम उठाया है कि 'हम कोई धार्मिक लड़ाई नहीं लड़ रहे हैं।' उन्होंने यह भी ऐलान कर दिया है कि भारत के मानवाधिकार कार्यकर्ताओं में भी उनके दोस्त मौजूद हैं। उनके इस बयान से भी इस्लामिक कट्टरतावादियों को खासी परेशानी हुई है कि डोगरे, बौद्ध और कश्मीरी पंडित भी उनके भाई हैं और समस्या को हल करने के लिए उनकी इच्छाओं को ध्यान में रखना ज़रूरी है। क्योंकि लोगों के बीच यासीन मलिक की विश्वसनीयता और सम्मान काफ़ी रहा है इसलिए यदि भारत सरकार संयत ढंग से काम करे तो वह राज्य के राजनीतिक हालात को बदल सकते हैं। पंजाब की तरह यहां भी इस आशय के आरोप बार-बार लगाए जा रहे हैं कि सरकार ने भूमिगत आंदोलन में खुद अपनी तरफ से अपराधियों को सक्रिय कर दिया है। अलगाववादी आतंकवाद के दौर से पहले अपराधियों को तमाम राजनीतिक पार्टियों से संरक्षण मिलता था, वह गैरकानूनी गतिविधियों से पैसा बनाते थे और कालाबाज़ारी करते थे। उन्हें राज्य के लोग चावल बिग्रेड कहकर संबोधित करते थे क्योंकि उनमें से बहुत सारे टूटे चावल के व्यापार से जुड़े हुए थे। आरोप लगाया जाता है कि अब इन्हीं राजनीतिक गुंडों को उग्रवादियों का नाम खराब करने के लिए आतंकवादी आंदोलनों में उतारा जा रहा है।

राजनेताओं के प्रति अविश्वास

कांग्रेस, नेशनल कांफ्रेंस (नेकां) और तमाम छोटी-बड़ी पार्टियों के राजनेताओं को हालात बिगाड़ने के लिए सबसे ज़्यादा जिम्मेदार माना जाता है। सनुल्ला बट्ट ने कश्मीर संकट का एक निष्पक्ष और बेबाक ब्यौरा दिया :

> 1947 में हम कश्मीरी मुसलमानों ने पाकिस्तानी घुसपैठियों को खदेड़ दिया। 1965 में पाकिस्तानी घुसपैठियों को भारतीय सुरक्षा बलों के हवाले करके हमने एक बार

फिर पाकिस्तानी मंसूबों पर पानी फेर दिया। मगर भारतीय शासकों ने हमारे साथ बहुत बुरा सुलूक किया। उन्होंने न तो हम पर भरोसा किया और न ही 1951 से अब तक यहां कभी निष्पक्ष चुनाव होने दिए। शेख अब्दुल्ला एक भी सीट पर मुकाबला नहीं होने देते थे। जो कोई भी नेकां के उम्मीदवार के खिलाफ खड़ा होता था उसका या तो अपहरण करवा दिया जाता था या उसकी पिटाई होती थी या झूठी वजह बताकर उसका नामांकन रद्द कर दिया जाता था। शेख साहब ने लोकतंत्र में कभी यकीन नहीं रखा। उन्हें लगता था कि खुदा ने उन्हें कश्मीर पर शासन करने के लिए ही भेजा है। उन्हें इस बात पर सख्त एतराज था कि लोगों को अपनी सरकार चुनने का हक दिया जाए।

बाद के चुनावों में भी कुछ ऐसी ही कहानी दोहराई गई। बख्शी गुलाम मोहम्मद और सादिक का व्यवहार भी शेख अब्दुल्ला से खास अलग नहीं रहा।

मैंने उनसे पूछा, 'तो फिर कश्मीरी नेताओं की हरकतों के लिए आप केंद्र सरकार पर क्यों दोष धरते हैं?' इस पर उन्होंने जवाब दिया, 'केंद्र सरकार ने भी इन हरकतों को रोकने की बजाय कश्मीरी आवाम के साथ हो रही इस धोखाधड़ी को और बढ़ावा दिया। उसे भी हम पर भरोसा नहीं था। केंद्र सरकार को चाहिए था कि वह इन हरकतों पर अपनी असहमति और नाखुशी का स्पष्ट इजहार करती और इस बात का खयाल रखती की यहां फैल रहा भ्रष्टाचार और चुनावों में धोखाधड़ी बंद हो।'

यहां के लोग जितना भारत सरकार और राष्ट्रीय राजनीतिक पार्टियों से खफा हैं उतना ही वह मोरारजी देसाई का सम्मान भी करते हैं। यहां के लोगों की नज़र में वह एकमात्र ऐसे नेता थे जिन्होंने अपनी पार्टी और सरकार को चुनावों में धोखाधड़ी नहीं करने दी। सनुल्ला बट्ट के ही शब्दों में :

> 1977 में केंद्र में सत्ताधारी जनता पार्टी के सभी नेताओं के बीच इस बात पर सहमति थी कि इस बार भी जनता पार्टी के हक में चुनावों में धांधली होगी। परंतु मोरारजी देसाई इस पर अड़ गए कि चुनाव धांधली से नहीं होंगे, चुनाव निष्पक्ष कराए जाएंगे। परंतु अब्दुल्ला साहब को वह भी नहीं रोक सके। चुनावों में नेकां ने फिर जमकर धांधली मचाई। हालांकि शेख अब्दुल्ला को ऐसा करने की ज़रूरत नहीं थी क्योंकि वह वैसे भी जीतने ही वाले थे।

क्योंकि जनता सरकार ने चुनावों में धांधली नहीं की और कश्मीरियों पर जबरन कोई सरकार भी नहीं थोपी इसलिए आज भी वह उस एक चुनाव और मोरारजी देसाई को बड़े आदर और प्यार से याद करते हैं। यह कहना बहुत गलत नहीं होगा कि अगर नेहरू-गांधी वंश मोरारजीभाई की तरह जरा सी भी राजनीतिक ईमानदारी से काम लेता तो आज जो बगावत भारतीय कश्मीर में हो रही है वह पाकिस्तान अधिकृत कश्मीर में होती।

कश्मीर घाटी का वर्चस्व

जेल से रिहा होने के बाद जेकेएलएफ नेता यासीन मलिक यह दोहराते रहे हैं कि उनका संगठन शरणार्थी शिविरों में रह रहे कश्मीरी पंडितों से नहीं बल्कि जम्मू और लद्दाख के लोगों के साथ संवाद की प्रक्रिया शुरू करेगा। वह आजादी के आंदोलन में उन्हें साथ लेकर चलना चाहते हैं क्योंकि आज स्थिति यह है कि कश्मीरी मुसलमानों के अलावा कोई आजादी की मांग के हक में नहीं है। कश्मीर घाटी और कश्मीरी मुसलमानों का जम्मू-कश्मीर की राजनीति में पूरा दबदबा रहा है। केंद्र के साथ उनका टकराव तमाम राजनीतिक जोड़-घटा पर हावी रहा है। जो लोग कश्मीर के भविष्य का निर्धारण करने के लिए जनमत संग्रह की मांग करते हैं वह इस बात को लंबे समय तक अनदेखा नहीं कर सकते कि जम्मू और लद्दाख के पास ज़्यादा बड़ा भू-भाग है और उनकी आबादी कश्मीर घाटी के मुकाबले ज़्यादा है तथा इन क्षेत्रों के लोग कश्मीरी मुसलमानों की राजनीतिक इच्छाओं से इत्तेफाक नहीं रखते। जम्मू व कश्मीर राज्य का कुल क्षेत्रफल 1.01 लाख वर्ग किलोमीटर है जिसमें से 56,146 वर्ग किलोमीटर अकेले लद्दाख के हिस्से में आता है। अगला नंबर जम्मू संभाग का है जिसका क्षेत्रफल 28,293 वर्ग किलोमीटर है। कश्मीर घाटी का क्षेत्रफल सिर्फ 15,948 वर्ग किलोमीटर है।

1981 की जनगणना के मुताबिक इन तीनों संभागों की कुल आबादी में मुसलमानों की संख्या 64.2 प्रतिशत है। इनमें से 49.7 प्रतिशत मुसलमान अकेले कश्मीर घाटी में हैं। राज्य की कुल आबादी में हिंदुओं की संख्या 32.3 प्रतिशत है। इनमें से ज़्यादातर जम्मू क्षेत्र में केंद्रित हैं और यहां उनकी आबादी 66.3 प्रतिशत हो जाती है। लद्दाख संभाग में बौद्ध मतावलंबियों की बहुतायत है और क्षेत्र की जनसंख्या में उनका हिस्सा 51.87 प्रतिशत है।

जम्मू और लद्दाख क्षेत्रों के मुसलमान जातीय स्तर पर कश्मीरी मुसलमानों से भिन्न हैं। जेकेएलएफ नेताओं का मानना है कि जम्मू व कश्मीर इस लिहाज से 'एक मिनी भारत' जैसा है कि वहां जातीय या भाषायी एकरूपता नहीं है। यहां तक कि कश्मीरी मुसलमान भी राजनीतिक स्तर पर कई खेमों में बंटे हुए हैं। उनमें से भारत से अलग होकर पाकिस्तान में विलय की वकालत करने वाला तबका बहुत छोटा सा है। लद्दाख और जम्मू के लोग केंद्र सरकार की बजाय श्रीनगर के नियंत्रण से स्वायत्तता में ज़्यादा दिलचस्पी रखते हैं। कश्मीर में जारी अलगाववादी आंदोलन जम्मू और लद्दाख में जवाबी अलगाववाद की चिंगारी भड़का सकता है। यदि निष्पक्ष ढंग से जनमत संग्रह हुआ तो पूरी संभावना है कि बहुमत पाकिस्तान के समर्थन में वोट नहीं देगा। इसीलिए पाकिस्तानी सरकार भी कश्मीरियों के लिए आजादी का विकल्प उपलब्ध कराने को तैयार नहीं है। परंतु जब कश्मीरी मुसलमान आजादी पर जोर देते हैं तो वह न केवल पाकिस्तानी शासकों का कोपभाजन बनते हैं बल्कि जम्मू और लद्दाख क्षेत्रों में भी इसी तरह की मांगों के बीज बो देते हैं।

मेरा मानना है कि आम कश्मीरियों का गुस्सा और नफरत केंद्र सरकार और सशस्त्र बलों के खिलाफ ही है। उनके भीतर हिंदू विरोधी भावनाएं बहुत कम हैं और यहां के ज़्यादातर लोग कश्मीरी हिंदुओं को बाहर निकालने की मांग का समर्थन नहीं करेंगे। परंतु फिर भी कश्मीरी मुसलमानों में शिक्षित अभिजन का एक हिस्सा कश्मीरी पंडितों से काफी नफरत करता है। उन्हें शिक्षा और रोजगार के मामले में पंडितों से सीधे टक्कर लेनी पड़ती है क्योंकि पंडितों की शिक्षा उनसे बेहतर है और उन्हें ज़्यादा आसानी से नौकरी मिल जाती है। 1981 की जनगणना के मुताबिक कश्मीरी पंडितों में साक्षरता दर 80 प्रतिशत थी जबकि राज्य में औसत साक्षरता दर मात्र 26.7 प्रतिशत थी। शिक्षित कश्मीरी मुसलमानों के असंतोष का एक कारण यह है कि आर्थिक और शैक्षणिक दृष्टि से बेहतर स्थिति में होने के कारण पंडितों के पास हमेशा दबदबे वाली स्थिति रही है और उन्होंने कश्मीरी मुसलमानों के बीच शिक्षा के प्रसार को दिल से स्वीकार नहीं किया। बहरहाल, उनके बीच पारस्परिक घृणा के कारण चाहे जो भी हों, मेरा यही मानना है कि मुसलमानों में पढ़े-लिखे लोग ही कश्मीरी पंडितों की घर वापसी के रास्ते में सबसे बड़ी रुकावट पैदा करेंगे। इस तथ्य से हालात और जटिल हो जाते हैं कि कश्मीरी पंडितों के नेताओं ने भारतीय जनता पार्टी (भाजपा) और गृह मंत्रालय के उकसावे पर एक आत्मघाती राजनीति का रास्ता पकड़ लिया है। गृह मंत्रालय की कोशिशों से खड़ा हुआ संगठन पानुन कश्मीर अब घाटी में कश्मीरी पंडितों के लिए एक अलग होमलैंड की मांग कर रहा है। इस मांग के कारण कश्मीरी पंडित कश्मीरी मुसलमानों की नज़रों में और भी संदेहास्पद हो गए हैं।

अब तक केवल एकाध कश्मीरी मुस्लिम नेता ही पंडितों को घाटी में वापस लाने की कोशिशों के बारे में बात कर रहे हैं। यासीन मलिक ने घोषणा की थी कि वह कश्मीरी पंडितों के शरणार्थी शिविरों में जाकर खुद उनसे बात करेंगे। परंतु उन्होंने अभी तक अपना यह वादा पूरा नहीं किया है। इसकी एक वजह यह भी हो सकती है कि अगर वह ऐसा करते हैं तो पाकिस्तान समर्थित आतंकवादी उनके खिलाफ प्रचार और तेज कर देंगे और उन्हें भारत सरकार का दलाल घोषित करने लगेंगे। यहां तक कि जफर मेहराज जैसे पुराने उदारवादी भी कहते हैं, 'यह कश्मीरी पंडितों की वापसी का समय नहीं है। उन्होंने भूतपूर्व राज्यपाल जगमोहन की गोद में बैठकर 'कश्मीरी आंदोलन' से खुद को अलग कर लिया था। अब वह तभी वापस आ सकते हैं जब अपनी इस गलती को वह सार्वजनिक रूप से स्वीकार करें और उसके लिए माफी मांगें।' इस बयान से साफ पता चलता है कि सांप्रदायिक खाई कितनी गहरी हो चुकी है। परंतु मेहराज की पत्नी नसीम का स्वर थोड़ा भिन्न था। उन्हें लगता है कि अभी भी सब कुछ हाथ से नहीं निकला है। उन्होंने बताया कि कुछ दिन पहले श्रीनगर के बाज़ार से गुजरते हुए उन्होंने एक बॉलकोनी में एक साड़ी लटकती हुई देखी। उन्हें यह देखकर अच्छा लगा और वह चाहती हैं कि शहर में ऐसी साड़ियां और दिखाई दें। क्योंकि साड़ी से पता चलता है कि यह मकान कश्मीरी पंडितों का है इसलिए बॉलकनियों में इस तरह की और साड़ियों की मौजूदगी इस बात का संकेत होगी कि हालात सामान्य

हो गए हैं और हिंदू घाटी में लौट आए हैं।

इस बातचीत ने मुझे अनंतनाग स्थित बार एसोसिएशन के लोगों के साथ हुई बैठक की याद ताजा करा दी। वहां कई मुस्लिम वकीलों ने मोतीलाल भट्ट नामक हिंदू वकील के बारे में बताया जो तमाम हिंदू परिवारों के चले जाने के बाद भी अनंतनाग में टिके हुए हैं। यह इस बात का 'सबूत' था कि मुसलमानों ने पंडितों को कश्मीर से बाहर नहीं खदेड़ा है। वह बार-बार इसी बात पर जोर देते रहे कि मोतीलाल भट्ट पूरी तरह सुरक्षित रहेंगे। खुद मोतीलाल भट्ट इस बारे में कुछ भी कहने से सबसे ज़्यादा कतरा रहे थे कि हिंदुओं के लिए हालात वाकई सुरक्षित हैं या नहीं। हालांकि उन्होंने इतना ज़रूर माना कि उनके परिवार पर कभी हमला नहीं हुआ है। परंतु हैरत की बात यह थी कि अपने मुस्लिम सहकर्मियों के भारी समूह के बीच उन्होंने यह तो कह ही दिया : 'हम खुलेआम उग्रवादियों की कारगुजारियों के बारे में अपनी भावनाओं को अभिव्यक्त नहीं कर सकते। अगर ऐसा करेंगे तो हम अगला सवेरा नहीं देख पाएंगे।' ऐसे मुसलमानों की संख्या तो और भी कम थी जो इतनी बात भी खुलकर कह पा रहे थे हालांकि निजी बातचीत में उन्होंने यह संकेत ज़रूर दिया कि पाकिस्तान समर्थक आतंकवादी बलात्कार और महिलाओं के अपहरणों सहित तमाम तरह के अत्याचारों को अंजाम दे रहे हैं।

मरने वालों में मुसलमान ज़्यादा हैं

आतंकवादियों द्वारा पंजाब में की गई हत्याओं की तरह कश्मीर से बाहर रहने वाले लोग भी इस बात को नहीं समझ सकते कि खालिस्तानियों की तरह ही यहां के उग्रवादी भी हिंदुओं की बजाय मुसलमानों को ही ज़्यादा मार रहे हैं। आतंकवादियों ने अब तक लगभग 5,000 आम लोगों को मारा है। इनमें से सिर्फ 360 ही कश्मीरी पंडित थे। बाकी सब मुसलमान थे। यानी उग्रवादी हिंदुओं के मुकाबले मुसलमानों के लिए ज़्यादा बड़ा खतरा हैं क्योंकि हिंदू फिर भी सरकारी मदद की उम्मीद कर सकते हैं जबकि मुसलमानों को तो इस हिफ़ाज़त की भी उम्मीद नहीं है।

हालांकि इस बात पर तो व्यापक सहमति थी कि समस्या को बंदूकों के जरिए हल नहीं किया जा सकता है मगर हम जितने लोगों से मिले उसमें से ज़्यादातर इस बात के प्रति सशंकित थे कि बातचीत का कोई स्वीकार्य हल निकल पाएगा या नहीं। हालांकि आतंकवादियों के डर के साये में केवल कुछ कश्मीरी मुसलमान ही आतंकवाद के बारे में बात करने को इच्छुक दिखाई देते हैं परंतु फिर भी इसमें कोई शक नहीं कि आतंकवाद से लोगों का मोहभंग होता जा रहा है। एक वरिष्ठ मुस्लिम अधिकारी ने बात पूरी तरह साफ कर दी : 'हालांकि कश्मीरी इस उग्रवाद से आजिज आ चुके है परंतु सेना की ज्यादतियां भी लोगों को उग्रवादियों का विरोध करने से रोक रही हैं।' उन्हें लगता है कि हालांकि अलगाव की भावना बहुत गहरी है परंतु फिर भी हालात पूरी तरह नाउम्मीद नहीं हैं। कश्मीरी नेता धारा 370 के तहत जिस किस्म की स्वायत्तता का आश्वासन दिया गया था, उसको संजीदगी

के साथ लागू किए जाने और सरकार की तरफ से इस आशय के आश्वासन से संतुष्ट हो सकते हैं कि भारत सरकार भविष्य में ऐसा गलत व्यवहार नहीं करेगी। बहुत सारे लोगों ने कुछ ऐसी ही भावनाएं व्यक्त कीं। मसलन :

> जैसे ही हम उग्रवाद से दूर जाने लगते हैं, तुम्हारे सशस्त्र बल आकर दोबारा हमें जंग में उतरने पर मजबूर कर देते हैं। हमारा आंदोलन मुजाहिदीनों की मेहनत की वजह से नहीं बल्कि भारतीय सेना की गलत हरकतों के कारण ही इतना फैला है। उन्होंने हमें भारत से अलग होने के लिए प्रेरित करने में मुजाहिदीनों के प्रोपेगेंडा से भी ज़्यादा मदद दी है।

मगर आज की ध्रुवीकृत राजनीतिक स्थिति में भी लोग कुछ ऐसे सैनिक अधिकारियों और नौकरशाहों की दिल खोल कर तारीफ करते हैं जिन्होंने जिम्मेदाराना ढंग से काम किया है। कश्मीर में हमारे प्रवास के दौरान लोगों ने ऐसे कई अधिकारियों के नाम लिए। इस आंदोलन के अपराधीकरण और आजादी समर्थक जेकेएलएफ के असर को कम करने के लिए पाकिस्तान प्रशिक्षित विदेशी भाड़े के सिपाहियों के आने के बाद आजादी के बहुत सारे कट्टर समर्थकों का भ्रम भी टूटने लगा है। बंदूक संभाले उग्रवादी की जगह विरोध की गांधीवादी तकनीकों की ओर बढ़ते यासीन मलिक का कायान्तरण इस बात की एक व्यापक मान्यता को रेखांकित करता है कि हिंसा से केवल और हिंसा ही पैदा हो सकती है। इसलिए अब ज़्यादातर नेता बातचीत के जरिए समाधान की बातें करने लगे हैं। परंतु इस आशय की आशंका भी बड़े पैमाने पर मौजूद है कि अगर इस तरह का समझौता हो भी गया तो कहीं ऐसा न हो कि भारत सरकार पैर पीछे खींचने लगे। मौलाना अंसारी के शब्दों में : 'दोनों पक्षों को बिना शर्त बातचीत की शुरुआत करनी होगी। परंतु हमें बातचीत की एक समयसीमा भी निर्धारित करनी चाहिए। इस बार की बातचीत का वह हश्र नहीं होना चाहिए जो शिमला समझौते का हुआ था।'

कश्मीरियों की सबसे बड़ी शिकायत यह है कि जब भारत सरकार पाकिस्तान के साथ बातचीत करती है तो कश्मीरियों को उसमें शामिल नहीं करना चाहती। हालांकि ज़्यादातर भारतीय पाकिस्तान अधिकृत कश्मीर (पीओके) के संबोधन से परिचित हैं परंतु वह अभी भी इस बात को पूरी तरह नहीं समझ पाए हैं कि कश्मीरी मुसलमानों को कश्मीर का जबरन बंटवारा आज तक रास नहीं आया है। उनके सामने ऐसे कई राजनीतिक प्रतीक मौजूद हैं जो उन्हें इस बात की याद दिला देते हैं कि यह एक तात्कालिक बंदोबस्त ही था। मिसाल के तौर पर, राज्य की विधानसभा में सौ सीटें हैं जिनमें से 25 पाकिस्तान अधिकृत कश्मीर के लिए आरक्षित हैं। इसी प्रकार जो विस्थापित जबरन बंटवारे के बाद जम्मू क्षेत्र में आ गए थे उन्हें अब तक भी न तो नागरिकता संबंधी अधिकार मिले हैं और न उन्हें संपत्ति खरीदने, नौकरी पाने या राज्य विधानसभा के चुनावों में मतदान का अधिकार मिला है। उन्हें इस बेतुकी दलील के आधार पर इन हकों से महरूम रखा जा रहा है कि जब कश्मीर एक हो जाएगा तो वह दोबारा अपने घर वापस चले जाएंगे। इसी तरह, जो लोग जम्मू

क्षेत्र से पाकिस्तान अधिकृत कश्मीर चले गए थे उनकी संपत्ति भी उनकी वापसी की उम्मीद में आरक्षित रखी गई है जबकि बाकी पूरे देश में इस तरह की जमीन और संपत्तियों को शरणार्थियों के पुनर्वास में इस्तेमाल किया जा चुका है। इतना ही नहीं, बहुत सारे परिवार ऐसे हैं जो सरहद के कारण बंट गए हैं। क्योंकि यह एक अप्राकृतिक सीमा है इसलिए बंटवारे के बाद भी दशकों तक यहां से लोगों का आना-जाना चलता रहा। इसलिए 'सरहद पार करना' कश्मीरी मुसलमानों के लिए उस तरह की गैरकानूनी बात नहीं है जिस तरह बाकी भारतीय उसे देखते हैं।

इसलिए एक प्रमुख मांग यह भी है कि दोनों तरफ के लोगों या कम से कम दोनों तरफ के राजनेताओं को एक-दूसरे के संपर्क में रहने दिया जाए और उन्हें कश्मीर के दोनों हिस्सों के एकीकरण का परस्पर स्वीकार्य रास्ता निकालने तथा अपनी मर्जी की शासन व्यवस्था चुनने का मौका दिया जाए। जिस तरह भारतीय कश्मीरी मुसलमान तीन खेमों में बंटे हुए हैं (एक, जो आजादी के हक में हैं; दो, जो पाकिस्तान के साथ विलय चाहते हैं; और तीन, जो भारत के साथ ही रहना चाहते हैं) उसी तरह पीओके में भी ऐसे ही गंभीर टकराव की स्थिति बनी हुई है। यह सोचना गलत होगा कि विभाजित कश्मीर में लोगों की आवाजाही पर लगी पाबंदियां हटा लेने से भारत की सुरक्षा के लिए खतरा खड़ा हो जाएगा। ऐसी सूरत में ज़्यादा नुकसान पाकिस्तान का ही होगा। जैसा कि जफर मेहराज कहते हैं, 'जो लोग आज पाकिस्तान के समर्थक हैं उन्हें पाकिस्तान अधिकृत कश्मीर जाने के लिए प्रोत्साहित किया जाना चाहिए ताकि वह खुद वहां के हालात को देख सकें।' यदि भारत सरकार इस आशय की एकतरफा घोषणा कर देती है तो इससे पाकिस्तानी सरकार रक्षात्मक तेवर अपनाने पर मजबूर हो जाएगी। पाकिस्तान में सामाजिक और राजनीतिक हालात भारत के मुकाबले ज़्यादा खराब हैं। वहां विभिन्न जातीय समुदायों के बीच जारी टकराव दिन-ब-दिन खूनी रूप लेता जा रहा है। दूसरी तरफ वहां लोकतंत्र की जड़ें भी भारत के मुकाबले ज़्यादा कमजोर हैं।

अगर भारत निरंकुशतावादी तौर-तरीकों के मामले में पाकिस्तान से मुकाबला करना चाहता है, जैसा कि कश्मीर के मामले में दिखाई दे रहा है, तो हमें इस लड़ाई में हार के अलावा और कुछ नहीं मिलेगा। परंतु अगर हम कश्मीर में जोर-जबर्दस्ती की बजाय लोकतांत्रिक संस्थाओं को मजबूत करेंगे तो इस बात की गुंजाइश बहुत कम है कि कश्मीर की लड़ाई पाकिस्तान के हक में चली जाए। कश्मीरी मुसलमान पाकिस्तान के मुस्लिम राज्य की ओर धार्मिक कारणों से नहीं बल्कि इस वजह से ज़्यादा आकर्षित हो रहे हैं क्योंकि भारत सरकार भी उनके मुसलमान होने की बिना पर उन पर भरोसा नहीं कर पा रही है। वरना तो इस्लाम के पाकिस्तानी संस्करण और कश्मीरियों के सहृदयतापूर्ण इस्लाम के बीच कोई समानता नहीं है।

समाधान की ओर कदम

विभिन्न कश्मीरी नेताओं के साथ हमारी बातचीत में कई तरह के सुझाव सामने आए। इन सुझावों में मोटे तौर पर इन बिंदुओं के ऊपर एक व्यापक सहमति दिखाई देती थी :

- राजनीतिक प्रक्रिया शुरू करने के लिए वर्षों से जेल में बन्द नेताओं को रिहा किया जाए।
- सेना को वापस उसकी बैरकों में भेज दिया जाए क्योंकि उससे उग्रवाद को और वैधता मिल रही है। सेना को सिर्फ तभी बुलाया जाए जब कहीं असामान्य अव्यवस्था या दुर्घटना हो।
- किसी भी तरह की शर्तों के बिना कश्मीर विवाद के समाधान के लिए संवाद की प्रक्रिया शुरू की जाए।
- भारतीय और पाकिस्तानी कश्मीर के बीच लोगों की आवाजाही पर लगी पाबंदियां हटा ली जाएं।
- कश्मीर विवाद को हल करने के लिए भारत पाकिस्तान के बीच होने वाली वार्ताओं में कश्मीरी नेताओं को भी शामिल किया जाए।
- जम्मू-कश्मीर के शासन के लिए परस्पर स्वीकार्य राजनीतिक बंदोबस्त करने के लिए कश्मीरियों, डोगरों, लद्दाखियों, बौद्धों, पंजाबियों, कश्मीरी पंडितों, गुज्जरों आदि को परस्पर सहमति बनाने का मौका दिया जाए।

यह सभी काफी तर्कसंगत मांगें है और इनके जरिए समाधान का रास्ता निकल सकता है बशर्ते केंद्र सरकार जिम्मेदारी भरे ढंग से और भरोसे की मुद्रा के साथ बर्ताव करे।

उपसंहार

अक्तूबर 2002 में हुये "स्वतन्त्र एवं निष्पक्ष" चुनावों की वजह से कश्मीर की राजनीति में भारी बदलाव आये हैं। जब से पीडीपी के नेतृत्व में साझा सरकार बनी है, आम जनता का झुकाव बन्दूक छोड़ कर लोकतन्त्र की राजनीति में बढ़ने लगा है क्योंकि मौजूदा सरकार में कुछ लोग ऐसे हैं जो इस प्रान्त की समस्याओं को सुलझाने के प्रति वाकई संजीदा हैं और मानवाधिकार उल्लंघन की घटनाओं के प्रति सजग भूमिका निभा रहे हैं।

15

गाएं या न गाएं

राष्ट्रगान का विवाद

कुछ दिनों पहले केरल के एक स्कूल में तीन ईसाई छात्रों को इसलिए स्कूल से निकाल दिया गया क्योंकि उन्होंने राष्ट्रगान गाने से इनकार कर दिया था। इस घटना से पहले देश के ज़्यादातर लोगों की तरह मैंने भी राष्ट्रगान पर कभी बहुत ध्यान नहीं दिया था। इस घटना के बाद अखबारों और पत्रिकाओं में जो तीखी बहस चली उसे बेमतलब का शोर कहकर खारिज किया जा सकता था।

परंतु इसी बीच सरकार और प्रधानमंत्री भी बहस में कूद पड़े और कहा कि वह चाहते हैं कि राष्ट्रगान को गाना एक बाध्यकारी दायित्व बना दिया जाए और इसे न गाना राष्ट्रविरोधी कृत्य माना जाए। ऐसे में मुझे लगता है कि इस मुद्दे का गंभीरतापूर्वक विश्लेषण किया जाना चाहिए।

इस बात को लेकर अचानक इतना उत्साह कैसे पैदा हुआ कि राष्ट्रगान हर व्यक्ति को गाना ही चाहिए? मैं 'अचानक' शब्द का इसलिए प्रयोग कर रही हूं क्योंकि मुझे याद है कि बहुत साल पहले जब यह अनिवार्य कर दिया गया था कि सिनेमा हॉलों में फिल्म के हर शो के बाद राष्ट्रगान की धुन बजाई जाएगी तो इस फैसले को इसलिए वापस लेना पड़ा था क्योंकि ज़्यादातर लोग, खासतौर से वयस्क या तो चुपचाप बाहर निकल जाते थे या अपनी सीटों पर ही बैठे रहते थे। बहुत सारे लोग इस फैसले को भला-बुरा कहते थे और इसे एक बेमतलब की कवायद मानते थे। बहुत सारे लोग इसका खुलकर मजाक उड़ाते थे। उस समय किसी ने भी ऐसे लोगों के खिलाफ अनुशासनात्मक कार्रवाई करने की बात नहीं उठाई जो या तो राष्ट्रगान के सम्मान में खड़े नहीं होना चाहते थे या साथ-साथ नहीं गाना चाहते थे।

पिछले कुछ सालों दौरान भी जब कभी मैं ऐसे समारोहो में गई हूं जहां राष्ट्रगान

---

* पहली बार *दि इलस्ट्रेटेड वीकली ऑफ इंडिया*, 8 मार्च 1987 में प्रकाशित।

गाया जाता है या राष्ट्रगान की धुन बजाई जाती है, तो मैंने पाया है कि हालांकि बहुत सारे लोग उसके सम्मान में खड़े तो हो जाते हैं परंतु उनका मुंह बंद रहता है। इसकी सबसे बड़ी वजह यह है कि पढ़े-लिखे लोगों सहित ज़्यादातर लोग जानते ही नहीं कि राष्ट्रगान कैसे गाया जाता है।

तो फिर राष्ट्रगान के लिए उत्साह की यह नई लहर कैसे पैदा हो गई? ऐसा क्या हुआ है कि लोग राष्ट्रगान का महत्त्व समझने लगे हैं और उसके सौंदर्य को आत्मसात कर पा रहे हैं?

इस बात का पता लगाने के लिए मैंने 50 पढ़े-लिखे लोगों का सर्वे किया। इनमें से ज़्यादातर लोग ऐसे थे जिनसे मैं पहले कभी नहीं मिली थी। मैंने बातचीत के लिए जान-बूझकर हिंदुओं को चुना क्योंकि हिंदू समुदाय के लोग ही राष्ट्रगान के गायन को अनिवार्य बनाने की ज़रूरत पर सबसे ज़्यादा आमादा हैं। इसके अलावा मैंने जानबूझ कर ही शिक्षित पुरुषों को भी चुना क्योंकि शहरी भारत में इसी तबके के लोग जनमत निर्माण का काम करते हैं और वही इस विवाद में भी सबसे अगली कतार में रहे हैं।

मैंने जिन लोगों से बात की उनमें 5 स्नातकोत्तर, 20 स्नातक और 20 ऐसे थे जो दसवीं या बारहवीं की परीक्षा पास कर चुके थे। दसवीं या बारहवीं की परीक्षा पास कर चुके इन लोगों में से कई स्नातक पाठ्यक्रम में पढ़ रहे थे। चौदह लोग 25 वर्ष से कम आयु के थे, 27 लोग 25 वर्ष से अधिक आयु के थे जबकि 9 आदमियों की उम्र स्पष्ट नहीं थी।

जिन 50 लोगों से मैंने बात की उनमें से केवल एक व्यक्ति ही राष्ट्रगान को अच्छी तरह जानता था और वह वाकई उसे गा सकता था। मजे की बात यह है कि वही एकमात्र ऐसा व्यक्ति था जो राष्ट्रगान के गायन को अनिवार्य बनाने के पूरी तरह खिलाफ था, हालांकि वह खुद राष्ट्रगान के प्रति काफी सम्मान रखता था। उसने एक रेस्टोरेंट में डिनर की टेबल पर बैठे हुए काफी भावनात्मक ढंग से मुझे राष्ट्रगान गाकर भी सुनाया।

इस विवाद पर उसी की प्रतिक्रिया सबसे ज़्यादा मानवीय थी : 'असल में कोई खास राष्ट्रगान हो, ऐसा ज़रूरी नहीं है। हमें देश के बारे में संकुचित नज़र से नहीं सोचना चाहिए। हमें बाल विवाह, औरतों के साथ मारपीट, पत्नियों के साथ दुर्व्यवहार जैसे विभिन्न मुद्दों पर सामाजिक रूप से संवेदनशील सोच विकसित करने पर ज़्यादा ध्यान देना चाहिए।'

बाकी 49 लोगों को राष्ट्रगान पूरी तरह याद नहीं था। ज़्यादातर लोग पहली दो लाईनों से आगे नहीं बढ़ पाए जबकि अन्य लोग भारत के विभिन्न प्रांतों वाली लाईनों को उलटा-सीधा सुनाने के बाद लड़खड़ाने लगे। जिन 50 लोगों से बात की गई उनमें से एक भी व्यक्ति ऐसा नहीं था जिसे राष्ट्रगान के सभी शब्दों का अर्थ पता हो। यहां तक कि उन्हें पहली दो लाईनों में इस्तेमाल हुए शब्दों का मतलब भी पता नहीं था।

एक व्यक्ति ने कहा कि *सारे जहां से अच्छा* को राष्ट्रगान बना दिया जाना चाहिए। तीन उम्रदराज हिंदू पुरुषों ने कहा कि क्योंकि उन्होंने उर्दू में पढ़ाई की है इसलिए उन्हें नहीं

पता कि राष्ट्रगान क्या होता है। परंतु फिर भी उनका मानना था कि उसका गायन 'अनिवार्य' होना चाहिए। कई दूसरों, जिनमें ज़्यादातर व्यवसायी और दुकानदार थे, ने कहा कि वह अपने काम में इतने व्यस्त रहते हैं कि उन्हें राष्ट्रगान के बारे में सोचने या गाने की फुर्सत नहीं रहती। परंतु इस बात पर वह भी सहमत थे कि राष्ट्रगान अनिवार्य होना चाहिए।

इन लोगों के साथ हुई बातचीत में जो जवाब सामने आए उन्हें मोटे तौर पर तीन श्रेणियों में रखा जा सकता है। एक श्रेणी में वह लोग आते है जिनकी नज़र में राष्ट्रगान एक ऐसा तत्व है जिससे देश की राष्ट्रीय एकता में मदद मिलती है :

1. 'राष्ट्रगान से आपको अपने देश पर गर्व करने का जज्बा मिलता है... एकता और मजबूत होनी चाहिए। आज हमारी एकता ही खतरे में पड़ रही है... एकता कायम करने के लिए लोगों का एकसमान होना (उन्हें एकसूत्र में पिरोना) ज़रूरी है; यदि सिख, हिंदू और मुसलमान, सब एक ही गाने को गाने लगें तो जाहिर है कि उनके बीच एकता की भावना पैदा होगी।'

{उम्र 46, पीएचडी, वैज्ञानिक अधिकारी}

2. 'यह राष्ट्रीय एकता और अखंडता का प्रतीक है इसलिए इसे अनिवार्य बना देना चाहिए।'

{उम्र 35, एम.ए. इतिहास, सरकारी नौकरी}

दूसरी श्रेणी काफी बड़ी थी। इसमें वह लोग आते हैं जिनकी राय में अल्पसंख्यक समुदायों की वजह से राष्ट्रगान खतरे में पड़ता जा रहा है और इसलिए उसकी रक्षा की जानी चाहिए :

1. 'बहुत सारे लोग हैं जो कहते हैं कि वह राष्ट्रगान नहीं गाएंगे। भला वह कैसे नहीं गा सकते? वह भारत में रहते हैं। उन्हें भारत में हर वो बात करनी पड़ेगी जो भारतीय होने की पहचान है। जो लोग भारत में रहे है उन्हें भारत का सम्मान करना पड़ेगा, उसकी अहमियत माननी पड़ेगी। कांग्रेस अल्पसंख्यकों का तुष्टिकरण करती रही है परंतु यदि एक बार हिंदू जाग उठे तो वह बता देंगे कि हिंदू ही सब कुछ हैं। अब कांग्रेस ने अल्पसंख्यकों का तुष्टिकरण करना बंद कर दिया है। हिन्दुत्व आ रहा है। धीरे-धीरे भारत पर हिंदू छा जाएंगे, हिंदू धर्म भारत पर छा जाएगा।'

   'क्या आपको लगता है कि यह कोई धार्मिक टकराव है'

   'हां।'

   'यानी देश से संबंधित नहीं है?'

   'इसका देश से भी मतलब है। हिन्दुस्तान का और मतलब ही क्या है? हिंदुओं का देश।'

   'तो इसका मतलब यह है कि आपकी नज़र में इसका संबंध हिन्दुत्व को बढ़ाने से है?'

'हां।'
'इसका और कोई महत्व नही है?'
'न हीं'

{उम्र 22, बी. कॉम, व्यवसायी}

2. 'हर देश में कुछ चीजें ऐसी होती हैं जिन पर सवालिया निशान नहीं लगाया जाता। बदकिस्मती से भारत में कुछ लोगों को लगता है कि वह जो चाहे कर सकते हैं। ऐसा सिर्फ भारत में ही हो सकता है। यहां तक कि अमेरिका और इंग्लैंड जैसे सबसे आजाद देश भी लोगों को इतनी आजादी नहीं देते जितनी भारत में मिलती है। खासतौर से ऐसे समुदायों को कहीं इतनी स्वतंत्रता नहीं मिल सकती जो इस आजादी का नाजायज फायदा उठा रहे हैं और देश को कमजोर करने की कोशिश कर रहे हैं। ऐसा नहीं होना चाहिए। इसे फौरन रोका जाना चाहिए।'

{उम्र 52, एम.ए. अर्थशास्त्र, सरकारी सेवा}

तीसरी श्रेणी में ऐसे लोग थे जो इस बात के हक में कोई खास कारण नहीं दे पाए कि राष्ट्रगान को किस लिए अनिवार्य बना दिया जाए। जब जोर देकर पूछा गया तो तब भी वह कोई कारण नहीं बता पाए :

1. 'अनिवार्य होना चाहिए।'
'इससे फायदा क्या होगा?'
'कुछ न कुछ फायदा तो होगा ही।'

{दसवीं पास, व्यवसायी}

2. 'यह अनिवार्य होना चाहिए। इसे हर भारतीय को गाना चाहिए।'
'अगर कोई न गाए तो क्या उसे सजा दी जानी चाहिए?'
'नहीं'
'तो फिर अनिवार्यता का मतलब क्या है?'
'यह होना चाहिए। इसकी कोई वजह नहीं होती। बस ऐसा होना चाहिए।'

{उम्र 20, बी. ए. II का छात्र}

परंतु जो लोग राष्ट्रगान को अनिवार्य बनाना चाहते थे उनमें से ज़्यादातर लोग अपने खुद के लिए उसे अनिवार्य बनाने की ज़रूरत महसूस नहीं करते थे। जब मैंने उनसे पूछा कि क्या राष्ट्रगान को सभी दफ्तरों और व्यावसायिक प्रतिष्ठानों में हर रोज गाया जाना चाहिए तो कोई भी 'अनिवार्यता' के इस संस्करण के हक में नहीं था। न ही कोई सिनेमा हॉल और इस तरह के दूसरे सार्वजनिक स्थानों पर उसे दोबारा जबरिया थोपे जाने के पक्ष में था। ज़्यादातर लोगों का मानना था कि ऐसी स्थितियों में वह मजाक बनकर रह जाएगा।

इन प्रतिक्रियाओं से साफ है कि राष्ट्रगान के लिए यह उत्साह इस गाने के प्रति किसी किस्म के प्यार की वजह से नहीं बल्कि निम्नलिखित कारणों से पैदा हो रहा है :

1. अल्पसंख्यकों के प्रति एक गहरा संदेह और अविश्वास तथा इस आशय की मान्यता कि ईसाई धर्म के जेहोवाज़ विटनेस पंथ के दो बच्चों द्वारा राष्ट्रगान गाने से इनकार करना अल्पसंख्यकों के निहित राष्ट्र विरोधी चरित्र का परिचायक है।

2. इस आशय का अहसास कि अल्पसंख्यकों से राष्ट्र और राष्ट्रीय प्रतीकों की रक्षा करना हिंदुओं की जिम्मेदारी है—कि हिंदू ही राष्ट्रीय सम्मान के रक्षक हो सकते हैं।

3. इस आशय की मान्यता कि अल्पसंख्यक भारत में तभी रह सकते हैं जब वह बहुमत की शर्तों और तौर-तरीकों को मानने के लिए तैयार हों—कि अगर उन्हें कुछ खास मुद्दों पर असहमति की छूट दे दी गई तो उन पर नियन्त्रण रखना असंभव हो जाएगा।

4. राष्ट्रगान और अन्य राष्ट्रीय प्रतीकों को हिन्दुत्व के साथ जोड़कर देखना।

5. अनिवार्यता के हक में इस आधार पर दलील देना कि यह अनिवार्यता सिर्फ अल्पसंख्यकों पर ही थोपी जाएगी क्योंकि हिंदू यह मानकर चलते हैं कि हिंदुओं के बीच इस तरह के मुद्दों पर पहले ही पूरी सहमति बन चुकी है और वैसे भी हिंदू तो राष्ट्र विरोधी हो ही नहीं सकते।

6. यह विश्वास कि अगर लोगों को राष्ट्रीय प्रतीकों के सम्मान की शिक्षा दी जाए तो उससे राष्ट्रीय एकता को बढ़ावा मिलेगा।

गौर करने वाली बात यह है कि राष्ट्रगान के गायन से संबंधित यह पूरी बहस सिर्फ शिक्षित अभिजात्य तबके तक ही सीमित है। हमारे देश के ज़्यादातर लोग यह जानते ही नहीं कि राष्ट्रगान क्या होता है और न ही वह उसकी फिक्र करते हैं। सर्वे में कई अनपढ़ या अर्धसाक्षर लोगों ने कहा कि उन्हें इस पूरी बहस के बारे में कुछ पता नहीं और न ही इससे उन पर कोई फ़र्क़ पड़ता है। कुल मिलाकर हमारे देश के गरीब और अशिक्षित नहीं बल्कि शिक्षित तबके के लोग ही उस विचारधारा और व्यवहार का मूल कारण हैं जिससे सांप्रदायिक घृणा और हिंसा फैल रही है।

हिंदू बहुमत को लगातार यह अहसास कराया जा रहा है कि यह देश केवल उनका है और अल्पसंख्यक उसकी शर्तों पर ही यहां रह सकते हैं। अल्पसंख्यकों की तरफ से जरा सी भी असहमति को देश के स्वयंभू मालिकों की खिलाफवर्जी के तौर पर देखा जाता है।

इस प्रकार देश के बारे में हिंदू समुदाय का रवैया किसी संपत्ति के मालिक या पत्नी के प्रति पति के रवैये से मिलता-जुलता है। जो आदमी खुद अपनी पत्नी के साथ गलत बर्ताव करता है, उसका सम्मान नहीं करता, उसके साथ मारपीट करता है, वही व्यक्ति किसी ऐसे व्यक्ति की पिटाई को बिल्कुल सही ठहराएगा जो उसकी नज़र में उसकी पत्नी के साथ एक स्वतंत्र रिश्ता कायम करने की कोशिश करता है। ऐसा पति उस व्यक्ति की हरकत को अपनी इज़्ज़त पर हमले व अवमानना के रूप में देखेगा।

जैसे ही कोई व्यक्ति किसी चीज के बारे में उपयोग या दुरुपयोग का विशेषाधिकार ग्रहण कर लेता है, चाहे वह वस्तु राष्ट्र हो या पत्नी, और उसे अपने सम्मान का प्रतीक

बना देता है, तत्काल उसे दूसरे लोग प्रच्छन्न शत्रु दिखाई देने लगते हैं जो उसकी मिल्कियत को हथिया लेंगे या नुकसान पहुंचाएंगे।

जो विभिन्न लोग आज राष्ट्रीय एकता की बात कर रहे हैं उनके लिए इसका मतलब अलग-अलग है। शासक पार्टी और उसके समर्थकों के लिए राष्ट्रीय एकता का मतलब है कांग्रेस के प्रति अटूट आस्था व गुलामी का भाव। उसके वर्चस्व को किसी भी तरह की चुनौती राष्ट्र विरोधी करार दे दी जाती है फिर चाहे वह बिहार का जेपी आंदोलन हो या पश्चिम बंगाल, कश्मीर, नागालैंड, कर्नाटक या पंजाब में गैर-कांग्रेसी सरकारों का गठन हो।

जहां एक तरफ कांग्रेस आबादी के विभिन्न हिस्सों को एक-दूसरे के खिलाफ खड़ा करके अलग-अलग इलाकों में अलग-अलग वोट बैंक हथियाने की कोशिश कर रही है वहीं दूसरी तरफ वह अपनी जनविरोधी हरकतों पर पर्दा डालने के लिए वह राष्ट्रीय एकता के शब्दांडबर का भी प्रयोग करती जाती है।

दुर्भाग्य की बात है कि राष्ट्रीय एकता के इस शब्दजाल को शिक्षित, शहरी, हिंदू मध्यम और उच्चवर्गीय समुदाय भी काफी गंभीरतापूर्वक लेता है। वही इस बात के हक में सबसे बढ़-चढ़ कर दलील देता है कि राष्ट्रीय सम्मान और राष्ट्रीय प्रतीकों को तमाम दूसरी आस्थाओं से बढ़कर माना जाना चाहिए। परंतु इन लोगों की खास बात यह है कि जिस बात की वह दूसरों को नसीहत देते हैं उस पर खुद अमल नहीं करना चाहते। क्योंकि अगर वाकई वह अपने निजी हितों को राष्ट्रीय हितों के अधीन रखना चाहते तो भला ऐसा करने से कौन उन्हें रोक सकता है?

परंतु बहुत कम लोग ही ऐसे हैं जो अपनी निजी जिंदगी में इस नैतिकता का पालन करना चाहते हैं। उनके जीवन के क्रियाकलाप व प्राथमिकताएं राष्ट्रीय सम्मान या राष्ट्रीय एकता को बढ़ाने के आशय से तय होने की बजाय उनकी नौकरी, सामाजिक हैसियत के अहसास, निजी ताकत और पारिवारिक प्रतिष्ठाओं को बढ़ाने के आशय से तय होती हैं।

जाहिर है कि वह केवल अल्पसंख्यकों को ही इस अग्निपरीक्षा में उतारना चाहते हैं कि वे देश हित को निजी हित से ऊपर रखें। क्योंकि 'राष्ट्रीय एकता' का मतलब सरकार और हिंदू बहुल की इच्छा के सामने घुटने टेक देने का पर्याय बन चुका है इसलिए 'राष्ट्र को तमाम दूसरी आस्थाओं से बढ़कर मानने' का ठोस अर्थ यही है कि सरकार के हर इशारे पर आंख मूंद कर समर्पण कर दिया जाए क्योंकि ये इशारे खुद को हिंदू बहुसंख्या का प्रतिनिधि मानने वाले अहमवादी संगठनों की भावनाओं को प्रतिध्वनित करते हैं।

राष्ट्र की नुमाइंदगी का दावा करने वाली सरकार के निर्देश संविधान और सर्वोच्च न्यायालय जैसे हमारे लोकतांत्रिक संस्थानों पर भी हावी होने लगे हैं। इसीलिए प्रधानमंत्री ने सार्वजनिक रूप से घोषणा की कि उनकी सरकार सर्वोच्च न्यायालय के उस फैसले से सहमत नहीं है जिसमें व्यवस्था दी गई थी कि राष्ट्रगान के गायन को नागरिकों पर नहीं थोपा जा सकता और इतना ही काफी है कि लोग उसके सम्मान में खड़े हो जाएं।

सत्ता पक्ष के एक सदस्य ने इस फैसले की एक प्रति संसद के पटल पर सबके सामने फाड़ दी परंतु फिर भी किसी ने उसकी निंदा तक नहीं की। सर्वोच्च न्यायालय के प्राधिकार और न्यायपालिका तथा कार्यपालिका की पृथकता के सिद्धांत को और भी खुले तौर पर चोट पहुंचाते हुए प्रधानमंत्री ने कहा कि अगर सरकार कानूनन लोगों को राष्ट्रगान गाने के लिए बाध्य नहीं कर सकी तो वह संविधान को बदलने या उसमें संशोधन करने की हद तक भी चले जाएंगे : 'इस काम के लिए हम संवैधानिक रास्तों का सहारा लेंगे।'

राष्ट्रीय प्रतीकों के प्रति अनिवार्य सम्मान के जरिए राष्ट्रीय एकता का उपदेश देने वाले तीसरे तबके के लोग एक जमाने के वही रेडिकल बुद्धिजीवी हैं जो पिछले कुछ सालों में राज्यवादी बन गए हैं। उनकी दलील है कि यदि कोई व्यक्ति देश का नागरिक बनना चाहता है, उसे नागरिक के रूप में सारे अधिकार और सुविधाएं मिलती हैं तो उसकी कुछ जिम्मेदारियां भी बनती हैं जिनमें सबसे पहली जिम्मेदारी यह है कि वह राष्ट्रगान, राष्ट्रीय चिन्ह और राष्ट्रगान का सम्मान करे।

इस समूह के लोग इस बात को लेकर काफी उत्साहित हैं कि राष्ट्रगान के गायन से लोगों में एक खास शक्ति का संचार होता है। वह इसके प्रतीकात्मक अर्थ में भव्यता ढूंढते हैं और उसे स्वतंत्रता संघर्ष के साथ जोड़कर देखते हैं। ऐसा लगता है कि वह भूल गए हैं कि सबसे पहली बात तो यही है कि ज़्यादातर लोग इच्छा से किसी देश का नागरिक नहीं बनते और दूसरे, स्वतंत्रता संघर्ष के दौरान तथा आजादी के समय देश के लोगों से जो आश्वासन किए गए थे उनमें से ज़्यादातर को हमारे राष्ट्रीय नेताओं ने पूरा नहीं किया है। इसका मतलब यह है कि ज़्यादातर नागरिक इस बात पर सीना तान कर नहीं चल सकते कि उन्हें वाकई बहुत सारे अधिकार और सुविधाएं मिली हुई हैं।

अब समय आ चुका है जब हम अपने आप से यह सवाल पूछें कि राष्ट्रीय एकता के प्रोत्साहन से हमारा आशय क्या है। यदि एकता का अर्थ असंतोष को दबाने से है तो इस तरह की एकता को प्रोत्साहित करने की कोशिशें और ज़्यादा बिखराव को ही जन्म देंगी। निजी तौर पर मुझे ऐसे लोगों के साथ किसी एकता का अहसास नहीं होता जो 'मुसलमानों को भेजो, पाकिस्तान या कब्रिस्तान' (अहमदाबाद में हुए दंगों के दौरान यह नारा उछाला गया था) जैसे नारे लगाते हैं। मुझे अहमदाबाद के ऐसे लोगों के साथ एकता में कोई दिलचस्पी नहीं है जिन्होंने मुसलमानों के आर्थिक बहिष्कार या उनके सफाए का आह्वान किया था और अपनी कोशिशों के समर्थन में यूरोप के यहूदियों के सफाए के लिए हिटलर द्वारा चलाए गए अभियानों का उदाहरण दिया था।

मुझे उन लोगों के साथ भी एकता की ज़रूरत नहीं लगती जिनके हाथ अरवल या पीपरा में हरिजनों के खून में रंगे जा चुके हैं। इस तरह के लोगों के साथ खड़े होकर राष्ट्रगान गाने या राष्ट्रीय ध्वज को सलामी देने से मेरे भीतर उनके साथ एकता का जरा सा भी अहसास पैदा नहीं होगा।

क्या सिर्फ राष्ट्रगान गाने भर से किसी को राष्ट्र के प्रति सम्मान करने और भारतीय

होने में गर्व महसूस करने का सबक सिखाया जा सकता है? देश का आशय उन लोगों से होता है जो उस भूखण्ड के निवासी हैं। उनके प्रति सम्मान के लिए उनकी बेहतरी पर ध्यान देना ज़रूरी होता है और मैं तब तक भारतीय होने में गर्व महसूस नहीं करूंगी जब तक :

* लाखों लोग कुपोषण से मरते रहेंगे जबकि हमारे देश के सरकारी और निजी गोदामों में अनाज पड़ा सड़ रहा है;
* जब तक लाखों लोग ऐसी बीमारियों से मरते रहेंगे जिन्हें जनस्वास्थ्य कार्यक्रमों के जरिए सालों पहले खत्म हो जाना चाहिए था। यह शर्मनाक बात है कि भारत दुनिया के उन कुछ देशों में शुमार होता है जहां शिशु और प्रसूता मृत्यु दर सबसे अधिक है। यहां तक कि हम कई ऐसे देशों से भी पीछे हैं जो हमारे जितने ही गरीब हैं;
* जब तक लाखों लोग पीने के पानी, मकान, कपड़े, स्वास्थ्य सुविधाओं और पढ़ाई-लिखाई के मौकों जैसी बुनियादी ज़रूरतों से वंचित रहेंगे;
* जब तक हजारों महिलाएं 'भारतीय परिवार व्यवस्था' की बलिवेदी पर हर रोज जला कर या पीट कर कुर्बान की जाती रहेंगी;
* जब तक हमारे देश के नागरिक नौकरशाहों के मनमाने रवैये के सामने गिड़गिड़ाते हुए अपने बुनियादी हकों की भीख मांगते रहेंगे;
* जब तक पुलिसकर्मी वर्दीधारी गुंडों की तरह हरकतें करते रहेंगे;
* जब तक राजनेता, खासतौर से शासक दल के नेता माफिया गिरोहों के सरगनाओं की तरह पेश आते रहेंगे;
* जब तक शासक पार्टी, नौकरशाही और पुलिस की मदद से अल्पसंख्यकों के खिलाफ बार-बार सांप्रदायिक, जातीय और अन्य दंगे होते रहेंगे।

राष्ट्रगान का गायन हमारे देश के माथे पर लगी इन नाइंसाफियों के कलंक को नहीं पोंछ सकता। इस बात की कोई गारंटी नहीं है कि यदि हरिजन महिलाएं राष्ट्रगान गाने लगें तो गांवों में बैठे ताक़तवर अभिजन उनका शोषण करना, उनके साथ बलात्कार करना बंद कर देंगे और उन्हें बराबर की हैसियत देने लगेंगे।

न ही राष्ट्रीय एकता के पैरोकार मुलसमानों को यह आश्वासन दे सकते हैं कि यदि वह पूरे सम्मान के साथ राष्ट्रगान गाने लगें तो अहमदाबाद, भिवंडी, हैदराबाद और बहुत सारे दूसरे इलाकों की तरह पुलिस उन पर अत्याचार नहीं करेगी। इसी तरह इस बात की भी कोई गारंटी नहीं है कि अगर पंजाब के बाहर रहने वाले सिख राष्ट्रगान गाने लगें तो उनके साथ नाइंसाफी नहीं होगी और उन्हें पंजाब में मुट्ठी भर आतंकवादियों के काले कारनामों के लिए जिम्मेदार नहीं ठहराया जाएगा।

क्या राष्ट्रगान का गायन देश के पुलिस वालों को इस बात की शिक्षा दे सकता है कि वह सभी नागरिकों के साथ मानवोचित व्यवहार करें? क्या इस बदलाव से पति अपनी पत्नियों

को पीटने या उन्हें जलाने की आदत छोड़ देंगे? जाहिर है कि ऐसा कोई चमत्कार होने वाला नहीं है। सवाल उठता है कि फिर भला हम कौन सी एकता का गुणगान कर रहे हैं?

आज राष्ट्रगान को वह सारे लोग अल्पसंख्यकों के खिलाफ हथियार के तौर पर इस्तेमाल कर रहे हैं जो इस एक सूत्री कार्यक्रम पर 'एकतांबद्ध' हो चुके हैं। उल्लेखनीय है कि हालांकि हमारे देश के करोड़ों लोग न तो यह जानते हैं और न इस बारे में दिलचस्पी रखते हैं कि राष्ट्रगान कैसे गाया जाता है। फिर भी राष्ट्रगान के प्रति सम्मान का नारा उछालने के लिए तीन ईसाई बच्चों को निशाना बना लिया गया। उन्हें स्कूल से निकाल दिया गया और एक ऐसी सरकार ने उन्हें शिक्षा के अधिकार से वंचित कर दिया जो सभी बच्चों को शिक्षा प्रदान करने का आश्वासन देते कभी नहीं थकती।

आज उन स्कूली बच्चों को 'संविधान पर कुठाराघात करने' का दोषी ठहराया जा रहा है जिनके धार्मिक पंथ के अनुयायी हमेशा से किसी भी देश के राष्ट्रगान को गाने से इनकार करते आए हैं। बहुत सारे नागरिक इस तरह के कुठाराघात की बढ़ती घटनाओं की आशंका पर बेहद आंदोलित हैं। मोहम्मद युनूस को इस बात के लिए कठघरे में खड़ा किया गया क्योंकि उसने सर्वोच्च न्यायालय द्वारा राष्ट्रगान के मामले में दिए गए फैसले से जुड़े न्यायधीशों को कहा था कि वह 'न तो भारतीय हैं और न न्यायधीश।'

परंतु 12 सितंबर को जब प्रधानमंत्री राजीव गांधी ने ऐलान किया कि 'अगर सर्वोच्च न्यायालय ने अपने फैसले को दुरुस्त नहीं किया तो सरकार संविधान में आवश्यक संशोधन करेगी और राष्ट्रगान गाने को एक अनिवार्य दायित्व बनाएगी' {*दि टाइम्स ऑफ इंडिया*, 13 सितंबर, 1986}। न्यायपालिका के दायरे में हस्तक्षेप के जरिए संविधान के सिद्धांतों के उल्लंघन की खुली घोषणा के बावजूद इस बयान पर किसी ने कोई विरोध नहीं किया।

न्यायपालिका की निष्पक्षता बनाए रखने के लिए न्यायपालिका और कार्यपालिका की पृथकता संविधान का एक मूलभूत तत्व है। सर्वोच्च न्यायालय का फैसला 'सही' नहीं है, यह तय करने का अधिकार अपने हाथ में लेकर प्रधानमंत्री व्यवहारतः सर्वोच्च न्यायालय की वैधानिक सर्वोच्चता को चुनौती दे रहे हैं। 2 दिसंबर को प्रधानमंत्री ने दोबारा ऐलान किया कि उनकी सरकार राष्ट्रगान के मामले में सर्वोच्च न्यायालय के फैसले को स्वीकार नहीं करेगी।

यह अक्खड़ अंदाज़ संविधान को बंधक बनाकर उसमें मनमाने संशोधनों के जरिए अपने गैरकानूनी कृत्यों को कानूनी जामा पहनाने के श्रीमती गांधी द्वारा शुरू किए गए चलन की ही अगली कड़ी है। याद दिलाने की ज़रूरत नहीं कि जब श्रीमती गांधी ने आपातकाल की घोषणा की थी तो उन्होंने अपने मकसद को पूरा करने के लिए संविधान में ही फेरबदल कर दिया था। आज एक त्रासद फ़र्क़ यह है कि उस समय देश में एक जीवंत विपक्ष मौजूद था जिसने शक्तियों के इस संकेंद्रण का विरोध किया था। परंतु आज स्थिति यह है कि जब राजीव गांधी लोकतंत्र के बचे-खुचे संस्थानों को भी तहस-नहस करने का ऐलान करते हैं तो लोग तालियां पीटते हैं।

आज अगर हमें भारत के संविधान को बचाना है तो सबसे पहले उसे सरकार के

कृत्यों से ही बचाया जाना चाहिए। पुलिस, नौकरशाही और शासक पार्टी ने देश के तमाम अपराधियों के मुकाबले संविधान का कहीं ज़्यादा उल्लंघन किया है।

लोगों की बुनियादी ज़रूरतों को पूरा करने में विफल हमारी सरकार अहम मुद्दों से उनका ध्यान बंटाने के लिए तमाम तरह की शोशेबाज़ी भरी हरकतों का सहारा लेती है। लाखों ग्रामीण और शहरी गरीबों को भोजन और रोजगार मुहैया कराने में विफल हो चुकी सरकार ने जनसंख्या नियन्त्रण के जरिए एक शक्तिशाली राष्ट्र की रचना के नाम पर जबरन नसबंदी जैसे तरीकों का सहारा लिया। क्योंकि अब इन चालबाज़ियों के असर खत्म होने लगे हैं इसलिए कुछ नए तरीके आज़माए जा रहे हैं।

लोगों को सुरक्षा प्रदान करने में विफलता, खुद सरकारी तंत्र की आपराधिक गतिविधियों पर अंकुश लगाने में विफलता के बाद अब सरकार इस बात पर जोर दे रही है कि देश के भूखे, लुटे-पिटे, बेरोजगार और भेदभाव के मारे लोग राष्ट्रगान गाएं, राष्ट्रीय ध्वज को सलामी दें और संविधान के प्रति निष्ठा की कसम खाएं—एक ऐसे संविधान के प्रति, जिसका सबसे ज़्यादा सरकार ने ही उल्लंघन किया है।

आज सरकार 'राष्ट्रीय सम्मान' की रक्षा के बारे में सोच सकती है परंतु नागरिकों के लिये ज़रूरी है कि अपने आत्मसम्मान को सरकारी तन्त्र द्वारा कुचलने से बचायें। आज सरकार चाहे तो संविधान की रक्षा की बात कर सकती है परंतु नागरिकों की सबसे पहली ज़रूरत यह है कि हम अपने संवैधानिक अधिकारों को सबसे पहले और सबसे बढ़कर सरकार के हमलों से ही बचा पायें।

अगर हमारा मकसद लोगों में देश प्रेम की भावना पैदा करना है तो बेहतर होगा कि हम देश के प्रति प्रेम और सरकारी तन्त्र के प्रति दास भाव व सरकारी निरंकुशता के बीच फ़र्क करना सीखें। देश के प्रति प्रेम का आशय भारत के लोगों और उसकी अखंडता के प्रति निहित प्रेम और सम्मान से होना चाहिए। यह भावना हमारी सांस्कृतिक विरासत की वैभवशाली परंपरा से सींची गई है। हमारी सांस्कृतिक विरासत का वैभव उसका वह इतिहास है जिसमें वैचारिक विभिन्नता का आदर करने और बौद्धिक स्वतन्त्रता को सर्वोच्च स्थान देने के असंख्य उदाहरण मिलते हैं। गुलामीपरस्त शासकों और धार्मिक प्राधिकारों के खिलाफ बगावत, विविधता और सहिष्णुता के कई अहम स्वरूप हमारी संस्कृति में हमेशा अहम भूमिका निभाते रहे हैं।

भारतीय सभ्यता के सबसे संपन्न काल वही थे जब निरंकुशता के प्रति सामाजिक विद्रोह और चुनौतियों को मानवीय और रचनात्मक ढंग से अभिव्यक्त किया जाता था। हमें जिन ऐतिहासिक व्यक्तित्वों पर सबसे अधिक गर्व होना चाहिए और जिनको हमें अपनी स्मृति में सदैव जीवित रखना चाहिए उनमें वह व्यक्तित्व सबसे ऊपर आएंगे जिन्होंने इस रुझान को आगे बढ़ाया। बुद्ध, नानक, कबीर, मीराबाई, महादेवियक्का, फुले, महात्मा गांधी इत्यादि। ये सभी विभूतियां निरंकुशवाद और सामाजिक वर्चस्व के खिलाफ बगावत की भावना तथा अपने देशवासियों के प्रति प्रेम व उनके दुखों के प्रति सहानुभूति की भावना का प्रतिनिधित्व

करती थीं।

इन सुधारकों ने खोखले प्रतीकों की उपासना का विरोध किया। वह प्रतीक धार्मिक हों या किसी अन्य किस्म के, उन्होंने उनकी दासता का विरोध करते हुए आम जन के आत्मसम्मान एवं अधिकारों के हक में आवाज़ उठाई। आज जब हम इस बात पर जोर देते हैं कि हमें सरकारी दंड के भय से राष्ट्रगान गाना होगा तो असल में हम लोगों को बिना सोचे-समझे दासता का पाठ पढ़ाने के दोषी पाए जाएंगे न कि लोगों को भारत की विरासत और उसकी जनता के प्रति प्रेम से अभिभूत कर पाएंगे।

जो लोग हमारे राष्ट्रगान के शाब्दिक अर्थ तक से अनभिज्ञ हैं उनमें हमारे माननीय प्रधानमंत्री राजीव गांधी जी भी शामिल हैं। कथित रूप से उन्होंने कहा था कि : 'गुरु रवीन्द्रनाथ टैगोर ने राष्ट्रगान में जिन शब्दों का प्रयोग किया है वह हमें सहिष्णुता, समानता और एकता का संदेश देते हैं परंतु दुर्भाग्यवश कुछ लोग उन्हें निर्जीव शब्दों से ज़्यादा अहमियत नहीं देते।' कांग्रेस और राजीव गांधी के लिए समानता और सहिष्णुता सिर्फ शब्द नहीं हैं; उनके लिए वह बिकाऊ नारे हैं।

यदि हम इस विवाद को एक तरफ रख दें कि टैगोर ने यह गीत ब्रिटिश सम्राट के स्वागत में लिखा था और *'भारत भाग्य विधाता'* का आशय अंग्रेज़ी सम्राट से है या ईश्वर से, तब भी कम से कम इस तथ्य की अनदेखी तो हम नहीं ही कर सकते कि इस गाने में भारतीय लोगों के अधिकारों और आकांक्षाओं का कहीं जिक्र नहीं है।

इस गाने में प्रांतों की एक सूची दी गई है जिसमें उत्तर के प्रति झुकाव साफ दिखाई देता है (संपूर्ण दक्षिण भारत को 'द्रविड' शब्द में समेट दिया गया है। उत्तर-पूर्व की गैर-मौजूदगी तो और भी संदेह पैदा करती है)। साथ ही इस गाने में लोगों को किसी शक्तिशाली सत्ता द्वारा तय नियति को स्वीकार करते हुए एक निष्क्रिय भूमिका में पड़े रहने का आह्वान भी किया गया है। इस गान में बेतरतीब ढंग से भूगोल का उत्सव मनाया गया है और मानवता की बजाय विजय का गुणगान किया गया है। यह गान मूल रूप से ब्रिटिश सम्राट की प्रशस्ति में लिखा गया था।

मुझे राष्ट्रगान के शब्द शुरू से आखिर तक अच्छी तरह याद हैं और मैं उसे गाना भी जानती हूं। मैं एक ऐसे हिंदू परिवार से रही हूं जिसकी धार्मिक और अन्य भावनाएं राष्ट्रगान के गाने या न गाने से आहत नहीं होतीं। मुझे यह मानने में जरा भी संकोच महसूस नहीं होता कि आज भी यह गान मुझे उतना ही अभिभूत करता है जितना बचपन में किया करता था। यह कोई ओढ़ी हुई बौद्धिक प्रतिक्रिया नहीं है बल्कि एक गहन भावनात्मक अनुभूति है। इसलिए जब इन शब्दों ने मुझे प्रेरित करना बंद कर दिया तब भी मैं उनको सुनने पर हर बार कहीं अंदर तक उद्वेलित हुए बिना नहीं रह पाती। इसके बावजूद मैं ऐसी किसी शर्त के बारे में नहीं सोच सकती जिसके तहत मुझे यह राष्ट्रगान गाने के लिए विवश किया जाए। इस तरह की बाध्यता हमारे देश के लोगों के मानवाधिकारों, स्वतंत्रता और प्रतिष्ठा का एक और उल्लंघन होगी।

•••

मधु पूर्णिमा किश्वर : एक परिचय

लोकतांत्रिक अधिकारों, आर्थिक आजादी, लैंगिक समता और अल्पसंख्यकों के हकों के लिए संघर्ष करने वाली संस्था **मानुषी** की संस्थापक। **मानुषी** को श्रेय जाता है कि उसने मधु किश्वर के संपादन में एक पत्रिका के रूप में महिला अधिकारों के मुद्दे को देश भर में सबसे पहले और प्रभावी ढंग से उठाया। केवल पाठकीय सहयोग के आधार पर १९७८ से लगातार प्रकाशित होने वाली यह पत्रिका अपने आप में जनोन्मुख और आत्मनिर्भर पत्रकारिता का दुर्लभ नमूना है। आजकल आर्थिक सुधारों की प्राथमिकताएँ बदलने की मुहिम में नेतृत्वकारी भूमिका निभाते हुए रेढ़ी-ठेले वालों और रिक्शा चालकों जैसे शहरी गरीब समूहों के अधिकारों के लिए संघर्षरत। दिल्ली विश्वविद्यालय में कई वर्ष तक अंग्रेजी साहित्य पढ़ाने के बाद आजकल **विकासशील समाज अध्ययन पीठ** में सीनियर फैलो।

सामाजिक-आर्थिक विषयों पर अंग्रेजी और हिंदी में निरंतर विचारोत्तेजक लेखन करने वाली मधु किश्वर ने कई चर्चित पुस्तकों की रचना भी की है जिनमें प्रमुख हैं : *ऑफ दि बीटन ट्रैक : एसेज़ ऑन जेंडर ईशूज़, रिलीजन इन दि सर्विस ऑव नेशनलिज्म : एसेज़ ऑन कॉज़िज़ एंड क्यौर्स ऑव एथ्निक कांफ्लिक्ट इन इंडिया, वूमेन भक्त पोइट्स : लाइव्ज़ एंड पोइट्री ऑव वोमेंस मिस्टिक्स फ्राम सिक्स्थ टु सेविंटीथ सेंचुरी एडी* और *गाँधी एंड वूमेन*। उनकी दो पुस्तकें *ज़ीलस रिफार्मर्स, डेडली लॉज़* और *क्राइसिस ऑव गवर्नेंस एंड चैलेंजिज़ ऑव ग्लोबलाइज़ेशन* जल्दी ही प्रकाशित होने वाली हैं।